ANUARIO
DE TURISMO RURAL
2000
ESPAÑA Y PORTUGAL

Proyecto y realización
Cuaderno de Viaje
Arcos de Jalón 12, 7º A
28037 Madrid
Tel. 913 130 734

Textos
Pilar Alonso y Alberto Gil

Diseño de portada
Paniagua & Calleja

Diseño de cabecera
Manuel Jiménez Malo

Fotografías
Archivo Susaeta y Archivo Cuaderno de Viaje.
Numerosas imágenes han sido facilitadas por los responsables de los alojamientos citados en este libro.

Fotografía de cubierta
Can Reus. Fornalutx (Mallorca)

Maqueta
Jose Luis Rodríguez y María del Mar Caparroz

Edición
Isabel Ortiz

Montaje electrónico de páginas
Julio Villar

Cartografía
Jose Luis Rodríguez

Coordinación del tratamiento electrónico
Antonia Mª Martínez

Digitalización y retoque de imágenes
Paz Martínez de Juan y José de Haro

Nuestro agradecimiento a la Red Andaluza de Alojamientos Rurales, a las asociaciones aragonesas MAESTUR, TURAL, CASATUR y Sierras de Albarracín, a la Diputación Provincial de Huesca, a la central de reservas del Principado de Asturias, a la asociación de Agroturismo Balear, al CIT Norte de la Gomera, a Aricotur, a la asociación Isla Bonita, a Turismo Rural de Agüimes, al Grupo de Acción Local Saja-Nansa, a ATRAC de la Alcarria Conquense, a la Dirección General de Turismo de la Junta de Castilla y León, a la asociación Cuatro Valles, a la Asociación Charra de Turismo Rural, a la Asociación de Turismo Rural Valle del Jerte, a ACREX, a TURGALICIA, al grupo Leader Portodemouros, a la Dirección de Turismo de la Generalitat de Catalunya, a la Associació Casas de Pages de la Alta Ribagorça, al Patronat Municipal de Turisme de Deltebre, a la Oficina de Agroturismo de Euskadi, a la Dirección General de Turismo de La Rioja, a Noratur de Murcia, al Servicio de Turismo del Gobierno de Navarra, a la Cooperativa Agroturística de l'Alt Maestrat, a la Direcção-Geral do Turismo de Portugal, a TURIHAB y a todos cuantos han aportado su valiosa colaboración para realizar este Anuario.

Campezo s/n - 28022 Madrid
Tel. 913 009 100 - Fax 913 009 110
Impreso en España

ediciones.susaeta@nexo.es

ANUARIO
DE TURISMO RURAL
2000
ESPAÑA Y PORTUGAL

susaeta
ediciones sa

INTRODUCCIÓN

Con la presente edición, el Anuario de Turismo Rural cumple siete años de salida ininterrumpida a la calle y mantiene su intención de aportar nuevos contenidos, que esperamos que sigan consolidando su vocación de guía de consulta.

Un aspecto en el que seguiremos insistiendo se refiere al carácter selectivo del Anuario, que incluirá únicamente aquellos alojamientos que reúnan las principales cualidades del turismo rural: arquitectura tradicional, trato familiar y entorno bien preservado. Estas condiciones se traducen en exigencias bastante obvias –por ejemplo, que el alojamiento no esté al borde de una carretera muy transitada o junto a una industria– a las que hay que añadir una garantía mínima de comodidad y, en aquellas casas que se alquilan por habitaciones, una dotación suficiente de aseos por número de huéspedes.

Todas las Comunidades Autónomas están elaborando normativas que permitirán regular ese cajón de sastre que se ha dado en llamar Turismo Rural. Pero la disparidad de criterios sigue haciendo necesaria una labor selectiva que, en el caso del Anuario, queremos subrayar que no tiene ninguna vocación elitista. Por eso, la selección que se ofrece al lector es el resultado de varios ingredientes: una amplia documentación, gráfica y escrita, el conocimiento directo de muchos alojamientos y las aportaciones de los lectores, muy valiosas para los contenidos de esta guía.

En la presente edición, los Comentarios de los Viajeros siguen teniendo un hueco en el Anuario, donde aparecerán a continuación del símbolo ✉ tras la descripción de aquel alojamiento que haya sido objeto de alguna observación o alguna queja. Naturalmente, todos los comentarios llegados a esta redacción han sido resumidos en frases breves, pero elocuentes, para que puedan tener cabida en el espacio destinado al alojamiento. El Anuario no se responsabiliza de las opiniones de los lectores y hay que subrayar su carácter personal y subjetivo, pero entendemos que es necesario establecer un cauce que permita al viajero dar a conocer sus experiencias en el uso de esta guía.

A fin de que la publicación pueda contar con esa información de primera mano, se ha incluido un cuestionario-separador, destinado a aquellos lectores que quieran contarnos los pros y los contras de sus estancias. Al final de las páginas del Anuario se incluye también una ficha destinada a los propietarios, a fin de que corrijan errores o puedan hacer alguna precisión sobre las informaciones que figuran en el Anuario. Cualquier observación, ya sea mediante el envío de los cuestionarios, o llamando al Tf. 91/313 07 34, será tenida en cuenta y redundará en la mejora de la guía.

En cada uno de los capítulos los alojamientos aparecen divididos en dos grandes bloques: aquellos que se contratan por habitaciones (hoteles pequeños, posadas, casas de alojamiento compartido...) y los que se contratan integramente (apartamentos y casas de alquiler completo). Esta sencilla estructura es muy clarificadora para decidir el alojamiento más indicado en función del tiempo de estancia, el grado de independencia, los servicios y otros factores .

Además, con objeto de dar un uso más práctico a la guía hay un par de precisiones en las que queremos seguir insistiendo.

Localización. *La primera se refiere a la localización de los alojamientos cuando éstos están situados en pueblos muy pequeños, a menudo mal señalizados y ausentes en los mapas convencionales. En comunidades como Galicia, Asturias, Cantabria, País Vasco, Canarias y Navarra, y en diversas regiones de Portugal, la población es muy dispersa y abundan los núcleos mínimos, apartados de su cabecera municipal. En estos casos se ha optado por destacar el pueblo más cercano o el municipio de referencia, haciendo constar, junto al teléfono que corresponde al alojamiento, el nombre del lugar, aldea, barrio o paraje en el que se encuentra.*

Reservas. *Otro dato de utilidad es la inclusión del teléfono de la central de reservas a la que pertenece un alojamiento. Este teléfono, identificado con la letra **R**, figura a continuación del que corresponde al propietario. Entendemos que el titular de una casa siempre estará en condiciones de aclarar las dudas de sus posibles huéspedes al hacer una reserva. Pero, al mismo tiempo, la pertenencia de un alojamiento a una asociación o central de reservas (cuyas direcciones figuran en el Apéndice II) permite al usuario hacer llegar sus quejas si ha sufrido contratiempos evitables durante su estancia.*

No obstante, con objeto de que el lector no se lleve sorpresas desagradables cuando llegue a un alojamiento ya contratado, conviene que, antes de reservar, obtenga respuestas al cuestionario que sugerimos a continuación.

INTRODUCCIÓN

Preguntas que conviene hacer antes de formalizar una reserva

** En el supuesto de que la casa esté aislada en medio del campo:*
¿Está señalizado el acceso?
¿En qué condiciones está el camino para llegar hasta el edificio?
¿A qué distancia está el pueblo más cercano?

** En cualquier caso:*
¿A qué distancia está el servicio médico más próximo?
¿Los niños son bien recibidos?
¿Está situada la casa junto a la carretera o junto a la vía del tren?
¿Hay alguna industria a poca distancia?
¿Hay ruidos continuos en las proximidades (un bar, un campanario,...)?
¿Hay olores en el edificio que puedan llegar a ser molestos?
¿Con qué tipo de calefacción cuenta?
¿Se puede fumar? (Aviso a fumadores: hay alojamientos en los que no se permite fumar ni en las habitaciones ni en los espacios comunes).
¿Se admiten animales de compañía?

Muy importante:

Todos los precios que figuran en el Anuario han sido facilitados por los dueños de los alojamientos, por sus asociaciones o por los organismos oficiales de las Comunidades Autónomas, y estarán vigentes durante el año 2000. No obstante, sólo tienen carácter orientativo -especialmente cuando figuren con asterisco (precios)- y pueden estar sujetos a revisión a lo largo del año.*

Por ello, antes de hacer una reserva conviene consultar los precios de la temporada, precisar si incluyen el IVA y negociar condiciones más ventajosas cuando se trate de estancias prolongadas.

Una vez formalizada la reserva, si se anticipa el pago de una parte de la misma, es aconsejable reclamar un resguardo del importe y precisar las características del alojamiento que se contrata, aclarando que es aquel cuya referencia figura en esta guía.

Los autores
Enero de 2000

Significado de los símbolos de esta guía

Casas rurales compartidas Reservado para aquellas casas de turismo rural que se contratan por habitaciones. Por lo general, tienen espacios comunes con los propietarios, aunque a veces también se pueden alquilar enteras (en cuyo caso se especifica en el texto).

Hoteles Se incluyen únicamente establecimientos de tamaño reducido (con un máximo 20 habitaciones) que estén aislados o en pequeños núcleos de población.

Posadas. Se trata de una fórmula que está adquireindo mucho auge en algunas Comunidades Autónomas, como Cantabria y Castilla y León. Por extensión, el símbolo se utiliza también en los pazos-hospedería de Galicia y en todos los alojamientos que ofrecen servicios similares a un pequeño hotel.

Albergues, casas de colonias y refugios de montaña. Alojamientos destinados a grupos y que a menudo cuentan con programas de actividades y ofrecen estancias para colectivos escolares o juveniles.

Centros de turismo rural, núcleos rurales y otros modelos de alojamiento que ofrecen las prestaciones de un hotel y además organizan actividades en el entorno.

Apartamentos de turismo rural. Modalidad muy extendida en algunas Comunidades Autónomas, como Asturias, Baleares y Madrid. También se utiliza en casas que destinan una parte a la fórmula de apartamento.

Casas rurales de alquiler completo. Fórmula de uso casi generalizado en Andalucía, Canarias y Murcia, y con tendencia a crecer en otras regiones. A veces los propietarios viven cerca y se ocupan activamente de la recepción y el asesoramiento a los huéspedes.

ÍNDICE

ÍNDICE

CASAS
Migas Camperas
Vino y Jamón
de la tierra
SUPERMERCADO

1. Sierra de Cazorla, sierra Mágina y campiña de Jaén

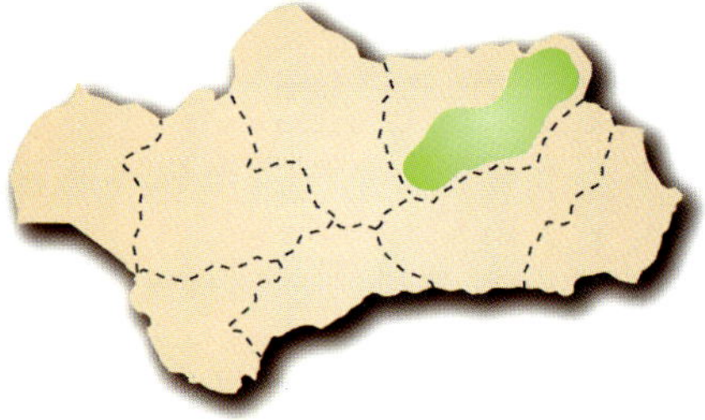

Baeza
(Jaén)

Ciudad con un hermoso casco antiguo y una cuidada iluminación, que invita a paseos nocturnos. Catedral, Ayuntamiento, bellísimo palacio de Jabalquinto y alhóndiga. *Excursiones: santuario de la Virgen de la Yedra; nacimiento del río Jun. Excelentes alfares, en especial el de Melchor Tito.*

Hospedería Fuentenueva (***)
Arca del Agua s/n
Tfs. 953/74 31 00 y 74 32 00
Hotel habilitado en la antigua cárcel del pueblo, con terraza y piscina. Interior con una decoración cuidada, restaurante, salón, 2 habitaciones sencillas y 10 dobles. Precios (según temporada): habitación sencilla de 6.400 a 6.700; doble de 10.300 a 10.500; desayuno incluido; comida o cena 2.000. *Observaciones: organizan exposiciones y charlas.*

Cazorla
(Jaén)

Capital de la sierra y ciudad de remota fundación, apiñada en las laderas del cerro del Castillo. Bello conjunto monumental: castillos, puente medieval, núcleo viejo de gran tipismo, edificios renacentistas y plazas animadas, con buenas ocasiones para el «tapeo».
Excursiones: ermita de S. Isicio; castillo de La Yedra; fortaleza templaria de La Iruela; necrópolis romana de Quesada; abundantes parajes del parque natural de Cazorla; laguna de Valdeazores; fuente del Hacha; valle del río Hornos; nacimiento del Guadalquivir; cascada del Linarejo.
Mosaicos y ventanas de cristales ornamentales; trabajos de cuero repujado; relojes de sol.

Cortijo La Almedina
Tfs. 953/72 03 80. R. 902/44 22 33
Hacienda restaurada, situada frente a un palacio que sirvió para el recreo de Alfonso XIII, con piscina y una terraza con excelentes vistas. Tiene cocina, salones y chimenea de leña, así como 2 habitaciones dobles y 3 triples, además de una vivienda con 4 habitaciones. Precios: habitación doble 4.000; triple 5.000; vivienda 16.500 diarias. *Observaciones: derecho a cocina; información sobre rutas.*

La Era
Tf. 639/52 52 35
Antigua casa de piedra, de dos plantas, con huerta y jardín, situada en un paraje aislado y cubierto de vegetación, con vistas al castillo. Tiene terrazas con mobiliario de jardín, una gran sala con chimenea y 3 habitaciones dobles. Se puede alquilar entera. Precios: habitación doble 6.000, desayuno incluido; vivienda 12.000 diarias y 75.000 semanales.

Molino La Farraga
Tf. 953/72 12 49. R. 902/44 22 33
Precioso molino rehabilitado, con jardín, huerta, piscina y buenas vistas del castillo, situado a 300 m del casco viejo. El interior, cuidado y acogedor, tiene 1 habitación sencilla y 7 dobles con baño. Precios: habitación doble 7.500; desayuno 500. *Observaciones: descuentos por estancias largas.*
✉ Trato excelente. Jardín delicioso, muy apropiado para pasar horas escuchando el rumor del agua.

Ríogazas
Ctra. La Iruela-El Chorro, km 4,5
Tfs. 953/12 40 35 y 71 00 68
Antigua casa forestal, convertida en hotel, aislada en un impresionante paraje de pinar y roquedos, con huerta, jardín y piscina. Tiene comedor, cafetería con chimenea, 2 habitaciones sencillas y 10 dobles, todas con baño. Precios (según temporada): habitación doble de 5.200 a 5.800; desayuno 400; comida o cena 1.450. *Observaciones: actividades en el entorno.*

Albergue de Cazorla
Pl. Mauricio Martínez 6
Tf. 953/72 03 29. Fax 953/72 02 03
Albergue integrado en un edificio histórico, con piscina y una espléndida terraza con vistas a la sierra. Dispone de cocina, comedor, sala de estar, buenos accesos para minusválidos y 120 plazas en 31 habitaciones de 2 a 6 plazas, con baños compartidos y decoración serrana. Precios: ver apéndice. *Observaciones: organizan múltiples actividades.*

Sierra de Cazorla, sierra Mágina y campiña de Jaén

Cazorla (JAÉN)

Ver página anterior.

Villa Turística de Cazorla (***)
Ladera de San Isicio. Tf. 953/71 01 00
Poblado con 32 casas y un edificio de servicios comunes. Las viviendas, con fachada blanca, cubierta de teja árabe y carpintería de madera, tienen salón-cocina con chimenea, terraza y un máximo de 4 plazas con 1 ó 2 baños. Precios (según temporada): 2 plazas, de 8.000 a 10.500 diarias; 4 plazas, de 13.500 a 16.400; desayuno 550; comida o cena 1.450. *Observaciones: excursiones al parque natural, paseos a caballo y senderismo.*

La Iruela (JAÉN)

Pequeña localidad situada a más de 900 m de altitud, en la sierra de Cazorla y en una zona bañada por el río Vega. Conserva restos de su castillo sobre un espectacular peñasco.
Excursiones: necrópolis de Toya; mosaicos de Bruñel; parque natural de la sierra de Cazorla, con abundantes posibilidades para la práctica del senderismo.

Santa María de la Sierra
Tf. 953/12 40 70. R. 902/44 22 33
Alojamiento habilitado en un antiguo centro religioso de retiro, aislado en pleno parque natural de Cazorla, con piscina. El interior, adaptado para minusválidos, dispone de salón con cafetería y comedor, 7 habitaciones dobles, 2 de ellas con baño, y 3 baños compartidos. Precios: habitación doble 7.500, desayuno incluido. *Observaciones: organizan excursiones por el entorno.*

Río Cañamares
Las Juntas de Muriel
Tf. 953/72 70 84. R. 902/44 22 33
Aula de naturaleza rodeada de finca, con piscina. Tiene salas, biblioteca, laboratorio y 50 plazas en 1 habitación doble y 5 múltiples. Precios (según temporada): alojamiento de 1.500 a 1.700 diarias; desayuno 300; comida 1.100. *Observaciones: descuentos y actividades para grupos.*

Pozo Alcón (JAÉN)

Pueblo situado junto a la sierra del Pozo, la más meridional y agreste del parque natural de Cazorla. *Excursiones: santuario del Tiscar y espectacular cueva del Agua; pantano de la Bolera; miradores de El Cerro Cabañas; la Cerrada del Pintor; laguna de Valdeazores.*

El Hornico
***Pantano de la Bolera s/n.* Tf./fax 953/12 41 37**
Antigua casa forestal, rehabilitada, situada junto al arroyo del Vidrio, muy próxima a un jardín botánico. Tiene sala de usos múltiples con biblioteca, comedor y 52 plazas en 9 habitaciones con baños compartidos. Precios: alojamiento 2.000; desayuno 350; comida o cena 1.000; pensión completa 3.700. *Observaciones: actividades de naturaleza; la propiedad alquila también una casa independiente.*

Apartamentos y casas de alquiler completo

Agrupación de Mogón (JAÉN)

El Duende
Tf. 91/766 48 84
R. 902/44 22 33
Molino del valle del Guadalquivir, en una finca con mucha vegetación y sobre un canal de agua. Interior agradable, cocina, salón-con chimenea, 5 habitaciones dobles y 3 baños. Precios (según temporada): día de 20.000 a 25.000.

Alcalá la Real (JAÉN)

El Corral
Ribera Baja
Tfs. 953/58 40 62 y 606/79 48 48
R. 902/44 22 33
Casa tradicional, con porche y terreno propio, situada a orillas del río Velillos. Salones, cocina, chimenea y 3 habitaciones dobles. Precios: día 10.000; semana 52.000.

Apartamentos y casas de alquiler completo

Alcaudete (Jaén)

El Portillo
Ctra. a Villar Bajo, km 18
Tfs. 95/224 50 18 y 608/75 79 37
R. 902/44 22 33
Cortijo tradicional de dos plantas, con cuadras y cobertizos, en una finca ganadera. Salón con chimenea, cocina, 3 habitaciones dobles y 1 baño. Precios: día 10.000; semana 50.000.

Baeza (Jaén)

Villa San Luis
La Yedra. Tf. 953/75 63 50
R. 902/44 22 33
Casa del s. XIX, junto a la carretera Úbeda-Bailén, con jardín y piscina. Mobiliario de estilo, salón, comedor con chimenea, cocina, 1 habitación sencilla y 3 dobles. Precios (según temporada): día de 14.000 a 15.000; semana de 75.000 a 90.000.

Beas de Segura (Jaén)

Cortijo Maravillas
Cañada Catena
Tf. 953/49 61 63
Cortijo próximo a una aldea de la sierra de Segura. Incluye 4 viviendas con cocina, salón con chimenea, 3 habitaciones dobles y 1 baño. Precios (según temporada): vivienda de 11.000 a 16.000 diarias y de 55.000 a 80.000 semanales.

Cazorla (Jaén)

Finca Los Cerezos
Tf. 689/63 84 65
R. 902/44 22 33
Conjunto de tres casas, en un valle cerrado, con piscina y frutales. Decoración rústica, cocina, salón con chimenea y capacidad para 2, 3 y 4 personas. Precios (según temporada y tipo): día de 9.000 a 14.000; semana de 50.000 a 80.000.

Coto-Ríos (Jaén)

El Pinar
Ctra. del Tranco km 19,5
Tf. 953/71 30 68
Conjunto de 12 apartamentos, en pleno parque natural, con jardín, piscina y restaurante. Tienen salón-cocina, 2 habitaciones dobles y 1 baño. Precios*(según temporada): día de 7.500 a 8.700; pensión completa 2.850.
✉ Buen trato. Ideal para niños.

Frailes (Jaén)

Baños de Ardales
Tf. 607/94 36 59
R. 902/44 22 33
Vivienda levantada en el terreno de un antiguo balneario, con jardín, piscina, barbacoa y terrazas. Salón, cocina, 4 habitaciones dobles y 2 baños. Precios: día 20.000; semana 123.200.

Quesada (Jaén)

Fuente Las Carboneras
Tfs. 953/73 40 06 y 606/86 25 08
Casa situada en la cima del puerto de Tiscar, en un paraje tranquilo, con jardín y piscina. Mobiliario actual, salón con chimenea, cocina, capacidad para 5/8 personas, 1 baño y 1 aseo. Precios (para 5 personas): día 11.000.

La Torrecilla
Tf. 953/73 33 23
R. 902/44 22 33
Cortijo tradicional, sobre una loma con buenas vistas. Sala de estar con chimenea, cocina, 2 habitaciones dobles, 1 de ellas con altillo, y 1 baño. Precios (según temporada): día 10.000; semana de 50.000 a 60.000; limpieza 1.800.

Segura de la Sierra (Jaén)

Cabeza Gorda
Cabeza Gorda
Tfs. 953/75 27 59 y 608/75 46 87
Tres casitas de construcción tradicional, en una aldea muy apartada a 1.500 m de altitud. Decoración agradable, salón-cocina con chimenea, 2 habitaciones dobles y 1 baño. Precios: casa 10.000 diarias y 60.000 semanales.

El Mirador de Messia
Tf./fax 953/48 21 01
Conjunto de nuevos apartamentos, con restaurante típico y hermosas vistas. Muebles antiguos, salón-comedor-cocina con chimenea, 2 habitaciones dobles y 1 baño. Precios (según temporada): 4 personas de 10.000 a 12.000 diarias y de 60.000 a 70.000 semanales.

Sierra de Cazorla, sierra Mágina y campiña de Jaén

Apartamentos y casas de alquiler completo

Segura de la Sierra (Jaén)

El Yelmo
El Ojuelo. Tf. 953/49 61 63
Antiguo cortijo, aislado en la ladera del monte Yelmo, cerca de una aldea y rodeado de olivos. Salón con chimenea, comedor, cocina, 5 habitaciones triples, 2 baños y 1 aseo. Precios (según temporada): día de 15.000 a 21.000; semana de 75.000 a 90.000.

Lugares de interés

Agrupación de Mogón. Pequeño núcleo rural de la vega del Gaudalquivir, cercano a Mogón y al parque natural de Cazorla. *Excursiones: localidades de Villacarrillo, Hornos y Segura de la Sierra; canal del Duende; laguna de Valdeazores; Chorro Gil; cueva del Agua. En* ***Mogón****, muñecas y tejidos.*

Alcalá la Real. Importante ciudad fronteriza durante el reino nazarí. Alcazaba, bonita plaza Mayor y curioso reloj lunar. *Excursiones: pantano Colomera; parajes del parque natural de la Subbética. Taller de cerámica.*

Alcaudete. Villa de origen antiquísimo, disputada por árabes y cristianos hasta comienzos del s. XV. Iglesia de Sta. María, templo mudéjar de S. Pedro y convento de Sta. Clara. *Excursiones: lagunas del Chinche y del Conde, con gran riqueza de aves. En* ***Los Villares****, cestas de mimbre. En* ***Martos****, alfarería.*

Beas de Segura. Pueblo de origen remoto, situado en plena sierra de Segura. Su término es el de mayor extensión de olivar del mundo. Conserva el convento de las Carmelitas, del s. XVI. *Excursiones: ruinas romanas de Puente Mocho; cañada Catena. Trabajos de esparto; elaboración de perfumeros de cerámica con esencias de plantas aromáticas de la sierra de Segura.*

Coto-Ríos. Paraje situado en pleno parque natural de la sierra de Cazorla. *Excursiones; nacimiento del Guadalquivir, en el paraje conocido como Cañada de Fuentes.*

Frailes. Pueblo próximo a Alcalá la Real, dividido por un barranco en el que transcurre el río Martina. Término con agua y arbolado abundantes, incluyendo espléndidos nogales.

Poyotello. Aldea muy aislada en el parque natural de Cazorla, a 1.400 m de altitud y con un entorno rocoso. *Excursiones: pueblos de Pontones y Santiago de la Espada; cañón y nacimiento del río Segura; cueva del Agua; gargantas y nacimiento del río Madera.*

Quesada. Población situada en la falda de la sierra de Cazorla. A destacar la iglesia parroquial del s. XVI, la Casa Consistorial, el museo de Rafael Zabaleta y algunas casas solariegas. *Excursiones: santuario de Tiscar, en un paraje de gran belleza; cueva del Agua. En* ***Jimena****, soldaditos de plomo.*

Segura de La Sierra. Pueblo de montaña, en un término que alcanza los 1.700 m de altitud, con abundante agua. *Excursiones: embalses del Tranco, Anchuricas y Guadalmena; salto de Los Órganos. Artesanía de esparto y cerámica.*

2. Alpujarras, Hoya de Guadix y cabo de Gata

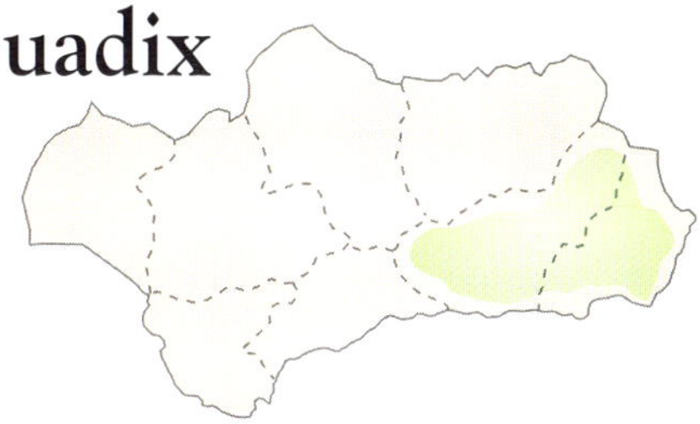

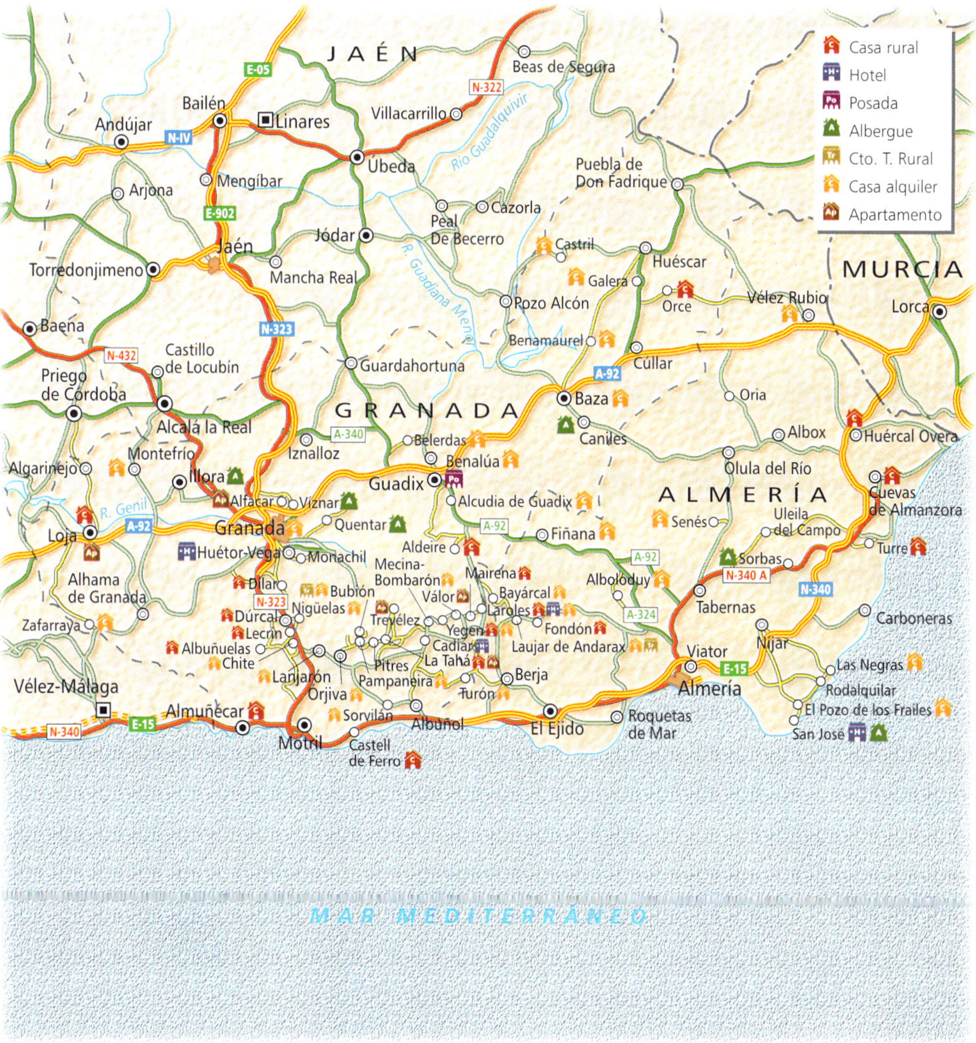

Alpujarras, Hoya de Guadix y cabo de Gata

Albuñuelas
(GRANADA)

Pueblo del valle de Lecrín, situado a medio camino entre Granada y la costa, en una zona de naranjos y limoneros. *Excursiones: rutas de Al-Idrisi y de León el Africano; barranco del río Santo, con cuevas.*

Cortijo del Pino
La Loma. **Cº de Las Ventajas s/n**
Tf./fax. 958/77 62 57. R. 902/44 22 33
Casa rústica bien restaurada, integrada en un antiguo cortijo, con jardín, piscina, terrazas con excelentes vistas y un estudio de pintura bajo un pino centenario. Tiene sala de estar, cocina, 1 habitación sencilla y 4 dobles, todas con baño. Se puede alquilar entera. Precios: habitación doble 9.400, desayuno incluido; vivienda 85.000 fin de semana.

Aldeire
(GRANADA)

Pueblo-mirador sobre el Marquesado de Zenete, en la ladera norte de Sierra Nevada, a más de 1.200 m de altitud y rodeado de un paisaje de castaños y árboles frutales. *Excursiones: castillo de La Calahorra; puerto de la Ragua, que cruza el parque natural de Sierra Nevada.*

Casa Carmelina
Tf. 958/67 11 92. R. 902/44 22 33
Edificación tradicional, con patio, situada en el centro del pueblo. Tiene sala de estar con chimenea y dispone de 1 habitación sencilla, 2 dobles y 1 baño compartido. Precios: habitación sencilla 1.800; doble 3.600.

Almuñécar
(GRANADA)

Localidad costera de origen fenicio, situada a los pies de la sierra de Almijara. Casco viejo de gran tipismo, presidido por un castillo en el que escondieron sus tesoros los reyes granadinos. *Excursiones: acantilados del Cerro Gordo y el Peñón del Fraile.* Venta de artesanía.

Finca Castillo San Rafael
Tf. 958/64 02 47. R. 902/44 22 33
Hacienda tradicional, muy cuidada, próxima a la población, con piscina y con excelentes vistas. Tiene 11 plazas en habitaciones sencillas, dobles y múltiples, algunas con baño. Precios: habitación doble 6.000, desayuno incluido. *Observaciones: cursos de cerámica tradicional.*

Bubión
(GRANADA)

Alta localidad alpujarreña, con casas escalonadas y preciosas vistas del barranco de Poqueira. *Excursiones: lagunas de origen glaciar. Telares; trabajos en piel; taller de pintura; tiendas de artesanía. En* ***Capileira****, museo Alpujarreño, taller de carpintería y tienda de enea y piel.*

Villa Turística de Bubión (***)
Tfs. 958/76 31 11-76 31 12. Fax 958/76 31 36
Complejo de 43 hogares, con comedor, lavandería y salón social. Cada alojamiento tiene terraza, comedor-cocina con chimenea y un máximo de 6 plazas, con 1 ó 2 baños. Precios: 2 plazas 12.000 diarias; desayuno 925; comida o cena 2.500. *Observaciones: excursiones a Sierra Nevada y paseos a caballo.*

Cádiar
(GRANADA)

Pueblo del valle del Guadalfeo, en un paisaje de higueras, olivos y almendros. *Excursiones: ruta del "estraperlo"; casa de Aben Humeya; pueblos de Venta Mora, Lobras, Tímar, Cástaras y Jubiles; fuente de las Aguas Agrias; recorrido del GR.7. Trabajos de forja.*

Alquería de Morayma (**)
Ctra. de Torvizcón
Tfs. 958/34 32 21 y 34 33 03
Encantador conjunto de casitas alpujarreñas, en una finca agrícola, con lagar, bodega, piscina y una ermita convertida en museo etnológico, a 2 km de Cádiar. Incluye 8 habitaciones y 5 casas equipadas con cocina-salón y baño. Precios: habitación doble 6.500; casa de 4 plazas de 10.500 a 11.500; desayuno 400; comida o cena 1.600.

Caniles
(GRANADA)

Villa cercana a Baza, ocupada por los árabes hasta finales del s. XV y emplazada en un paisaje agrícola y ganadero. Casa Consistorial y templo mudéjar. *Excursiones: fuentes de los Toranzos y del Pino; calares de Santa Bárbara y de Rapa; pinar de la Fonfría; mirador de Bastida.*

Refugio Floranes
Tf. 958/86 09 01
Edificio antiguo, con aire de refugio forestal, aislado en pleno parque natural de la sierra de Baza. Tiene sala de reuniones, cocina con chimenea, comedor con estufa de leña y 1 habitación para 20 personas, en literas, con 2 baños comunes. Precios: alojamiento 1.400; pensión completa 3.400. *Observaciones: senderismo, talleres medioambientales y safari fotográfico; hay una zona de acampada para 80 personas.*

Castell de Ferro
(GRANADA)

Localidad de vieja tradición marinera, hoy reciclada al turismo. Conserva los restos de su castillo árabe, desde el que se alcanza a divisar la costa marroquí. *Excursiones: sierra de la Contraviesa y valle de Polopos, con la curiosa aldea abandonada de Las Casillas.*

La Torrera Alta
Rambla de Lujar

Tf. 958/34 91 39. R. 902/44 22 33

Cortijo del s. XIX, situado a 3 km del pueblo y restaurado manteniendo su estilo rústico. Tiene salón de lectura, salones con chimenea, bar habilitado en la antigua cuadra, 3 habitaciones dobles con baño y 1 vivienda para 4 personas. Precios (según temporada): habitación doble 6.500, desayuno incluido; vivienda de 8.500 a 9.000 diarias.

Cuevas del Almanzora
(ALMERÍA)

Pueblo de la vega del río Almanzora. Interesante castillo gótico, casas de buena planta y templo con un rica colección de tallas. *Excursiones: sierra Almagrera, con minas explotadas por los fenicios.*

Elaboración de jarapas, esparto y cerámica.

Cortijo La Hierbabuena

Tf./fax 950/16 86 97

Casa de campo del s. XVIII, con jardín y piscinas, situada en un paisaje de olivar y sobre una loma con excelentes vistas. Tiene 2 habitaciones dobles y 5 cabañas, cada una con capacidad para 4 personas. Precios: habitación doble 7.000, desayuno incluido; cabaña 10.000 diarias y 60.000 semanales. ***Observaciones: clases de español y de historia del arte para extranjeros; en la finca hay un camping-cortijo.***

Dílar
(GRANADA)

Pueblo serrano situado en las faldas de Los Alayos, zona integrada en el parque nacional de Sierra Nevada. *Excursiones: Ermita Vieja; iglesia de las Mostenses; vega del Dílar; pico de los Alayos; Corazón de la Sandía y paraje de Trevenque.*

El Encinar de Bizcandía

Tfs. 958/34 06 17 y 29 33 37. R. 902/44 22 33

Casa-cortijo situada a 3 km del pueblo, en una amplia finca con jardín y piscina. El interior dispone de salón con chimenea, comedor, un pequeño bar, 7 habitaciones dobles con baño y 1 *suite*. Se puede alquilar entera. Precios (según temporada): habitación doble de 7.000 a 9.000; *suite* de 9.000 a 12.500; desayuno incluido; comida o cena 2.500.

✉ Confirmar que la dueña ha recibido el importe de la reserva.

Dúrcal
(GRANADA)

Pueblo de las estribaciones de Sierra Nevada, entre Granada y la costa de Motril. Iglesia del s. XVI y puente de hierro. *Excursiones: cuevas de Cozvíjar, con yacimientos arqueológicos; ermita del Cristo del Zapato, en Pinos del Valle; torres árabes de vigilancia, en Cónchar; manantiales de Urquízar; paseo a la laguna del Padul; paraje del Canal de Fuga, aguas arriba del río Dúrcal; embalse de Béznar; sierra de las Albuñuelas; vega del valle de Lecrín.*

Cortijo La Solana

Tf./fax 958/78 05 75. R. 902/44 22 33

Edificación rodeada de verde y situada sobre un cerro cercano al pueblo, con terraza ajardinada y alberca. El interior, con decoración tradicional, dispone de salón con biblioteca y 3 habitaciones dobles, 1 de ellas con baño. Precios (según temporada): habitación doble de 4.400 a 4.600; con baño de 6.200 a 6.500; desayuno incluido. ***Observaciones: la propiedad dispone de otra casa para 4 personas.***

El Molino del Puente

Tf./fax 958/78 07 31. R. 902/44 22 33

Bello edificio tradicional, en un paraje aislado y con un entorno de vegetación exuberante. El interior, con un mobiliario clásico y una decoración cuidada, tiene salón de estar, 1 habitación sencilla y 7 dobles, todas con baño. Precios: habitación doble 8.560. ***Observaciones: restaurante de cocina tradicional, con productos de agricultura ecológica y repostería casera.***

Fondón
(ALMERÍA)

Localidad situada en un valle, entre la sierra de Gádor y Sierra Nevada. Conserva algunas casonas nobiliarias del s. XVII. *Excursiones: parque Natural de Sierra Nevada; parajes del río Andarax.*

Trabajos de forja.

Río Andarax
Benecid

Tfs. 950/[illegible] y 950/[illegible]

Antigua casa de buen porte, con jardín y excelentes vistas, en una aldea apartada. El interior, con decoración tradicional, tiene biblioteca, sala con chimenea y 4 habitaciones con un total de 13 plazas. Precios: alojamiento 1.500 persona/día. ***Observaciones: alquiler de bicicletas; información sobre rutas; actividades para grupos; especial para no fumadores.***

Alpujarras, Hoya de Guadix y cabo de Gata

Guadix
(GRANADA)

Ciudad de antiquísima fundación asociada a la cultura argárica. Plaza porticada renacentista, catedral y buen conjunto, algo descuidado, de palacetes y templos. Alcazaba y barrio de casas-cueva de origen árabe. *Excursiones: baños termales de Cortes.* Museo de alfarería.

La Almazara de Paulenca

Paulenca. **Tf./fax 958/66 54 64. Tf. 666/07 71 32**

Hospedería situada a 3 km de Guadix, en una aldea de casas-cueva y habilitada en una antigua almazara, con jardín, piscina y patios. Tiene comedor, sala de estar con chimenea, biblioteca, cocina y 7 habitaciones dobles, 5 de ellas con baño. Precios: habitación doble 5.000; con baño 7.000; desayuno incluido; comida o cena 1.000. *Observaciones: organizan actuaciones y cursos de flamenco.*

Huércal-Overa
(ALMERÍA)

Villa en un ancho valle. Plaza de toros, Ayuntamiento y templo con tallas de Salcillo. *Excursiones: cerro de los Fósiles; rambla Bombeina; paraje del Romeral; olivo milenario y cueva del cerro de la Limena.* En **Almajalejo**, *carpintería y marcos.* En **Albox**, *alfarería árabe tradicional.*

Las Cañás

Almajalejo. **Tf. 950/52 88 96. R. 902/44 22 33**

Agradable cortijo, con terrazas y piscina, en un bello paisaje desértico. El interior rústico, tiene sala, cocina-comedor, 4 habitaciones dobles con baño y 1 vivienda para 4/8 personas. Precios (según temporada): alojamiento 2.500 persona/día, desayuno incluido; vivienda para 4 personas 11.000 diarias y de 40.000 a 65.000 semanales; comida o cena de 1.000 a 1.400.

Limpio. Comodidad aceptable. Buena decoración.

Huétor-Vega
(GRANADA)

Pueblo cercano a Granada y a la vega de Monachil. Iglesia de la Encarnación, del s. XV. *Excursiones: ciudad de Granada; camino Real de los neveros; jardín botánico de la Cortijuela; fuente del Hervidero. Molduras y adornos moriscos en escayola.* En **Monachil**, *objetos de madera taraceada.*

Villa Sur (**)

Tf./fax 958/30 22 83

Pequeño hotel familiar, habilitado en una quinta de estilo tradicional con jardín, piscina y terrazas con vistas a la vega. El interior, cuidado, tiene salón-comedor, sala de estar con chimenea y 6 habitaciones dobles con baño y balcón. Precios (según tipo): habitación doble de 8.200 a 11.700; desayuno 600.

Íllora-Alomartes
(GRANADA)

Población del sur de la sierra de Parapanda, a pocos kilómetros de la capital granadina. Conjunto presidido por el castillo árabe, clave en la defensa de Granada. Bella iglesia renacentista de la Encarnación. *Excursiones: sierra de Parapanda, con excelentes vistas de la región.*

Nuestra Sra. de las Angustias

Tf. 958/34 01 77. R. 902/44 22 33

Finca agrícola y granja-escuela en un lugar aislado, rodeada de terreno, con piscina. El edificio, rústico, cuenta con chimenea y 60 plazas en 2 habitaciones dobles y 6 múltiples. Precios: alojamiento 1.900; pensión completa 3.500. *Observaciones: imparten cursos de artesanía, fotografía y equitación, entre otros; exhibición de aves rapaces.*

Laroles
(GRANADA)

Localidad situada a más de 1.000 m en las faldas de Sierra Nevada. *Excursiones: ermita de Júbar; localidades de Mairena y Picena; museo etnográfico y de artesanía de Nevada; buena zona para la búsqueda de plantas medicinales; puerto de La Ragua; parajes de los ríos Laroles, Mairena y Bayárcal. Artesanos de esparto y madera; canteros que trabajan la pizarra. Venta de artesanía en el punto de información del puerto de La Ragua.*

Cortijo Buenavista

Ctra. de Mairena, km 1

Tfs. 958/34 30 60 y 689/71 22 69. R. 902/44 22 33

Cortijo del s. XIX, rehabilitado, en una zona arbolada, con alberca, terraza y bellas vistas de Sierra Nevada. La vivienda tiene salones, chimenea, cocina, 4 habitaciones dobles y 2 baños. Se puede alquilar entera. Precios (según temporada): habitación doble de 5.000 a 5.800; vivienda de 63.750 a 75.000 semanales. *Observaciones: hay un albergue y zona de acampada en la finca.*

Refugio de Nevada (**)

Ctra. de Mairena s/n

Tf. 958/76 03 20. Fax 958/76 03 04

Hotel de nueva construcción, manteniendo el estilo tradicional de la zona, con espléndidas vistas. Tiene bar, restaurante, 5 habitaciones dobles con baño y 7 estudios con baño, sala de estar y chimenea. Precios: habitación doble 6.800; estudio 8.750.

Laujar de Andarax
(ALMERIA)

Capital de la Alpujarra almeriense, asentada en el valle de Andarax, que transcurre entre la sierra Nevada y la sierra de Gádor. *Excursiones: bello paraje de El Nacimiento.*

Villa Turística de Laujar
Tf. 950/51 30 27. Fax 950/51 35 54
Conjunto de edificaciones de estilo tradicional, con espacios ajardinados, piscina y buenas vistas del valle de Andarax. Dispone de salones, restaurante y 31 apartamentos de 2 a 6 plazas, con chimenea, cocina y baño. Precios (según temporada): 2 plazas de 10.000 a 11.400 diarias; 4 plazas de 16.900 a 19.100 diarias; desayuno incluido; comida o cena 1.900.

Loja
(GRANADA)

Conjunto monumental, cruzado por el río Genil. Edificios religiosos de los siglos XVI al XVIII, callejones, fuentes medicinales y vestigios de alcazaba. *Excursiones: necrópolis de Torre Martilla; sierra a Zafarraya; manantiales del Frontil; paraje de los Infiernos. Cerámica tradicional.*

El Cachete
Dehesa de los Montes
Tf. 958/34 86 99. R. 902/44 22 33
Edificio reciente, construido con materiales tradicionales y emplazado en una finca de olivar, con piscina. Dispone de salones y 6 habitaciones dobles con baño. Precios: habitación doble 5.800; desayuno 500; cena 2.000. *Observaciones: cocina con productos de la zona; alquiler de bicicletas.*

Mairena
(GRANADA)

Lugar del municipio de Nevada, situado a más de 1.000 m de altitud en las mismas faldas de la sierra, en un paisaje accidentado atravesado por el torrente del Lobo. *Excursiones: parque nacional de Sierra Nevada.*

Las Chimeneas
Tf. 958/76 03 52. R. 902/44 22 33
Típica construcción alpujarreña, con alberca, terrazas y buenas vistas de la sierra. El interior, decorado con antigüedades de la zona, tiene sala de estar y 3 habitaciones dobles, 1 de ellas con baño y todas con balcón. Precios: habitación doble 7.000.

Orce
(GRANADA)

Lugar del hallazgo del famoso "hombre" de Orce, de hace 1,6 millones de años. Conserva una hermosa alcazaba y un museo de Prehistoria. *Excursiones: rutas del estraperlo y del aceite; bosque de Sierra Umbría; cañada del Salar, con torre árabe; parque natural de sierra María.*

Laveranda
Fuentenueva
Tf. 958/34 43 80. R. 902/44 22 33
Cueva muy amplia, en una aldea a pocos kilómetros de Orce. El interior, mimado y con mobiliario antiguo, tiene salones, cocina, chimenea y 5 habitaciones dobles con baños compartidos. Precios (según temporada): habitación doble de 6.800 a 7.200, desayuno incluido. *Observaciones: la propiedad alquila además una cueva para 8 personas.*

Quéntar
(GRANADA)

Pueblo situado a más de 800 m de altitud, en la falda de Sierra Nevada y junto al embalse de Quéntar.
Excursiones: parque natural de la sierra de Huétor.

Dormitorio de Esquiadores
Tf. 958/81 74 05. R. 902/44 22 33
Edificación amplia, de estilo tradicional, situada en el centro de la población, con piscina. Tiene chimenea y capacidad para 10 personas en 2 habitaciones múltiples. Precios (según temporada): alojamiento de 1.500 a 2.000 persona/día. *Observaciones: la estación de esquí está a 30 minutos.*

San José
(ALMERIA)

Encantadora villa costera del municipio de Níjar. Pequeño puerto para embarcaciones deportivas y de pesca. *Excursiones: aldea de Pozo de los Frailes, con una vieja noria; playas de los Escullos, Monsul y bellísima ensenada de los Genoveses.*
Ver página siguiente.

Cortijo El Sotillo (****)
Tf. 950/61 11 00
Bello cortijo situado a las afueras del pueblo y dedicado a la actividad ecuestre. El interior, con muebles antiguos y una decoración elegante, tiene bar, comedor, sala de estar, 10 habitaciones dobles con baño y 2 *suites*. Precios (según temporada): habitación doble de 10.000 a 14.000; *suite* de 14.000 a 18.000; desayuno 1.000; comida o cena 3.000. *Observaciones: cursos de equitación y rutas a caballo.*

Alpujarras, Hoya de Guadix y cabo de Gata

San José
(ALMERÍA)

Ver página anterior.
Venta de artesanía y artículos marineros en diversas tiendas. En **Níjar**, *talleres de alfarería y abundante producción de jarapas.*

Albergue de San José
Tf. 950/38 03 53. Fax 950/38 02 13
Albergue cuidado y de ambiente *trotamundos*, próximo a la playa y con una agradable terraza cubierta de emparrado. Cuenta con un amplio salón con chimenea, bar y habitaciones múltiples de 2, 4, 6 y 8 plazas en literas. Precios (según temporada): alojamiento de 1.100 a 1.300.

Sorbas
(ALMERÍA)

Villa pintoresca encaramada en un cortado sobre el río Aguas. Ruinas del castillo árabe, barrio alfarero y caserones. *Excursiones: paisaje kárstico del río Aguas; desierto de Tabernas. Talleres de alfarería, con especial mención a Mañas, con cuatro generaciones utilizando un horno de leña.*

La Cumbre
Tfs. 950/52 53 92 y 608/95 57 81
Cortijo tradicional, con granja y piscina, en un hermoso paraje muy aislado, a 4 km del pueblo. Tiene horno árabe, chimenea, sala y 50 plazas en 2 habitaciones dobles con baño y 3 múltiples. Precios: habitación doble con baño 4.500; plaza de albergue 1.500; desayuno 400; comida o cena 1.400. *Observaciones: descuentos a grupos; disponen de otras 5 habitaciones dobles en un cortijo cercano.*

La Tahá
(GRANADA)

Pequeño caserío a los pies de la localidad alpujarreña de Pitres. *Excursiones: aldea de Capilerilla; caminos reales; barranco del río Trevélez; ruta de los molinos; Fuente Agria y preciosa cascada de El Chorreón, en Portugos.*
En **Atalbeitar**, *taller de cerámica.*

Sierra y Mar
Ferreirola
Tf. 958/76 61 71. Fax 958/85 73 67
Casa tradicional, de estilo serrano, situada a las afueras del pueblo, con terraza, un soleado jardín y barbacoa. Tiene comedor con chimenea, biblioteca, cocina y 6 habitaciones dobles con baño. Precios: habitación doble 5.000, desayuno incluido. *Observaciones: rutas de senderismo.*

Talará
(GRANADA)

Lugar del valle de Lecrín, entre la capital granadina y la costa. Bello paisaje de olivar, naranjos y limoneros. *Excursiones: baños romanos de la Malaha; curso alto del río Torrente; sierra de las Albuñuelas. Artesanía de mimbre, esparto y telares. Jarapas. Forja y cerámica nazarí.*

Casa de la Acequia
C/ Real 7
Tf. 958/78 81 32. Fax 958/79 53 47. R. 902/44 22 33
Casa tradicional de tres plantas, bien equipada, con patio y terraza, rodeada de frutales. Tiene salones, cocina, chimenea y 4 habitaciones dobles, con 2 baños. Precios: habitación doble 5.500, desayuno incluido. *Observaciones: biblioteca especializada en historia y arte; cursos de español para extranjeros, artesanía y cocina tradicional.*

Turre
(ALMERÍA)

Pueblo cercano a Mojácar, en una zona con cultivos de frutales y hortalizas.
Excursiones: pueblos costeros de Mojácar y Garrucha; umbría de Sierra Cabrera, y otros parajes, como las aldeas de Cabrera y Teresa, de origen musulmán. En **Mojácar**, *trabajos de esparto y artesanía variada.*

El Nacimiento
Tf. 950/52 80 90. R. 902/44 22 33
Cortijo en explotación, con arbolado, huerta ecológica y balsa de agua de manantial, a 230 metros de altura en un paraje cubierto de vegetación de Sierra Cabrera. Tiene salón, chimenea, terraza con magníficas vistas y 5 habitaciones dobles con baño. Precios: habitación doble 5.000, desayuno incluido; cena 1.000. *Observaciones: cuidada cocina vegetariana; mermeladas y dulces caseros.*

Víznar
(GRANADA)

Localidad muy próxima a la capital granadina, situada a más de 1.000 m de altitud. *Excursiones: parque natural de la sierra de Huétor; paraje de Fuentegrande; cuevas del Agua y del Gato.*

Víznar
Camino de Fuentegrande s/n
Tf. 958/54 33 07
Albergue perteneciente a la REAJ, con piscina y pistas deportivas. Cuenta con 113 plazas en habitaciones dobles o múltiples con baño. Dispone de servicio de comedor, sala de estar, gimnasio y salones de usos múltiples. Está adaptado para minusválidos. Precios: ver apéndice.

Yegen
(GRANADA)

Pequeña localidad emplazada a más de 1.000 m de altitud y uno de los refugios alpujarreños de Gerald Brenan. *Excursiones: puente romano de Mecina; iglesia mudéjar de Golco; cuevas de Montenegro; paraje natural del Salto del Reyezuelo; fuentes ferruginosas de Cuesta Viñas.*

El Rincón de Yegen
Tfs. 958/85 12 70 y 85 12 76
Núcleo de alojamientos de construcción tradicional, con piscina y terrazas con buenas vistas. Incluye 4 habitaciones dobles con baño y 2 viviendas con capacidad para 4 personas. Precios: habitación doble 5.000; vivienda 17.200 fin de semana y 48.000 semanales; desayuno 600; comida o cena 1.200. *Observaciones: descuentos a grupos y por estancias largas; restaurante de cocina alpujarreña.*

Apartamentos y casas de alquiler completo

Alboloduy (ALMERÍA)

Casa Pilar
Tf. 950/27 17 50
R. 902/44 22 33
Casa de arquitectura popular en lo alto del pueblo, con terraza y buenas vistas. Interior con detalles alpujarreños, comedor, cocina con chimenea, baño y 3 habitaciones dobles. Precios: fin de semana 16.000; semana 40.000.

Alcudia de Guadix (GRANADA)

Cueva del Tío Tobas
Ctra. de Almería s/n
Tf. 956/83 59 01. **R.** 902/44 22 33
Cuevas rehabilitadas, con jardín y piscina, a 1.100 m de altitud. Decoración tradicional, cocina, comedor, sala, chimenea, 1 habitación doble, 1 triple y 1 baño. Precios: día 12.500; semana 77.000.

Alfacar (GRANADA)

Al Sil-Ram
Tf. 958/54 34 54
R. 902/44 22 33
Casa tradicional, situada en el centro del pueblo. Incluye 1 pequeño apartamento, con salón-cocina, 1 habitación doble y 1 baño. Precios: día 6.000; semana 40.000.

Bayárcal (ALMERÍA)

Los Prados
Tf. 958/78 15 98
R. 902/44 22 33
Casa de labor, en una finca de castaños centenarios, a 1.400 m de altitud. Salón, 1 habitación doble y 1 cuádruple. Precios (según temporada): día 9.000; semana de 35.000 a 45.000. *Observaciones: carece de luz eléctrica.*

Baza (GRANADA)

Alcaldía de Casasola
Casasola
Tfs. 958/70 11 29 y 954/90 15 70
Edificio de tipo tradicional, aislado, con alberca, jardín, porche y terrazas. Decoración rústica, cocina-comedor con chimenea, 4 habitaciones dobles y 1 baño. Precios (según temporada): día 10.500; semana de 40.000 a 55.000; limpieza 3.500.

Belerda de Guadix (GRANADA)

Tajo del Pollo
Tf. 958/69 61 14
R. 902/44 22 33
Amplia cueva, con ventanas y balcón al exterior. Tiene 2 viviendas, ambas con cocina-salón con chimenea, 1 habitación doble, 1 triple y 1 baño. Precios (según temporada): día 10.000; semana de 50.000 a 60.000; limpieza 2.500.

Benamaurel (GRANADA)

Cueva de S. Marcos
Tfs. 958/74 01 75 y 958/34 21 25 **R.** 902/44 22 33
Casa-cueva muy amplia. Patio, decoración rústica, comedor, cocina, sala, chimenea, buenos accesos para minusválidos y 5 habitaciones. Precios (según temporada): día de 9.000 a 12.000; semana de 40.000 a 55.000.

Benalúa (GRANADA)

Cuevas La Granja
Tf./fax 958/67 60 00 y 666/55 80 30
Complejo de casas-cueva, a 1 km del pueblo, con jardín y piscina. Cocina, salón con chimenea, 1,2 o 3 habitaciones dobles, y 1 baño. Precios (según temporada): 2 plazas de 6.000 a 7.500 diarias; 6 plazas de 16.000 a 18.000 diarias.

Alpujarras, Hoya de Guadix y cabo de Gata

Apartamentos y casas de alquiler completo

Bubión (Granada)

Casa de la Cruz
Tf. 958/76 31 41
R. 902/44 22 33
Casa alpujarreña, con buenas vistas. Decoración cuidada, cocina, 2 habitaciones dobles y 1 baño. Precios (según temporada): día de 8.000 a 9.000; semana de 36.000 a 45.000; limpieza 2.000. *Observaciones: no se recomienda ir con niños.*

Mariano
Tf. 958/76 31 65
Austera casa alpujarreña de nueva construcción, con huerto, jardín y terraza. Comedor, estufa de leña, cocina, 2 habitaciones dobles y 1 baño. Precios (según ocupación): día de 4.000 a 10.000; semana de 35.000 a 45.000. *Observaciones: carece de calefacción.*

El Portón
C/ Real 7
Tf. 958/76 31 41. R. 902/44 22 33
Casa amplia, a las afueras del pueblo, con jardín, terraza y buenas vistas. Salón, chimenea, cocina y 3 habitaciones dobles con 1 baño. Precios (según temporada): día de 9.500 a 10.000; semana de 45.000 a 56.000.

Castril (Granada)

Fuentes Nuevas
Tf. 953/73 89 47
R. 902/44 22 33
Cortijo situado en un paraje aislado, a 5 km del pueblo y con excelentes vistas. Salón con chimenea, cocina, 6 habitaciones dobles y 1 baño. Precios: día 7.800; semana 45.000.

Chite (Granada)

Casa del Aljibe
Tf. 958/78 82 32
R. 902/44 22 33
Casa de buena planta, con patio, en una zona de naranjos. Interior rústico, salón, chimenea, comedor, cocina, 3 habitaciones dobles y 2 baños. Precios: día 7.200; semana 45.000. *Observaciones: paseos y rutas a caballo por la Alpujarra.*

Fiñana (Almería)

Casería Fas
Tf. 950/22 53 76
R. 902/44 22 33
Antigua edificación de dos plantas, cercana a la estación de tren. Decoración tradicional, salones, cocina, desván, 5 habitaciones dobles y 2 baños. Precios (según temporada): día 15.000; semana de 50.000 a 70.000.

Galera (Granada)

Casas-Cueva
Tf. 958/73 90 68
R. 902/44 22 33
Conjunto de cuevas con un galardón túristico, en lo alto del pueblo. Porche, sala con chimenea y de 1 a 4 habitaciones dobles. Precios (según capacidad): día de 6.500 a 18.000; semana de 30.450 a 108.500. *Observaciones: cursos de artesanía.*

Las Negras (Almería)

La Casa Blanca
Tf. 950/38 80 75
R. 902/44 22 33
Casa de nueva construcción, con materiales tradicionales, a 1 km del pueblo, con jardín y vistas al mar. Sala con chimenea y salida a la terraza, cocina, 2 habitaciones dobles y 1 baño. Precios (según temporada): semana de 62.000 a 85.000.

Lanjarón (Granada)

La Chaparra
Tf. 958/34 70 46
R. 902/44 22 33
Cortijo alpujarreño, accesible por una pista de 7 km, con frutales, piscina, patio, terraza y barbacoa. Salón, chimenea, cocina, 1 habitación sencilla y 2 dobles. Precios (según temporada): día 10.000; semana de 50.000 a 60.000.

Laroles (Granada)

Barranco de la Salud
Tf. 958/76 03 58
R. 902/44 22 33
Cortijo tradicional con jardín, huertas y frutales. Incluye 2 viviendas de 4 plazas en habitaciones dobles con baño. Precios: vivienda 7.490 diarias y 32.100 semanales. *Observaciones: tareas agrícolas; la propiedad alquila otras viviendas.*

Apartamentos y casas de alquiler completo

Laroles (Granada)

Prados Primeros
Tfs. 958/76 02 36 y 958/76 03 69
Cortijo aislado a 1.700 m de altitud, con un castaño de 300 años, terraza con barbacoa y excelentes vistas. Salón, chimenea, cocina y 3 habitaciones dobles. Precios: día 7.000; semana 40.000.

Laujar de Andarax (Almeria)

El Piojo
Tf. 950/51 3[illegible] 27
Sencilla edificación tradicional, en pleno campo, a 2 km del pueblo. Sala de estar con chimenea, cocina, 1 habitación sencilla, 2 dobles y 1 baño. Precios: fin de semana 15.000; semana 25.000. *Observaciones: carece de calefacción.*

Loja (Granada)

Cortijo Cevico
Tf. 958/26 46 04
R. 902/44 22 33
Cortijo agradable, en pleno campo, con patios y piscina. Tiene 2 apartamentos con una decoración cuidada, salón con chimenea, 2 habitaciones dobles y 1 baño. Precios: día 20.000; semana de 90.000; limpieza 3.000.

Mecina-Bombarón (Granada)

Casas Blancas
Tf. 958/85 11 51
Grupo de 6 viviendas de nueva construcción, a las afueras, con piscina climatizada, sauna y buenas vistas. Terraza, chimenea y un máximo de 6 plazas en 1 habitación sencilla y 2 dobles. Precios (según ocupación): día de 5.000 a 9.000.

Montefrío (Granada)

Casa de la Parra
Tfs. 958/[illegible] y 609/57 54 00
Casita tradicional en lo alto del pueblo, con emparrado. Interior rústico, sala, chimenea y 3 habitaciones dobles escalonadas en distintas plantas. Precios: día 12.000; semana 63.000. *Observaciones: la propiedad alquila además una casa de campo.*

Nigüelas (Granada)

Casa Verde
Tf. 958/78 82 32
R. 902/44 22 33
Casa tradicional recién restaurada, con materiales rústicos, situada en la parte alta del valle de Lecrín. Terraza, salón, cocina, chimenea y 2 habitaciones dobles. Precios: día 7.200; semana 45.000.

Órgiva (Granada)

La Cañada
Tf./fax 958/78 40 75
R. 902/44 22 33
Conjunto de 4 casitas en plena vega, a 2 km del pueblo, con piscina, jardín y un entorno de olivos centenarios. Cocina-comedor, 2 habitaciones y 2 baños. Precios (según temporada): casita 8.000 diarias y de 38.000 a 52.000 semanales.

Cortijo Tíjola
Tíjola. Tf. 958/78 46 80
R. 902/44 22 33
Finca apartada, en un paraje de huertas, con piscina y agradables vistas. Inlcuye 2 casitas con salón, cocina, baño y capacidad para 3 y 4 personas. Precios (según tipo): día de 6.000 a 8.000; semana de 35.000 a 45.000.

La Longuera
Tf. 958/34 71 07
R. 902/44 22 33
Cortijo tradicional, en un hermoso olivar, a 2 km de Órgiva. Incluye 2 viviendas con porche, salón, chimenea, cocina, 2 habitaciones dobles y 1 baño. Precios (según temporada): vivienda de 7.000 a 9.000 diarias y de 45.000 a 63.000 semanales.

Pampaneira (Granada)

La Suerte
Tfs. 958/34 31 89 y [illegible] R. 902/44 22 33
Dos cortijos, con piscina y patio. Cocina, salón con chimenea y 1 ó 2 habitaciones dobles. Precios (según temporada y tipo): cortijo de 6.500 a 8.000 diarias y de 45.000 a 55.000 semanales. *Observaciones: la propiedad alquila la otra vivienda de 6 plazas.*

Apartamentos y casas de alquiler completo

Pozo de los Frailes (Almería)

Torreblanca
Tf. 607/40 66 92
R. 902/44 22 33
Núcleo presidido por un molino, con jardín y piscina. Viviendas con salón, chimenea, cocina, 2 habitaciones dobles y 1 baño. Precios (según temporada): día 12.000; semana de 55.000 a 95.000.

Sacromonte (Granada)

Cuevas del Abanico
Tf. 608/84 84 97
Tf./fax 958/22 61 99
Bonitas casas-cueva del Sacromonte, con jardín y terraza. Decoración rústica, cocina, sala, 1 ó 2 habitaciones y 1 baño. Precios (según tipo): día de 8.000 a 13.000; semana de 48.000 a 68.000. *Observaciones: mínimo 1 semana en temporada alta.*

Senés (Almería)

Casa Hornos
R. 902/44 22 33
Casa tradicional reformada, en el centro del pueblo. Tiene terraza, chimenea, cocina, 2 habitaciones dobles y 1 baño. Precios (según temporada): día 7.500; semana de 28.000 a 35.000.

Sorvilán (Granada)

Casa Carlota
Tf. 958/26 65 44
R. 902/44 22 33
Casa restaurada, con buenas vistas. Mobiliario antiguo, cocina tradicional, salón con chimenea, sala, 4 habitaciones dobles y 2 baños. Precios (según temporada): día de 7.000 a 10.000; semana de 40.000 a 60.000; limpieza 8.000.

Pepe de Guillermo
Tf. 950/23 57 33
R. 902/44 22 33
Casa tradicional, en la plaza del pueblo, rematada por una terraza con excelentes vistas. Salas de estar, cocina, 2 habitaciones dobles y 1 baño. Precios (según temporada): día 8.000; semana de 29.000 a 39.500.

La Tahá (Granada)

Cortijo Prado Toro
Tf. 958/34 32 40
R. 902/44 22 33
Edificio de aire tradicional, con jardín y piscina. Inlcuye 4 estudios, con decoración cuidada, terraza, cocina, sala, chimenea, 1 habitación doble y 1 baño. Precios (según tipo): día de 8.000 a 10.000. *Observaciones: buenos accesos para minusválidos.*

Trevélez (Granada)

Peñabón
Los Charcales s/n
Tfs. 958/85 85 77 y 85 87 26
Edificio tradicional, con buenas vistas. Tiene apartamentos para 2/4 y 6 personas, algunos abuhardillados, con terraza y chimenea. Precios (según temporada): 4 plazas de 8.000 a 9.000 diarias. *Observaciones: venta de artesanía y embutidos.*

Turón (Granada)

Casa Enrique
Tf. 610/92 72 92
R. 902/44 22 33
Casa-cortijo, con huerto, piscina y terraza. Decoración tradicional, salón, cocina, chimenea, horno árabe, 1 habitación sencilla, 3 dobles y 1 triple. Precios: día 11.000; semana de 58.000 a 68.000. *Observaciones: estancia mínima de 3 días.*

Válor/Mecina-Alfahar (Granada)

Balcón de Válor
Tf./fax 958/85 18 21
R. 902/44 22 33
Conjunto de 6 casas alpujarreñas de 4 y 6 plazas, con piscina, barbacoa y jardín. Precios (según temporada): 4 plazas de 10.000 a 12.000 diarias; 6 plazas de 12.000 a 14.000 diarias. *Observaciones: la propiedad regenta un hostal en el pueblo.*

Vélez Rubio (Almeria)

El Olivar
Tf. 950/41 11 48
R. 902/44 22 33
Casita de nueva construcción, aislada, con piscina, jardín y vistas a la sierra María. Sala con chimenea, cocina, 3 habitaciones dobles, 1 de ellas con literas, y 1 baño. Precios: día 15.000; semana 75.000.

Apartamentos y casas de alquiler completo

Yegen (Granada)

Los Molinos
Tf./fax 958/85 10 76
Molinos harineros rehabilitados, junto al río Mecina. Incluyen 5 viviendas con salón-comedor, chimenea, cocina y capacidad para 4, 7 y 8 personas. Precios (según tipo): día de 10.500 a 14.500; semana de 66.150 a 91.350.
Inmejorable. Como de cuento.

Zafarraya (Granada)

Venta de la Leche
Tf. 952/33 61 99
Casa amplia, aislada en un bello paraje a más de 1.000 m de altitud. con buenas vistas. Techos de vigas de madera, salón, chimenea, cocina, 5 habitaciones dobles y 2 baños. Precios: día 19.000; semana 100.000. *Observaciones: disponen de bicicletas.*

Lugares de interés

Alboloduy. Pueblo de la Alpujarra almeriense., con restos de una fortaleza árabe. *Taller de cerámica.*

Alcudia de Guadix. Mínima localidad próxima a la villa monumental de Guadix. *Excursiones: castillo de Lacalahorra.*

Alfacar. Localidad próxima a la capital granadina, situada en plena vega. *Excursiones: parque natural de la sierra de Huétor.*

Bayárcal. Lugar situado a más de 1.200 m de altitud. *Excursiones: puerto de La Ragua. Colchas, cortinas, bolsos y alfombras. En* ***Ugíjar****, cerámica, mimbre y elaboración de jarapas.*

Baza. Villa con un interesante patrimonio. Iglesia Mayor, que fue catedral visigoda, restos del castillo, muralla y baños árabes. *Talleres de cerámica; excelentes guitarras y otros instrumentos de cuerda.*

Belerda de Guadix. Pequeña barriada, a 12 km de Guadix. Curioso cementerio con nichos excavados en cueva.

Benamaurel. Agradable localidad con una mazmorra y un "columbario" romano excavados en cuevas. *Excursiones: baños termales de Zújar; parque natural de la sierra de Baza.*

Castril. Bello pueblo de las estribaciones de la sierra de Cazorla. *Excursiones: parque natural de la sierra de Castril.*

Chite. Aldea del municipio de Lecrín. *Excursiones: sierra de los Guajares; parque nacional de Sierra Nevada.*

Fiñana. Caserío escalonado en una ladera. Restos de alcazaba, mezquita y templo del s. XVI. *Excursiones: castillo de Lacalahorra.*

Galera. Localidad del altiplano de Baza, con curiosas viviendas en cuevas. Templo con bello artesonado mudéjar y necrópolis ibérica. *Artesanía de esparto y madera, de venta en las casas-cueva.*

Lanjaron. Villa animada, famosa por sus aguas medicinales desde tiempos de los árabes. Restos de castillo sobre una roca, templo y balnearios con solera. *Excursiones: parque nacional de Sierra Nevada.*

Mecina-Bombarón. Típico pueblo alpujarreño a 1.200 m de altitud. *Exposición y venta de artesanía y plantas aromáticas.*

Montefrío. Bonito conjunto urbano. Iglesia sobre una antigua fortaleza y templo de la Encarnación, con una monumental cúpula. *Excursiones: yacimiento arqueológico de la Peña de los Gitanos.*

Las Negras. Aldea costera del municipio de Níjar. *Excursiones: parque natural del Cabo de Gata, con un bello litoral accidentado; interesante reserva de fauna del pueblo de Fernán Pérez.*

Nigüelas. Lugar de la falda sur de Sierra Nevada, en una zona de campiña del valle de Lecrín. Templo parroquial barroco.

Órgiva. Capital de la Alpujarra granadina y enclave importante en época musulmana. Cultivos de naranjos, almendros y frutos tropicales. *Excursiones: parque nacional de Sierra Nevada; solitarios parajes de la sierra de Contraviesa.*

Pampaneira. Pueblo del angosto barranco de Poqueira, a más de 1.000 m de altitud. Templo gótico, con valiosos altares. *Elaboración de alfombras y jarapas con telares árabes.*

Pozo de los Frailes. Pequeña aldea del Cabo de Gata. Conserva una antigua noria de agua.

Rodalquilar. Aldea del parque natural del Cabo de Gata. Conserva abundantes restos de las minas, abandonadas en los 70. *Excursiones: mirador de la Amatista, con preciosas vistas del litoral.*

Sacromonte. Barrio de cuevas de la capital granadina. *Excursiones: ciudad de Granada, con su inagotable riqueza.*

Senés. Pueblo de la sierra de los Filabres. Restos de la antigua alcazaba, con excelentes vistas. *Excursiones: desierto de Tabernas, con parajes de una belleza lunar. Elaboración de jarapas.*

Sorvilán. Pueblo de la sierra de La Contraviesa. Conserva una fortaleza árabe cerca del mar. *Excursiones: valle de Polopos.*

Turón. Pequeña población alpujarreña situada en el límite con la provincia de Almería. *Excursiones: embalse de Benínar.*

Trevélez. Localidad alpujarreña situada a 1.476 m, en la loma del Mulhacén. Caserío típico y excelente jamón serrano. *Excursiones: paraje de las Siete Lagunas; pico Mulhacen (3.482 m).*

Válor/Mecina-Alfahar. Pueblo agrícola de origen árabe, al sur de Sierra Nevada. Puente andalusí, casa de Aben Humeya y templo mudéjar. *Artesanía de plata; madera (arcas, mesitas, etc.)*

Zafarraya. Villa asentada en una gran llanura, rodeada de sierras y cultivos extratempranos.

3. Subbética y campiña cordobesa

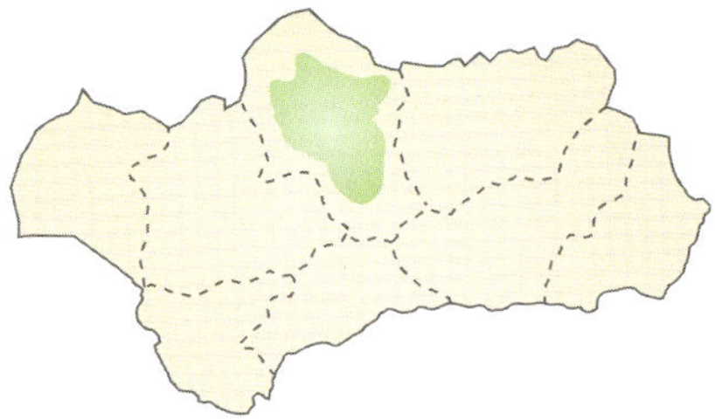

Priego de Córdoba (CÓRDOBA)

Villa de gran tipismo y excelente conjunto monumental, especialmente barroco. Castillo musulmán con cimientos romanos, barrio árabe de la Villa, fuente del Rey e iglesia de la Asunción, con elementos góticos y una preciosa bóveda rococó. Rincones pintorescos: mirador del balcón del Adarve, placita de San Pedro, calle del Río.

Excursiones: pequeñas localidades de Zagrillas y El Esparragal; yacimientos arqueológicos de Almedinilla; paso de las Angosturas; paraje de Los Villares; sierra Horconera; garganta del río de la Hoz; río Bailón con cascadas de Las Chorreras; bosque ribereño del río Genilla.

Talleres de imaginería y forja.

La Posada Real

C/ Real 14. Tfs. 957/54 19 10 y 54 16 72

Edificio característico del encantador barrio de la Villa, con un patio de naranjos y limoneros. Tiene salón-comedor, cocina, biblioteca, 4 habitaciones dobles, 2 de ellas con baño, así como 1 vivienda para 4 personas habilitada en el ático. Precios: habitación doble con baño 6.700, desayuno incluido; vivienda 55.000 semanales. *Observaciones: rutas de senderismo y visitas culturales.*

Villa Turística de Priego (***)

Aldea de Zagrilla

Tf. 957/70 35 03. Fax 957/70 35 73

Complejo hotelero de nueva contrucción, tipo pueblo andaluz, con calles, plazoletas, jardines y piscina. Cuenta con 52 casas independientes, con capacidad para 2 ó 4 personas. Precios (según temporada): habitación doble de 8.200 a 9.725; casa para 2 personas de 9.945 a 12.470 diarias; 4 personas de 15.170 a 19.220 diarias.

Villarrubia (CÓRDOBA)

Cortijada del municipio de Córdoba, situada a 13 km de la capital. *Excursiones: casco histórico de Córdoba, en el que destaca la mezquita, las murallas, la sinagoga y la judería; ruinas de Medinat Al-Zahara; río Guadalquivir a su paso por Encinarejo, pueblo con un premio de embellecimiento.*

El Nogal

Ctra. Aeropuerto, km 10,6

Tf. 957/32 72 23. R. 902/44 22 33

Casa agrícola en una finca cercana a Córdoba, con terraza-porche a la sombra de una palmera. Tiene sala con chimenea y 3 habitaciones dobles con 2 baños compartidos. Precios (persona/día): alojamiento 2.300, desayuno incluido.

Apartamentos y casas de alquiler completo

Cabra (CÓRDOBA)

Cortijo Ribero

Tf./fax 957/52 01 56

R. 902/44 22 33

Cortijo en un molino aceitero, a 4 km del pueblo, con jardín y entorno de olivar. Bodega, biblioteca, salas, comedor, cocina, 4 habitaciones dobles y 2 baños. Precios (según temporada): día de 14.000 a 16.000; semana de 70.000 a 90.000.

Cortijo de Frías

Tfs. 957/33 40 05 y 608/55 55 81. R. 902/44 22 33

Albergue y apartamentos con establos, piscina y aulas. Cada apartamento tiene sala, chimenea, cocina, baño y 4 habitaciones. Precios (según temporada): día de 13.000 a 13.800; semana de 78.000 a 82.800; desayuno incluido.

Carcabuey (CÓRDOBA)

El Barranco

Tf. 957/55 31 04

Cortijo tradicional en una amplia finca con piscina, situado entre Rute y Lucena. Sala con chimenea, 9 habitaciones dobles, 3 baños y 1 aseo. Precios (para 8 personas): fin de semana 50.000; semana 125.000.

Casa Leona

Tf. 957/55 31 20

R. 902/44 22 33

Edificación aislada, en un paraje de olivar, con piscina y buenas vistas. Salón, chimenea, cocina, 1 habitación sencilla, 3 dobles y 1 baño. Precios (según temporada): día 12.000; semana de 55.000 a 70.000.

Subbética y campiña cordobesa

Apartamentos y casas de alquiler completo

Carcabuey (CÓRDOBA)

Las Palomas
Tf. 957/40 11 10
R. 902/44 22 33
Cortijo aislado junto un manantial. Salón-cocina, chimenea, 2 habitaciones dobles, 1 múltiple y 1 baño. Precios (según temporada): semana de 57.780 a 64.300; desayuno 430; limpieza 2.140. *Observaciones: hay un camping en la misma finca.*

Priego de Córdoba (CÓRDOBA)

El Chorrillo
Tfs. 957/70 10 19 y 957/54 14 33. **R. 902/44 22 33**
Cortijo aislado en finca agrícola, con buenas vistas, a 8 km de Priego, en Las Paredejas. Cocina, comedor con chimenea, 3 habitaciones dobles y 1 baño. Precios (según temporada): día de 11.000 a 13.000; semana de 50.000 a 65.000.

El Tarajal
El Tarajal
Tf. 639/71 78 66
Sencilla casa de aldea, a 8 km de Priego. Sala con chimenea, salón con terraza, cocina y 2 habitaciones dobles con baño. Precios (según temporada): día 7.000; semana de 30.000 a 40.000. *Observaciones: facilitan información de la zona.*

Priego de Córdoba (CÓRDOBA)

Los Villares
Tf. 957/70 40 54
R. 902/44 22 33
Típica casita con aire de cortijo, cercana a una era, con terraza y balsa de agua de manantial. Salón, cocina, 2 habitaciones dobles y 1 baño. Precios (según temporada): día 9.000; semana de 33.500 a 49.000.

Rute (CÓRDOBA)

Complejo Palomares
Tf. 957/72 00 02
R. 902/44 22 33
Antigua almazara, junto a una pintoresca aldea, con alberca. Incluye 4 viviendas con patio, barbacoa, sala con chimenea, cocina, 2 ó 3 habitaciones dobles y 1 baño. Precios (según temporada y tipo): vivienda de 35.000 a 65.000 semanales.

Zamoranos (CÓRDOBA)

Peña Parda
Tf. 95/224 06 75
R. 902/44 22 33
Cortijo amplio, restaurado, situado en un bonito paraje junto al parque natural de la Subbética, con patio y alberca. Amplio salón, cocina, 4 habitaciones dobles y 2 baños. Precios: día 10.000; semana 50.000.

Lugares de interés

Cabra. Hermosa ciudad, de origen griego. Conserva su Plaza Vieja, la iglesia de la Asunción, levantada posiblemente sobre una mezquita árabe, el castillo, restos de las murallas y casas solariegas. *Excursiones: santuario de la Virgen de la Sierra, emplazado en la cima del Picacho (1.223 m), con excelentes vistas de la región; paraje de la Fuente del Río, lugar de nacimiento del río Cabras, con zona de merenderos; lapiaz de los Lanchares, con antiguas canteras de mármol.*

Carcabuey. Pueblo situado al norte de la sierra de la Horconera, en un importante enclave fronterizo durante la ocupación árabe. Conserva restos del castillo, con excelentes vistas, así como la iglesia de la Asunción, del s. XVI, monumento histórico. *Excursiones: abundantes manantiales situados en pequeños valles de formación kárstica,; pantano de Iznájar; cortados de la sierra Gallinera; arroyo Bernabé; faldas del pico Lobatejo.* *En **Lucena**, bronces y forja.*

Rute. Villa próxima al embalse de Iznájar, rodeada de campos de olivar. Cuenta con una notable industria de aguardiante y dulces navideños. *Excursiones: Rute Viejo, con restos de una fortaleza visigoda; sierra Horconera y parque natural de la Subbética.* *Museo del Anís.*

Villarrubia. Cortijada del municipio de Córdoba, situada a 13 km de la capital. *Excursiones: casco histórico de Córdoba, en el que destaca la mezquita, las murallas, la sinagoga y la judería; ruinas de Medinat Al-Zahara; río Guadalquivir a su paso por Encinarejo, pueblo con un premio de embellecimiento.*

Zamoranos. Pueblo de 700 habitantes, próximo a la localidad de Fuente Tójar. *Excursiones: cerro de las Cabezas, con restos de una ciudad íbero-romana; aldea del Esparragal; vega del río Zagrilla, con fértiles zonas de huerta y buenas ocasiones para el senderismo.*

4. Axarquía, serranía de Ronda y pueblos de la Frontera

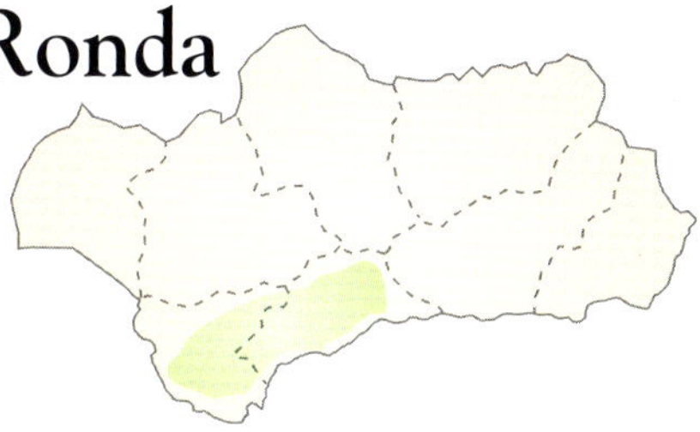

Axarquía, serranía de Ronda y pueblos de la Frontera

Arcos de la Frontera
(CÁDIZ)

Conjunto monumental de gran belleza, enclavado sobre un cerro que rodea el río Guadalete. Callejones, templo renacentista de Santa María, iglesia gótica de S. Pedro, casa del Corregidor, conventos, hospitales y restos del castillo, con espléndidas vistas. *Excursiones: zona arqueológica del Santiscal; lagunas de Zorrilla, con abundantres aves acuáticas; parques naturales de Grazalema y Los Alcornocales. Cerámica; canastos; alfombras de hojas de palma; talabartería, sillas de montar y arreos.*

Molino Nª Srª de la Luz
Tf. 956/23 14 02. Fax 956/23 12 09
Cortijo señorial del s. XVIII, aislado en medio de una hacienda, en torno a un patio y con un cuidado jardín con piscina. El interior, decorado y amueblado con estilo, tiene un salón con chimenea, 8 habitaciones dobles con baño y 1 apartamento. Precios (según temporada): habitación doble de 10.000 a 12.000; apartamento 20.000 diarias; desayuno 500; cena 3.000. *Observaciones: cursos de pintura.*

La Casa Grande
C/Maldonado 10. Tf./fax 956/70 39 30
Palacio del s. XVIII, emplazado al borde de la espectacular peña de Arcos, cuidadosamente habilitado, con patio cubierto y terraza con magníficas panorámicas. Tiene comedor para desayunos, 2 habitaciones dobles y 2 estudios para 2/4 personas, con sala de estar, comedor, cocina, 1 habitación doble y 1 baño. Precios: habitación doble 10.000; estudio (según ocupación) de 12.000 a 15.000; desayuno 600.

Benalauría
(MÁLAGA)

Encantadora villa de la serranía de Ronda, en una zona cubierta de castaños y regada por los ríos Genal y Guadiaro. Conserva un interesante museo Etnográfico, en un antiguo molino de aceite. *Excursiones: serranía de Ronda, con preciosos paisajes de arbolado.*

La Molienda
Tf. 95/215 25 48
Agradable edificación rústica, precedida por un bonito patio cubierto de emparrado. Tiene un restaurante de cocina tradicional y 2 habitaciones dobles con baño. Precios (según temporada): habitación doble 4.500; comida o cena 2.000. *Observaciones: no sirven desayunos.*

Benaoján
(MÁLAGA)

Pueblo situado en un bello rincón de la serranía de Ronda, junto al río Guadiaro. *Excursiones: cuevas del Gato y de La Pileta, ésta última con pinturas rupestres; villa romana de Acinipo; parque natural de la sierra de las Nieves; parajes del río Guadiaro.*

Molino del Santo (**)
Estación s/n
Tf. 95/216 71 51. Fax 95/216 73 27
Pequeño hotel en un viejo molino, cómodo y acogedor. Dispone de restaurante, piscina climatizada, terraza, biblioteca, salón con chimenea, comedor y 14 habitaciones con baño. Precios (según temporada y tipo): habitación doble de 11.000 a 16.170; desayuno inglés 1.050; comida o cena 2.500. *Observaciones: alquiler de bicicletas de montaña.*

El Bosque
(CÁDIZ)

Pueblo serrano, muy cuidado, ubicado en un paisaje de pinar y con un pequeño jardín botánico. *Excursiones: Río El Bosque; pinsapar de Benamahoma; parajes del río Majaceite, con bosques de ribera. Trabajos en madera de pino, haya y eucalipto.*

El Bosque
Molino de Enmedio s/n
Tf. 956/71 62 12. Fax 956/71 62 58
Albergue perteneciente a la REAJ, habilitado en un viejo molino, con piscina. Tiene servicio de comedor, salas de estar, de juegos y de reuniones y 76 plazas en habitaciones dobles, múltiples y *bungalows*. Precios: ver apéndice.

El Burgo
(MÁLAGA)

Localidad de antigua fundación integrada en la sierra de las Nieves. Torre vigía cartaginesa, restos del castillo y templo del s. XV. *Excursiones: parque natural y Reserva de la Biosfera de la sierra de las Nieves, con zonas de pinsapar; río Turón. Cerámica y cestería de mimbre.*

Posada del Canónigo
C/ Mesones 24. Tf./fax 952/16 01 85
Bonita edificación del s. XVIII, cuidadosamente rehabilitada y situada en el centro del pueblo. El interior, decorado y amueblado con mucho estilo, tiene comedor, sala con chimenea, patio y 12 habitaciones dobles con baño, algunas abuhardilladas. Precios (según temporada): habitación doble de 6.350 a 7.350, desayuno incluido. *Observaciones: restaurante con especialidades de la zona.*

Colmenar
(MÁLAGA)

Capital de la comarca de los Montes, con un accidentado terreno cubierto por cultivos de cereales, almendros y olivos que producen un excelente aceite.

Humaina (***)
Ctra. Málaga-Colmenar, km 18
Tf. 952/64 10 25. Fax 952/64 01 15

Precioso cortijo-hotel, en el parque natural de los Montes de Málaga, con piscina, patio y terraza. Comedor, salón-biblioteca con chimenea y 13 habitaciones con baño, 1 de ellas adaptada a minusválidos y otra en un torreón. Precios (según temporada y tipo): habitación de 8.900 a 15.900; desayuno *buffet* 850; pensión completa 4.500. *Observaciones: facilitan abundante información.*

Conil de la Frontera
(CÁDIZ)

Animada localidad costera. Casa-palacio de Guzmán el Bueno, arco de la Villa y templo del s. XVI. *Excursiones: calzada romana que unía Cádiz con Málaga; reserva natural del complejo endorreico de Chiclana. Objetos de cerámica; canastos y alfombras de hoja de palma.*

Cortijo el Caserío
Majadales de Roche
Tfs. 956/23 26 77 y 670/64 08 81

Cortijo de principios de siglo, cercano a la costa y rodeado de huertas y pinares, con jardín, piscina y patio andaluz. Tiene sala con chimenea y 7 habitaciones dobles con baño, 2 de ellas con sala. Precios (según temporada): habitación doble de 5.600 a 7.500; con sala de 8.100 a 10.000; desayuno 450; comida 2.000; cena 1.700.

Gaucín
(MÁLAGA)

Pequeño pueblo de la serranía de Ronda, con un bello caserío blanco en torno al castillo, desde el que se divisa el Peñón de Gibraltar. *Excursiones: valle del Genal, con zonas de frondosa vegetación. Telar artesano, objetos de fibras naturales y tienda de artesanía.*

Casablanca
Tf. 95/215 10 19

Encantador hotel, con aire de palacete árabe, en torno a un patio ajardinado con piscina, rincones reservados a la charla y una terraza mirador sobre el pueblo. Cuenta con salas de estar, restaurante y 6 habitaciones dobles con baño. Precios: habitación doble de 10.000 a 14.500, desayuno incluido.

Montejaque
(MÁLAGA)

Pueblo de la serranía de Ronda, muy unido a la ganadería y a la industra chacinera. En su término se conserva la fracasada presa de Guadares, levantada en tiempos de Primo de Rivera y cuyo vaciado puso al descubierto la famosa cueva del Gato.

Palacete de Mañara (***)
Tf./fax 952/16 74 08

Hotel situado en la plaza del pueblo, en un palacete del s. XVII, bien rehabilitado, alrededor de un patio con piscina. Tiene restaurante de cocina tradicional, salones, 8 habitaciones dobles con baño y está adaptado para minusválidos. Precios: habitación doble 9.000; desayuno 500; comida o cena 2.000.

Periana
(MÁLAGA)

Localidad de la Axarquía emplazada en un terreno montañoso, entre olivares y huertas que producen excelentes frutas. *Excursiones: embalses de Viñuela y Bermejales; ríos Guaro, Alhama y Alfarnate; fuentes de Carrión y del Aguadero; montaña de la Maroma y sierra de Loja.*

El Aguadero
Tf./fax 95/211 50 83

Casa de campo muy aislada, con terraza. Tiene 2 salas de estar, chimenea, cocina, 3 habitaciones dobles y 1 triple, todas con baño. Se puede alquilar entera. Precios: habitación doble 8.000; desayuno tipo *brunch* 1.000; cena 2.500; vivienda 60.000 fin de semana y 90.000 semanales. *Observaciones: alquiler de bicicletas; descuentos por estancias de más de 3 noches.*

✉ Decoración sencilla y agradable. Vistas espléndidas.

Prado del Rey
(CÁDIZ)

Bonita población serrana fundada por Carlos III, que impuso su inconfundible urbanismo de calles rectas, hoy adornadas con flores y naranjos. *Excursiones: ruinas romanas de Iptuci; castillo de Matrera, en la sierra de Pajarete. Talleres de marroquinería, guarnicionería y sillas de enea.*

Huerta Dorotea
Ctra. Villamartín-Ubrique, km 12
Tf. 956/72 42 91-2. Fax 956/72 42 89

Antiguo cortijo, asentado en una fértil huerta, con piscina y jardín. Tiene restaurante, 5 habitaciones dobles y 15 cabañas finlandesas. Precios (según temporada): habitación doble de 6.500 a 7.700; cabañas para 2 personas de 7.500 a 10.700; para 4 personas de 11.800 a 16.000; desayuno incluido; comida o cena 1.600. *Observaciones: paseos a caballo.*

Axarquía, serranía de Ronda y pueblos de la Frontera

Rincón de la Victoria (Málaga)

Localidad costera, situada a 12 km de Málaga, en una zona muy urbanizada del litoral. Conserva la torre árabe de Benagalbón. *Excursiones: jardín histórico botánico de La Concepción; cuevas del Tesoro y sierra de las Nieves.*

Molino de Santillán
Ctra. de Macharavialla, km 3
Tfs. 95/211 57 80-81. Fax 95/211 57 82
Edificio tradicional, en una finca de almendros, olivos y frutales, con piscina. Tiene salón con chimenea, bar, comedor, 2 habitaciones sencillas y 7 dobles, con baño y terraza. Precios (según temporada): habitación doble de 11.900 a 14.900; desayuno 1.300; cena 3.500. *Observaciones: descuentos a niños y por estancias largas.*

Torrox-Costa (Malaga)

Localidad del término de Torrox, en un litoral con abundantes promontorios y torres árabes de vigilancia. *Excursiones: villa de Torrox; ermita de Nuestra Señora de las Nieves. En **Torrox**, tallas de olivo, tapones de corcho y varias tiendas de antigüedades y cerámica.*

Cortijo Amaya (**)
Tf./fax 952/53 02 45. Tf. 952/53 13 34
Hotelito rural en un cortijo rehabilitado, a 1,5 km del mar, con piscina, pista de tenis y zona ajardinada. Tiene comedor, salón con chimenea y 14 habitaciones dobles y triples, todas con baño. Precios (según temporada): habitación doble de 6.500 a 9.000; triple de 8.000 a 11.000; desayuno incluido; comida o cena 1.500.

Villanueva de la Concepción (Málaga)

Pequeña localidad del municipio de Antequera, al pie de la sierra del Torcal. *Excursiones: localidad de Carratraca y baños romanos de El Chorro; Torcal de Antequera y parajes de los montes de Málaga. Vajillas de cerámica; artículos de piel y guarnicionería.*

Casa de Elrond
Barrio Seco
Tf./fax 952/75 40 91. R. 902/44 22 33
Cortijo antiguo, situado a las afueras del pueblo, con terrazas, jardín, piscina y excelentes vistas. Tiene porche, comedor, cocina, 2 habitaciones dobles y 1 triple, todas con baño. Precios: habitación doble 5.800; triple 7.800; desayuno incluido; cena 2.000. *Observaciones: cocina vegetariana.*

Apartamentos y casas de alquiler completo

Alfarnate (Málaga)

Casa Fina
C/ Puente 9
Tf. 95/233 61 99
Vivienda tradicional restaurada, próxima a la iglesia. Interior sencillo y agradable, con cocina, salón con chimenea, 3 habitaciones dobles y 1 baño. Precios: día 12.000; semana 80.000.

Alfarnatejo (Málaga)

Pulgarín Bajo
Tf. 952/46 23 05
Bello cortijo agrícola, a 700 m de altitud, con molino de aceite, alberca, jardín y buenas vistas. Incluye 2 viviendas de 4 y 8 plazas, con chimenea, salón, patio interior y cocina. Precios (según tipo): fin de semana de 20.000 a 30.000; semana de 40.000 a 70.000.

Alfarnatejo (Málaga)

Venta de Pepe Alba
Tf. 952/27 63 63
R. 902/44 22 33
Casa de campo a las afueras del pueblo, en un paisaje de olivar. Decoración tradicional, salón con chimenea, cocina, 4 habitaciones dobles, 1 baño y 1 aseo. Precios (según temporada): día de 10.000 a 12.000; semana de 50.000 a 80.000.

Alhaurín el Grande (Málaga)

Parral del Escribano
Tf. 95/249 07 89
R. 902/44 22 33
Cortijo del s. XIX, en una finca de naranjos, con piscina. Salón con chimenea y 9 habitaciones dobles. Precios (mínimo 12 personas): persona/día 2.000. *Observaciones: descuentos a grupos; la propiedad alquila otras 2 casas en la misma finca.*

Apartamentos y casas de alquiler completo

Alhaurín de la Torre (Málaga)

Finca el Rocío
Tf. 95/241 53 21
R. 902/44 22 33
Casa de dos plantas, en una finca con limoneros y alberca. Salón-comedor, cocina, chimenea, buenos accesos para minusválidos y 5 dormitorios dobles. Precios (según temporada): día 15.000; semana de 65.000 a 100.000; limpieza 5.000.

Álora (Málaga)

Altavista
Tf. 95/229 59 51
R. 902/44 22 33
Casa de campo con más de 100 años, emplazada en la ladera de una montaña, en una finca con alberca, cuadras y corrales. Salón, sala de estar, biblioteca, cocina, comedor, 2 habitaciones dobles y 1 baño. Precios: semana 80.000.

Los Claverinos
Ctra. del Chorro, km 3,5
Tf. 952/61 26 74
Edificio del s. XIX, en una huerta de naranjos y limoneros, con patios y piscina. La vivienda, divisible en dos, tiene salas de estar, cocinas, 6 habitaciones dobles y 2 baños. Precios: día 25.200; semana 142.800; piscina 1.450 diarias.

La Majada Alta
Tf. 95/270 30 48
Edificio de montaña, rústico, con buenas vistas y en un paraje aislado, con piscina. Salón, cocina, chimenea, 2 habitaciones dobles y 1 cuádruple. Precios: día 15.000; semana 105.000. *Observaciones: descuentos por estancias largas.*

Negrillos
Tf. 952/49 62 71
Dos viviendas en una graciosa casa tradicional, en lo alto del pueblo y con buenas vistas. Mobiliario antiguo, decoración cuidada, salón con chimenea, cocina, 2 ó 3 habitaciones dobles y 1 ó 2 baños. Precios (según tipo): semana de 30.000 a 50.000. *Observaciones: rutas guiadas.*

Arcos de la Frontera (Cádiz)

Finca Concejo
Tf. 956/70 09 84
R. 902/44 22 33
Cortijo restaurado, con un bonito patio, jardín, piscina y buenas vistas. Mobiliario tradicional, salón con chimenea, 2 habitaciones dobles, 1 triple y 2 baños. Precios: día 20.000; semana 90.000.

El Membrillo
Tf. 95/415 04 39
R. 902/44 22 33
Amplio cortijo del s. XIX, en plena campiña, con buenas vistas. Decoración tradicional, salón, cocina, chimenea, biblioteca, 4 habitaciones dobles y 4 baños. Precios (según temporada): semana de 90.000 a 120.000; piscina 20.000.

El Pinar
Tfs. 956/33 77 27 y 608/12 05 13. **R. 902/44 22 33**
Casa de campo en un pinar junto al lago de Arcos, con piscina y jardín. Sala con chimenea, comedor, cocina, 3 habitaciones dobles y 1 baño. Precios: día 16.000; semana 85.000; limpieza 4.000. *Observaciones: la propiedad alquila dos viviendas.*

Benalauría (Málaga)

María la Barriguilla
Tf. 95/215 25 48
Casita tradicional, amplia y con un porche de entrada. Sala de estar con chimenea, cocina, capacidad para 6/8 personas y 2 baños. Precios: persona/día 1.800. *Observaciones: la propiedad alquila otras casas en el pueblo; estancia mínima de 2 días.*

Bornos (Cadiz)

Tajo Matajaca
Tfs. 608/12 05 13 y 956/33 77 27
Casa situada en el embarcadero del pantano de Bornos. Salón, cocina, 2 habitaciones dobles y 1 baño. Precios: fin de semana 24.000; semana 69.000.

Axarquía, serranía de Ronda y pueblos de la Frontera

Apartamentos y casas de alquiler completo

Campillos MÁLAGA)

Cortijo de Montero
Tfs. 952/21 19 02 y 952/11 10 82
Cortijo restaurado, con piscina y abundante arbolado, a 8 km de Campillos. Incluye 2 viviendas con salón, cocina con chimenea y 3-4 habitaciones triples con baño. Precios (según temporada): vivienda de 60.000 a 112.000 semanales.

Caños de Meca (CÁDIZ)

Casas de Karen
Tfs. 956/43 70 67 y 649/78 08 34. R. 902/44 22 33
Casa sencilla próxima a la playa. Bello patio, sala con chimenea, cocina, 2 habitaciones dobles y 1 baño. Precios (según temporada): semana de 62.000 a 84.000. *Observaciones: la propiedad alquila otras viviendas y una choza típica; masajes y taichi.*

Cártama-Estación (MALAGA)

Finca Fantástico
Tf. 639/28 98 94
R. 902/44 22 33
Bonita finca, muy aislada, con vistas al valle de Guadalhorce y un camping anejo. Casita con terraza, salón con chimenea, cocina, 3 habitaciones dobles y 1 baño. Precios: día 9.000.

Coín (MÁLAGA)

El Balcón
Tf. 95/245 28 11
R. 902/44 22 33
Casa emplazada en el partido de La Carreta, a 5 km de Coín, con jardín, barbacoa y piscina. Sala de estar, cocina, 1 habitación sencilla, 2 dobles y 1 baño. Precios (según temporada): día de 8.000 a 9.500; semana de 41.000 a 63.000.

Casa Gaspar
Tf. 95/245 28 11
R. 902/44 22 33
Casa tradicional en una finca próxima al río Pereila. Porche y 7 plazas en habitaciones dobles y 1 sencilla. Precios (según temporada): día de 8.000 a 9.500; semana de 38.000 a 45.000. *Observaciones: alquiler mínimo de 3 días.*

Coín (MÁLAGA)

La Familia
Tf. 95/245 28 11
R. 902/44 22 33
Casita reciente, con frutales, piscina, barbacoa y terraza, a 2,5 km de Coín. Sala de estar, cocina, 2 habitaciones dobles y 1 baño. Precios (según temporada): día de 8.000 a 9.500; semana de 38.000 a 59.000. *Observaciones: alquiler mínimo de 3 días.*

Los Llanos
Tf. 95/245 28 11
R. 902/44 22 33
Casa de campo, a 1 km de Coín, con huerta, jardín y piscina. Salón con chimenea, cocina, 1 habitación sencilla y 2 dobles. Precios (según temporada): día de 8.000 a 9.500; semana de 41.000 a 63.000. *Observaciones: alquiler mínimo de 3 días.*

Los Olivos
Tf. 95/245 28 11
R. 902/44 22 33
Bonita casa con jardín y piscina. Decoración cuidada, salón con chimenea, cocina, 2 habitaciones sencillas, 2 dobles y 2 baños. Precios (según temporada): día de 10.000 a 10.500; semana de 48.000 a 70.000. *Observaciones: uso de la piscina no incluido.*

El Rancho
Tf. 95/245 28 11
R. 902/44 22 33
Casita con huerta, piscina, jardín, terraza y barbacoa, a 2,5 km de Coín. Salón, cocina, 1 habitación doble, 1 triple y 2 baños. Precios (según temporada): día de 8.000 a 9.500; semana de 41.000 a 63.000. *Observaciones: alquiler mínimo de 3 días.*

Casa Cañamero
Tf. 95/245 28 11
R. 902/44 22 33
Casa tradicional con naranjos, jardín y piscina. Salón común y 3 apartamentos con salón-cocina, estufa, 1 habitación doble y 1 baño. Precios (según temporada): día de 5.500 a 8.100; semana de 33.500 a 57.000. *Observaciones: alquiler mínimo de 3 días.*

Apartamentos y casas de alquiler completo

Cómpeta (Málaga)

Cortijo Reina
Tf. 95/229 37 74
R. 902/44 22 33
Moderno cortijo, aislado en la sierra de Tejeda, con terraza y piscina. Sala con chimenea y 4/6 plazas en habitaciones dobles. Precios (según temporada): día 9.000; semana de 47.000 a 58.000.

La Bodega
Tfs. 952/29 73 34 y 952/51 62 27. **R. 902/44 22 33**
Casa de dos plantas, de construcción reciente, en la parte baja del pueblo. Interior luminoso, cocina, salón con chimenea, 1 habitación sencilla, 2 dobles y 2 baños. Precios (según temporada): día 10.000; semana de 45.000 a 70.000.

Cortijo Loly
Tf. 952/29 37 74
R. 902/44 22 33
Cortijo moderno y agradable, en pleno campo, con piscina y terraza cubierta. Salón-cocina con chimenea, 2 habitaciones dobles, 1 múltiple y 1 baño. Precios (según temporada): día 12.000; semana de 55.000 a 69.000.

El Gastor (Cádiz)

Los Algarrobales
Tf./fax 95/256 33 29
R. 902/44 22 33
Edificio amplio, en la sierra, en una finca con piscina y un dolmen. Salón, cocina y 2 habitaciones dobles. Precios (según temporada): día de 16.000 a 20.000; semana de 113.000 a 140.000. *Observaciones: la propiedad alquila otra vivienda.*

Grazalema (Cádiz)

Don Claudio
Tf. 956/34 94 12
R. 902/44 22 33
Construcción tradicional, sobre una gran peña a las afueras del pueblo, con jardín, terraza y buenas vistas. Cocina, salón-comedor con chimenea, 3 habitaciones dobles, y 2 baños. Precios: día 18.000; semana 75.000.

Grazalema (Cádiz)

El Jazmín
C/ Nueva 25
Tf. 956/23 40 91
Edificio antiguo de dos plantas, rehabilitado, con patio y fuente. Decoración rústica, sala con chimenea, cocina, 4 habitaciones dobles y 2 baños. Precios: día 17.000; semana 67.000.

La Maquinilla
Ctra. Algodonales, km 4
Tf. 689/36 15 07
Casa de campo, en un paraje tranquilo, con jardín y huerta. Carece de calefacción y tiene sala de estar con chimenea, cocina, 4 habitaciones dobles y 2 baños. Precios: día 20.000; semana 110.000.

La Mejorana
Tf. 606/26 65 89
R. 902/44 22 33
Casa señorial, en el centro del pueblo, con jardín, piscina y excelentes vistas. Salas de estar, cocina, 4 habitaciones dobles y 2 baños. Precios: día 20.000; semana 125.000.

La Tinaja
C/ Nueva 14
Tfs. 956/33 77 27 y 608/12 05 13
Casa de pueblo de dos plantas, con bonitas rejerías. Decoración tradicional, sala con chimenea, cocina y 2 habitaciones dobles con baño. Precios: día 12.000; semana 60.000. *Observaciones: la propiedad alquila otra casa de 6 plazas.*

Jerez de la Frontera (Cádiz)

Cartuja de Alcántara
Tf. 619/78 46 23 y
Tf./fax 956/23 73 70
Bonita casa de campo, ocupada por cartujos en el s. XVI, con alameda y patio con naranjos. Salón, chimenea, cocina y 3 habitaciones dobles con baño. Precios (según temporada): día de 15.000 a 18.000; semana de 85.000 a 95.000; desayuno 350.

Axarquía, serranía de Ronda y pueblos de la Frontera

Apartamentos y casas de alquiler completo

Periana (Málaga)

Casa Madrona
Tf. 95/253 62 92
R. 902/44 22 33
Vivienda aislada en el campo, bien restaurada, con porche y buenas vistas. Tiene cocina, salón con chimenea, 4 habitaciones sencillas y 1 doble. Precios (según temporada): día 12.000; semana de 47.500 a 69.000; limpieza 2.000.

Huerta del Algarrobal
Tf./fax. 95/253 71 25
R. 902/44 22 33
Tradicional casa de campo, con arbolado, piscina y barbacoa. Salones, cocina, chimenea, 6 habitaciones dobles, 1 triple y 4 baños. Precios (según temporada): día 22.000; semana de 100.000 a 140.000. *Observaciones: uso de la piscina no incluido.*

Puerto Real (Cádiz)

Pinar Las Yeguas
Tfs. 956/23 04 61 y 954/21 17 37. R. 902/44 22 33
Bonita construcción en un pinar próximo a la costa, con establo, jardín y barbacoa. Salón con chimenea, cocina, 3 habitaciones dobles, 1 con baño, y 1 baño común. Precios (según temporada): día de 18.000 a 21.000; semana de 90.000 a 120.000.

Ronda (Málaga)

Villa Ana
Tf./fax 952/87 48 92
R. 902/44 22 33
Casa de campo con buenas vistas, olivos, frutales, jardín y piscina. Sala con chimenea, cocina, 3 habitaciones dobles y 1 baño. Precios (según temporada): semana de 55.000 a 80.000. *Observaciones: la propiedad alquila 4 casitas adosadas.*

Tarifa (Cadiz)

El Bornizo
El Bujeo
Tf./fax 956/68 51 62
Bonita edificación señorial, con jardines y vistas al Estrecho. En un anejo tiene 2 apartamentos con cocina-comedor, salón, 2 ó 3 habitaciones dobles y baños. Precios: 2 personas 38.500 semanales; 6 personas 76.500 semanales.

Tarifa (Cádiz)

Molino el Mastral
La Peña. Tf. 95/415 67 20
R. 902/44 22 33
Antiguo molino. Tiene 1 apartamento de 2 plazas y 4 de 4 plazas, con salón-comedor, cocina, chimenea y baño. Precios(según temporada y tipo): día de 6.000 a 8.000; semana de 30.000 a 56.000. *Observaciones: rutas a caballo y en bicicleta.*

Torrox (Málaga)

Cortijo Jurcos
Tfs. 95/229 73 34 y 95/251 62 27. R. 902/44 22 33
Casita de campo con piscina. Mobiliario tradicional, horno de leña, sala con chimenea, 1 habitación sencilla y 2 dobles. Precios (según temporada): día 10.000; semana de 45.000 a 70.000. *Observaciones: fruta a disposición de los huéspedes.*

Vejer de la Frontera (Cadiz)

Casablanca
C/Canalejas 8
Tf. 956/44 75 69
Casa típica, bien restaurada y céntrica. En torno a un bonito patio tiene 4 apartamentos con salón-cocina, 1 ó 2 habitaciones dobles y 1 baño. Precios (según temporada y tipo): apartamento de 6.000 a 9.000 diarias; de 30.000 a 50.000 semanales.

Montecote
Tf./fax 956/44 84 89
R. 902/44 22 33
Edificio tradicional, con huerta, jardín, piscina, sauna y buenas vistas. Incluye 4 apartamentos de 2 y 4 plazas. Precios (según temporada y tipo): día de 6.000 a 12.000; semana de 38.000 a 72.000. *Observaciones: venta de productos biológicos.*

Villaluenga del Rosario (Cadiz)

El Municipal
Poeta Pérez Clotet 8
Tfs. 608/12 05 13 y 956/33 77 27
Casa tradicional de dos plantas, con patio y una sencilla fachada. Decoración agradable, salón-comedor con chimenea, cocina, 2 habitaciones dobles y 1 baño. Precios: día 12.000; semana 56.000.

Apartamentos y casas de alquiler completo

Villanueva del Rosario (MÁLAGA)

El Maximino
Tf. 95/270 30 48
R. 902/44 22 33
Cortijo aislado, próximo al pueblo, con patio y un cercado con perros. Terraza, chimenea y 10 plazas en 1 habitación doble y 3 múltiples, comunicadas entre sí. Precios: día 15.410; semana de 92.460 a 107.856.

Zahara de la Sierra (CADIZ)

El Vínculo
Tf./fax 696/40 43 68
Tf. 956/12 30 02
Antigua almazara en activo, a 1 km del pueblo, con vistas al pantano y la sierra. Incluye 2 casitas con decoración cuidada, salón, chimenea, cocina, 1 y 3 habitaciones dobles, y 1 baño. Precios (según tipo): casita de 28.000 a 42.000 fin de semana.

Lugares de interés

Alhaurín el Grande. Localidad de la sierra de Mijas, agradable y pintoresca. Iglesia parroquial y ermita de S. Antón. Excelentes higos y cultivos tropicales. *Excursiones: sierra de Alhaurín.*

Alhaurín de la Torre. Población de origen romano, en un paisaje que alterna las tierras bajas con montes pedregosos. Ermita del Santo Cristo, del s. XVIII.

Alfarnate. Pueblo situado a más de 900 m de altitud, en un paisaje de encinar. *Excursiones: sierras del Jobo y de Enmedio.*

Alfarnatejo. Pequeño pueblo del norte de la Axarquía, en un paisaje accidentado. *Excursiones: morrón de Mai López, con cuevas que sirvieron de refugio a bandoleros; rutas de los Tajos; altos del Fraile y doña Ana; valle del río Sábar.* En **Ríogordo**, *cerámica y guarnicionería.*

Álora. Localidad emplazada al pie de la sierra del Hacho. Templo del s. XVII, restos de murallas, puerta árabe y torreones. *Excursiones: espectacular desfiladero de Los Gaitanes; balneario de Carratraca. Restauración de muebles y venta de antigüedades; canastos y cestas de mimbre.*

Bornos. Población asentada al pie de la sierra del mismo nombre, antaño famosa por sus aguas medicinales. Colegio de la Sangre, con un hermoso patio, ermita del Calvario, templo parroquial barroco y restos del castillo. *Trabajos de guarnicionería y talabartería.*

Campillos. Localidad creada en el s. XV, próxima al nacimiento del río Rincón. Ermita románica y templo barroco de Sta. María. *Excursiones: desfiladero de Los Gaitanes; torcal de Antequera y laguna de Fuente de Piedra.*

Caños de Meca. Pequeña localidad costera, bien preservada y con excelentes playas con chorros de agua dulce. Faro y cabo de Trafalgar. *Excursiones: ruinas romanas de Bolonia, con espléndidas vistas de la costa africana; ermita de S. Ambrosio; parque natural de la Breña y marismas de Barbate.* En **La Muela**, *cuencos tallados en madera y esteras y espuertas hechas con hojas de palmitos.*

Cártama-Estación. Ampliación de la villa de Cártama, de posible origen romano. Conserva ruinas del castillo y la muralla.

Cómpeta. Precioso conjunto de arquitectura popular, situado a 18 kilómetros de la Costa del Sol. *Excursiones: villa de Frigiliana, encaramada en un cerro con bellas vistas del mar; sierra de Tejeda y Almijara, declarada parque natural; cuevas de Nerja. Alfar y tienda de cerámica: vajillas, teteras, lamparillas,...*

Coín. Localidad situada entre la sierra de Mijas y la serranía de Ronda. Iglesia de la Encarnación y templo de S. Juan Bautista, con un espléndido artesonado. *Excursiones: cerro Alaminos, con restos de antiguas extracciones de hierro y vistas del mar.*

El Gastor. Encantador pueblo blanco junto al río Guadalete. Conserva un templo neoclásico. *Sierra y pinsapar de Grazalema.*

Grazalema. Precioso pueblo blanco, de calles recoletas, situado en una sierra de clima lluvioso y agua abundante, en la que nacen numerosos ríos. *Excursiones: ruinas romanas de Acinipo; parque natural de Grazalema, con su famoso pinsapar, catalogado como uno de los más importantes del mundo. Mantas y paños típicos.* En **La Jara**, *cerámica.*

Jerez de la Frontera. Bella población andaluza. Plazuelas, calles y alamedas adornadas con palmeras y naranjos. Catedral, templos, palacios, museo del Vino y bodegas del s. XIX. *Excursiones: cuevas del Gato y La Pileta; nacimiento de agua de Benamahoma. Talleres de cerámica y elaboración de toneles; guarnicionería.*

Puerto Real. Localidad próxima a la capital gaditana. Iglesia renacentista del s. XVI, museo municipal con restos romanos. *Excursiones: ciudad y bahía de Cádiz.* En Chiclana, *tonelería.*

Vejer de la Frontera. Encantador pueblo sobre un altozano cerca del mar. Monumentos y rincones pintorescos: iglesia del Rosario, castillo y arco de las Monjas. *Excursiones: Tajo de las Figuras. Trabajos de cerámica y mimbre; elaboración de redores de esparto.* En **Santa Lucía**, *trabajos de mimbre (sillas, cestas, etc.).* En **Medina Sidonia**, *taller de fibra vegetal.*

Villanueva del Rosario. Bonito conjunto de casas blancas, en una zona de tradicional explotación olivarera.

Zahara de la Sierra. Pueblo de la sierra de Grazalema. *Excursiones: pinsapar de la sierra del Pinar; ermita de la Garganta.*

5. Ribera del Guadalquivir, sierra Morena y sierra de Aracena

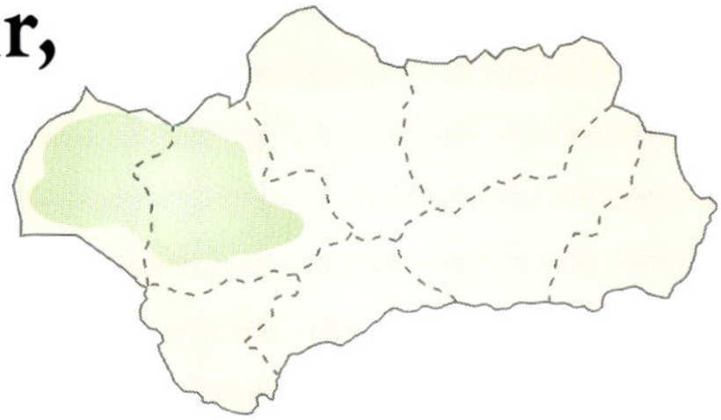

Algámitas
(SEVILLA)

Localidad de origen romano, situada en las estribaciones de la sierra del Tablón, en una zona en la que predomina el olivar. *Excursiones: peñón de Algámitas.*

El Peñón
Ctra. Algámitas-Pruna
Tf./fax 95/595 71 00. **R.** 902/44 22 33
Edificio tradicional, situado en una zona de gran belleza, con merenderos, barbacoa y piscina. Tiene comedor, 6 habitaciones con 4 literas y baños comunes. Precios: alojamiento 1.075 persona/día. *Observaciones: facilitan monitores y abundante información sobre la zona; actividades deportivas, caballos y bicicletas.*

Almonte
(HUELVA)

Pueblo situado sobre un terreno llano en la zona de marismas de la desembocadura del Guadalquivir.
Excursiones: bello pueblo de La Rábida, unido a la aventura de Cristóbal Colón; localidades de Niebla, La Puebla del Condado, Rociana, Hinojos y Aznalcázar; aldea y ermita de El Rocío, donde tiene lugar la famosa romería que llega a congregar a un millón de personas; acceso privilegiado al parque nacional de Doñana, con numerosos centros de interpretación (El Acebuche, El Acebrón y La Rocina); área recreativa de Pinares de Almonte.
En **El Rocío**, *cerámica y cuero artesanales.*

Los Mimbrales
Tf. 959/44 22 37. Fax 959/44 24 43
Elegante cortijo situado en una finca de cultivos tradicionales e integrado por la casa principal y un conjunto de alojamientos en torno a un jardín con piscina. Dispone de 14 habitaciones dobles con baño y 6 casas de 4/6 plazas. Precios (según temporada): habitación doble de 12.000 a 16.000; viviendas de 42.000 a 84.000 fin de semana y de 105.000 a 198.000 semanales; desayuno 800; comida o cena 2.100.

El Real
El Rocío. Tf. 959/44 20 35. **R.** 902/44 22 33
Construcción tradicional de la aldea de El Rocío, próxima al santuario, con patios y cuadras. Dispone de salas con chimenea y 14 habitaciones dobles con baño. Precios (según temporada): habitación doble de 7.490 a 8.560, desayuno incluido. *Observaciones: actividades en el entorno y en el parque nacional de Doñana.*

Aracena
(HUELVA)

Hermoso conjunto de arquitectura blanca, con un tesoro de excepción: la gruta de las Maravillas, un caprichoso y espectacular paisaje kárstico subterráneo. *Excursiones: pueblos de Cortegana, Alájar y Almonáster la Real.* En **Alájar**, *tapices, mantas, cestería y trabajos en corcho.*

Finca Valbono
Ctra. a Carbonera, km 1
Tfs. 959/12 77 11 y 12 76 18. Fax 959/12 76 79
Conjunto de edificios en una amplia finca arbolada y próxima al pueblo, con cuadras y piscina. El hotel dispone de salón con chimenea y 6 habitaciones dobles con baño y en la misma finca hay alquerías independientes con capacidad para 3 a 7 personas. Precios: habitación doble 8.975; desayuno 500. *Observaciones: rutas guiadas a caballo y en bicicleta.*

Carmona
(SEVILLA)

Ciudad de antigua fundación, con restos romanos y musulmanes. Magnífico conjunto monumental: recinto amurallado, templos barrocos, conventos y caserones del s. XVIII, alcázar de Arriba y de Abajo. *Excursiones: ermita de Gracia. Azulejos pintados a mano; trabajos de taraceado.*

El Triguero
Tfs. 95/595 36 26 y 91/411 69 74
Hacienda de la campiña situada a las afueras de la población, con piscina y un jardín de naranjos. Interior confortable, con chimenea y 9 habitaciones dobles, todas con baño. Precios: habitación doble 8.000, desayuno incluido; comida o cena 2.000. *Observaciones: visita a ganaderias de toros bravos.*

Castilblanco de los Arroyos
(SEVILLA)

Villa que alcanzó cierta importancia como lugar de paso entre Castilla y Andalucía, y que sirvió como escenario para la novela cervantina «Las dos doncellas». Templo parroquial de origen mudéjar, con portada y torre del s. XVIII.

Cortijo de Campo
Tf./fax 95/572 77 79. **R.** 902/44 22 33
Amplia edificación rural, en una extensa finca, con establos, piscina, jardín y barbacoa. El interior, con una decoración sobria y abundantes trofeos de caza, tiene salón-comedor con chimenea y 10 habitaciones dobles con baño. Precios: habitación doble 9.000. *Observaciones: organizan actividades infantiles; paseos a caballo y en bicicleta.*

Cazalla de la Sierra
(SEVILLA)

Entramado de arquitectura popular y buen conjunto monumental, con restos del castillo, iglesia mudéjar, templos y conventos renacentistas.
Excursiones: río Benalija y bosque de fresnos y sauces del río Huéznar; Ruedos de la Cartuja; cerro del Hierro.
Alfarería; cerámica con reproducciones de platos y jarras utilizados por los monjes; trabajos de corcho y mimbre; esencias y perfumes.

Las Navezuelas
Ctra. Pedroso-Cazalla, km 3
Tf. 95/488 47 64. Fax 95/488 45 94. R. 902/44 22 33
Precioso cortijo ganadero en un molino del s. XVII, en un paraje tranquilo, con jardín, piscina y un encantador patio. Tiene 4 habitaciones dobles, 2 *suites*, 3 estudios y 1 apartamento para 6 personas. Precios: habitación doble 8.000, desayuno incluido; estudio 10.000 diarias; apartamento 13.000 diarias; comida o cena 1.900. *Observaciones: talleres de artesanía.*

La Cartuja
Ctra. Cazalla-Constantina, km 2,5
Tf. 95/488 45 16. Fax 95/488 47 07. R. 902/44 22 33
Monasterio del s. XV, declarado monumento histórico, con piscina. Tiene salones con chimenea, 2 habitaciones sencillas, 10 dobles, 4 de ellas con salón y 1 "casita". Precios: habitación doble 10.000; con salón 16.000; desayuno incluido; comida o cena 3.000. *Observaciones: cursos de pintura, escultura, etc.*

Posada del Moro
Tf. 95/488 48 58
Hotel de aire clásico, situado a las afueras del pueblo, en el parque natural de la Sierra Norte, con piscina, cancha de tenis y una hermosa terraza. Tiene una decoración cuidada, sala de estar, comedor y 14 habitaciones dobles con baño. Precios: habitación doble 8.800.

Constantina
(SEVILLA)

Ciudad de fundación íbera. Buen conjunto monumental: ruinas del castillo, barrio de La Morería, edificios platerescos y barrocos. *Excursiones: monasterio de San Antonio del Valle; parque natural de la sierra Norte de Sevilla. Objetos de cuero; mimbre y madera blanca.*

La Casa
Tf. 95/588 01 58. R. 902/44 22 33
Casa tradicional situada en el centro del pueblo, con patio interior y una amplia terraza. El interior, amueblado y decorado con gusto, tiene 2 salones, cocina, 2 habitaciones sencillas y 5 dobles, 2 de ellas con baño. Precios: habitación doble 6.000; con baño 7.000; desayuno incluido. *Observaciones: elaboran menús familiares; descuentos para grupos.*

Cortegana
(HUELVA)

Villa de antigua fundación, presidida por su castillo medieval, recientemente restaurado. Templo gótico, con retablos renacentistas y barrocos y un singular púlpito de hierro forjado. *Excursiones: paraje de los Molinos; restos de calzada romana. Talleres de forja y cerámica.*

Posada de Cortegana
Ctra. El Repilado-La Corte, km 2,5
Tfs. 959/50 33 01 y 50 33 17. Fax 959/50 33 02
Posada de arrieros del s. XVII, con piscina y barbacoa, en una finca que conserva dos molinos. Tiene restaurante y un conjunto de cabañas de madera, de 2 ó 4 plazas, con baño y porche. Precios: 2 plazas 8.750 diarias; 3 plazas 10.250; desayuno 500; comida o cena 1.500. *Observaciones: descuentos a niños y a mayores; facilitan información; alquiler de bicicletas.*

Galaroza
(HUELVA)

Localidad de la sierra de Aracena, cercana al río Múrtigas. Templo neoclásico y bonito conjunto de arquitectura serrana, muy cuidado, con diversos premios. *Excursiones: parque natural de la sierra de Aracena. Sillería tradicional pintada a mano y objetos de corcho.*

Huerta de Santa María
Ctra. Sevilla-Lisboa km, 99,85
Tfs. 959/50 11 81 y 12 33 36
Antiguo retiro eclesiástico, en una bella construcción de piedra de principios del s. XVII, con invernadero y piscina, emplazada en una extensa finca de cultivo ecológico. Tiene salón, cocina y 4 habitaciones dobles con baño. Se puede alquilar entera. Precios: habitación doble 6.000, desayuno incluido; vivienda 40.000 fin de semana y 80.000 semanales.

Gerena
(SEVILLA)

Villa ubicada sobre una atalaya, con bellas calles adoquinadas. Iglesia de la Concepción, gótico-mudéjar, restos del castillo y templo de la Soledad. Elaboración de trajes de gitana.

Cortijo el Morrito
Ctra. Gerena-El Garrobo, km 5,5
Tf. 95/492 02 40. Fax 95/465 85 38
Casa tradicional, con cuadras y piscina, en una finca de olivar y dehesa. Tiene varios salones y 8 habitaciones dobles con baño. Precios: habitación sencilla 9.000; doble con baño 12.800; desayuno incluido; comida o cena 2.500. *Observaciones: organizan actividades ecuestres, rutas a caballo y visitas a bodegas y ganaderías.*

Guadalcanal
(SEVILLA)

Pueblo de origen íbero, declarado conjunto histórico-artístico. Restos del castillo y muralla. *Excursiones: templo de Sta. Ana, sobre una antigua mezquita; cuevas de Santiago y de la Jayona; pantano del Pintado, con zonas de baño.* *Sillas de enea; mimbre y cestería; alfarería.*

Casa de los Diezmos
Tf./fax 95/488 61 90. R. 902/44 22 33
Casa señorial, con piscina y *solarium*. Cuenta con 3 habitaciones dobles con baño y terraza, 1 apartamento para 2/4 personas y otro para 4/6, con salón, chimenea, cocina y baño. Precios: habitación doble de 7.500 a 9.500, desayuno incluido; apartamento para 2/4 personas de 10.000 a 12.000 diarias. *Observaciones: comidas y cenas previo encargo; alquiler de caballos; senderismo con guía.*

Jabugo
(HUELVA)

Activa localidad inseparabale de la industria chacinera. Templo de origen mudéjar. *Excursiones: cueva de la Mora; antiguo Tiro de Pichón.* *Artesanía textil y encaje de bolillos. En* ***Veredas***, *trabajos de cuero. En* ***Valverde del Camino***, *botos y excelente calzado artesano.*

La Silladilla (****)
Los Romeros
Tf. 959/50 13 50. Fax 959/50 13 51
Hotel situado en el parque natural de la Sierra de Aracena, en una extensa finca arbolada, con arroyos, bosques en galería, veredas y piscina. Tiene bodega, salón, 6 habitaciones dobles, 1 *suite* y 2 cortijos, con 2 y 3 habitaciones dobles. Precios (según temporada): habitación doble de 10.000 a 12.000; cortijo de 20.000 a 36.000 diarias; desayuno incluido.

El Pedroso
(SEVILLA)

Pueblo situado al sur de Cazalla, en una zona agrícola que conserva algunos molinos de aceite. Su templo parroquial guarda tallas de interés. *Excursiones: bello bosque en galería de la ribera del Huéznar; localidades de Constantina y San Nicolás del Puerto.*

Montehuéznar
Tf. 95/488 90 00. R. 902/44 22 33
Pequeño hotel habilitado en una casa señorial del s. XIX, conservando elementos originales, como la escalera, el patio sevillano, las puertas y los enrejados. El interior, decorado con sobriedad, tiene restaurante, sala de estar, 1 habitación sencilla y 7 dobles, todas con baño. Precios: habitación doble 7.900.

Apartamentos y casas de alquiler completo

Alájar (HUELVA)

El Collado
El Collado
R. 902/44 22 33
Casa tradicional, en una aldea de la sierra de Aracena, con jardín y piscina. Salones, comedor, cocina, 3 habitaciones dobles y 2 baños. Precios: día 20.000; semana 100.000. *Observaciones: la propiedad alquila 3 casas en la misma finca.*

Alcalá de Guadaira (SEVILLA)

La Mejorada
Tf. 957/47 10 37
R. 902/44 22 33
Cortijo de la campiña, aislado. Salón con chimenea, calefacción con estufas, comedor, cocina, 3 habitaciones y 2 baños. Precios (según temporada): día 12.000; semana de 60.000 a 75.000. *Observaciones: electricidad solar; mínimo 3 días.*

Ribera del Guadalquivir, sierra Morena y sierra de Aracena

Apartamentos y casas de alquiler completo

Almonáster la Real (Huelva)

Finca Los Gallos
Tf. 959/50 11 67
R. 902/44 22 33
Casa señorial con huerto, piscina y jardín. Salón, chimenea, cocina, 3 habitaciones dobles y 2 baños. Precios: día 14.000; semana 45.000. *Observaciones: la propiedad alquila otras viviendas en la misma finca.*

Almonte (Huelva)

Casa Medina
El Rocío. Tf. 959/40 63 13
R. 902/44 22 33
Casa amplia a las afueras de El Rocío. Patio típico, fácil acceso para minusválidos y 8 plazas en habitaciones dobles. Precios (según temporada): día de 10.000 a 10.500; semana de 60.000 a 70.000.

Mirador de Doñana
El Rocío
Tf. 959/40 72 67. **R.** 902/44 22 33
Casa típica de la aldea del Rocío, al borde de las marismas. Salón, cocina, 3 habitaciones dobles, 1 múltiple con literas, y 2 baños. Precios: día 10.815. *Observaciones: alquiler mínimo 3 días.*

La Rocina
El Rocío. Tfs. 959/40 64 16
617/05 49 88. **R.** 902/44 22 33
Vivienda típica, con terraza. Bonita decoración, cocina, sala de estar, chimenea, 2 habitaciones dobles y 1 cuádruple. Precios (según temporada): día 11.000; semana de 48.000 a 55.000.

Villa Doñana
Tf. 95/422 14 33
R. 902/44 22 33
Agradable vivienda, con porche y terraza, en una finca con arbolado. Salón-comedor, cocina, 3 habitaciones dobles y 1 baño. Precios: día 12.157; semana 70.000.

Aroche (Huelva)

El Marbán
Tfs. 959/14 00 70 y
14 02 62. **R.** 902/44 22 33
Cortijo tradicional, aislado a 6 km del pueblo, con piscina. Tiene sala con chimenea, 2 habitaciones dobles y 1 triple. Precios: fin de semana 10.000; semana 50.000. *Observaciones: la propiedad alquila otro cortijo.*

Aznalcázar (Sevilla)

Cerro Buenavista
Tfs. 95/433 51 48 y
575 05 36. **R.** 902/44 22 33
Casa de buena planta, con patio, jardín y piscina. Comedor, salón con chimenea, biblioteca, cocina, 3 habitaciones dobles y 2 baños. Precios (según temporada): semana de 69.000 a 74.000. *Observaciones: la propiedad alquila otra casa.*

Hacienda Dos Olivos
Tf. 95/575 05 62
R. 902/44 22 33
Típica hacienda andaluza, a las afueras y en un paraje de interés ecológico. Apartamento con salón-comedor, cocina, 2 habitaciones dobles y 1 baño. Precios: día 10.700; semana 69.550; desayuno 500. *Observaciones: clases de equitación.*

Carmona (Sevilla)

Hacienda S. José
La Campana
Tfs. 95/461 05 81 y 428 24 35
R. 902/44 22 33
Hacienda tradicional aislada, con patio, jardín, pista de tenis y alberca. Salón con chimenea, cocina y 3 habitaciones dobles. Precios (según temporada): semana de 50.000 a 60.000.

Los Graneros
Tf. 95/595 30 20
R. 902/44 22 33
Hacienda aislada, con 400 años de antigüedad, con patio, piscina y vistas de Sevilla y Carmona. Incluye apartamentos para 2, 4 y 6 personas. Precios (según temporada y tipo): apartamento de 8.000 a 18.000 diarias.

Apartamentos y casas de alquiler completo

Castillo de las Guardas (Sevilla)

La Umbría
R. 902/44 22 33
Antigua casa de piedra, próxima a la sierra y aislada a 4 km del pueblo, con huerta, jardín y alberca. Sala de estar con chimenea, cocina, 2 habitaciones dobles y 1 baño. Precios: día 8.000; semana 49.000. *Observaciones: electricidad mediante placas solares.*

Cazalla de la Sierra (Sevilla)

El Berrocal
Tf. 95/488 44 22
R. 902/44 22 33
Cortijo ganadero, a las afueras, con piscina. Comedor, sala y apartamentos de 2 ó 4 plazas. Precios (según temporada): 2 plazas de 39.200 a 49.000 semanales. *Observaciones: cocina natural con productos de la huerta y embutidos caseros.*

Fuenteheridos (Huelva)

El Cordonero
Tf. 959/12 50 19
R. 902/44 22 33
Casa tradicional, aislada, con piscina y buenas vistas. Chimenea, 2 habitaciones sencillas y 2 dobles. Precios (según temporada): día 7.500; semana de 35.000 a 45.000; limpieza 2.000. *Observaciones: carece de corriente eléctrica.*

Vista Hermosa
Tfs. 95/452 75 82 y 959/12 51 22
Gracioso edificio, en lo alto del pueblo, con jardín. Comedor con chimenea, sala, cocina, 1 habitación sencilla, 3 dobles y 2 baños. Precios: día 14.500; semana 80.000. *Observaciones: la propiedad alquila 2 casas; información sobre rutas.*

Gerena (Sevilla)

Huerta La Romera
Ctra. Gerena-Aznalcóllar
Tf. 95/440 95 36. Fax 95/425 31 26
Casa de nueva construcción, con jardín, situada junto al río Guadiamar y a 4 km de Gerena. Detalles decorativos, sala con chimenea, cocina, 3 habitaciones dobles, 1 baño y 1 aseo. Precios (según temporada): día 10.000; semana 70.000.

Gerena (Sevilla)

Los Molinos
Tf. 95/490 37 27
R. 902/44 22 33
Casa de construcción reciente, con un frondoso jardín, huerta y alberca. Amplio porche, salón con chimenea, cocina, 1 habitación sencilla, 2 dobles y 1 baño. Precios (según temporada): fin de semana 20.000; semana de 45.000 a 70.000.

Guadalcanal (Sevilla)

La Buganvilla
C/ López de Ayala 18
Tfs. 954/34 10 67 y 88 64 58
Antigua casa restaurada, con patio andaluz y piscina. Incluye 2 viviendas con sala de estar, chimenea, cocina, 3 habitaciones dobles y 1 baño. Precios (según temporada): vivienda 20.000 fin de semana; de 50.000 a 60.000 semanales.

La Florida
Tf. 95/488 60 98
R. 902/44 22 33
Edificio del s. XVII en el parque natural de la Sierra Norte, con molino de aceite, piscina y jardines. Incluye 2 viviendas, ambas con salón, chimenea, cocina y 3 habitaciones dobles. Precios (para 6 personas): día 14.000; semana 85.000.

Montellano (Sevilla)

Olivar de Cote Bajo
Tf. 95/287 00 23
R. 902/44 22 33
Típico cortijo olivarero, en una finca a las afueras, con patio. Interior austero, salón, cocina, 5 habitaciones dobles y 1 baño. Precios: día 25.000; semana 150.000.

Puebla del Río (Sevilla)

Cañada de los Pájaros
Ctra. a Villafranco, km 8
Tf. 95/577 21 84
Casa de nueva construcción, de dos plantas, en una reserva de aves. Salón-comedor-cocina, 1 habitación doble y 1 baño. Precios (según temporada): fin de semana 14.000; semana de 34.500 a 39.000. *Observaciones: facilitan información.*

Apartamentos y casas de alquiler completo

Valencina de Concepción (Sevilla)

San José
Tf. 95/421 17 37
R. 902/44 22 33
Casa tradicional, en un paraje tranquilo a las afueras, con jardín, piscina, barbacoa y porche. Sala de estar con chimenea, cocina, 3 habitaciones dobles y 2 baños. Precios: día 14.000; semana 80.000.

Villanueva de San Juan (Sevilla)

Hoya de Margarita
Tf. 95/595 80 49
R. 902/44 22 33
Cortijo bien conservado, en un paraje de colinas y rodeado de olivos y bosques, con huerta, alberca, patio, merenderos y zona de acampada. Sala-cocina, 2 habitaciones dobles y 1 baño. Precios: persona/día 3.500.

Lugares de interés

Alájar. Localidad serrana próxima a Aracena. Buen conjunto de arquitectura popular, calles empedradas y plazoletas. *Excursiones: pueblos abandonados de El Calabacino y Los Madroñeros; ermita de la Reina de los Ángeles y peña de Arias Montano, con espléndidas vistas de la zona. Venta de artesanía en el pueblo y en la peña de Arias Montano; elaboración de tapices, mantas, cestería y trabajos en corcho.*

Alcalá de Guadaira. Segunda ciudad de la provincia, encaramada en un cerro a los pies de su castillo, considerado el más importante de la región. Buen recinto amurallado, puente de origen romano, templo de Santiago, ermitas y conventos.

Almonáster la Real. Villa emplazada al pie de la sierra de Aracena. Conserva un rico patrimonio: castillo-mezquita, declarado monumento nacional, iglesia con portada manuelina y ermita de Santa Eulalia, edificada sobre un templo romano. *Excursiones: encinares del Chanza y Ribera del Aserrador. Corcho y cerámica. En la aldea de* ***Castañuelo****, utensilios de cocina hechos en madera.*

Aroche. Localidad de la sierra de Aracena. Castillo árabe y restos de anfiteatro y calzada romana. *Excursiones: Piedras del Diablo; castillos de Cortegana y Cumbres Mayores; paseos por la ribera del Chanza, con zonas de baño; parque natural de la sierra de Aracena y Picos de Aroche; gruta de las Maravillas. Guarnicionería, talabartería, marroquinería y ladrillos cocidos.*

Aznalcázar. Población situada en un altiplano que domina el valle de Guadiamar. Conserva la bella iglesia mudéjar de S. Pablo, con azulejos del s. XV. *Excursiones: necrópolis romana de Los Narros; parque nacional y parque natural de Doñana; centro de interpretación de la naturaleza Cerrado Garrido, en la llamada "marisma gallega"; santuario ornitológico de Los Olivillos; reserva natural de la Cañada de los Pájaros; pinares de la Dehesa Nueva y de Marlo; laguna de S. Lázaro en Villamanrique de la Condesa. Trabajos en bronce. En* ***Villamanrique****, bordados, mantones de manila y trajes de gitana.*

Castillo de las Guardas. Tranquila localidad limítrofe con Huelva, en un bello entorno de monte. Conserva restos del castillo y la bonita iglesia de San Juan. *En* ***Villalba del Alcor****, calzado de monte y petacas para tabaco.*

Fuenteheridos. Pintoresco pueblo de origen árabe, en pleno parque natural de la sierra de Aracena y Picos de Aroche. Conserva un pequeño jardín botánico y la casa en la que vivió el escritor José Bergamín. *Excursiones: mezquita de Almonáster la Real; castillo de Cortegana; nacimiento del río Múrtiga. Artesanía de flores secas.*

Montellano. Localidad limítrofe con Cádiz, en la falda de la sierra de S. Pablo. Restos prehistóricos y de la época romana. Abundantes yacimientos de magnetita, explotados por los fenicios, que atribuían propiedades mágicas a este mineral.

Puebla del Río. Villa de origen antiquísimo situada junto al Guadalquivir. En su término se descubrieron algunos silos construidos en el Neolítico. Templo parroquial de origen gótico y frondoso parque ribereño. *Talleres de cerámica, guarnicionería y elaboración de sillas de montar y zahones.*

Valencina de la Concepción. Pueblo situado a 7 km de la capital, en un término con varios dólmenes de corredor. Templo de Nuestra Sra. de la Estrella, con abundantes elementos barrocos.

1. Sobrarbe y Pirineos occidentales

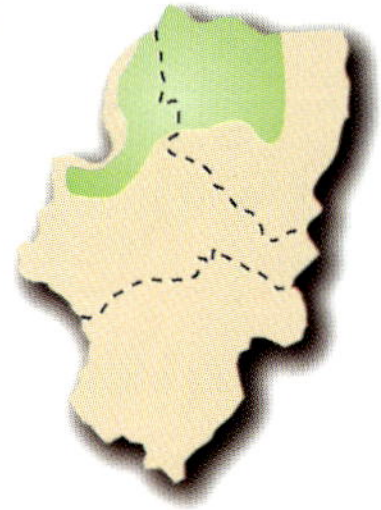

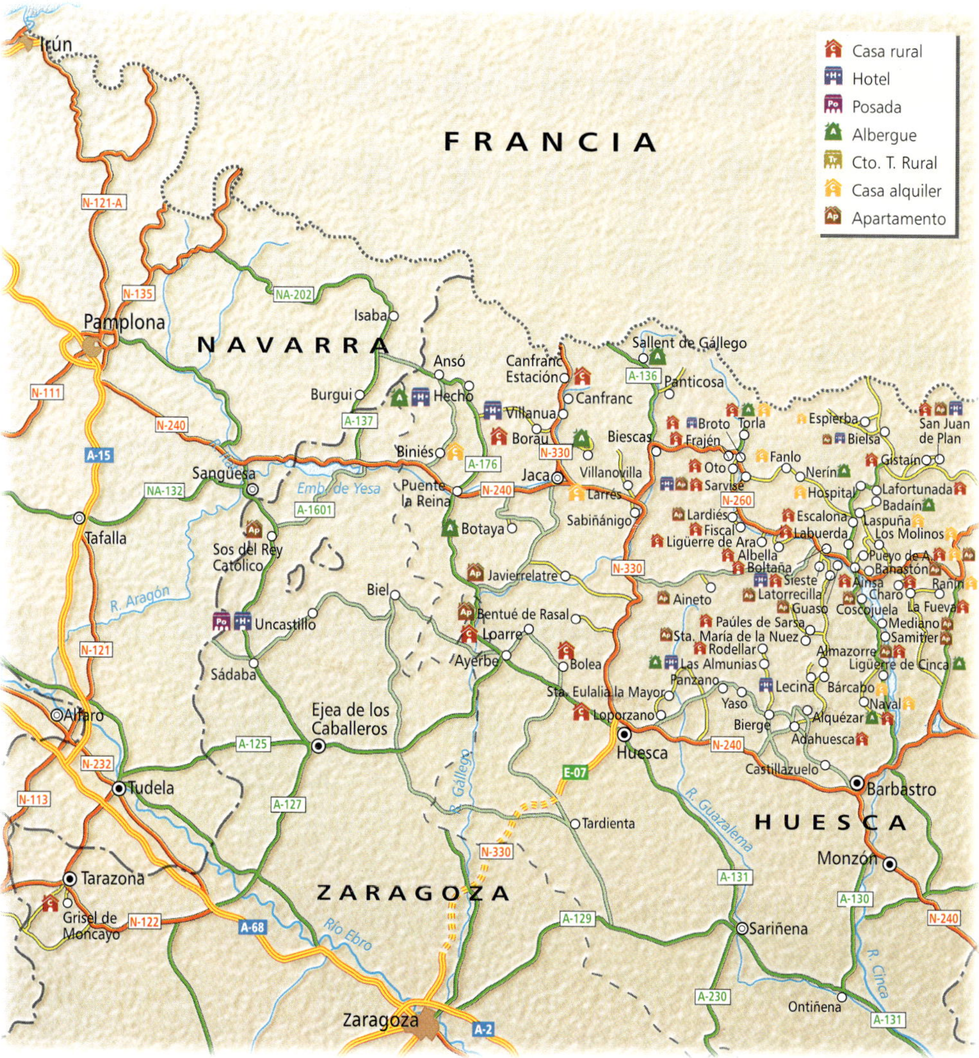

Adahuesca (HUESCA)

Pueblo del Somontano, emplazado en una zona de gran riqueza agrícola y ganadera. *Excursiones: sierra de Guara y cañones del río Vero.*

Labata
C/ Nueva 3. Tf. 974/31 80 19
Casa de bonita fachada, situada en el centro del pueblo, con jardín, terraza y un característico portalón. Tiene comedor, 8 habitaciones dobles, 5 de ellas con baño, y 1 cuádruple, así como 2 baños compartidos. Precios: habitación doble 3.000; con baño 3.750; cuádruple 6.000; desayuno 400; comida o cena 1.400.

Aínsa (HUESCA)

Evocador conjunto medieval: fortaleza, plaza porticada y templo románico de Sta. María. *Excursiones: río Ésera; desfiladero de Vellos; gargantas de Escuaín; cañón de Añisclo y ruta del Alto del Pino. Museo de los Oficios; trabajos en madera.*

Casa el Hospital
C/ Sta. Cruz 3
Tf. 974/50 07 50. R. 974/29 41 41
Bello caserón habilitado en un viejo hospital de peregrinos, junto a la iglesia. Tiene salón con chimenea, cocina-comedor y 10 habitaciones dobles con baño, algunas con espléndidas vistas. Se puede alquilar entera. Precios (según temporada): habitación doble de 4.000 a 5.000; vivienda (según ocupación) de 12.000 a 20.000 diarias; desayuno 3000.

Albella (HUESCA)

Lugar cercano a Fiscal, a casi 800 m de altitud. Ermita románica de S. Urbez, del s. XII, con una talla de la misma época.

Arana
Tf./fax 974/34 12 87
Sorprendente casa de piedra de 1940, declarada de interés arquitectónico, en una zona de prados, con huerto, patio, terraza y buenas vistas del Pirineo. Tiene sala de estar con chimenea, horno de piedra, 3 habitaciones dobles con baño y galería, y 3 apartamentos con 1 ó 2 habitaciones, bien equipados. Precios: habitación doble 6.500, desayuno incluido; apartamento de 4 plazas 8.500 diarias.

Almazorre (HUESCA)

Localidad minúscula a 4 km de Bárcabo, ubicada a la entrada de los cañones del río Vero, en pleno parque natural de la sierra de Guara. *Excursiones: dólmenes y cuevas de pinturas rupestres; sierra de Olsón; zona de baño en el río Vero.*

Casa Trallero
C/ La Iglesia s/n
Tf. 974/34 30 61. R. 974/29 41 41
Vivienda tradicional de buena planta, dedicada a tareas agrícolas y ganaderas. Conserva un interior de muros de piedra, decorado con algunos aperos y dispone de 1 habitación doble con baño, así como 1 apartamento para 4/6 personas. Precios: habitación doble 3.300; apartamento 9.000 diarias; desayuno 375; comida o cena 1.300.

Las Almunias de Rodellar (HUESCA)

Pequeña localidad próxima a Rodellar, en un paisaje muy quebrado. *Excursiones: barranco de Mascún y parajes de la sierra de Guara. Elaboración de cucharas de madera.*

Casa Tejedor
Tf./fax 974/34 30 15 y 31 35 89. R. 974/29 41 41
Casa de piedra de nueva construcción, con terraza y un restaurante en la planta baja. Tiene 8 habitaciones dobles, 1 de ellas para 4/6 personas, todas con baño. Precios: habitación doble 4.200; desayuno 420; comida o cena 1.550. *Observaciones: ofrecen servicio de guías.*

Las Almunias
C/ Alta 3. Tf./fax 974/34 32 18
Bonito caserón de piedra, en el interior del pueblo. Dispone de comedor y 7 habitaciones para 6 personas, con baño. Precios: alojamiento 1.300; desayuno 450; comida o cena 1.300. *Observaciones: servicio de guías; alquiler de material para descenso de barrancos; deportes de aventura.*

Sobrarbe y Pirineos occidentales

Alquézar
(HUESCA)

Precioso conjunto monumental, de origen romano, coronado por un castillo-colegiata y con un recinto amurallado, al que se accede por una puerta de tres torres. Casonas de los s. XVI al XVIII, pasadizos, buenos ejemplos de arquitectura popular, plaza porticada y templo románico con capiteles y claustro del s. XIV. *Excursiones: cuevas y puente medieval en Villacantal; cañones y parque cultural del río Vero; barranco del Castillo y dólmenes de Paúles. Talleres de carpintería y forja.*

Casa Espartero
Pza. Rafael Ayerbe 6
Tf. 974/31 80 71. R. 974/29 41 41

Casa antigua rehabilitada, con una bonita galería en la planta alta y con vistas a la Colegiata. El interior, decorado con utensilios tradicionales, tiene sala de estar con chimenea y 3 habitaciones dobles con baño. Precios: habitación doble 3.700; desayuno 400. *Observaciones: la propiedad alquila además 2 apartamentos con cocina, baño y capacidad para 7 personas.*

Casa Jabonero
Tf. 974/31 89 08. R. 974/29 41 41

Edificio de piedra y ladrillo, de estilo mudéjar, situado en el centro del pueblo. Tiene sala de estar con chimenea y 3 habitaciones dobles con baño. Precios: habitación doble 3.800.

Albergue de Alquézar
Ctra. de Barbastro s/n. Tf./fax 974/31 84 34

Antiguo caserón, habilitado como albergue municipal. El interior, con decoración austera, tiene sala de usos múltiples y 3 habitaciones para 6 personas, con baño. Precios: alojamiento 1.300; desayuno 350; comida 1.500; cena 1.100. *Observaciones: disponen de guías de montaña; alquiler de material; rutas a caballo; senderismo; deportes de aventura.*

Albergue Rural de Guara
Tf. 974/31 83 96

Amplio caserón con paredes de piedra, situado en el mismo pueblo. El interior, con suelos de barro cocido y decoración rústica, tiene comedor, bar, sala con chimenea y 7 habitaciones para 6, 8, 12 y 16 personas, algunas con baño. Precios: alojamiento 1.350; desayuno 350; comida o cena 1.500. *Observaciones: descenso de cañones, senderismo, piragüismo y alquiler de materiales.*

Refugio Isuala
C/ San Lucas 16
Tf. 974/31 82 37. R. (00)-33- 561 79 25 81

Edificio antiguo, rehabilitado, con terraza. Tiene comedor, sala de estar y 4 habitaciones múltiples, con 16 plazas. Se puede alquilar entero. Precios: alojamiento 1.800, con derecho a cocina; desayuno de 450 a 800; albergue 25.000 diarias. *Observaciones: guías de montaña; organizan actividades.*

Badaín
(HUESCA)

Aldea situada al pie de la llamada Peña Solana. Conserva una iglesia del s. XII con cabecera románica. *Excursiones: valles de Gistáu y Pineta.*

Torre de la Iglesia
Tf. 974/50 40 75. R. 974/29 41 41

Establecimiento situado en una torre del s. XI, en un paraje de prados donde confluyen los ríos Irués y Cinca. Tiene bar, comedor y 2 habitaciones múltiples, con capacidad para 20 personas. Precios (según temporada): alojamiento de 1.250 a 1.500.

Bielsa
(HUESCA)

Conjunto urbano encajonado entre montañas, a 1.053 m de altitud, en la confluencia de los ríos Barroso y Cinca, con un buen núcleo de arquitectura tradicional. *Excursiones: valles de Pineta, Gistáu y Barrosa; embalse de Urdiceto.*

Hostal Marboré
Tfs. 974/50 11 11 y 50 10 50. R. 974/29 41 41

Hotel familiar, con fachada de piedra, completamente rehabilitado. El interior, con mobiliario de madera clara, tiene sala de estar, bar-cafetería y 12 habitaciones dobles con baño, algunas abuhardilladas. Precios (según temporada): habitación doble de 4.500 a 5.000.

Bolea
(HUESCA)

Capital de la comarca de La Sotonera, situada a los pies de un castillo. Conserva restos romanos y la preciosa colegiata de Santa María la Mayor. *Excursiones: pantanos de la Sotonera y de la Peña; "mallos" de Riglos.* En **Riglos**, *restauración y venta de muebles artísticos.*

Casa O'Majo
Ctra. Puibolea 1
Tf. 974/27 24 40. R. 974/29 41 41

Construcción tradicional, con huerto, corral y una gran terraza. Cuenta con sala de estar y 6 habitaciones dobles con baño. Precios: habitación doble 3.800; desayuno 550. *Observaciones: cocina casera.*

Boltaña
(HUESCA)

Localidad del valle del Ara, con calles empinadas en torno a la iglesia del s. XIII. Su castillo, de origen islámico, fue lugar de reunión de brujas en la Edad Media. *Excursiones: parque nacional de Ordesa; valles de Pineta y Bujaruelo; cañón de Añisclo. Trabajos de forja, cuero y madera.*

Casa Coronel
C/ San Pedro 4
Tf. 974/50 21 54. R. 974/29 41 41

Hermosa casona de piedra, en el casco viejo, con patio interior y buenas vistas. Cuenta con sala de estar, cocina y 6 habitaciones dobles, 5 de ellas con baño. Precios (según temporada): habitación doble de 2.500 a 3.000; con baño de 3.500 a 4.000.

Borau
(HUESCA)

Tranquilo pueblo, situado sobre un promontorio a más de 1.000 m de altitud, junto al río Lubierre. *Excursiones: ermita de S. Adrián de Sasave, del s. XII, famosa por haber custodiado el Santo Grial; gargantas de Borau; ibón de Tortielles. Taller de flores secas y cerámica en la casa Los Lirios.*

Los Lirios
C/ Costera 4
Tfs. 974/35 63 94 y 696/81 96 13

Hermoso edificio de piedra, bien rehabilitado. El interior, con mobiliario antiguo y telas de algodón y lino, dispone de 5 habitaciones dobles con baños compartidos, 2 de ellas abuhardilladas. Precios: habitación doble 5.000; desayuno 500; cena 1.600. *Observaciones: cursos de plantas medicinales; yoga; rutas culturales; cocina tradicional y vegetariana.*

Botaya
(HUESCA)

Localidad situada a más de 900 m de altitud, en la ladera sur de la sierra de S. Juan de la Peña. *Excursiones: monasterio, bellísimo paraje y parque cultural de S. Juan de la Peña; núcleo de Sta. Cruz de la Serós; selva de Oza.*

Casa del Herrero
Tfs. 974/35 98 53 y 639/40 42 31

Albergue habilitado en una herrería del s. XVI, que conserva algunos de los elementos primitivos, como las vigas de madera y los suelos de pizarra. Tiene comedor con chimenea, cocina, sala de actividades y capacidad para 44 personas, en habitaciones de 8, 10, 12 y 14 plazas, con baños compartidos. Precios: pensión completa 3.000 persona/día. *Observaciones: organizan actividades de aventura.*

Broto
(HUESCA)

Animada villa pirenaica bordeada por el río Ara y emplazada a 900 m de altitud. Iglesia del s. XVI, arquitectura pintoresca y paseo ajardinado junto al río. *Excursiones: valle de Broto, ermita románica de S. Blas; parque nacional de Ordesa.*

Ver página siguiente.

Casa Buisam
Tf. 974/48 60 53. R. 974/29 41 41

Sencilla casa tradicional, con un espacio ajardinado, situada en el casco viejo. Tiene 2 habitaciones dobles y 1 apartamento independiente para 4 personas. Precios: habitación doble 2.600; apartamento 8.000 diarias.

Broto
(HUESCA)

Ver página anterior.
*En **Linás de Broto**, artesanía de la madera.*

O Puente
C/ Porches 7. Tf. 974/48 60 72
Imponente caserón de piedra situado al mismo borde del Ara y con balcones sobre el río. Tiene 5 habitaciones dobles con baño. Precios (según temporada): habitación doble de 4.600 a 5.500; desayuno 400; cena 1.300.

Pradas
Avda. de Ordesa 7
Tf. 974/48 60 04. Fax 974/98 63 96
Hotel de montaña habilitado en un antiguo edificio de piedra. Tiene restaurante, sala de estar con chimenea, 2 habitaciones sencillas y 14 dobles, todas con baño y algunas abuhardilladas. Precios (según temporada): habitación sencilla de 3.000 a 4.000; doble de 6.000 a 8.000; desayuno 500; comida o cena 1.800. *Observaciones: deportes de aventura.*

Canfranc-Estación
(HUESCA)

Pueblo de alta montaña, a orillas del Aragón. Conserva las ruinas de su iglesia y la señorial estación de ferrocarril. *Excursiones: valle de la Garcipollera; circo de Aspe; valle del río Aragón; pistas de esquí de Canfranc. Agrupación de artesanos (pintura, seda, madera...), en **Jaca**.*

La Tuca
Tfs. 974/37 31 04 y 616/78 98 50
Casa rústica de piedra y madera. El interior, acogedor y con decoración de montaña, tiene salón-comedor con chimenea, 6 pequeñas habitaciones dobles, algunas abuhardilladas, y 2 baños. Precios (según temporada): habitación doble de 4.000 a 4.400, desayuno incluido; cena 1.100. *Observaciones: descuentos a grupos; excursiones con guía; facilitan información y planos de la zona.*

Escalona
(HUESCA)

Núcleo poco poblado (90 habitantes) situado en la confluencia de los ríos Cinca y Vellós. *Excursiones: monasterio de San Vitorián, del s. VI; excelente punto de partida para recorrer los valles de Vió, Añisclo y Puértolas; dolmen de Tella; parque nacional de los Pirineos franceses; reserva natural de Nouvielle.*

Casa Carpintera
Avda. Pineta s/n
Tf. 974/50 51 69. R. 974/29 41 41
Edificio agradable, restaurado. Tiene salón con juegos de mesa y 6 habitaciones dobles, 2 de ellas con baño. Precios: habitación doble con baño 3.700; desayuno 600; cena 1.500. *Observaciones: comidas caseras; venta de mermeladas artesanales.*
✉ Insuperable. Los dueños te hacen sentir como en tu propia casa. Abundante información. Cocina imaginativa.

Casa Marco
Tf. 974/50 50 40. R. 974/29 41 41
Bonita casa de piedra situada en el centro de la localidad. Dispone de salón con chimenea, 4 habitaciones dobles y 2 triples, todas con baño. Precios: habitación doble 3.800. *Observaciones: se sirven comidas, previo encargo.*

Fiscal
(HUESCA)

Conjunto de origen medieval, rodeado de aldeas abandonadas. Torre almenada, batán en activo y ermitas de S. Salvador y S. Miguel. *Excursiones: pueblos abandonados de Bergúa y Asín de Broto; cueva del Santo Viejo; parque nacional de Ordesa. Venta de antigüedades, en casa del Arco.*

Casa del Arco
C/ del Arco 3
Tf./fax 974/50 30 42. R. 974/29 41 41
Hermosa edificación que debe su nombre al arco que la sustenta, en el casco viejo. El interior, cuidado y lleno de detalles en los que predomina la madera, tiene una sala de huéspedes y 5 habitaciones dobles con baño, algunas con altillo. Precios: habitación doble 4.300; triple 5.500; desayuno 450.

Frajén
(HUESCA)

Caserío de 40 habitantes situado a más de 1.100 m de altitud. Está muy próximo a Torla, a las puertas del parque nacional de Ordesa. *Excursiones: valle de Bujaruelo; cañón de Añisclo; balneario de Panticosa; pistas de esquí de Panticosa y Formigal.*

Casa Lacoma
Tf. 974/48 62 62. R. 974/29 41 41

Construcción de piedra, con galerías y suelos de madera, cuyos propietarios se dedican a tareas agrícolas. Tiene 3 habitaciones dobles, 1 de ellas con una amplia galería, y 2 baños compartidos. Se puede alquilar entera. Precios: habitación doble 2.500; desayuno 350.

✉ Trato y ambiente familiares. Habitaciones cuidadas y con buenas vistas. Exterior muy tranquilo.

Casa López
Tf. 974/48 61 69

Edificio de los años 50, muy remodelado, con huerto y terraza con vistas al valle. Tiene salón, 6 habitaciones dobles, 3 baños y 1 aseo. Precios: habitación doble 2.900; desayuno 375.

Casa Muro
Tf. 974/48 61 51. R. 974/55 40 20

Casa tradicional, totalmente restaurada, con una pequeña terraza y buenas vistas. Dispone de 3 habitaciones dobles y 1 triple, con 2 baños compartido. Precios: habitación doble 2.800; tirple 3.800; desayuno 375. *Observaciones: la propiedad alquila 1 apartamento de 4 plazas, con terraza y excelentes vistas.*

La Fueva
(HUESCA)

Término municipal próximo al embalse de Mediano. *Excursiones: conjunto histórico de Muro de Roda.*

Casa Vilas
La Cabezonada

Tf. 974/50 01 16. R. 974/29 41 41

Casa tradicional, reformada, situada al pie de la sierra Ferrera, con jardín, huerto, establos y piscina. Dispone de sala de estar, comedor y 4 habitaciones dobles con baño. Precios (según temporada): habitación doble de 3.000 a 3.300. *Observaciones: excelente miel y jamón casero.*

Gistaín
(HUESCA)

Típico pueblo pirenaico, a 1.400 m de altitud. Conserva una torre medieval con saetereas, notables casas de infanzones y el habla del dialecto local, el «chistavín». *Excursiones: parque de Posets-Maladeta; lagos de Ordiceto y Basa de la Mora, entre otros; collado de la Cruz del Guardia; bordas de Viadós; reserva natural de Nouvielle; refugio de Tabernes.*

Museo y taller de la madera, con elaboración de cucharas, morteros, animales, etc.; telar de algodón.

Casa Fontamil
Tf. 974/50 61 92. R. 974/29 41 41

Casa de reciente construcción, de piedra y madera, sobre un prado en lo alto del pueblo, con huerto. Tiene salón con chimenea, una terraza cubierta con vistas inmejorables del valle y 6 habitaciones dobles, cálidas y acogedoras. Precios: habitación doble 3.000; con baño 4.500; desayuno 600; cena 1.100.

✉ Trato muy agradable. Habitaciones y baños cuidados. Excelente información sobre temas etnológicos.

Casa Sastre
Tf. 974/50 60 31. R. 974/29 41 41

Vivienda tradicional, con huerta, establos y animales de corral. Dispone de sala de estar, 2 habitaciones dobles con baño y 1 apartamento con cocina-comedor, 2 habitaciones dobles y 1 baño. Precios: habitación doble 3.500; apartamento 6.000 diarias.

Gistaín
(HUESCA)

Ver página anterior.

Casa Zueras
C/ Moreras s/n
Tf. 974/50 60 38. R. 974/29 41 41
Casa tradicional reformada, con patio interior. Tiene vigas y suelos de madera, cocina, salón con chimenea, 2 habitaciones sencillas, 1 doble y 2 triples, algunas abuhardilladas, con 3 baños y 1 aseo compartidos. Precios: habitación sencilla 1.200; doble 2.100; triple 2.650; desayuno 425; derecho a cocina 175 persona/día.

Grisel del Moncayo
(ZARAGOZA)

Localidad emplazada a 3 km de la villa mudéjar de Tarazona, a las puertas del Moncayo. Conserva el templo mudéjar de la Asunción, del s. XVI, así como restos del antiguo castillo.

Los Girasoles
C/ S. Antón 2
Tfs. 630/88 70 48 y 976/64 18 42
Casa de fachada sobria, con 200 años y una excelente rehabilitación. El interior, decorado con detalles artísticos, objetos de labranza, plantas y muebles antiguos, tiene sala con chimenea, sauna, *solarium*, 7 habitaciones dobles, algunas con baño, y 3 baños compartidos. Precios: habitación doble 4.000; con baño 6.000.

Hecho
(HUESCA)

Bonito conjunto de arquitectura popular. Conserva un dialecto local, el "cheso" y un bello museo etnológico. *Excursiones: monasterio de Siresa, del s. IX; selva de Oza; Boca del Infierno; río Aragón y zona protegida de aves.*

Hospedería Usón
Ctra. Selva Oza, km 7. Tf./fax 974/37 53 58
Hospedería de montaña, aislada a 950 m de altitud, con huerto, manantial propio y terraza con bonitas vistas. Tiene sala de estar, 2 habitaciones sencillas, 11 dobles y 1 cuádruple, con baño. Precios: habitación doble de 5.000 a 6.000; desayuno 500; cena 1.500. ***Observaciones: calma garantizada, sin t.v.***
✉ Trato muy correcto. Habitaciones perfectas y con buenas vistas. Se echa de menos un espacio común más amplio.

Borda Bisaltico
Ctra. Gabardito, km 2. Tf. 974/37 53 88
Edificio de nueva planta, respetuoso con la arquitectura local, en una zona de praderías. Tiene sala de estar con chimenea, pabellón de actividades para grupos, 2 habitaciones dobles con baño, así como 2 de 8 plazas y otras 2 de 12 plazas, con baños comunes. Precios (según tipo de habitación): alojamiento de 1.300 a 2.000; desayuno 400; comida o cena 1.300. ***Observaciones: deportes de aventura.***

Labuerda
(HUESCA)

Caserío del valle del Cinca, en un bello paisaje de montaña. Iglesia con portada románica y torre renacentista. *Excursiones: templo románico de San Vicente de Labuerda, con mirador; valles de Gistáu y Pineta; acceso al parque nacional de Ordesa; zonas de baño en el río Cinca.*

Casa Maiza
Tf. 974/50 07 81. R. 974/29 41 41
Chalet de reciente construcción, a las afueras del pueblo, con arbolado. El interior, decorado con madera y con detalles agradables, cuenta con salas de estar y de actividades y 4 habitaciones dobles con baño. Precios (según temporada): habitación doble de 4.500 a 5.000; desayuno 400. ***Observaciones: facilitan información sobre la zona.***

Lafortunada
(HUESCA)

Aldea dependiente de Tella, nacida durante los años 20 en torno a la construcción de un salto de agua. *Excursiones: gargantas de Escuaín; valles de Gistáu y Pineta.*

Casa Tomás
Tf. 974/50 40 19. R. 974/29 41 41
Antigua posada, situada a orillas del Cinca, cuidadosamente restaurada manteniendo los materiales tradicionales. Tiene sala de estar y 6 habitaciones dobles con baño. Precios (según temporada): habitación doble de 3.750 a 4.000; desayuno 500.

Lecina de Bárcabo
(HUESCA)

Aldea cercana a Bárcabo, con un buen conjunto de arquitectura popular. *Excursiones: barrancos y pinturas rupestres de la cuenca del río Vero; parque natural de la sierra de Guara. Artesanía de la madera, en* ***La Pardina****. Abundantes alfares de cerámica en* ***Naval***.

La Choca
Pza. Mayor 1

Tf. 974/34 30 70. **Fax** 974/31 84 66. **R.** 974/29 41 41

Hotel familiar, habilitado en un caserón del s. XVII, con vistas a los barrancos. Tiene 6 habitaciones dobles y 3 triples, todas con baño. Precios: habitación doble 5.500; desayuno 550; comida de 3.000 a 3.500; cena 1.700. *Observaciones: la propiedad dispone de 2 apartamentos para 2/4 personas en el mismo pueblo.*

Ligüerre de Ara
(HUESCA)

Lugar pintoresco del valle de Broto, con casas de piedra y pizarra, bien conservadas. Agradable entorno de bosques y prados, en peligro de quedar sepultados por un pantano. *Excursiones: pueblos abandonados de Jánovas, La Velilla y La Corta; monasterio pre-benedictino de San Martín; fuentes sulfurosas; zonas de baño en el río Ara; parque nacional de Ordesa.*

Casa Antín
Tf. 974/34 12 02. **R.** 974/29 41 41

Casa rústica de piedra, cuyos dueños se dedican a tareas agrícolas y ganaderas. Dispone de sala de estar, 3 habitaciones dobles y 1 triple, con 2 baños. Precios: habitación doble de 2.500 a 3.000; triple con baño 4.000; desayuno 350.

Casa Ballarín
C/ San Ramón 7

Tf. 974/34 12 06. **R.** 974/29 41 41

Casa tradicional con jardín y galería de arcadas. Tiene salón, 3 habitaciones dobles, 2 de ellas con baño, y 2 cuádruples con baño y con salida a la galería. Precios: habitación doble 2.500; con baño 3.200; cuádruple 4.500; desayuno 350. *Observaciones: ofertas por estancias largas.*

✉ Excelente trato y buena repostería.

Casa Tomás
Tf. 974/50 30 12. **R.** 974/29 41 41

Construcción tradicional, situada en un paraje agradable a las afueras del pueblo. Cuenta con sala de estar, 4 habitaciones dobles y 2 baños. Precios: habitación doble 2.500. *Observaciones: desayunos con productos de la zona; venta de cerámica de Naval.*

Ligüerre de Cinca
(HUESCA)

Pueblo abandonado y rehabilitado por un sindicato, situado sobre sobre un espolón rocoso presidido por el palacio-fuerte. Su término municipal quedó invadido por el embalse de Mediano. *Excursiones: localidad abandonada de Pano, con restos de un castillo y ermita.*

Ligüerre de Cinca
Tf. 974/50 08 00

Centro de vacaciones integrado por un albergue con 12 habitaciones, con servicios y baños comunes, así como *bungalows* de madera. Precios (según temporada): *bungalow* de 8.000 a 10.000 diarias y de 40.000 a 60.000 semanales; desayuno 375; comida o cena 1.200. *Observaciones: dispone de un camping con instalaciones deportivas.*

Loarre
(HUESCA)

Villa situada a los pies de la sierra del mismo nombre, con un interesante casco urbano en el que destaca el Ayuntamiento, habilitado en un palacio renacentista.

Ver página siguiente.

Casa Carmen
Sta. Engracia

Tf. 974/38 26 64. **R.** 974/29 41 41

Antigua casa de piedra, rehabilitada, situada en una pequeña localidad a 2 km de Loarre y con excelentes vistas del castillo. Tiene sala de estar y 5 habitaciones dobles con 2 baños compartidos. Precios: habitación doble 3.700; desayuno 450; cena 1.600. *Observaciones: comidas caseras; venta de mermeladas artesanales; no se admiten animales.*

Sobrarbe y Pirineos occidentales

Loarre (HUESCA)

Ver página anterior.
Excursiones: imponente castillo de Loarre, bien conservado, con influencias mozárabes y románicas; espectacular paraje de los Mallos de Riglos, formado por altos paredones de piedra rojiza.

Casa Tolta
Tf. 974/38 26 05. R. 974/29 41 41
Sencilla casa tradicional, situada en el centro del pueblo, con terraza y zona ajardinada. Tiene sala de estar, 1 habitación sencilla y 2 dobles, todas con baño. Precios: habitación sencilla 1.900; doble 3.500.

Loporzano (HUESCA)

Lugar situado a 8 km de Huesca capital, en la zona prepirenaica y entre las cuencas de los ríos Flumen y Guatizalema. Conserva numerosas edificaciones medievales y una curiosa fuente parisina. *Excursiones: castillo de Loarre y conjunto monumental de Alquézar; Vadiello, con impresionantes roquedales y buitreras; Mallos de Riglos; parque natural de la sierra de Guara.* En **Bandalíes**, *cerámica monacal que reproduce piezas de los siglos XVI y XVII.* En **Monflorite**, *tejidos en alto y bajo lizo, macramé y tejeduría tradicional de manteles, toallas y alfombras.*

Boletas
C/ Horno 30. Tf. 974/26 20 27
Bella casona del s. XVI, reformada. El interior, cuidado, con paredes de piedra, vigas de madera y muebles rústicos, tiene salón y 5 habitaciones dobles con baño. Precios (persona/día): pensión completa 5.000. *Observaciones: alojamiento previa reserva; estancia mínima de 2 noches; guías ornitológicos; actividades de naturaleza y observación de aves; descuentos a niños; cerrado en agosto.*

Casa Gil
C/ Herrería 7
Tf. 974/26 21 52. R. 974/29 41 41
Vieja casa restaurada, que conserva el tradicional patio de acceso empedrado. Tiene cocina-comedor, 2 habitaciones dobles y 2 baños. Precios: habitación doble 3.800; desayuno 350.

Nerín (HUESCA)

Aldea mínima del valle de Vió, a 1.280 m de altitud. Bonito casco urbano, presidido por la iglesia parroquial, románica. *Excursiones: valle de Vió y garganta de Añisclo.* *Artesanos de madera de boj.*

Albergue Añisclo
C/ Única s/n
Tf. 974/48 90 10. Fax 974/48 90 08. R. 974/29 41 41
Caserón de dos plantas, habilitado como albergue. Cuenta con bar, restaurante y capacidad para 34 personas, en habitaciones de 2, 4 y 8 plazas, con 6 baños compartidos. Precios: alojamiento 1.000. *Observaciones: cursillos de esquí de fondo; guías de montaña y espeleología.*

Oto (HUESCA)

Agradable caserío en un altozano próximo al río Ara. Iglesia con elementos mozárabes y atalaya militar del s. XV. *Excursiones: pueblo abandonado de Llosa; puente de los Navarros; parque nacional de Ordesa con innumerables parajes: circo de Soaso, cola de Caballo, senda de los Cazadores.*

Casa Pueyo
C/ La Peña 15
Tfs. 974/48 60 75 y 48 63 71. R. 974/29 41 41
Bonito edificio de piedra, reformado recientemente. Dispone de 6 habitaciones dobles con baño. Precios (según temporada): habitación doble de 3.750 a 4.250. *Observaciones: la propiedad dispone además de 1 apartamento para 6 personas.*

Paúles de Sarsa (HUESCA)

Aldea de 30 habitantes del Alto Sobrarbe, a más de 800 m de altitud. *Excursiones: parque natural de la sierra de Guara.*

Casa Vicenta
Tf. 974/34 31 32. R. 974/29 41 41
Austera construcción de piedra, cuyos dueños se dedican a tareas agrícolas y ganaderas. Tiene salón, 4 habitaciones dobles y 1 cuádruple, todas con baño. Precios: habitación doble con baño 3.000.

El Pocino de Charo
(HUESCA)

Mínima aldea perteneciente a La Fueva. *Excursiones: embalse de Mediano; pueblo medieval de Muro de Roda.*

La Colina
Tf. 974/34 10 45
Casa aragonesa del s. XVII, situada al pie de una colina, con huerta, jardín y espectaculares vistas del entorno montañoso. Tiene comedor y 4 habitaciones dobles, 2 de ellas con baño. Precios: habitación doble 3.600; con baño 4.000; desayuno 450.

El Pueyo de Araguás
(HUESCA)

Pueblo próximo al curso del Cinca, al pie de la impresionante mole de Peña Montañesa. Iglesia románica de Lorién. *Excursiones: monasterio de S. Victorián; casco viejo de Aínsa; fuente de Fuen Santa.*

Casa Dueso
C/ Sta. Cruz 4
Tf. 974/50 02 94. R. 974/29 41 41
Construcción de piedra, emplazada en el casco viejo de la localidad. Dispone de 3 habitaciones dobles con baño. Precios: habitación doble 3.500; desayuno 350. *Observaciones: la propiedad alquila 1 apartamento para 5 personas.*

Casa Polito
Tf. 974/34 10 28. R. 974/29 41 41
Edificio de piedra, de estilo tradicional. Dispone de 2 habitaciones dobles, con 1 baño compartido. Precios: habitación doble 3.000. *Observaciones: no se admiten animales.*

Rodellar
(HUESCA)

Pequeño núcleo, bien conservado, sobre un terreno quebrado que bordea el río Alcanadre, en plena sierra de Guara. El enclave jugó el papel de fortaleza durante la Reconquista. *Excursiones: barrancos de Isuala y Mascún; cañones de Gorgas Negras, Balces y Vero.*

Arilla
C/ La Fuente 5. Tf. 974/31 83 43
Antigua casa de labranza que conserva parte de los aperos y una bodega. Tiene 4 habitaciones dobles, 2 de ellas con baño. Precios: habitación doble 3.700; con baño 4.200.

Sallent de Gállego
(HUESCA)

Villa pirenaica situada junto al río Aguas Limpias, a 1.305 m de altitud y en un excepcional paisaje de alta montaña. Conserva buenos caserones de piedra y una iglesia del s. XVI. *Excursiones: circo y balneario de Panticosa; lagos glaciares de Respomuso y Bachimaña.*

Refugio Respomuso
Tf. 974/49 02 03
Alojamiento aislado en un paraje de alta montaña, accesible a pie tras un recorrido de 2 horas por un agradable camino con bosques y cascadas. Tiene comedor y capacidad para 105 personas en habitaciones múltiples, con baños compartidos. Precios (no federados): alojamiento 1.200; desayuno 600; comida o cena 1.800. *Observaciones: cursos de escalada y socorro de montaña.*

San Juan de Plan
(HUESCA)

Pueblo de viejas tradiciones situado a más de 1.000 m de altitud en la cabecera del valle de Gistáu. Procede del desaparecido pueblo de Ligüés, abandonado, según la leyenda, tras una invasión de serpientes. Museo etnológico.

Ver página siguiente.

Casa Anita
Tf. 974/50 60 40. R. 974/29 41 41
Construcción muy característica de la zona, situada a la entrada del pueblo. Dispone de 2 habitaciones dobles con 1 baño compartido. Precios (según temporada): habitación doble de 2.300 a 2.800.

Sobrarbe y Pirineos occidentales

San Juan de Plan
(HUESCA)

Ver página anterior.
Excursiones: ermita de San Mamés; ibón de Plan; pasaje de La Falleta; parque natural de Posets-Maladeta; zonas de baño en el río Cinqueta.
Taller de artesanía textil (toallas, alfombras, cortinas...).

Casa Campole
C/ Mayor s/n
Tfs. 974/50 61 80 y 50 60 56. R. 974/29 41 41
Casa tradicional con huerto y un amplio patio. Tiene sala de estar, chimenea, y cuenta con 2 habitaciones dobles, 1 de ellas con baño, así como 1 estudio para 2/4 personas y 1 apartamento para 4/6 personas. Precios: habitación doble 2.700; con baño 3.700; estudio 4.700 diarias; apartamento 7.700 diarias; desayuno 400; cena 1.200.

Casa Miquel
Tf. 974/50 60 55. R. 974/29 41 41
Hermosa casa con buenas vistas del entorno. Dispone de salón-cocina con chimenea, sala de estar para huéspedes y 3 habitaciones dobles, con 2 baños compartidos. Precios: habitación doble 2.500; desayuno 350; media pensión 3.000.

La Plaza
Plaza Mayor s/n
Tf. 974/50 60 52. R. 974/29 41 41
Hotel familiar, en un edificio rehabilitado. Tiene restaurante, sala de estar con chimenea y 11 habitaciones dobles con baño. Precios: habitación doble 5.000; desayuno 500; comida o cena 1.700.

Sarvisé
(HUESCA)

Pequeño lugar muy próximo a Broto, a 900 m de altitud, en el excepcional paisaje del valle de Vió. *Excursiones: pueblos de Vió, Buerba, Nerín y Fanlo; cañón de Añisclo y curso del río Bellós, con saltos, gradas y barrancos; parajes de la Ripereta, refugio de Góriz y Fuenblanca; valles de Ordesa, Pineta y Bujaruelo; garganta de Escuaín y sierra de Corona.* *Tienda de antigüedades.*

Casa Puyuelo
C/ La Iglesia 14
Tf. 974/48 61 40. R. 974/29 41 41
Agradable edificio de piedra, con una zona ajardinada y adornado con balconadas. Tiene un salón abuhardillado, 4 habitaciones dobles y 2 triples. Precios (según temporada): habitación doble de 4.000 a 4.500; triple de 5.000 a 5.500; desayuno 400. *Observaciones: facilitan información sobre excursiones.*

Viña Oliván
Ctra. de Fanlo, km 0,2. Tf. 974/48 63 58
Bonito edificio de piedra y pizarra, con jardín, en una zona de alta montaña. Tiene comedor para desayunos, 10 habitaciones dobles con baño, algunas abuhardilladas y con excelentes vistas, así como 1 apartamento en una casita, con salón, cocina, 2 habitaciones dobles y 1 baño. Precios (según temporada): habitación doble de 4.500 a 5.500; apartamento de 8.000 a 9.000 diarias; desayuno 450.

Sieste
(HUESCA)

Antigua población con menos de 20 habitantes, perteneciente al partido de Boltaña. *Excursiones: zona de baños en el puente de la Gorga; cuevas del Moro y de Seso, con abundantes fósiles; cañones del Vero, Balces y Mascún.*
Ver página siguiente.

Casa Piquero
Tf. 974/50 20 92. R. 974/29 41 41
Caserón con magníficas vistas sobre el valle de Ara y el Monte Perdido. Tiene sala con chimenea, 4 habitaciones dobles con baño, 1 estudio abuhardillado de 6 plazas, con salita y baño, y 1 apartamento para 2 personas, con terraza y jardín. Precios: habitación doble con baño 4.000; apartamento 6.500 diarias; estudio 9.500 diarias; desayuno 400.
✉ La dueña es un encanto. Comida inmejorable.

Sieste
(HUESCA)

Ver página anterior.
*En **Gerbe**, artículos, juguetes y miniaturas de madera.*

La Era
Tf. 974/50 22 73. R. 974/29 41 41

Borda tradicional de piedra y madera, restaurada, con un jardín y buenas vistas sobre el valle del Ara. En un edificio independiente están las habitaciones, 1 doble y 1 triple con terraza, ambas con baño. Precios (según temporada): habitación doble de 3.900 a 4.600; triple de 5.000 a 6.000; desayuno casero 550. *Observaciones: venta de mermeladas artesanas.*

La Abadía
Tfs. 974/50 20 44 y 50 20 92

Agradable hotel de montaña, habilitado en un caserón de 1500. El interior, que conserva una gran chimenea de campana, una prensa de vino y un comedor abovedado, cuenta con 13 habitaciones, 1 de ellas con chimenea y 2 *dúplex*. Precios: habitación doble 5.500; desayuno 500; comida o cena 1.500.

Torla
(HUESCA)

Bella localidad de montaña, situada a más de 1.000 m de altitud y a las puertas del parque nacional de Ordesa. Conserva edificios con grandes portalones y techos de pizarra, un bonito templo de los s. XVI-XVIII, y algunas casas consideradas como prototipo de la vivienda pirenaica: Casa Bun y Casa Viu. Ermita de S. Antón y S. Miguel; puente medieval de la Glera, sobre el río Ara. *Excursiones: gruta helada de Casteret, cascada de la Cola de Caballo y lago helado de Marboré, en el parque nacional de Ordesa; refugio de Góriz a 3.355 m de altitud al pie de Monte Perdido; valle de Bujaruelo, con parajes como el collado de Bujaruelo, los valles de Otal y Ordiso y el templo románico de S. Nicolás; cueva de Arañonera.*

Casa Borruel
C/ Fatás s/n
Tf. 974/48 60 67. R. 974/29 41 41

Construcción de piedra de tres plantas, de estilo pirenaico. Cuenta con sala de estar y 5 amplias habitaciones de distinta capacidad. Precios: habitación doble 3.500; con baño 4.500; desayuno 350.

L'Atalaya
Tf. 974/48 60 22

Antiguo edificio de piedra, rehabilitado, situado en una calle céntrica. Tiene comedor y 2 habitaciones de 13 y 18 plazas en literas, tipo refugio, con baños compartidos. Precios: alojamiento 1.000 persona/día; desayuno 500; comida o cena 1.300.

Uncastillo
(ZARAGOZA)

Magnífico conjunto monumental de los siglos XII al XVI. Castillo emplazado sobre una peña, casa Consistorial y templo románico de Sta. María. *Excursiones: ciudad romana de Los Bañales; paraje natural y zona de baño del Pígalo; pantano de Yesa y sierra de Sto. Domingo. Bordados y encajes de bolillos. En **Ejea de los Caballeros**, alfarería y cerámica. En **Gallur**, azulejos pintados a mano.*

Ecuestre Habitaciones
C/ Mediavilla 71
Tfs. 976/67 94 81 y 619/04 71 17

Edificio antiguo, con un centro de equitación anejo. Tiene 10 habitaciones dobles, todas con baño y con una decoración distinta. Precios (según temporada): habitación doble de 5.200 a 6.000; comida o cena 1.800. *Observaciones: cuentan con un restaurante de cocina vasca y tradicional; respostería de elaboración propia.*

La Pastora
C/ Roncesvalles 1. Tf. 976/67 94 99

Posada habilitada en un precioso edificio, anterior a 1800 y con una excelente remodelación. El interior, decorado con abundante madera, forja y agradables telas, tiene comedor con chimenea, sala de estar con estufa de hierro y 9 habitaciones dobles con baño, algunas con balcón. Precios: habitación doble 6.000; desayuno 550. *Observaciones: información completa sobre rutas por la comarca.*

Villanovilla (Huesca)

Pequeña localidad semi-abandonada en el pequeño valle de Garcipollera. Buen conjunto de arquitectura tradicional. *Excursiones: aldea abandonada de Acín; templo románico de Sta. María de Iguacel, del s. XI, aislado en un precioso paraje de montaña.*

Albergue de Garcipollera
Tf. 974/34 81 83
Acogedor albergue, habilitado en un caserón de piedra, con una fachada presidida por una bonita balconada de madera. Tiene bar, comedor con chimenea, 4 habitaciones dobles con baño y 20 plazas de albergue en habitaciones para 4 y 8 personas. Precios: habitación doble 4.500; plaza de albergue 1.300 persona/día; desayuno 350; comida o cena 1.400. *Observaciones: cocina casera y carnes a la brasa.*

Villanúa (Huesca)

Pueblo de gran antigüedad y lugar de paso del Camino de Santiago. Conserva un templo con una bonita talla del apóstol y la cueva de las Güixas, ligada a la tradición de la brujería en la zona. *Excursiones: localidades de Canfranc-Estación y Jaca; valle de Garcipollera.*

Faus-Hütte (**)
Ctra. de Francia
Tf. 974/37 81 36. Fax 974/37 81 98
Acogedor hotel de montaña, de arquitectura alpina, situado a las afueras del pueblo y con buenas vistas. El interior, decorado con abundante madera y objetos de escalada, tiene restaurante, salas de estar con estufas, 1 habitación sencilla, 8 dobles y 1 familiar, todas con baño. Precios (según temporada): habitación doble de 9.200 a 11.000, desayuno incluido.

Apartamentos y casas de alquiler completo

Aineto (Huesca)

Casa Escartín
Tf. 974/33 71 33
R. 974/29 41 41
Edificación de sillería, del s. XVIII, bien restaurada. Apartamento con cocina-comedor, chimenea con cadiera, 1 habitación, 1 baño y capacidad para 3/5 personas. Precios (según temporada): apartamento de 10.000 a 14.000 fin de semana.

Almazorre (Huesca)

Casa Pardina
Tf. 974/34 31 11
R. 974/29 41 41
Caserón de buena planta, con 2 apartamentos, 1 de 4 plazas y 1 de 10, ambos con cocina-comedor. Precios (según tamaño): apartamento de 6.000 a 9.000 diarias y de 40.000 a 60.000 semanales. *Observaciones: venta de productos caseros.*

La Herrería
Tf. 974/34 30 62
R. 974/29 41 41
Sobrio edificio de piedra, en el que se han habilitado 2 apartamentos, con cocina-comedor, 1 habitación doble y 1 baño. Precios (según temporada): apartamento de 5.000 a 6.000 diarias.

Banastón (Huesca)

Casa Oncins
Tf. 974/50 08 40
R. 974/29 41 41
Alojamiento rústico, integrado en una edificación del s. XVII, con buenas vistas. Un apartamento con cocina, salón, 1 habitación doble y 1 baño. Precios (según temporada): fin de semana de 12.000 a 16.000; semana de 35.000 a 55.000.

Bárcabo (Huesca)

Casa Buil
Tf. 974/34 30 55
R. 974/29 41 41
Bonita casa de piedra, con dos plantas, buhardilla y un amplio patio ante la fachada. Cocina-comedor, 2 habitaciones dobles y 1 baño. Precios (según temporada): día de 5.500 a 6.500. *Observaciones: venta de productos caseros.*

Bentué de Rasal (Huesca)

Apartamentos *Arguis*. R. 974/29 41 41
Antiguo caserón de piedra, rehabilitado, perteneciente al Ayuntamiento. Tiene 4 apartamentos, cada uno con cocina-comedor, 1 habitación doble y 1 baño. Precios: apartamento 5.000 diarias y 25.000 semanales.

Apartamentos y casas de alquiler completo

Bielsa (Huesca)

Dolores Franco
Tf. 974/50 10 94
R. 974/29 41 41
Chalet de construcción reciente, en lo alto del pueblo. Un apartamento abuhardillado, con cocina-comedor, 2 habitaciones dobles y 1 baño. Precios (según temporada): día de 6.500 a 8.000. *Observaciones: no admiten animales.*

Enrique Casasnovas
Tf. 974/50 11 64
R. 974/29 41 41
Edificio de construcción reciente, situado al pie de un monte, a las afueras del pueblo. Dispone de 1 apartamento, con cocina-comedor, 2 habitaciones dobles y 1 baño. Precios: día 8.500.

Biniés (Huesca)

Molino de Biniés
Tf. 974/31 17 69
R. 974/55 40 20
Antiguo molino situado a las afueras del pueblo, bordeado por dos cauces y con un pequeño jardín. Tiene cocina, salón-comedor, 5 habitaciones dobles y 2 baños. Precios: día 12.000.

Coscojuela de Sobrarbe (Huesca)

Casa Bardají
Tf. 974/30 62 89
R. 974/29 41 41
Agradable edificio de piedra, de estilo tradicional, en el que se ha habilitado 1 apartamento abuhardillado. Cocina, comedor-estar, 3 habitaciones dobles y 1 baño. Precios (según temporada): semana de 60.000 a 70.000.

Espierba (Huesca)

Casas de Zapatierno
Tf. 974/50 11 86 y 609/32 59 61
Hermosa casa de alta montaña, con excelentes vistas. Tres viviendas con salón-cocina, chimenea, altillo y 1 habitación doble con baño. Precios (según temporada): vivienda de 7.500 a 10.000 diarias. *Observaciones: hay otra vivienda de 6 plazas.*

Fanlo (Huesca)

La Era de Satué
Tfs. 974/48 33 67 y 48 90 09. R. 974/29 41 41
Sencilla casa de piedra, con dos plantas y balcón, en una zona de prados cerca del cañón de Añisclo. Cocina, sala con chimenea, 2 habitaciones dobles y 1 buhardilla. Precios (según temporada): día de 7.000 a 9.000.

Guaso (Huesca)

Apartamento
Tf. 974/50 00 02
R. 974/29 41 41
Pequeña vivienda habilitada en el barrio de Sta. Quinteria, a 6 km de Aínsa. Tiene cocina-comedor, 1 habitación doble y 1 baño. Precios (según temporada): día de 5.500 a 7.500; semana de 37.500 a 47.500.

Hospital de Tella (Huesca)

Casa Moreno
Tf. 974/50 40 53
R. 974/29 41 41
Casa tradicional de piedra, restaurada y precedida de un patio con emparrado, con vistas al campo. Tiene cocina, comedor, 1 habitación sencilla, 3 dobles y 2 baños. Precios: día 9.000. *Observaciones: no se admiten animales.*

Javierrelatre (Huesca)

Casa de los Maestros
Tfs. 974/35 97 06 y 35 97 73. R. 974/29 41 41
Antigua vivienda de los maestros del pueblo, de piedra y pizarra.En cada planta hay 1 apartamento con cocina-comedor, 1 habitación doble, 1 con literas y 1 baño. Precios: apartamento 6.500 diarias.

Lardíes (Huesca)

Los Tres Albares
Tf. 974/50 30 06
R. 974/29 41 41
Casa pirenaica, en un paraje privilegiado con excelentes vistas. Sala de estar, 2 apartamentos de 4 plazas y 1 cabaña de 6 plazas. Precios: 4 plazas 10.000 diarias; 6 plazas 12.000 diarias. *Observaciones: no se permite fumar; guías de montaña.*

Sobrarbe y Pirineos occidentales

Apartamentos y casas de alquiler completo

Larrés (Huesca)

Casa San Vicente
Tf. 974/48 00 90
R. 974/29 41 41
Bonito caserón de piedra, situado en este pueblo, a 5 km de Sabiñánigo. Cuenta con cocina, comedor, chimenea, 1 habitación sencilla, 3 dobles y 1 baño. Precios (según temporada): día de 8.000 a 9.000.

Laspuña (Huesca)

Casa Morillo
Tf. 974/50 50 23
R. 974/29 41 41
Sólida construcción de piedra, con la típica chimenea de la región. Cocina-comedor, 2 habitaciones dobles y 1 baño. Precios (según temporada): día de 8.000 a 9.000. *Observaciones: la propiedad alquila otra vivienda en el mismo pueblo.*

El Cuatrón
Tf. 974/50 50 25
R. 974/29 41 41
Antigua borda restaurada, situada a las afueras del pueblo, con jardín y huerto. Está terminada en madera y cuenta con salón, 1 habitación doble y 1 con litera. Precios: día 6.500.

La Era
Tf. 974/50 50 27
R. 974/29 41 41
Edificio tradicional, aislado. Incluye 2 viviendas con terraza, cocina, salón, chimenea, 2 ó 3 habitaciones dobles y baños. Precios (según temporada y tipo): vivienda de 7.000 a 11.000 diarias. *Observaciones: la propiedad alquila 1 apartamento de 2/4 plazas.*

Latorrecilla (Huesca)

Apartamento
Tf. 974/50 00 02
R. 974/29 41 41
Antigua escuela rehabilitada, con materiales tradicionales. Cuenta con cocina, salón y 2 habitaciones dobles. Precios (según temporada): día de 7.500 a 9.500; semana de 42.500 a 57.500.

Latorrecilla (Huesca)

Casa Lanau
Tf 974/50 07 55
R. 974/29 41 41
Edificio de buena planta, con jardín y buenas vistas del Pirineo. Cuenta con 2 apartamentos con terraza, salón-cocina y capacidad para 6 personas. Precios: apartamento 8.000 diarias. *Observaciones: información sobre la zona.*

Mediano (Huesca)

Casa Cavero
Tf. 974/50 09 21
R. 974/29 41 41
Edificio de los años 50, de aspecto agradable, con huerto y jardín. Dos apartamentos para 2/4 personas, con cocina, salón-comedor y 1 baño. Precios: apartamento pequeño 6.000 diarias; grande 7.000 diarias.

Los Molinos (Huesca)

Casa el Ferrero
Tf. 974/50 01 26
R. 974/29 41 41
Caserón antiguo, restaurado. Salón con chimenea, cocina y 6 habitaciones dobles, con 2 baños. Precios: día 15.000. *Observaciones: descuentos por estancias largas; posibilidad de participar en tareas agrícolas y ganaderas.*

Naval (Huesca)

El Soldau
C/ Mayor 25
Tfs. 974/30 03 93 y 31 25 32
Edificio tradicional con 2 apartamentos independientes. Decoración sencilla, salón, cocina y capacidad para 4 y 8 personas, con 1 ó 2 baños. Precios (según temporada y tipo): apartamento de 6.000 a 9.000 diarias.

El Pueyo de Araguás (Huesca)

Casa Pueyo
C/ Sta. Cruz 6
Tf. 974/34 10 26. R. 974/29 41 41
Hermosa edificación, con buenas vistas. Comedor, cocina, 4 habitaciones dobles y 1 baño. Precios (según temporada): día de 7.000 a 10.000. *Observaciones: descuentos por estancias largas; no se admiten animales.*

Apartamentos y casas de alquiler completo

El Pueyo de Araguás (HUESCA)

Casa Castán
Tf. 974/34 10 27
R. 974/29 41 41
Casa tradicional de piedra, situada a 300 m del pueblo. Dispone de 1 apartamento con cocina-comedor, chimenea, 1 habitación doble y 1 triple, con 1 baño. Precios: día 7.000.

Casa Coronas
Tf. 974/34 10 25
R. 974/29 41 41
Casa tradicional, de aire nobiliario, en el centro del pueblo. Tiene 1 apartamento con 2 habitaciones dobles y 1 baño. Precios (según temporada): día de 7.000 a 8.000. *Observaciones: está documentada como la casa más antigua del Sobrarbe.*

Rañín (HUESCA)

Mari Carmen Lanau
Tf. 974/50 72 14
R. 974/29 41 41
Construcción de piedra, recientemente restaurada. Tiene cocina-comedor, 3 habitaciones dobles y 1 baño. Precios (según temporada): día de 7.500 a 9.000.

Samitier (HUESCA)

La Abadía de Samitier
Tf. 974/34 12 54
Edificio de piedra del s. XVIII, con huerto y jardín. Comedores, sala con chimenea y 2 apartamentos con sala de estar, chimenea, 1 habitación doble y 1 baño. Precios (según temporada y tipo): apartamento de 7.000 a 8.500 diarias; desayuno 500; media pensión alimenticia 2.300.

San Juan de Plan (HUESCA)

Casa Cuarto
Tf. 974/50 61 94
R. 974/29 41 41
Edificio tradicional en el que se ha habilitado un apartamento con entrada independiente. Tiene terraza, cocina-comedor y 1 habitación con capacidad para 4 personas, con 1 baño. Precios: día 4.000.

San Juan de Plan (HUESCA)

Casa Doctor
Tf. 974/50 60 45
R. 974/29 41 41
Casa tradicional situada en el centro de la localidad. Tiene 2 apartamentos, ambos con cocina con chimenea, salón-comedor, 1 baño y capacidad para 6 personas. Precios: apartamento 7.500 diarias.

Santa María de la Nuez (HUESCA)

Casa Grasa
Tf. 974/34 31 29
R. 974/29 41 41
Casa de buena planta. En el último piso dispone de 1 apartamento con cocina-comedor, 2 habitaciones dobles y 1 baño. Precios: día 6.000. *Observaciones: no se admiten animales.*

Sarvisé (HUESCA)

Casa Gallán
Tf. 974/48 60 56
R. 974/29 41 41
Cuidado caserón de piedra, precedido de un patio ajardinado. Tiene 2 apartamentos, 1 para 4 personas y otro para 6, con cocina, salón y 1 baño. Precios (según tipo y temporada): apartamento de 5.000 a 6.000 diarias.

Sos del Rey Católico (ZARAGOZA)

Antigua Farmacia
Fernando el Católico 29
Tf. 948/88 80 69
Casa antigua, rehabilitada y céntrica. Interior agradable con 3 estudios para 2/4 personas, 1 de ellos con patio. Precios (según ocupación): 2 personas 10.000 diarias; 4 personas 12.000 diarias. *Observaciones: descuentos por estancias largas.*

Torla (HUESCA)

Domingo
Tfs. 974/48 61 64 y 48 64 16. R. 974/29 41 41
Casa del casco viejo, con terraza y galería. Decoración pirenaica, comedor, cocina, 2 habitaciones dobles y 1 baño. Precios (según temporada): día de 8.000 a 9.000. *Observaciones: la propiedad alquila otra casa para 5 personas en el pueblo.*

Sobrarbe y Pirineos occidentales

Apartamentos y casas de alquiler completo

Torla (Huesca)

Miguel Bun
Tfs. 974/48 61 69 y 48 60 57. R. 974/55 40 20
Edificio antiguo rehabilitado, emplazado muy cerca de la iglesia y con buenas vistas. Cuenta con 3 plantas, cada una con 1 apartamento independiente para 6 personas. Precios: apartamento 9.000 diarias.

Torla (Huesca)

Pintado
Tf. 974/48 61 54
R. 974/55 40 20
Antigua casa de piedra, de cuatro alturas, céntrica. Tiene 1 apartamento con salón-comedor, cocina, 2 habitaciones dobles y 1 baño. Precios: día 10.000; semana 50.000. *Observaciones: no se admiten animales.*

Lugares de interés

Aineto. Localidad situada a 998 m de altitud y ligada a Sabiñánigo. *Excursiones: sierra de Cancias, con hayedos y robledales; ermitas románicas del Serrablo.*

Banastón. Aldea dependiente de Aínsa. *Excursiones: «Callizo" de Usana; parajes de los ríos Cinca y Ara; embalse de Mediano.*

Bárcabo. Localidad de montaña próxima al río Vero. *Excursiones: villa monumental de Alquézar y sierra de Guara.*

Bentué de Rasal. Localidad mínima, cercana a Arguis y en las inmediaciones de la sierra de Loarre.

Biniés. Localidad de 30 habitantes, a la entrada del valle de Ansó. Conserva restos de un castillo-palacio medieval. *Excursiones: foz de Biniés; pistas de esquí de Hecho, Zuriza y Candanchú.*

Coscojuela de Sobrarbe. Pueblo semiabandonado perteneciente al municipio de Aínsa, muy próximo al embalse de Mediano. *Excursiones: conjunto monumental de Aínsa; pueblos y ermitas del Sobrarbe; cañón del río Vellos y desfiladero de Entremón.*

Espierba. Pequeña aldea situada a 1.300 m de altitud, próxima a Bielsa. *Excursiones: museo fotográfico de Bielsa; parque nacional de Ordesa y encantador valle de Pineta; lago de Marboré; parque de Posets-Maladeta; pistas de esquí de St. Lary, en Francia.*

Fanlo. Localidad muy despoblada, situada junto al barranco de Rate, en el río Ara. Iglesia del s. XV y buen conjunto de edificios, entre los que destaca la casa Ruba, con capilla propia. *Excursiones: garganta de las Gloces; parque nacional de Ordesa; cañón de Añisclo.*

Guaso. Lugar de Aínsa, emplazado a 780 m de altitud. Conserva el ábside románico de su iglesia parroquial y algunas mansiones señoriales. *Excursiones: villa monumental de Aínsa.* *Objetos realizados con flores y frutos secos; cosmética natural.*

Hospital de Tella. Pequeña aldea del valle del Cinca, con excelentes vistas del pueblo de Tella, apiñado sobre monte. *Excursiones: dolmen de Tella; gargantas de Escuain; valle de la Pineta.*

Javierrelatre. Pueblo situado en la ladera de una montaña, cerca del río Gállego. Típico caserío y conjunto parroquial, con un bello ábside románico. *Excursiones: localidad de Bataraguá, con un valioso crismón románico en la portada de su iglesia.*

Lardíes. Pueblo casi deshabitado, a 900 m de altitud y a 2 km de Fiscal. *Excursiones: parque nacional de Ordesa; ribera del Ara.*

Larrés. Pequeña aldea dependiente de Sabiñánigo, a más de 900 m. de altitud. Fue villa fortificada durante la Edad Media y conserva un castillo considerado como el mayor del Serrablo. *En **Sabiñánigo**, restauración y venta de muebles antiguos.*

Laspuña. Localidad del valle del Cinca, al pie de la Peña Montañesa. Ecomuseo de las Navatas, dedicado a esta antigua técnica para trasladar troncos por los ríos, hasta el Ebro. *Excursiones: restos del castillo de Ceresa; parque natural de Guara; gargantas de Escuain.* *Cucharas de madera de boj.*

Mediano. Lugar muy cercano a La Fueva, situado junto al pantano que cubrió el primitivo pueblo, cuyo campanario a veces asoma en las aguas. *Excursiones: castillo de S. Emeterio; desfiladero de Entremón; valle de Ordesa y sierra de Guara.*

Los Molinos. Pequeña aldea de 16 habitantes, dependiente de Pueyo de Araguás y situada entre campos de cultivo. *Excursiones: monasterio de S. Victorián.*

Naval. Bonita localidad prepirenaica, asomada a un barranco cerca del pantano de El Grado. Restos del antiguo castillo y Colegiata gótico-renacentista. Mantiene una vieja tradición de salinas, aún en activo. *Elaboración de cerámica en abundantes alfares.*

Rañín. Aldea próxima a La Fueva, situada a 800 m de altitud.

Samitier. Población de origen medieval, con una arquitectura bien preservada, sobre el valle del Susía. *Excursiones: ermitas y atalaya de Samitier; recinto fortificado de Muro de Roda; santuario de Bruis; iglesia de Olsón; zonas de baño en los ríos Cinca y Ara.*

Santa María de la Nuez. Caserío de 11 habitantes muy próximo al pueblo de Bárcabo y al río Vero, en un paisaje de gargantas y barrancos. *Excursiones: parque natural de la sierra de Guara.*

Sos del Rey Católico. Villa del Somontano emplazada en un paisaje abrupto. Bonito núcleo urbano de sabor medieval y calles empedradas, presidido por un castillo. Templos, conventos y casas-palacio. *Excursiones: monasterio de Valentuñana.* *Trabajos de forja, carpintería y cantería.*

2. Ribagorza y Pirineo oriental

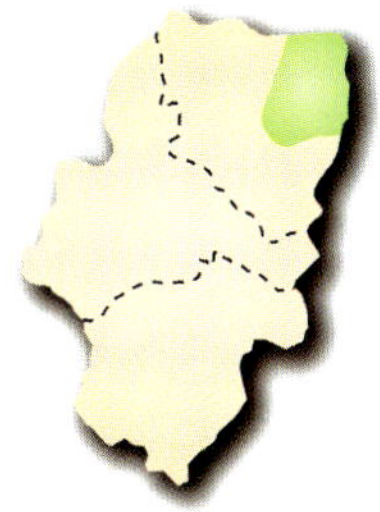

Ribagorza y Pirineo oriental

Ardanúe
(HUESCA)

Aldea mínima perteneciente al término de Laspaúles y situada en un valle apartado, a 1.360 m de altitud. Conserva una graciosa ermita con cementerio. *Excursiones: valle y parajes del río Baliera, con zonas de baño; montaña Castanesa; recorridos por el GR. 18.*

Casa Perich
Tf. 974/55 40 86. R. 974/29 41 41

Hermosa construcción de piedra del s. XV, restaurada cuidadosamente y en un paraje tranquilo. El interior, decorado y amueblado con mimo, tiene 5 habitaciones dobles y 1 cuádruple, incluyendo una alcoba mozárabe. Precios (según temporada): habitación doble de 5.000 a 6.000; conjunto de 2 alcobas y 1 sala, con baño, 10.000.

✉ Trato agradable. La casa es una joya.

Benasque
(HUESCA)

Preciosa población situada a 1.130 m de altitud, junto al curso alto del río Ésera y bajo los farallones de las Tucas de Ixea. Calles empedradas y estrechas. Iglesia románica. *Excursiones: conjunto urbano de Anciles, considerado como uno de los más bellos del Pirineo; parque natural de Posets-Maladeta; baños de Benasque; valles de Estós y Literola; estación invernal de Cerler; estación de esquí nórdico en Los Llanos; pico de Salvaguardia, de ascenso fácil; Forau de Aiguallts, por donde pasa el bello glaciar del Aneto.* En **Cerler**, cuadros de talla y reproducciones de objetos del valle.

Casa Pichuana
C/ El Castillo 17
Tf. 974/55 12 75. R. 974/29 41 41

Construcción serrana habilitada en una antigua borda pirenaica. Dispone de 2 habitaciones dobles con baño, así como 2 apartamentos de 4 plazas, uno de ellos abuhardillado y el otro con chimenea. Precios: habitación doble 5.000; apartamentos (según temporada) de 8.000 a 10.000 diarias.

Avenida
Avda. de los Tilos 14. Tf. 974/55 11 26

Hotel acogedor, con un cuidado restaurante de cocina regional, emplazado en una calle céntrica. Tiene sala de estar, 1 habitación sencilla, 9 dobles y 4 triples, todas con baño. Precios (según temporada): habitación doble de 5.000 a 9.000; desayuno 725; comida o cena 1.650. *Observaciones: organizan actividades deportivas de montaña.*

Llanos del Hospital (***)
Tf. 974/55 20 12

Hotel de montaña y refugio de caminantes desde el s. XII, situado al fondo del valle, en un paraje impresionante rodeado de grandes picos. Cuenta con habitaciones dobles con baño, 60 plazas de albergue y 18 de refugio. Precios (según temporada): habitación doble de 8.400 a 9.200, desayuno incluido. *Observaciones: descuentos por estancias largas; guías de montaña; alquiler de esquís.*

Biescas de Bardají
(HUESCA)

Lugar recoleto del valle pirenaico de Bardají, a 1.000 m de altitud. *Excursiones: fuentes de S. Pedro; valle de Benasque; lago de Cregüeña; parajes del río Ésera.*

Casa Cosculluela
Tf. 974/55 00 96. R. 974/29 41 41

Casa tradicional, rehabilitada, con explotación agrícola y ganadera. Tiene 6 habitaciones dobles, 2 de ellas con baño, y 2 baños compartidos. Se puede alquilar entera. Precios (según temporada): habitación doble de 2.500 a 3.000; desayuno 300. *Observaciones: se puede utilizar la cocina.*

Bonansa
(HUESCA)

Pequeño pueblo a una altitud de 1.250 m, sobre el valle del río Isábena, muy cerca de tierras leridanas. *Excursiones: ermita de San Aventín; monasterio de Obarra, en un paraje de gran belleza; valles de Barrabés y de Boí; pantano de Escales.*

Casa Lluis
La Plaza s/n
Tf. 974/55 40 53. R. 974/29 41 41

Casa antigua, de buen porte, con huerto y establos. Dispone de sala de estar y 3 habitaciones dobles con baño, además de 1 apartamento con cocina-comedor, capacidad para 4 personas y 1 baño. Precios: habitación doble 3.000; apartamento 11.000 diarias.

Campo (HUESCA)

Localidad con un agradable casco urbano, en el valle del río Ésera. Plaza Mayor, ermita de S. Blascut y museo de bastones. *Excursiones: templo budista de Panillo; villa de Roda de Isábena; macizo del Turbón; balneario de las Vilas y sierra de Cotiella.*

Los Nogales

C/ Nugueret 10

Tf. 974/55 00 36. **R.** 974/29 41 41

Construcción reciente y agradable, con jardín y buenas vistas del entorno. El interior, cómodo y funcional, dispone de una pequeña salita, 2 habitaciones dobles y 4 triples, todas con baño y forradas de madera. Precios (según temporada): habitación doble de 4.000 a 5.000; desayuno 400.

Castanesa (HUESCA)

Pequeña villa, de 15 habitantes, dependiente de Montanuy y situada a 1.500 m de altitud. Conserva una robusta iglesia románica. *Excursiones: picos de Vallibierna, Basibé y Castanesa; senderos señalizados de pequeño recorrido; tramos del GR.18 que recorre el valle. Trabajos de pirografía.*

Ca de Graus

Ctra. de Noals s/n

Tf. 974/34 40 51. **R.** 974/24 48 48

Hostal de montaña, de construcción tradicional, con una amplia terraza. Tiene salas de estar, chimenea, restaurante, bar y 6 habitaciones *duplex*, todas con baño. Precios: habitación doble 5.200; triple 7.800; cuádruple 10.200; desayuno 800; comida 1.700; cena 1.500.

Albergue de Castanesa

Tf. 974/34 41 55. **R.** 974/29 41 41

Albergue municipal situado en el centro del pueblo. Tiene restaurante, sala de reuniones y capacidad para 45 personas en 2 habitaciones de 6 y 1 de 36 plazas, con 9 baños. Precios: alojamiento 1.200; desayuno de 250 a 350; comida o cena 1.100; pensión completa 3.300. *Observaciones: cuentan con guías de montaña y naturaleza; organizan actividades de educación ambiental.*

Castejón de Sos (HUESCA)

Pueblo del valle del Ésera, a más de 900 m de altitud, con un pequeño núcleo de caserones. *Excursiones: camino del Solano, con abundantes ermitas románicas; cascadas de Liri; paraje natural de l'Aigüeta de Eriste; barrancos de Llisat y Barbaruéns.*

Hotel Sositana

Tf./fax 974/55 30 94

Hotel sencillo y agradable, en un edificio recientemente reformado, en el centro del pueblo. Tiene restaurante y 14 habitaciones dobles con baño. Precios (según temporada): habitación doble de 4.000 a 5.500.

Hostal Plaza

Tf./fax 974/55 30 50

Agradable hotelito, con jardín y un interior cálido. Tiene comedor, sala de estar, 7 habitaciones dobles y 2 familiares, todas con baño, así como 1 apartamento con salón, cocina, baño y 2 habitaciones dobles. Precios (según temporada): habitación doble de 4.000 a 5.800; familiar de 5.350 a 7.200; desayuno 500. *Observaciones: ofrecen información sobre actividades en la zona.*

El Pájaro Loco

Tf. 974/55 35 16. **R.** 974/29 41 41

Pequeño y acogedor albergue, con jardín. Tiene bar, restaurante y capacidad para 38 plazas en habitaciones dobles, triples y múltiples, algunas abuhardilladas y forradas de madera. Precios: alojamiento 1.100; desayuno 375; comida o cena 1.100. *Observaciones: cursos de parapente, esquí, montañismo, descenso de barrancos y rafting.*

Ribagorza y Pirineo oriental

Cerler (Huesca)

Famosa estación invernal, a más de 1.500 m de altitud. Casco urbano de gran tipismo, con arquitectura pirenaica y paisaje de montaña. *Excursiones: cuevas de Alba; fuentes de Cobarcho y las Palomeras. Reproducciones de objetos del valle (raquetas de nieve, cuartales, matracas...).*

Casa Ezequiel
C/ La Fuente s/n. Tf. 974/55 15 24

Hermosa casa de nueva construcción, con vistas al valle, huerto y establos. Dispone de 5 habitaciones dobles, algunas abuhardilladas y con techos de madera, y 2 baños. Precios: habitación doble 3.400; desayuno 500. *Observaciones: está considerada como la casa que ocupa el lugar más alto del Pirineo aragonés.*

Denuy (Huesca)

Mínima localidad pirenaica, con 17 habitantes, dependiente de Laspaúles y situada a 1.312 m de altitud. *Excursiones: senderos marcados al pico Aneto y a la montaña de Castanesa; ruta del románico y enlace con el GR.18.*

Casa Petro
C/ de Arriba 11
Tf. 974/34 41 20. Fax 974/34 41 21. R. 974/29 41 41

Bonita casa de piedra, situada en el mismo pueblo, con zona ajardinada y rodeada de prados y arbolado. Tiene salón con chimenea, vistas panorámicas y bar para los huéspedes y 5 habitaciones dobles con baño. Precios: habitación doble 6.500, desayuno incluido; comida o cena 1.500. *Observaciones: cocina casera con productos del huerto.*

Eriste (Huesca)

Localidad situada junto a un embalse, a más de 1.100 m de altitud. Conserva una casa infanzona con torreón. *Excursiones: pueblo de Anciles, con preciosos caserones; estación de esquí de Cerler; lagos de Eriste; cascada de La Espigantosa; valle de Benasque y parque de Posets-Maladeta.*

Casa Roy
Tf. 974/55 13 92. R. 974/29 41 41

Casa tradicional, restaurada, con jardín y un bello portal con el escudo familiar. Tiene sala de estar abuhardillada, sala con chimenea y 4 habitaciones dobles, 3 de ellas con baño, 1 triple, 1 cuádruple y 3 baños compartidos. Precios: habitación doble 3.800; con baño 5.400.

✉ Trato sobresaliente. Cocina regional, con productos de la propia huerta. La zona queda etiquetada "volver a visitar".

Espluga de Campo (Huesca)

Aldea de 26 habitantes, próxima a Campo, en un terreno muy indicado para la búsqueda de setas. *Excursiones: monte Turbón y balneario de las Vilas.*

Casa Ballarín
C/ La Iglesia 2
Tf. 974/55 01 06. R. 974/29 41 41

Robusta casa solariega del s. XIV, decorada con objetos antiguos y con excelentes vistas del Turbón. Dispone de sala de estar, 2 habitaciones dobles, 1 triple y 1 cuádruple, así como 1 apartamento para 4 personas. Precios: persona/día 1.600; desayuno 400; comida o cena 1.300. *Observaciones: ofrecen quesos y embutidos artesanos.*

Graus (Huesca)

Ciudad emplazada en la confluencia de los ríos Isábena y Ésera. Trazado evocador y basílica de la Peña, del s. XII construida en una impresionante roca. *Excursiones: templo budista de Panillo; ruta románica por el valle de Isábena. Trabajos de forja y cobre. Cerámica en **Perarrúa**.*

Nómadas
C/ Sacristía 8
Tf. 974/54 04 25. R. 974/29 41 41

Vivienda tradicional, situada en el viejo barrio del Barrichos, declarado conjunto histórico. El interior, cuidado y con un mobiliario agradable, tiene 5 habitaciones dobles con 2 baños. Precios: habitación doble 2.900; desayuno 350; comida o cena 1.100. *Observaciones: en la antigua bodega de la casa hay un bar donde sirven productos de la zona.*

Las Herrerías de Calvera (Huesca)

Aldea mínima, cercana a Veracruz, situada a 1.000 m, junto al curso alto del río Isábena. *Excursiones: pueblo deshabitado de Raluy; monasterio de Obarra, en un espectacular paisaje de gargantas.*

La Cuadreta
Tf. 974/34 70 80. R. 974/29 41 41

Construcción tradicional restaurada, con jardín y restaurante en la planta baja, situada en un paraje aislado junto a una pequeña carretera. Dispone de 6 habitaciones dobles con baño. Precios: habitación doble 4.500. *Observaciones: el restaurante ofrece buenos guisos de la zona.*

Liri
(HUESCA)

Pueblo perteneciente al término de Castejón de Sos, situado a 1.300 m de altitud, al pie de una iglesia-fortaleza de origen románico. *Excursiones: ruta de las cascadas; estación de esquí de Cerler; parque natural de Posets-Maladeta.*

Albergue de Liri
Tfs. 974/31 38 80 y 55 31 42. R. 974/29 41 41

Agradable albergue de montaña, con terraza y barbacoas. Tiene 38 plazas en habitaciones de 8 y 14, con baños y derecho a cocina. Precios*: alojamiento 1.000; derecho a cocina 250 persona/día. *Observaciones: guías titulados para cursos de esquí; organizan actividades en el entorno; rutas a caballo; educación ambiental; ofertas a grupos y por estancias largas.*

Los Molinos de Betesa
(HUESCA)

Caserío mínimo del Noguera Ribagorzana, en un valle apartado, tranquilo y cubierto de vegetación. *Excursiones: ermita románica de Sta. Olaria; pueblo abandonado de Obis; sierra de Sis; embalse de Escales.*

Casa Teixidó
Tf. 974/34 71 43. R. 974/29 41 41

Bello caserón restaurado, con huerto, jardín, establos y era, en un paraje muy tranquilo próximo a un río. La zona de alojamiento tiene sala de estar con chimenea, 2 habitaciones dobles, 2 triples y 1 cuádruple. Se puede alquilar entera. Precios: habitación doble 3.000; con baño 4.000; desayuno de 400 a 700; cena 1.400. *Observaciones: cocina casera.*

✉ Trato encantador. Buena información de la zona.

Montanuy
(HUESCA)

Población de 60 habitantes, próxima a la provincia de Lleida y a 1.200 m de altitud. *Excursiones: valles de Barrabés y de Boí; embalse de Llauset, accesible desde el pueblo de Aneto.*

Casa Quintana
Tf. 974/55 40 02. R. 974/29 41 41

Casona solariega, situada junto al Noguera Ribagorzana, a 3 km de la población y en la confluencia de dos carreteras. Tiene 2 habitaciones dobles, así como 2 apartamentos abuhardillados, con 6 y 7 plazas. Precios: habitación doble con baño 3.000; desayuno 300; apartamento (según temporada) de 6.000 a 8.000 diarias.

Morillo de Liena
(HUESCA)

Localidad situada en un valle amplio y rico, en dirección a Benasque y cerca de Foradada del Toscar. Mantiene el encanto de su arquitectura y la tradición de un juego conocido como "tangané". *Excursiones: sierra de Campanué y barranco de Bacamorta.*

Casa Añica
Tf. 974/55 02 12. R. 974/29 41 41

Edificio tradicional con un gran patio de acceso. Tiene sala de estar con chimenea, 6 habitaciones dobles y 3 baños. Precios: habitación doble 3.400. *Observaciones: cocina con productos de elaboración propia; no admiten animales.*

Navarri
(HUESCA)

Pequeño caserío de 13 habitantes, de aspecto cuidado, próximo a Foradada del Toscar. *Excursiones: puente románico sobre el Ésera; picos de Campanué y Sto. Cristo.*

Casa Blanc
Tf. 974/55 02 29. R. 974/29 41 41

Vivienda restaurada, de dos plantas. Tiene sala de estar, calefacción por estufas, 5 habitaciones dobles, 3 de ellas con baño, y 1 baño compartido, así como 1 apartamento para 2/3 personas. Precios*: habitación doble 2.200; con baño 3.200; desayuno 350; apartamento 4.500 diarias. *Observaciones: cocina con productos de elaboración propia.*

Roda de Isábena
HUESCA)

Precioso conjunto urbano apiñado en torno a la catedral, datada en el s. X y con un encantador claustro románico. Palacio episcopal, caserones, puente románico y restos de las murallas. *Excursiones: monasterio de Obarra; pueblo abandonado de S. Esteban del Mall.*

Hospedería de Roda (**)
Tfs. 974/54 45 54-45. Fax 974/54 45 00

Bella edificación, de interior totalmente rehabilitado, que ocupa la antigua abadía, con excelentes panorámicas. Tiene sala de estar con chimenea, 1 habitación sencilla y 10 dobles, todas con baño. Precios (según temporada): habitación doble con baño de 4.200 a 5.000; desayuno 500; comida o cena 1.500.

Ribagorza y Pirineo oriental

Sahún (Huesca)

Población pirenaica, a más de 1.100 m de altitud, junto al río Ésera. Conserva una interesante iglesia parroquial y la ermita románica de S. Aventín. *Excursiones: monasterio de Guayente; pico Castellazo; camino hasta la sierra de Chia, pasando por el torrente de Llisat; lagos de Barbarisa.*

Casa Falisia
Tf. 974/55 13 40. R. 974/55 40 20
Casona situada en la alto del pueblo, con bonitas vistas y con acceso por un gran portal. El interior, con una decoración rústica, dispone de sala de estar, 4 habitaciones dobles y 2 triples, 1 de ellas con baño. Precios: habitación doble 3.700; triple con baño 4.900; desayuno 400. *Observaciones: en la planta baja hay una quesería artesanal.*

Serraduy (Huesca)

Pequeño pueblo del término de Isábena, dividido en dos por este río y ubicado en una zona rica en fósiles. *Excursiones: ermita de la Virgen de la Feixa; zona de baños en el río Isábena; sierra deSis; macizo del Turbón. Taller de cerámica (jarrones, vajillas, tinajas,...) en casa Baltasar.*

Casa Baltasar
Ctra. Graus-Vilaller s/n
Tf. 974/54 44 27. R. 974/29 41 41
Edificio de gran tamaño, a las afueras de la localidad, con pista de tenis, jardín y barbacoa. Tiene salón para huéspedes, 1 habitación sencilla, 4 dobles y 3 baños. Precios: habitación doble 3.000; desayuno 500.

Las Vilas del Turbón (Huesca)

Aldea próxima a Torre La Ribera, en una zona rica en manantiales de aguas minerales. *Excursiones: monasterio de Obarra en un espectacular paraje.*

Ariño
Tf. 974/55 01 82. R. 974/29 41 41
Pensión familiar, con fachada de piedra, situada en la parte alta del pueblo. Tiene restaurante y 13 habitaciones dobles, algunas con baño. Precios: habitación doble 2.700; con baño 4.900; desayuno 350; comida o cena 1.350.

Apartamentos y casas de alquiler completo

Benasque (Huesca)

Damián del Baile
Tf. 974/55 11 57
R. 974/29 41 41
Edificación de piedra, con amplio patio exterior, en el casco urbano. En el ático, con suelo de tarima, se han acondicionado 2 apartamentos, cada uno con cocina, 3 habitaciones y 2 baños. Precios: apartamento 28.000 fin de semana.

Bonansa (Huesca)

Farre
Tf. 974/55 40 46
R. 974/29 41 41
Sobrio edificio de piedra de dos plantas. Interior funcional y moderno dividido en 2 apartamentos *dúplex*, con salón, cocina, baño y 1 ó 2 habitaciones dobles. Precios(según tipo): apartamento de 8.000 a 9.000 diarias.

Cajigar (Huesca)

Apartamento
Tf. 974/54 46 19
R. 974/29 41 41
Edificación nueva, céntrica y de estilo rústico. Cocina-comedor, 1 habitación sencilla, 2 dobles y 1 baño. Precios (según temporada): día de 3.500 a 6.000.

Campo (Huesca)

Elías
Tf. 974/55 00 38
R. 974/29 41 41
Caserón rehabilitado, en el centro del pueblo. Tiene 2 habitaciones dobles con baño y 1 apartamento con capacidad para 6 personas. Precios (según temporada): habitación doble de 2.500 a 3.000; apartamento 7.000 diarias.

Apartamentos y casas de alquiler completo

Castejón de Sos (Huesca)

Correos
Tf. 974/55 30 41
R. 974/29 41 41
Casa de nueva planta, con balcones y buenas vistas. Suelos y techos de madera, cocina, comedor, capacidad para 5 personas y 2 baños. Precios (según temporada): día de 7.500 a 9.000. *Observaciones: la propiedad alquila un apartamento.*

Chía (Huesca)

La Viña
Tf. 974/55 31 74
Antigua casa muy reformada, con un cuidado jardín. Dos viviendas con terraza, salón, chimenea, cocina, 3 habitaciones dobles y 1 ó 2 baños. Precios (según tipo): vivienda de 7.000 a 8.000 diarias.

Apartamentos
Tf. 974/55 34 59
R. 974/29 41 41
Sobrio edificio de piedra y ladrillo, con 2 apartamentos, 1 de 4 plazas y 1 de 5, ambos con cocina, comedor, 2 habitaciones y 1 baño. Precios (según temporada): 4 plazas de 6.000 a 6.500 diarias; 5 plazas de 6.500 a 7.000 diarias.

Eriste (Huesca)

La Caseta del Sastre
Tf. 974/55 13 09
R. 974/29 41 41
Edificación de piedra, situada en una plazoleta de la localidad. Sala de estar y 8 plazas en habitaciones dobles. Precios: día 10.200.

Foradada del Toscar (Huesca)

Mur
Tf. 974/55 01 65
Caserón solariego con elementos medievales, a las afueras. Tiene 2 apartamentos, ambos con 2 habitaciones, habilitados en antiguas bordas. Precios (según temporada): apartamento de 8.000 a 10.000 diarias. *Observaciones: pequeño museo de aperos.*

Graus (Huesca)

Luis Bardají
Tf. 974/54 12 46
R. 974/55 40 20
Casa de dos plantas con terraza y un pequeño jardín. Salacomedor, cocina, 3 habitaciones dobles y 2 baños. Precios: día 6.000.

Las Herrerías de Calvera (Huesca)

Casa Túnica
Tf. 974/34 71 32
R. 974/29 41 41
Casa de nueva planta. Tiene habitaciones dobles y 1 apartamento junto al río, con acceso independiente, para 4 personas. Precios: apartamento 6.000 diarias; desayuno 300; comida 1.200; cena 1.000.

Lascuarre (Huesca)

La Bohéme
Tf. 93/318 07 22
Casa del s. XVI, parcialmente restaurada, de tres plantas. Cocina-comedor con chimenea, salón con chimenea, 2 habitaciones dobles y 2 baños. Precios (según temporada): fin de semana 10.000; semana de 60.000 a 80.000; limpieza final 7.000.

Laspaúles (Huesca)

Apartamentos
Villarrué
R. 974/29 41 41
Edificio de piedra y madera, en una pequeña localidad cercana a Laspaúles. Terraza, barbacoa y 2 apartamentos, con cocina-comedor, 1 habitación doble, 1 con literas, y 1 baño. Precios (según temporada): día de 4.000 a 6.000.

Casa Sastre
Villarrué. Tf. 974/50 92 09
R. 974/29 41 41
Antiguo pajar, con jardín y 2 apartamentos con chimenea, cocina-comedor, 1 habitación doble, 1 con literas y 1 baño. Precios (según temporada): apartamento de 7.000 a 9.000 diarias. *Observaciones: la propiedad alquila una casa; venta de artesanía.*

Ribagorza y Pirineo oriental

Apartamentos y casas de alquiler completo

Liri (Huesca)

Casa Bernadet
Tf. 974/55 30 21
R. 974/29 41 41
Edificio sencillo de arquitectura tradicional. Dispone de 1 apartamento con cocina, comedor con chimenea, 2 habitaciones dobles y 1 baño. Precios: día 6.000; desayuno 300; cena 1.000. *Observaciones: cocina casera.*

Llagunas (Huesca)

Troguet
Tf. 974/55 40 12
R. 974/29 41 41
Casa tradicional de piedra de dos plantas. Comedor, cocina con chimenea, 5 habitaciones dobles y 2 baños. Precios (según temporada): día de 10.000 a 12.500.

Morillo de Liena (Huesca)

Casa Paván
Tf. 976/31 76 76
R. 974/29 41 41
Sencilla casa de pueblo. Salón común con chimenea y 3 apartamentos bien equipados, con cocina, comedor, 1 ó 2 habitaciones y 2 baños. Precios (según tipo): apartamento de 7.000 a 8.500 diarias.

Neril (Huesca)

Casa Antoni
Tf. 974/34 41 32
R. 974/29 41 41
Edificación de piedra, situada en el centro del pueblo. Cocina, comedor, estufas eléctricas y de leña, 1 habitación sencilla y 3 dobles, con 1 baño. Precios: día 7.000; quincena 60.000.

Casa Castell
Tf. 974/34 41 33
R. 974/29 41 41
Casa rehabilitada, en el casco urbano. Calefacción mediante estufas eléctricas y de leña, salón-cocina, 1 habitación sencilla, 3 dobles y 1 baño. Precios: día 8.000.

Neril (Huesca)

Casa Fondevila
Tf. 974/55 31 14
R. 974/55 40 20
Construcción tradicional próxima a un pinar. Comedor, cocina, estufas eléctricas, 2 habitaciones dobles, 1 triple y 1 cuádruple, con 2 baños. Precios: día 15.000.

La Puebla de Roda (Huesca)

Casa Tejero
Tf. 974/54 44 10
R. 974/29 41 41
Edificio de reciente construcción, con terrazas y jardín. Cocina-comedor, sala de estar, 4 habitaciones dobles y 2 baños. Precios: día 11.000.

Congostro del Molinet
Tf. 974/54 45 07
Edificio rústico y acogedor, con jardín, huerto con frutales y piscina. Sala de estar y 2 apartamentos, con comedor, cocina y 2 ó 3 habitaciones. Precios (según tipo): apartamento de 6.000 a 10.000 diarias; desayuno 450; comida 1.200; cena 1.000.

Renanué (Huesca)

Casa Sallent
Tf. 974/55 32 33
R. 974/29 41 41
Casa nueva de una sola planta, aneja a la de los propietarios. Cocina-comedor con chimenea, 2 habitaciones sencillas y 1 doble. Precios: día 7.500. *Observaciones: no se admiten animales.*

Roda de Isábena (Huesca)

Casa Simón
Tfs. 974/54 44 32
R. 974/29 41 41
Casa blasonada, en el casco histórico. Incluye 1 vivienda con salón, cocina, capacidad para 11 personas y 3 baños, así como 4 apartamentos para 2 personas. Precios: vivienda 15.000 diarias; apartamento 6.000 diarias.

Apartamentos y casas de alquiler completo

Roda de Isábena (Huesca)

Casa Rafel
Tf. 974/54 45 33
R. 974/29 41 41
Hermosa casa de piedra, situada frente a la catedral. Tiene 2 apartamentos, con cocina-comedor, 2 habitaciones dobles con buenas vistas, y 1 baño. Precios (según tipo y temporada): apartamento de 6.000 a 7.500 diarias.

El Run (Huesca)

El Molino
Tf. 974/55 30 61
R. 974/29 41 41
Edificio de reciente construcción, en el que se han habilitado 4 apartamentos, con cocina, comedor, 2 habitaciones dobles y 1 baño. Precios (según temporada): apartamento de 8.000 a 9.000 diarias.

Sahún (Huesca)

Casa Alquesera
Tf. 974/55 13 96
R. 974/29 41 41
Curioso edificio rehabilitado, en lo alto del pueblo. Tiene 5 apartamentos, con cocina-comedor con chimenea, 2 habitaciones dobles y 1 baño. Precios (según temporada y tipo): apartamento de 7.500 a 11.000 diarias.

Senz (Huesca)

Casa Arán
Tf. 974/55 01 03
R. 974/29 41 41
Construcción tradicional de piedra. Cuenta con 2 apartamentos, con cocina-comedor, 2 habitaciones dobles y 1 baño. Precios (según temporada) apartamento de 6.500 a 8.000 diarias. *Observaciones: no se admiten animales.*

Sesué (Huesca)

Casa Gaspar
Tf. 974/55 34 68
R. 974/29 41 41
Edificio de buena planta, con jardín, chopera, y vistas a la cercana sierra de Chía. Cocina-comedor, 3 habitaciones dobles y 2 baños. Precios (según temporada): día de 8.000 a 9.000.

Lugares de interés

Cajigar. Pequeño caserío a orillas del río Isábena. Iglesia románica del s. XII. *Excursiones: robledal y dólmenes de Cornudella de Valiera.*

Capella. Pueblo del valle del Isábena. Iglesia con elementos románicos y puente medieval. *Excursiones: ermita románica de S. Martín.*

Chía. Villa situada a 1.221 m de altitud y con buenas vistas del macizo del Turbón. Bonita iglesia románica con ábside de tambor. *Excursiones: fuente y barranco de las Cortinas; mirador de la Serreta.*

Foradada del Toscar. Pueblo escalonado al pie de la sierra Ferrera. *Excursiones: sierras de Campanué y Ferrera.*

Lascuarre. Mínimo pueblo prepirenaico, fronterizo con tierras leridanas. *Excursiones: lago de Barasona; villas de Graus y Roda de Isábena; monasterio románico de Obarra.*

Laspaúles. Villa de la cabecera del río Isábena, a 1.430 m de altitud. Iglesia románica y molino del s. XVI. *Excursiones: templos de Turbiné y Espés; Col d'Espina; bosque de Pegá.*

Llagunas. Localidad con 1 habitante, dependiente de Laspaúles y situada a 1.260 m de altitud, en las inmediaciones de Neril.

Neril. Pueblo recoleto, de menos de 20 habitantes, a 1.500 m de altitud, con excelentes vistas y una característica arquitectura rojiza.

La Puebla de Roda. Pequeño pueblo situado a 750 m de altitud. Calle Mayor, restos de murallas y ermita de Pedruy, del s. X. *Excursiones: monasterio de Obarra, del s.x; balneario de las Vilas del Turbón. Taller de forja.*

Renanué. Caserío cercano a Bisaurri, pequeña localidad del Pirineo oriental situada a 1.150 m de altitud. *Valle de Benasque.*

Senz. Entrañable pueblo pirenaico, situado sobre una loma a más de 900 m de altitud. *Excursiones: barranco de Viu y sierra de Cotiella.*

Sesué. Caserío de techos de pizarra, apiñado a más de 1.000 m de altitud. Pequeña iglesia románica. *Excursiones: ruta de montaña hasta los pueblos de Eresué y Sos.*

3. Maestrazgo y Gúdar-Javalambre

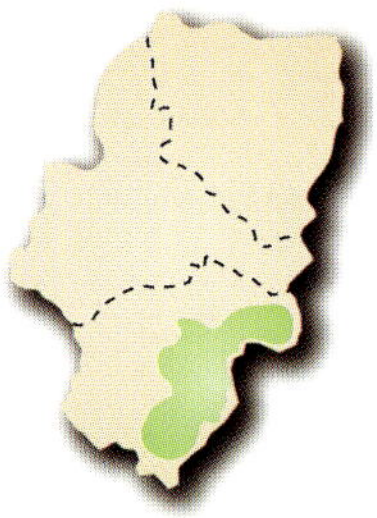

Alcalá de la Selva
(TERUEL)

Pueblo situado en la sierra de Gúdar, a 1.400 m de altitud. Entrañable conjunto de calles empinadas, coronado por un castillo árabe. *Excursiones: santuario de la Virgen de la Vega; ermita de S. Miguel; estación de esquí de Valdelinares; sierra de Gúdar; cañón del río Alcalá y cantera de La Nava.*

Masía Fuen de la Reina
Ctra. Pistas de Esquí de Valdelinares
Tf. 978/80 11 02. **R.** 978/78 17 08
Bello edificio rehabilitado, rodeado de pinar. Tiene un restaurante aragonés, 4 habitaciones dobles, todas con baño. Precios: habitación doble 6.000, desayuno incluido; pensión completa 5.500 persona/día.

Camarena de la Sierra
(TERUEL)

Pueblo situado a 1.300 m, entre las sierras de Camarena y Javalambre, en un paraje de espesos pinares. *Excursiones: fuentes de la Miel, la Zorra, Canaleja y Borreguito, con merenderos; rincón de Ademuz; sierra y pistas de esquí de Javalambre; saltos de agua de Los Amanaderos; sierra de Gúdar.*

Casa Elena
C/ Prado 8. Tf. 978/78 60 18. **R.** 978/78 17 08
Edificio de nueva construcción, situado en el casco urbano. Tiene salón, comedor con chimenea, 6 habitaciones dobles y 3 baños. Precios: habitación doble 3.400; media pensión 3.150 persona/día. *Observaciones: cocina casera.*

Casa Montse
C/ Teruel 5. Tfs. 978/78 60 73 y 609/97 55 63
Edificio de más de 300 años, muy reformado, que conserva su distribución primitiva. La zona de alojamiento tiene cocina de leña, salón-comedor con chimenea, 6 habitaciones dobles y 3 baños compartidos. Se puede alquilar entera. Precios: habitación doble 3.000; desayuno 300; comida 1.300; cena 1.100; vivienda 25.000 fin de semana. *Observaciones: casa especial para grupos.*

Casa Pilar
C/ Baja 2. Tf. 978/78 60 48. **R.** 978/78 17 08
Edificio situado en el mismo pueblo, con terraza. Tiene sala de estar con chimenea, comedor, 6 habitaciones dobles, 2 baños y 1 aseo. Precios: habitación doble 3.400; media pensión 3.250 persona/día.

Jacinto Aparicio
C/ S. Cristóbal 30
Tf. 978/78 60 05. **R.** 978/78 17 08
Casa de construcción reciente, con terraza. Tiene sala de estar, salón-comedor, 5 habitaciones dobles, 1 triple, 2 baños y 1 aseo. Precios: habitación doble 3.600; desayuno 350; cena 1.200.

Cantavieja
(TERUEL)

Conjunto urbano de gran interés situado a 1.400 m de altitud, con edificios románicos, góticos y barrocos. Plaza Mayor porticada y Casa Consistorial en un edificio del s. XIII. *Excursiones: parque cultural de Molinos; parque geológico de Aliaga.* **En Molinos**, *forja y cerámica.*

Casa Sara
C/ Cecilio Gálvez 5
Tf. 964/18 50 31. **R.** 964/18 52 43
Edificio sencillo, decorado con gusto, situado en el centro del pueblo. El interior conserva los muros de piedra vista, una sala de estar abuhadillada con chimenea y dispone de 4 habitaciones dobles con baño. Precios: habitación doble 4.000; desayuno 300.

Cedrillas
(TERUEL)

Pequeña localidad, asentada en el valle de Mijares, a más de 1.300 m de altitud. Conserva el castillo y parte del recinto amurallado, en lo alto de una meseta, así como una iglesia de bóveda estrellada y la ermita renacentista del Salvador. *Excursiones: nacimeinto del río Mijares; merendero del Pinar; localidades de Monteagudo del Castillo y Cabra de Mora.*

Jarque
C/ Arrabal 8
Tfs. 978/77 42 34 y 689/27 82 90
Casa tradicional, con terraza ajardinada, barbacoa, vistas del castillo y acceso independiente. Tiene salón-comedor-cocina con paredes de piedra, techos abuhardillados, 1 habitación doble con baño y otras 2 habitaciones dobles, 1 de ellas con litera, que comparten 1 baño. Precios: persona/día 2.500. *Observaciones: facilitan información; alquiler de bicicletas.*

Mario
C/ Castillo 7
Tfs. 978/77 42 52 y 689/67 73 49
Antiguas cuadras, bien rehabilitadas, al pie del castillo. El interior, cálido, conserva los muros de piedra y las vigas de madera, y cuenta con salón-comedor con estufa de leña, cocina tradicional, 6 habitaciones dobles, 4 de ellas con baño, y 1 baño compartido. Precios: persona/día 2.500. *Observaciones: yoga y cursos diversos; excursiones guiadas.*

Formiche Alto
(TERUEL)

Localidad de la sierra de Camarena, ribereña del Mijares y situada a 1.105 m de altitud. *Excursiones: parajes encajonados del río Mijares.*

Casa Fausto
Tf. 978/67 01 17. R. 978/78 17 08
Edificio de piedra rehabilitado. El interior, que conserva elementos y mobiliario antiguo, tiene 3 habitaciones dobles y 1 múltiple con cocina y chimenea. Precios: habitación doble 3.000.

Galve
(TERUEL)

Localidad próxima al río Alfambra, a más de 1.100 m de altitud. Bella iglesia barroca del s. XVIII. *Excursiones: ermita de la Virgen de la Peña; parque paleontológico de Galve; icnitas del Pelejón y las Cerradicas; hoces del río Alfambra. En* ***Aliaga****, artesanía de madera.*

Casa Trini
C/ Alta 12. **Tf. 978/77 60 94. R. 964/18 52 43**
Casa típica de pueblo, recientemente restaurada, con una amplia terraza. Tiene salón con chimenea, 5 habitaciones dobles y 3 baños compartidos. Precios: habitación doble 3.400; desayuno 300; comida 1.100; cena 1.000.

La Iglesuela del Cid
(TERUEL)

Buen conjunto monumental, fortificado por el Cid. Palacio de los Matutano, Casa Consistorial y torre templaria. Museo etnológico. *Excursiones: cuevas de Bonifacio; rápidos del Pitarque; ermita de la Virgen del Cid. Artesanía textil: mantas, colchas, alforjas y chaquetas de punto.*

Casa María
C/ Raballa 3
Tf. 964/44 34 48. R. 964/18 52 43
Cuidada casa de piedra situada en una calle céntrica, junto a la plaza de la iglesia. Conserva las vigas de madera, 2 habitaciones sencillas, 3 dobles -2 de ellas comunicadas entre sí- y 2 baños compartidos. Precios: habitación doble 3.000.

Linares de Mora
(TERUEL)

Pueblo situado al pie de la sierra de Los Monegros, junto al río Linares. Conserva restos del castillo y del recinto amurallado y una iglesia del s. XVIII. *Excursiones: altos del Cerezal y de la Nave; Castellvispal; río Linares; cerro del Brun y magnífico pino de El Escobón.*

El Portalico
C/ El Portalico s/n
Tf. 978/80 21 10. R. 978/78 17 08
Hostal situado en el casco urbano, con buenas vistas. Tiene 5 habitaciones dobles y 2 triples, todas con baño. Precios: habitación doble 5.200, desayuno incluido; pensión completa 5.000 persona/día. *Observaciones: restaurante de cocina tradicional.*

Manzanera
(TERUEL)

Bonita localidad de la sierra de Javalambre, con un conjunto de casas blancas en torno a la iglesia barroca. Conserva portales de la muralla y restos del castillo, presididos por la torre del homenaje. *Excursiones: fuente del Gavilán, en un precioso paraje; nacimiento del río Arcos.*

Casa Argentea
Barrio de los Cerezos

Tf. 978/78 18 94. **R.** 978/78 17 08

Casa de nueva construcción y estilo tradicional, con excelentes vistas, en un lugar situado al pie de la sierra de Javalambre. Tiene salón-comedor con chimenea, cocina, 3 habitaciones dobles, 1 baño y 1 aseo. Precios (según temporada): habitación doble de 3.600 a 4.000.

Montoro de Mezquita
(TERUEL)

Villa mínima, asentada en un terreno muy quebrado dedicado a la producción de cereales, frutas y hortalizas. *Excursiones: villa de Aliaga, coronada por el castillo de los Sanjuanistas; santuario de la Virgen de la Zarza.*

El Obrador
C/ Las Eras 5

Tfs. 689/48 60 44 y 978/77 30 11

Casa típica de la localidad, con jardín. Tiene salón con chimenea, cocina y 3 habitaciones dobles con baño. Se puede alquilar entera. Precios: habitación doble 5.000; comida 1.500; cena 1.000; vivienda 40.000 fin de semana y 60.000 semanales.

Mosqueruela
(TERUEL)

Buen núcleo de arquitectura popular, declarado conjunto histórico y situado a 1.470 m de altitud, en una vertiente de la sierra de Gúdar. Plaza con soportales góticos, palacio del rey Don Jaime, murallas, iglesia del s. XIV. Calle de Ricos Hombres con viviendas de aleros barrocos; portada plateresca de la iglesia de Sta. Engracia. *Excursiones: castillo del Mallo; aldea y santuario de la Virgen de La Estrella; cerro de S. Antonio, con un yacimiento ibérico; ermitas de Loreto, S. Lamberto y Virgen del Carmen; fuente de la Huerta y paraje del nacimiento del río Las Truchas, con merenderos; Pinar Ciego, a 1.800 m de altitud; paraje de Los Pinos de los Lores; peña de Las Estacas; antiguo pueblo de Osicerda y rutas del Bajo Maestrazgo; pistas de esquí de Valdelinares.* Trabajos de cantería con piedra rústica.

Casa María Jesús
C/ Loreto 10

Tf. 978/80 50 24. **R.** 964/18 52 43

Edificio con fachada de piedra, junto a la carretera. Dispone de sala de estar, 2 habitaciones abuhardilladas, con una agradable decoración y 1 baño compartido, así como 1 apartamento para 6 personas. Precios: habitación doble 4.000; desayuno 400; apartamento 24.000 fin de semana y 35.000 semanales.

Casa Molina
Barrio San Antonio

Tf. 978/80 51 93. **R.** 964/18 52 43

Edificio restaurado, acogedor, situado a la entrada del pueblo. La zona de alojamiento tiene salón-comedor con chimenea, cocina, 4 habitaciones dobles, 1 baño y 1 aseo. Se puede alquilar entera. Precios: habitación doble 4.000; vivienda 14.000 diarias.

Casa Montolio
C/ Vergel 5. **Tf.** 978/80 51 18. **R.** 964/18 52 43

Casa tradicional, céntrica, con jardín, huerto, galerías de madera y buenas vistas. Dispone de cocina, comedor, 3 habitaciones dobles, 1 baño y 1 aseo compartidos. Se puede alquilar entera. Precios: habitación doble 4.000; vivienda 24.000 fin de semana y 40.000 semanales.

Olba
(TERUEL)

Población ribereña del Mijares. Conserva la Casa Consistorial del s. XVII y la iglesia, barroca. *Excursiones: localidad de Albentosa, con un castillo templario; balneario del Paraíso; garganta del Puente del Diablo, sobre el río Mijares.*

La Casa del Maestro
Tf. 978/78 14 20. **R.** 978/78 17 08

Antigua casa del maestro del pueblo, rehabilitada, con vistas al valle y al río. Tiene salón-comedor con chimenea, sala multiusos, cocina, 2 habitaciones para 4 y 1 para 12 personas, con baños compartidos. Precios*: alojamiento 1.000; desayuno 300; comida o cena 1.100.

Maestrazgo y Gúdar-Javalambre

Las Parras de Castellote (Teruel)

Localidad situada en un paisaje quebrado, con abundantes bosques de pinar, muy ligados a la historia del maquis. Conserva buenos ejemplos de arquitectura popular. *Excursiones: paraje natural de la Malena; fuente de La Canaleta.*

Casa Buñuel

C/ Mayor 3. Tf. 978/84 84 99. R. 964/18 52 43

Edificio antiguo, con fachada señorial y mobiliario rústico. El alojamiento, habilitado en la planta alta, sobre la vivienda de los propietarios, tiene estufas de leña, salitas de estar, chimenea, cocina, 4 habitaciones dobles y 1 triple, con 2 baños. Precios: habitación doble 3.400; desayuno 250.

Peñarroya de Tastavins (Teruel)

Villa asentada sobre un cerro, con un casco urbano de escalinatas y calles empinadas en torno al castillo árabe. Iglesia barroca del s. XVII, con elementos góticos. *Excursiones: eremitorio de la Virgen de la Fuente; peñas del Masmut. Lámparas de hierro. En **Herbes**, artesanía de madera.*

Mas d'Aragonès

Ctra. de Herbes, km 3

Tfs. 978/76 90 48 y 89 67 86

Casa-torre del s. XVI, recientemente restaurada y aislada en medio del campo. Tiene mobiliario antiguo, comedor, sala de estar, cocina y 6 habitaciones dobles con baño. Precios: habitación doble 4.000, desayuno incluido. *Observaciones: comidas y cenas previo encargo; productos naturales, pan y vino de la casa.*

Pitarque (Teruel)

Pequeño núcleo situado a 1.000 m de altitud, en un espectacular paisaje próximo al nacimiento del río Pitarque. *Excursiones: parque geológico integrado en el parque cultural del Maestrazgo.*

Paquita

C/ Alta s/n. Tfs. 978/77 31 24 y 77 30 51

Casa tradicional, situada en el casco urbano. Tiene salón con chimenea, cocina y 2 habitaciones dobles con baño. Se puede alquilar entera. Precios: habitación doble 3.600; vivienda 7.200 diarias y 50.000 semanales.

Puertomingalvo (Teruel)

Pueblo situado a más de 1.400 m de altitud, en torno a un castillo de origen árabe. Interesante Casa Consistorial, Hospital de Pobres, del s. XV, calles empedradas y edificios evocadores con ventanas de estilo gótico levantino. *Excursiones: localidades de Vistabella, Xodos y Villahermosa; macizo de Peña Golosa; pistas de esquí de Valdelinares; buena zona para recoger níscalos y otras variedades de setas. Guarnicionería y marroquinería (bolsos, carteras y cinturones); artesanía de madera. En **Castellvispal**, relojes de sol de bolsillo y atriles para lectura.*

Casa Lázaro

C/ La Fuente s/n

Tf. 978/80 21 22. R. 964/18 52 43

Construcción tradicional de piedra, con buenas vistas del castillo. Tiene cocina-comedor, estufa de leña, 1 habitación sencilla, 2 dobles y 1 baño compartido. Se puede alquilar entera. Precios: habitación doble 4.000.

Casa Solsona

C/ Mayor 9

Tf. 978/80 22 19. R. 964/18 52 43

Casa típica de pueblo, recientemente restaurada, que conserva el bonito arco de la entrada. Tiene radiadores eléctricos, 2 habitaciones dobles y 1 baño. Precios: habitación doble 3.200.

Torre del Compte (Teruel)

Villa de origen medieval, de la comarca de Matarraña. Conserva una iglesia con una hermosa portada gótica y una esbelta torre, así como la ermita de S. Juan, gótica.

La Parada del Compte (***)

Antigua Estación de Ferrocarril

Tf. 978/76 90 72. Fax 978/76 90 74

Atrevido hotel, que ocupa una pequeña estación ferroviaria en desuso, en la ribera del Matarraña y con un entorno de olivares. Tiene restaurante en un antiguo almacén, salas, salón de lectura con terraza, 7 habitaciones dobles y 2 *suites*, todas con baño. Precios: habitación doble 15.000; *suite* 20.000; desayuno incluido; pensión completa 7.000.

Tronchón (TERUEL)

Pintoresco núcleo rural, muy despoblado, situado a más de 1.000 m de altitud al pie de la Muela de Monchén. Castillo templario, iglesia parroquial del s. XVII y casa del marqués de Valdeolivo. *Excursiones: pinar de la Muela; mirador de la ermita de Sta. Ana.*

Casa Conesa

C/ Crucera s/n

Tfs. 964/17 84 03 y 47 14 61. R. 964/18 52 43

Edificación de pueblo, con un patio ajardinado presidido por un cerezo. Tiene piscina, comedor con chimenea decorado con aperos de labranza, 5 habitaciones dobles, 2 baños y 1 aseo. Se puede alquilar entera. Precios: habitación doble 3.200; vivienda 25.000 fin de semana. *Observaciones: organizan visitas a una quesería artesanal.*

Valbona (TERUEL)

Localidad situada al pie de la sierra de Gúdar, junto al Mijares y a 950 m de altitud. *Excursiones: embalse de Valbona, con zonas de baño; fuente del Ocino, con merendero; pistas de esquí de Valdelinares y Javalambre.* En **Mora de Rubielos**, *artesanía y muebles de mimbre, esquilas y candiles.*

Casa Sanahuja

C/ Calvo Sotelo 75. Tf. 978/80 61 71

Casa de nueva planta, con terrazas y buenas vistas. Tiene cocina, comedor, chimenea y 6 habitaciones dobles, con 3 baños. Se puede alquilar entera. Precios (según temporada): habitación doble de 3.000 a 3.500; desayuno 250; vivienda 18.000 diarias y 105.000 semanales. *Observaciones: hay otra vivienda similar en la misma casa.*

Valderrobres (TERUEL)

Magnífico conjunto monumental, coronado por un castillo gótico del s. XIV. Iglesia de Sta. María la Mayor, Ayuntamiento, ermitas y casas solariegas. *Excursiones: arboledas de los ríos Pena y Matarraña. Muebles, forja, talla de madera, ebanistería artística y talla de piedra.*

Mas del Pi

Partida de los Santos. Tf. 978/76 90 33

Casa del s. XVIII, a 6 km de la localidad, en una zona de pinares y cultivos. Tiene sala de estar con chimenea, bodega y 5 habitaciones dobles. Precios: persona/día 5.000, incluyendo alojamiento, desayuno y cena. *Observaciones: cocina de la zona y vinos de elaboración propia.*

Apartamentos y casas de alquiler completo

Beceite (TERUEL)

Casa Escalet

Tf. 978/85 02 92

Edificio del s. XVII, con jardín y terraza. Decoración funcional, bodega con chimenea, comedor, sala de estar, cocina, 5 habitaciones dobles y 2 baños. Precios: persona/día 1.500; semana 25.000; calefacción y luz aparte.

Casa Ferre

Tf. 978/85 02 45

Casa antigua, bien equipada. Sala de estar-comedor, cocina, 3 habitaciones dobles y 1 baño. Precios (según temporada): persona/día de 1.500 a 1.800; vivienda 25.000 semanales.

Beceite (TERUEL)

Casa Garsía

Tf. 978/85 02 58

Edificio de construcción reciente, próximo al río, con terraza y buenas vistas. Sala, cocina y 2 habitaciones dobles. Precios (según temporada): persona/día de 1.500 a 2.000; vivienda 35.000 semanales. *Observaciones: descuentos por estancias largas; admite animales.*

Casa Puen

Tf. 978/85 02 56

Casa de nueva construcción de dos plantas, con terraza. Sala de estar, cocina, chimenea y 2 habitaciones dobles. Precios: persona/día 1.500; vivienda 6.000 diarias. *Observaciones: la propiedad alquila 1 apartamento en el mismo pueblo.*

Maestrazgo y Gúdar-Javalambre

Apartamentos y casas de alquiler completo

Beceite (Teruel)

Segura
C/ Llana 27
Tf. 978/85 02 81
Vivienda de 2 plantas, restaurada, con terraza y buenas vistas. Comedor con chimenea, cocina y 3 habitaciones dobles, con 2 baños. Precios (según temporada): persona/día de 1.500 a 1.800.

Agustín Cuartielles
Avda. Parrizal s/n
Tfs. 978/89 01 78 y 83 00 83
Edificio tradicional. En el ático tiene sala de estar con chimenea y 2 apartamentos, con cocina,3 habitaciones dobles y 1 baño. Precios (según temporada): persona/día de 1.500 a 1.800. *Observaciones: descuentos por estancias largas.*

Calaceite (Teruel)

Latorre
Tf. 978/85 10 31
Casa tradicional, bien rehabilitada. Interior con vigas de madera, cocina, sala, estufa de gas, 1 habitación sencilla y 2 dobles, con 1 baño. Precios: persona/día 1.800. *Observaciones: la propiedad alquila una masía cercana; descuentos por estancias largas.*

Castellote (Teruel)

El Batán
C/ Virgen del Rosario 36
Tf. 978/88 75 88
Casa tradicional, emplazada en una calle céntrica. Decoración rústica, sala de estar, salón con chimenea, 2 habitaciones sencillas, 2 dobles y 1 baño. Precios: semana 35.000; desayuno 400; comida o cena 1.100.

La Fresneda (Teruel)

Casa Dilla
Tf. 978/85 40 07
Casa antigua, que conserva un patio con acceso a una balconada cubierta de emparrado. Tiene estufas eléctricas, sala de estar con chimenea, cocina, 3 habitaciones dobles y 1 baño. Precios (según temporada): persona/día de 1.500 a 1.800.

Fuentespalda (Teruel)

Casa Tonet
Tfs. 978/85 62 74 y 608/03 56 66
Edificio del s. XVII, con terrazas y buenas vistas. Comedor, chimenea, 6 habitaciones dobles y 3 baños compartidos. Precios: persona/día 1.500; vivienda 25.000 semanales. *Observaciones: la propiedad alquila otra vivienda cercana.*

Galve (Teruel)

Casa Lamata
Tf. 978/77 61 15
R. 964/18 52 43
Edificio céntrico rehabilitado, de estilo funcional. Incluye 2 apartamentos, para 4 y 8 personas, con cocina, sala de estar y baños. Precios: apartamento pequeño 10.000 diarias; grande 14.000 diarias.

Mosqueruela (Teruel)

Casa Guillén
Tf. 978/80 50 52
R. 964/18 52 43
Antigua fonda rehabilitada, con supermercado en la planta baja. Tres apartamentos, con cocina, sala, chimenea, 2 habitaciones dobles y 1 baño. Precios (según tipo): apartamento de 8.000 a 10.000 diarias. *Observaciones: alquiler de esquíes.*

Casa Pascuala
Tf. 978/80 50 52
R. 964/18 52 43
Casa tradicional céntrica, con fachada de piedra. Incluye 2 apartamentos con buenas vistas, sala con chimenea, cocina, 2 habitaciones dobles y 1 baño. Precios: apartamento 10.000 diarias. *Observaciones: descuentos por estancias largas.*

Casa Rafa
Tfs. 978/80 52 08 y 80 50 52. R. 964/18 52 43
Edificio antiguo, de interior restaurado y con buenas vistas. Incluye 3 apartamentos con salón, chimenea, cocina, 1 habitación doble y 1 baño. Precios: apartamento 8.000 diarias.

Apartamentos y casas de alquiler completo

Nogueruelas (Teruel)

Pilar Redón
Tf. 978/80 41 18
R. 978/78 17 08
Apartamento habilitado en un edificio de nueva construcción, céntrico. Cocina-comedor con chimenea, 2 habitaciones dobles y 1 baño. Precios: persona/día 2.000.

Las Parras de Castellote (Teruel)

Casa Espada
Jaganta
Tf. 978/88 79 02. R. 964/18 52 43
Casa antigua, en la aldea de Jaganta, con una entrada decorada con aperos. Carece de calefacción y tiene terraza, chimenea, 2 habitaciones dobles y 1 triple, con 1 baño. Precios: día 10.500; semana 30.000.

Valderrobres (Teruel)

Casa Cardona
Tf. 978/85 02 58
Casa tradicional, restaurada. El interior, que conserva las vigas de madera, tiene cocina, comedor con chimenea, 3 habitaciones dobles y 1 baño. Precios: persona/día de 1.500 a 1.800

Isabel
C/ Parras 21
Tf. 978/89 03 53
Bonita casa de piedra, en pleno casco histórico. Portal decorado con aperos, sala de estar, comedor, cocina, 1 habitación sencilla, 3 dobles y 1 baño. Precios: persona/día 1.700. *Observaciones: actividades de naturaleza.*

Lugares de interés

Beceite. Bello conjunto de arquitectura popular, en un paisaje agreste a orillas del río Matarraña. *Excursiones: el Parrisal, conjunto de grandes rocas con formas caprichosas; nacimientos de los ríos Ulldemo y Matarraña; poblado íbero de S. Antonio. Trabajos de mimbre y forja.*

Calaceite. Pueblo de origen árabe. Iglesia del Pilar, museo Arqueológico, casa Consistorial del s. XVII y plaza porticada. *Excursiones: poblado ibérico de S.Antonio. Cerámica policromada, esmaltada y vidriada; objetos de fibra. En* ***Cretas****, trabajos de forja.*

Castellote. Villa del valle de Guadalope, escalonada al pie de su castillo, del s. XIII.

La Fresneda. Población del valle de Matarraña, con un pintoresco casco urbano. Casa Consistorial renacentista, palacio de la Encomienda y templo parroquial. *Excursiones: valle del Silencio, en la ribera del Matarraña; mirador de la ermita de Sta. Bárbara. Piezas de cerámica y aperos de labranza; en* ***Alcañiz****, elaboración de tambores, talleres de forja y cerámica, tienda de artesanía y restauración de muebles. En* ***Calanda****, cántaros, tinajas, «cocios», morteros y «parretones». En* ***Rafales****, cerámica creativa.*

Fuentespalda. Localidad de origen medieval. Conserva restos del castillo, iglesia renacentista, con un órgano de gran valor, y buen conjunto de arquitectura popular. *Excursiones: museo Picasso de Horta de S. Juan; cueva del Agua; zonas de baño en el río Tastavins. Talleres de forja y madera torneada.*

Nogueruelas. Localidad situada a más de 1.000 m de altitud, repartida en tres barrios que se salvan por escalinatas. *Excursiones: sierras de Gúdar y Nogueruelas.*

4. Albarracín y Gallocanta

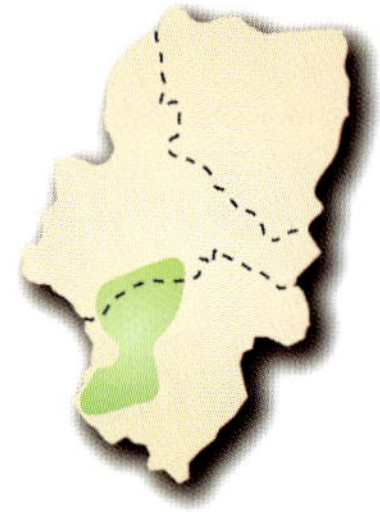

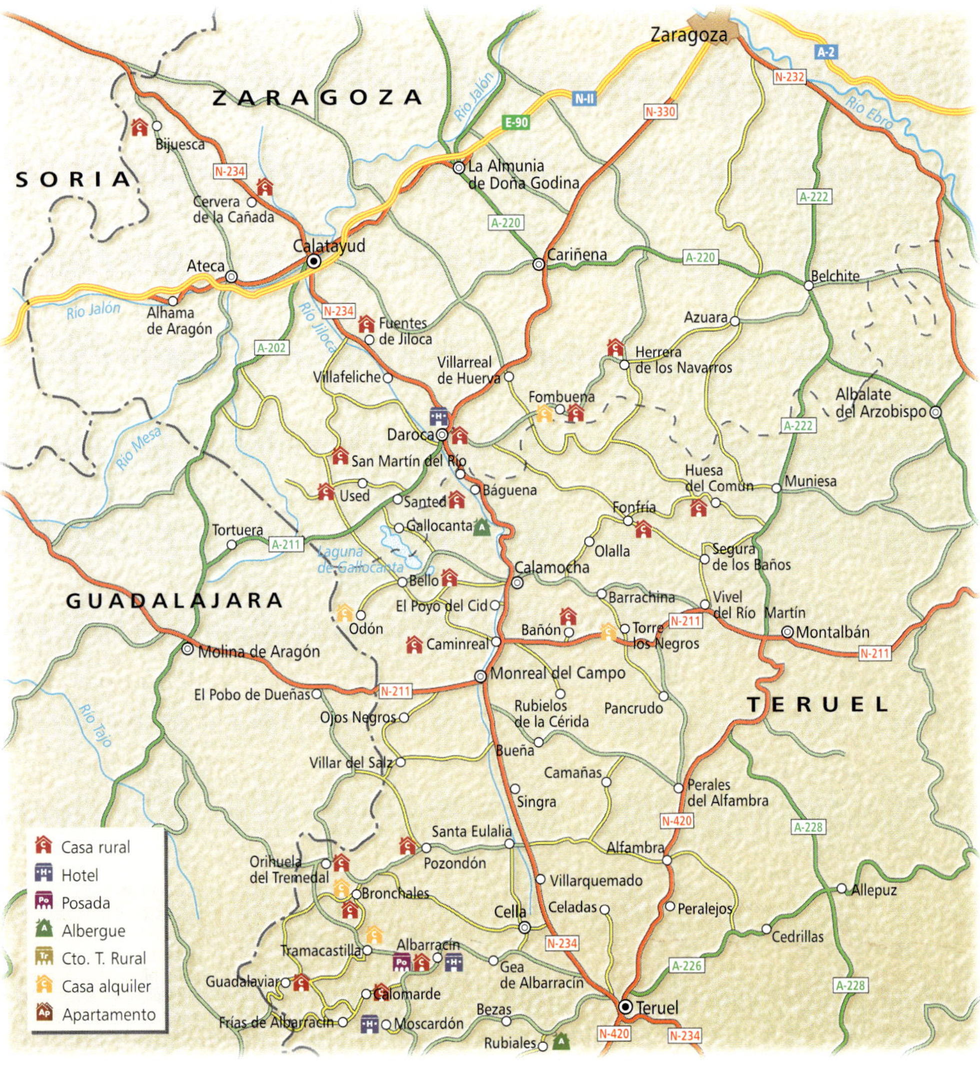

Albarracín
(TERUEL)

Impresionante villa amurallada, a 1.170 m de altitud, con un caserío que invita a los paseos otoñales. Preciosa arquitectura popular muy marcada por el singular tono rojizo de la piedra «ródena» y buen conjunto monumental, con restos del castillo, plaza Mayor, templos y conventos. Gracioso museo del Juguete. *Excursiones: molino de S. Pedro, en el río Cabriel; parque cultural de Albarracín, con abundantes abrigos de pinturas rupestres: Cueva de doña Clotilde, Cocinilla del Obispo..; hoces del Guadalaviar; barranco de la Fuente del Cabrerizo; abundantes bosques de pinar; mirador del santuario de Nuestra Señora del Tremedal, con áreas de recreo. Trabajos de forja, cantería y cerámica.*

Los Palacios
Tf. 978/70 03 27. Fax 978/70 03 58

Edificio antiguo, rehabilitado, con vistas sobre el río y el casco histórico. El interior, muy elemental, cuenta con sala de estar, bar para los clientes con juegos de mesa, 15 habitaciones dobles y 1 sencilla, con posibilidad de supletorios, todas con baño. Precios: habitación doble 4.500; desayuno 250. *Observaciones: servicio de comedor únicamente en fines de semana.*

Posada del Adarve
Tf. 978/70 03 04

Edificio adosado a una de las torres del recinto amurallado, junto a la famosa casa de la Julianeta. El interior, bien decorado, cuenta con un comedor para desayunos, terraza, sala de estar y 5 habitaciones dobles con baño, 2 de ellas *suites*. Precios (según tipo): habitación doble de 5.000 a 6.000; *suite* 8.000; desayuno 400. *Observaciones: descuentos en temporada baja.*

Casa de Santiago
Tf. 978/70 03 16

Bello edificio ligado a la iglesia de Santiago, situado junto a la Plaza Mayor y habilitado como un acogedor hotel. El interior, con una decoración llena de detalles, tiene comedor, sala de estar con chimenea, salón mirador abuhardillado, 8 habitaciones dobles y 1 *suite*, todas con baño. Precios (según temporada): habitación doble de 7.000 a 7.900; *suite* de 10.300 a 11.500; desayuno 525; comida o cena 1.500.

Bañón
(TERUEL)

Pueblo de las tierras bañadas por el Jiloca, emplazado a 1.141 m de altitud. *Excursiones: pinares de Bañón; laguna de Gallocanta; parque paleontológico de Galve.*

Los Murillos
C/ La Fuente 24. Tf. 978/86 24 18

Edificio rehabilitado, con jardín y fachada de piedra, situado en el centro del pueblo. Tiene cocina con porche, comedor, sala de juegos, 2 habitaciones dobles, 1 triple y 3 baños. Se puede alquilar entera. Precios: habitación doble 4.000; con baño 4.500; triple con baño 5.500; vivienda 65.000 quincenales.

Bello
(TERUEL)

Localidad emplazada en la cuenca de la laguna de Gallocanta. Templo gótico-renacentista, con una bella pila de cerámica. Conserva unos característicos palomares. *Excursiones: laguna de Gallocanta; depresión del Jiloca; laguna de Campo de Bello.*

Casa Río
Tf. 978/73 41 36

Antiguo aprisco, recientemente restaurado, con jardín y huerto familiar. Tiene salón, 3 habitaciones dobles, 1 de ellas con baño, y 1 baño compartido. Precios: habitación doble 3.400; con baño 4.000; pensión completa 4.500 persona/día. *Observaciones: cocina casera; alquiler de bicicletas.*

Bijuesca
(ZARAGOZA)

Población situada a 900 m de altitud, en la ribera del río Manubles. Puente medieval, restos del castillo, templo del s. XVII y ermita de la Virgen del Castillo. *Excursiones: cascadas naturales; cueva de la Campana; dehesa del Moncayo.*

Casa Manubles
Tfs. 976/84 73 60 y 84 71 98

Casa de 1872, situada en el casco urbano, con patio, jardín y barbacoa. El interior, con mobiliario antiguo y decorado con abundantes objetos tradicionales, tiene cocina, salón, comedor, 4 habitaciones dobles con lavabo y ducha, y 2 baños. Precios: habitación doble 3.800; desayuno 400; comida 1.200; cena 1.100.

✉ Muy buen trato. Mobiliario nuevo, habitaciones cómodas y casa bien restaurada.

Albarracín y Gallocanta

Bronchales
(TERUEL)

Pueblo situado en plena sierra de Albarracín, a más de 1.500 m de altitud y rodeado de un paisaje de pinares. *Excursiones: montes Universales; castillo de Peracense; restos del antiquísimo taller de cerámica de El Endrinal.* *Cuadros, cerámica, marroquinería y zapatos.*

Maria Josefa
Tf. 978/70 11 21. R. 978/70 12 66

Casa tradicional emplazada en la calle Mayor del pueblo. Tiene salón con chimenea, 1 habitación sencilla, 4 dobles, 3 de ellas con baño, y 1 baño compartido. Se puede alquilar entera. Precios: habitación doble 5.000; con baño 6.000; vivienda 40.000 fin de semana.

Calomarde
(TERUEL)

Pueblo de la sierra de Albarracín, emplazado a más de 1.300 m de altitud, en un paraje presidido por grandes farallones de piedra. Conserva restos de un sepulcro romano en la iglesia parroquial. *Excursiones: cueva de la Mora; fuentes y cascadas del río Blanco.*

La Sabina
C/ Tiro de Barra
Tfs. 978/70 52 40 y 70 51 43. R. 978/70 12 66

Casa tradicional de buena planta, situada en el mismo pueblo. Tiene comedor con chimenea, 1 habitación sencilla, 2 dobles y 2 *suites*, todas con baño. Precios: habitación doble 5.500; *suite* 8.000; desayuno incluido; comida o cena 1.350. ***Observaciones: el edificio cuenta también con un restaurante.***

Caminreal
(TERUEL)

Localidad de la depresión de Calamocha, cerca del río Jiloca. Su iglesia conserva un Cristo del s. XVIII. *Excursiones: museo del Azafrán en Monreal; castillo de Peracense; yacimiento de La Caridad.*

Casa Joaquina
C/ Real 5. Tf. 978/86 23 20

Casa antigua, con patio y bodega, muy reformada y con una fachada sencilla. Tiene sala de estar, cocina, 3 habitaciones dobles y 2 baños. Se puede alquilar entera. Precios: habitación doble 3.000; vivienda 80.000 mensuales.

Cervera de la Cañada
(ZARAGOZA)

Villa de la comarca de Calatayud, asentada en pleno valle de Ribota, sobre la falda de un cerro. Templo parroquial del s. XVIII, construido sobre un castillo visigótico y con una robusta torre de planta cuadrada.

Armantes
Tfs. 976/89 94 46 y 689/29 86 28

Edificio tradicional, situado en la plaza del pueblo, con una fachada pendiente de rehabilitación. El interior, sencillo y con algunos detalles decorativos, se reparte en dos plantas, con salón-comedor, 3 habitaciones dobles y 2 baños. Se puede alquilar entera. Precios: habitación doble 3.500; vivienda 25.000 fin de semana. ***Observaciones: desayuno previo encargo.***

Daroca
(ZARAGOZA)

Ciudad monumental rodeada por una muralla con 52 torreones. Casas-palacio, iglesias, castillos y colegiata de Los Corporales. Túnel de la Mina y fuente de los 20 caños. *Excursiones: Aguallueve de Anento; pantano de la Tranquera.*

Palacio Barón de Ezpeleta
Pl. Joaquín Costa 13. Tf. 976/80 08 05

Casa de buen porte con elementos del s. XIV, situada en el centro de la localidad. El interior, que conserva la escalera antigua y algunas vigas talladas, tiene salón-comedor, 3 habitaciones dobles con baño, 1 con balcón a la plaza. Precios: habitación doble 4.000; desayuno 450. ***Observaciones: desayunos caseros con torrijas, almojábanas, buñuelos de patata, delicias de coco, etcétera.***

Posada del Almudí (***)
C/ Grajera 7
Tf. 976/80 06 06. Fax 976/80 11 41

Bello palacio de los s. XV-XVI, en el centro del núcleo histórico y alrededor de un patio renacentista, con jardín y terrazas. Tiene salas de lectura y de reuniones, restaurante, 9 habitaciones dobles y 4 triples, todas con baño. Precios: habitación doble 8.000, desayuno incluido; comida o cena 1.300.

Fombuena
(ZARAGOZA)

Pequeña localidad situada al pie de la sierra Herrera, en el límite con Teruel y en una zona de abundantes manantiales. Templo barroco del s. XVIII. *Excursiones: piedra del Tormo; yacimientos de fósiles y poblados ibéricos de Datos y Matos; ruta del Tambor; laguna de Gallocanta.*

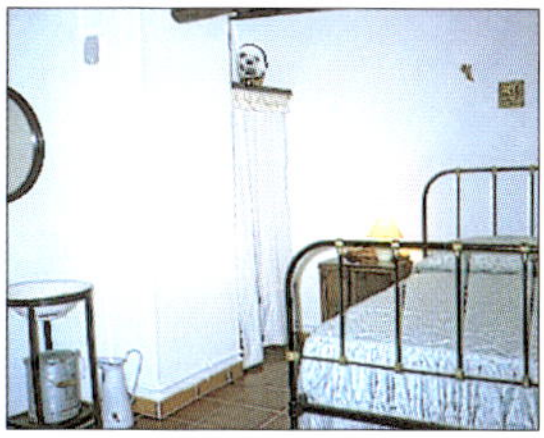

Casa de Marta y José
Tfs. 976/80 80 14 y 35 50 31
Casa de labradores totalmente restaurada, con huerto, situada en el casco urbano. El interior, cálido, conserva las vigas de madera y tiene sala de estar, cocina-comedor con chimenea, 3 habitaciones sencillas y 2 dobles, con 2 baños. Se puede alquilar entera. Precios: habitación sencilla 2.000; doble 4.000; desayuno 300; vivienda 55.000 semanales.

Fonfría
(TERUEL)

Población situada a 1.230 m de altitud, en el valle del río Huerva. *Excursiones: ermita de Nuestra Señora de la Silla; nacimiento del río Huerva, en una zona de pinares y rebollares; localidad medieval de Segura de los Baños.*

El Acebo
C/ Baja s/n. Tf. 978/72 50 45
Casa de labranza, rehabilitada, situada en el centro del pueblo, con patio ajardinado. Tiene salón, chimenea, cocina, 3 habitaciones dobles y 1 cuádruple, todas con baño. Precios: habitación doble 4.000; pensión completa 4.500 persona/día.

Fuentes de Jiloca
(ZARAGOZA)

Pueblo ribereño del Jiloca, próximo a Calatayud y rodeado de abundantes manantiales. Conserva el torreón de su castillo y el templo de la Asunción, con portadas renacentistas.

El Paraíso
Tf. 976/89 10 78
Edificio situado en lo alto del pueblo, precedido de un jardín con barbacoa y excelentes vistas del valle. Tiene salón, chimenea, cocina, 2 habitaciones dobles y 1 baño. Precios: habitación doble 4.000; desayuno 400. *Observaciones: venta de dulces caseros.*

Gallocanta
(ZARAGOZA)

Localidad agrícola y ganadera, junto a la famosa laguna. Conserva la ermita de la Virgen del Buen Acuerdo. Pequeño museo de aves. *Excursiones: parajes de la laguna, con posibilidad de observar grullas; hoces del río Piedra.* Cestería, en **Gallocanta**. Vidrio artístico, en **Murero**.

Allucant
C/ S. Vicente s/n. Tf. 976/80 31 37
Edificio de nueva construcción, con materiales tradicionales y excelentes vistas de la laguna. Tiene restaurante, 7 habitaciones dobles, 3 de ellas con baño, y 40 plazas de albergue, con 4 baños compartidos. Precios: habitación doble 3.000; con baño 5.000. *Observaciones: comida casera y tradicional; observación de aves; rutas y cursos de todo tipo.*

Guadalaviar
(TERUEL)

Pueblo situado al pie de la Muela de S. Juan y junto al río Guadalaviar, a más de 1.500 m de altitud. Conserva una bella iglesia gótica y un entorno cubierto de pinar, con abundantes fuentes. *Excursiones: serranía del Alto Tajo; nacimiento del río Guadalaviar.*

María
Tf. 978/70 80 42. R. 978/70 12 66
Sencilla casa de nueva construcción, con un pequeño jardín. Tiene sala de estar y 3 habitaciones dobles, con 2 baños compartidos. Precios: habitación doble 3.000. *Observaciones: los dueños ofrecen platos tradicionales y hacen de guías para recorrer la zona.*

Herrera de los Navarros
(ZARAGOZA)

Localidad situada al pie de la sierra de Herrera, en el límite con Teruel. Magnífica iglesia parroquial, con bella torre mudéjar. *Excursiones: santuario de la Virgen de Herrera, a 1.300 m de altitud; poblado celtibérico.*

Ver página siguiente.

Casa Maribel
Avda. de Zaragoza 24. Tf. 976/14 30 67
Casa de nueva construcción. Cuenta con cocina, salas de estar y 6 habitaciones dobles con baño. Precios: habitación doble 3.800; desayuno 350; comida o cena 1.300. *Observaciones: descuentos por estancias largas.*
✉ Trato correcto. Desayunos abundantes. Habitaciones cómodas, amplias y limpias.

Herrera de los Navarros (Zaragoza)

Ver página anterior
Cueva de la Mora, lugar de viejas leyendas; barranco del Frasno, con abundantes fósiles; pantano de las Torcas, con zonas de pinar. *Cerámica (jarrones, vajillas, y todo tipo de piezas)*, en **Muel**.

Casa Nicolás

C/ Estrecha 11. Tf. 976/14 31 35

Edificación antigua, con una restauración de comienzos de siglo. El interior, rústico, tiene 1 habitación sencilla, 3 dobles y 2 baños compartidos. Se puede alquilar entera. Precios: habitación doble 3.800; vivienda 24.000 fin de semana.

Huesa del Común (Teruel)

Pueblo situado al pie de la muela de Anadón, antaño fortificada. Conserva el castillo, asentado sobre rocas similares a los tubos de un órgano. *Excursiones: localidad de Belchite; parque cultural del río Martín; ruta del tambor; cuenca minera; zonas de buitres leonados.*

El Granero

Barrio Alto 18. Tf. 978/81 05 67

Casa antigua, muy bien rehabilitada, con jardín y bodega, situada a los pies del castillo medieval. El interior, decorado con alfarería típica de la zona, tiene sala de estar, chimenea, 3 habitaciones dobles abuhardilladas y 2 baños. Precios: alojamiento 2.000; desayuno 450; comida o cena 1.200. *Observaciones: ofrecen platos de la región; disponen de guía; alquiler de bicicletas; descuentos a niños.*

Moscardón (Teruel)

Pintoresca localidad situada en plena sierra de Albarracín, a más de 1.400 m de altitud. *Excursiones: montes Universales y sierra de Jabalón.*

El Castellar

C/ S. Antonio 12

Tf. 978/70 52 72. R. 978/70 12 66

Hotel de montaña, con un restaurante anejo en el antiguo horno del pueblo. El interior, cálido, tiene bar, sala de estar y 11 habitaciones dobles con baño. Precios (según tipo): habitación doble de 5.500 a 7.500, desayuno incluido. *Observaciones: actividades al aire libre; senderismo; visitas guiadas.*

Orihuela del Tremedal (Teruel)

Pueblo de la sierra de Albarracín ribereño del Gallo. Contó con un recinto fortificado destruido en tiempos de Felipe V. A destacar la magnífica iglesia de San Millán, el Ayuntamiento y la casa de los Franco Pérez de Liria. *Excursiones: santuario del Tremedal.*

Anica

C/ Río Mijares 7

Tf. 978/71 40 30. R. 978/70 12 66

Agradable edificio de nueva construcción, junto a un pinar, con jardín y huerto. La vivienda, aneja a la de los dueños, tiene sala de estar, cocina, 1 habitación sencilla, 2 dobles y 2 baños. Se puede alquilar entera. Precios: habitación doble 4.000; vivienda 12.000 diarias. *Observaciones: se ofrecen desayunos, comidas y cenas.*

Pozondón (Teruel)

Pueblo apartado en plena sierra, a más de 1.400 m de altitud. Conserva un interesante casco urbano, con buenos ejemplos de arquitectura popular. *Excursiones: castillo de Peracense, sobre un risco de la sierra Menera; sendero PR.4; minas de hierro de Ojos Negros.*

La Abuela de Vicente

C/ Los Pozos 9

Tf. 978/70 10 33. R. 978/70 12 66

Vivienda tradicional cuidadosamente restaurada, con patio y barbacoa. Tiene sala con chimenea, 4 habitaciones dobles con baño y 2 apartamentos, con cocina, 1 habitación doble y 1 baño. Precios: habitación doble 4.000; apartamento 6.000 diarias.

Rubiales (Teruel)

Pueblo pequeño y tranquilo de la sierra de Albarracín, a más de 1.100 m de altitud, en una zona boscosa y de acusados relieves. *Excursiones: pinturas rupestres y paraje protegido de los pinares del Rodeno; zonas de baño en los ríos Cabriel y Blanco, con cascadas; embalse del Arquillo.*

Econatur

Partida la Hoz. Tf./fax 978/68 10 43

Albergue habilitado en un edificio tradicional, restaurado, con huerto y un pequeño jardín botánico. El interior, con decoración rústica y adaptado a minusválidos, tiene comedor con chimenea, aula y habitaciones para 6 y 8 personas, con baño. Precios: media pensión 2.350; pensión completa 3.200. *Observaciones: cursos diversos; museo etnológico.*

✉ Instalaciones excelentes. Trato un poco rígido.

San Martín del Río (TERUEL)

Lugar del valle del Jiloca. Casa Consistorial y templo renacentista, con torre mudéjar. Cuenta con un interesante museo del Vino. *Excursiones: yacimientos arqueológicos del cerro del Zorro; villa monumental de Daroca.* En **Villafeliche**, *cerámica artesana.*

Jesús Marco
C/ Mayor 14. Tf. 978/73 34 04

Gran casa solariega restaurada manteniendo su estructura, con jardín. El interior, que conserva elementos decorativos tradicionales, tiene calefacción por estufas, cocina, salones, 5 habitaciones dobles y 3 baños. Precios: habitación doble 3.800; desayuno de 400 a 700. *Observaciones: hay un museo del vino en la misma casa.*

Santed (ZARAGOZA)

Pequeño núcleo, cercano a las lagunas de Gallocanta y Zaida. Conserva las ruinas de un castillo. *Excursiones: lugar de paso del sendero de largo recorrido GR. 24; laguna de Gallocanta; hoces del río Piedra. Trabajos artesanos de papel y marionetas.*

Casa Alejandra
C/ La Falaguera 2. Tf. 976/80 90 03

Casa de labranza, reformada, con huerto. La zona de alojamiento, con entrada independiente, tiene 2 habitaciones dobles y 1 baño compartido. Precios: habitación doble 4.000; desayuno 400. *Observaciones: se pueden hacer labores en el huerto; exposición de marionetas.*

Used (ZARAGOZA)

Población del entorno de Gallocanta, a los pies de la sierra de Santa Cruz. Iglesia renacentista, casonas solariegas y la Nevera, recién restaurada. *Excursiones: hoces del río Piedra; laguna de Gallocanta; pantano de la Tranquera.* En **Torrijo del Campo**, *trabajos de forja.*

Casa Carmen
Tfs. 976/80 92 85 y 654/27 21 05

Casa tradicional, con escudo blasonado, situada en el centro del pueblo y con buenas vistas. Tiene salón familiar tipo bodega, con chimenea, 2 habitaciones dobles y 1 triple, 2 de ellas abuhardilladas, y 2 baños. Precios: habitación doble 4.000; triple 5.000; desayuno 400; comida o cena 1.200. *Observaciones: cocina casera y abundante; alquiler de bicicletas; cuentan con juegos infantiles y de mesa.*

Apartamentos y casas de alquiler completo

Bronchales (TERUEL)

Maruja
C/ S. Roque
Tf. 978/70 12 03

Casa de los años 50, céntrica, con jardín. Mobiliario de la época, salón-comedor con estufa, cocina, 3 habitaciones dobles y 1 baño. Carece de calefacción. Precios: persona/día 1.500. *Observaciones: orientación sobre setas.*

Fombuena (ZARAGOZA)

Marta y José
C/ Mayor 3
Tf. 976/80 80 14

Casa de pueblo, recientemente rehabilitada, con patio exterior y barbacoa. Sala de estar, chimenea, cocina, capacidad para 5 personas y 2 baños. Precios: fin de semana 35.000.

Odón (TERUEL)

Mari Carmen
Tf. 978/73 68 34

Edificación reformada, céntrica, con corral y porche cubierto. Comedor, estufa de leña, cocina, 1 habitación sencilla, 2 dobles y 2 baños. Precios: día 8.000; semana 25.000, calefacción aparte; desayuno 300; comida o cena 1.200.

Torre de los Negros (TERUEL)

Casa Sara
C/ El Solanar s/n
Tf. 978/73 29 54

Sencilla construcción de dos plantas. Cocina, sala de estar, 2 habitaciones sencillas y 2 dobles, con 2 baños. Precios: fin de semana 25.000; mes 70.000.

Albarracín y Gallocanta

Apartamentos y casas de alquiler completo

Tramacastilla (Teruel)

Peña el Castillo
Tf. 978/70 60 68
R. 978/70 12 66
Construcción tradicional, en lo alto del pueblo, con jardín y excelentes vistas. Cocina, salón-comedor con estufa de leña, 3 habitaciones dobles y 1 baño. Precios (según temporada): día de 8.000 a 10.000; semana 35.000; desayuno 350.

Lugares de interés

Bronchales. Pueblo de la sierra de Albarracín, a más de 1.500 m y rodeado de pinares. *Excursiones: castillo de Peracense y restos del antiquísimo taller de cerámica de El Endrinal; Montes Universales; fuente de Cella; nacimiento del Tajo.*

Odón. Localidad del entorno de la laguna de Gallocanta. Conserva una iglesia con portada renacentista y algunas tablas góticas. *Excursiones: ermita de la Virgen de la Cuesta; pozo Montalbán.*

Torre de los Negros. Localidad del Sistema Ibérico, en una zona poblada desde la Edad de Bronce. *Excursiones: fuentes de El Vivero, El Chorrillo y el Padre Selleras; nacimiento del río Pancrudo.*

Tramacastilla. Pueblo situado junto al río Garganta, a 1.260 m de altitud. Conserva un núcleo pintoresco presidido por la iglesia parroquial. *Excursiones: ruta del Alto Tajo; sierra de Menera.*

1. Litoral de Llanes y Picos de Europa

Alevia

Localidad de Peñamellera Baja cercana al pico Paisanu, en una zona de bosques y casonas solariegas. Conserva un templo románico. *Excursiones: cueva prehistórica de la Loja; sierra del Cuera.*

Casona D´Alevia

Tf. 98/541 41 76. Fax 98/541 44 26

Hermosa edificación, con un conjunto de viviendas y cuadras de los s. XV al XVIII rehabilitado respetando la tipología tradicional. Tiene sala de estar y de lectura con chimenea, 7 habitaciones dobles y 2 cuádruples, todas con baño, zona de estar y algunas abuhardilladas. Precios (según temporada): habitación doble de 8.600 a 10.800; desayuno 750. *Observaciones: juegos de mesa, piano y exposición etnográfica.*

El Allende

Aldea cercana al monte de Cuanda, en el concejo de Llanes. *Excursiones: dolina de Cuanda; picos del Forcado y del Castillo de Rales; sierra de Cubeta; playas de Turimbia, Niembro y Barro; valle de Ardisana y conjunto kárstico de Samoreli.*

En **Puente Nuevo**, *talla, objetos y utensilios tradicionales.*

La Montaña Mágica

Cuanda. Tf. 98/592 51 76. Fax 98/592 57 80

Quintana con dependencias de labor y cuadras, en una extensa finca con hermosas vistas. Dispone de sala de estar con chimenea, biblioteca, 3 habitaciones *dúplex* y 5 dobles con baño, 2 de ellas con chimenea. Precios (según temporada y tipo de habitación): día de 6.900 a 13.400; desayuno 600; comida o cena 1.500. *Observaciones: organizan actividades.*

✉ Emplazamiento excepcional y muy tranquilo.

Alles

Pueblo del concejo de Peñamellera Alta, junto al río Cares, en una zona de bosques de robles y castaños. Conserva las ruinas de la iglesia románica de S. Pedro de Plecín. *Excursiones: cuevas del queso de Cabrales; Sotres, pueblo más alto de los Picos de Europa.*

La Casina de Félix

Besnes. Tf. 98/592 53 37

Casa antigua, recientemente rehabilitada, con cuadra. Tiene sala de estar, una pequeña biblioteca y 3 habitaciones dobles, 1 de ellas con baño y abuhardillada, así como 1 baño compartido. Precios (según temporada): habitación doble de 3.500 a 4.000; con baño de 4.500 a 5.500. *Observaciones: se puede disponer de cocina; organizan paseos a caballo.*

La Tahona (**)

Besnes. Tf./fax 98/541 57 49

Núcleo de turismo rural repartido en varios edificios antiguos, con jardín y establos. Dispone de restaurante y 25 habitaciones dobles con baño. Precios (según temporada): habitación doble de 6.800 a 8.800; desayuno 750; comida o cena 1.850. *Observaciones: el conjunto incluye un molino en activo, 1 apartamento de 2 plazas y 2 de 4; actividades en el entorno.*

Andrín

Aldea situada a 5 km de Llanes, con una bella y recoleta playa de arena fina. *Excursiones: cuevas del Pindal; desembocadura del río Purón; mirador de La Ballota, con magníficas vistas del litoral de Llanes.*

La Casona de Andrín

Tf./fax 98/541 72 50. Tf. 629/64 60 45

Antigua casona restaurada, emplazada a 800 m del mar, con huerto, jardín, una amplia terraza soleada y dos casitas anejas destinadas a salón y comedor. El interior, sencillo y cuidado, tiene 5 habitaciones dobles con baño, algunas con galería. Precios (según temporada y tipo): habitación doble de 5.000 a 8.500.

La Boriza (**)

Tfs. 98/541 70 49 y 541 71 30

Edificio de nueva construcción, bien integrado en la arquitectura de la zona y de ambiente familiar. El interior, cálido, cuenta con un restaurante acristalado y 11 habitaciones dobles, algunas de ellas abuhardilladas. Precios (según temporada): habitación doble de 5.000 a 11.000; desayuno 600.

✉ Acogida y trato magníficos. Excelentes servicios. Una buena terapia para el estrés.

Litoral de Llanes y Picos de Europa

Arenas de Cabrales

Núcleo animado y uno de los principales accesos al parque nacional de los Picos de Europa. Iglesia de Sta. María de Llas, del s. XIII y palacio de Mestas-Cossío. *Excursiones: pueblos de Inguanzo, Berodia y Asiego; río Cares; cueva de bosque Cabaciella; mirador del Pozo de la Oración. Venta de artesanía asturiana; tallas, taburetes y bastones con maderas de la zona.*

El Torrejón

Tfs. 98/584 64 11 y 584 64 28

Casa blasonada del s. XVIII, con fachada de piedra y una bonita galería. Dispone de salón-comedor con chimenea, biblioteca y 4 habitaciones dobles con baño. Precios (según temporada): habitación doble de 3.800 a 5.500; desayuno 350. *Observaciones: elaboran queso de Cabrales; facilitan información de actividades y excursiones en Picos de Europa.*

El Ardinal (*)

Barrio de Río s/n. Tf. 98/584 64 34

Hotel de nueva construcción, repartido en tres edificios, con jardín, parque infantil y una amplia terraza orientada a las montañas. Tiene bar, salón con chimenea y biblioteca y 8 habitaciones dobles con baño y acceso al jardín a través de un corredor. Precios (según temporada): habitación doble de 3.500 a 7.000. *Observaciones: información sobre actividades y rutas por los Picos de Europa.*

Argüero

Localidad del concejo de Villaviciosa, situada en un terreno llano dedicado a las tareas agrícolas, muy cerca de la costa y de la playa de Merón. *Excursiones: puerto de Tazones, con numerosos restaurantes de cocina marinera y una simpática casa forrada de conchas; templos pre-románicos; reserva natural de la ría de Villaviciosa; ruta mariñana de los molinos del río Merón; huellas de dinosaurios de la costa de Tazones; acantilados de L'Escañón; arroyo de Olés, con antiguas minas de azabache. Piezas de cerámica inspiradas en los castros y recuperación de piezas de un alfar del s. XVIII, en La Quintana de la Foncalada. Artesanía de azabache.*

Casa Ana

***El Cabritón.* Tf. 98/587 62 15**

Casa de aldea, construida hace un siglo, en una gran finca dedicada a la agricultura y la ganadería. Dispone de cocina, salón con chimenea, una colección de libros de la zona y 4 habitaciones dobles con baño. Precios (según temporada): habitación doble de 5.000 a 6.000; desayuno 500; cena 2.000. *Observaciones: ofrecen desayunos con mantequilla casera y cenas con productos de la zona.*

La Quintana de la Foncalada

Tf. 98/587 63 65

Vivienda «mariñana» del s. XVIII, en un paraje aislado y con jardín. Tiene 3 habitaciones dobles, 2 múltiples y 1 apartamento para 4/6 personas. Precios (según temporada): habitación doble con baño de 5.000 a 6.000; apartamento de 10.000 a 12.000 diarias; desayuno 500; cena 2.000. *Observaciones: taller y cursos de alfarería; cría y alquiler de caballos asturcones; cursos de cocina.*

Arriondas

Capital del concejo de Parres, con hermosos caserones y un entorno abrupto de pequeños valles. *Excursiones: iglesia románica de S. Martín; reserva del Sueve; mirador del Fitu. Comercios de artículos tradicionales: zuecos, zurrones y útiles de cocina.*

Halcón Palace (***)

***Cofiño.* Tf. 98/584 13 12. Fax 98/584 13 13**

Palacio de 200 años de antigüedad, con un cuidado jardín y piscina, emplazado en una pequeña aldea con mucha solera. Tiene sala de estar, comedor y 14 habitaciones dobles con baño. Precios (según temporada): habitación doble de 9.000 a 13.500, desayuno incluido; comida o cena 1.400. *Observaciones: cocina cuidada, con platos de la gastronomía asturiana y buenos postres; información sobre la zona.*

Avín

Aldea del concejo de Onís, en el parque nacional de los Picos de Europa. Iglesia de Sta. Eulalia de Benia, con elementos pre-románicos. *Excursiones: palacio de Talavero; aldea de Valle Moru; bosque de Peloño; picos Jario y Jultayu; valle de Sajambre. En **Benia**, artesanía diversa.*

La Casa de la Montaña

Tfs. 98/584 41 89 y 608/47 00 54

Albergue de montaña, habilitado en un caserón del s. XVII. Tiene comedor con chimenea, sala de estar y lectura, una pequeña biblioteca especializada y 13 habitaciones de 4 a 6 plazas en literas, todas con baño. Precios: alojamiento 1.900, desayuno incluido; comida o cena 850. *Observaciones: descuentos a grupos; organizan actividades en el entorno y excursiones con raquetas de nieve.*

Balmori

Lugar de la parroquia de Barro, famosa por la ancestral celebración de la noche de S. Juan y por el enramado de sus fuentes. *Excursiones: cuevas de Balmori, Arnero y Cueto de la Mina; playas de Barro y Niembro.*

El Timón
Tfs. 98/540 78 00 y 608/47 44 02
Albergue privado de nueva construcción, con zona de deportes. Tiene salas de usos múltiples y capacidad para 60 personas en habitaciones de 4, 8 y 10 plazas en literas, algunas con baño. Precios* (según tipo de habitación): alojamiento de 1.200 a 1.400; desayuno 250; comida o cena 750. *Observaciones: carece de calefacción; descuentos a grupos; la propiedad tiene otro albergue en el mismo pueblo.*

Beleño

Capital del concejo de Ponga, integrado en el parque natural de Redes. *Excursiones: balneario de Mestas; hayedo del monte Peloño; peña de Tiatordos; senda del Cartero; pueblo abandonado de Tolivia; puertos de Arcenorio y Ventaniella.* *Tienda de artesanía (tallas de madera, cuero y objetos de barro), en casa Narciso.*

Narciso
Tf. 98/584 30 30
Casa de principios de siglo, situada en la ladera de un monte. Tienen 2 salones que se comparten con los dueños, 3 habitaciones dobles y 2 baños. Precios: habitación doble 3.500; desayuno 300. *Observaciones: venta de artesanía, licores caseros y plantas medicinales de la zona.*

Borines

Lugar del concejo de Piloña. Conserva en la iglesia parroquial una lápida con curiosas inscripciones. *Excursiones: cuevas del Sidrón y balneario de Borines, con aguas medicinales.* *En* ***Infiesto****, artículos de piel y artesanía de madera. En* ***Piloña****, miniaturas de hórreos, baúles tallados y móviles artesanos.*

El Vallón
Tfs. 98/570 80 94-520 56 48 y 608/47 34 88
Casa de 1902, con molino, establos, huerto y jardín. Tiene salón con chimenea y piano, 5 habitaciones dobles con baño y 2 casitas para 4/6 personas. Precios (según temporada y tipo de habitación): habitación doble de 5.000 a 9.000; casita, de 15.000 a 20.000 fin de semana; desayuno 500. *Observaciones: rutas a caballo; se puede participar en la molienda del maíz; elaboran sidra natural.*

Buelna

Localidad de origen medieval, en el concejo de Llanes. Restos de una torre, humilladero, palacio del s. XVII y numerosas casonas. *Excursiones: bufones de Santiuste; playa de Cobijera, con una cueva marina; puente Caballo.*

La Casuca
Tfs. 98/541 10 06 y 639/44 73 62
Sencilla casa de nueva construcción, situada en el centro del pueblo. Tiene sala de estar con juegos de mesa y estufa de leña y 5 habitaciones dobles con baño, 2 de ellas abuhardilladas. Precios (según temporada): habitación doble de 4.000 a 5.500; desayuno 500.

Camango

Aldea situada a 4 km de Ribadesella, en la parroquia de San Martín de Collera. *Excursiones: localidad de Ribadesella, con un activo puerto, un pequeño casco antiguo y buenos ejemplos de arquitectura indiana; cuevas de Tito Bustillo; ermita de la Guía; cuevas de Llovio; acantilados Tomasón y del Infierno.*

L'Alceu (**)
Tf. 98/585 83 43. Fax 98/586 06 61
Entrañable edificio de piedra, situado en una zona de arbolado a las afueras del pueblo y que conserva el viejo hórreo. El interior, cálido, cuenta con 1 habitación sencilla y 7 dobles con baño. Precios (según temporada): habitación doble de 5.643 a 8.150; desayuno incluido; media pensión 1.500. *Observaciones: ofertas de fin de semana en invierno.*
✉ Trato familiar y amable. Habitaciones muy cómodas.

Campo de Caso

Capital del concejo de Caso, atravesado por el río Nalón. Conserva un buen conjunto de arquitectura popular en el barrio de Pandu. *Excursiones: parque natural de Redes; desfiladero de Los Arrudos; fuente de La Nalona, con el nacimiento del río Nalón; área recreativa de la collada del Pando; Camino Real del Faceu.*

Arnicio
Tf. 98/560 80 78
Casa de indiano del s. XIX, totalmente restaurada. Tiene comedor y 9 habitaciones dobles con baño, 4 de ellas abuhardilladas. Precios (según temporada): habitación doble de 5.000 a 6.500, desayuno incluido; comida o cena 1.000. *Observaciones: cocina casera y tradicional.*

Litoral de Llanes y Picos de Europa

Carabaño

Aldea de la parroquia de Sta. Eulalia de Cabranes, entre los concejos sidreros de Nava y Villaviciosa. *Excursiones: iglesia románica de S. Julián, en Viñón; área recreativa de Peña Cabrera, con buenas panorámicas de la zona.* En **Piñera**, *excelente colección privada de cerámica, objeto de un futuro museo.*

La Casona del Tilo

Tfs. 98/589 80 42 y 606/93 14 92

Casería señorial de tres plantas, rehabilitada con materiales tradicionales, rodeada de un bosque y una finca con hórreo, huerta y barbacoa. Tiene salón-comedor con chimenea y 5 habitaciones dobles con baño, algunas con galería y excelentes vistas de la montaña. Precios: habitación doble 6.500; desayuno 500; cena 1.700. *Observaciones: elaboración de sidra y mermeladas; alimentos ecológicos.*

Caravia Alta

Concejo mínimo y escondido, al pie de los picos de La Forquita y el Castru. *Excursiones: estela céltica de Duesos; ruinas del poblado astur de Castru; capilla de Sta. Bárbara; senderos por el monte Sueve.*

La Forquita

Prado. **Tf./fax 98/585 31 21**

Bella casona de indiano de 1920, situada junto a la carretera, con terraza, barbacoa y un jardín presidido por un viejísimo nogal. Tiene salón-comedor con chimenea y 5 habitaciones dobles con baño. Precios (según temporada): habitación doble de 6.000 a 7.500; desayuno 400; comida o cena 1.500. *Observaciones: la cocina de la casa incluye especialidades árabes.*

Careñes

Localidad costera del concejo de Villaviciosa. Conserva la iglesia de Sta. Cecilia, del s. XIII. *Excursiones: "conventín" de Valdediós; espacio protegido de la ría de Villaviciosa; playas de España y Merón. Alfar de cerámica La Casona.*

La Cerra

Tf. 98/589 94 84

Casona tradicional, en una finca dedicada a cultivos de invernadero, con jardín y zona de recreo. Tiene una amplia solana, salón-biblioteca con chimenea y 5 habitaciones dobles con baño. Precios (según temporada): habitación doble de 5.500 a 6.500; desayuno 500. *Observaciones: bicicletas gratuitas; cocina equipada a disposición de los huéspedes.*

Cereceda

Localidad del concejo de Piloña, en un lugar apartado al pie de la sierra del Sueve. Palacio de Rubianes, del s. XVIII. *Excursiones: foces del río Color, en Sevares; senderismo por el monte Cayón, cerca de Infiesto; cueva del Sidrón y manantiales de Borines. Talla de maderas nobles: bancos, madreñas, jarras y arcas.*

Casa Nueva

Tf. 98/592 37 37

Típica construcción asturiana del s. XIX, rodeada de plantaciones de manzanos, con jardín, porche y galería de madera. Tiene salón con chimenea y 5 habitaciones dobles con baño. Precios: habitación doble 8.000; desayuno tradicional 600.

Collía

Aldea de la parroquia de Sto. Tomás de Collía, situada en las proximidades de la reserva nacional del Sueve y en un término con hallazgos de la época romana. *Excursiones: área recreativa en Arriondas; posibilidades de practicar el piragüismo en el río Sella; paisaje protegido de la sierra del Sueve; bosque de Cetín.*

Posada del Valle (**)

Tf. 98/584 11 57. Fax 98/584 15 59

Imponente casona asturiana de piedra y madera, construida a finales del s. XIX, en la ladera de un valle y rodeada de una extensa finca. Tiene salón con chimenea, comedor con una preciosa galería acristalada y 8 habitaciones dobles con baño. Precios (según temporada): habitación doble de 7.000 a 9.000; desayuno 750; cena 1.950. *Observaciones: abierto de 15 de marzo a 15 de octubre.*

Corao

Localidad situada al pie de los Picos de Europa. Conserva la casona de Noriega, del s. XVIII. *Excursiones: centro de fauna autóctona de Soto; gargantas de los ríos Pelabarda, Junjumia y Dobra; lagos de Covadonga, Monte Priena y Monfrechu.* En **Soto de Cangas**, *cestería de madera de avellano, tayuelos de raíz y objetos tradicionales.*

San Nicolás

Tf. 98/594 01 95

Casa de reciente construcción, respetuosa con la arquitectura tradicional y rodeada de un cuidado jardín con hórreo, cruzado por un riachuelo. Tiene salón-comedor y 5 habitaciones dobles con baño. Precios (según temporada): habitación doble de 4.000 a 6.500; desayuno 400. *Observaciones: abierta desde Semana Santa hasta el 31 de octubre; no se admiten animales; información sobre rutas.*

Covadonga

Núcleo legendario del concejo de Cangas de Onís y principal acceso al parque nacional de los Picos de Europa. Colegiata del s. XVI, fuente de los Siete Caños y cueva de la popular «Santina». *Excursiones: lagos Enol, Ercina y Bricial, en Picos de Europa; cuevas del Buxu.*

Priena
Tf. 98/584 60 70

Casa típica de la zona oriental de Asturias, restaurada recientemente, muy próxima al santuario y a la carretera. Dispone de 4 habitaciones dobles con baño. Precios (según temporada): habitación doble de 4.000 a 7.000; desayuno 400; comida 1.300; cena 1.100. *Observaciones: en la misma localidad se organizan rutas a caballo.*

Cuerres

Pueblo del concejo de Ribadesella, muy próximo a la costa. Conserva la iglesia de S. Mamés, del s. XVI y una fuente de peregrinos. *Excursiones: tramos de la ruta jacobea por la costa.*

Villalen
Tf. 98/592 83 60

Casa de aldea, muy reformada, en una finca con abundante arbolado, jardín y una cueva que sirvió de refugio durante la Guerra Civil. El interior, con mobiliario de madera, tiene salón-comedor con chimenea y una pequeña biblioteca y 5 habitaciones dobles con baño. Precios (según temporada): habitación doble de 5.000 a 7.000, desayuno incluido. *Observaciones: espeleología; rutas y deportes de aventura.*

El Escobal de Cabrales

Aldea mínima situada a 10 km de Carreña de Cabrales. A destacar, en Carreña, la casona de Bárcena, del s. XVII. *Excursiones: garganta del Cares; pequeña localidad de Inguanzo; desfiladero de Las Estazadas, trazado por el río Casaño.*

Valle la Fuente
Tf. 98/584 51 49

Edificio de nueva construcción, funcional y con elementos tradicionales, en las faldas de la sierra del Cuera. Dispone de sala de estar y 5 habitaciones dobles con baño. Precios (según temporada): habitación doble de 3.500 a 6.000; desayuno 400. *Observaciones: rutas a caballo y en bicicleta de montaña; parapente; cursos sobre el mundo rural.*

La Estrada

Pequeña localidad situada a 7 km de Cangas de Onís. *Excursiones: iglesia románica de S. Pedro, en Mestas; cueva del Buxu; ríos Sella y Güeña; parajes del parque nacional de los Picos de Europa.*
*En **Onís**, artesanía de madera.*

Riosol
Tfs. 98/594 02 32 y 630/34 43 81

Casona restaurada, rodeada de prados y manzanos, con huerta, hórreo y jardín, en una finca atravesada por el río Güeña. Tiene sala de estar con chimenea, 4 habitaciones dobles y 1 triple, todas con baño y algunas abuhardilladas. Precios (según temporada): habitación doble de 4.000 a 6.000; desayuno 450. *Observaciones: se puede disponer de cocina y participar en tareas de la huerta.*

El Gobernador

Aldea del concejo de Villaviciosa, próxima al puerto de Tazones. *Excursiones: espacio protegido de la ría de Villaviciosa; playa de Merón; templo románico de S. Félix, en Oles.*

El Gobernador
Tf. 98/597 53 16

Gran casa de labranza de comienzos del s. XX, rodeada de una extensa huerta, una «pomarada» y un cuidado jardín de césped. Tiene sala-comedor con chimenea y 5 habitaciones dobles con baño. Precios (según temporada): habitación doble de 4.500 a 5.500; desayuno 450. *Observaciones: la propiedad alquila además 2 duplex; cocina de uso gratuito; posibilidad de participar en tareas de huerta.*

Granda de Arriba

Lugar de las estribaciones de Picos de Europa, próximo a la reserva del Sueve y al río Piloña. *Excursiones: miradores del Fitu y Següenco; playas de la Isla y la Griega.*

La Quintana
Tf. 98/592 23 28

Bonita edificación de piedra y madera, con huerta, jardín, hórreo y una vistosa galería. El interior, bien decorado, conserva el horno de pan y el fregadero de piedra y cuenta con 3 habitaciones dobles, 1 de ellas con acceso para minusválidos, y 1 baño compartido. Precios (según temporada): habitación doble de 4.500 a 7.000; desayuno 400. *Observaciones: abierta de abril a octubre.*

Litoral de Llanes y Picos de Europa

Infiesto

Población de trazado lineal, con algunas intersantes casonas del s. XIX. Palacio y capilla de Covián, casa de Argüelles y templo románico de S. Juan de Berbio. *Excursiones: río de Lamarea; sierra de Picos Verdes; cueva del Sidrón.*

Casa Cueto
Vegarrionda. **Tf. 98/571 07 63**
Antiguo edificio de piedra, reconstruido, en una finca ganadera atravesada por el río Lamarea. Tiene salón-comedor, chimenea y 5 habitaciones dobles con baño, 2 de ellas abuhardilladas. Precios (según temporada): habitación doble de 4.000 a 5.000; desayuno 300; comida o cena 1.200. *Observaciones: leche, mantequilla, huevos y carne de la propia finca; famosas «casadillas».*

Junco

Localidad muy próxima a Ribadesella. Conserva la iglesia de Sta. María, del s. XIII, con reformas posteriores. *Excursiones: cuevas de Tito Bustillo y La Cuevona; sierra del Sueve; mirador del Fitu; parajes de la ribera del Sella.*

Paraje del Asturcón (**)
Tf./fax 98/586 05 88. Fax 98/586 14 43
Hotel de nueva planta, con huerto, ovejas, jardín y excelentes vistas sobre la ría de Ribadesella. El interior, con suelo de piedra, vigas de madera y toques decorativos actuales, tiene salón con chimenea, 9 habitaciones dobles y 2 múltiples, algunas abuhardilladas. Precios (según temporada): habitación doble de 5.000 a 10.000; desayuno 800. *Observaciones: facilitan bicicletas y organizan actividades.*

Llanes

Bonito conjunto monumental con un recoleto puerto y calles empedradas, muy animadas en verano. Paseo de S. Pedro, torreón del castillo, iglesia de Sta. María de la Asunción, casino modernista, palacio Gastañaga, casa del Cercáu, capillas y bellos caserones nobiliarios. *Excursiones: ídolo de Peña Tú; monasterio de S. Antolín de Bedón; precioso litoral de acantilados e islotes accidentados; playa de Toró; área recretiva de Tieves; lagunas del valle de Viango, en Cuera; espléndido mirador de La Ballota; "bufones de Vidiago".* Diseño de piezas de plata. Numerosas tiendas con venta de artesanía asturiana.

La Arquera (***)
Tfs. 98/540 24 24 y 540 01 75
Hotel-apartamento habilitado en una típica casona de labranza, con jardín y hórreo. Tiene salón y estudios con capacidad para 2/4 personas, con algunas habitaciones abuhardilladas. Precios (según temporada): 2 plazas de 8.000 a 12.000 diarias; 4 plazas de 15.000 a 17.000; desayuno tipo *buffet* 900.

El Habana (***)
El Pedroso
Tf. 98/540 25 26. Fax 98/540 20 75
Bonito edificio en una finca atravesada por un torrente, con piscina y jardín. El interior, con mobiliario antiguo, tiene salón con chimenea, comedor, 9 habitaciones dobles y 1 *suite*. Precios (según temporada): habitación doble de 10.000 a 11.500; desayuno 850; cena 1.950. *Observaciones: adaptado para minusválidos; organizan actividades.*

La Posada de Babel (***)
La Pereda
Tf. 98/540 25 25. Fax 98/540 26 22
Hotel de nueva planta, con un cuidado equilibrio entre la arquitectura moderna y la tradicional, en un entorno de prados y con bellas vistas. El interior, con mobiliario antiguo, tiene salón con chimenea, biblioteca, 10 habitaciones dobles y 1 *suite*. Precios (según temporada): habitación doble de 9.500 a 12.000; desayuno 900; comida o cena 3.600.

El Mazucu

Lugar de la parroquia de S. Juan de Caldueño, en el concejo de Llanes y en una zona ganadera atravesada por el río Navalcabrera. *Excursiones: garganta del río de las Cabras, en Meré; mirador del alto de la Tornera; cuevas de La Bobia, El Caballo y El Fresno.*

Casa´l Collau
El Collau. **Tf. 98/592 57 20**
Casa del s. XVIII, reformada y con una bonita galería, situada en una aldea de la sierra de Cuera. El interior, cálido y decorado con gusto, tiene salón abuhardillado, cocina tradicional, biblioteca y 4 habitaciones dobles, 1 con baño y salita. Precios (según temporada): habitación con baño y salita de 7.500 a 8.500, desayuno incluido; cena 1.500. *Observaciones: la casa permanece cerrada en invierno.*

Mestas

Lugar del concejo de Ponga, zona rica en fauna y de abundante arbolado: hayas, fresnos y alisos. *Excursiones: desfiladero de los Beyos, formado por el cauce del Sella; valle de Taranes; foz de los Andamios, en Cándano; senda del Cartero; bosque de Peloño.*

La Casona de Mestas (**)
Ctra. de Cangas de Onís-Beleño
Tf. 98/584 30 55. Fax 98/584 30 92
Núcleo de turismo rural entre los ríos Ponga y Taranes, habilitado en el antiguo balneario de aguas sulfurosas. Dispone de restaurante y de 14 habitaciones dobles con baño. Precios: habitación doble 9.000; desayuno 600; comida o cena 1.500. *Observaciones: dispone de cuevas de baños medicinales e hidromasaje.*

Mestas de Ardisana

Lugar de la parroquia de Sta. Eulalia de Ardisana, atravesado por el río Riensena y rodeado de un paisaje. *Excursiones: pico Monfrecho con una ascensión de 2 h; pueblo abandonado de Bustobela; río de las Cabras; zonas de baño en los ríos Riensena y Piedrahita; cuevas de Torimbia y Toranda.* En **Villanueva**, *artesanía de la madera.*

Benzúa (**)
Puente Nuevo- Riensena, km 4
Tf./fax 98/592 56 85
Edificio de nueva planta, con finca y jardín, bordeado por un río, en el paisaje espectacular del valle de Ardisana. Tiene salón, bar, 1 habitación sencilla y 9 dobles, todas con baño. Precios (según temporada): habitación sencilla de 5.000 a 7.500; doble de 6.500 a 10.000. *Observaciones: organizan actividades.*
✉ Buen trato. Limpieza, comodidad y entorno excelentes.

Miravalles

Pueblo cercano a Villaviciosa y a la cordillera del Sueve, en la ruta jacobea de la costa. *Excursiones: iglesias pre-románicas de S. Salvador de Valdediós, S. Salvador de Priesca y Santiago de Gobiendes; reserva natural de la ría de Villaviciosa; playa de Rodiles.* En **El Bustio**, *trabajos de mimbre por encargo y madreñas artesanales.*

La Casa del Llugarón
Tfs. 98/589 32 24 y 608/81 56 92
Casa antigua, restaurada y con lagar de sidra, situada en el barrio de Llugarón. El interior, bien amueblado, tiene salón con chimenea, comedor en un porche con buenas vistas y 5 habitaciones dobles con baño. Precios (según tipo): habitación doble de 7.000 a 9.000; desayuno 600; comida 2.000. *Observaciones: la propiedad alquila una casa para 8 personas.*
✉ Trato y acogida excelentes. Entorno impresionante.

La Nozal de la Peña
***Llugarón.* Tf. 98/589 18 36**
Hermosa edificación de piedra, en una extensa finca con arbolado y terraza con barbacoa. Tiene un interior muy acogedor, con vigas de castaño, paredes de piedra vista, mobiliario rústico antiguo, salón con chimenea de leña y 5 habitaciones dobles con baño, algunas de ellas abuhardilladas. Precios (según temporada): habitación doble de 5.500 a 6.500; desayuno 500.

Nueva de Llanes

Pequeña localidad próxima a Llanes. Conserva la casa-palacio de los marqueses de Vega del Sella. *Excursiones: playas de S. Antonio, Barro, Celorio, Gulpiyuri y Cuevas del Mar; ensenada de Niembro.*

L'Atalaya
***Ovio.* Tf. 98/541 01 35**
Casa de nueva construción, con tres plantas, próxima a la playa de Cuevas del Mar, con huerto y jardín. Tiene sala de estar y 4 habitaciones dobles, 1 de ellas con baño. Precios (según temporada): habitación doble de 3.500 a 4.500; con baño de 4.500 a 5.500.

Casa Ereba
Tf. 98/541 81 99
Casa de dos plantas del s. XIX, restaurada recientemente, con patio y jardín. Tiene 1 habitación sencilla y 4 dobles, todas con baño. Precios (según temporada): habitación sencilla de 3.000 a 3.500; doble de 4.000 a 5.000; desayuno 400.

Litoral de Llanes y Picos de Europa

Olés

Lugar de la parroquia de S. Félix de Olés, en cuya costa desembarcó Carlos I al llegar de Flandes en 1517. En la antigüedad contó con yacimientos de azabache. Conserva el templo románico de S. Félix. *Excursiones: ermita románica de Santa Eulalia, en La Lloraza; área natural de la ría de Villaviciosa.*

Casa Tronco
Ctra. As. 256, km 6,5. Tf. 98/597 63 38
Alegre casa de piedra, con establos, huerto, jardín y porche. Tiene sala de estar y 4 habitaciones dobles con baño, 3 de ellas abuhardilladas. Precios: habitación doble 5.000; desayuno 350; comida o cena 1.500. *Observaciones: la casa dispone de un horno de leña en el que se puede elaborar pan.*

Ortiguero de Cabrales

Pequeña localidad apartada del concejo de Cabrales. *Excursiones: poblaciones de Berodia, Inguanzo y Asiego, con arquitectura popular y excelentes panorámicas de la zona; cueva de los Cinchos, con una sala de 15 metros de altura. Bordados en pedrería y trajes regionales; talla de madera y tienda de artesanía asturiana.*

La Casona del Jou
Jou del Cuetu
Tfs. 98/584 55 30 y 696/88 96 28
Bonito edificio de piedra, recientemente restaurado. El interior, con mobiliario antiguo y una decoración rústica, tiene comedor con chimenea y 4 habitaciones dobles con baño. Precios (según temporada): habitación doble de 5.000 a 7.000, desayuno incluido. *Observaciones: senderismo; descensos en canoa; bicicletas de montaña.*

Pandiello

Localidad del concejo de Cabrales, próxima al alto de La Robellada. *Excursiones: garganta del río Casaño, en La Molina; parajes de los ríos Cares, Sella y Dobra.*

La Cortina
La Cortina. Tfs. 98/584 50 68 y 630/06 62 61
Casona recientemente rehabilitada, con jardín y excelentes vistas de los Picos de Europa. El interior, con suelos de tarima y techos de vigas de madera, tiene 2 habitaciones dobles con baño, abuhardilladas y con altillo para 2 personas. Precios (según temporada): habitación doble de 4.000 a 6.000; desayuno 350.

Panes

Capital del concejo de Peñamellera Baja, con algunos buenos ejemplos de casonas de indianos. *Excursiones: desfiladero de la Hermida, abierto en los Picos de Europa. Talla y muebles de madera.*

Villa Elena (**)
Tf. 98/541 42 33. Fax 98/541 44 80
Casa de indianos rehabilitada, en una finca con jardín, pérgola y excelentes vistas del pico Peñamellera. El interior, con una decoración clásica y abigarrada, tiene sala de estar con chimenea, comedor para desayunos y 9 habitaciones dobles con baño. Precios (según temporada): habitación doble de 5.900 a 8.500, desayuno incluido. *Observaciones: desayunos abundantes con bollería casera.*

Parres

Localidad del concejo del mismo nombre, atravesado por los ríos Sella y Piloña. *Excursiones: localidad de Arriondas, punto de partida de numerosas rutas de montaña y del descenso internacional del Sella, a primeros de agosto.*

La Rectoral de Parres
Tf./fax 98/540 05 44
Casa parroquial del s. XIX, rodeada de un jardín donde hay una pila bautismal. El interior, decorado con cartografía de época y mobiliario sacro, antiguo altar, bancos,..., cuenta con salón-comedor y 5 habitaciones dobles con baño, algunas con salita. Precios (según temporada y tipo): habitación doble de 5.000 a 12.000, desayuno incluido. *Observaciones: información sobre excursiones y rutas gastronómicas.*

La Quintana del Cuera (***)
Barrio de S. Antón
Tf. 98/540 23 56. Fax 98/540 15 89
Hotel de nueva construcción, en varios edificios que mantienen la tipología de la zona, con hórreo, jardín, piscina y terraza cubierta con excelentes vistas. El interior, cálido, tiene comedor y 16 habitaciones dobles con salita, 4 de ellas *suites*. Precios (según temporada): habitación doble de 6.500 a 11.600; *suite* de 7.600 a 13.800; desayuno 600; cena 2.500.

Pernús

Localidad apartada del concejo de Colunga. *Excursiones: sierra del Sueve; faro, puerto pesquero de Lastres y acantilados del Campo de S. Roque; templo románico de Santiago, en Gobiendes.* En **Colunga**, *arcas de madera talladas.*

Pernús
Tf. 98/592 88 19
Antigua casa de aldea, rehabilitada, con su típica galería de madera y rodeada de huerta, con hórreo y establos. El interior, sencillo, tiene salón-comedor con chimenea y 5 habitaciones dobles con baño. Precios (según temporada): habitación doble de 3.700 a 5.000; desayuno 350.

Peruyes

Lugar de la parroquia de S. Martín de Margolles, en el paisaje montañoso de Cangas de Onís. A destacar la iglesia de S. Martín, quemada en 1936 y reconstruida posteriormente. *Excursiones: parque nacional de los Picos de Europa.*

Aultre Naray (***)
Tfs. 98/584 08 08. Fax 98/584 08 48
Casona del s. XIX, enclavada en un bello paraje junto al Sella. Tiene comedor, salón con chimenea, 10 habitaciones dobles, 4 de ellas abuhardilladas y todas con baño. Precios (según temporada): habitación doble de 8.000 a 12.000; desayuno 850.

El Llagar
Ctra. N-634, km 335
Tfs. 98/592 26 07 y 630/62 04 14
Pequeño hotel de construcción tradicional, con corralada, hórreo, jardín, corredor y galería, emplazado junto al río Sella y con buenas vistas. El interior, sencillo, tiene sala de estar con chimenea y 8 habitaciones dobles con baño, algunas con balcón o galería. Precios (según temporada y tipo): habitación doble de 5.000 a 8.000; desayuno 300.

Póo de Llanes

Pequeña población emplazada a poco más de 2 km de Llanes. *Excursiones: monasterio de San Antolín de Bedón, asociado a la leyenda de un monje cuyo espectro vaga entre las ruinas; playas de Almenada y El Portiellu; litoral con abundantes islotes. Maquetas a escala, pintadas a mano, en Villa Luisa.*

Villa Luisa
C/ La Cruz 37
Tfs. 98/540 22 40 y 608/78 08 02
Chalet de los años 40, rodeado de un bonito prado con frutales, en un lugar tranquilo del pueblo. El interior, con algunos detalles decorativos, tiene salón con chimenea, sala de estar y 5 habitaciones dobles con baño. Precios (según temporada): habitación doble de 5.000 a 8.000; desayuno 600.

Villa Miramar
Tf./fax 98/540 14 60
Pequeño hotel habilitado en una casona con una bonita galería acristalada, rodeado de un jardín. Tiene 8 habitaciones dobles con baño. Precios (según temporada): habitación doble de 5.000 a 7.000; desayuno 400. *Observaciones: junto al hotel hay un lagar en el que se elabora sidra casera.*

Puertas de Vidiago

Pequeña población del concejo de Llanes. Conserva restos de una iglesia románica. *Excursiones: monumento prehistórico de Peña Tú; cuevas de Pindal; nacimiento del río Purón; "bufones" de Vidiago, curiosos surtidores formados por la erosión marina.* En **Vidiago**, *trajes de aldeana llanisca.*

La Torre
Tfs. 98/541 11 33 y 541 10 45
Casa solariega, construida en los años 30, a escasa distancia del mar, en una finca de 9.000 metros cuadrados con árboles frutales y cafetería. Tiene salón-comedor y 7 habitaciones dobles con baño. Precios (según temporada): habitación doble de 5.500 a 9.000; desayuno 550. *Observaciones: en la misma finca se ha habilitado un hotel con 8 habitaciones dobles.*

Litoral de Llanes y Picos de Europa

Ribadesella

Ciudad costera que ocupa los márgenes de la desembocadura del Sella. Conserva la iglesia de Sta. María y una colección de casonas de indianos en el barrio del Arenal: palacio de la marquesa de Argüelles y Villa Rosario. *Excursiones: Cuevas de Tito Bustillo y La Cuevona; ermita románica de Junco; ermita de la Virgen de Guía; playa de Vega, con zona de dunas; acantilados y cala de la Atalaya; mirador de la punta del Pozu; acantilado de Tereñes, con fósiles y huellas de dinosaurios. Varios comercios con piezas de cuero, madera y cerámica de la zona y asturianas en general; elaboración de artesanía textil; reproducciones de figuras de la mitología asturiana.*

Casa de Paloma Castillo

C/ Ricardo Cangas 9. Tf. 98/586 08 63

Aristocrática casa de veraneo de principios de siglo, situada en primera línea de playa, con porche cubierto frente al mar y jardín con arbolado. El interior, con un cuidado mobiliario, tiene salones con chimenea y 7 habitaciones dobles con baño. Precios (según temporada y tipo de habitación): habitación doble de 8.000 a 13.000; desayuno 1.000.

El Carmen (**)

El Carmen

Tf. 98/586 12 89. Fax 98/586 12 48

Edificio de nueva construcción, al estilo tradicional de la zona, rodeado de un amplio jardín. Tiene salón con chimenea, sala de lectura y juegos, 6 habitaciones dobles y 2 *dúplex*, todas con baño. Precios (según temporada): habitación doble de 7.000 a 8.900; dúplex de 9.100 a 11.100; desayuno 700. *Observaciones: posibilidad de actividades en la zona.*

Ruenes

Localidad de Peñamellera Alta. Conserva la llamada Casona de Morán, del s. XVIII. *Excursiones: monasterio de S. Pedro de Plecín, del s. XI; desfiladero de Trescares; ruta del Cuera.*

La Valleja

Rieña. Tfs. 98/592 52 36 y 592 53 20

Casa de indianos de los años 20, restaurada con técnicas tradicionales, con jardín y espléndidas vistas de la zona. El interior, con vigas y tarima de madera, cuenta con 5 habitaciones dobles con baño, 1 apta para minusválidos. Precios (según temporada): habitación doble de 5.000 a 6.000, desayuno 500; comida 2.500; cena 1.600. *Observaciones: cocina ecológica; cursos de elaboración de mermeladas.*

Sales

Población del concejo de Colunga, muy próxima a la capital. *Excursiones: minas de espato-flúor en Berbés; puerto y litoral de Lastres. Talla de madera. En* **Colunga**, *venta de fósiles y minerales.*

Casa Pipo

El Fonduxu. Tf. 98/585 65 90

Casa tradicional rehabilitada, en una finca de invernaderos, con hórreo, huerto, lagar de sidra, porche y terraza. Tiene sala de estar con chimenea y 5 habitaciones dobles con baño. Precios: habitación doble 5.500; desayuno 400; cena 1.500.

San Justo

Pequeña población del concejo de Villaviciosa, a 6 km de esta villa costera. *Excursiones: encantador "conventín" de S. Salvador de Valdediós, joya del pre-románico asturiano; reserva natural de la ría de Villaviciosa.*

La Llosa

Tf. 98/589 94 04

Casa tradicional, de finales del siglo pasado, con huerto, hórreo y jardín. Tiene sala con chimenea, comedor, cocina y 5 habitaciones dobles con baño. Se puede alquilar entera. Precios: habitación doble 5.600; desayuno 500; cena 1.500. *Observaciones: se puede participar en las tareas de la huerta; la propiedad alquila también una casa con 4 habitaciones dobles.*

Peñacrespa

El Pedroso. Tf. 98/597 66 78

Antigua edificación de dos plantas, en una explotación agrícola y ganadera con vistas a la cordillera del Sueve. Tiene salón con chimenea, cocina y 4 habitaciones dobles con baño. Precios (según temporada): habitación doble de 5.000 a 6.000; desayuno 500; cena 1.500.

Selorio

Localidad del concejo de Villaviciosa, en plena zona costera. Conserva la iglesia de Sta. Eulalia, con elementos del s. X y bonitos capiteles. *Excursiones: playas de Rodiles y la Griega; reserva natural de la ría de Villaviciosa. Piezas de azabache y madreñas.*

El Piensu

La Busta. **Tfs. 98/587 62 29 y 639/23 09 59**

Casa de aldea en una finca agrícola y ganadera, a 300 m de la costa y con vistas a la sierra del Sueve. Tiene salón con chimenea, 4 habitaciones dobles y 1 cuádruple con baño. Precios (según temporda): habitación doble de 6.000 a 7.000; desayuno 600; comida o cena 2.200. *Observaciones: la cocina se surte de productos de la finca; descuentos a grupos en temporada baja; hay un pony para los niños.*

Sotres

Pueblo muy apartado del concejo de Cabrales, próximo a Peña Castil y al emblemático Naranjo de Bulnes. *Excursiones: garganta de las Indias, trazada por el río Duje; desfiladero del Cares.*

Peña Castil

Tfs. 98/594 50 70 y 629/82 02 26

Edificio rústico de piedra y madera, en pleno parque nacional de los Picos de Europa y con vistas al valle de Pandébano. Tiene sala de estar con chimenea, bar, cocina, 2 habitaciones dobles, 8 cuádruples y 10 compartimentos de 4 plazas, con baños compartidos. Precios: alojamiento en compartimento 1.000; en habitación 1.300; desayuno 400; comida o cena 1.500. *Observaciones: actividades de montaña.*

Tresgrandas

Lugar del concejo de Llanes, a 17 km de esta villa, junto a la llamada sierra Plana de La Borbolla. *Excursiones: ídolo de Peña Tú; cuevas del Pindal; aldea de La Borbolla; playa de La Franca; "bufón" de Santiuste; valle Oscuro. En **Ardisana**, tallas de madera.*

La Casona de Tresgrandas

Tfs. 98/592 54 13 y 541 11 12

Construcción restaurada, conservando la piedra y la madera, con huerto, establo, jardín y patio. El interior, con mobiliario antiguo, cuenta con sala de estar, comedor con chimenea, cocina y 5 habitaciones dobles con baño. Precios (según temporada): habitación doble de 4.000 a 6.500; desayuno 500; cena 1.500. *Observaciones: productos caseros y típicos de la zona; organizan diversas actividades.*

El Rosal

Tf. 98/592 54 14

Tradicional casa de aldea, con un pequeño patio ajardinado y una galería. Tiene sala de estar y 4 habitaciones dobles con baño, 1 de ellas con salita y chimenea. Precios (según temporada): habitación doble de 4.500 a 5.500; con salita de 5.000 a 6.500; desayuno 450.

El Molino de Tresgrandas

Tf. 98/541 11 91. Fax 98/541 11 57

Hotel rural habilitado en un antiguo molino harinero, con huerta y animales de granja. El interior, con mobiliario antiguo y un suelo acristalado para ver la cárcava, tiene comedor, sala con chimenea y 8 habitaciones dobles con baño, algunas abuhardilladas. Precios (según temporada): habitación doble de 7.500 a 9.500; desayuno 850; cena 2.200. *Observaciones: organizan fines de semana «temáticos»..*

Vilde

Aldea del concejo de Ribadedeva, próxima a Colombres. *Excursiones: Archivo de Indianos, en la villa de Colombres; cuevas del Pindal; acantilados de Pimiango; mirador de S. Emeterio; ría de Tina Mayor y evocadoras ruinas del monasterio de Tina; playas de la Franca, Pechón y Prellezo. En **Unquera**, tejera tradicional.*

Muriances

Tfs. 98/541 11 87 y 606/71 78 33

Fábrica de harinas de principios del s. XIX, situada en una extensa finca junto al río Deva. Tiene salones, cocinas de uso gratuito y 5 habitaciones dobles, algunas de ellas con baño. Precios (según temporada): habitación doble de 4.000 a 6.000; desayuno 400; cena 1.000. *Observaciones: desayunos y guisos caseros; mermeladas, licores y dulces de elaboración propia; admiten animales de compañía.*

Litoral de Llanes y Picos de Europa

Villamayor

Localidad del concejo de Piloña. Conserva la bonita iglesia románica de Santa María, del s. XII. *Excursiones: sierra del Sueve; hoces del Infierno, en Riofabar. En* ***Piloña****, durante el primer fin de semana de diciembre, feria regional de artesanía.*

La Posada de Antrialgo

Antrialgo. **Tf. 98/570 73 14**

Pequeño chalet de indianos, restaurado, con huerta y jardín. El interior, que conserva las vigas, suelos y ventanas de madera de castaño, cuenta con restaurante de cocina tradicional y 4 habitaciones dobles, algunas con sala. Precios: habitación doble 7.000; con sala 9.000. *Observaciones: organizan jornadas gastronómicas; facilitan contactos con empresas de turismo activo.*

Villanueva

Localidad del concejo de Cangas de Onís. Conserva la iglesia románica de S. Pedro. *Excursiones: recorrido de la ribera del Sella hasta Cangas de Onís. En* ***Cangas de Onís****, elaboración de madreñas y bastones, trabajos de cuero y tiendas de artesanía asturiana.*

La Posada del Monasterio

La Vega. **Tfs. 98/584 85 53 y 584 82 07**

Edificio del s. XVIII, levantado al borde del Sella por los monjes del monasterio de S. Pedro de Villanueva, como posada para los peregrinos que viajaban a Covadonga. Tiene bar, comedor, salón con chimenea y 26 habitaciones de 2 y 4 plazas, todas con baño. Precios (según temporada): alojamiento de 1.500 a 2.000. *Observaciones: descenso en canoa; senderismo; bici-tandem; deportes de aventura.*

Villanueva de Colombres

Pequeña localidad cercana a Colombres y a la sierra de Cuera. Conserva algunas casas de los s. XVI y XVIII. *Excursiones: cueva del Pindal; torre medieval de Noriega; Archivo de Indianos de Colombres, con un bello museo dedicado a la emigración a América Latina; playa de la Franca y pueblo pesquero de Bustio.*

La Casona de Villanueva (**)

Tfs. 98/541 25 90 y 608/28 16 16

Casona del s. XVIII, con un bonito jardín. El interior, decorado con antigüedades, dispone de salones y 8 habitaciones con baño, algunas abuhardilladas. Precios (según temporada): habitación doble de 8.000 a 9.500; doble con salón de 13.000 a 15.000; desayuno 900; cena 2.500. *Observaciones: cocina vegetariana; actividades en la naturaleza.*

✉ Dueños encantadores. Desayunos excelentes.

Villanueva de Pría

Núcleo de 50 vecinos en la parroquia de San Pedro de Pría, muy próxima a la costa y a Peña Boriza, que reúne una exposición permanente de caballos asturcones. *Excursiones: Bufones de Villanueva; recoleta playa de Cuevas del Mar.*

La Casona

Tf. 98/541 00 36

Casa de indiano, de buena planta, con jardín, huerta y terraza con vistas al mar. El interior, cuenta con sala-comedor, cocina y 5 habitaciones dobles con baño. Precios (según temporada): habitación doble de 4.000 a 5.000; desayuno 350. *Observaciones: los desayunos son tradicionales y la cocina de la casa ofrece fabada, fritos de leche y arroz con leche.*

Apartamentos y casas de alquiler completo

El Alisal

El Llagarón

Tf. 98/585 77 01

Edificación tradicional rodeada de un paisaje espléndido, en la ribera del Sella. Incluye 2 viviendas, ambas con sala de estar, cocina, 2 habitaciones dobles y 1 baño. Precios (según temporada): vivienda de 7.000 a 10.000 diarias.

Andrín

La Torre

Tf. 98/541 72 07

Edificación de piedra de 1800, en un tranquilo paraje de prados y frutales. Cocina, salón, 3 habitaciones, 1 de ellas abuhardillada y 2 baños. Precios (según temporada): día de 10.000 a 12.000. *Observaciones: la propiedad alquila otra vivienda para 9 personas.*

Apartamentos y casas de alquiler completo

Asiego

Pamirandi
Tf. 98/584 50 67
Casa tradicional, con porche y balconada de madera. Salón, cocina, 1 habitación sencilla, 2 dobles, 1 triple y 1 baño. Precios (según temporada): día de 7.000 a 10.000. *Observaciones: rutas guiadas por la zona; desayunos y comidas previo encargo; lagar de sidra.*

Beleño

Casa Quinta
Tfs. 98/584 30 17 y 520 06 62
Edificio de nueva planta, con jardín y vistas a la montaña. Tiene 2 viviendas rústicas con cocina, salón-comedor con chimenea, 3 habitaciones dobles y 1 baño. Precios (según temporada y ocupación): vivienda de 12.000 a 14.000 diarias.

Bezanes

Bezanes
Tfs. 98/561 38 13 y 689/89 30 51
Núcleo de 2 apartamentos de nueva planta, en el parque natural de Redes, con jardín. Ambos tienen porche, salón-comedor con chimenea y 6 plazas. Precios (según temporada): día de 8.000 a 10.000. *Observaciones: rutas por el parque.*

Buelles

La Escuela
Tf./fax 98/592 58 08
Bonito edificio tradicional que antaño sirvió como escuela, rodeado de un jardín vallado. Sala de estar, cocina, despensa, 1 habitación sencilla y 1 doble, con 1 baño. Precios (según temporada): día de 6.000 a 12.000.

Cabielles

La Tata
Tfs. 98/584 65 86 y 592 25 55
Casa del s. XVIII, con establos, hórreo y tenada. Decoración sencilla, sala de estar en el antiguo *estragal* (portal), cocina, 2 habitaciones dobles y 1 baño. Precios (según temporada): día de 11.000 a 14.000. *Observaciones: alquiler mínimo de 2 días.*

Caldueño

Caserío S. Pedro
Debodes
Tfs. 98/540 62 13 y 608/47 11 74
Casa de más de 100 años, en una finca con manzanos, hórreo y capilla. Salón, cocina, 3 habitaciones dobles y 2 baños. Precios (según temporada): día de 12.000 a 15.000. *Observaciones: la propiedad alquila otra casa.*
✉ Acogida y trato excepecional.

Las Tablas
Debodes
Tfs. 98/592 58 46 y 629/10 10 97
Edificación tradicional, bien restaurada, próxima a un bosque de castaños y con bonitas vistas. Dispone de 3 habitaciones dobles con baño. Precios (según temporada): día de 9.000 a 15.000; semana de 40.000 a 100.000.

Caño

La Rotella
Tf. 98/584 89 64
Casa de aspecto alegre, rodeada de huerta, con un patio empedrado. Salita con mirador, cocina-salón, 3 habitaciones dobles y 2 baños. Precios (según temporada): día de 8.000 a 16.000.

Cavandi

Fuentayo
Tf. 98/541 02 95
Tf./fax 98/589 44 48
Casa de piedra y madera, del s. XIX, con jardín y buenas vistas. Tiene 2 apartamentos, uno para 2 personas y otro para 2/4. Precios: apartamento pequeño 8.500 diarias; grande 12.000 diarias. *Observaciones: información de rutas de montaña.*

Ceceda

Campulotu
Tf./fax 98/570 43 6
Tf. 609/83 60 65
Casa del s. XIX, con jardín, en lo alto del pueblo. Porche, salón-comedor, cocina, despensa, 3 habitaciones dobles y 2 baños. Precios (según temporada): día de 11.000 a 12.000; semana 80.000. *Observaciones: alquiler mínimo de 2 días.*

Apartamentos y casas de alquiler completo

Ceceda

La Villa
Tf./fax 98/570 43 68
Tf. 609/83 60 65
Casa señorial del s. XIX, con jardín y galerías. Salón, comedor, cocina, despensa, 1 habitación sencilla y 4 dobles. Precios (según temporada): día de 16.000 a 18.000; semana 115.000. *Observaciones: alquiler mínimo de 2 días.*

Xuegu la Bola
Tf./fax 98/570 43 68
Tf. 609/83 60 65
Casa del s. XIX situada en una plaza del pueblo. Porche, salón, cocina, 2 habitaciones dobles y 1 baño. Precios (según temporada): día de 9.000 a 11.000; semana 75.000. *Observaciones: alquiler mínimo de 2 días.*

Collera

Valpiñuela
Tfs. 98/592 54 05 y 639/22 90 49
Casa tradicional, restaurada, accesible por un bonito patio, con jardín y muy próxima a Ribadesella. Sala, cocina y 3 habitaciones para 5 personas, con 1 baño. Precios (según temporada): día de 7.000 a 10.000.

Colombres

El Robledo
Tfs. 98/541 20 68-69
Fax 98/541 20 51
Casa de tres plantas, emplazada en una zona de prados, con huerto, jardín y porche. Salón con chimenea, comedor, cocina, 1 habitación sencilla, 5 dobles, 3 baños y 1 aseo. Precios (según temporada): día de 18.000 a 24.000.

Espinaredo

Chila
la Villa
Tfs. 98/572 45 95 y 689/72 64 86
Casa tradicional, rehabilitada, con hórreo y el típico corredor. Mobiliario antiguo de castaño, cocina-salón con chimenea, 2 habitaciones dobles y 1 baño. Precios (según temporada): día de 10.000 a 12.000.

Fuentes

La Casa Verde
Tf./fax 98/521 23 33
Casona de dos plantas,rehabilitada, con panera, huerto y barbacoa. Decoración alusiva a la mitología asturiana, salón-cocina-comedor, videoteca, biblioteca y 4 habitaciones dobles con baño. Precios (según temporada): día de 20.000 a 25.000.

Gradátila

El Pelayu
Tf./fax 98/571 67 11
Edificio del s. XVIII, de dos plantas, con un pequeño jardín. Salón con chimenea, comedor, cocina, 4 habitaciones dobles, 2 de ellas con baño, 1 baño y 1 aseo. Precios (según temporada): día de 15.000 a 17.000. *Observaciones: la propiedad tiene un restaurante cercano.*

Ladines

El Desván de Güelita
Tf. 98/560 91 50
Casa tradicional de piedra, en el centro de una aldea enclavada en el parque natural de Redes. Incluye 2 apartamentos, con galería, cocina-salón, baño y 1 ó 2 habitaciones dobles, abuhardilladas. Precios (según tipo): apartamento de 8.000 a 10.000 diarias.

Madiedo

Juana
Tfs. 98/577 32 48 y 608/47 76 58
Casa de aldea en un típica quinta de la comarca de la sidra. Salón con chimenea, cocina, estancia abuhardillada, biblioteca, 3 habitaciones dobles y 2 baños. Precios (según temporada): día de 13.910 a 14.980.
✉ Estupendo. Como estar en casa.

El Mazo

El Mazo
Tfs. 98/524 35 94 y 608/28 04 32
Caserón del s. XIX, en un paraje con buenas vistas a 5 km de la costa. Chimenea, 2 habitaciones dobles y 2 baños. Precios (según temporada): día de 10.000 a 15.000. *Observaciones: la propiedad alquila una "casina" para 4 personas, a 1 km.*

Apartamentos y casas de alquiler completo

Meré

Anita
Tf. 98/540 62 29
Edificio de comienzos del s. XX, con terraza y parrilla, en un paraje tranquilo y arbolado. Galería, sala, cocina y 4 habitaciones dobles con baño. Precios (según temporada): día de 12.000 a 14.000.

Mestas de Ardisana

El Caserón de Pontigu
Tf. 98/540 60 80
Antiguo caserón restaurado, con huerta, frutales, cuadra y lagar. Interior con piedra y madera de castaño, corredor, salón con chimenea, cocina y 3 habitaciones dobles con baño. Precios (según temporada): día de 15.000 a 20.000.

Naveda

El Llagar
Tf. 98/589 80 52
Bonita casa de aldea, con jardín y porche con barbacoa. Interior muy cuidado, salón-comedor con chimenea, cocina y 2 habitaciones dobles con baño, 1 apta para minusválidos. Precios (según temporada): día de 12.000 a 15.000.

Noceu

El Navariegu
Tfs. 98/586 12 42 y 608/47 08 55
Casona de piedra de buenas dimensiones, con finca de explotación agraria y jardín. Cuenta con 2 viviendas, ambas con cocina-salón, 3 habitaciones dobles y 2 baños. Precios (según temporada): vivienda de 12.000 a 14.000 diarias.

Nueva de Llanes

Corral de Arnero
Los Carriles
Tf. 98/540 61 88
Antigua casona, declarada bien de interés cultural, con capilla, jardín, árboles frutales y lagar de sidra. Salones, cocina y 5 habitaciones dobles. Precios (según temporada): día de 20.000 a 25.000.

Nueva de Llanes

Crescencia
Los Carriles
Tf. 98/540 61 88
Casa de comienzos de siglo, de madera y piedra, con mirador y jardín, en una apartada aldea de montaña. Sala de estar con chimenea, cocina, 3 habitaciones dobles y 1 baño. Precios (según temporada): día de 12.000 a 15.000.

Casona de Vidiago
El Cueto. Tf. 98/541 10 69
Fax 98/541 10 72
Edificio de piedra del s. XIX, con jardín, piscina y 15 apartamentos con salón-comedor, cocina, baño y capacidad para 2 a 6 personas. Precios (según temporada y tipo): 2 plazas de 5.700 a 9.600 diarias; 4 plazas de 12.700 a 23.300 diarias.

Ortiguero de Cabrales

Casa María
Tf. 98/584 51 81
Casa de aldea de dos plantas, situada en el centro del pueblo. Sala de estar, cocina, 1 habitación sencilla, 1 doble y 1 baño. Precios (según temporada): día de 6.000 a 8.000.

La Pesa de Pría

Los Pindales
Tfs. 98/592 52 11 y 630/23 36 93
Lagar del s. XVIII, rehabilitado, con huerta y una finca en la que hay un tejo de más de 300 años. Salón con chimenea, cocina, 2 habitaciones dobles y 1 baño. Precios (según temporada): día de 8.000 a 11.000.
✉ Perfecto para el descanso.

Posada la Vieja

Buga
Tfs. 98/540 71 26 y 608/68 11 96
Edificios rehabilitados, en una finca con jardín y piscina. Tiene 11 apartamentos de 2/4 plazas, *dúplex* y de 7/8 plazas. Precios: apartamento para 2/4 personas 13.900 diarias; 4/6 personas 17.000.

Litoral de Llanes y Picos de Europa

Apartamentos y casas de alquiler completo

Las Rozas de Villanueva

Florenta
Tfs. 98/594 72 71 y 608/47 52 74. Fax 98/594 46 53
Casona rehabilitada, con hórreo y jardín. Incluye 7 apartamentos, con terraza, salón, cocina y 1 ó 2 habitaciones, con baños. Precios (según temporada y tipo): día de 6.000 a 12.000.

Sames

La Caneya
Tfs. 98/525 22 77 y 689/73 57 03
Casa de indianos de principios de siglo, con jardín y porche. Sala de estar y comedor con chimenea, cocina, 6 habitaciones dobles y 4 baños. Precios (según temporada): día de 18.000 a 20.000. *Observaciones: la casa cuenta con 2 estudios.*

Les Vegues
Tfs. 98/584 80 24 y 689/53 43 65
Conjunto de apartamentos en una casona de indianos. Salón, cocina, baño, 2, 4 ó 6 plazas y terraza. Precios (según temporada): 4 plazas, de 10.000 a 12.000 diarias. *Observaciones: hay otros 5 apartamentos para 2 personas en una bonita casa.*

Sardalla

El Correntíu
La Piconera
Tf./fax 98/586 14 36
Casería aislada a 1 km de Sardalla, en un paraje de robles centenarios. Salón con chimenea, cocina y 2 habitaciones dobles con baño. Precios (según temporada): día de 10.000 a 12.000. *Observaciones: productos de huerta.*

Los Silos
La Piconera
Tf./fax 98/586 14 36
Antiguos silos de maíz, convertidos en 2 viviendas, con huerto y jardín. Tienen salón, cocina y 1 habitación doble con baño. Precios (según temporada): día de 7.000 a 9.000. *Observaciones: productos de huerta.*

Sardeu

El Corberu
Tf. 98/586 01 13
Casería rehabilitada, aislada en un paraje de montaña. Tiene 2 viviendas con salón-comedor, chimenea, cocina, 2 ó 3 habitaciones dobles y 2 baños. Precios (según temporada y tamaño): casa de 9.000 a 14.000 diarias. *Observaciones: descuentos por estancias largas.*

Sevares

Caserías de Sorribas
Sorribas
Tfs. 98/570 62 84 y 570 62 32
Núcleo de 9 casas de labranza, en una extensa finca. Disponen de cuadra, hórreo y entre 2 y 8 plazas. Precios (según temporada y tamaño): día de 7.000 a 18.000; semana de 45.000 a 99.500. *Observaciones: alquiler de bicicletas; rutas a caballo.*

Sobrefoz

Venta La Aurora
La Faeda
Tf. 98/584 30 30
Bonita casona de piedra, en un paraje de monte, rodeada de prados y bordeada por un río. Cuenta con 4 habitaciones dobles, 2 de ellas con baño. Precios (según temporada): día de 11.000 a 14.000.

Tanes

Casona de Compasso
Tf. 630/34 81 38
Fax 98/522 91 13
Bella casona con hórreo y jardín. Incluye 6 apartamentos con decoración mimada, sala de estar-comedor, cocina y 2 ó 4 plazas. Precios (según temporada y tipo): día de 9.000 a 16.000. *Observaciones: paseos a caballo por el parque natural de Redes.*

Tielve de Cabrales

San Antonio
Tfs. 98/525 52 31 y 667/42 59 08
Casa de aldea de buena planta, apartada y rodeada de vegetación. Salón con chimenea, cocina, 6 habitaciones dobles y 3 baños. Precios: alojamiento 2.000 persona/día. *Observaciones: descuentos a grupos.*

Apartamentos y casas de alquiler completo

Vallobal

La Cerezal
Tf. 98/584 80 73
Núcleo de 2 casas del s. XIX, en plena naturaleza y en una extensa casería. Ambas tienen galería, salón con chimenea, cocina, así como 3 ó 4 habitaciones dobles, con 2 baños. Precios (según temporada y tipo): día de 11.000 a 16.000.

Villamayor

Finca El Palacio
Torín. Tf. 98/ 570 70 28
Edificación tradicional, restaurada, en una finca con frutales y buenas vistas. Salón, cocina, 4 habitaciones dobles y 3 baños . Precios (según temporada): día de 15.000 a 16.000; semana de 80.000 a 98.000. *Observaciones: dispone de parrilla cubierta.*

Villanueva de Pría

Casa del Pandu
Tf. 98/541 04 15
Vivienda de 200 años, rehabilitada, próxima a la playa, con patio. Salón-comedor con chimenea, 1 habitación sencilla, 2 dobles y 2 baños. Precios (según temporada): día de 8.000 a 13.000. *Observaciones: buena acogida a huéspedes de la tercera edad.*

Playa del Canal
Tf. 98/540 16 37 y 608/78 11 61
Agradable núcleo de aire tradicional con 10 apartamentos, para 2, 3 ó 4 personas. Precios (según temporada y capacidad): apartamento, de 10.000 a 15.000 diarias. *Observaciones: bicicletas gratuitas; facilitan información de la zona.*

Lugares de interés

El Alisal. Aldea mínima perteneciente a Junco, a pocos kilómetros de Ribadesella.

Bezanes. Pueblo del concejo de Caso, con abudantes hórreos. *Excursiones: aldea de Soto; parque natural de Redes. Artesanos de la madera: bastones, cascanueces, saleros, madreñas y «tayuelos».*

Buelles. Pequeña localidad a 4 km de Panes. Palacio de Guerra, del s. XVII. *Excursiones: sauceda de Buelles; aldea pesquera de Bustio. Muebles artesanos y tallas de madera, en casa La Escuela.*

Cabielles. Mínimo pueblo ganadero muy próximo a Soto, en el acceso al santuario de Covadonga.

Caldueño. Parroquia del concejo de Llanes. *Excursiones: bosque de Peloño; Cuevona, que sirvió de refugio durante la Guerra Civil. En **Debodes**, venta de artesanía de madera en el caserío S. Pedro.*

Caño. Pequeña localidad ribereña del Dobra y situada a 2 km de Cangas de Onís.

Cavandi. Población situada a 4 km de Panes, donde se alza el conjunto palaciego de S. Román.

Cerceda. Tranquila localidad del concejo de Nava, con un buen conjunto de arquitectura popular. *Excursiones: villa de Nava, capital de la sidra asturiana, con un museo dedicado a esta bebida. Elaboración de herramientas del campo. En **Pruneda**, cuero. En **La Cogolla**, telar artesano. En **Nava**, adornos de flores secas, restauración de muebles, telares y trajes asturianos.*

Fuentes. Localidad ribereña del Sella, a 5 km de Arriondas. *Excursiones: senderismo en la sierra del Sueve.*

El Mazo. Aldea de la parroquia de S. Andrés de Buelles, junto al río Deva y el desfiladero de La Hermida. *Excursiones: cueva de la Loja.*

Naveda. Localidad del concejo de Cabranes. *Excursiones: templos de S. Juan de Amandi y S. Julián de Viñón. En **Cabranes**, cerámica utilitaria y decorativa a alta temperatura.*

Noceu. Localidad próxima a la villa costera de Ribadesella.

La Pesa de Pría. Aldea de la parroquia de S. Pedro de Pría. *Excursiones: ruta costera del Camino de Santiago; playas de Guadamía y Cuevas del Mar, en Nueva; ruta de los "bufones" de Pría.*

Posada la Vieja. Aldea del concejo de Llanes. *Excursiones: playa de Torimbia, catalogada como una de las más bellas de Asturias.*

Sames. Capital del concejo de Amieva, en un paisaje de montaña, próxima al río Sella y al parque nacional de Picos de Europa.

Sardalla. Lugar muy próximo a Ribadesella. *Excursiones: acantilados del Infierno; bufones de Villanueva; sierra del Sueve.*

Sardeu. Núcleo rural situado a 6 km de la villa de Ribadesella. *Excursiones: iglesias románicas de Junco y Moru; mirador del Fitu.*

Sevares. Lugar de la parroquia de S. Pedro de Sevares. *Excursiones: iglesias románicas de Villamayor y S. Juan de Berbio.*

Sobrefoz. Parroquia del concejo de Ponga. *Excursiones: bosque de Peloño; desfiladero de los Beyos.*

Tielve de Cabrales. Pequeña localidad apartada, en pleno parque nacional de los Picos de Europa. *Excursiones: desfiladero del Cares; bonito núcleo de Bulnes, al pie del mítico Naranjo (2.519 m).*

2. Somiedo, Quirós y valle de Lena

Bañugues Alto

Población del concejo de Gozón, a 3 km de la localidad veraniega de Luanco. Casona de los González, del s. XVIII. *Excursiones: puerto pesquero de Luanco; trayecto desde Luanco a la playa de Aramar; cabo Peñas, con mirador; playas de Bañugues.* En **Luanco**, *asociación local de artesanos.*

Casa Roces

Ctra. Cabo Peñas. Tf. 98/588 05 06

Antigua edificación, muy ampliada, con huerta y una pequeña zona ajardinada, junto a la carretera. Tiene comedor y 12 habitaciones dobles con baño . Precios (según temporada): habitación doble de 4.000 a 6.000; desayuno 500; comida o cena 1.250. *Observaciones: la propiedad tiene un supermercado en el mismo edificio.*

Campomanes

Localidad del valle del Huerna, en el macizo montañoso de Ubiña, catalogado como paisaje protegido. *Excursiones: iglesia pre-románica de Sta. Cristina de Pola de Lena; aula didáctica del pre-románico; área recreativa del valle del Peral.*

Valle de Zurea

***Zurea*. Tfs. 98/549 32 34 y 549 32 68**

Núcleo de turismo rural integrado por viviendas y un pequeño hotel, en una aldea tradicional. Cuenta con un total de 5 habitaciones y 10 apartamentos con cocina, baño, salón con chimenea y capacidad para 2/4 ó 4/6 personas. Precios: habitación doble 6.000; desayuno 350; apartamento 2/4 plazas 8.800 diarias; 4/6 plazas 13.750 diarias. *Observaciones: senderismo, rutas de montaña y excursiones en bicicleta.*

Faro de Limanes

Localidad situada a 4 km de Oviedo. *Excursiones: capital del Principado, con su catedral y un mimado casco viejo con rincones, plazas y callejones empedrados;recorrido al borde del Nalón, pasando por Bendones, Santines y conjunto monumental de Olloniego; valle de Valdecuna.* En **Oviedo**, *venta de artesanía del Principado.*

La Balconada (**)

Tf./fax 98/579 37 92. Tf. 98/579 29 26

Hotel habilitado sobre un edificio de aire tradicional, en una amplia finca, con jardín y buenas vistas. Tiene salón con chimenea, una galería acristalada en la que se sirven los desayunos, biblioteca y 12 habitaciones con baño. Precios (según temporada): habitación doble de 6.900 a 8.900; cuádruple de 12.500 a 14.000; desayuno 600; comida o cena 1.400. *Observaciones: ofertas y actividades de fin de semana.*

Fitoria de Arriba

Aldea próxima a Oviedo, en la ladera del monte Naranco. *Excursiones: núcleo monumental de Oviedo; iglesias pre-románicas de Santa María del Naranco y S. Miguel de Lillo.*

Casa Camila (***)

Tf. 98/511 48 22. Fax 98/529 41 98

Hotel de nueva construcción, de piedra y madera, emplazado en el monte Naranco, con jardín escalonado y una terraza mirador con excelentes vistas. Tiene salón, 1 habitación sencilla y 6 dobles, todas con baño y 1 de ellas con terraza. Precios: habitación sencilla 10.000; doble 12.500; *suite* 20.000; desayuno 800; comida o cena 2.000. *Observaciones: organizan actividades en el entorno.*

Fombona

Villa del concejo de Gozón, a 3 km de la localidad marinera de Luanco. *Excursiones: cabo de Peñas; playas de Verdicio, Xago, Bañugues y Candás.* En **Luanco**, *asociación local de artesanos, esculturas de piedra y madera y maquetas de barcos, hórreos, etcétera.*

La Llosa de la Fombona

Tfs. 98/597 56 46 y 617/78 58 38

Gran casa de una planta, con salida directa al jardín y finca de cultivos ecológicos. El interior, con amplias estancias y mobiliario antiguo, tiene salón-biblioteca con chimenea, comedor con cocina y horno tradicional y 5 habitaciones dobles con baño, 1 de ellas con salón y chimenea. Precios: habitación doble 7.000; desayuno 600; comida o cena 2.000. *Observaciones: talleres de artesanía; actividades ecológicas.*

Fresnedo

Localidad del concejo de Teverga, situado a 3 km de La Plaza, en un paraje apartado al pie de Peña Sobia. *Excursiones: cuevas del Abrigo de Fresnedo; Colegiata de La Plaza, del s. XI; cueva Huerta, con 14 km de galerías; senda del Oso, practicable a pie y en bicicleta; desfiladero de las Xanas; calzada romana de la Mesa.*

Casa Marité

Tf. 98/576 43 61

Casa de mediados de siglo, con establos, hórreo, huerto, jardín y terrazas. Tiene salón, sala de estar, comedor y 5 habitaciones dobles con baño. Precios (según temporada): habitación doble de 4.000 a 5.000; desayuno 300; comida o cena 1.200. *Observaciones: la cocina incluye platos tradicionales.*

✉ Buen trato, excelentes vistas. Información y desayuno abundantes.

Somiedo, Quirós y valle de Lena

Gijón

Ciudad nacida de un antiguo castro, sobre un promontorio rodeado por el Cantábrico. Termas, colegiata, capilla de la Trinidad, casa de Jovellanos, palacios y barrio de Cimadevilla. Abundantes museos, gran actividad estival y puerto del Musel. *Excursiones: numerosas playas; bosques de Tragamón y Lavandera.*

Palacio San Andrés de Cornellana

Contrueces

Tf. 98/516 06 73. Fax 98/517 18 55

Casa-palacio del siglo XVII, con escudo blasonado y situado en una amplia finca con jardín. Tiene comedor, salas de estar y de usos múltiples y capacidad para 54 personas en habitaciones de 6, 8 y 18 plazas, con baños compartidos. Precios*: alojamiento 1.500; desayuno 200; comida o cena 750. *Observaciones: descuentos a grupos; actividades.*

Lamuño

Lugar de la parroquia de S. Martín de Cudillero, a 8 km de este encantador pueblo pesquero. *Excursiones: Soto de Luiña, con un premio de embellecimiento; playas de la Concha de Artedo, Oleiros y S. Pedro; cabo Vidio; brañas de San Martín de Luiña; paraje de turberas de Las Dueñas.* Cerámica negra de **Cudillero**.

La Casa del Campo

Tfs. 98/559 72 84 y 636/23 30 65

Edificio de hace dos siglos, rehabilitado recientemente manteniendo su estructura y rodeado de jardín. Dispone de sala de estar y 4 habitaciones con baño. Precios (según temporada): habitación sencilla de 2.500 a 4.000; doble de 4.300 a 6.000; desayuno de 300 a 500.

Melendreros

Localidad apartada del concejo montañoso de Bimenes. *Excursiones: palacios de Martimporra, La Ferrería y La Cogolla; torre de S. Julián; pozo Funeres; campera del Espinadal.* En **Bimenes**, cerámica, trabajos de flores secas y lámparas. En **La Ruviera**, artesanía de cuero y personajes mitológicos.

Fayacaba

Fayacaba. **Tf. 98/570 01 62 o 523 11 12**

Albergue perteneciente a la REAJ. Dispone de sala de estar y zona de acampada. Tiene capacidad para 14 personas en habitaciones múltiples, con duchas. Precios: consultar apéndice.

Meruxa

Aldea del concejo de Belmonte de Miranda, situada junto al parque natural de Somiedo. Excursiones: palacio de Cienfuegos, en Agüerina. *Excursiones: calzada romana de la Mesa; fragua romana del Machuco; parajes de los ríos Pigüeña y Narcea; posibilidad de ver asturcones en Perdrourio; sierra de Peña Manteca.*

Albergue de Meruxa

Tf. 98/576 21 18

Albergue habilitado en una antigua escuela, entre los pueblos de Meruxa y Faco. Tiene salón-comedor con chimenea, cocina a disposición de los huéspedes y capacidad para 20 personas en 2 habitaciones de 10 plazas, con baños y duchas. Precios*: alojamiento 1.000; desayuno 350; comida o cena 900; derecho a cocina 250 diarias. *Observaciones: organizan múltiples actividades.*

La Piñera

Villa del concejo de Morcín, junto a la sierra del Aramo. Restos del monasterio de Santa Eulalia. *Excursiones: valle de la Covarriella; ermita del pico Monsacro; paraje de la fuente de los Reguerones.*

Albergue Vistaramo

San Juan. **Tf. 98/578 31 78**

Edificio de construcción tradicional, con patio. Tiene comedor, cocina, sala de reuniones y 28 plazas en habitaciones de 6, 8 y 14, con baños compartidos. Precios: alojamiento 1.000.

El Pito

Población del concejo de Cudillero, muy próxima a esta villa marinera. Conserva el palacio de los Selgas, del s. XIX. *Excursiones: acantilados de Ballota; playa del Silencio; concha de Artedo.*

La Casona de la Paca (***)

Tf. 98/559 13 03-16. Fax 98/559 09 95

Casa señorial de indianos del s. XIX, con un jardín de árboles centenarios, piscina y terraza. El interior, coqueto y elegante, tiene sala de estar, salón con chimenea, biblioteca, 2 habitaciones sencillas y 17 dobles, todas con baño. Precios (según temporada): habitación doble de 7.900 a 11.000; desayuno *buffet* 850. *Observaciones: dispone de otro edificio con apartamentos para 3/4 personas.*

Pola de Somiedo

Capital del concejo de Somiedo, con un paisaje de gran belleza y un conjunto de lagos de origen glaciar, declarado parque natural. Fauna abundante: águilas, tejones, nutrias, venados y oso pardo. *Excursiones: lagos del Valle, Saliencia, Calabazosa, Cerveriz y La Cueva, situados a más de 1.500 m de altitud; brañas de Sousas y de Mumián; bosques de Las Sendas y Tibleos; Camino Real de La Mesa.* *Tienda de artesanía de barro: personajes mitológicos, pallozas,...*

Palacio de Flórez-Estrada
Tf. 98/576 37 09
Palacio del s. XV, declarado monumento-histórico, a las afueras del pueblo, con capilla, jardín, piscina y una finca agrícola. El conjunto incluye pajar, cuadras, palomar y restos de un molino. El interior, bien decorado, tiene salón con chimenea y 4 habitaciones dobles con baño. Precios (según tipo de habitación): habitación doble de 12.000 a 14.000, desayuno incluido. *Observaciones: en el recinto se alquilan dos casitas*

Valle del Lago (**)
Tf. 98/576 39 69
Hotel de alta montaña habilitado en una antigua escuela. Cuenta con una sala de estar y 10 habitaciones dobles, algunas abuhardilladas y muy acogedoras. Precios : habitación doble 6.550; abuhardillada 7.990; desayuno 600; comida o cena 1.200.

Ricabo

Pueblo apartado del valle de Quirós, al pie de Peña Sobia. *Excursiones: macizo de Peña Ubiña; sierras de Sobia, Marabio y Aramo; senda del Oso; desfiladero de las Xanas; bosque de Parada; brañas de Llaseiru, Foix, Buxalbe, Narvallos y Bustiegos.* *En **Barzana**, museo etnográfico y encuentros de artesanos que venden sus trabajos.*

La Casa del Campo
Tfs. 98/597 09 65 y 689/72 89 09
Albergue y casa de reposo en una construcción tradicional de tres plantas, que conserva los muros de piedra vista y el típico corredor. Tiene salón-bar con chimenea, 3 habitaciones dobles, 1 triple y 1 múltiple con baños compartidos. Precios: alojamiento de 1.100 a 1.350; habitación doble 3.000; desayuno 350; comida o cena 950. *Observaciones: facilitan guías e información para itinerarios de montaña.*

Saliencia

Pueblo situado en la cabecera del valle de Saliencia y en el parque natural de Somiedo, a 1.100 m de altitud. *Excursiones: fuentes de las Calderas; lagos de Saliencia; calzada romana y Camino Real de La Mesa; bosque de Tibleos; brañas del valle.*

Albergue de Saliencia
Tf. 98/576 36 80. Tf./fax 98/576 38 00
Albergue habilitado en la antigua escuela del pueblo, con patio y rodeado de huerta. Cuenta con aulas de naturaleza, comedor, bar y capacidad para 52 personas en 4 habitaciones de 10 plazas y 1 de 12, con literas y baños comunes. Precios: alojamiento 1.000 (con saco); desayuno 400; comida o cena 1.000. *Observaciones: descuentos a grupos; alquiler de bicicletas; guías de montaña.*

San Martín de Teverga

Localidad del concejo de Teverga, paisaje arbolado en el que perviven viejas creencias y leyendas de tesoros abandonados por los árabes. *Excursiones: Colegiata de San Pedro, en La Plaza; aldea de Taja, con buenos ejemplos de arquitectura popular; valle de Campiello; hoz de Valdecerezales; cueva Huerta; bosque de Monte Grande.*

El Chalet de Don Santiago
Tfs. 98/576 42 18 y 521 81 26
Casa de indiano del s. XIX, con amplios jardines, que acoge todos los años unos encuentros internacionales de música y poesía. Tiene un amplio portal, salón con chimenea, biblioteca, 4 habitaciones dobles y 2 baños. Precios: habitación doble 5.000; desayuno 450. *Observaciones: cuenta con colecciones de pintura, arqueología y etnografía.*
✉ Habitaciones amplias y preciosas. La casa parece un museo.

San Martín
C/ Nueva s/n. Tf. 98/576 44 54
Albergue habilitado en un edificio de construcción reciente. Cuenta con comedor, cocina, cafetería, lavandería, aulas y 10 habitaciones de 8 plazas, con baños comunes. Precios*: alojamiento 1.200 (con saco); pensión completa 3.200. *Observaciones: organizan cursos y jornadas gastronómicas; alquiler de bicicletas.*

Somiedo, Quirós y valle de Lena

San Sebastián

Parroquia del concejo de Morcín, situada a 16 km de Oviedo. *Excursiones: torreón medieval de Peñerudes; ermitas de Santiago y la Magdalena, en el Monsacro; picos Mostayal y Gamonal; ruta a los Mayaos de Bobies; sierra del Aramo. En La Foz, museo etnográfico de la lechería.*

El Cabanín

Busloñe. Tf. 98/578 31 78

Albergue municipal de nueva construcción, con un amplio patio exterior desde el que se divisa el Monsacro. Tiene 2 salas de reuniones, salón de actividades, cocina equipada y habitaciones de 2, 8 y 10 literas, con baños comunes. Precios: alojamiento 1.000. *Observaciones: descuentos a grupos y en estancias largas.*

Villar de Vildas

Pequeña población del concejo de Somiedo, en un apartado paraje del valle de Pigüeña a 1.125 m de altitud. Entorno con bosques de hayas y robles en los que encuentran refugio el oso y el urogallo. *Excursiones: braña de la Pornacal, en la cabecera del río Pigüeña, con "cabanas de teito"; braña de Cuartos con viejos "corros".*

La Corte

Tf. 98/576 31 31

Típica casa de aldea, de 1861, recientemente restaurada, que conserva su corral con hórreo y una amplia galería de madera. El interior, cuidado, tiene sala de estar con chimenea, salón y 4 habitaciones dobles con baño, 2 de ellas abuhardilladas. Precios: habitación doble 7.000; desayuno 650. *Observaciones: la propiedad ofrece también una vivienda para 3 personas habilitada en el antiguo pajar.*

Apartamentos y casas de alquiler completo

Las Agüeras

Casa Marce

Villaorille. Tf. 608/28 94 12
Tf./fax 98/528 88 52

Típica casa de aldea de los años 30, con porche y corredor. Salón con chimenea, cocina, 3 habitaciones dobles y 2 baños. Precios (según temporada): día de 12.500 a 14.000. *Observaciones: la propiedad alquila otra casa en el pueblo.*

Belmonte de Miranda

La Casina

Oviñana

Tfs. 98/576 22 67 y 576 21 93

Agradable construcción, situada a 9 km de Belmonte, con huerto, barbacoa y establo. Salón con chimenea, cocina y 2 habitaciones dobles, con 2 baños. Precios (según temporada): día de 8.000 a 10.000.

Caldones

El Torreón

Tf./fax 98/589 44 48

Antiguo torreón de piedra, restaurado recientemente y rodeado de un cuidado jardín con frutales. Porche, sala con chimenea, cocina y capacidad para 2/4 personas. Precios (según ocupación): día de 10.000 a 12.000.

El Carbayal

Carbayal

Tfs. 98/570 02 46 y 617/60 59 85

Casería del s. XVII, bien rehabilitada y con una bonita galería. Interior con mobiliario antiguo, salón-comedor con chimenea, sala de estar, corredor, cocina, 1 habitación sencilla, 2 dobles y 1 baño. Precios (según temporada): día de 9.000 a 11.000.

Caunedo

Caunedo

Tf. 98/576 36 19

Núcleo de turismo rural, en pleno parque natural de Somiedo. Incluye 1 casa de aldea con cocina, salón y 2 habitaciones abuhardilladas, y 7 apartamentos *dúplex*, de 2 a 6 plazas. Precios (según temporada y tipo de alojamiento): día de 6.500 a 12.000.

Lorences

Tf. 98/576 39 70

Antiguas casas de labranza, de piedra y madera, transformadas en un conjunto de 4 apartamentos. Interior rústico, con chimenea, cocina y capacidad para 2/6 personas. Precios (según ocupación y temporada): apartamento de 6.500 a 10.000 diarias.

Apartamentos y casas de alquiler completo

Corias de Pravia

La Casona

Tf. 98/583 44 60
Fax 98/583 47 10

Bonita casa de aldea, restaurada, con jardín, en una explotación agrícola. Salón con chimenea, cocina, 1 habitación sencilla, 2 dobles y 2 baños. Precios (según temporada): día de 9.500 a 13.000. *Observaciones: la propiedad alquila otra casa.*

La Cortina

La Bayona

Tfs. 98/549 11 26 y 689/31 06 82

Edificio tradicional, con patio y terraza. Tiene 2 estudios de 2 plazas y 2 apartamentos de 4, con cocina, baño y salón con chimenea. Precios: estudio 7.000 diarias; apartamento 11.000 diarias.

Fresnedo

Casa Aurora

Tf. 98/576 46 21

Típica construcción de media montaña, con mirador y balconada de madera. Dispone de 2 apartamentos con salón-cocina, terraza y capacidad para 2 y 4 personas, con 1 baño. Precios: apartamento pequeño 6.000 diarias; grande 10.000 diarias.

Llanuces

Amador

Tf./fax 98/528 88 52
Tf. 608/28 94 12

Antigua casa rectoral, restaurada, con jardín y finca arbolada. Salones con chimenea, cocina, despensa, 1 habitación sencilla, 2 dobles y 2 baños. Precios (según temporada): día de 13.500 a 15.000.

Casa Cimera

Tf. 98/549 10 78

Casa tradicional, en pleno campo y con una gran terraza. Sala de estar con chimenea, cocina, baño y 2 habitaciones dobles abuhardilladas. Precios: día 10.500. *Observaciones: la propiedad alquila otras viviendas en la misma aldea.*

Llanuces

Palacio de Miranda

Tfs. 98/549 10 78 y 576 84 43

Casa solariega del s. XV, sobre una terraza natural que domina el valle de Quirós. Hay una deliciosa "casina" con terraza al valle y 2 estudios, amueblados con mimo y bien equipados. Precios: "casina" 8.000 diarias; estudio 10.000 diarias.

Meruxa

El Madreñeiro

Tf. 98/576 21 18

Hermosa casa, con horno y panera. Salón-comedor-cocina con chimenea, 2 habitaciones dobles abuhardilladas y 1 baño. Precios (según temporada): día de 8.000 a 9.500. *Observaciones: ofertas de fin de semana; elaboración de pan de "escanda".*

Ambiente rústico muy cuidado.

Priandi

Güelu Laureano

Tf. 98/570 05 59

Sencilla casa con más de un siglo de antigüedad, en una explotación agraria. Terraza, salón-comedor, cocina, 3 habitaciones dobles y 1 baño. Precios (según temporada): día de 10.000 a 12.000.

Quintueles

La Tabierna

Tf./fax 98/589 44 48

Casa de reciente construcción, en una finca con jardín botánico. Biblioteca, 1 estudio, 1 apartamento para 2/4 personas y 1 vivienda para 4 personas. Precios: estudio 7.500 diarias; apartamento 8.000; desayuno 400. *Observaciones: clases de cerámica; organizan excursiones.*

San Salvador

Corrada de Torales

El Molinón

Tf./fax 98/576 81 77

Antiguo caserón con huerto, jardín y molino. Hay 4 apartamentos con salón, chimenea, cocina, 2 habitaciones dobles y 1 baño. Precios (según temporada): apartamento de 10.000 a 12.000 diarias. *Observaciones: organizan rutas.*

Somiedo, Quirós y valle de Lena

Apartamentos y casas de alquiler completo

Suares

La Curuxa
Tf. 98/570 01 29

Casa de pueblo, restaurada, con preciosas vistas de Peña Mayor. Comedor, salón con chimenea, cocina, 2 habitaciones sencillas, 2 dobles y 2 baños. Precios (según temporada): día de 10.000 a 12.000. *Observaciones: alquiler de bicicletas de montaña.*

Vigaña

Quintana del Medio
Tf. 98/523 76 90

Casa tradicional de buena planta, con hórreo y terraza, situada en una ladera. Tiene cocina, salón, 1 habitación sencilla y 2 dobles. Precios: día 10.000. *Observaciones: facilitan información de excursiones por la zona.*

Villar de Vildas

La Pornacal
Tfs. 98/576 30 30

Bonita casa de piedra, bien rehabilitada y con una balconada de madera, a pie de monte. Cuenta con 2 apartamentos, cada uno con capacidad para 2 personas. Precios (según temporada): apartamento de 7.500 a 8.500 diarias.

Yernes

Cuevallagar
Tfs. 98/597 27 84 y 597 25 48

Casa de nueva construcción, de dos plantas, con huerto y establos. Sala con chimenea, cocina, 1 habitación sencilla, 2 dobles y 1 baño. Precios (según temporada): día de 8.000 a 10.000. *Observaciones: senderismo y rutas a caballo.*

Lugares de interés

Belmonte de Miranda. Capital del concejo de este nombre, unido a los vaqueiros de alzada. *Excursiones: calzada romana de la Mesa; fragua del Machuco; zona de baños en el río Narcea; ruta vaqueira, en una zona con antiguas minas de oro.*

Caldones. Pequeña aldea situada en las proximidades de Gijón. *Excursiones: ciudad de Gijón con un bonito casco viejo rodeado por el mar. Termas, palacios, colegiata de S. Juan, casa natal de Jovellanos y barrio de pescadores de Cimadevilla; parque natural del monte Deva; bosque del Tragamón.* Artesanía de la cerámica y azabache.

Caunedo. Pequeña localidad del concejo de Somiedo, considerado como uno de los enclaves mágicos asturianos. *Excursiones: lagos glaciares de Somiedo; brañas de Mumián, La Pornacal y Sousas, con "teitos" y corros de piedra.* Talleres de pintura; trabajos artesanos de piel y cerámica.

Corias de Pravia. Localidad ribereña del Narcea, a 5 km de Pravia. *Excursiones: villa de Pravia, con palacios y casonas; recoleto puerto de Cudillero; cueva de Candamo, con pinturas rupestres; áreas recreativas de La Peñona y de Monteagudo, en Somao, con excelentes vistas.*

La Cortina. Aldea del valle del Huerna, situada a los pies de Peña Ubiña, el macizo más alto de la cordillera cantábrica. *Excursiones: templo pre-románico de Sta. Cristina de Pola de Lena; parque natural de Somiedo; hayedo de Valgrande.*

Llanuces. Aldea perteneciente a Quirós, concejo de topografía muy accidentada, en el que abundan los "trasgus" y otros seres legendarios. *Excursiones: monumentos pre-románicos de Sta. Cristina de Pola de Lena, S. Adriano de Tuñón, S. Pedro de Nora, Cámara Santa, Sta. María de Bendones, S. Julián de Prados y S. Miguel de Lillo; hayedos y robledales de Monte Runeiro, El Trocadal, el Conforcal, El Mofoso y Valgrande; cumbre del Gamoniteiro, en la sierra del Aramo; senda del ferrocarril minero que une Trubia con Santa Marina.* Trabajos en madera.

Priandi. Pueblo situado a 3 km de Nava. En **Ovín**, trabajos de cuero. En **La Castañal**, cristal y barro.

Quintueles. Localidad del concejo de Villaviciosa próxima al mar y a la ciudad de Gijón. *Excursiones: ruta costera de senderismo hasta Gijón; playa de La Ñora; monte Deva, con excelentes panorámicas; ruta de los molinos por Villaviciosa.* Taller de cerámica en casa La Tabierna.

San Salvador. Pueblo del concejo de Teverga. Castillo de Alesga. *Excursiones: senda del Oso; abrigos de la Collantoria, en Fresnedo; peña Sobia; San Juan de Volantees.*

Suares. Población apartada del concejo de Bimenes, en pleno corazón de Asturias. *Excursiones: torre de S. Julián; palacio y capilla de Martimporra; bosque y área recreativa de Lieres; sendero GR. de Oviedo a Covadonga.* Artesano de gaitas.

Vigaña. Aldea apartada perteneciente al concejo de Grado, en las proximidades del parque natural de Somiedo. *Excursiones: localidad de Grado, con el palacio de Miranda Veldecarzana y bonitas casas; palacio de Villanueva; calzada romana y Camino Real de la Mesa; ruta de la Escanda; ruta del Conde Coalla.*

Yernes. Población situada en el corazón del Principado. *Excursiones: sierra de Tameza, con lagunas.*

3. Sierra de Tineo, Los Oscos y la ría de Navia

Sierra de Tineo, Los Oscos y la ría de Navia

Almuña

Lugar de la parroquia de Luarca, a 2 km de esta preciosa villa marinera, que fue un activo puerto ballenero durante la Edad Media. Espléndidas vistas de la ensenada desde el cementerio de la villa. *Excursiones: paisaje protegido y hoces del río Esva; cabo de Busto; reserva del cabo de Barayo. Elaboración de madreñas.*

Manoli (*)
Ctra. de Paredes s/n. Tf. 98/547 00 40

Hotelito rural de construcción reciente, en una extensa finca, próxima a la costa. Cuenta con biblioteca y 5 habitaciones dobles con baño. Precios (según temporada): habitación doble de 3.500 a 7.000; desayuno 325. *Observaciones: excursiones en canoa, caballo y bicicleta; información sobre rutas por ermitas y pueblos abandonados.*

✉ Dueños muy hospitalarios. Habitaciones bien equipadas.

Barcia

Villa del concejo de Valdés, en un paisaje costero de gran belleza. Iglesia de S. Salvador, del s. XIII. *Excursiones: villa de Luarca, con un bonito puerto pesquero; dolmen de Restiello; menhir de Ovienes; templo medieval de S. Yago.*

Tía María
Ctra. Gral, km 501. Tf. 98/547 03 45

Casa centenaria de piedra, con jardín y un restaurante tradicional. Dispone de 5 habitaciones dobles, 2 de ellas abuhardilladas, con 3 baños compartidos. Precios (según temporada): habitación doble de 3.500 a 4.500; desayuno 300; comida o cena 1.100.

Figueras del Mar

Villa de la ría del Eo. Conserva la iglesia habilitada en un asilo de peregrinos y varios palacios, como el de Trenor. *Excursiones: localidades de Castropol, Ribadeo y Vegadeo, en la misma ría; torre medieval de Pardo de Donlebun; espacio protegido de la ría del Eo.*

Palacete Peñalba (***)
El Cotarelo s/n
Tf. 98/563 61 25. Fax 98/563 62 47

Bello palacete modernista, construido en 1912 por un discípulo de Gaudí y rodeado de un romántico jardín. El interior, lleno de detalles y con mobiliario de época, tiene salas de estar, salones y 14 habitaciones dobles con baño, algunas abuhardilladas. Precios (según tipo): habitación doble de 9.000 a 16.000; desayuno 900.

Genestoso

Pueblo muy apartado a 1.200 m de altitud, en el parque natural de Fuentes del Narcea. *Excursiones: cumbre del Cabril, con excelentes vistas de las brañas somedanas; lagunas glaciares de los valles de las Berzas y Cerezal, en la reserva de Muniellos.*

Genestoso
Tf. 98/597 30 19

Casona de buena planta, con jardín y terraza. Tiene comedor, sala con chimenea, 1 habitación sencilla y 5 dobles, todas con baño. Precios (según temporada): habitación sencilla de 4.000 a 5.000; doble de 6.000 a 7.500; desayuno 500; comida o cena 1.500. *Observaciones: ofrecen información sobre rutas de senderismo, a caballo y en bicicleta.*

Grandas de Salime

Capital de concejo. Colegiata medieval de S. Salvador de Grandas. *Excursiones: castro del Chao; núcleo de arquitectura popular en Pelou; sierras de Carondio y Valledor; embalse de Salime. Tienda de artesanía y encantador museo etnográfico, uno de los mejores en su género.*

Las Grandas (**)
***Vistalegre*. Tfs. 98/562 72 98 y 562 72 99**

Edificio de mediados de siglo destinado anteriormente a residencia de ingenieros que participaron en la construcción de la presa. Tiene comedor, biblioteca, 2 habitaciones sencillas y 13 dobles. Precios (según temporada): habitación sencilla de 4.500 a 6.500; doble de 6.000 a 8.000; desayuno 550; comida o cena 1.500.

Labiarón

Aldea de la región de los Oscos, próxima a S. Martín, localidad que conserva buenas casonas y un edificio del s. XVIII. *Excursiones: palacio y aldea de Mon; museo etnográfico de Grandas de Salime; sierra de la Bobia.*

A Cantina
Tfs. 98/597 98 63 y 597 88 88

Casa tradicional, próxima a la sierra de la Bobia. Dispone de 1 habitación sencilla y 4 dobles, 2 de ellas con baño. Precios (según temporada): habitación doble de 3.500 a 4.000; con baño de 4.500 a 5.000; desayuno 400; comida o cena 1.000. *Observaciones: tertulias sobre cuentos y tradiciones; cocina local con productos ecológicos; platos vegetarianos; información sobre plantas medicinales.*

Leitariegos

Localidad del concejo de Cangas de Narcea, sujeta a un privilegio que exigía dar «cobijo tibio» a los viajeros. *Excursiones: monte Valdecuélebre; ermita del Acebo, en la sierra del Acebo. En* **Cangas de Narcea**, *elaboración de canoas.*

Los Arrieros (**)
Puerto de Leitariegos. **Tfs. 98/597 30 62-63**
Hotel de alta montaña que mantiene la vieja tradición de alojar a los viajeros, antes arrieros, que transitan entre la meseta y Asturias, y hoy disfruta de la cercanía de la estación de esquí. El interior, cuidado y agradable, tiene restaurante, salón con chimenea, 1 habitación sencilla y 4 dobles, todas con baño. Precios (según tempoorada): habitación doble de 6.500 a 7.500, desayuno incluido; comida o cena 1.400.

Navia

Villa cercana a la desembocadura del río Navia. Cuenta con una parte antigua, antaño amurallada, con mucho sabor. *Excursiones: castros de Coaña, Mohías y Boal; puertos pesqueros de Vega y Viavélez; palacio de Camposorio, en Piñera; playas de Frejulfe y Barayo; saltos de agua de Arbón, Doiras y Grandas de Salime.*

Palacio Arias (***)
Tfs. 98/547 36 75-36 71. Fax 98/547 36 83
Antiguo palacio de indianos, rodeado de un jardín con surtidores y capilla. El interior, con una decoración de época, tiene varios salones, sala de billar, 2 habitaciones sencillas, 11 dobles y 3 triples, todas con baño y algunas abuhardilladas. Precios (según temporada): habitación doble de 12.000 a 14.000; desayuno 700; comida o cena 1.000.

Posada de Rengos

Pueblo del concejo de Cangas de Narcea, entre la capital y los puertos de Connio y Rañadoiro. *Excursiones: villa de Cangas, con un buen conjunto histórico; hayedo del monasterio de Hermo; reserva de Muniellos; lagunas de Caldevilla y Noceda; cascada del Agua Blanca, de 60 m de altura. En* **Llamas del Mouro**, *cerámica negra.*

Casa Mario
Tf. 98/591 11 98
Casa de aldea, de piedra y pizarra, en el interior de una antigua "corralada" en la que se alza un bello hórreo. Tiene sala de estar con chimenea, horno artesano, cocina y 4 habitaciones dobles con baño. Precios (según temporada): habitación doble de 5.000 a 6.000, desayuno incluido.
✉ Trato muy bueno. Restauración y decoración exquisitas. Desayunos de buena calidad. Muy recomendable.

San Martín de Oscos

Capital del concejo del mismo nombre, asentada en una fértil planicie. En su término abundan los vestigios romanos y los restos de primitivos trabajos de fundición en crisoles de piedra. Conserva la casa de Guzmán de Vegadeo, del s. XVIII. *Excursiones: legendario palacio de Mon, del s. XVIII, con fachada blasonada; museo etnográfico de Grandas de Salime; conjuntos etnográficos de Teixois, en Taramundi y de Mazonovo, en Sta. Eulalia de Oscos; zona de baños en la Cava; área recreativa de Santa Eufemia, en Villanueva de Oscos.*

Cabeza da Vila
Tfs. 98/562 60 19 y 562 62 34
Gran casa de piedra y madera, del s. XVII, situada en una finca con jardín y capilla propia. El interior, cuidado al detalle y con mobiliario antiguo, tiene cocinas, una de ellas tradicional con hogar de piedra, salón comedor y 5 habitaciones dobles con baño. Precios (según temporada): habitación doble de 5.000 a 6.000; desayuno 600.

La Marquesita (**)
Tf. 98/562 60 02
Edificio de los años 20, rehabilitado recientemente y emplazado en el centro del pueblo. Tiene bar-cafetería, comedor, sala de estar y 6 habitaciones dobles con baño. Precios (según temporada): habitación doble de 5.500 a 7.000; desayuno 600; comida o cena 1.500. *Observaciones: se organizan rutas de senderismo y en bicicleta de montaña; piragüismo y rutas culturales.*

Santa Eulalia de Oscos

Capital de este concejo de la región de Los Oscos, en la que se mantienen numerosas tradiciones ligadas a la noche de San Juan. *Excursiones: aldea de Mazonovo, con un conjunto etnográfico y un magnífico entorno; conjunto rural de Barcia; sierra de la Bobia.*

Ver página siguiente.

Casa Talán
Ferreirola de Arriba. **Tf. 98/563 13 13**
Casa solariega del s. XVII, emplazada en un precioso paisaje de montaña, en una finca agrícola y ganadera con jardín, establos, fragua y capilla. Tiene salón comedor y 4 habitaciones dobles con baño. Precios (según temporada): habitación doble de 4.500 a 5.500; desayuno 600; cena 1.200.

Santa Eulalia de Oscos

Ver página anterior
Senderos por bosques de castaños, robles y abedules; Forcón dos Ríos; cascada de Seimeira; río Agüeira, con zonas de baño; embalse de Grandas de Salime; rutas de Trasdaserra y Coba.
Telar dedicado a la elaboración de prendas de lino, seda, algodón y lana (toallas, colchas, alfombras o bufandas, así como chales y camisas): taller de cerámica. En ***Mazonovo****, ferrería y trabajos de hierro. En* ***Brañavella****, elaboración de navajas y cuchillos.*

Casa Diego
Tf. 98/562 61 17
Hotel familiar, situado en el centro de la localidad próximo a la cascada de Seimeira, con buenas vistas del valle. Tiene comedor con amplios ventanales y 7 habitaciones con baño. Precios (según temporada): habitación doble de 4.000 a 5.000. *Observaciones: senderismo, visitas a museos y excursiones a caballo; cocina típica de la zona.*

Casa Pedro
Tf./fax 98/562 60 97
Hotelito rural familiar, de reciente construcción, situado en el centro del pueblo, con jardín. Tiene restaurante, cafetería y 6 habitaciones dobles con baño. Precios (según temporada): habitación doble de 5.000 a 6.500; desayuno 500; comida o cena 1.500.

Casa Rodil
***Poceiras.* Tf. 98/562 61 85**
Pequeño hotel rural, habilitado en una edificación típica de la zona. Tiene jardín, huerto, salón y 4 habitaciones dobles, 1 de ellas con terraza y excelentes vistas. Precios (según temporada): habitación doble de 5.000 a 6.000; con terraza de 6.000 a 7.000; desayuno 600; comida o cena 1.500.

El Tombo
Tf. 98/562 12 05
Núcleo de turismo rural presidido por una casona acogedora perteneciente a un antiguo «ferreiro», situada a las afueras del pueblo. El interior, decorado y amueblado con mimo, tiene salón con chimenea, cocina con una gran mesa en la que se comparten desayunos tradicionales y 4 habitaciones dobles con baño. Precios (según temporada): habitación doble con baño de 4.500 a 5.500; desayuno 600.

Serantes

Localidad costera del concejo de Tapia de Casariego. *Excursiones: playas de Penarronda y Los Campos; puerto pesquero de Tapia; subida al alto de Pousadoiro; camino Real junto a la ruta jacobea. En* ***Tapia de Casariego****, taller de cerámica.*

Fernandín
Tf. 98/562 32 50
Casa de tres plantas, recientemente rehabilitada con jardín, en una finca agrícola con frutales y cultivos de arándanos y grosellas. El interior, cuidado, tiene sala de estar, 1 habitación sencilla, 2 dobles y 2 baños. Precios: habitación sencilla 4.000; doble 5.000; desayuno 500; comida o cena 1.500. *Observaciones: se puede participar en tareas de huerta; bicicletas a disposición de los huéspedes.*

Taramundi

Capital del concejo del mismo nombre. Conserva un retablo barroco en la iglesia y un roble centenario plantado en tiempos de Felipe II. *Excursiones: aldeas de Peizais y Barreiras, con restos de viejas herrerías; conjunto etnográfico de Os Teixois; capilla milenaria de Sta. Marina.*
Ver página siguiente.

A Casoa
***Sta. Marina.* Tfs. 98/597 98 85 y 689/80 99 07**
Casa de aldea, con más de 300 años, rodeada de jardín. El interior, con mobiliario antiguo y estucados, tiene salón con chimenea, sala de juegos, comedor con lareira y horno de pan, telar y 5 habitaciones dobles con baño. Precios: habitación doble 6.000; desayuno 280; cena 1.215.
✉ Trato agradable y familiar. Espacio amplios y cómodos. Tranquilidad absoluta y entorno muy cuidado.

Taramundi

Ver página anterior.
Sierra de Ouroso y vega de Zarza.
Elaboración artesana de cuchillos y navajas.

Santa Marina
***Sta. Marina*. Tfs. 98/564 67 01 y 597 96 24**
Refugio situado a 14 km de Taramundi, en las estribaciones de la sierra de Ouroso. Dispone de salón comedor con chimenea, cocina y 12 plazas en 2 habitaciones, de 4 y de 8. Se puede alquilar entero. Precios: alojamiento 1.300; desayuno 300; comida o cena 800.

El Teixo
***Teixo*. Tfs. 98/564 67 01 y 597 96 24**
Albergue habilitado en una antigua construcción, a 4 km del anterior. Tiene sala de estar, salón comedor con chimenea y capacidad para 28 personas en literas, en compartimentos de 4 y 6 plazas. Precios: alojamiento 1.300; desayuno 300; comida o cena 800.

Tol

Localidad próxima a Castropol y a 5 km de la ría de Eo. *Excursiones: reserva natural de la ría del Eo; espacio protegido de la playa de Peñarronda; monumento natural de la cascada de Oneta; reserva natural de la playa de Barayo.* *Taller de marroquinería con piezas de todo tipo. En **Tapia de Casariego**, reproducción de cerámica castreña.*

Casa Pastur
Barrionuevo s/n. Tf./fax 98/562 30 07
Casa del s. XVIII, antaño destinada a posada y bien rehabilitada, con jardín, huerto, pozo y terraza cubierta, situada a 2 km del mar. Tiene salón con chimenea, biblioteca, sala de juegos y 5 habitaciones dobles con baño, 1 de ellas abuhardillada. Precios (según temporada): habitación doble de 6.000 a 8.000; desayuno 700; cena 2.000. *Observaciones: la propiedad ofrece una casina para 2/3 personas.*

Tox

Pequeño pueblo cercano a la ría de Navia. Conserva la casa palacio de los Castrillón. *Excursiones: castro celta de Coaña, catalogado como el mejor recuperado de Europa; reserva natural de la playa de Barro; playa de Frejulfe; cascada de Oneta; brañas vaqueiras.*

Villa Borinquen (***)
Tfs. 98/564 82 20 y 564 82 21
Antiguo chalet de indianos, con terraza y un cuidado jardín. Cuenta con salones, un pequeño bar, 1 habitación sencilla, 8 dobles y 2 *suites*, todas con baño. Precios (según temporada): habitación doble de 8.500 a 11.000; *suite* de 10.000 a 14.000; desayuno 800. *Observaciones: alquilan bicicletas de montaña; permanece cerrado de noviembre a febrero.*

Vega de Rengos

Localidad del término de Cangas de Narcea, próxima al puerto de Rañadoiro. Templo del s. XI. *Excursiones: palacio de los condes de Toreno; basílica de Sta. María Magdalena; monasterio románico de Hermo; bosque de Muniellos; fuentes del Narcea; castro de Larón.* *En **S. Martín de Sierra**, piezas de madera.*

La Pista (**)
Tfs. 98/591 10 04 y 591 13 85
Edificio de nueva planta, con jardín y terraza, rodeado de un bello paisaje de montaña. El interior, acogedor, tiene salas de estar, chimenea y 4 habitaciones dobles, con baño y abuhardilladas. Precios (según temporada): habitación doble de 5.000 a 6.000; desayuno 350; comida o cena 1.100. *Observaciones: facilitan información sobre visitas culturales y actividades de turismo activo y de montaña.*

Vega del Hórreo

Pueblo emplazado en el parque natural de las Fuentes del Narcea. *Excursiones: ruta de los molinos; río del Coto; bosques de Leitariegos, del monasterio del Coto, Muniellos y Fuentes del Narcea.* *En **Pambley**, artesanía de la madera: utensilios de cocina, hórreos y madreñas.*

Vega del Hórreo
Tfs. 98/581 30 25 y 581 58 78
Albergue habilitado en una escuela de 1930, construida con piedra y madera de castaño, con jardín y zona de baño en el río. Tiene buhardilla, galería, salas comunes, comedor y capacidad para 25 personas en 2 habitaciones, con 5 baños compartidos. Precios: alojamiento 1.000; desayuno 350; comida o cena 900. *Observaciones: organizan rutas ecológicas, visitas guiadas y descensos en canoa.*

Sierra de Tineo, Los Oscos y la ría de Navia

Vegadeo

Capital del concejo del mismo nombre, al borde de la ría del Eo. Agradable urbanismo, parque del Medal, barrios tradicionales de Arriba y Puntía. *Excursiones: paseos por la ría; villa de Castropol, con un magnífico emplazamiento y buenos ejemplos de arquitectura indiana. Hay varias forjas de hierro en el concejo.*

Casa Galán
Louteiro. Tfs 98/563 45 59 y 639/25 57 72
Bella construcción de piedra y pizarra, emplazada en una pequeña aldea en una zona de praderías próxima a la ría del Eo, con jardín y huerto de frutales. Tiene sala con chimenea, comedor, 1 habitación sencilla y 3 dobles, todas con baño, algunos en el exterior. Precios: habitación sencilla 4.000; doble con baño exterior 5.000; con baño 6.000; desayuno 500; cena 1.500.

Villanueva de Oscos

Capital del municipio del mismo nombre, en el corazón de Los Oscos. Conserva los restos del monasterio de Sta. María, del s. XII. *Excursiones: area recreativa de Sta. Eufemia; garganta de Morán. Venta de artesanía en el hotel Oscos.*

Oscos (**)
Tfs. 98/562 12 01 y 562 13 03
Edificio de piedra que imita la arquitectura románica, situado frente a las ruinas del monasterio. Tiene salón con chimenea, comedor, 3 habitaciones sencillas y 6 dobles, todas con baño. Precios (según temporada): habitación sencilla de 3.760 a 5.390; doble de 5.390 a 7.490; desayuno 600; comida o cena 1.600. *Observaciones: información sobre el entorno.*
✉ Trato excepcional. Equipamiento muy bueno.

Santa Eufemia
Sta. Eufemia. Tfs. 98/562 12 01 y 562 13 03
Núcleo de turismo rural situado en una pequeña aldea e integrado por un conjunto de viviendas bien restauradas, con un jardín común. Incluye 1 casa con capacidad para 5/7 personas y con mobiliario antiguo de la zona, y 2 partamentos para 4/6 personas. Precios (según temporada): apartamento de 8.560 a 10.150; desayuno 600; comida o cena 1.600. *Observaciones: alquiler de bicicletas.*

Apartamentos y casas de alquiler completo

Barcia

Freixe
Tf. 98/562 12 15
Antigua casa de piedra, emplazada junto a un molino y una ermita. Cocina-salón con chimenea, 1 habitación sencilla y 2 dobles, con 1 baño. Precios (según temporada): día de 10.000 a 12.000. *Observaciones: hay 1 apartamento para 2 personas en la misma casa.*

Barres

Casa del Ferreirón
Salcedo
Tf. 98/563 63 55
Casa de piedra y pizarra, de los años 40, con huerta, jardín y barbacoa. Interior apto para minusválidos, salón-comedor, cocina, 4 habitaciones dobles y 2 baños. Precios (según temporada): día de 20.000 a 23.000.

Barres

El Ferreirón
Salcedo
Tf. 98/563 63 55
Antiguas cuadras de comienzos del s. XX, con un patio empedrado, jardín, huerto y barbacoa. Tiene 4 apartamentos con capacidad para 2/3 ó 2/4 personas. Precios (según temporada): 2/3 plazas de 6.500 a 8.000; 2/4 plazas de 7.500 a 9.000.

Bres

Aniceto
Tf./fax 98/564 68 53
Caserón reconstruido, con 2 sencillas viviendas, una de 4 plazas y otra de 5, ambas con cocina y baño. Precios (según temporada y tipo): día de 6.000 a 8.000. *Observaciones: el propietario restaura muebles antiguos; hay otra vivienda para 6 personas.*

Apartamentos y casas de alquiler completo

Bres

Pilar
Arrojo
Tfs. 98/564 67 53 y 564 68 49
Mínima casa de aldea, en una finca aislada con huerta y granja. Chimenea de leña, cocina, 2 habitaciones dobles y 1 baño. Precios: día 9.000. *Observaciones: la propiedad alquila otra casa; clases de telar.*

Canero

El Bolero
Tf. 98/547 50 40
Casa de mediados de siglo, con huerta, rodeada de frutales y cercana al río Esva. Sala de estar, 1 habitación sencilla, 2 dobles y 1 baño. Precios (según temporada): día de 5.000 a 8.000. *Observaciones: excursiones a caballo; la propiedad alquila otra casa de 4 plazas.*

Las Golondrinas
Chano de Canero
Tf. 98/547 50 88
Casa de dos plantas, rehabilitada, con jardín y un pequeño porche. Salón-comedor, cocina, 1 habitación sencilla, 2 dobles y 1 baño. Precios (según temporada): día de 5.500 a 11.000.

Castropol

Casa Huerta
San Juan de Moldes
Tfs. 91/738 09 84 y 600/38 60 15
Sencilla casa de nueva construcción, con huerta y jardín. Tiene 2 apartamentos, con cocina-salón-comedor, 2 habitaciones dobles, 1 baño y 1 aseo. Precios (según temporada): día de 6.500 a 8.500.

Fontela
San Roque
Tfs. 98/563 50 30 y 562 32 83
Casa de 100 años de antigüedad, restaurada, al borde de la ría, con jardín. Mobiliario antiguo, salón-comedor, cocina, 1 habitación sencilla, 1 doble y 1 baño. Precios (según temporada): día de 6.500 a 8.500.

Castropol

Las Campas
Tf. 98/562 31 16
Conjunto de 3 apartamentos, en una casa tradicional rodeada de praderas. Salón con chimenea, cocina, terraza y 2 habitaciones dobles. Precios (según temporada): apartamento, de 6.000 a 8.000 diarias. *Observaciones: la propiedad alquila una casa para 8 personas.*

Navelgas

Lín de Nicolás
Tf. 98/580 63 30
Conjunto de tres casas de aldea unidas por un corredor, todas con salón, cocina, 1 habitación doble y 1 baño. Precios: vivienda 6.000 diarias. *Observaciones: alquiler por quincenas en verano y mínimo 2 días el resto del año; tareas agrícolas.*

Oballo

Menéndez
Tfs. 98/581 03 08 y 689/90 34 05
Antigua casa de labranza, con un bonito patio de entrada. Interior con paredes de piedra y suelos de pizarra y tarima, salón-cocina con chimenea y 4 habitaciones dobles con baño. Precios (según temporada): día de 18.000 a 20.000.

Oballo
Tf. 98/581 34 06
Edificio de las antiguas escuelas, en un pueblo muy cercano al bosque de Muniellos. Tiene 4 apartamentos, 1 para 8 personas, y 3 para 4 personas, con cocina-comedor, 1 habitación doble y 1 baño. Precios (según temporada y tipo): apartamento de 5.000 a 7.000 diarias.

Rellanos

Claudio
Tf. 98/580 61 44
Sencilla casa de campo, de dos plantas, en un valle cercano al nacimiento del Esva, con terraza ajardinada y un molino en las proximidades. Salón-comedor, cocina, 2 habitaciones dobles y 1 baño. Precios (según temporada): día 6.500. *Observaciones: mínimo 2 días.*

Apartamentos y casas de alquiler completo

San Martín de Oscos

La Trapela
Tf. 98/597 75 96
Hermosa casa rústica de 400 años, rodeada de prados y con una leyenda grabada en el dintel. Salón con chimenea, cocina, 3 habitaciones dobles y 2 baños. Precios (según temporada): día de 12.000 a 15.000; desayuno 300. *Observaciones: la propiedad alquila otra vivienda.*

Casa de la Villa
Tf. 98/562 61 35
Fax 98/562 12 59
Antiguo ayuntamiento de San Martín, reconvertido en 9 apartamentos. Interior cálido, mobiliario agradable, salita, cocina, 1 habitación doble y 1 baño. Precios (según temporada): día de 6.000 a 7.000.

San Tirso de Abres

Casa Vilar
Vilar. Tf. 98/597 84 30
Bonita «casina», habilitada sobre un antiguo pajar. Interior rústico, cocina-salón con chimenea, 2 habitaciones dobles y 1 baño. Precios (según temporada): día de 6.500 a 8.500.
✉ Trato agradable. Entorno muy rural en una pequeña aldea.

Santa Eulalia de Oscos

El Tombo II
Tf. 98/562 12 05
Conjunto de 3 «casinas» tradicionales, anejas a la del propietario, con biblioteca y salón con chimenea comunes. Tienen terraza, salón-cocina, 1 ó 2 habitaciones y 1 baño. Precios (según temporada): vivienda de 6.000 a 7.000 diarias.

Villamartín
Villamartín
Tf. 98/562 61 17
Casa de aldea del s. XVIII, bien restaurada, con terraza, situada en una mínima aldea del concejo. Amplio salón, cocina tradicional, 3 habitaciones sencillas y 1 doble. Precios (según temporada): día de 8.000 a 9.000.

Santa Eulalia de Oscos

Riveras
Quintá
Tfs. 98/562 12 56 y 608/47 07 36
Antigua casa de aldea, rehabilitada, con jardín, terraza y buenas vistas. Interior cálido, cocina-sala de estar con chimenea, 3 habitaciones dobles y 2 baños. Precios (según temporada): día de 10.000 a 12.000.

Riveras
Quintá
Tfs. 98/562 12 56 y 608/47 07 36
Casona de 200 años, en un paraje apartado y con un hermoso hórreo. Tiene 2 apartamentos, ambos con sala de estar-cocina, chimenea y 4 plazas. Precios (según ocupación): apartamento de 6.000 a 8.000 diarias.

Casa de Riba
Teixeira. Tf. 98/562 61 77
Casa de 400 años de antigüedad, con establos, huerto y jardín. Tiene 2 apartamentos de 6 plazas, acogedores y muy bien rehabilitados, con chimenea, salón-cocina, baño y 2 habitaciones dobles. Precios* (según temporada): apartamento de 8.000 a 10.000 diarias.

Viduedo
Poceiras
Tf. 98/562 61 43
Caserío de estilo tradicional en un paisaje de prados. Incluye 2 apartamentos, con salón-cocina, 2 habitaciones dobles y 1 baño. Precios (según temporada): apartamento de 7.500 a 10.000 diarias. *Observaciones: tareas del campo.*

Villabajo
La Villa. Tf. 98/562 60 45
Caserío típico de la comarca, con jardín y hórreo. Tiene 1 apartamento con cocina-salón, 2 habitaciones dobles y 1 baño. Precios (según temporada): día de 6.000 a 7.000.

Apartamentos y casas de alquiler completo

Santa María

Carrileira
Tf. 98/562 70 48
Casa blasonada del s. XVI, rehabilitada, con huerto y jardín, en un paraje de bosques. Tiene 1 vivienda con sala de estar, cocina, 2 habitaciones dobles y 1 baño. Precios (según temporada): día 9.500. *Observaciones: se puede participar en tareas agrícolas.*

Serandinas

Cimadevilla
Tfs. 98/592 48 21 y 582 28 16
Antigua edificación de piedra, muy característica de la región, con hórreo y jardín. Sala de estar, cocina, 2 habitaciones dobles y 1 baño. Precios: día 8.000.

El Teixo

El Teixo
Tfs. 98/563 44 75 y 610/84 61 70
Bonita casa de labranza, con un bello entorno, jardín y una terraza con espléndidas vistas. Interior cuidado, cocina-comedor, salita, 2 habitaciones dobles y 1 baño. Precios (según temporada): día de 8.000 a 10.000.

Tol

Pumarega
Tf. 608/47 03 99
Casa tradicional, bien rehabilitada, con porche, en una finca ganadera con abundante arbolado. Incluye 3 apartamentos, con cocina-comedor, sala de estar, 1 ó 2 habitaciones dobles y 1 baño. Precios (según temporada y tipo): apartamento de 7.000 a 11.000 diarias.

Valdés

Mary Luz
Mouruso
Tf. 98/547 51 22
Casa de aldea de principios de siglo, rodeada de huerta y jardín. Sala de estar, cocina, 3 habitaciones sencillas y 1 doble abuhardillada y con salita, y 1 baño. Precios (según temporada): día de 4.000 a 11.000.

As Veigas

Casa del Cura
Tfs. 689/03 93 52 y 987/54 05 93
Casa rectoral del s. XIX, en una bella aldea abandonada. Tiene 2 plantas con viviendas independientes, ambas con salón-comedor, cocina y 1 ó 2 habitaciones dobles. Precios (según temporada y tipo): vivienda de 7.000 a 11.000 diarias.

Lugares de interés

Barcia. Localidad del concejo de Santa Eulalia de Oscos. *Excursiones: área recreativa de Pumares, con zonas de bosque autóctono; ferrería de Mazonovo.*

Barres. Pequeña aldea próxima a la localidad de Tapia de Casariego. *Excursiones: puerto pesquero de Tapia; villa de Castropol; playas de Peñarronda, Serantes y Los Campos.*

Bres. Aldea del concejo de Taramundi, donde subsisten viejas herrerías artesanales. *Excursiones: pueblo de Piñeiro; interesante conjunto etnográfico de Os Teixois, con un antiquísimo sistema de conducción de agua utilizado para mover una rueda de afilar.*

Canero. Localidad del concejo costero de Valdés, próximo al cabo Busto y a la amplia playa de la Cueva, bien abrigada de los vientos. Conserva la casona de los Llamas, del s. XV. *Excursiones: castros de Coaña y monte de la Gubia; villa de Luarca, con un bello puerto y un buen conjunto de casas palaciegas; palacio de los Sierra, en Taborcias; torre romana de Villademoros; valle de Paredes; faro y cabo de Busto; playas de Barayo, Otur y Cueva; río Esva, con una zona de hoces. En Luarca, trabajos de flores secas y tiendas de artesanía asturiana en general.*

Castropol. Villa situada en la ría del Eo, sobre un promontorio con excelentes vistas. Casonas del s. XVIII, palacio de Valledor, edificio indiano de Villa Rosita, romántico parque municipal y templo parroquial, con retablos y un bello sepulcro. *Excursiones: espacio protegido de la ría del Eo; área recreativa junto a la playa de Arnao.*

Navelgas. Localidad del concejo de Tineo, atravesada por cuatro ríos que forman el cauce del Esva. *Excursiones: monasterios de S. Miguel, en Bárcena y Sta. María, en Obona; villa de Tineo. Trabajos de forja, madreñas y «maniegos» (cestos de láminas de madera).*

Oballo. Localidad del concejo de Cangas del Narcea. *Excursiones: bosque de Muniellos, catalogado por la Unesco como Reserva de la Biosfera; rutas a pie o en bicicleta por la sierra de Oballo.*

Ver página siguiente.

Lugares de interés

San Tirso de Abres. Concejo atravesado por el río Eo, con un paisaje rural en estado puro. *Excursiones: puentes colgantes del Eo; viejas minas de oro y hierro; mole cuarcítica y legendaria de la Peña del Encanto; zonas de baño en el Eo; senderismo por la antigua vía del ferrocarril.*

Serandinas. Aldea del concejo de Boal. Conserva casas del s. XVIII. En el término abundan los cercos de piedra o "cortines", destinados antiguamente a proteger las colmenas de los osos. *Excursiones: palacio y capilla de Prelo; castros de Pendia y Coaña; embalse de Arbón; área recreativa de Pena Quemada.*

El Teixo. Aldea del concejo de Taramundi. *Excursiones: abundantes rutas de senderismo como la ruta del Agua, de los Molinos, del Oro y del Sol y la Sombra.* En **Taramundi**, *artesanía del hierro, telar y cuero.* En **Esquíos**, *casa-museo y elaboración de navajas a la vista del público.*

Valdés. Localidad del concejo del mismo nombre, situada a 2 km de la costa. *Excursiones: pintorescos puertos de Viavélez, Ortigueira y Puerto de Vega; villa de Luarca; faro y cabo de Busto; desembocadura del río Esva; playas de Barayo y Otur.*

Mallorca, Menorca y Eivissa

Binissalem (MALLORCA)

Bonita población de pasado señorial, con algunas casas nobles. *Excursiones: villa de Inca; cuevas de Campanet y oratorio de S. Miquel.* En **Santa Maria**, elaboración de «robes de llengos». En **Cabaneta** y **Pòrtol**, típicos «siurells» de cerámica. En **Inca**, vidrio artístico.

Scott's (****)

Pl. de la Iglesia 12

Tf. 971/87 01 00. Fax 971/87 02 67

Casa señorial situada en el centro del pueblo, con patio, jardín, terrazas y piscina climatizada. El interior, mimado al detalle y con un cuidado mobiliario, tiene salones de desayuno, 3 habitaciones sencillas, 8 dobles y 3 *suites*. Precios (según temporada y tipo); habitación doble de 26.000 a 29.000; *suite* de 33.000 a 36.000; desayuno incluido.

Caimari (MALLORCA)

Pueblo del municipio de Selva, próximo a la sierra de la Tramuntana. En sus orígenes fue una alquería islámica. *Excursiones: pintoresca localidad de Bini Bona; monasterio del Lluch; rutas por la sierra de la Tramuntana; cuevas de Campanet.* En **Pollença**, muebles artesanos. En **Calvari**, escuela de pintura y telas de «llengos» con delicados bordados de manteles y sábanas.

Es Castell

Bini Bona

Tf. 971/87 51 54. R. 971/72 15 08

Edificación de buena planta, en una finca de 305 hectáreas, con *solarium*, piscina y parrilla. Tiene sala de estar y 7 habitaciones dobles con baño. Precios: habitación doble 24.000, desayuno incluido; cena 4.000. *Observaciones: disponen de bicicletas de montaña; la cocina se abastece de productos de la propia finca.*

Ets Albellons

Bini Bona

Tf. 971/87 50 69. R. 971/72 15 08

Casa situada en plena montaña, en una finca arbolada. Tiene piscina, 9 habitaciones dobles con baño y 3 *suites*. Precios (según temporada): habitación doble de 22.470 a 32.624; *suite* de 33.170 a 35.952; desayuno incluido; cena 4.280. *Observaciones: cocina típica mallorquina.*

Son Siurana

Ctra. Palma-Alcùdia, km 45

Tf. 971/54 96 62. Fax 971/54 97 88

Núcleo de casas del s. XVIII retauradas, en una extensa finca agrícola y ganadera, con huerto, restos arqueológicos, piscina y barbacoa. Tienen una decoración cuidada, mobiliario antiguo, 4 habitaciones dobles y 8 casitas para 2/3 ó 4/5 personas. Precios: habitación doble 19.400, desayuno incluido; casa pequeña 22.000 diarias; grande 32.000.

Calvià (MALLORCA)

Localidad situada en el valle de Mofares, al pie del monte Galatzó y próxima a la bahía de Palma. Iglesia parroquial con una portada románica . *Excursiones: pueblos de Capdellá y Galilea; playas de Sta. Ponça y Puerto Adriano; paraje protegido de cala Figuera y cala de Portals Vells, accesible en barca desde Santa Ponça; puerto natural de Es Saluet, en Andratx, con las tradicionales "llauts" (embarcaciones); islote y punta de Sa Porrassa; playa de Magaluf.* Mercado todos los lunes, con venta de artesanía mallorquina.

Mofarés

Ctra. Calvià-Capdellá, km 0,8

R. 971/72 15 08. Fax 971/71 73 17

Bonita casa de origen medieval, con un apacible jardín, piscina, *tafona* de aceite y *pastador* (horno). Las dependencias, luminosas, rodean un patio empedrado con cisterna e incluyen salón, comedor con una gran chimenea y 6 habitaciones dobles con baño. Precios: habitación doble 24.000, desayuno incluido.

Son Malero

Tf./fax 971/67 03 01. R. 971/72 15 08

Preciosa *possessió* que tuvo sus inicios en el s. XV, con un cuidado jardín con emparrados y terrazas, situada a 1 km de Calvià, en una finca con bonitas vistas. Tiene salones, comedor, bodega, 4 habitaciones dobles con baño, 1 estudio para 2 personas y 1 apartamento para 2/3 personas. Precios: habitación doble 15.250; estudio 16.500 diarias; apartamento 18.000 diarias; desayuno incluido.

Mallorca, Menorca y Eivissa

Campanet (Mallorca)

Villa del norte de la isla, muy próxima a Pollença e integrada en un conjunto de núcleos medievales. *Excursiones: molino de agua de Sa Cova des Fangar; «puig» de Font de Sa Pega (509 m).* *Cristal artístico y alpargatas hechas a mano.*

Monnaber Nou (****)
Tf. 971/87 71 76. Fax 971/87 71 27
Hermosa *possessió* emplazada en una finca de encinas, algarrobos, almendros y olivos milenarios, con pistas de tenis, jardín y piscinas, una de ellas cubierta. El interior cuenta con gimnasio, salones con chimenea, sala de reuniones, 14 habitaciones dobles con baño y 11 apartamentos de 2/4 plazas. Precios (según tipo): habitación doble de 23.700 a 28.200, desayuno incluido; apartamento de 2 plazas 24.900.

Campos (Mallorca)

Villa situada en un paisaje llano, próximo a la playa de Es Trenc. Conserva cinco torres defensivas y un bello Ayuntamiento, sobre un edificio del s. XVI. *Excursiones: aguas termales de Campos; playas protegidas de Es Trenc; parque nacional del archipiélago de Cabrera.*

Finca S. Blai
Ctra. Campos-Colonia S. Jordi, km 2
Tf./fax 971/65 05 67 y 607/73 74 47
Casa rústica restaurada, con huerto, jardín y piscina. El interior, con mobiliario tradicional, tiene salón, 2 habitaciones dobles y 1 *suite* con entrada independiente, así como 1 apartamento. Precios: habitación doble 15.000; *suite* 18.000; desayuno incluido. *Observaciones: disponen de bicicletas; paseos a caballo y en carro con burro; observatorio astronómico.*

Son Bernadinet
Ctra. Campos-Porreres, km 5,9
Tfs. 971/18 16 50 y 18 61 49. Fax 971/18 60 43
Conjunto de edificaciones del s. XVIII, en una finca de pinares, almendros y naranjos, con huerto, jardín y piscina. El interior, con una decoración sobria y elegante, tiene comedor con chimenea, sala de reuniones, 10 habitaciones dobles y 1 suite. Precios (según tipo): habitación doble de 30.000 a 33.000; suite 38.000; desayuno incluido; comida o cena 4.000.

Ciutadella (Menorca)

Encantadora ciudad, capital de la isla durante la época musulmana y amurallada por Jaime I para protegerla de los piratas. Conserva un recoleto puerto, muy animado, bellos caserones góticos, calles con soportales y la catedral del s. XIV. *Excursiones: litoral con preciosas calas, como Turqueta, Macarella y Macarelleta; monumento funerario de la Naveta des Tudons y talayot de Binicalsitx.* *Talleres de cerámica y abarcas menorquinas; venta de artesanía en numerosas tiendas y en un mercadillo improvisado en el puerto.*

Bini Atram
Ctra. Cala Morell, km 6
Tfs. 971/38 31 13 y 619/55 92 52. Fax 971/48 28 27
Casa tradicional menorquina, en una antigua finca con jardín, pista de tenis y piscina, situada a 1 km de la costa. El interior, cuidado, tiene 7 habitaciones dobles, 3 de ellas con sala. Precios (según temporada): habitación doble de 9.000 a 11.000; con sala de 12.000 a 16.000; desayuno de 500 a 1.000.

Morvedra Nou (****)
Camí de Macarella, km 7
Tfs. 971/35 95 21 y 35 95 12. Fax 971/35 91 74
Antigua casa de campo, anterior a a 1650 y cercana a las preciosas calas Turquesa y Macarella, con terrazas, jardín y piscina. El interior, sobrio y elegante, tiene salones con chimenea, bar, comedor y 17 habitaciones dobles con baño. Precios (según temporada): habitación doble de 17.850 a 25.900. *Observaciones: facilitan información sobre la zona.*

Sant Ignasi (****)
Ctra. Cala Morell, km 0,2
Tf. 971/38 55 75. Fax 971/48 05 37
Bonita casa solariega del s. XVIII, rodeada de encinas centenarias y un hermoso jardín, con piscina. El interior, bien amueblado y decorado con colores cálidos, tiene salón, bar y comedor en un edificio independiente, así como 17 habitaciones dobles, algunas con su propio jardín. Precios (según temporada): habitación doble de 16.000 a 32.000, desayuno incluido.

Costitx
(MALLORCA)

Localidad situada en el centro de la isla. Cuenta con un museo arqueológico y un notable observatorio astronómico. *Excursiones: cerro de Sta. Magdalena, con excelentes vistas de la sierra de la Tramuntana.*

Son Porró
Tf. 971/18 20 13. R. 971/72 15 08

Conjunto residencial de tres casas independientes, en una finca con huerto, piscinas y una zona ajardinada. Las viviendas, rústicas, tienen salas de estar con chimenea, cocina y un total de 5 habitaciones dobles, 3 *suites* y 1 *bungalow*. Precios (según temporada): habitación doble de 16.000 a 20.000; *suite* de 21.000 a 25.000; desayuno incluido; comida o cena 2.500.

Deià
(MALLORCA)

Simpática localidad costera encaramada sobre un cerro y unida al paso de numerosos artistas y escritores, como Robert Graves, que descansa en su cementerio. Pequeño museo de pintura y etnografía. *Excursiones: punta de Sa Foradada, en Deià; parajes de la sierra de la Tramuntana. Tiendas de artesanía. En* ***Miramar****, «ventafocs». En* ***La Fiore****, fábrica de vidrio.*

Sa Pedrissa
Ctra. Valldemossa-Deià, km 64,5
Tf. 971/63 91 11. Fax 971/63 94 56

Finca del s. XVI, perteneciente más tarde al archiduque Luis Salvador de Austria, con jardines, piscina, mirador sobre el mar y primitiva prensa de aceite. Tiene salón, 1 habitación sencilla, 6 dobles y 3 *suites*. Precios (según temporada): habitación doble de 30.000 a 35.000; *suite* de 38.250 a 60.000; desayuno incluido; comida o cena de 4.000 a 6.000.

S'Hotel d'es Puig
Puig 4. Tf. 971/63 94 09. Fax 971/63 92 10

Hotel familiar y acogedor de comienzos de siglo, reformado recientemente, con piscina, bar, una pequeña terraza y vistas al pueblo. Tiene salón con juegos de mesa, comedor y 8 habitaciones dobles con baño. Precios (según temporada): habitación doble de 12.000 a 13.000, desayuno incluido.

Felanitx
(MALLORCA)

Ciudad situada entre el Plá y la Marina. Conserva una iglesia iniciada en el s. XIV. *Excursiones: castillo de Santueri; santuario de Sant Salvador; monte Consolació, con una pequeña ermita y excelentes panorámicas de la zona; bello paisaje litoral de Sa Punta y S'Algar; paraje protegido de cala Mitjana; parque nacional del archipiélago de Cabrera, accesible desde la colonia de Sant Jordi; cuevas del Drac y Artá; cola d'Or. Cerámica y reproducción de vajillas antiguas, típicas de la zona; cerrajería artística; jerseis y prendas de punto.*

Es Passarell
Segunda Vuelta 117
Tfs./fax 971/18 30 91 y 55 71 33

Edificio tradicional en una extensa finca de naranjos y limoneros, con huerta ecológica, jardín mediterráneo, piscina y *solarium*. El interior, decorado con antigüedades y cuadros originales, a la venta, tiene salón, comedor, 6 habitaciones dobles y 6 apartamentos. Precios (según tipo): habitación doble de 14.000 a 18.000; apartamento 24.000; desayuno incluido.

Sa Posada D'Aumallia
Camí Son Prohens 1027
Tf. 971/58 26 57. R. 971/72 15 08

Bella *possessió*, entre el hotel tradicional y el alojamiento rural, decorada con buen gusto. Dispone de piscina, jardín y un total de 14 habitaciones dobles con baño y muebles de estilo. Precios (según temporada): habitación doble de 20.330 a 25.144, desayuno incluido. *Observaciones: cocina tradicional mallorquina.*

Ferreries
(MENORCA)

Villa agrícola situada en un lugar céntrico de la isla, próximo a la bellísima cala Galdana. *Excursiones: monte Toro, coronado por un santuario y con espléndidas vistas de la isla; calas Mitjana y Mitjaneta; yacimientos arqueológicos y canteras de cal.*

Bini-Said
Ctra. a Cala Galdana, km 4,3
Tfs. 971/35 23 03 y 15 50 63

Sencilla edificación encalada, con piscina y un amplio porche, rodeada de finca agrícola. Tiene salón, una pequeña biblioteca de temas locales y 6 habitaciones dobles, 3 de ellas con baño, así como 1 baño compartido. Precios: habitación doble 10.000; con baño 12.000; desayuno 500.

Mallorca, Menorca y Eivissa

Fornalutx (Mallorca)

Pequeña y pintoresca población, próxima a Sóller. Iglesia de Santa María, de comienzos del s. XVII. *Excursiones: cala Tuent, con olivos al borde del mar; senda de Sa Costera, que une Sóller con Tuent pasando por varias "possessions".*

Balitx d'Avall

Tf. 608/63 10 11. R. 971/72 15 08

Possessió en una finca agrícola a 13 km del pueblo, con grandes árboles, capilla y almazara. El interior, amueblado con gusto, incluye 7 habitaciones dobles, algunas abuhardilladas y 3 de ellas en una torre medieval del s. XIII. Precios: persona/día 6.500 (con media pensión). ***Observaciones: parte del camino de acceso es por pista de montaña.***

Ca'n Reus

C/ L'Auba 26. Tf./fax 971/63 11 74

Casa tradicional mallorquina del s. XVII, con jardín, piscina, terraza y excelentes vistas, situada en el corazón de la sierra de la Tramuntana. El interior, con mobiliario antiguo y decoración rústica, tiene sala con chimenea, 6 habitaciones dobles y 1 *suite*. Precios (según tipo): habitación doble de 12.000 a 16.000; *suite* 18.000; desayuno incluido.

Inca (Mallorca)

Ciudad emplazada al pie de la sierra de la Tramuntana, con un núcleo histórico en torno al convento de S. Francisco. *Excursiones: monte de Santa Magdalena, con excelentes vistas de la isla y la sierra; cueva de Campanet. Vidrio artístico decorado a mano; venta de artículos de piel.*

Son Vivot

R. 971/72 15 08. Fax 971/71 73 17

Antigua propiedad mallorquina situada a 3 km. de Buger, en una finca con arbolado y piscina. Tiene salones comunes, chimenea, biblioteca, 2 habitaciones dobles y 1 *suite*. Precios: habitación doble 15.974; *suite* 18.304; desayuno incluido. ***Observaciones: cocina a disposición de los huéspedes; alquiler de bicicletas.***

Llucmajor (Mallorca)

Población cercana a Palma, sobre un terreno llano, junto a la costa. Conserva un núcleo del s. XIV y la iglesia de San Miguel, de la misma época. *Excursiones: santuarios de Grácia y de Cura, con excelentes vistas de la isla; poblado prehistórico de Capocorb Vell; localidad de Randa, con calles empedradas; macizo de Randa, donde se conservan algunas de las ermitas más antiguas de la isla y restos de numerosos Q'nat (conducciones subterráneas de agua) de origen árabe; espacio protegido de la Marina de Lluchmajor, con parajes como cala Pi y el cabo Enderrocat. Mercado al aire libre con venta de artesanía. Museo etnográfico en el Molí d'en Gaspar, donde se exhiben aperos del campo.*

Perola

Ctra. Llucmajor-Porreres, km 5,5
Tf./fax 971/12 11 43

Antigua granja de estilo mallorquín, en una finca con ganado, cultivos y un pequeño huerto de naranjos y frutales, con piscina, terraza y solarium. Tiene un acogedor comedor con chimenea y 5 habitaciones dobles, con baño y terraza. Precios (según tipo): habitación doble de 14.000 a 18.000, desayuno incluido. ***Observaciones: vino y embutidos caseros.***

La Verana

Ctra. militar Cabo Blanco, km 32
R. 971/72 15 08. Fax 971/71 73 17

Agradable edificación en una finca de 3 hectáreas, con piscina, situada a 8 km de la playa de Es Trenc. Tiene 4 habitaciones dobles y 2 *suites*, todas con baño. Precios: habitación doble 19.500; *suite* 23.500; desayuno incluido. ***Observaciones: cocina francesa.***

Manacor (Mallorca)

Ciudad situada al norte de la sierra de Llevant, a poca distancia de la costa. Torre de Ses Puntes, del s. XIV, y convento dominico de San Vicente Ferrer, fundado a mediados del s. XVI.

Ver página siguiente.

Es Pla Nou

Ctra. Felanitx-Petra, km 8
Tf. 971/18 32 13. R. 971/72 15 08

Finca de 8 hectáreas, con jardín y piscina. Tiene 4 habitaciones dobles con baño y 4 apartamentos con cocina-comedor, capacidad para 4 personas y 1 baño. Precios: habitación doble 10.500; apartamento 13.850 diarias; desayuno 900; cena 2.200.

Manacor (MALLORCA)

Ver página anterior.
Calas des Serrall, Barques y Virgili; cuevas del Drac y dels Ams, con espectaculares formaciones de estalactitas y estalagmitas; acantilados de cala Magraner. Objetos de piedra tallada; guarnicionería; perlas; artesanía del olivo.

La Reserva Rotana
Camí de S'Avall, km 3
Tf. 971/84 56 85. Fax 971/55 52 58
Bella casa del s. XVII, en una extensa finca con zona de reserva natural, un cuidadísimo jardín, piscina y campo de golf privado. El interior, con un esmerado mobiliario de estilo, tiene salones, comedor, 10 habitaciones dobles y 9 *suites*. Precios (según tipo): habitación doble de 32.000 a 68.000, desayuno incluido; comida o cena 8.000.

Muro (MALLORCA)

Villa de origen islámico próxima a la bahía de Alcúdia. Conserva una iglesia del s. XVI. *Excursiones: parque natural de S'Albufera, con dunas, zonas de marisma, plataformas de madera y observatorios de aves. Museo Etnológico, en un hermoso caserón del s. XVIII.*

Son Serra
R. 971/72 15 08. Fax 971/71 73 17
Edificio del s. XVIII en una extensa finca, con jardín y piscina, situada en el parque natural de S'Albufera. Dispone de 15 habitaciones dobles con baño. Precios (según temporada): habitación doble de 18.000 a 20.000, desayuno incluido; comida o cena 3.000. *Observaciones: organizan excursiones a pie y a caballo.*

Orient (MALLORCA)

Pequeño pueblo del municipio de Bunyola, en un valle interior de la sierra de Tramuntana y próximo a Sóller. *Excursiones: restos talayóticos; castillo de Alaró, con excelentes panorámicas de la isla; torrente de Coanegra y parajes de la sierra de Tramuntana.*

Son Terrassa
R. 971/72 15 08. Fax 971/71 73 17
Preciosa *possessió* del s. XVI, con piscina, jardín, patio con pozo y capilla. El interior, amueblado al estilo de la isla, cuenta con una sala presidida por una gran chimenea, cocina y 5 habitaciones dobles. Precios: habitación doble de 12.000; *suite* 14.000; desayuno incluido. *Observaciones: biblioteca para uso de los huéspedes.*

Porreres (MALLORCA)

Antigua villa agrícola del Pla mallorquín, asentada al pie del monasterio de Monti-Sion y en una zona de abundantes molinos de viento. Conserva la iglesia de la Consolación, la capilla de l'Hospitalet, del s. XVI y una buena colección de «cruces de término». *Excursiones: poblado talayótico de Es Pou Salat; talayot de Baulenes; playas de Es Trenc, Ses Covetes y Es Carbó. Elaboración de objetos de latón; talleres de carpintería, toneles y sillas; zapatos artesanos; tejas y macetas.*

Son Mercadal
Ctra. Porreres-Campos, km 3
Tf./fax 971/18 13 07
Edificación del s. XIX, en una extensa finca de bosques y almendros y rodeada por un precioso jardín con estanque, emparrado y piscina. El interior, con mobiliario mallorquín, tiene salón-comedor con chimenea y 6 habitaciones dobles con baño. Precios: habitación doble 16.000, desayuno incluido. *Observaciones: excursiones en bicicleta y en carritos con burros.*

Sa Bassa Rotja (****)
Camí Sa Pedrera s/n
Tf. 971/18 16 25. Tf./fax 971/16 82 25
Antigua *possessió* mallorquina, con vestigios del s. XIII, en una típica finca del Pla, con jardín, piscina, terrazas y patios. Tiene amplios salones, salas de estar, restaurante, biblioteca y 21 habitaciones dobles con baño. Precios (según temporada y tipo): habitación doble de 22.000 a 37.200, desayuno incluido; cena 4.100. *Observaciones: bicicletas y tiro con arco.*

Porto Cristo (MALLORCA)

Villa próxima a Manacor, situada entre cala Morlanda y s'Estany d'en Mas. Conserva la basílica paleocristiana de Sa Carroja Vella, en una cala que sirvió de puerto natural en la antigüedad. *Excursiones: yacimientos talayóticos de Son Moro; cuevas del Drac y Ams.*

Ses Rotetes
Ctra. Porto Cristo-Porto Colom, km 13,9
R. 971/72 15 08. Fax 971/71 73 17
Casa tradicional en una extensa finca, con jardines, piscina y *solarium*, a 1 km del mar. Cuenta con 2 habitaciones dobles y apartamentos, para 2, 4 y 6 personas, con cocina, salón con chimenea y baños. Precios (según temporada): habitación doble de 9.800 a 11.800, desayuno incluido; apartamento de 2 plazas de 10.000 a 14.000 diarias; desayuno 1.000.

Mallorca, Menorca y Eivissa

Sant Francesc (Mallorca)

Parroquia dependiente de la ciudad de Palma, situada entre Can Pastilla y El Arenal. *Excursiones: paraje litoral de Es Carnatge, en Coll d'en Rabassa; cabo Enderrocat.*

Posada d'es Moli
Es Pil-larí
Tf. 971/26 05 93. Fax 971/26 93 68
Bello conjunto de edificios del s. XIX, con molino de viento, en una finca agrícola de hortalizas y frutales, con jardines y piscina. Tiene salas de música y juegos, bar-comedor, chimeneas, 3 habitaciones sencillas, 11 dobles y 2 *suites*, todas con baño. Precios (según temporada): habitación doble de 23.800 a 25.950, desayuno incluido. *Observaciones: disponen de bicicletas.*

Sant Josep (Eivissa)

Localidad situada al oeste de la isla, cerca de la capital. *Excursiones: mirador de Cubells; ermita de la Mare de Déu del Carme, con vistas de la isla de Formentera; playa del Codolar y Sa Caleta. Venta de artesanía y ropa ibicenca en la ciudad de Eivissa.*

C'An Jondal
Tf. 971/18 72 70. Fax 971/80 02 55
Típica construcción ibicenca situada a 1 km del litoral, en un entorno tranquilo, con huerta ecológica, piscina y una agradable terraza para desayunos. Tiene sala de estar, cocina a disposición de los huéspedes y 7 habitaciones dobles con baño. Precios (según temporada): habitación doble de 11.000 a 16.000, desayuno incluido. *Observaciones: senderismo; masajes; clases de yoga; paseos en velero; trayectos en avioneta por la isla.*

Sant Lluis (Menorca)

Pueblo situado en una zona llana al sur de la isla, junto a un litoral rocoso. Conserva la iglesia parroquial del s. XVIII. *Excursión: curioso núcleo turístico de Binibèquer, réplica de un pueblo mediterráneo; torre de vigilancia del s. XVIII; calas de Sant Esteve y Rafalet; isla de l'Aire.*

Alcaufar Vell
Ctra. Cala Alcaufar, km 7,3
Tf. 971/15 18 74. R. 971/72 15 08
Casa señorial, rodeada de jardines y situada a 3 km del pueblo, en una extensa finca que incluye una zona costera. Tiene salón-comedor con chimenea y 5 habitaciones dobles, 2 de ellas con baño y salita. Precios (según temporada): habitación doble de 11.500 a 13.500; con baño de 13.000 a 15.500. *Observaciones: disponen de bicicletas y juegos.*

Biniarroca
Camí Vell 57
Tfs. 971/15 00 59 y 607/46 09 42. Fax 971/15 12 50
Casa rústica del s. XVI, cuidadosamente rehabilitada, con jardines, cenador, terrazas y piscina climatizada. El interior, decorado con antigüedades y mobiliario de época, tiene salones, comedor, 6 habitaciones sencillas y 6 dobles, todas con baño. Precios (según temporada y tipo): habitación doble de 15.000 a 27.000, desayuno incluido.

Sant Miquel de Balansat (Eivissa)

Parroquia del municipio de S. Joan de Labritja, asentado en una zona en la que se abre el profundo puerto de Balansat. Iglesia de S. Miquel, del s. XIV. *Excursiones: comarca de Ets Amunts; parajes de Aubarca y Ses Fontanelles.*

Ca's Pla (****)
Tf. 971/33 46 03. Fax 971/33 46 04
Hotel rural, con piscina, un cuidadísimo jardín y terrazas con vistas al mar, situado en lo alto de una colina próxima al puerto de S. Miquel. El interior, decorado con antigüedades y con mobiliario tradicional, tiene comedor, salones con chimenea, 4 habitaciones dobles y 12 *suites*. Precios (según temporada y tipo): habitación doble de 17.120 a 25.680; *suite* de 21.400 a 32.100; desayuno 1.605.

Santa Margalida (Mallorca)

Localidad próxima a la bahía de Alcúdia Iglesia con un bello retablo gótico. *Excursiones: parque natural de S'Albufera, con itinerarios para la observación de aves; puerto de Alcúdia; necrópolis de Son Real, del s. VII a. de C.*

Casal de Santa Eulàlia
Ctra. Santa Margalida-Alcúdia, km 6
Tf. 971/18 51 59. Fax 971/18 51 61
Conjunto de edificaciones, originarias del s. XIII, en una finca próxima a la bahía de Alcúdia, con pinares, cultivos, un extenso jardín y piscinas. El interior conserva el *celler*-comedor, la claustra, salones, bar y un total de 25 habitaciones repartidas en distintas casas. Precios (según tipo): habitación doble de 25.200 a 27.800. *Observaciones: paseos a caballo.*

Secar de la Real (MALLORCA)

Barrio próximo a la ciudad de Palma, al norte del casco urbano. *Excursiones: ciudad de Palma, construida sobre una espléndida bahía y con un buen conjunto monumental: catedral, palacio de la Almudaina, restos de la muralla, baños árabes, judería y castillo de Bellver.*

Son Espases Nou

R. 971/72 15 08. Fax 971/71 73 17

Típico caserón mallorquín, con piscina. Tiene salón-comedor con chimenea, 3 habitaciones dobles, con 1 baño compartido, y 2 *suites*. Precios: habitación doble 14.000; *suite* 18.000; desayuno incluido. *Observaciones: comidas previo encargo; disponen de caballos y bicicletas; estancias mínimas de 3 días.*

Sencelles (MALLORCA)

Pueblo situado en el centro del Plá mallorquín. Buen conjunto de caserones y Casa de la Villa, del s. XVII. *Excursiones: paraje protegido del "puig" de Son Cos.*

Son Jorda

Rubert. R. 971/72 15 08. Fax 971/71 73 17

Finca del s. XVIII, emplazada en la pequeña localidad de Rubert. Tiene piscina, solarium, sala de estar con chimenea y 6 habitaciones dobles con baño. Precios (según temporada): habitación doble de 14.000 a 18.000, desayuno incluido. *Observaciones: se organizan excursiones a pie y en bicicleta; tiro con arco.*

Ses Salines (MALLORCA)

Localidad próxima a un litoral accidentado, lleno de pequeños islotes. *Excursiones: balneario de S. Joan de la Font Santa; yacimientos púnicos en el islote de Na Guardis; cabo de Ses Salines; playas Dolç y Es Carbó; islote y playa de Es Garagol; dunas de Es Trenc y lagunas del Salobrar de Campos, donde es posible observar flamencos; parque nacional del archipiélago de Cabrera.*

Es Palmer

Ctra. Campos-Colonia S. Jordi, km 6,4

Tf./fax 971/18 10 63. R. 971/72 15 08

Antigua casa de payés, con molino, huerto ecológico, piscina y terraza junto a un palmeral. El alojamiento, decorado con cerámica y muebles de la isla, se reparte en 10 habitaciones dobles con baño y acceso independiente. Precios: habitación doble de 16.800 a 18.800, desayuno incluido; cena 2.800.

S'Hort d'es Turó

R. 971/72 15 08. Fax 971/71 73 17

Casa de campo próxima a la playa, con jardín, piscina y buenas vistas. Tiene una decoración cuidada, salón con chimenea, grandes ventanales y 4 habitaciones dobles con baño, una de ellas con sala. Precios: habitación doble 14.000, desayuno incluido. *Observaciones: cierra de noviembre a enero.*

Es Turó

Camí de Cas Perets

Tf. 971/64 95 31. Fax 971/64 95 48

Coqueto hotel rural, sobre una colina con excelentes vistas del mar, rodeado de jardín y arbolado, con piscina y terrazas. El interior, con decoración rústica, tiene sala de antigüedades, sala con chimenea, comedor y 12 habitaciones dobles con baño. Precios: habitación doble 20.000, desayuno incluido; con media pensión 26.000.

Sóller (MALLORCA)

Villa situada junto a la sierra de Tramuntana. Iglesia parroquial de S. Bartomeu, del s. XVI y Ayuntamiento, del s. XVII. *Excursiones: valle y puerto de Sóller, accesible por un trenecito; santuario de Sta. Catalina des Port.*

Ver página siguiente.

Ca's Sant

Camí Fontanelles 34

Tf. 971/63 02 98. Fax 971/63 49 72

Finca de naranjos, emplazada a 800 m del pueblo y próxima al mar, con un romántico jardín, piscina y terrazas. El interior, con mobiliario del s. XVIII, tiene comedor, 1 habitación doble y 4 suites, con acceso directo al jardín. Precios (según tipo): habitación doble de 24.000 a 26.000, desayuno incluido; comida o cena 3.200.

Sóller
(MALLORCA)

Ver página anterior.
Encantadora localidad de Deià, con acantilados; parajes de Sa Calobra y Torrent de Pareis; zona de baños de arcilla; posibilidad de travesías en barca desde Sóller hasta Sa Calobra; sendas del Archiduque en Es Teix y Son Moragues. Talleres de cerámica y calzado típico mallorquín. En ***Guardiola*** *y* ***Menestralia****, artesanos del vidrio.*

Ca'n Coll
Camí de Ca'n Coll, 1
Tf. 971/63 32 44. Fax 971/63 19 05
Hermosa edificación situada a 3 km del puerto de Sóller, con jardín, piscina y un huerto con abundantes árboles frutales. Dispone de 1 habitación sencilla, 5 dobles y 3 *suites*. Precios: habitación doble 26.750; *suite* 39.920; desayuno incluido; cena 4.280. *Observaciones: cocina naturista.*

Ca N'aí
Camí de Son Sales 50
Tf. 971/63 24 94. Fax 971/63 18 99
Preciosa casona de 3 plantas, con reminiscencias árabes, cerca de la costa y rodeada de naranjos y limoneros. Tiene jardín, piscina y el interior incluye un salón con chimenea y 11 *suites* con baño y terraza. Precios: *suite* 34.000, desayuno incluido; cena 3.800.

Valldemossa
(MALLORCA)

Villa famosa por su cartuja, que conserva una graciosa botica y el recuerdo de ilustres huéspedes. *Excursiones: puerto de Valldemossa; finca de Son Marroig y monasterio de Miramar; ruta de Sa Font des Obits. Artículos de piel, cerámica y cristal artístico; trabajos de forja.*

Son Brondo
Ctra. Palma-Valldemossa, km 14,3 y 15,2
Tf./fax 971/61 61 90. R. 971/72 15 08
Casona del s. XVI, con un patio típico, piscina, establos, *tafona*, capilla y un jardín con gran variedad de árboles. Su interior, decorado con muebles antiguos, cuenta con 3 habitaciones dobles y 3 *suites*. Precios: *suite* o habitación doble con terraza 22.000; desayuno 1.500. *Observaciones: cocina típica mallorquina.*

Apartamentos y casas de alquiler completo

Alcúdia (MALLORCA)

Ca'n Faveta
Tf. 971/53 01 52
Fax 971/53 50 04
Bella casa de dos plantas,cercana a la bahía de Alcudia. Decoración cuidada, salón con chimenea, 6 habitaciones dobles y 3 baños. Precios (para 8 personas): día 24.000. *Observaciones: mínimo 4 días; productos de la huerta.*

Campanet (MALLORCA)

Fangar
Tf. 971/51 69 02
R. 971/72 15 08
Finca con piscina, *solarium* y barbacoa, en el valle de S. Miguel. Dos viviendas, con cocina, salón-comedor, 2 ó 4 plazas y 2 baños. Precios: 2 personas 19.000 diarias; 4 personas 25.000 diarias; desayuno incluido. *Observaciones: alquiler de bicicletas.*

Esporles (MALLORCA)

Son Ferrà
Tf. 971/61 04 05
R. 971/72 15 08
Casa señorial del s. XVII, en una finca de olivos y frutales. Tiene 2 viviendas, rústicas y agradables, con salón, chimenea y 4 ó 5 plazas. Precios (según capacidad): de 17.500 a 19.500 diarias. *Observaciones: juegos de mesa y pista de tenis.*

Felanitx (MALLORCA)

Son Mayol
Tfs. 971/18 35 82 y 58 09 00. R. 971/72 15 08
Finca del s. XVI, con piscina, jardín, establos y capilla. Salón con chimenea, 2 habitaciones dobles y 2 apartamentos de 2/4 plazas. Precios (según ocupación): apartamento de 16.000 a 18.000 diarias; desayuno 1.000; cena 2.500.

Apartamentos y casas de alquiler completo

Llucmajor (Mallorca)

Son Galileu
R. 971/72 15 08
Fax 971/71 73 17
Vivienda rústica, en una finca a pocos kilómetros de la costa. Salón, cocina y 3 habitaciones dobles con 2 baños. Precios (según ocupación): día de 16.000 a 30.000; desayuno 1.200. *Observaciones: elaboración de quesos y embutidos.*

Son Cortera Vell
R. 971/72 15 08
Casa de payés del s. XVI, a 6 km de la playa en una finca agrícola y ganadera, con jardín y piscina. Tiene 2 apartamentos con salón, cocina y 4/6 plazas. Precios (según ocupación): apartamento de 16.500 a 19.600 diarias. *Observaciones: mínimo una semana.*

Sa Bassa Plana
Tfs. 971/12 30 03 y 73 01 80 R. 971/72 15 08
Vivienda del s. XVIII, con jardines, barbacoa y piscina. Tiene sauna, 3 habitaciones, 6 estudios y 1 casa para 6/8 personas. Precios: estudio 25.000 diarias; casa 50.000. *Observaciones: mínimo fin de semana o semana completa.*

Manacor (Mallorca)

Son Amer
Tf. 971/58 25 94
R. 971/72 15 08
Caserón señorial, con huerto, jardín y piscina, a 4 km de Felanitx. Dos viviendas con terraza, cocina-comedor, sala de estar, chimenea y 3 habitaciones dobles con baño. Precios (según ocupación: día de 20.000 a 24.000.

Es Rafal Podent
R. 971/72 15 08
Fax 971/71 73 17
Edificio en un paraje de bosque y huerta, con un torreón que antaño vigilaba las invasiones berberiscas. Dispone de 5 apartamentos de 2 a 5 plazas. Precios (según temporada y tipo): apartamento de 11.500 a 18.800 diarias; desayuno 1.000.

Manacor (Mallorca)

Son Cifre Nou
Tf. 971/18 36 87
Fax 971/84 31 24
Antigua granja situada a 10 km del pueblo, con jardín, piscina y *solarium*. Incluye 4 apartamentos con salón, cocina, 1 baño y 2 ó 4 plazas. Precios: apartamento de 2 plazas 10.000 diarias; 4 plazas 15.000 diarias; desayuno 1.000.

Son Josep Baix
Tf./fax 971/65 04 72
R. 971/72 15 08
Edificación rústica, a 1 km de la playa, con zonas de bosque, cultivos y piscina. Incluye 4 apartamentos para 2 personas y 2 cuádruples, con sala, cocina y 1 ó 2 baños. Precios: apartamento de 2 plazas 15.200; 4 plazas 24.500 diarias.

Son Verd
R. 971/72 15 08
Fax 971/71 73 17
Finca rústica del s. XVI, con piscina y pista de tenis, en una reserva natural. Biblioteca y 4 apartamentos de 2 a 4 plazas. Precios (según tipo): apartamento de 9.000 a 17.000 diarias; desayuno 900. *Observaciones: organizan excursiones.*

Pollença (Mallorca)

C'an Cap de Bou
Tf./fax 971/27 21 59
R. 971/72 15 08
Edificación ganadera con dependencias en torno a un palmeral, convertidas en 2 casas y 4 apartamentos. Precios (según temporada): apartamento de 2/3 plazas de 13.000 a 15.000 diarias; casa de 8 plazas de 24.000 a 29.000 diarias; desayuno 1.000.

Sant Joan de Labritja (Eivissa)

Can Martí
Tf. 971/33 35 00
Fax 971/33 31 12
Construcciones tradicionales en una finca con huerto ecológico. Incluyen 1 habitación doble, 2 estudios y 1 casita, con cocina y 3/4 plazas. Precios (según temporada): estudio de 11.000 a 14.000; casita de 18.000 a 23.000; desayuno 1.000.

Mallorca, Menorca y Eivissa

Apartamentos y casas de alquiler completo

Santa Eugènia (Mallorca)

Sa Torre
R. 971/72 15 08
Fax 971/71 73 17
Possessió de viticultor del s. XVI, con jardín, piscina y el antiguo *celler* abovedado. Incluye 4 apartamentos, 1 de 2 plazas, 2 de 4 y otro de 7, con sala, cocina y baño. Precios (según tipo): apartamento de 17.000 a 35.000 diarias.

Santa Margalida (Mallorca)

Son Fló
R. 971/72 15 08
Fax 971/71 73 17
Edificación con jardín, piscina y *solarium*, a 3 km de C'an Picafort. Incluye 2 estudios y 2 viviendas con cocina, salas, chimenea, 3 habitaciones dobles y 2 baños. Precios (según temporada): vivienda de 15.000 a 23.000 diarias; desayuno 1.250.

Santanyí (Mallorca)

S'Hort de Can Carrió
Tfs. 971/65 36 29 y 65 41 74. Fax 971/16 33 54
Antigua construcción rehabilitada, rodeada de huerto, patio empedrado con piscinas para niños y adultos y un jardín de palmeras. Sala de estar, cocina y 2 habitaciones dobles con baño. Precios*: día 25.000.

S'Espinagar (Mallorca)

S'Aigo
Tf. 971/83 30 50
Fax 971/83 41 23
Finca de agroturismo, con jardín, piscina y manantial, próxima a las calas del Llevant. Salón común y 4 viviendas de 3, 4, 10 y 12 plazas. Precios (según vivienda y ocupación): día de 29.000 a 46.500. *Observaciones: excursiones en barca.*

Sineu (Mallorca)

Sa Casa Rotja
Tf. 971/18 50 27
R. 971/72 15 08
Sencilla edificación con finca agrícola, jardín y piscina, en un paraje tranquilo. Incluye 5 apartamentos, con terraza y capacidad para 2 a 6 personas. Precios: apartamento de 2 plazas 13.000 diarias; 4 plazas 16.000 diarias.

Son Servera (Mallorca)

Ca S'Hereu
R. 971/72 15 08
Fax 971/71 73 17
Edificación señorial de 1500, a las afueras del pueblo y a 2,5 km de cala Millor, con un bonito patio. Salón con chimenea, comedor, cocina, 4 habitaciones dobles y 2 baños. Precios: día 32.000. *Observaciones: alquiler mínimo de 3 días.*

Lugares de interés

Alcúdia. Ciudad de origen romano, época de la que conserva un teatro. Restos de la muralla y Torre Major, del s. XVII. *Excursiones: parque natural de S'Albufera, con humedales; dunas de Son Real.*

Esporles. Núcleo de origen medieval situado en la vertiente sur de la sierra de Tramuntana, al fondo del valle de Esporles. *Excursiones: ermita de Maristela. En La Granja, elaboración y venta de artesanía de distintos oficios.*

Pollença. Villa situada en una ladera del monte del Calvari, coronado por un oratorio. Restos del castillo, teatro romano y barrio antiguo. *Excursiones: área natural de S'Albufereta, con marismas; "cabo y península de Formentor. Cristal mallorquín, trabajos de forja y muebles. En el* ***Puerto de Pollença****, bordados.*

Porto Colom. Villa costera, de gran tadición turística. *Excursiones: castillo de Santueri, del s. XIV, levantado sobre una fortaleza musulmana; área natural de Sa Punta y S'Algar, con una costa muy erosionada y con bellas calas: Murada, Mitjana, Brafi y Sa Nau.*

Santa Eugènia. Pueblo del Pla, próximo a la capital.

S. Joan de Labritja. Pequeña localidad del norte de la isla, próxima al litoral y a la sierra de Mala Costa. *Excursiones: cueva de Ses Fontanelles, con vistas sobre los bellos islotes de Ses Margalides. Los sábados, mercado de productos ecológicos y artesanía de todo tipo.*

Santanyí. Población muy primitiva asentada en una zona costera muy urbanizada. El pueblo, retirado del mar, conserva restos de la muralla que le protegía de los corsarios, así como la iglesia gótica del Roser y la Rectoría, del s. XII.

Sineu. Villa de origen romano, sobre un cerro. Palacio de Jaume II y templo del s. XVI. Ayuntamiento con notable claustro y portal barroco. *Los miércoles, mercado con exposición y venta de artesanía.*

Son Servera. Villa próxima a la costa, al sur de la península de Artà. Iglesia edificada sobre una antigua torre defensiva. *Excursiones: cabo Vermell; cueva de Artà, con impresionantes salas; punta de Capdepera, con un faro y los restos de una atalaya.*

1. Hierro, La Palma y Tenerife

Frontera
(El Hierro)

Caserío diseminado bajo la protección de la montaña de Guapira, coronado por el campanario de Nuestra Señora de la Candelaria. *Excursiones: cueva de Tigaday, con formaciones de lava; faro de Orchilla; roques de Salmor y Bonanza; sabina milenaria.*

Ida Inés (**)
Cº del Hoyo 2
Tf. 922/55 94 45. Fax 922/55 60 88
Agradable hotel de construcción reciente, a las afueras del pueblo, con jardín y piscina con *jacuzzi*, en un paraje de vegetación autóctona con excelentes vistas del mar. Tiene comedor y 12 habitaciones dobles, 4 de ellas de tipo familiar. Precios: habitación doble 10.250, desayuno incluido; comida o cena 2.310. *Observaciones: cocina tradicional de la isla.*

Granadilla de Abona
(Tenerife)

Capital del sur de la isla y notable centro agrícola. *Excursiones: playa de Medano, escenario de los campeonatos mundiales de surf; localidad de Vilaflor, rodeada de pinares; parque nacional de las Cañadas del Teide.*

Senderos de Abona
C/ Iglesia 5
Tf. 922/77 02 00. Fax 922/77 03 08
Edificio de arquitectura tradicional, antaño destinado a casa de Correos, situado en una calle peatonal, con frutales, jardín, piscina, un patio típico de la isla y un museo canario. Tiene restaurante, 8 habitaciones dobles y 1 *suite*. Precios* (según temporada): habitación doble de 9.000 a 14.000, desayuno incluido; comida o cena 2.000.

Igueste de Candelaria
(Tenerife)

Localidad del municipio de Candelaria, en una zona de agua abundante que riega una rica agricultura. Conserva una ermita del s. XVIII. *Excursiones: basílica de la Virgen de la Candelaria. Alfarería canaria, bordados y telares.*

Aurelia
Tfs. 922/50 30 51 y 28 07 94
Bonito edificio de arquitectura tradicional, con huerta, patio empedrado, barbacoa y espléndidas vistas al mar. Tiene 3 habitaciones dobles con baño y salida al jardín. Se puede alquilar entera. Precios: habitación doble 8.000; vivienda 30.000 diarias. *Observaciones: información sobre lugares de interés en la zona.*

El Sauzal
(Tenerife)

Localidad costera de las proximidades de Tacoronte, en una zona dedicada al cultivo de los viñedos y el tabaco. *Excursiones: drago milenario en Tacoronte; mirador de Humboldt, con vistas del valle de la Orotava. Museo de artesanía canaria en la Casa de los Balcones de* **La Orotava**.

Casona Adena
Los Ángeles 77. Tf./fax 922/57 53 27
Imponente edificación del s. XVI, catalogada como la más antigua de la zona, con jardín de especies tropicales, lago y rotonda colonial. Tiene capilla, atalaya, *solarium*, sala de visitas, salones, comedor, cocina y 2 habitaciones dobles. Precios: habitación doble 9.000. *Observaciones: ambiente de vocación artística y literaria; encuentros y actividades culturales.*

Apartamentos y casas de alquiler completo

Arico (Tenerife)

Casa Bailón
Finca las Aguilillas
Tf. 922/76 80 22. R. 922/16 11 33
Casa tradicional, excavada en la roca, con granja y jardín. Salón-comedor, cocina, 2 habitaciones dobles y 1 baño. Precios (según temporada): día de 7.500 a 12.500.

Arico (Tenerife)

Casa Grillo
El Carmen
Tf. 922/76 84 49. R. 922/16 11 33
Sencilla construcción de piedra, con una pequeña terraza. Salón-comedor, cocina, 2 habitaciones dobles y 1 baño. Precios (según temporada): día de 7.500 a 12.500.

Hierro, La Palma y Tenerife

Apartamentos y casas de alquiler completo

Arico (Tenerife)

Casa Virgilio
C/ El Manzano 14
Tf. 922/26 27 69. R. 922/16 11 33
Edificio tradicional accesible por un amplio patio. El interior, con vigas de madera y muros de entramado y piedra vista, tiene cocina-comedor, 2 habitaciones dobles y 1 baño. Precios (según temporada): día de 8.500 a 13.000.

La Escuela
C/ Benítez de Lugo 13
Tf. 922/76 80 64. R. 922/16 11 33
Sencilla casa de pueblo, con un amplio patio. Sala de estar, cocina, 2 habitaciones dobles y 1 baño. Precios (según temporada): día de 8.000 a 13.500.

Guajara
Tf. 922/21 08 37
R. 922/16 11 33
Construcción sencilla, con terraza y granero. Interior con bonitos techos de madera, salón-comedor, cocina, 1 habitación sencilla, 1 doble y 2 baños. Precios: fin de semana 20.000; semana 63.000.

El Moral
La Sabinita
Tf. 922/27 83 18. R. 922/16 11 33
Casa tradicional con grandes ventanales, huerta, jardín y barbacoa. Interior acogedor, muros de piedra vista y techos de caña, salón-comedor, cocina, 2 habitaciones dobles y 2 baños. Precios: fin de semana 20.000; semana 48.000.

La Plaza
Tf./fax 922/23 09 26
R. 922/16 11 33
Casa del s. XIX con patio ajardinado, en el casco histórico de Arico Nuevo. Sala de estar, cocina-comedor, 2 habitaciones dobles y 1 baño. Precios (según temporada): 4 personas de 9.000 a 12.500 diarias. *Observaciones: mínimo 3 días.*

Arico (Tenerife)

La Tunera
C/ El Manzano 16
Tf. 922/21 55 82. R. 922/16 11 33
Construcción típica con una graciosa balconada, huerta, patio y barbacoa. Mobiliario tradicional, suelos y techos de madera, cocina-comedor, sala, 2 habitaciones dobles y 2 baños. Precios (según temporada): día de 10.000 a 14.000.

Villa Isabel
C/ Nueva 6
Tf. 922/24 22 46. R. 922/16 11 33
Casa de piedra, con patios, jardín y barbacoa. Salón-comedor, 2 habitaciones dobles y 3 baños. Precios (según temporada): día de 10.000 a 17.000. *Observaciones: se puede disponer de cocina; la propiedad ofrece pensión completa.*

Villa María
Tf. 922/64 95 52
R. 922/16 11 33
Casa tradicional, con jardín y patio con porches. Mobiliario antiguo, cocina-comedor, sala de estar, 3 habitaciones dobles y 2 baños. Precios (según temporada): día de 8.500 a 13.000. *Observaciones: se ofrecen desayunos.*

Barlovento (La Palma)

Casa Pedro
Las Cabezadas
R. 922/43 06 25
Construcción típica de la isla, bien rehabilitada, con huerto, jardín, barbacoa y terraza, a 5 km del núcleo urbano. Salón, cocina-comedor, corredor, 3 habitaciones dobles y 1 baño. Precios (según ocupación): semana de 56.000 a 63.000.

Casa Peluquina
Las Cabezadas
R. 922/43 06 25
Vivienda tradicional con una gran terraza, a 4,7 km del pueblo, en el Lomo de la Florida y con vistas al mar. Salón con chimenea, cocina-comedor, 2 habitaciones dobles y 1 baño. Precios: semana 45.500.

Apartamentos y casas de alquiler completo

Barlovento (La Palma)

Casa Simón
La Florida
R. 922/43 06 25
Edificación antigua, en el paraje de Lomo Viejo, con jardín de césped, piscina, terraza y vistas de las islas cercanas. Suelos y techos de madera, salón con chimenea, cocina-comedor, 1 habitación sencilla, 1 doble y 1 baño. Precios: semana 56.000.

Los Dragos
Las Paredes
R. 922/43 06 25
Bonita casa tradicional con terraza, barbacoa y un cuidado jardín autóctono. Salón-recibidor, cocina, 3 habitaciones dobles y 1 baño. Precios: día 10.000.

Eloina
Las Cabezadas
R. 922/43 06 25
Sencilla construcción, con jardín, terrazas y barbacoa. Cocina-recibidor, 2 habitaciones dobles y 1 baño. Precios: día 8.000.

Fasnia (Tenerife)

Casa Salva
La Zarza
Tfs. 922/54 50 77 y 670/90 61 96
Casa tradicional restaurada, con patio, un pequeño jardín y espléndidas vistas del mar. Cocina-sala de estar, 2 habitaciones dobles y 1 baño. Precios: día 5.000; semana 30.000.

Fuencaliente (La Palma)

Casona de los Melindros
Los Quemados
Tf. 922/44 05 45
Casa tradicional, rodeada de viñedos y frutales, con terraza ajardinada y vistas del mar. Mobiliario antiguo, corredor, salón, cocina-comedor, 1 habitación sencilla, 3 dobles y 2 baños. Precios (según ocupación): día de 10.000 a 14.000.

Fuencaliente (La Palma)

La Gorona
Las Indias
Tf. 922/44 40 56
Bella edificación antigua, bien rehabilitada, con huerto, jardín, barbacoa, terraza y vistas al mar y a los volcanes de S. Antonio y Teneguía. Sala de estar, comedor, cocina, 1 habitación doble y 1 baño. Precios: día 6.500.

Los Melindros
Los Quemados
Tf. 922/44 05 45
Pequeña casa de estilo tradicional, con salida a una terraza ajardinada y vistas al mar. Decoración cuidada, cocina-comedor, 1 habitación doble y 1 baño. Precios: día 5.000.

Pestana
Los Canarios
R. 922/43 06 25
Casa típica, con terraza, patio y un agradable jardín de parterres. Sala de estar, comedor, cocina, 2 habitaciones dobles y 1 baño. Precios: semana 56.000.

Garafía (La Palma)

Casa Barranquito
Sto. Domingo
R. 922/43 06 25
Casa situada en el centro del pueblo, con terraza y bellas panorámicas del barranco de la Luz. Salón, cocina-comedor, 1 habitación doble y 1 baño. Precios: semana 35.000.

Los Cardones
Las Tricias
Tf. 922/46 16 20. R. 922/43 06 25
Agradable construcción tradicional de dos plantas, con jardín y terraza, a 10 km del pueblo. Salón-recibidor, cocina-comedor, 2 habitaciones sencillas, 1 doble y 1 baño. Precios: día 6.500; semana 45.000.

Hierro, La Palma y Tenerife

Apartamentos y casas de alquiler completo

Garafía (La Palma)

Casa Basilisa
Sto. Domingo
R. 922/43 06 25
Hermosa edificación tradicional, con balconada, a las afueras del pueblo entre antiguos caminos reales. Recibidor, cocina-comedor, 1 habitación sencilla, 2 dobles y 1 baño. Precios (según ocupación): semana de 38.500 a 45.500.

El Colmenero
Llano Negro
R. 922/43 06 25
Pequeña casa tradicional, en un paraje de montaña. Salón-recibidor, cocina-comedor, 2 habitaciones dobles y 1 baño. Precios: semana 45.500.

La Herbilla
La Piedra
R. 922/43 06 25
Bonita casa de piedra, típica de la isla, con jardín, terrazas y porche. Cocina-comedor con sofá cama, estufa de leña, 1 habitación doble y 1 baño. Precios: semana 35.000.

El Jaral
El Jaral
R. 922/43 06 25
Casita situada en medio del campo, coronada por una graciosa chimenea y con excelentes vistas. Cocina-comedor, 1 habitación doble y 1 baño. Precios: semana 35.000.

Margarita
Cueva del Agua
R. 922/43 06 25
Casa típica de la zona, rodeada de arbolado, con un pequeño jardín, terraza y vistas panorámicas. Cocina-sala de estar, 2 habitaciones dobles y 1 baño. Precios: semana 42.000.

Garafía (La Palma)

Maruca
El Tablado
R. 922/43 06 25
Sencilla vivienda de arquitectura tradicional, accesible por un patio, en un paraje tranquilo con vistas al mar. Salón-comedor, cocina, 1 habitación sencilla, 1 doble y 1 baño. Precios: semana 42.000.

La Piedra
Santo Domingo
R. 922/43 06 25
Casita rodeada de patio, a media ladera y con vistas al mar. Cocina-comedor con estufa de leña, 1 habitación sencilla, 2 dobles y 1 baño. Precios: semana 49.000.

El Topo
Roque Faro
R. 922/43 06 25
Construcción típica de una sola planta, con terraza ajardinada. Salón-comedor, cocina, 1 habitación sencilla, 1 doble y 1 baño. Precios: semana 38.500.

El Valle
Roque Faro
R. 922/43 06 25
Edificación muy aislada en un paraje boscoso y agreste a más de 900 m de altitud y a 18 km del pueblo. Comedor, sala de estar, cocina, 1 habitación sencilla, 1 doble y 1 baño. Precios (según ocupación): semana de 38.500 a 45.500.

La Matanza (Tenerife)

La Blasina
Cº Real La Orotava 2
Tfs. 922/57 74 06 y 629/15 57 90
Sencilla casa de hace 150 años, rodeada de vegetación, con huerto, jardín y pabellón exterior con gimnasio. Mobiliario antiguo, salón-comedor con chimenea, cocina, 2 habitaciones dobles y 1 baño. Precios: fin de semana (3 días) 60.000.

Apartamentos y casas de alquiler completo

El Mocanal (El Hierro)

Pajero
C/ Tesbabo 1
Tf. 922/55 10 14
Conjunto de 3 apartamentos, con acceso independiente, en una construcción tradicional de piedra, con patio y jardín. Cocina, baño y capacidad para 2 personas. Precios: apartamento 6.000 diarias.

El Paso (La Palma)

La Higuerita
La Rosa
R. 922/43 06 25
Casa situada en un lugar aislado, con jardín, terrazas, barbacoa y energía solar. Cocina-comedor, sala de estar con estufa de leña, 2 habitaciones dobles y 1 baño. Precios: semana 66.500.

Jacinta Pura
San Telmo
R. 922/43 06 25
Bonito núcleo de edificaciones, con jardín, terraza y palmeras de buen porte. Salón-comedor, cocina, 1 habitación doble y 1 baño. Precios: semana 49.000.

El Rincón
Tajuya
R. 922/43 06 25
Edificio tradicional, con un pequeño patio ajardinado. Cocina-comedor, 2 habitaciones sencillas, 1 doble y 1 baño. Precios: semana 52.500.

Sombrero Pico
Tf. 922/63 13 39
Conjunto de 3 viviendas antiguas, restauradas, a 1 km del pueblo, con huerta y estanque. Sala de estar, cocina-comedor, terraza, 1 baño y 3 ó 6 plazas. Precios (según tipo): vivienda de 52.500 a 77.000 semanales. *Observaciones: la propiedad tiene otra casa de 6 plazas.*

Puntagorda (La Palma)

Casa Carlos
El Pinar. R. 922/43 06 25
Casa tradicional restaurada, de una planta, con terraza, en un paraje tranquilo a 700 m del pueblo. Comedor, cocina, escritorio, 1 habitación sencilla, 2 dobles y 1 baño. Precios: día 8.000.

El Jócamo
Fagundo
Tf. 922/49 30 01. R. 922/43 06 25
Casa muy cuidada, a 1 km del pueblo, rodeada de jardín y huerta, con patio, terraza y espléndidas vistas del mar y la isla del Hierro. Salón con chimenea, cocina-comedor, 2 habitaciones dobles y 1 baño. Precios: día 8.000; semana 56.000.

Machín
El Pino de la Virgen
R. 922/43 06 25
Casa adornada con un espectacualar jardín, próxima al pueblo, con terraza y vistas al mar. Recibidor, cocina-comedor, 1 habitación doble y 1 baño. Precios: semana 31.500.

El Tendal
El Pinar
Tf. 922/49 30 06. R. 922/43 06 25
Edificación antigua, restaurada, con terraza, porche y barbacoa, rodeada de un jardín con plantas autóctonas. Salón-comedor con chimenea, cocina, 1 habitación doble y 1 baño. Precios: día 6.000; semana 42.000.

La Verada
El Pinar
R. 922/43 06 25
Casa tradicional, con jardín y un amplio porche. Salón-comedor, cocina, 2 habitaciones dobles y 1 baño. Precios: semana 56.000.

Hierro, La Palma y Tenerife

Apartamentos y casas de alquiler completo

Puntallana (La Palma)

Atilio
La Galga
R. 922/43 06 25
Bonita casa tradicional, con jardín, barbacoa y un porche sombreado por una tupida enredadera. Recibidor, salón, cocina-comedor, 1 habitación doble y 1 baño. Precios: semana 45.500.

La Casona de la Galga
La Galga. R. 922/43 06 25
Caserón con galería, *solarium* y terraza, en un paraje boscoso a 8 km del pueblo. Comedor, cocina, salón con chimenea, 6 habitaciones dobles y 2 baños. Precios (según ocupación): día de 20.000 a 32.000. *Observaciones: servicio de comidas.*

Emiliana
El Barranquito
R. 922/43 06 25
Cuidada edificación, a media ladera de un monte, con un jardín aterrazado, barbacoa, porche y excelentes vistas del mar. Salón-comedor-cocina con chimenea, 1 habitación doble y 1 baño. Precios: semana 49.000.

Lina
Lomo Los Lirios
R. 922/43 06 25
Típica construcción de la isla, con jardín y terraza. Salón-recibidor, cocina-comedor, 1 habitación sencilla, 1 doble y 1 baño. Precios: semana 45.500.

Pancho Molina
Santa Lucía
R. 922/43 06 25
Sencilla casa tradicional, aislada en una zona de huertas y plataneras, con porche, terraza y vistas al mar. Salón con chimenea, cocina-comedor, 2 habitaciones dobles y 1 baño. Precios (según ocupación): semana de 49.000 a 63.000.

Puntallana (La Palma)

Sara
Santa Lucía
R. 922/43 06 25
Graciosa casita, en la ladera de un monte y rodeada de terrazas, con un sombreado porche. Recibidor-comedor, despensa, cocina, 1 habitación doble y 1 baño. Precios: semana 45.500.

Santa Cruz de la Palma (La Palma)

El Abuelo
Las Tierritas
R. 922/43 06 25
Casa tradicional, con huerto, un pequeño jardín, terrazas y excelentes vistas del mar. Salón, comedor, cocina, 1 habitación sencilla, 1 doble y 1 baño. Precios: semana 66.500.

Los Silos (Tenerife)

Casa Aurea
Tf. 922/84 02 54
Casa tradicional del s. XIX, con jardín tropical, a 1 km del pueblo. Tiene gruesos muros de piedra, suelos y techos de madera de tea y 2 apartamentos con cocina y capacidad para 2 y 4 personas. Precios: 2 personas 7.500 diarias y 52.500 semanales.

Tacoronte (Tenerife)

La Begonia
Tf. 696/34 35 38
Antigua edificación, con huerta, jardín y vistas al mar y al Teide. Sala de estar con chimenea, cocina, 1 habitación sencilla, 2 dobles y 1 baño. Precios: fin de semana 40.000; semana 80.000.

La Deseada
La Caridad
Tf. 922/57 03 99
Bonita casa tradicional, en una finca de viñedos, ovejas y frutales, con jardín, pista de frontón y tenis, terraza y buenas vistas. Sala de estar con chimenea, cocina y 2 habitaciones dobles con baño. Precios: día 12.000.

Apartamentos y casas de alquiler completo

Tijarafe (La Palma)

Casa Emilia
Las Cabezadas
Tf. 922/48 91 03. R. 922/43 06 25
Casa antigua, restaurada, en un paraje tranquilo, con jardín, terraza, una antigua barbacoa, huerto y frutales. Bodega, sala de estar, cocina, 1 habitación sencilla, 1 doble y 1 baño. Precios (para 2 personas): día 6.000; semana 42.000.

Las Tierras Viejas
C/ El Colegio 28
Tf. 922/49 03 35
Bonita construcción tradicional, en una zona de abundante vegetación, con balconada y espléndidas vistas del mar. Sala de estar, cocina y 2 habitaciones dobles. Precios (según ocupación): día de 6.000 a 8.000; semana de 42.000 a 56.000.

Valverde (El Hierro)

Er Dezpizte
Las Montañetas 1
Tf./fax 922/55 04 55
Edificación antigua, con premios de restauración, rodeada de huerto y jardín. Mobiliario y decoración tradicional, sala, cocina-comedor con chimenea, 1 habitación sencilla, 1 doble y 1 baño. Precios: 2 personas 7.500 diarias; 3 personas 9.000 diarias.

Villa de Mazo (La Palma)

Celeste
El Monte
R. 922/43 06 25
Bonita construcción de piedra volcánica, rodeada de jardín, con un gran patio y terraza-mirador. Salón con chimenea, cocina-comedor, 3 habitaciones dobles y 1 baño. Precios: semana 66.500.

La Centinela
Monte Pueblo
R. 922/43 06 25
Casina con huerta, terraza y vistas al mar. Despensa, sala de estar, cocina-comedor, 1 habitación doble y 1 baño. Precios: semana 45.500.

Villa de Mazo (La Palma)

Madrina
Los Callejones
R. 922/43 06 25
Casita rústica, con terrazas, barbacoa y buenas vistas del mar y la sierra. Salón-comedor, cocina, 2 habitaciones dobles y 2 baños. Precios: semana 70.000. *Observaciones: descuentos por estancias largas.*

El Molino
Tfs. 922/44 02 13 y 43 06 25
Edificación antigua, con patio y terraza. Chimenea, sala, cocina, comedor, 1 habitación sencilla, 2 dobles y 1 baño. Precios (según ocupación): día de 8.000 a 11.000. *Observaciones: los propietarios, alfareros, reproducen cerámica aborigen.*

El Pósito
Los Callejones
R. 922/43 06 25
Casa de dos plantas, rodeada de un pequeño jardín vallado, con vistas al mar. Recibidor, salón-comedor, cocina, 2 habitaciones dobles y 2 baños. Precios: semana 63.000.

El Puente Roto
Tigalate 101
R. 922/43 06 25
Agradable casita con jardín, en la ladera de un monte y con bellas vistas. Antiguo horno, sala de estar, cocina, 2 habitaciones dobles y 1 baño. Precios (según ocupación): semana de 45.500 a 63.000.

Rosa María
Monte Pueblo
R. 922/43 06 25
Agradable construcción tradicional, rodeada de jardín, con patio y vistas al mar. Comedor, cocina, 2 habitaciones sencillas, 1 doble y 1 baño. Precios: semana 49.000.

Hierro, La Palma y Tenerife

Apartamentos y casas de alquiler completo

Villa de Mazo (La Palma)

Salazar
La Crucita
R. 922/43 06 25
Edificio de buena planta, en un paraje de viñedos próximo al mar, con terraza y balcón. Sala de lectura, salón, cocina-comedor y 4 habitaciones dobles con baño. Precios: semana 119.000. *Observaciones: taller de cerámica en la propia casa.*

Villa de Mazo (La Palma)

El Sitio de la Rosa
C/ Monte Breña 119
Tf./fax 922/44 01 66
Edificación antigua, rehabilitada, con jardín, barbacoa, huerto de frutales y buenas vistas sobre Breña Baja. Incluye 3 viviendas con salón-comedor, cocina, 1 habitación doble y 1 baño. Precios: vivienda 6.500 diarias; 45.500 semanales.

Lugares de interés

Arico. Villa situada al suroeste de la isla, en un paisaje muy accidentado que se eleva hasta el Roque de la Grieta (2.576 m). La zona tuvo una antigua presencia guanche, como acreditan la necrópolis y el poblado de cuevas de El Río. Conserva numerosos ejemplos de arquitectura popular, así como la iglesia de S. Juan Bautista, del s. XVII, con interesantes tallas. *Excursiones: Arico el Nuevo, con una iglesia que conserva una talla flamenca de la Virgen; caserío de Icor, declarado conjunto histórico-artístico; ermita de la Punta de Abona; paraje protegido de El Contador; barrancos del Río, las Yedras y los Derriscaderos; montaña de la Centinela, formada por un cono volcánico.* En **Vilaflor**, *famosos encajes.*

Barlovento. Municipio situado la norte de la isla, en un terreno muy accidentado, con cultivos en terrazas y bosques. *Excursiones: ermita de la Virgen del Rosario, del s. XVI; piscinas naturales de la Fajana; parque recreativo de la presa de la Laguna; espectaculares acantilados de Barlovento, con alturas superiores a los 200 metros; monte de los Sauces, con bellos bosques de laurisilva.*

Fasnia. Capital de un municipio de agudos desniveles, que abarca desde la costa hasta la montaña, en la zona más despoblada de la isla. *Excursiones: parajes naturales de Cruz del Roque, Sabina Alta y los Roques; acantilado de la Hondura, con paredes verticales.*

Fuencaliente. Municipio de suelo volcánico, dedicado a la agricultura, especialmente de la vid. Iglesia de S. Antonio Abad. *Excursiones: ruta de los volcanes; cráteres de S. Antonio y Teneguía, en la aldea de Los Quemados; Roque Teneguía, con importantes petroglifos aborígenes; playas de La Zamora, Playa Chica, Playa Nueva, El Faro y Las Cabras; pinar de Fuencaliente y fuente de los Roques, con merenderos.*

Garafía. Municipio costero situado al norte de la isla, en un terreno abrupto y con caseríos diseminados, separados por barrancos. *Excursiones: observatorio astronómico del Roque de los Muchachos; pinar de Garafía, en una zona con abundantes barrancos; bosque de dragos de Buracas; yacimientos con petroglifos en Buracas, La Zarza y la Zarcita.*

El Mocanal. Localidad situada al norte de la isla. *Excursiones: paraje natural de Garoé, con formaciones volcánicas y restos de antiguos depósitos que almacenaban agua del mítico árbol de Garoé, desaparecido en el s. XVII.*

El Paso. Municipio situado en el centro de la isla, en el accidentado sur de la Caldera de Taburiente. Iglesia de la Virgen del Pino. Producción artesanal de seda. *Excursiones: parque nacional de la Caldera de Taburiente; refugio del Pilar; llanos de Aridane.* En **El Barrial**, *pañuelos, tocas y otras prendas de seda natural.*

Puntagorda. Municipio del norte de la isla, con abundantes huertas y cultivos de vid. Ruinas de la iglesia de S. Mauro. *Excursiones: área recreativa del Fayal; dragos del Roque; escarpado litoral con acantilados de mas de 200 metros; rutas por viejos lagares y molinos.*

Los Silos. Municipio agrícola, antaño conocido como "el granero de la isla". *Excursiones: parque natural del Cubo de la Galga; playa de Nogales, al pie de un acantilado; bosque de laurisilva, catalogado como Reserva de la Biosfera.* *Museo etnográfico y de artesanía.*

Puntallana. Pueblo próximo al mar, al pie del Macizo de Teno. Evocadora plaza con el convento de las Bernardinas, del s. XVII, Ayuntamiento y templo de la Virgen de la Luz. *Excursiones: antiguo ingenio azucarero; parque rural de Teno; monte de las Aguas; sendero de Erjos; playas de las Arenas y Punta de Teno.* En **Santa Cruz de la Palma**, *puros hechos a mano.*

Tijarafe. Término municipal situado de la costa occidental, en una zona de cultivos de plátanos y almendros. *Excursiones: villa de Tijarafe, con estrechas calles adoquinadas y templo de la Candelaria; yacimiento guanche de las Tricias; mirador del Time, con impresionantes vistas; Cueva Bonita, accesible únicamente por el mar desde el puerto de Tazacorte; ruta de los volcanes; barranco del Jurado; playa de la Veleta.*

Valverde. Localidad situada en el centro geográfico de la isla y nacida como asentamiento aborigen. *Excursiones: parajes protegidos del antiguo árbol de Garoé y de Timijiraque.*

Villa de Mazo. Localidad próxima a la costa oriental y cercana a la capital de la isla. Conserva la iglesia de S. Blas y cuenta con una escuela insular de artesanía. *Excursiones: cueva y museo del Belmaco, con petroglifos; montaña de la Breña y risco de la Concepción, con magníficas panorámicas; volcán de Teneguía, aún caliente tras su última erupción en 1971.* *Elaboración de puros artesanos; escuela de artesanía con distintos oficios; talla de madera y bordados. En la casa El Molino, reproducción de cerámica aborigen.*

2. Gran Canaria, Lanzarote y La Gomera

Gran Canaria, Lanzarote y La Gomera

Agüimes
(Gran Canaria)

Localidad del sureste de la isla con un término municipal, que abarca desde las zonas altas del barrio de Temisas, con un caserío tradicional bien conservado, hasta el pueblo pesquero de Arinaga. La villa conserva un casco histórico declarado Bien de Interés Cultural. *Excursiones: caserío troglodita de Cueva Bermeja; zona de petroglifos del Morro del Cuervo; monumento natural del Barranco de Guayadeque, con restos de las culturas aborígenes de la isla; monumentos naturales del Roque Aguayro y de Arinaga; playas de Cabrón, Arinaga y Vargas, con excelentes condiciones para la práctica del windsurf. En **El Ingenio**, objetos de pita y palma, calados y bordados. Museo de Las Piedras, con venta de artesanía.*

Casa de los Camellos
C/ Progreso 12
Tf. 928/12 41 83. Fax 928/78 59 88
Edificio del s. XIX, que esconde dos amplios patios ajardinados, con bonitas galerías de madera. El interior, con mobiliario tradicional, tiene bar, restaurante, salón de estar, 11 habitaciones dobles, algunas con salón, y 1 *suite*. Precios (en temporada baja): habitación doble 9.350; con salón 11.000; *suite* 14.850; desayuno 550; media pensión 1.900.

Villa de Agüimes
C/ Sol 3. Tf. 928/12 41 83
Bonita edificación del s. XIX, en el casco viejo de la localidad, con patio y balcón canario. Tiene sala de estar, 2 habitaciones sencillas y 4 dobles, todas con baño y algunas con salón. Precios (en temporada baja): habitación doble 8.250; doble con salón 9.900; desayuno 550; media pensión alimenticia 1.900; pensión completa 3.700.

Anzo-Gáldar
(Gran Canaria)

Pueblo situado situado al norte de la isla, en una zona tropical del valle de Anzo. *Excursiones: parque etnológico de Cuevas de Anzo; camino Real a Hoya de Pineda; pinares de Tamadaba y Tirma; parque natural de monte Doramas, con restos de un antiguo bosque de laurisilva.*

Hacienda de Anzo
Tf. 928/55 16 55. Fax 928/55 12 44
Antigua mansión, muy reformada y diseñada por un pintor canario, rodeada de un jardín de flora autóctona con estanques y piscina. El interior, con decoración colonial, cuenta con cafetería, salas de estar y de reuniones y 6 habitaciones dobles. Precios: habitación doble 14.900, desayuno incluido; comida o cena 1.800. *Observaciones: tiene picadero.*

Fataga
(Gran Canaria)

Localidad del interior, situada al sur de la Cuenca de Tejeda. *Excursiones: finca de Cercados de Fataga, con nacientes de agua y molino; paraje natural de las dunas de Maspalomas.*

Molino del Agua
Tfs. 928/17 20 89 y 608/64 21 69
Construcción de más de 200 años, en un espléndido paraje de palmeral, con piscina, animales tropicales y un molino de gofio de interés histórico. Tiene salón, comedor y 20 habitaciones dobles con baño, algunas en los primitivos alpendres. Precios (según tipo): habitación doble de 6.500 a 7.500; desayuno 750; media pensión 2.000. *Observaciones: excursiones en burro y camello; senderismo; talleres de fragua.*

Hermigua
(La Gomera)

Localidad emplazada en un encantador y fértil valle al norte de la isla. Antiguo convento dominico de S. Pedro Apóstol. *Excursiones: Valle Alto, con el convento de Sto. Domingo, del s. XVI; parque nacional de Garajonay. Museo etnográfico Virgilio Brito.*

Ibo Alfaro
Tf. 922/88 01 68. Fax 922/88 10 19
Casa señorial del s. XIX, emplazada en una ladera del valle de Hermigua, con jardín aterrazado de plantas autóctonas y una bonita galería donde se sirven los desayunos. Tiene una decoración cuidada, mobiliario antiguo, restaurante, 15 habitaciones dobles y 2 *suites*, todas con baño y vistas al mar y al valle. Precios: habitación doble 10.000; *suite* 12.000; desayuno incluido; comida o cena 2.250.

Soó
(Lanzarote)

Pequeña localidad situada entre las playas de Famara y La Santa, con una arquitectura típica de esta isla declarada Reserva de la Biosfera por la Unesco. *Excursiones: parque natural del archipiélago Chinijo; isla de la Graciosa, accesible en barco desde Orzola; barranco de Teneguime.*

La Casa Blanca
Tf./fax 928/52 61 40 y 606/02 90 28
Casa de nueva planta, de un blanco inmaculado y bien integrada en la arquitectura de la zona, con pista de tenis, piscina, jardín y salones exteriores con espléndidas vistas. Tiene biblioteca, salón-comedor con cocina, 4 habitaciones dobles, 1 triple y 2 baños compartidos. Precios: habitación doble 6.000; triple 8.000; desayuno incluido; cena 2.000. *Observaciones: organizan excursiones por el entorno.*

Vallehermoso
(La Gomera)

Pueblo situado entre barrancos, en un paisaje de bancales y palmeras, en el que abundan los caseríos dispersos. *Excursiones: pintoresco pueblo de Chipude; Roque Cano; acantilado de los Órganos, espectacular formación basáltica que sólo es visible desde el mar.* Utensilios de cerámica.

Triana
C/ Triana s/n. Tf./fax 922/14 41 01

Antigua casona rehabilitada y situada en el casco histórico del valle, con un patio ajardinado. El interior, cuidado y agradable, tiene restaurante, galería y solarium y cuenta con 2 plantas y 12 habitaciones dobles, todas exteriores. Precios (según tipo): habitación doble de 5.800 a 6.800; desayuno 800.

Valsequillo
(Gran Canaria)

Pueblo del interior emplazado en un extenso valle rodeado de montañas. *Excursiones: localidad de Telde, con una iglesia construida con piedra de lava; playas de Melenara y Salinetas; montaña sagrada de las Cuatro Puertas.* Telares tradicionales y mantelerías; trabajos de mimbre.

El Pinar
Tf. 928/70 52 39. Fax 928/57 09 46

Hotel habilitado en una mansión señorial del s. XIX, con jardín, dentro de una extensa finca del hermoso valle de Tenteniguada, con piscina de agua natural. El interior, con mobiliario tradicional canario, tiene salón y comedor con chimenea y 9 habitaciones dobles con baño. Precios (según temporada): habitación doble de 9.000 a 12.000, desayuno incluido; comida 1.500.

Vega de San Mateo
(Gran Canaria)

Pueblo situado a 800 metros de altitud, en una zona fértil y lluviosa. *Excursiones: pintorescos núcleos de Cueva Grande y Tejeda; mirador de la Cruz de Tejeda; barranco de la Mina, con una ruta de molinos de agua.* Museo etnográfico de Cho Zacarías. En **Santa Brígida**, cerámica.

El Refugio
Cruz de Tejeda

Tfs. 928/66 65 13 y 66 66 15. Fax 928/66 65 20

Edificio tradicional, emplazado en la cumbre de la isla, con jardines, piscina, sauna y *solarium*. Tiene mobiliario artesanal canario, restaurante, salón con hermosas vistas y 10 habitaciones dobles con baño. Precios (según temporada): habitación doble de 8.500 a 10.000; desayuno *buffet* 600; comida o cena 2.000. *Observaciones: alquiler de bicicletas.*

Apartamentos y casas de alquiler completo

Agüimes (Gran Canaria)

Casa Ama
C/ Moral 25

Tf. 928/12 41 83

Casa tradicional de piedra, con un bonito patio ajardinado. Mobiliario tradicional, salón, cocina, 2 habitaciones dobles y 1 baño. Precios (según ocupación): día de 5.800 a 8.400. *Observaciones: descuentos por estancias largas.*

Casa Juanita
C/ Moral 29

Tf. 928/12 41 83

Vivienda tradicional de piedra y cantería, con patio interior y *solarium*. Mobiliario típico, salón, cocina, 1 habitación doble y 1 baño. Precios: día 6.300. *Observaciones: descuentos por estancias largas.*

Agüimes (Gran Canaria)

Casa de los Pérez
C/ La Paz 1

Tf. 928/12 41 83

Casa de piedra y cantería, rehabilitada, con patio y terraza. Mobiliario tradicional, sala de estar, cocina-comedor, 2 habitaciones dobles y 1 baño. Precios (según ocupación) día de 5.500 a 8.400.

Casa de los Suárez
Pl. de Sto. Domingo s/n

Tf. 928/12 41 83

Casa tradicional de dos plantas, con patios. Mobiliario típico, vestíbulo, cocina-comedor, 4 habitaciones dobles y 2 baños. Precios (según ocupación): día de 8.400 a 12.600. *Observaciones: senderismo, equitación, buceo y escalada.*

Apartamentos y casas de alquiler completo

Agüimes (Gran Canaria)

El Indiano
Temisas
Tf. 928/12 41 83
Construcción de más de 150 años de antigüedad, con amplios patios y rodeada de jardín y huerto ecológico. Comedor, chimenea, cocina, 2 habitaciones dobles y 1 baño. Precios: día 11.100.

Agulo (La Gomera)

Casa Emilia
R. 922/14 41 01
Casa tradicional con patio y porche cubierto, situada en la subida de Las Rosas a La Palmita. Interior espacioso, salón, comedor, cocina, 2 habitaciones dobles y 1 baño. Precios (según ocupación): día de 7.700 a 11.000.

Cruz de Tierno
Tf. 922/88 08 56
R. 922/14 41 01
Casa típica de campo, aislada, rodeada de una finca de frutales, con terraza. Incluye 2 viviendas similares, con salón-comedor, cocina, y capacidad para 2 a 6 personas. Precios (según ocupación): día de 6.600 a 11.000.

Dávila
R. 922/14 41 01
Bello caserón del s. XVIII, catalogado como uno de los más antiguos de la isla, con huerto, frutales, patio y espléndidas vistas del mar y la isla de Tenerife. Salón, cocina-comedor, 1 habitación doble y 1 baño. Precios (para 2/3 personas): día 8.800.

La Palmita
Barrio de La Palmita
Tf. 922/14 13 04. R. 922/14 41 01
Antigua casa de campo, en un paraje de vegetación frondosa, con terraza y buenas vistas. Salón-comedor, chimenea, cocina, 2 habitaciones dobles y 1 baño. Precios (según ocupación): día de 8.800 a 9.500.

Alajeró (La Gomera)

Don Benjamín
Barrio Tejena
R. 922/14 41 01
Sencilla vivienda con una agradable terraza, emplazada en un tranquilo barrio, muy típico. Salón-comedor-cocina, 1 habitación doble y 1 baño. Precios (según ocupación): día de 6.600 a 7.700.

Don Pedro
R. 922/14 41 01
Construcción tradicional de gran antigüedad, de una sola planta, situada en la plaza del pueblo junto a la iglesia. Patio interior, salón, cocina-comedor, 2 habitaciones dobles y 1 baño. Precios (según ocupación): día de 7.700 a 9.900.

Eliseo
Barrio de Castillar
Tf. 922/28 62 26. R. 922/14 41 01
Edificio muy antiguo, rehabilitado, rodeado de patios y con vistas al mar. Salón, cocina, 2 habitaciones dobles y 2 baños. Precios (según ocupación): día de 8.800 a 10.000.

Artenara (Gran Canaria)

El Caidero
El Caidero 8
R. 928/66 16 68
Amplia casa-cueva de influencias aborígenes, con terraza y horno de leña. Salón, cocina, 3 habitaciones dobles y 1 baño. Precios (según temporada): día de 10.000 a 13.000. *Observaciones: descuentos por estancias largas; actividades en el entorno.*

La Cuevita
R. 928/66 16 68
Fax 928/66 15 60
Casa-cueva hecha en la roca, aislada a 1.200 m de altitud y con espléndidas vistas del archipiélago. Salón, cocina, 2 habitaciones dobles y 1 baño. Precios (según temporada): día de 9.000 a 10.000. *Observaciones: descuentos por estancias largas.*

Apartamentos y casas de alquiler completo

Artenara (Gran Canaria)

Las Margaritas
Las Arbejas
R. 928/66 16 68
Preciosa casa-cueva, en un paraje tranquilo, con terraza y excelentes vistas. Decoración cuidada, salón, comedor, cocina, 2 habitaciones dobles y 1 baño. Precios (según temporada): día de 10.000 a 12.000.

El Mimo
Las Arbejas
R. 928/66 16 68
Casa-cueva tradicional, con terraza, próxima a la anterior. Mobiliario rústico, suelos de madera, salón, comedor, cocina, 2 habitaciones dobles y 1 baño. Precios (según temporada): día de 10.000 a 12.000.

El Pajar
R. 928/66 16 68
Casa-cueva de dos plantas, con espectaculares vistas de la cuenca de Tejeda y los roques Nublo y Bentayga. Salón, comedor, cocina, 3 habitaciones dobles y 1 baño. Precios (según temporada): día de 9.000 a 12.000.

Firgas (Gran Canaria)

Los Bermejales
Los Chorros
R. 928/66 16 68
Casa tradicional, con terraza, jardín y barbacoa. Sala de estar, cocina, 2 habitaciones dobles y 1 baño. Precios (según temporada): día de 10.000 a 12.000. *Observaciones: descuentos por estancias largas.*

Hermigua (La Gomera)

Andén de las Hoyetas
Barrio El Andén
R. 922/14 41 01
Casa antigua, rehabilitada, rodeada de vegetación, con barbacoa en la azotea y bonitas vistas sobre el valle. Tiene cocina, 2 habitaciones dobles y 1 baño. Precios (según ocupación): día de 7.700 a 9.900.

Hermigua (La Gomera)

Barranco de la Madera
Barrio El Rejo
Tf. 922/28 09 54. R. 922/14 41 01
Antigua casa de campo, en el entorno del parque nacional de Garajonay, con vistas del monte Cedro. Salón, cocina, 2 habitaciones dobles y 1 baño. Precios (según ocupación): día de 7.700 a 9.900.

Casa Pajaritos
Barrio Las Cabezadas
Tf. 922/28 88 92. R. 922/14 41 01
Agradable construcción rural, en una finca a las afueras, con magníficas vistas. Sala, cocina y 2 habitaciones dobles. Precios (según ocupación): día de 8.800 a 11.500. *Observaciones: la propiedad tiene 5 casas similares en la isla.*

La Cuadra
Barrio El Palmarejo
Tf. 922/88 02 43. R. 922/14 41 01
Casa rodeada de plataneras, con terraza y vistas al mar y la vecina isla de Tenerife. Salón-comedor-cocina, 1 habitación doble y 1 baño. Precios (según ocupación): día de 7.700 a 9.900.

La Era
Tf. 922/88 07 81
R. 922/14 41 01
Pequeña casa de campo, destinada antiguamente a almacén de cosechas, en un lugar aislado a 850 m de altitud. Cocina-comedor, 1 habitación doble y 1 baño. Precios (para 2 personas): día 7.700.

Las Hoyetas
Barrio Las Hoyetas
Tf. 922/88 00 57. R. 922/14 41 01
Edificio rehabilitado, en un barrio céntrico del valle, muy próximo a la carretera, con terraza y buenas vistas. Salón-comedor, cocina, 2 habitaciones dobles y 1 baño. Precios (según ocupación): día de 7.700 a 9.900.

Gran Canaria, Lanzarote y La Gomera

Apartamentos y casas de alquiler completo

Hermigua (La Gomera)

El Laurel
Caserío del Cedro
Tf. 922/88 07 81. R. 922/14 41 01
Casita típica, restaurada, rodeada por un amplio jardín con barbacoa y situada en una zona muy aislada. Salón-comedor-cocina con chimenea y 2 habitaciones dobles. Precios (según ocupación): día de 7.700 a 9.900.

Ondina
Barrio Los Pedacitos
R. 922/14 41 01
Edificio amplio próximo a la playa, con terraza y barbacoa, rodeado de plataneras. Incluye 2 viviendas con salón-comedor-cocina, 2 habitaciones dobles y 1 baño. Precios (según ocupación): vivienda de 6.600 a 8.800 diarias.

La Punta
Barrio La Punta
Tf. 922/22 53 69. R. 922/14 41 01
Caserón rehabilitado, próximo al mirador de La Punta, con excelentes vistas. Salón-comedor, cocina, 1 habitación doble y 1 baño. Precios (para 2 personas): día 8.800. *Observaciones: la propiedad alquila otra vivienda.*

El Rincón
Barrio El Rincón
Tf. 922/87 02 02. R. 922/14 41 01
Edificio rehabilitado, aislado en medio de una finca, con terraza y buenas vistas. Salón-comedor-cocina, 2 habitaciones dobles y 1 baño. Precios (según ocupación): día de 7.700 a 10.400.

El Silbo
Barrio La Castellana
Tf. 922/88 00 78. R.922/14 41 01
Casa rehabilitada, rodeada de una finca de plátanos, con jardín, terraza y buenas vistas del mar. Salón, cocina, 1 habitación doble y 1 baño. Precios (para 2 personas): día 5.500. *Observaciones: la propiedad alquila otras 2 viviendas.*

San Sebastián (La Gomera)

Benchijigua
Caserío de Benchijigua
Tf. 922/14 59 10. R 922/14 41 01
Conjunto de pequeñas construcciones, en un bello paraje, con energía solar. Tienen galería cerrada o terraza, cocina, salón -en algunos casos con chimenea- y 1 ó 2 habitaciones dobles. Precios (para 2 personas): día 7.990.

Santa Brígida (Gran Canaria)

El Alpendre
El Madroñal
R. 928/66 16 68
Antiguo "alpendre" restaurado, con terraza, en una finca de cultivo ecológico. Mobiliario cuidado, cocina-salón-comedor, 1 habitación doble y 1 baño. Precios (según temporada): día de 9.000 a 11.000. *Observaciones: descuentos por estancias largas.*

Ayala
El Madroñal
R. 928/66 16 68
Bonita construcción agrícola, con patio. Cocina-salón-comedor y 1 habitación doble con baño, en una cueva decorada con estilo tradicional. Precios (según temporada): día de 9.000 a 11.000. *Observaciones: descuentos por estancias largas.*

La Vega
Cº de Gargujo
R. 928/66 16 68
Antigua casa del encargado de la finca, con jardín y terraza. Salón, comedor, cocina, 2 habitaciones dobles y 1 baño. Precios (según temporada): día de 10.000 a 14.000. *Observaciones: descuentos por estancias largas.*

Santa Lucía (Gran Canaria)

El Ingenio
C/Ingenio s/n
R. 928/66 16 68
Casa centenaria de dos plantas, con terraza, en un bello paraje de palmeras y buganvillas. Salón con chimenea, cocina, 4 plazas, 2 en un altillo y 1 baño. Precios (según temporada): día de 10.000 a 12.000. *Observaciones: actividades en el entorno.*

Apartamentos y casas de alquiler completo

Teror (Gran Canaria)

La Escalerilla
S. Isidro
R. 928/66 16 68
Típica casa canaria de más de 100 años, accesible por una escalera tallada en la piedra, con huerto y terraza. Cocina-comedor, salón con chimenea, 1 habitación sencilla, 1 doble y 1 baño. Precios: día 10.000.

Vallehermoso (La Gomera)

Arguamul
Tf. 922/80 01 42
R. 922/14 41 01
Construcción típica, rehabilitada, con patio y porche, en un antiguo caserío muy aislado accesible por una pista de tierra. Cocina-comedor, salón, 1 habitación doble y 1 baño. Precios (según ocupación): día de 6.600 a 7.700.

El Barranco
Barrio Los Chapines
R. 922/14 41 01
Edificio tradicional, aislado a 500 m de altitud. Muros hechos sobre la roca, cocina-comedor, salón, 1 habitación doble y 1 baño. Precios (según ocupación): día de 7.700 a 8.800. *Observaciones: la propiedad alquila otra casa.*

Los Chapines
Barrio Los Chapines
Tf. 922/80 03 74. R. 922/14 41 01
Vivienda rústica, con terraza, un amplio patio y bonitas vistas del barranco y la presa de la Encantadora. Cocina-comedor, salón, 1 habitación doble y 1 baño. Precios (según ocupación): día de 6.600 a 7.700.

La Encantadora
La Encantadora
Tf. 922/80 02 22. R. 922/14 41 01
Casa antigua y amplia, con excelentes vistas de la presa de la Encantadora y patio cubierto de emparrado. Cocina, comedor, salón, 3 habitaciones dobles y 1 baño. Precios (según ocupación): día de 7.700 a 11.000.

Vallehermoso (La Gomera)

Epina
Caserío Epina
Tf. 922/80 00 00.R. 922/14 41 01
Vivienda habilitada en las antiguas escuelas, aislada en un bello paisaje agrícola de bancales. Salón-comedor, cocina, 4 habitaciones dobles y 2 baños. Precios (según ocupación): día de 7.700 a 13.000.

Manuel Luis
C/ Triana
Tf. 922/80 11 39. R. 922/14 41 01
Edificio muy antiguo, bien rehabilitado, en una calle tranquila. Amplio patio interior, salón-comedor, cocina, 3 habitaciones dobles y 1 baño. Precios (según ocupación): día de 7.700 a 12.000.

El Palmar
Barrio de El Palmar
Tf. 922/80 02 82. R. 922/14 41 01
Construcción típica, en el casco urbano, con el característico patio canario. Comedor, cocina, 3 habitaciones dobles y 1 baño. Precios (según ocupación): día de 7.700 a 12.000. *Observaciones: taller de artesanía.*

Valsequillo (Gran Canaria)

El Palmito
El Cardón
R. 928/66 16 68
Edificio de buena planta, en un paraje con vistas. Techos de vigas de madera, salón-comedor, cocina, 3 habitaciones dobles y 1 baño. Precios (según temporada): día de 10.000 a 12.000. *Observaciones: descuentos por estancias largas.*

Vega de San Mateo (Gran Canaria)

La Asomada
La Lechuza
R. 928/66 16 68
Encantadora casita rural, con patio y porche. Salón, cocina, comedor, 1 habitación doble y 1 baño. Precios (según temporada): día de 10.000 a 12.000.

Apartamentos y casas de alquiler completo

Vega de San Mateo (Gran Canaria)

El Vinco
R. 928/66 16 68
Casa señorial, con más de 300 años, bien rehabilitada, con jardín y balcones. Mobiliario antiguo, salón-comedor con chimenea, cocina, 2 habitaciones dobles, 1 cuádruple y 1 baño. Precios (según temporada): día de 10.000 a 12.000. *Observaciones: actividades en el entorno.*

Vega de San Mateo (Gran Canaria)

La Yedra
R. 928/66 16 68
Típica vivienda campesina del siglo pasado, rehabilitada, con patio y balcón. Salón, comedor, cocina, 2 habitaciones dobles y 1 baño. Precios: día 10.000. *Observaciones: descuentos por estancias largas; actividades en el entorno.*

Lugares de interés

Agulo. Pueblo situado sobre un acantilado, aislado por un gran risco que le separa del interior de la isla. Buenas muestras de arquitectura tradicional y caseríos dispersos en un paisaje montañoso. *Excursiones: núcleos de arquitectura popular del Charco, las Casas y la Montañeta; mirador de Abrante, con espléndidas vistas de Tenerife y el Teide; caseríos de Las Rosas y La Palmita, con acceso al parque nacional de Garajonay; centro de visitantes del Juego de Bolas, con museo etnográfico, librería y proyecciones sobre los paisajes de la isla. Exposición y venta de artesanía en el centro de visitantes del parque nacional.*

Alajeró. Pueblo situado a media ladera entre el mar y la cima del Garajonay (1.487 m), en una zona rica en hallazgos aborígenes. *Excursiones: conjunto de acantilados de Alajeró; roque de la Fortaleza; barranco de la Rajita; accesos al parque nacional de Garajonay.*

Artenara. Municipio de mayor altitud de Gran Canaria, con espectaculares vistas de las cumbres de la isla. *Excursiones: espacio protegido del pico y pinar de Tamadaba; parques naturales del monte Doramas y de la Cuenca de Tejeda, presidido por el roque Bentayga.*

Firgas. Localidad interior del norte de la isla, popular por sus abundantes manantiales de agua. *Excursiones: espacio protegido de los Tilos de Moya; reserva de Osorio; parques naturales de los montes Doramas y Lentiscal; jardín botánico Viera y Clavijo. En Guía, cuchillos canarios artesanos.*

Hermigua. Localidad emplazada en un encantador y fértil valle, al norte de la isla. El caserío, disperso, conserva el antiguo convento dominico de S. Pedro Apóstol. *Excursiones: Valle Alto, con el convento de Sto. Domingo, construido a comienzos del s. XVI; museo etnográfico Virgilio Brito; parque nacional de Garajonay, con la mayor extensión de laurisilva del archipiélago. Venta de artesanía local en el alojamiento de Los Telares.*

San Sebastián. Localidad conocida como "la villa"y principal puerto de la isla, enclavada en un valle. Fortaleza de la torre del Conde, cercana al mar. *Excursiones: paraje del Lomo de la Tecina ; valle de Benchijigua; parque nacional de Garajonay y playa de Santiago.*

Santa Brígida. Pueblo de la zona oriental de la isla, situado a orillas del barranco de Guiniguada y próximo a la Caldera de Bandama. Paisaje quebrado con algunos cerros volcánicos en los que se abren grandes cavernas. La localidad conserva la iglesia con torre del s. XVIII y el núcleo de casas-cueva de la Atalaya. *Excursiones: villa de Telde, con un interesante conjunto monumental; poblados aborígenes de Caserones, Tara y Cendro; parque natural de Bandama, en el que destaca una espectacular caldera volcánica; caldera de los Marteles. Excelente cerámica.*

Santa Lucía. Pueblo del barranco de Tirajana, en una antigua zona agrícola, que tuvo una importante producción aceitera. *Excursiones: paraje de interés arqueológico de Ansite; espacio natural de Fataga, con bellos caseríos de estilo canario. Museo de la cultura guanche.*

Teror. Localidad situada al norte de la isla, a más de 800 m de altitud. Conserva el templo de la Virgen del Pino, patrona de Gran Canaria y excelentes muestras de casas con balconadas. *Excursiones: barranco Madrelagua; reserva de Osorio.*

1. Valle del Pas, Trasmiera y Campoo

Abiada

Lugar de Campoo de Suso, a 1.000 m de altitud. Conserva un enorme nogal en La Hoz y un templo del s. XVIII, con bellos retablos. *Excursiones: reserva nacional de Saja-Nansa; pantano del Ebro; zonas de baño en el mismo pueblo; estación de esquí de Alto Campoo.*

Casa del Vaquero

Tf. 942/77 92 28

Agradable alojamiento rural, con corral y jardín. Dispone de comedor y 6 habitaciones dobles con baño, algunas abuhardilladas. Precios*: habitación doble 4.500; desayuno 300; comida 2.000; cena 1.500. *Observaciones: cocina casera; los dueños ofrecen pan, miel y productos de la zona; existe un taller de cerámica popular en las cercanías.*

Aes

Localidad ribereña del río Pas y próxima a Puente Viesgo, donde están las interesantes cuevas prehistóricas de Monte Castillo, con valiosas pinturas rupestres. *Excursiones: cuevas de El Castillo, La Pasiega y Las Monedas; balneario de Puente Viesgo; carril-bici de Puente Viesgo a Alceda; zonas de baño en el río Pas; ruta por las villas pasiegas; parque de Alceda; parque de la naturaleza de Cabárceno.*

Las Palmeras

Tf. 609/48 15 90. Tf./fax 942/59 63 44

Precioso edificio colonial del s. XIX, rehabilitado, con huerta, piscina y un jardín con estanque y pajarera, presidido por las palmeras que le dan nombre. Tiene salón biblioteca y 5 habitaciones dobles con baño. Precios (según temporada): habitación doble de 4.000 a 7.000; desayuno 500. *Observaciones: facilitan bicicletas de montaña; en temporada alta hay un límite horario de llegada nocturna.*

Albergue del Pas

***Barrio Quintana.* Tf./fax 942/54 33 92**

Típica construcción montañesa, con jardín, piscina, campo de juegos y solana. Tiene comedor, talleres y capacidad para 104 personas, en 7 habitaciones con baños compartidos. Precios: pensión completa 2.500 persona/día. *Observaciones: cursos de fotografía, ecología, teatro y títeres; deportes de aventura; viajes en globo y en ultraligeros; excursiones a caballo y en bicicleta de montaña; turismo fluvial.*

Bárcena de Pie de Concha

Pueblo situado en la sierra del Escudo, cerca del curso del Besaya. La iglesia parroquial tiene su origen en un monasterio del s. XII. *Excursiones: calzada romana que unía Cantabria con la Meseta; iglesia románica de Yermo; monasterio de los santos Facundo y Primitivo, en Silio.*

Casa Ferrero

Tf. 942/84 10 17

Sencilla pensión habilitada en una casona tradicional, con terraza y la característica solana. Tiene restaurante y 6 habitaciones dobles, 2 de ellas con baño, y 2 baños compartidos. Precios (según temporada y tipo): habitación doble de 2.000 a 5.500; desayuno 300; comida o cena 1.200.

Corconte

Pequeño pueblo situado en la ladera del puerto del Escudo y al borde del embalse del Ebro. Conserva un balneario y una bonita iglesia blasonada. *Excursiones: torre gótica de La Costana; biblioteca de la casona de Alceda. Artesanía de madera en* ***La Población*, *Lanchares* y *Quintana*.**

Corconte

Tf. 942/77 84 12. Fax 942/77 84 13

Robusto edificio de piedra, en una amplia finca próxima a un bosque de robles. Tiene porche, comedor, sala de actividades; 6 habitaciones dobles con baño y 11 habitaciones múltiples, con literas y baños compartidos, algunas de ellas abuhardilladas. Precios: habitación doble 4.000; litera 1.200 persona/día; desayuno 250; comida o cena 800. *Observaciones: talleres de artesanía; reforestación; deportes.*

Corvera de Toranzo

Municipio del valle pasiego de Toranzo. A destacar la iglesia de S. Vicente, documentada en el s. XI. *Excursiones: ruta del Siglo de Oro, con restos del patrimonio familiar de Quevedo, Calderón y Lope de Vega; monte Cotano; cuevas y balnearios de Puente Viesgo. Productos de belleza elaborados con agua del balneario de Alceda.*

La Casona Azul de Corvera

Tf./fax 942/59 64 00

Casona-palacio, construida por un indiano y convertida en hotel, con huerta y un jardín presidido por las características palmeras. El interior, decorado con fotos de época, tiene salón de lectura con chimenea, biblioteca y 9 habitaciones dobles con baño. Precios: habitación doble 12.000, desayuno incluido. *Observaciones: cerrado en Navidad.*

Valle del Pas, Trasmiera y Campoo

Cubas

Población ganadera de Ribamontán al Monte. Conjunto de casonas y capilla de Ceballos. *Excursiones: iglesia de S. Andrés de Omoño; marismas de Santoña; playas de Somo, Loredo y Langre; campo de golf de Pedreña; parque de naturaleza de Cabárceno.* En **La Cavada**, *cerámica artística.* En **Gama**, *forja, fuentes y cerámica.*

Río Cubas
Barrio de Horna

Tfs. 942/50 82 41 y 630/65 72 25. Fax 942/34 77 98

Edificio de reciente construcción, respetando el estilo de la región, emplazado en una finca de praderas, frutales y jardín sobre un cerro con buenas panorámicas de la zona. Tiene salón-comedor y 11 habitaciones dobles con baño. Precios (según temporada): habitación doble de 6.000 a 7.800; desayuno 475.

Galizano

Lugar del municipio de Ribamontán al Mar, junto a la bahía de Santander. *Excursiones: palacio de Rigada, del s. XVIII; dunas protegidas de Somo; acantilados de la zona; marismas de Santoña; parque de la naturaleza de Cabárceno.*

El Solar
Barrio de las Encinonas

Tfs. 942/50 52 92-33 62 31 y 616/01 21 85

Antigua casa de labranza, recientemente rehabilitada, en una extensa finca, con frutales, jardín, huerta y buenas vistas. Tiene salón con chimenea, comedor y 13 habitaciones dobles con baño, algunas abuhardilladas o con balcones. Precios (según temporada): habitación doble de 5.500 a 7.500; desayuno 450; cena 1.000.

Langre

Población del municipio costero de Ribamontán. Iglesia del s. XVII. *Excursiones: iglesia románica de Bareyo, del s. XII; acantilados; marismas de Santoña; río Cubas; parque de la naturaleza de Cabárceno.*

La Posada de Langre
La Portilla 13. Tfs. 942/50 52 36 y 21 74 70

Casona de piedra de 200 años de antigüedad, cercana a las playas de Langre. Tiene jardín, un pequeño comedor y 19 habitaciones dobles con baño, 9 de ellas en un bonito edificio anejo. Precios (según temporada): habitación doble de 5.000 a 7.500; en el anejo de 5.500 a 9.000; desayuno 350; cena 1.200. *Observaciones: alquiler de bicicletas.*

Liérganes

Agradable localidad, escenario de la leyenda del hombre-pez. Conserva un puente medieval y un buen conjunto de casas señoriales. *Excursiones: cuevas de Salitre, Rascaño y Piélago, con pinturas rupestres; balneario de Solares; iglesia y humilladero de Cudeyo.* Tiendas de cerámica.

El Arral (***)
C/ El Convento 1

Tf. 942/52 84 75. Fax 942/52 82 54

Precioso edificio, cuidadosamente restaurado, emplazado en el casco histórico, con huerto, jardín y un mirador sobre el río Miera. Tiene salón con chimenea, comedor y 10 habitaciones dobles con baño. Precios (según temporada): habitación doble de 7.500 a 10.500; desayuno 700.

Lloreda

Lugar del municipio de Sta. María de Cayón. Conserva un templo del s. XVII, con obras de interés y la ermita de Sta. Lucía, con una bella talla de Cristo. *Excursiones: palacio de Soñanes en Villacarriedo; colegiata de Castañeda; valle del Pas; cuevas de Puente Viesgo; parque de naturaleza de Cabárceno.*

El Palacio
Barrio de la Agüera. Tf./fax 942/55 57 47

Preciosa casona de arquitectura montañesa del s. XVI, con terraza exterior y una rica fachada de piedra de sillería. Tiene bar-cafetería, una buena biblioteca con piano y tableros de ajedrez, sala con videoteca infantil, 1 habitación sencilla y 6 dobles, todas con baño. Precios (según temporada): habitación doble de 7.500 a 9.500. *Observaciones: taller y cursos de artesanía y pintura.*

Mogro

Pequeña localidad del municipio de Miengo. Conserva un interesante templo de comienzos del s. XVII. *Excursiones: parque natural de Liencres; playas de Tagle, Valdearenas y Suances.* En **Igollo** y **Mortera**, *venta de antigüedades.*

Torre el Alba
Barrio Monte. Tf. 942/57 63 33

Hotel habilitado en un torreón del s. XV, reformado recientemente, y próximo a la autovía Santander-Torrelavega. El interior, sencillo, tiene comedor para desayunos, 1 habitación sencilla y 4 dobles, todas con baño. Precios (según temporada): habitación sencilla de 3.500 a 4.500; doble de 6.000 a 8.000; desayuno incluido.

Olea

Localidad situada a más de 1.000 m de altitud, en la ladera del monte Endino. *Excursiones: villas de Reinosa y Aguilar de Campoo; circo de los Tres Mares; estación de esquí de Alto Campoo; sierras de Lijar y del Cordel; valle de Valdeolea.*

Albergue de Olea
Barrio de Sta. María. **Tf./fax 942/74 55 74**
Edificio de nueva planta, en una finca ajardinada con terrazas y pistas de deportes. Tiene tasca-bar, salón-comedor, salas multiusos y capacidad para 75 personas en 13 habitaciones múltiples con baños compartidos. Precios*: alojamiento 1.200; desayuno 350; comida o cena 1.100. *Observaciones: organizan actividades en el entorno; disponen de guías; alquiler de bicicletas de montaña.*

Polientes

Capital del valle de Valderredible, con un buen conjunto de construcciones medievales. *Excursiones: colegiata de S. Martín de Elines; localidad de Orbaneja del Castillo y cañones del Ebro.*

Posada La Olma
Tf. 942/77 60 27. Fax 942/77 60 76
Edificio de piedra de nueva construcción, situado en la plaza del pueblo. El interior, con una decoración sencilla y funcional, tiene restaurante, sala de estar, 8 habitaciones dobles y 2 triples, todas con baño y 2 de ellas abuhardilladas. Precios (según temporada): habitación doble de 5.000 a 6.000, desayuno incluido; comida o cena 1.200. *Observaciones: cocina casera de temporada.*

Reinosa

Capital de Campoo y ciudad muy próspera durante el s. XIX. Iglesia de S. Sebastián, del s. XVI, con notables tallas, palacios de Cossío, de la Infanta y de Bustamante, casonas y bonitos jardines de Cupido. *Excursiones: ruinas de Juliobriga; colegiata de Cervatos.* Venta de cerámica del valle de Campoo.

Villa Rosa
C/ Héroes de la G.C. 4. Tf./fax 942/75 47 47
Edificio de principios de s. XX, de estilo modernista, emplazado en el centro de la localidad, con terraza. Las estancias, con muebles de época, cuadros originales y una cuidada decoración, incluyen cafetería, 2 habitaciones sencillas y 10 dobles, todas con baño. Precios (según temporada): habitación doble de 5.500 a 6.500; desayuno 350. *Observaciones: información sobre actividades y deportes de aventura.*

San Mamés de Meruelo

Localidad próxima a la costa de Trasmiera, con un litoral accidentado y una zona de marismas. *Excursiones: localidades de Isla y Santoña, con edificios palaciegos; marismas de Santoña; punta del Brusco, con ensenadas y salientes rocosos; macizo kárstico del valle de Soba; cuevas de Puente Viesgo.*

Casona de Meruelo
Barrio de la Iglesia
Tf. 942/63 70 92. Fax 942/65 70 42
Preciosa casa-palacio del s. XVIII, con bonitas rejerías, piscina climatizada y un cuidado jardín. El interior, con mobiliario de época, tiene salones con chimenea y 11 habitaciones dobles con baño. Precios (según temporada y tipo de habitación): habitación doble de 8.000 a 17.000; desayuno 800. *Observaciones: información sobre rutas; alquiler de bicicletas.*

Santiurde de Reinosa

Pueblo emplazado dentro de la reserva de Saja-Besaya. *Excursiones: hayedo de Aguayo; barranco de Santiurde; hoces del Besaya.*

La Torre
Tfs. 942/77 86 33 y 75 50 96
Antigua casa de campo, restaurada, rodeada de una extensa huerta. Tiene salas de juegos y de usos múltiples, comedor, 26 plazas en 3 habitaciones con literas y baños compartidos. Precios (persona/día): alojamiento 1.750, desayuno incluido; pensión completa 3.000. *Observaciones: actividades para grupos; tareas en la huerta; senderismo; bicicletas de montaña; facilitan información sobre otras actividades.*

Somo

Pueblo perteneciente al valle de Ribamontán, junto a la bahía de Santander. *Excursiones: capital santanderina, con un agradable puerto pesquero, jardines la borde del mar, playas y península y palacio de La Magdalena; parque de la naturaleza de Cabárceno; campo de golf de Pedreña.*
Ver página siguiente.

Mies de Villa
Barrio Iorganes. **Tf. 942/51 00 73**
Agradable construcción tradicional, con un amplio jardín, situada a 1 km de la playa. Dispone de una decoración mimada de influencia inglesa, un precioso salón acristalado y 9 habitaciones dobles con baño, algunas abuhardilladas. Precios (según temporada): habitación doble de 7.000 a 8.500.

Valle del Pas, Trasmiera y Campoo

Somo

Ver página anterior.

Numerosos talleres de cerámica con venta de botijos, jarras y platos, así como reproducciones de figuras de la mitología cántabra.

Casa Aurelio

Barrio de Arna. **Tf. 942/51 02 51**

Típica casona montañesa de 1840, con patio, jardín, huerta con árboles frutales y porche, restaurada conservando la fachada de piedra y situada a 300 m de la playa. El interior, rústico, tiene salón-comedor y 4 habitaciones dobles, todas con baño. Precios (según temporada): habitación doble de 4.300 a 6.300; desayuno 350.

Posada Villa María

Barrio de Latas. **Tfs. 942/51 06 59 y 51 03 48**

Bella casona de nueva construcción, con porche y jardín, cercana a la playa. El interior, muy cuidado y con decoración rústica, tiene sala, comedor, 6 habitaciones dobles con baño y 1 apartamento para 6 personas. Precios (según temporada): habitación doble de 7.000 a 9.000, desayuno incluido; apartamento de 14.000 a 18.000 diarias. *Observaciones: los desayunos, sustanciosos, se sirven en el jardín.*

Soto

Pueblo emplazado en la hermandad de Campoo de Suso. *Excursiones: castillo de S. Vicente en Argüeso; casa-torre de Proaño. En* ***Espinilla****, tienda de artesanía. En* ***Suso****, almadreñas y arcas talladas. Curiosa colección de antiguos esquíes, en* ***Entrambasaguas****.*

El Montero

Tf. 942/77 95 39

Edificio de buen porte, con jardín y terraza. Tiene cafetería, salones, comedor y 8 habitaciones de 2, 4 y 6 plazas, con baños compartidos. Precios: alojamiento 1.300 persona/día; desayuno 300; comida o cena 1.000. *Observaciones: organizan actividades ; senderismo; montañismo; excursiones a caballo y en bicicleta de montaña; observación de flora y fauna en el parque natural de Saja-Besaya.*

Valcaba de Soba

Pequeña localidad del valle de Soba, con una arquitectura bien preservada. Iglesia de S. Juan Bautista y casa-torre de los Zorrilla, del s. XVI. *Excursiones: ermita de Sta. María, del s. XI; núcleos de arquitectura popular de La Revilla, Pilas y Fresnedo.*

La Almadreña

Tf. 942/74 36 59

Antigua casona montañesa, bien restaurada, con zaguán y una gran solana. El interior, con una decoración cuidada, mobiliario antiguo, suelos de tarima y vigas de madera, tiene sala de lectura, salón-comedor con chimenea y 4 habitaciones dobles con baño, 1 de ellas adaptada a minusválidos. Precios (según temporada): habitación doble de 6.000 a 8.000.

Vargas

Localidad del valle de Toranzo muy próxima a Puente Viesgo y a la colegiata románica de Castañeda. *Excursiones: cuevas de Puente Viesgo, con valiosas pinturas del paleolítico; parque de la naturaleza de Cabárceno; paseos por la ribera del Pas.*

El Crucero

Tfs. 942/59 83 84 y 608/68 01 34

Casona colonial rehabilitada, catalogada como edificio protegido, con balcón y galería. El interior, con suelos de tarima, tiene comedor y 7 habitaciones dobles con baño, algunas abuhardilladas. Precios (según temporada): habitación doble de 5.000 a 7.000, desayuno incluido. *Observaciones: desayunos caseros, con «sobao» pasiego y quesada.*

Villamoñico

Pueblo ribereño del Ebro, con buenos caserones. *Excursiones: ruta del románico por el valle, con numerosos templos de los siglos XII y XIII. Exposición de artesanía y cuadros en la posada Peñasalve. Talleres de cerámica y cantería. En* ***Villanueva de la Nía****, trabajos de cuero y talla de madera.*

Peñasalve

Tf. 942/74 56 30

Casa de labranza, accesible por un amplio patio ajardinado. El interior, decorado con objetos rústicos, conserva las vigas de madera y tiene salón con chimenea, comedor y 8 habitaciones dobles con baño. Precios: habitación doble 6.000, desayuno incluido; comida o cena 1.500. *Observaciones: información sobre rutas; descuentos a grupos; la posada cuenta además con 2 apartamentos de 4 plazas.*

Apartamentos y casas de alquiler completo

Loredo

El Valle

Barrio de Zuñeda

Tfs. 942/22 67 96 y 630/36 42 31

Casa de reciente construcción, en una finca con jardín. Alojamiento en planta baja, con porche, terraza, salón-comedor, chimenea, cocina, 3 habitaciones dobles y 2 baños. Precios (según temporada): día 13.000; semana de 51.000 a 80.000.

Reocín de los Molinos

Casa Pin

Tfs. 983/21 20 22 y 689/57 86 05

Casa tradicional, con zona de prados y parrilla. Salón, cocina, 5 habitaciones y 2 baños. Precios: fin de semana 40.000; semana 80.000. *Observaciones: la propiedad alquila también una casa cercana para 9 personas.*

Santiurde de Reinosa

La Torre

Tfs. 942/77 86 33 y 75 50 96

Antiguo granero restaurado, de planta circular, con 1 apartamento. Sala de estar, 1 habitación doble y 1 baño. Precios: alojamiento 2.000 persona/día; pensión completa 3.500. *Observaciones: la propiedad alquila una casa para 4/6 personas.*

Lugares de interés

Loredo. Pueblo del municipio de Ribamontán, en la bahía de Santander. *Excursiones: trayecto en barca hasta el puerto santanderino; parque de la naturaleza de Cabárceno; campo de golf de Pedreña.*

Reocín de los Molinos. Localidad del valle de Valdeprado, con un entorno de pequeños valles. *Excursiones: yacimiento de Julióbriga; pantano del Ebro; estación de esquí de Alto Campoo.*

2. Saja, Nansa y La Liébana

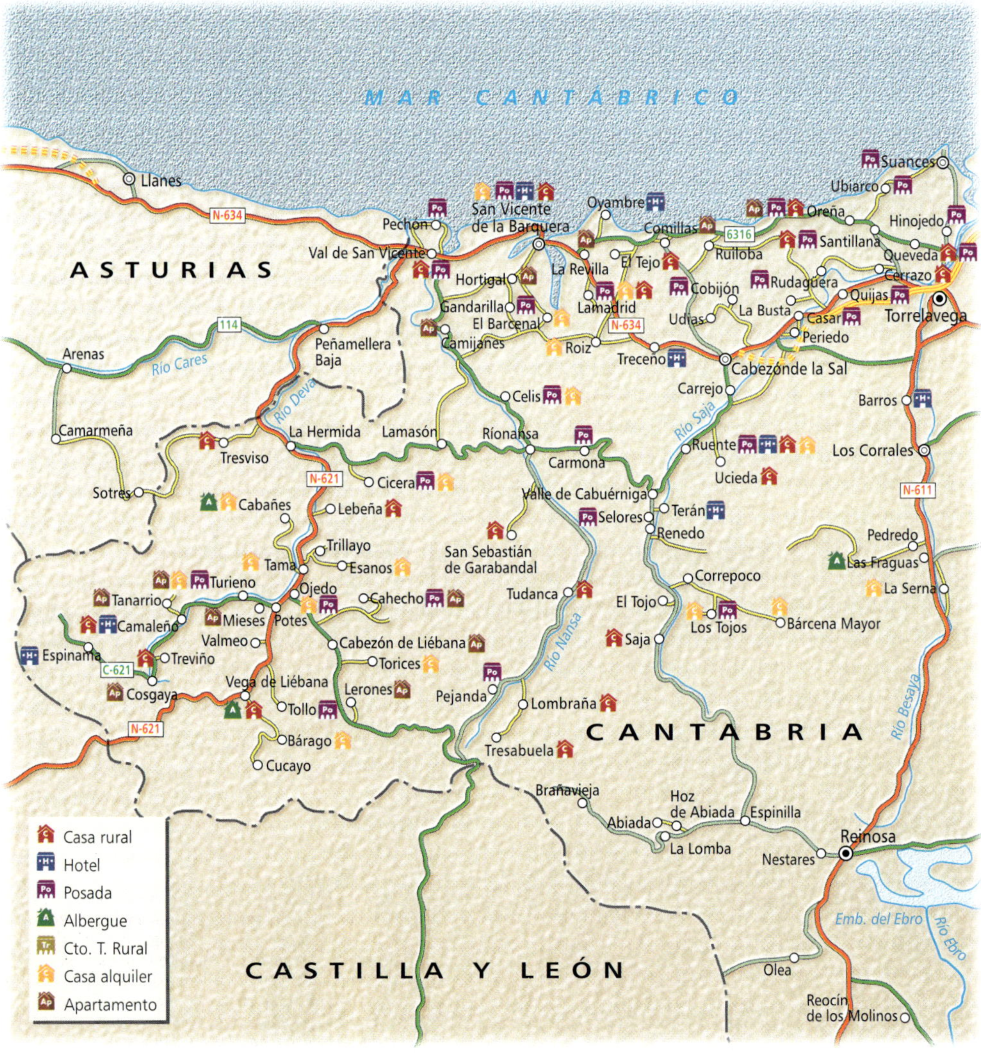

Barros

Pueblo del municipio ganadero de Corrales de Buelna. Casona de los Ceballos, iglesia y ermita de la Virgen de Rueda, ambas del s. XVIII. *Excursiones: estela celta del s.III, a. de C; cuevas de Puente Viesgo y balneario de Las Caldas. Artesanía de estelas de piedra y bronce. En* **Corrales**, *estelas de plata y oro.*

La Montañesa

C/ Corral 60. Tf./fax 942/84 19 67

Casona del s. XVIII, con una bella entrada, jardín, terraza y finca con frutales. Dispone de salón comedor y 12 habitaciones con baño. Precios (según temporada): habitación doble con baño de 5.000 a 7.000; desayuno 400. *Observaciones: alquiler de bicicletas.*

Cabañes

Aldea de la comarca de la Liébana, situada a 800 m de altitud. Conserva la iglesia parroquial del s. XVIII. *Excursiones: iglesia mozárabe de Santa María de Lebeña, del s. X; parque natural de los Picos de Europa; entorno de bosques de robles y encinas. Tienda de cerámica.*

Horizontes

Tfs. 942/73 21 61 y 74 42 11

Albergue habilitado en una casona de montaña, de piedra y madera, con huerto, jardín y piscina, rodeada de prados y con impresionantes vistas del entorno. Dispone de aulas de talleres, comedor con chimenea y 4 habitaciones de 4, 8, 16 y 20 plazas. Precios: pensión completa 3.500 persona/día. *Observaciones: excursiones en bicicleta; parapente, descenso de cañones y otras actividades.*

Cahecho

Lugar del municipio de Cabezón de Liébana, en un precioso rincón montañoso a más de 800 m de altitud. Conserva la iglesia parroquial, gótica, del s. XVI, con un valioso retablo de la misma época. *Excursiones: circo de Fuente Dé; mirador del Cable.*

Casa Lamadrid

Tf. 942/73 03 66

Edificio de nueva planta, bien integrado en el pueblo, con vistas magníficas desde un mirador cercano y desde la propia tronera de la casa. Tiene sala de estar, un pequeño bar con chimenea, comedor y 8 habitaciones dobles, todas con baño. Precios (según temporada): habitación doble de 5.000 a 6.000; desayuno 450.

La Posada Torcaz

Tf. 942/73 05 01

Edificio de piedra, construido sobre unas viejas cuadras, en la parte más alta del pueblo. Tiene un porche, un comedor muy cálido y 8 habitaciones dobles, 6 de ellas con baño y algunas abuhardilladas. Precios: habitación doble 5.000; desayuno 350; comida o cena 1.300. *Observaciones: hay una pequeña biblioteca; alquiler de bicicletas.*

Camaleño

Capital del municipio del mismo nombre, en La Liébana, atravesado por el río Deva y rodeado de cumbres nevadas la mayor parte del año. *Excursiones: circo y teleférico de Fuente Dé; puertos de Áliva; zonas de baño en los ríos Deva, Quiviesa y Bullón.*

Las Espedillas

***Lon.* Tf. 942/73 30 30**

Edificación de más de tres siglos de antigüedad, con jardín, huerto y establos. Tiene sala con chimenea, 5 habitaciones dobles, 1 de ellas con baño y algunas abuhardilladas, así como 2 baños compartidos. Precios: habitación doble 5.000; con baño 5.500; desayuno 400.

Jisu

Tf. 942/73 30 38

Encantador hotelito de nueva construcción, en la ladera de una montaña y a una distancia prudencial de la carretera que conduce a Fuente Dé. El interior, bien decorado y lleno de detalles, tiene restaurante, salón con chimenea y 9 habitaciones dobles con baño. Precios (según temporada): habitación doble de 7.500 a 9.000; desayuno 600; comida o cena 2.500. *Observaciones: actividades en el entorno.*

Saja, Nansa y La Liébana

Carmona

Conjunto histórico situado en el valle de Cabuérniga, uno de los parajes más atractivos de Cantabria. Casonas blasonadas, iglesia parroquial del s. XVI y ermita de San Roque. *Excursiones: monasterio de Cardeña; torre medieval; calzada romana; hayedo del Saja. Artesanía de madera: albarcas, jarras y utensilios de cocina.*

La Vera
Tfs. 942/72 80 72 y 94/411 89 43
Hermoso edificio de sillería del s. XVII, con galería y un jardín que hace de mirador sobre el pueblo. Tiene salón con chimenea y 6 habitaciones dobles, 3 de ellas con baño y 1 con sala, algunas abuhardilladas, y 2 baños compartidos. Precios (según temporada): habitación doble de 3.600 a 4.800; con baño de 4.600 a 6.200; desayuno 375. *Observaciones: alquiler de bicicletas; facilitan información de la zona.*

Casar de Periedo

Localidad de Cabezón de la Sal. Buen conjunto monumental. Iglesia de S. Lorenzo, del s. XVI, ermita de la Barca, del s. XVII y palacio de los Monasterio. *En **Cabezón de la Sal**, elaboración de albarcas y rabeles.*

Posada Vallejo
Tf. 942/70 40 60. Fax 942/70 41 77
Edificio tradicional en una finca independiente, con un extenso jardín presidido por una palmera y rodeado de una robusta tapia. Dispone de 11 habitaciones dobles con baño. Precios (según temporada): habitación doble de 5.000 a 7.500; desayuno 500; comida o cena 1.500.

Celis

Lugar del municipio de Rionansa. Templo parroquial, con un bello sagrario. *Excursiones: ermita de S. Antonio, en un precioso paraje del barrio de Riclones; cuevas de Chufín y Micolón; embalse de La Palombera. Taller de forja; artesano de utensilios del campo.*

La Capellanía
Tf./fax 942/72 74 18
Hermoso caserón de piedra, con galería. Cuenta con sala de estar, comedor para desayunos y 5 habitaciones dobles con baño. Precios (según temporada): habitación doble de 3.500 a 5.000, desayuno incluido. *Observaciones: la propiedad alquila además 1 apartamento para 4 personas.*

Cerrazo

Localidad del ayuntamiento de Reocín, muy próxima a Santillana del Mar. *Excursiones: villas de Santillana y Comillas. En **Puente San Miguel**, venta de antigüedades.*

La Casería
Barrio El Cristo
Tfs. 942/83 80 61 y 670/59 69 09
Bonito conjunto tradicional, en torno a un patio ajardinado accesible por un gran portalón, con porches y piscina. Tiene sala de estar con chimenea, una salita abuhardillada con una hermosa cristalera, comedor y 6 habitaciones dobles con baño. Precios (según temporada): habitación doble de 7.000 a 12.000, desayuno incluido.

Cicera

Población enclavada en el bonito valle del mismo nombre, entre el monte Cardancas y la Mesa de Gándara Llana. Buen conjunto de arquitectura popular. *Excursiones: torre de Linares, del s. XV.*

La Escuela
Barrio Sotronco
Tfs. 942/74 43 97 y 666/55 45 97. Tf./fax 942/33 20 02
Posada habilitada en un edificio del s. XVI, que albergó la escuela del pueblo. Tiene bar, restaurante, salón-comedor con chimenea y 4 habitaciones dobles con baño. Precios (según temporada): habitación doble de 5.500 a 7.000, desayuno incluido; comida 1.500. *Observaciones: rutas guiadas de senderismo; excursiones en bicicleta.*

Cobijón

Barrio de Udías, término ligado a la figura de Garcilaso de la Vega, que tuvo en él casa-fuerte. *Excursiones: templo gótico de Pumalverde; minas abandonadas de Udías; parque natural de Oyambre y dunas de Oyambre; monte Corona.*

La Gándara
Tf. 942/70 45 51
Construcción de piedra perteneciente a una antigua compañía minera, con cuadra, bolera montañesa y comedor con un horno de principios de siglo. Tiene terrazas y 10 habitaciones dobles con baño. Precios (según temporada): habitación doble de 5.000 a 6.000; desayuno 300. *Observaciones: el edificio dispone también de un apartamento de 4/6 plazas.*

Espinama

Pueblo integrado en el municipio de Camaleño y lugar de acceso privilegiado a los Picos de Europa. *Excursiones: teleférico y circo de Fuente Dé, con exhibiciones de cetrería en verano.*

Puente Deva (*)
Tf. 942/73 66 58

Sencillo hostal, en un edificio tradicional. Tiene un restaurante de cocina de la comarca y 15 habitaciones dobles con baño, algunas con buenas vistas del valle. Precios (según temporada): habitación doble de 4.500 a 5.500; desayuno 350; comida o cena 1.500.

Las Fraguas

Localidad del valle de Iguña y antiguo lugar de residencia de la nobleza. Palacio de Hornillos, iglesia neoclásica de S. Jorge y capilla del Carmen. *Excursiones: calzada romana del Besaya; zonas de baño en el río Los Llares; parque natural Saja-Besaya.* En **Coo de Buelna**, *albarcas*. En **San Felices**, *cabañas pasiegas de cerámica.*

Casón de la Marquesa
Tfs. 629/21 10 87 y 609/31 41 12

Bello edificio de estilo inglés, de comienzos del s. XX, en una extensa finca con huerto y piscina. Tiene comedor, capilla, sala de juegos, aulas, biblioteca, talleres, 1 habitación sencilla, 5 dobles y 11 múltiples, con 8 baños compartidos. Precios: alojamiento 1.600; desayuno 400; comida o cena 800. *Observaciones: multiaventura; senderismo, piragüismo, bicicletas de montaña y excursiones a caballo.*

Gandarilla

Localidad del valle del mismo nombre, en el término de S. Vicente de la Barquera. Conserva la vieja torre y la casona de Mestas. *Excursiones: localidad de San Vicente de la Barquera, con un excelente patrimonio que incluye el puente de la Maza, el castillo Alto y la iglesia de Sta. María, con bellas esculturas funerarias.*

La Coteruca
Tf. 942/74 60 35

Tradicional casa montañesa, con jardín y balconada, con bar, restaurante y comercio de ultramarinos en la planta baja. El interior, con vigas de madera y suelos de tarima, tiene 6 habitaciones dobles con baño. Precios (según temporada): habitación doble de 3.000 a 5.000, desayuno incluido. *Observaciones: desayunos y comidas caseras.*

Hinojedo

Población del término de Suances, a 4 km de la capital municipal. *Excursiones: barrio de El Soto y localidad de Ongayo, con un templo románico recientemente rehabilitado; punta del Dichoso; playa de los Locos, con abundante oleaje; pico Dobra.* Talleres de cerámica.

Posada Paz
Barrio de S. Pedro
Tfs. 942/84 32 89 y 629/21 11 61

Casa de piedra, accesible por un amplio patio enlosado y rodeada de un extenso jardín, a 3 km de la costa. Dispone de 6 habitaciones dobles con baño, 3 de ellas abuhardilladas. Precios (según temporada): habitación doble de 4.500 a 7.000; desayuno 350. *Observaciones: facilitan mapas y rutas de Cantabria.*

Lamadrid

Aldea del municipio de Valdáliga. Conserva un templo del s. XVII y numerosos palacios y caserones, como el de Losvia, del s. XVIII. *Excursiones: dunas de Oyambre; rías de La Rabia y S. Vicente; monte Corona; cuevas de La Florida.* En **Treceño**, *muebles rústicos*. En **San Vicente del Monte**, *hilandera*. En **Vallines**, *taller de cerámica.*

Las Golondrinas
Barrio de Losvia. **Tf. 942/70 96 60**

Bella casona de piedra y madera de roble, de tres plantas, rodeada de jardín, en una finca cercana al palacio de Senillosa. El interior, cálido y acogedor, cuenta con 4 grandes habitaciones dobles, con salón y baño, 2 de ellas con chimenea. Precios (según temporada y tipo): habitación doble de 6.000 a 9.000.

La Charola
Tf./fax 942/74 11 [illegible]4

Casa de labranza, en gran finca rodeada de arbolado, con rebaños de ovejas, huerto y barbacoa. Tienen salón, biblioteca y 6 habitaciones dobles con baño, algunas abuhardilladas. Precios (según temporada): habitación doble de 5.500 a 7.000; desayuno 400.

Saja, Nansa y La Liébana

Lamadrid

Ver página anterior.

Los Taranos
Barrio de la Venta
Tfs. 942/70 94 28 y 70 94 92
Sencilla edificación de estilo tradicional, rodeada de prados. Tiene salón-comedor y 7 habitaciones dobles con baño. Precios (según temporada): habitación doble de 3.500 a 5.000; desayuno 350; comida o cena 1.400; pensión completa 2.500.
Comida excelente. Buena información y trato inmejorable por parte de la dueña.

Lebeña

Lugar del muncipio de Cillorigo, en un atractivo entorno de montaña, junto al río Deva. Magnífico templo mozárabe de Santa María. *Excursiones: villa monumental de Potes.*

El Agero
Tfs. 942/74 43 37 y 73 09 44
Edificio rústico, emplazado junto a la carretera. El interior, con suelos y techos de madera, tiene 2 habitaciones dobles y 2 triples, todas con baño y algunas abuhardilladas. Precios (según temporada): habitación doble de 4.900 a 5.500; triple de 6.900 a 7.500; desayuno 350. *Observaciones: la propiedad alquila una vivienda en el mismo edificio.*

Lombraña

Capital del valle de Polaciones, situada a 900 m de altitud, en las proximidades de Peña Labra. Iglesia de S. Sebastián y buenos ejemplos de casas del s. XVIII. *Excursiones: núcleos de S. Mamés y Puente Pumar; picos del Cordel.* Elaboración de rabeles.

Casa Toto
Tf. 942/72 90 23
Casa antigua, muy representativa de la zona, con huerta y establos. Dispone de cocina, chimenea y 5 habitaciones dobles con 3 baños compartidos. Se puede alquilar entera. Precios (según temporada): habitación doble de 3.210 a 4.280; vivienda de 16.050 a 19.260 diarias. *Observaciones: descuentos en temporada baja.*

Ojedo

Población del municipio de Cillorigo, con algunos restos de la primitiva iglesia románica. *Excursiones: villa de Potes; monasterios de Sto. Toribio de Liébana y Sta. María de Lebeña; circo de Espinama y teleférico de Fuente Dé.* Talla de objetos de nogal.

Haras Aritza
Tfs. 942/73 05 86 y 609/42 49 68
Hermosa casa de sillería y madera de roble, en una finca arbolada con jardines y espléndidas vistas de los Picos de Europa. El interior, repartido en tres plantas, tiene salón con chimenea y 6 habitaciones dobles con baño, algunas abuhardilladas. Precios (según temporada): habitación doble de 6.000 a 8.000; desayuno 400; comida o cena de 1.500 a 2.500. *Observaciones: información sobre rutas en el entorno.*

Oreña

Localidad de 700 habitantes perteneciente al municipio de Alfoz de Lloredo y situada a 1 km de la costa. Ermita de S. Bartolomé, de trazado románico, y ermita de la Virgen de la Guía, de estilo gótico rural. *Excursiones: villas de Cobreces, Suances, Comillas y Santillana del Mar; agradables paseos por los acantilados.* Venta de antigüedades. En **Yuso**, todo tipo de trabajos de forja. En **Ruiloba**, taller de cerámica.

El Sauce
Barrio Caborredondo. Tf. 942/71 61 43
Edificio de nueva construcción, con jardín, situado a 2 km de Santillana. Dispone de habitaciones dobles con baños compartidos y una vivienda con terraza, cocina, salón-comedor, 2 habitaciones dobles, 1 triple y 1 baño. Precios (según temporada): habitación doble de 4.000 a 4.500; vivienda de 12.000 a 14.000 diarias. *Observaciones: facilidades para minusválidos; no se admiten animales.*

El Sitio del Valle
Barrio Perelada. Tf. 942/71 62 04
Conjunto de edificios tradicionales, con jardín y porche. Tiene comedor y 4 habitaciones dobles con baño. Precios: habitación doble 8.500; desayuno 450; comida o cena 3.500. *Observaciones: facilitan información sobre paseos a caballo y rutas de senderismo.*

Posada Maite
Barrio de San Roque
Tfs. 942/71 60 52 y 619/34 48 02
Casona de tipo tradicional, rehabilitada, con jardín y rodeada de prados. Tiene salón para los huéspedes y 6 habitaciones dobles con baño. Precios (según temporada): habitación doble de 4.500 a 6.500, desayuno incluido; comida o cena 1.000.

La Roblera
Barrio Viallán. Tf./fax 942/71 61 04
Edificación de piedra y madera, situada en pleno campo en una extensa finca con huerta y jardín, junto a la capilla de la Virgen de Guía y a 1 km de la costa. Tiene comedor para desayunos y 11 habitaciones dobles con baño. Precios (según temporada): habitación doble de 4.000 a 6.000; desayuno 400.

Oyambre

Lugar de la costa situado entre las rías de S. Vicente y La Rabia, en un litoral de abundantes dunas, declarado parque natural. *Excursiones: cuevas de Arroyo del Cú y del Cuélebre; monte Corona; playas de Gerra y Merón.*

Pájaro Amarillo
Los Llaos
Tf./fax 942/72 09 17. Tf. 610/21 14 69
Edificio de nueva construcción, con jardín, espléndidas vistas del mar y acceso a la playa, en el interior del parque natural de las dunas de Oyambre. Tiene bar, salón con chimenea, comedor y 8 habitaciones dobles con baño, 2 de ellas abuhardilladas. Precios (según temporada): habitación doble de 5.000 a 8.000; desayuno 600.

Pechón

Pueblo pequeño del municipio costero de Val de San Vicente, en el límite con Asturias. Templo parroquial del s. XVIII. *Excursiones: cueva del Pindal; monasterio abandonado de Tina; Archivo de Indianos, en la villa asturiana de Colombres; rías de Tina Mayor y Tina Menor.*

Mellante
Tf./fax 942/71 94 71
Bonito caserío del s. XVIII con una cuidada restauración, situado junto a la costa con jardín. Tiene sala de estar, terraza, cafetería para los huéspedes, 2 habitaciones sencillas y 11 dobles, todas con baño. Precios (según temporada): habitación doble de 5.000 a 6.500; desayuno 300; cena 1.600.

Pejanda

Pequeña localidad del valle de Polaciones, entre las sierras de Peña Labra y Peña Sagra, en un paisaje de hayedos. *Talla de madera; elaboración de los característicos rabeles.*

Molleda
Tf. 942/72 90 08
Casa de labranza, rehabilitada con materiales tradicionales. El interior, austero, tiene salón con chimenea, comedor, 3 habitaciones sencillas y 6 dobles, todas con baño y algunas abuhardilladas. Precios: habitación sencilla 4.000; doble 6.000; desayuno incluido. *Observaciones: organizan excursiones; ofrecen servicio de bar-restaurante; bolera montañesa.*

Queveda

Localidad cercana a Santillana del Mar. Buen conjunto monumental: palacio de Beltrán de la Cueva, con gárgolas y una hermosa torre. Ermita de Las Quintas, del s. XVII. *Excursiones: castillo y cuevas de Puente Viesgo; calas de Sta. Justa y Canaleja; dunas de Liencres; pinar de Abra del Pas; parque de la naturaleza de Cabárceno.*

Las Quintas
Tfs. 942/89 03 83 y 84 02 14
Agradable construcción con terraza y jardín. Tiene mobiliario de época, 3 salones, chimenea, 2 habitaciones sencillas y 6 dobles, con baño. Precios (según temporada): habitación doble de 4.000 a 6.000; desayuno "rural" 375. *Observaciones: los dueños orientan sobre rutas y parajes poco conocidos de la región.*

Saja, Nansa y La Liébana

Peredo y Villa
C/ El Cantón. Tfs. 942/89 18 32 y 88 35 03

Preciosa construcción palaciega del s. XVII, con blasón, jardín, porche y una amplia balconada. Tiene salón con chimenea, comedor, 9 habitaciones dobles y 2 triples, todas con baño. Precios (según temporada): habitación doble de 6.000 a 7.500; triple de 8.000 a 9.500. *Observaciones: ofertas de fin de semana en temporada baja.*

Quijas

Hermoso conjunto arquitectónico integrado en el municipio de Reocín, próximo a Torrelavega. Palacios medievales y valioso templo de mediados del s. XVII. *Excursiones: localidades de Comillas y Santillana del Mar.* *En* ***Torrelavega****, venta de antigüedades.*

Torre de Quijas
Tf. 942/82 06 45

Casa palaciega del s. XIX, con huerto y jardín de césped. El interior, acogedor y mimado, tiene comedor, salón con chimenea, biblioteca, patio acristalado y 15 habitaciones dobles con baño, algunas abuhardilladas, con salón o con altillo. Precios (según temporada): habitación doble de 7.000 a 9.000; especial de 12.000 a 14.000; desayuno 650. *Observaciones: en un anejo hay 5 habitaciones dobles con salida al jardín.*

Ruente

Capital del municipio del mismo nombre. Conserva algunas de las casonas más interesantes de Cantabria. *Excursiones: palacio y capilla de Mier, en el barrio del Monasterio; templo de la Magdalena del s.* XVII*; casona de Cossío y Terán, en el barrio de Gismana; manantial de la Fuentona; zonas de baño en el río Saja; bosque del monte Aá; bosque del monte Río Los Vados, en Ucieda; reserva del Saja.* *Albarcas, aperos de labranza, utensilios de cocina e instrumentos musicales. En* ***Valle de Cabuérniga****, trabajos de herrería. En* ***Renedo****, cerámica.*

Mantecón
Tfs. 942/33 28 49 y 70 91 00

Casa antigua, rehabilitada, con un pequeño jardín. Tiene salón-comedor, sala con chimenea, cocina y 4 habitaciones dobles con baño. Se puede alquilar entera. Precios: habitación doble 6.000; desayuno 400; día 18.000; vivienda 36.000 fin de semana. *Observaciones: descuentos por estancias de más de 2 días.*

Hostería de Ruente (**)
Tf. 942/70 91 71

Edificio de nueva construcción, situado en la plaza del pueblo. Tiene salón-comedor con chimenea, bar, restaurante y 8 habitaciones dobles con baño, todas abuhardilladas. Precios (según temporada): habitación doble de 5.350 a 8.025, desayuno incluido.

Los Molinos
Tf. 942/70 91 81

Bonita edificación, levantada sobre un antiguo molino, del que se ha respetado la maquinaria y los cauces, que pasan bajo el suelo acristalado del comedor y por un mimado jardín con estanques. Tiene un total de 10 habitaciones, sencillas y acogedoras. Precios (según temporada): habitación doble de 5.000 a 7.500; triple de 6.500 a 9.500; desayuno 450.

Posada la Fuentona
Tf. 942/70 91 65

Bello edificio de estilo tradicional, situado junto a un caudal y en el centro del pueblo. Tiene sala de estar-comedor y 9 habitaciones dobles con baño. Precios (según temporada): habitación doble de 5.000 a 7.200; desayuno 400. *Observaciones: cerrada de 15 de diciembre a 15 de marzo; senderismo; rutas a caballo y en bicicletas.*

Saja

Pueblo ribereño del Saja, que divide el núcleo en dos barrios. Su entorno está cubierto por uno de los mayores hayedos de España. *Excursiones: numerosas rutas por el hayedo del Saja, con cascadas y arroyos; zonas de baño en el río Saja.*

Bijoz
Tfs. 608/21 73 73 y 942/74 12 27
Casona situada en el núcleo urbano, con una bella balconada de madera. Tiene un interior cuidado, sala de estar, 4 habitaciones dobles y 3 baños. Precios (según temporada): habitación doble de 3.500 a 4.000, desayuno incluido. *Observaciones: descuentos por estancias largas; artesanía de madera.*

San Pedro de Rudagüera

Lugar del municipio de Alfoz de Lloredo. A destacar una torre-fortaleza del s. XVI en el barrio de Lloredo.

El Hondal
Tfs. 942/71 91 09 y 656/58 13 74
Casa rústica del s. XIX, con patios ajardinados, porche y galería de madera. Tiene sala con chimenea, 5 habitaciones dobles con baño, algunas abuhardilladas y 2 habitaciones familiares con capacidad para 4 personas. Precios (según temporada y tipo de habitación): habitación doble de 4.500 a 5.500; familiar de 7.000 a 8.000; desayuno de 250 a 350; cena de 900 a 1.200.

S. Sebastián de Garabandal

Aldea del municipio de Rionansa, en un paraje montañoso, escenario de fenómenos de apariciones marianas durante los años 60. *Excursiones: conjunto rupestres de Riclones; cueva de Chufín; zona de baños en el río, en el Pozo Verde; sierra de Peña Sagra, con espléndidas panorámicas.* En **Puentenansa**, *elaboración de albarcas.*

Posada de San Miguel
Tf. 942/72 71 13. Fax 942/72 71 68
Edificio de nueva construcción. Tiene sala de estar, comedor y 16 habitaciones dobles, algunas con baño. Precios: habitación doble 3.600; con baño de 4.000 a 4.400; desayuno 300; comida 1.250; cena 1.000.

San Vicente de la Barquera

Villa marinera, con un agradable puerto pesquero, en activo desde la Edad Media. Interesante casco monumental: iglesia de Sta. María de los Ángeles, del s. XIII, restos de la muralla y el castillo, casa del Inquisidor, cárcel y puente de la Maza, del s. XVI. *Excursiones: túmulos funerarios del Barcenal; abundantes restos de molinos de marea en la zona; parque natural de las dunas de Oyambre; zona de marismas; acantilados de las puntas de la Silla y el Castillo. Venta de cerámicas y artesanía de la zona.*

El Acebo
Santillán. Tf./fax 942/71 24 95
Edificio de nueva construcción, en una finca ganadera. El interior, con una decoración rústica, tiene comedor, 3 habitaciones dobles, 1 de ellas con baño, y 1 baño compartido. Precios (según temporada): habitación doble de 3.700 a 4.800; con baño de 4.800 a 5.900.

Gerra Mayor
Gerra. Tf. 942/71 14 01
Caserón rehabilitado, rodeado de finca, con jardín, en una aldea a 4 km de S. Vicente. Tiene salón con vistas al mar y 19 habitaciones dobles. Precios (según temporada): habitación doble de 6.000 a 7.500; desayuno 400. *Observaciones: ofertas de fin de semana en temporada baja; cuenta con bolera y bicicletas.*

Granada (**)
Los Llaos. Tf./fax 942/71 21 13
Edificio de construcción reciente, con patio ajardinado y barbacoa, en una zona de praderías muy próxima a la costa. Tiene bar, sala de estar y 10 habitaciones dobles con baño. Precios (según temporada): habitación doble de 3.800 a 5.800; desayuno 350. *Observaciones: facilitan información sobre la zona.*

Saja, Nansa y La Liébana

San Vicente de la Barquera

Ver página anterior.

La Bolera
Tf. 942/70 50 80
Edificio tradicional, con fachada de piedra y ladrillo, emplazado en el casco urbano, con porche. Tiene bar, salas de estar y 8 habitaciones dobles con baño. Precios (según temporada): habitación doble de 5.000 a 6.000; desayuno 300. *Observaciones: comida o cena por encargo.*

Santillana del Mar

Impresionante conjunto monumental emplazado en un pequeño valle próximo a la costa y a las cuevas de Altamira. Colegiata de Sta. Juliana, callejones empedrados, casonas, palacios y ambiente medieval, un poco saturado en verano. *Excursiones: cuevas de Altamira; parque natural de las dunas de Liencres; ría de Mogro; playas del Puntal y los Arenales. Talleres de carpintería, cerámica y barro, cantería y herreros, con posibilidad de observar su trabajo. Venta de antigüedades.*

Vega
Ctra. Altamira 28. Tf. 942/81 80 88
Sencillo hospedaje, habilitado en una casa tradicional, con jardín. Tiene sala de estar y 12 habitaciones dobles con baño. Precios (según temporada): habitación doble de 4.500 a 6.000. *Observaciones: no se sirven desayunos.*

Casa del Organista
C/ Hornos 4
Tf. 942/84 03 52. Fax 942/84 01 91
Bella casa montañesa del s. XVIII, que hace años alojó al organista de la colegiata, con jardín y terraza. Tiene bar, sala de estar con balcón, salón, 1 habitación sencilla y 13 dobles, todas con baño y algunas abuhardilladas. Precios (según temporada): habitación doble de 7.000 a 12.000; desayuno 600. *Observaciones: en temporada alta, desayuno incluido.*

Posada Herran
C/ Herran 32. Tf. 942/81 81 12
Casa de labranza recientemente rehabilitada, con paredes de piedra y techos de madera, con huerto, jardín y barbacoa, situada a 300 m del casco histórico. Tiene sala de estar, comedor y 5 habitaciones dobles con baño, 2 de ellas abuhardilladas. Precios (según temporada): habitación doble de 4.000 a 6.000; desayuno 375.
✉ Los dueños te hacen sentir como en tu propia casa.

La Solana
C/ Los Hornos 12
Tf. 942/81 81 06. Fax 942/81 81 85
Casa de labranza típicamente montañesa, con jardín, terraza y vistas a la colegiata. Tiene comedor y 10 habitaciones dobles con baño. Precios (según temporada): habitación doble de 6.000 a 9.000, desayuno incluido.

Selores

Localidad del valle de Cabuérniga, muy próxima al parque natural del Saja. *Excursiones: localidades de Renedo y Terán; ruta de los Foramontanos.*

Camino Real
Tf. 942/70 61 71. Fax 942/70 63 76
Hermosa casa palaciega precedida de un agradable jardín y con un amplio porche. El interior, cuidado, tiene comedor, salón con chimenea, 12 habitaciones dobles con baño y sofá-cama, y 1 *suite*. Precios (según temporada): habitación doble de 9.095 a 13.375; suite de 14.445 a 19.795.

Suances

Localidad costera, emplazada en la desembocadura del Besaya. Cuenta con abundantres playas, entre ellas la de Los Locos, muy indicadas para la práctica del *windsurf*. *Excursiones: faro de Suances; núcleo monumental de Santillana del Mar.*

Marina
Pl. Cuba 14. Tf. 942/81 14 74
Edificio de nueva construcción, con jardín y precedido de un porche. El interior, con una cuidada decoración tradicional, tiene sala, comedor, 3 habitaciones sencillas y 8 dobles, todas con baño y algunas abuhardilladas. Precios (según temporada): habitación sencilla de 3.700 a 5.500; doble de 4.500 a 6.500; desayuno 300.

El Tejo

Localidad del municipio de Valdáliga, entre la marisma de Zapedo y la ría de la Rabia. *Excursiones: iglesia de Sta. María, ermita de S. Roque y casonas, en le barrio de Ceceño; playa y dunas de Oyambre; montes de Bustriguado y Corona; marismas de La Rabia, refugio de abundantes aves migratorias.*

El Teju
Tf. 942/70 96 39
Edificio tradicional, con patio, galería y un pequeño porche. El interior, sencillo, tiene sala de estar y 4 habitaciones dobles con baño, 2 de ellas abuhardilladas. Precios (según temporada): habitación doble de 4.000 a 5.000, desayuno incluido. *Observaciones: la propiedad alquila también una casa cercana para 6 personas.*

Terán de Cabuérniga

Población del valle de Cabuérniga. Necrópolis, humilladeros y construcciones de los s. XVII y XVIII. *Excursiones: villa de Carmona; ruta de los Foramontanos; reserva natural de Ucieda; parque natural de Saja-Besaya; sierra del escudo de Cabuérniga. En* ***Selores****, cantería. En* ***Sopeña****, carpintería tradicional y gaitas.*

La Casona del Peregrino
Tf. 942/70 63 43. Fax 942/70 63 44
Casona montañesa del s. XVIII, convertida en hotel, con jardín y capilla. Tiene sala de estar con chimenea, 11 habitaciones dobles con baño, algunas tipo *suite*, y 3 estudios para 3 personas. Precios (según temporada): habitación doble de 7.500 a 10.000; *suite* de 12.000 a 15.000; estudio de 11.500 a 14.000; desayuno incluido; comida o cena 2.000.

Los Tojos

Municipio de la cabecera del Saja, integrado en la reserva nacional, en un paisaje de abundantes hayedos. Lugar de aprovechamiento forestal y ganadero y paso obligado de la ruta de los Foramontanos. A destacar la iglesia de S. Miguel, en la aldea de Los Tojos, con un valioso retablo del s. XVIII. *Excursiones: peña Colsa, con buenas panorámcias de la zona y del trazado del río Saja.*

La Colodra
Barrio Meana. Tfs. 942/70 61 10 y 70 22 35
Casona tradicional montañesa del s. XVI, recientemente restaurada, con porche y balconada. Tiene comedor, salón con chimenea, sala de lectura, 3 habitaciones sencillas y 9 dobles, todas con baño. Precios (según temporada): habitación sencilla de 2.500 a 3.500; doble de 5.000 a 7.000; desayuno incluido. *Observaciones: facilitan información sobre la zona.*

La Punvieja
Correpoco. Tf. 942/70 63 15
Antigua edificación, levantada sobre una vieja fonda de carretera, en un paraje aislado junto al río Saja. Tiene jardín, sala de estar, un espléndido comedor y 6 habitaciones dobles con baño, algunas abuhardilladas. Precios (según temporada): habitación doble de 6.000 a 7.000; abuhardillada de 7.000 a 8.000.

Tollo de Arriba

Lugar del municipio de Vega de Liébana, en un valle apartado a media altura y con buenas vistas de los Picos de Europa. *Excursiones: circo de Fuente Dé; mirador del Cable. En* ***Vega de Liébana****, taller de hierro forjado; carpintería artesana.*

Posada de Tollo
C/ Mayor 13. Tf. 942/73 62 84
Casona de 300 años de antigüedad, restaurada, con frondosos jardines y una hermosa torre. Tiene salón con chimenea, 5 habitaciones dobles con baño y 3 triples con baños compartidos, algunas con chimenea. Se puede alquilar entera. Precios (según temporada): habitación doble de 6.000 a 8.000; desayuno 500; cena de 1.500 a 2.000. *Observaciones: senderismo y actividades en la naturaleza.*

Saja, Nansa y La Liébana

Treceño

Pueblo del término de Valdáliga, próxima a Cabezón de la Sal y en una zona rica en palacios y casonas, como las de La Mata y La Campa. *Excursiones: rías de La Rabia y S. Vicente; casa natal del arquitecto Juan de Herrera, en Roiz.*

Casona de la Salceda (***)
Barrio La Plaza
Tf. 942/70 50 75. Fax 942/70 50 71
Bella casona palaciega del s. XVII, de piedra de sillería y madera de castaño, con jardín y porche. El interior, elegante y con grandes estancias, tiene suelos de tarima, salón, comedor, 10 habitaciones dobles, algunas de ellas *suites* y 1 apartamento de 4 plazas. Precios (según temporada): habitación doble de 8.500 a 12.000; *suite* de 11.500 a 15.000; desayuno incluido.

Tresabuela

Localidad del término de Polaciones, con un interesante casa-iglesia del s. XVIII. *Excursiones: hayedo del Monte de las Llamas; pueblos de Puente Pumar y Lombraña, con buenos ejemplos de arquitectura popular y algunos valiosos palacios.*

Villa María
Tf. 942/74 64 46
Construcción de tipo tradicional, con solana de madera. Tiene salón-comedor, salita, 3 habitaciones dobles, 1 de ellas con baño, y 1 baño compartido. Se puede alquilar entera. Precios: habitación doble 5.000; con baño 6.000; desayuno 350; vivienda 15.000 diarias. *Observaciones: rutas a caballo.*

Tresviso

Localidad del municipio de La Liébana, a más de 800 m de altitud, en el occidente de los Picos de Europa. *Excursiones: zonas de hayedos y robledales en el mismo municipio; rutas al Naranjo de Bulnes.*

La Taberna de Tresviso
Tf. 942/74 44 44. Tf./fax 942/74 42 71
Edificio de reciente construcción. Tiene 7 habitaciones dobles, 5 de ellas con baño, y un espacio destinado a albergue, con 12 plazas en literas. Precios: habitación doble 5.000; desayuno 350; comida o cena 1.200. *Observaciones: los dueños elaboran un queso «picón» que ha obtenido premios internacionales.*

Treviño

Aldea apartada y tranquila, en un entorno de montaña y con inmejorables vistas. *Excursiones: zonas de baño en el río Cubo; rutas al pico Jano.*

La Casona de Treviño
Tf. 942/73 30 26
Imponente casa señorial del s. XVIII, con escudo blasonado, rodeada de huerto y jardín, en una explotación ganadera y con vistas espectaculares de los Picos de Europa. El interior, añejo, tiene grandes salones con chimenea y 4 habitaciones dobles con baño. Precios (según temporada): habitación doble de 5.000 a 6.000; desayuno 500; cena 1.200.

Tudanca

Pueblo ribereño del Nansa. Declarado conjunto histórico artístico, conserva algunos edificios del s. XV y el palacio de los Cuesta, convertido en casa de José María de Cossío, con una excepcional biblioteca. *Excursiones: ermita de las Nieves, levantada en el s. XVI. En **Saja**, objetos de madera, como cajas y joyeros.*

La Cotera
Tf. 942/72 90 69. Fax 942/72 90 02
Casa construida a partir de unas viejas ruinas, utilizando materiales tradicionales, con jardín, terraza y un balcón que ofrece excelentes vistas. Tiene sala de estar, 4 habitaciones dobles, 1 de ellas con baño y algunas abuhardilladas, y 2 baños. Precios (según temporada): habitación doble de 3.500 a 4.000; doble con baño de 4.500 a 5.000; desayuno 250.

Turieno

Lugar del municipio de Camaleño, con algunos edificios civiles interesantes, como la casona de los Floranes. *Excursiones: torre y palacio de Mogroviejo; preciosa iglesia mozárabe de Sta. María de Lebeña, con un tejo centenario.*

Ver página siguiente.

Posada Javier
Tf./fax 942/73 21 22
Edificio tradicional reformado, con huerta y excelentes vistas de los Picos de Europa. Dispone de sala de estar y 8 habitaciones dobles con baño. Precios (según temporada): habitación doble de 4.500 a 6.000; desayuno 400. *Observaciones: facilitan información sobre rutas en la zona.*

Turieno

Ver página anterior.
Monasterio de Sto. Toribio de Liébana; circo de Fuente Dé; mirador del Cable.

Posada Laura
Tf. 942/73 08 54

Edificio de construcción reciente, bien integrado en la arquitectura de la zona, con jardín, establo y excelentes vistas de los Picos de Europa. El interior, pulcro y agradable, dispone de salón con chimenea y 10 habitaciones dobles con baño, todas ellas con una decoración diferente. Precios (según temporada): habitación doble de 5.500 a 7.500; desayuno 550; cena 1.800.

Ubiarco

Población del municipio de Santillana del Mar, muy próxima a Suances. *Excursiones: cuevas de Altamira; paseos por los acantilados entre la ensenada de la Jarosa y el antiguo puerto minero de Punta Calderón; cabo de Punta Ballota; paredones la Torre de San Telmo; ermita rupestre de Santa Justa, en una pequeña cala.*

La Cerrá de San Roque
Tfs. 942/84 00 79 y 84 00 65

Sólida construcción con jardín. Dispone de salón y 10 habitaciones dobles, 7 de ellas con baño en el interior. Precios (según temporada): habitación doble con baño de 4.000 a 6.000; desayuno 250.

Posada Tresvalle
Tf. 942/84 00 09

Antigua casa de labranza, completamente restaurada y con jardín, emplazada junto a la carretera. Tiene sala de estar y 6 habitaciones dobles con baño. Precios (según temporada): habitación doble de 4.000 a 7.000; desayuno 200. *Observaciones: alquiler de bicicletas.*

San Telmo
Barrio Tresvalle
Tfs. 942/84 00 54 y 689/88 46 29

Casa solariega del s. XVII, con una amplia corralada flanqueada por dos porches. El interior, con una decoración rústica y cuidada, tiene salón con chimenea, comedor y 8 habitaciones dobles con baño. Precios (según temporada): habitación doble de 6.000 a 9.500; desayuno 400.

Ucieda de Arriba

Lugar del municipio de Ruente, con buenos ejemplos de arquitectura popular y una bella iglesia parroquial. *Excursiones: casa solariega del Monte, en el camino a Río de los Vados; bello robledal de Ucieda.*

La Casona
Tf./fax 942/70 90 13

Bonita construcción en piedra y madera, de estilo montañés y con unos magníficos aleros tallados a mano, situada en el centro del pueblo. Tiene salón con chimenea, 5 habitaciones dobles con baño y 4 habitaciones dobles con 2 baños compartidos. Precios (según temporada): habitación doble de 4.000 a 5.000; con baño de 4.500 a 5.500.

Val de San Vicente

Municipio de paso entre Asturias y Cantabria, con un paisaje costero presidido por las rías de Tina Mayor y Tina Menor. Conserva los restos de algunos molinos de agua en el río Nansa. *Excursiones: villa señorial de Estrada; con capilla y torre de la Edad Media.*
Ver página siguiente.

Quintana
Prellezo. Tf. 942/71 22 21

Casa restaurada recientemente, en una vieja posada del pueblo. Tiene 5 habitaciones dobles con baño. Precios (según temporada): habitación doble de 3.000 a 4.500; desayuno 250. *Observaciones: comidas previo encargo.*

Saja, Nansa y La Liébana

Val de San Vicente

Ver página anterior.
Acantilados y paisaje kárstico; zona de baños del Salín, en el río Nansa; cuevas del Chufín y Micolón, accesibles en barca.

Posada de Fuentes
Abanillas. **Tf. 942/71 85 60**
Núcleo de edificios, formado por una antigua casa y la cuadra aneja, alrededor de un patio empedrado. El interior, con una sencilla decoración rústica, tiene cafetería, sala con chimenea y 15 habitaciones dobles con baño. Precios (según temporada): habitación doble de 3.990 a 4.990, desayuno incluido.

Posada Muño
Muñorrodero. **Tf. 942/71 80 58**
Bonito caserón de piedra, situado a 1 km de la playa, con jardín, torreón y un curioso reloj de sol en la fachada. Tiene salón con chimenea, 8 habitaciones dobles, 4 de ellas con baño y 4 abuhardilladas con 2 baños. Precios (según temporada): habitación doble de 4.000 a 6.000; con baño de 4.000 a 6.500; desayuno 400. *Observaciones: facilitan información sobre deportes de aventura.*

La Torre
Serdio. **Tf. 942/71 84 62**
Típica casona cántabra, en un amplio jardín vallado, con árboles frutales. El interior, cuidado, tiene salón con chimenea, comedor y 14 habitaciones dobles con baño, algunas abuhardilladas y otras con salita. Precios (según temporada): habitación doble de 5.000 a 6.5000, desayuno incluido. *Observaciones: la propiedad alquila una casa de 6 plazas en el mismo recinto; información sobre actividades.*

Vega de Liébana

Capital del municipio del mismo nombre, lindando con la provincia de León.
Excursiones: villa de Potes; monasterio de Sto. Toribio; pequeñas poblaciones de montaña de Dobres y Cucayo; puerto de S. Glorio; teleférico de Fuente Dé; sobrecogedor desfiladero de la Hermida; valles de Varó, Cereceda, Valdeprado y Cillorigo; parque natural de Liébana y parque nacional de Picos de Europa. Trabajos de forja.

La Solana
Barrio Pujayo. **Tf. 942/73 61 34**
Edificación de buena planta de los años 30, en una soleada zona de praderas, con huerto, jardín y excelentes vistas. Tiene salón con chimenea, comedor, 3 habitaciones dobles abuhardilladas y 1 en un torreón, todas con baño. Precios (según temporada): habitación doble de 4.500 a 5.500; desayuno 400. *Observaciones: facilitan información sobre rutas por la comarca.*

El Portalón
Tfs. 942/73 60 48 y 629/48 08 45
Albergue habilitado en un edificio del s. XIX y orientado a actividades de montaña. Tiene comedor, sala de estar con chimenea y 100 plazas en habitaciones para 2, 4, 6 y 8 personas. Precios: alojamiento y desayuno 1.800; media pensión 2.500; pensión completa 3.000. *Observaciones: cursos y actividades en el entorno; guías profesionales.*
Buenas instalaciones. Trato familiar y participativo.

Apartamentos y casas de alquiler completo

Bárago de Liébana

El Nial

Tf. 942/73 61 28

Agradable casa de nueva construcción, rodeada de huerta, con jardín y un breve porche. Sala con chimenea, 1 habitación sencilla en un altillo, 2 habitaciones dobles, 1 de ellas abuhardillada y 1 baño. Precios: día 10.000; semana 58.000.

Bárcena Mayor

La Calleja

Tfs. 942/25 00 11 y 25 10 31

Edificación tradicional, con patio interior y una cuidadosa rehabilitación. Salón con chimenea, cocina, 4 habitaciones dobles y 3 baños. Precios (según temporada): 4 personas de 60.000 a 80.000 semanales; 8 personas de 72.000 a 100.000.

Casa Guillermo

Tf. 942/23 84 36

Casa tradicional de piedra, con balconada y patio interior, rehabilitada. Techos y suelos de madera, sala con chimenea, cocina, 3 habitaciones dobles y 1 baño. Precios (según temporada): fin de semana de 35.000 a 40.000; semana de 55.000 a 65.000.

Casa Tino

Tf. 942/37 29 93

Caserón de piedra y madera, con terraza y una amplia balconada. Salón-comedor con chimenea, cocina, 3 habitaciones dobles y 1 baño. Precios (según temporada y ocupación): semana de 50.000 a 100.000. *Observaciones: descuentos por estancias largas.*

El Barcenal

El Molino de Bonaco

Tf. 942/74 62 70

Antiguo molino rehabilitado, en un espléndido paraje fluvial, con huerto, estanque y frutales. Tiene 3 casitas bien decoradas, con cocina, salón, porche, chimenea y 2/4 plazas. Precios (según ocupación y temporada): vivienda de 10.000 a 15.000 diarias.

Cabañes

La Casona

Tfs. 942/77 42 06 y 73 02 01

Hermosa casa solariega de piedra, accesible por una corralada, con jardín, barbacoa y excelentes vistas. Salón, cocina, 1 habitación sencilla y 6 dobles. Precios: fin de semana 40.000; semana 125.000.

Cabariezo

El Barrio

Tf. 942/74 40 06

Edificio de buena planta, al pie de Peña Sagra, con jardín y piscina. Tiene 6 apartamentos con salón, chimenea, cocina y capacidad para 2/6 personas, con 1 ó 2 baños. Precios (según temporada y tipo): apartamento de 7.000 a 16.000 diarias. *Observaciones: facilitan información.*

Cahecho

La Fuente de Somave

Tfs. 942/73 05 91 y 608/30 92 64

Edificio de piedra, con jardín. Tiene 6 apartamentos *dúplex*, con cocina-comedor, 2 habitaciones dobles y 1 baño. Precios: apartamento 56.000 semanales. *Observaciones: descenso de barrancos; información sobre rutas.*

Camijanes

Primorías

Tfs. 942/74 62 01 y 27 06 82

Edificio bien rehabilitado, situado en una explotación ganadera próxima al río Nansa. Incluye 3 viviendas con 2, 3 y 4 habitaciones. Precios (según temporada y capacidad): apartamento de 60.000 a 85.000 semanales.

Celis

La Barrúa

Tfs. 942/72 74 41 y 72 74 05

Caserón tradicional con una bonita galería acristalada. Sala de estar, cocina, 4 habitaciones dobles y 3 baños. Precios (según temporada): día de 10.000 a 12.000.

Saja, Nansa y La Liébana

Apartamentos y casas de alquiler completo

Cicera

El Molino
Tfs. 942/22 48 68 y 609/26 56 18
Agradable caserón de origen colonial, con huerta, jardín y molino. Tiene habitaciones dobles con baño y 3 apartamentos para 4/5 personas. Precios (según temporada): apartamento de 10.000 a 12.000 diarias.

Comillas

Luisa
C/ El Perujo 1
Tfs. 942/72 02 31 y 619/56 78 19
Edificación emplazada en el mismo pueblo, a 800 m de la playa. Dispone de 3 apartamentos para 2/6 personas. Precios (según temporada): apartamento 4 plazas de 8.000 a 12.000 diarias.

Cosgaya

La Hornera
Tf. 942/73 03 78
Bello conjunto de viviendas de arquitectura tradicional, con jardín, barbacoas y merendero. Salón, cocina, chimenea, baño y 1, 2 ó 3 habitaciones dobles. Precios (según temporada): 2 plazas de 7.000 a 8.000 diarias; 4 plazas de 10.000 a 11.000 diarias.

Esanos

Marino
Tf. 942/22 10 56
Casa antigua de piedra, reformada, con una pequeña terraza. Sala con chimenea, cocina, 2 habitaciones dobles y 1 baño. Precios (según temporada): semana de 45.000 a 90.000. *Observaciones: la propiedad alquila 2 casas en el cercano pueblo de Trillayo.*

Hortigal

Corral del Medio
Corral del Medio
Tf. 942/71 25 01
Edificio de nueva planta, en un conjunto de construcciones ganaderas y situado en el centro de la aldea. Tiene 2 apartamentos, con sala de estar, cocina, 2 habitaciones dobles y 1 baño. Precios: apartamento 7.500 diarias.

Lamadrid

El Jilguerón
Barrio de Losvia
Tf. 942/70 21 64
Casa de nueva planta, sobre una antigua cuadra, en una finca aislada con jardín y buenas vistas. Sala de estar con chimenea, cocina, 3 habitaciones dobles y 2 baños. Precios: fin de semana 30.000.

Lerones

El Patio
C/ La Fuente s/n
Tf. 689/09 94 41
Conjunto de edificios tradicionales, de más de 200 años, con jardín. Incluye 7 apartamentos de 2, 4 y 6 plazas, con porche o terraza, salón, chimenea, cocina y 1 baño. Precios (según temporada): apartamento de 4 plazas de 10.000 a 12.000 diarias.

Mieses

El Armental
Tfs. 942/73 01 27 y 609/91 95 15
Edificación tradicional de la zona, rodeada de un amplio jardín con barbacoa. Incluye viendas para 4 ó 6 personas, con salón, chimenea, cocina y baño. Precios (según temporada): 4 plazas de 10.000 a 14.000 diarias.

Ojedo

Casa Sonozal
Tf. 942/73 00 89
Casa tradicional, restaurada, con una agradable planta baja. Bodega, salón con chimenea, cocina y 5 habitaciones dobles, 2 de ellas abuhardilladas. Precios: persona/día 2.000.

Oreña

Padruno
Barrio Padruno
Tfs. 942/80 13 27 y 81 81 88
Edificio de finales del s. XVIII, de madera y piedra de sillería, con jardín. Incluye 5 apartamentos de 2, 4 y 6 plazas, con salón, cocina y baño. Precios (según temporada): 4 plazas de 6.420 a 10.700 diarias; 6 plazas de 10.700 a 16.050 diarias.

Apartamentos y casas de alquiler completo

La Revilla

El Cardeo
El Cardeo. Tf. 942/71 09 47
Fax 942/71 08 20
Edificio de nueva planta, bien integrado en la arquitectura de la zona, con un conjunto de apartamentos. Tienen salón, cocina, 1 habitación doble y 1 baño. Precios (según temporada): apartamento de 8.560 a 11.770 diarias.

Roiz

Casa Calixto
La Cocina
Tf. 942/70 93 10
Edificio de nueva construcción, con huerta, jardín y bolera montañesa. Sala de estar, cocina, 3 habitaciones dobles, 2 de ellas abuhardilladas y 2 baños. Precios (según temporada): día 14.000; semana de 84.000 a 98.000.

La Vega
Las Cuevas
Tf. 942/74 11 32
Antigua casa de labranza de buena planta, con jardín y galería, en una zona arbolada. Cocina-salón-comedor, 5 habitaciones y 2 baños. Precios: día 14.000.

Ruente

Brañaflor
Tf. 942/70 91 66
Sobria casa de piedra, accesible a través de un patio. Salón con chimenea, cocina y 4 habitaciones dobles con baño. Precios: día 20.000; semana 140.000.

San Vicente de la Barquera

Las Mellizas
Tfs. 942/39 01 02 y
639/08 07 23
Agradable construcción tradicional, accesible por un patio ajardinado. Incluye 2 viviendas con salón-comedor, chimenea, cocina, 3 habitaciones, 1 baño y 1 aseo. Precios (según temporada y ocupación): vivienda de 7.000 a 16.000 diarias.

La Serna de Iguña

La Otra Casa
Tfs. 942/84 06 46 y
84 06 84
Bella casa tradicional, del s. XVI, con patio empedrado y porche. Mobiliario antiguo, salón, chimenea, sala abuhardillada y 4 habitaciones dobles con baño. Precios (según temporada): semana de 70.000 a 120.000. *Observaciones: rutas por la zona.*

Tama

La Coteruca
Tf. 629/80 38 27
Amplia casa tradicional de dos plantas, bien rehabilitada, con huerta, barbacoa y una balconada con excelentes vistas de Peña Prieta. Salones con chimenea, cocina, 7 habitaciones dobles y 2 baños. Precios: adultos 3.500 diarias; niños 3.000 diarias.

Santa Leocadia
Tf. 942/73 00 89
Bella construcción de piedra y madera, con terraza, en una zona de pastos próxima al río Deva. Cocina-comedor con chimenea, 3 habitaciones dobles y 2 baños. Precios: persona/día 2.000.

Tanarrio

Las Cumbres
Tfs. 942/37 20 38 y
73 30 02
Casa tradicional montañesa, rehabilitada, con jardín. Incluye 2 viviendas con mobiliario antiguo, cocina-comedor, sala, 3 habitaciones dobles y 2 baños. Precios (según temporada): vivienda de 12.000 a 15.000 diarias.

Los Tojos

La Cotera
El Tojo. Tf. 942/74 12 35
Antigua casa de labranza de finales del s. XIX, rehabilitada, con jardín. Comedor, cocina, 8 habitaciones dobles y 2 baños. Precios (según temporada): día de 12.000 a 14.000; semana de 84.000 a 98.000.

Saja, Nansa y La Liébana

Apartamentos y casas de alquiler completo

Torices

Lebanes
Tfs. 942/73 08 52 y 73 51 43
Casa de labradores con frutales, porche cubierto, jardín y barbacoa. Tiene 2 viviendas con mobiliario antiguo, salón, chimenea, cocina, 3 habitaciones dobles y 1 baño. Precios (según temporada): de 2.000 a 2.500 persona/día.

Turieno

Casa Conchi
Tf. 942/73 08 54
Casa montañesa de nueva construcción, con corredor y vistas de los Picos de Europa. Interiores de piedra y madera, salón con chimenea, cocina, 3 habitaciones dobles y 2 baños. Precios: día 15.000. *Observaciones: venta de productos de huerta.*

Turieno

Traldega
Tf. 942/73 20 39
Núcleo de edificios tradicionales, con jardín y piscina. Incluyen 5 apartamentos, con sala, chimenea, cocina y habitaciones dobles, algunas abuhardilladas. Precios (según temporada): apartamento de 10.000 a 12.000 diarias.

Lugares de interés

Bárago de Liébana. Lugar del término de Vega de Liébana, a poco más de 3 km de la capital municipal. Iglesia del s. XVII. *Excursiones: torre de Mogroviejo; circo de Fuente Dé; mirador del Cable.*

Bárcena Mayor. Población del municipio de Los Tojos, con un mimado patrimonio de arquitectura montañesa, declarado conjunto histórico-artístico, rodeado por el río Argoza y por espesos bosques. Casa rectoral blasonada y edificaciones del s. XVII. *Excursiones: calzada romana; hayedo de las Casas de Avellaneda; rebollar de Mediajo Buelna. Trabajos de madera y cerámica; tiendas de artesanía de la zona; elaboración de cucharas, aperos del campo y rabeles.*

Cabariezo. Aldea de Cabezón de Liébana. *Excursiones: monasterio de Piasca, del s. X; rutas a pie hasta Potes.*

Camijanes. Lugar del municipio de Herrerías. Iglesia del s. XVII molino y casas del s. XVIII. *Excursiones: zonas de baño en el río Nansa; cuevas prehistóricas de Riclones; mirador del Cueto del Collado.*

Comillas. Preciosa villa costera, con un rico patrimonio de arquitectura modernista: Universidad y palacio de El Capricho, realizado por Gaudí. *Venta de antigüedades.*

Esanos. Lugar del municipio de Cillórigo. Ermita de S. Roque y S. Miguel, del s. XV. *Excursiones: ermitas de Sta. Eulalia, en Tama, y S. Tirso, en Ojedo.*

Hortigal. Pequeña localidad del término de S. Vicente de la Barquera.

Lerones. Localidad lebaniega, en una zona con grandes bosques de robles y hayas. *Excursiones: monasterio de Piasca; zonas de baño en el mismo pueblo, con cascadas y pequeños remansos.*

La Revilla. Conjunto de barrios situado en la margen derecha de la ría de S. Vicente, con excelentes panorámicas de la zona. *Excursiones: barrio de Sta. Marina, con edificios barrocos; templo de S. Pedro; playa y dunas de Oyambre; playa de Merón*

Roiz. Conjunto de núcleos dispersos, en la Marina interior. Conserva restos de antiguas ferrerías. *Excursiones: pozas de baño en el río Escudo; sierra del Escudo; ría de La Rabia y dunas de Oyambre.*

La Serna de Iguña. Lugar del municipio de Arenas de Iguña. Conserva el templo románico de la Asunción, uno de los más antiguos de Cantabria. *Excursiones: calzada romana de Pie de Concha, que pasa por pueblos abandonados; rutas del románico de Cantabria; pozos de los Llares y zonas de baño en el río; cuevas de Puente Viesgo. En **Helguera** y **Santa Olalla**, talleres de cerámica.*

Tama. Pueblo pequeño próximo a Potes, en el centro de La Liébana. Ermita de Sta. Eulalia. *Excursiones: palacio de La Cortina; valle de Bedoya, uno de los más fértiles de la región; parque nacional de los Picos de Europa; desfiladero de la Hermida y ruta de Tresviso.*

Torices. Pequeña aldea de 20 habitantes, perteneciente al municipio de Cabezón de Liébana. *Excursiones: pico del Cornón, desde el que se divisa la bahía de Santader. En **Potes**, cestería, cerámica y trabajos de cobre y bronce; muebles artesanos.*

CASTILLA-LA MANCHA

1. Alto Tajo, Alcarria y serranía de Cuenca

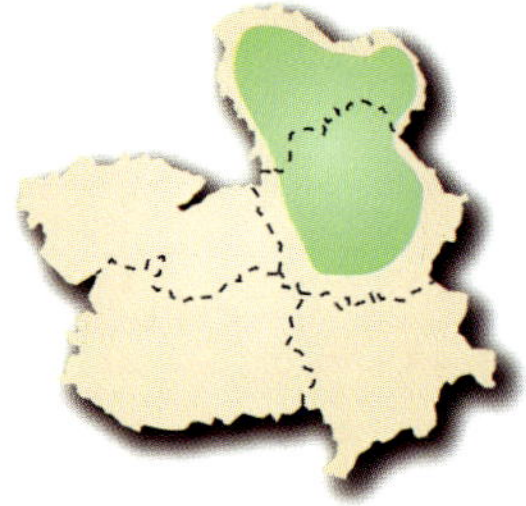

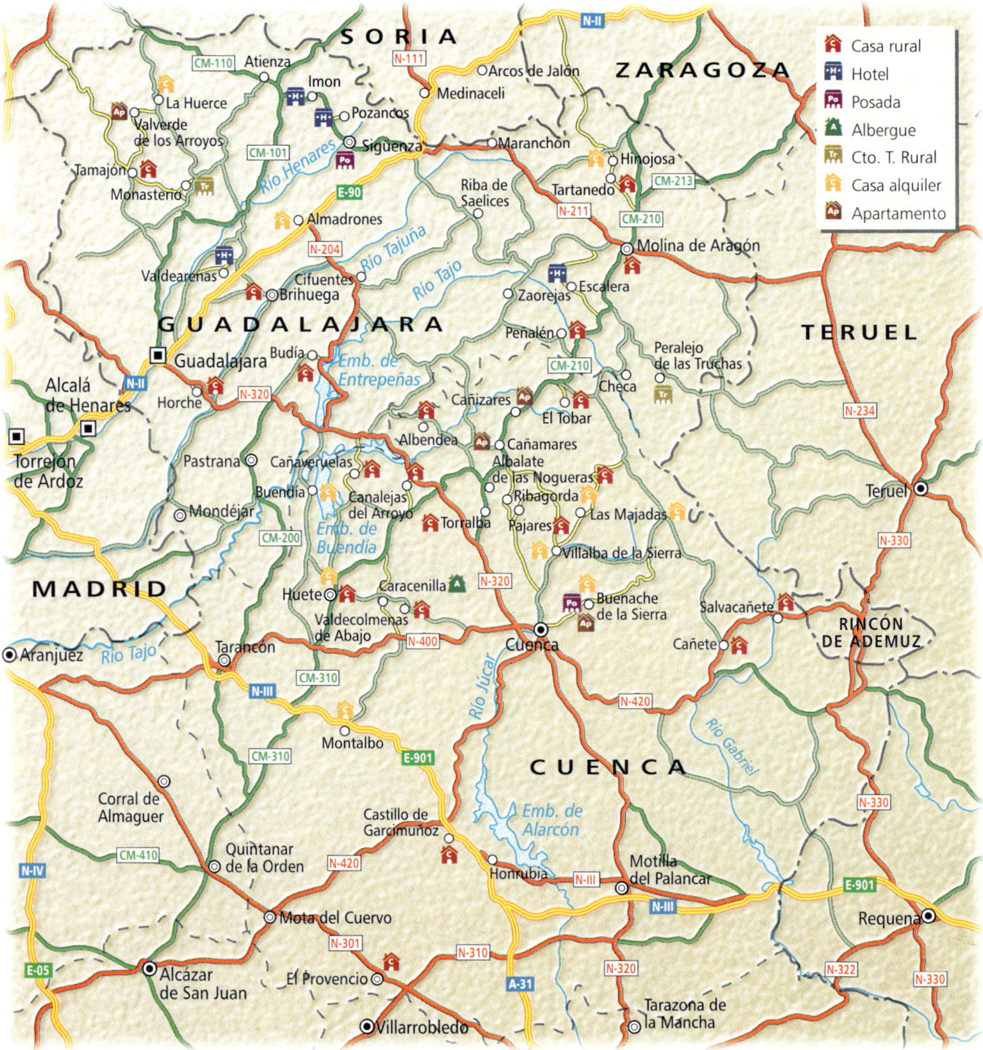

Albalate de las Nogueras
(CUENCA)

Localidad alcarreña, en un cerro bordeado por el río Trabaque. Iglesia de la Asunción y "Carril", jalonado de cuevas para la crianza del vino. *Excursiones: necrópolis de Fuente de Baños y puente romano de Los Olmos; hoz de Trabaque y pintorescas piedras de la Hoz.*

Casa Nuria
C/ Fragua s/n. Tf. 969/31 36 13
Casa muy sencilla, en el casco urbano. Tiene comedor y 2 habitaciones dobles con 1 baño compartido. Precios: habitación doble 4.000, desayuno incluido.

Albendea
(CUENCA)

Población próxima al Guadiela, en una zona montañosa. A destacar la iglesia, con un retablo renacentista. *Excursiones: paraje de cueva Tomás, con zonas de baño en el río Guadiela; puente de la Cadena.*

Casa Rosario
Tf. 969/31 61 11
Casa sencilla, situada en el casco de la población. Tiene salón con chimenea, 2 habitaciones dobles y 1 baño. Precios: habitación doble 4.000, desayuno incluido; comida o cena 1.200. *Observaciones: elaboración de bordados artesanales; información sobre rutas en la zona.*

Brihuega
(GUADALAJARA)

Ciudad notable en época romana. Castillo, iglesias, conventos y cárcel del s. XVIII. Antigua fábrica de paños con un bello mirador. *Excursiones: pueblo de Tomellosa; iglesia románica de S. Blas de Villaviciosa; curioso paraje de Civica, con grutas, manantiales, paseos y terrazas. Venta de antigüedades (muebles, tapices y objetos decorativos); talleres de forja; talla de madera, incluyendo juegos infantiles; carpintería tradicional.*

Don Gonzalo
C/ Estrella 7. Tfs. 949/28 00 71 y 619/68 19 37
Edificio del s. XVIII, emplazado en el casco urbano, con un recoleto jardín y barbacoa. El interior, con un decoración suntuosa, mobiliario cuidado y varios lienzos de un pintor modernista, tiene salones, chimenea, cocina, 1 habitación sencilla, 2 dobles y 1 *suite*, todas con baño. Se puede alquilar entera. Precios: habitación doble 10.600, desayuno incluido; vivienda 45.000 diarias.

Jardín de la Alcarria
C/ Saúco 1. Tfs. 949/28 00 71 y 619/68 19 37
Antiguo caserón rehabilitado, situado en el casco viejo de la localidad, con una terraza que da acceso a un recogido jardín, con piscina y una fuente. Tiene cocina, sala, salón de reuniones, 4 habitaciones dobles y 2 baños. Precios: habitación doble 8.400, desayuno incluido. *Observaciones: organizan rutas a caballo y en bicicleta.*

Budia
(GUADALAJARA)

Villa renacentista, emplazada en el corazón de la Alcarria. Iglesia de S. Pedro, de fachada plateresca. *Excursiones: embalse de Entrepeñas; dehesa del Peral de la Dulzura, con bosque de pinar; altiplano de las "tetas" de Viana; Peñas Alacatenas; hayedo de Tejera Negra.*

La Casa del Obispo
C/ Cuesta de Molina 11
Tfs. 949/28 36 91 y 600/42 74 37
Preciosa casa solariega del s. XVII, con un recoleto jardín y balconada, en pleno casco viejo. Tiene 2 salones con chimenea, 2 comedores, bodega, desván acondicionado como salón de lectura, 3 habitaciones dobles y 1 para 4 personas, todas con baño. Precios (según tipo): habitación doble de 8.000 a 10.500, desayuno incluido; comida o cena 1.500.

Buenache de la Sierra
(CUENCA)

Pequeña localidad situada en un paraje apartado a 1.300 m de altitud. *Excursiones: pantano de la Toba; reserva del Hosquillo; laguna de Uña; zona de abundantes fuentes y bosques de sabinas; zona de esquí de La Mogorrita.*

Po
Tina del Tío Salomé
Tf. 969/28 50 05
Casa de piedra de reciente construcción, aislada en un bello paraje de montaña, con terraza. Tiene sala de estar con chimenea y capacidad para 16 personas en 7 habitaciones con baño. Precios: habitación doble 6.000; desayuno 500; cena 1.200. *Observaciones: rutas a caballo y en bicicleta; senderismo; tiro con arco y observación de aves.*
✉ Acogida excelente. Muy bien en limpieza y comodidad.

Alto Tajo, Alcarria y serranía de Cuenca

Canalejas del Arroyo
(CUENCA)

Localidad de la Alcarria conquense, cercana al embalse de Buendía. Conserva la iglesia barroca de la Asunción y la casa-palacio de los Alarcón, del s. XVII. *Excursiones: cueva de la Mora Encantada, en Gascueña; santuario de Monsalud, en Córcoles.* En **Priego**, *cerámica y mimbre*.

Casa Carmen
C/ Morenas 4. Tf. 969/31 52 43
Edificio reciente, de agradable fachada, con «cueva» y patio. Tiene salón con chimenea, 2 habitaciones dobles y 1 baño. Precios: habitación doble 4.500, desayuno incluido; comida o cena 1.200.

Cañaveruelas
(CUENCA)

Localidad alcarreña, situada sobre un terreno de naturaleza arcillosa bañado por el Guadiela. Museo de arte sacro y popular en la iglesia parroquial. *Excursiones: ruinas de la villa de Ercávica.* En **Villaconejos de Trabaque**, *cestería y artesanía del mimbre*.

Casa Diana
C/ La Iglesia 4. Tf. 969/37 01 92
Edificación de dos plantas, en el centro del pueblo, con cueva propia. El interior, decorado con objetos tradicionales, tiene salón-comedor, "cocinilla" con chimenea, sala de estar y 4 habitaciones dobles. Se puede alquilar entera. Precios: habitación doble 4.400; vivienda 17.600 diarias. *Observaciones: alquiler de bicicletas; enseñan la cocina típica de la zona.*

Cañete
(CUENCA)

Villa amurallada, con una bonita plaza porticada, varios templos, una excelente biblioteca y museos etnológico y fotográfico. *Excursiones: pinturas rupestres de Villar del Humo y las Corbeteras; torcas y laguna de Cañada del Hoyo.*

Molino del Marqués
Tfs. 969/34 60 30 y 689/97 38 81
Antiguo molino de grano, que conserva el caz, en una zona de abundante vegetación y con una terraza suspendida sobre el río. El interior, agradable, tiene mobiliario realizado por artesanos de la zona, un salón-comedor con chimenea y 4 habitaciones dobles con baño. Precios: habitación doble 5.500.

Caracenilla
(CUENCA)

Pequeña localidad asentada en un típico paisaje alcarreño, en la proximidades de Huete. Conserva restos romanos, un puente y *miliarium*. *Excursiones: ermita de la Concepción; minas de La Mudarra, explotadas por los romanos para la extracción de yeso cristalizado.*

Peñarrubias
C/ Consuelo 4. Tf. 969/27 27 11
Edificio sencillo, con patio ajardinado, barbacoa, invernadero y un agradable portalón. Tiene comedor y capacidad para 30 personas. Precios: alojamiento 1.500 (con saco de dormir propio), desayuno incluido; comida o cena 1.200. *Observaciones: cocina de la región; se organizan actividades en el entorno; la propiedad ofrece además 4 habitaciones dobles en una casa cercana.*

Castillo de Garcimuñoz
(CUENCA)

Pueblo medieval, en torno al castillo, levantado sobre un alcázar árabe. Conserva edificaciones blasonadas y una casa gótica del s. XIV. *Excursiones: villas de Mota del Cuervo, Belmonte y Campillo de Altobuey.* En **Mota del Cuervo**, *alfarería*.

La Cueva
C/ Convento 1. Tf. 969/19 17 95
Casa de tres plantas, que toma su nombre de la antigua bodega, con jardín y bar. La zona de alojamiento, en la planta alta, tiene una decoración rústica, algunos muebles singulares (como un sillón de peluquero) y 4 habitaciones dobles abuhardilladas, 2 de ellas con baño y 1 con chimenea. Precios (según tipo): habitación doble de 3.000 a 6.000; desayuno 450.

Escalera
(GUADALAJARA)

Localidad de 10 habitantes integrada en la zona del Alto Tajo. *Excursiones: cuevas de los Casares; sabinar de Escalera; cañón del Bullones; barranco de la Hoz; laguna de Taravilla. Velas perfumadas de cera virgen; artesanía textil de lana con tintes naturales (mantas, muñecas,...)*

El Descansillo
Cº Valhermoso s/n. Tf./fax 949/83 12 52
Hotel habilitado en un caserón de piedra de tres plantas, con porche y galerías. Tiene sala de estar, comedor y 7 habitaciones dobles con baño y acceso a las galerías. Precios: habitación doble 5.800; desayuno 450; comida o cena 1.600; fin de semana para 2 personas 17.000, pensión completa incluida. *Observaciones: agricultura ecológica; artesanía textil; plantas medicinales y rutas por la zona.*

Horche
(GUADALAJARA)

Villa situada a los pies del páramo de la Alcarria. Plaza Mayor de estilo castellano, templo del s. XVI, fuente de la Pililla, y el antiguo lavadero. *Excursiones: vega del río Ungría.*

Casa Andrea
C/ Las Fuentes 9
Tfs. 949/29 00 60 y 609/36 96 06

Casona rehabilitada, con patio ajardinado y manantial. Conserva la bodega del s. XVI con los utensilios originales, 3 habitaciones dobles con baño y 2 apartamentos, de 4 y 5 plazas. Precios: habitación doble de 6.000 a 7.500; apartamento de 10.700 a 12.800 diarias; desayuno 400; comida 1.500. *Observaciones: rutas en bicicleta.*

Trato acogedor. Casa limpia y cuidada.

Huete
(CUENCA)

Localidad del valle de Guadiela. Restos del castillo, murallas, casas-palacio, iglesia de Santa María, del s. XIII, Ayuntamiento y museos. *Excursiones: restos de la antigua Opta romana; cuevas de la Mudarra y Sanario. Herrero de forja; carpintería tradicional.*

S. Benito
C/ Mayor 36. Tf. 629/54 43 86

Casa de 200 años, situada en una calle céntrica del pueblo, con patio y cueva. El interior, lleno de detalles rústicos, tiene salón-comedor con chimenea, 2 habitaciones sencillas y 3 dobles, con 3 baños compartidos. Se puede alquilar entera. Precios: habitación sencilla 2.300; doble 4.600; vivienda 18.400 diarias y 80.000 semanales. *Observaciones: organizan visitas a queserías y bodegas.*

Imón
(GUADALAJARA)

Población de 30 habitantes, que toma su nombre de unas salinas explotadas en la antigüedad y aún en activo. Conserva un templo parroquial renacentista. *Excursiones: villas de Sigüenza y Atienza. En **Atienza**, telar en activo.*

Salinas de Imón
C/ Real s/n. Tf./fax 949/39 73 11

Casona señorial del s. XVIII, con jardín, frontón y piscina. El interior, decorado con antigüedades y pinturas al fresco, tiene salones, comedores, chimenea, biblioteca, 11 habitaciones dobles con baño y 1 *suite*. Precios (según tipo): habitación doble de 8.000 a 12.500; desayuno 400; comida o cena 2.500. *Observaciones: cursos de artesanía y restauración de muebles; excursiones; servicio de «comida y siesta».*

Molina de Aragón
(GUADALAJARA)

Localidad ribereña del Gallo. Puente medieval, recinto fortificado del s. XII, iglesia románica y conventos. *Excursiones: monasterio de Buenafuente del Sistal; cueva de los Casares; barranco de la Hoz. Elaboración de barcos artesanos; trabajos de mimbre, piedra y madera.*

Casa Asensio
C/ Armería 11. Tfs. 949/83 00 52 y 83 00 61

Edificio rehabilitado en el casco urbano, con jardín y terrazas con vistas al castillo. El interior, decorado y amueblado con sencillez, tiene sala con chimenea y 6 habitaciones dobles, 1 de ellas con baño y abuhardillada. Precios: habitación doble 4.300; con baño 6.000; desayuno incluido. *Observaciones: rutas guiadas y excursiones a caballo.*

Monasterio
(GUADALAJARA)

Pequeña localidad de la sierra norte de Guadalajara, rodeada de robledales y pinar. *Excursiones: villa de Cogolludo; ruta de la arquitectura negra; pico Ocejón; parque natural del hayedo de Tejera Negra.*

El Rincón de Monasterio
Tfs. 949/85 72 33 y 91/457 97 42

Hermoso caserón de piedra, situado en el casco urbano. El interior dispone de comedor con chimenea, sala de música, biblioteca y juegos, así como 3 viviendas independientes, con sala, chimenea, cocina, 2 baños y capacidad para 5 personas. Precios (según ocupación): vivienda de 10.000 a 14.500 diarias, desayuno incluido. *Observaciones: actividades deportivas y culturales; talleres de fotografía, botánica y arte.*

Pajares
(GUADALAJARA)

Localidad dependiente de Brihuega, emplazada en un paisaje de encinar. *Excursiones: embalse de Entrepeñas, con posibilidad de practicar deportes náuticos; villa de Brihuega.*

La Rosaleda
C/ La Hierba 10
Tfs. 949/21 29 98 y 630/12 96 86

Bonita construcción de los años 20, con huerta, barbacoa y un cuidado jardín. El interior, decorado con mobiliario de mimbre, abundantes plantas y piezas antiguas tiene un luminoso salón con espléndidas vistas y 4 habitaciones dobles, 1 de ellas con baño, y 1 baño compartido. Precios: habitación doble 4.000; con baño 6.000.

Alto Tajo, Alcarria y serranía de Cuenca

Peñalén
(Guadalajara)

Pueblo del Alto Tajo, en un accidentado paisaje de barrancos. *Excursiones: cañón del Tajo. Taller de cantería y exposición de trabajos en piedra.*

El Fósil
C/ Horno s/n. Tf. 949/81 63 23
Robusto edificio de piedra, levantado sobre una antigua posada, situado en el casco urbano. El interior, sencillo, tiene salón-comedor, salón con chimenea, una pequeña exposición de fósiles de la zona, 4 habitaciones dobles y 3 baños. Precios: habitación doble 3.900.

Peralejos de las Truchas
(Guadalajara)

Pueblo del Señorío de Molina, encajonada entre cerros a 1.187 m de altitud,en un paisaje bañado por el Alto Tajo. Iglesia de S. Mateo y casonas de interés. *Excursiones: parque natural del Alto Tajo; cuevas del Tornero y del Moro; laguna de Taravilla. En* ***Checa****, taller de forja.*

Los Quiñones
Tfs. 949/83 70 50-33
Conjunto de nueva construcción, realizado con materiales tradicionales, situado en una colina próxima al pueblo, con restaurante, sala, barbacoa y zona de juegos infantiles. Dispone de apartamentos con porche, comedor, cocina, 1 habitación doble y 1 baño. Precios: apartamento 2.975 persona/día; desayuno 425; comida o cena 1.800.
✉ Acogida excelente. Muy tranquilo. Ideal para niños.

Pozancos
(Guadalajara)

Localidad situada a 5 km de Sigüenza, en un valle rodeado de montes y con abundante vegetación. *Excursiones: conjuntos monumentales de Sigüenza y Medinaceli; cañón del río Dulce; iglesia románica de Carabias. Taller de alfarería y cerámica; taller de grabados.*

Hostal del Monte
Tfs. 949/39 00 38 y 91/305 53 30
Pequeño hostal-restaurante en un edificio de nueva construcción, situado a las afueras del pueblo en un paraje arbolado, con pista de tenis y piscina. Tiene comedor, salón con chimenea y 3 habitaciones dobles con baño. Precios (según tipo): habitación doble de 7.000 a 9.000, desayuno incluido; comida o cena de 1.500. *Observaciones: senderismo y rutas en bicicleta de montaña.*

El Provencio
(Cuenca)

Villa asentada en la comarca manchega, con un interesante iglesia del s. XVI. *Excursiones: cueva que sirvió como refugio del maquis; castillo de Santiaguillo; localidades de Belmonte y Alarcón.*

Casa de Calixto
Ctra. Villarrobledo-Barrax, km 6
Tfs. 967/16 53 53 y 649/28 39 49
Típica casa de labor, de gran antigüedad, emplazada en un paisaje de encinar y monte bajo, con jardín, piscina y el típico horno de leña. El interior, decorado a la usanza rural, tiene salón con chimenea, comedor, 5 habitaciones dobles y 2 baños. Precios: habitación doble 6.000. *Observaciones: rutas a caballo; senderismo; juegos tradicionales; tiro con arco.*

Salvacañete
(Cuenca)

Villa de la Serranía Baja, ribereña del Cabriel. Terreno accidentado y lugar de hallazgo de un valioso tesoro romano. *Excursiones: villa amurallada de Cañete; castillo de Torrefuerte; cruz de los Tres Reinos; zona de baños en la Tejería. En* ***Valdemeca****, artesanía de la madera.*

Molino de Abajo
C/ de la Virgen 8. Tf. 969/35 71 35
Vivienda habilitada en un molino harinero en activo, en un precioso paraje arbolado junto al río Cabriel y a 2 km del pueblo. Tiene salón con chimenea, cocina y 5 habitaciones dobles con baño. Se puede alquilar entera. Precios: habitación doble 5.500; vivienda 25.000 diarias. *Observaciones: se puede observar el proceso de la molienda y participar en tareas agrícolas.*

Sigüenza
(Guadalajara)

Preciosa villa alcarreña, notable en época musulmana. Espléndida catedral, casa del Doncel, del s. XV, en la antigua judería, palacios y castillo del s. XII convertido en parador. *Excursiones: villa medieval de Atienza; área natural de Pelegrina. Tiendas de artesanía y taller de cincelado.*

Molino de Alcuneza
Alcuneza. **Tf./fax 949/34 70 04**
Molino harinero con más de 500 años de antigüedad, con un cuidado jardín y piscina, a orilla del Henares. El interior, mimado y decorado con aperos de labranza, tiene comedor y sala de estar, con chimenea, horno de leña, 1 habitación sencilla y 10 dobles, todas con baño. Precios: habitación sencilla 8.000; doble de 10.000 a 12.000; desayuno 850; cena 3.500. *Observaciones: cocina con productos del propio huerto.*

Tamajón
(GUADALAJARA)

Localidad de la sierra de Ocejón, en una de las zonas más despobladas de Europa. Palacio de los Mendoza y antigua fábrica de cristal. *Excursiones: conjuntos de arquitectura negra de Majaelrayo y Valverde; hayedo de Tejera Negra.* *Venta de artículos de cuero y centros de flores secas en Las Trojes.*

Las Trojes
C/ Picota 50. Tfs. 91/547 22 41 y 949/85 91 93

Antigua casa de labradores, emplazada en el casco urbano, con patio y porche. El interior, decorado con aperos tradicionales, tiene salón con chimenea, sala de lectura y juegos, comedor y 5 habitaciones dobles con baño y sofá-cama. Precios: habitación doble 6.500, desayuno incluido; cena 1.500. *Observaciones: cocina con productos de huerto ecológico; excursiones guiadas; cursos diversos.*

Tartanedo
(GUADALAJARA)

Pequeña localidad agrícola y ganadera del Señorío de Molina. *Excursiones: villas de Molina de Aragón y Sigüenza; parque natural del Alto Tajo; valle del río Mesa; barranco de la Virgen de la Hoz; bosque protegido de sabinas; laguna de Gallocanta.* *Taller de alfarería.*

Casona de Tartanedo
Tfs. 949/84 02 16 y 22 90 40

Casona de piedra del s. XVIII, con escudo nobiliario y bien restaurada, en el centro del pueblo. Tiene un bello patio ajardinado, salón con chimenea, 3 habitaciones dobles y 1 múltiple. Se puede alquilar entera. Precios (según tipo): habitación doble de 5.000 a 6.000; desayuno 300; comida 1.500; cena 1.200. *Observaciones: abierta a grupos; clases de español para extranjeros; actividades en el entorno.*

El Tobar
(CUENCA)

Localidad del municipio de Beteta, situada a más de 1.100 m de altitud, con un museo Etnológico. *Excursiones: laguna del Tobar y laguna Grande; hoces de Beteta y Tragavivos; balneario de Solán de Cabras; cueva del Hierro.* *En **Cañizares**, taller artesano de madera y barro.*

La Laguna
Cº de la Laguna. Tf. 969/31 81 38

Edificio de piedra, de nueva construcción, situado en un paraje aislado, con jardín. Tiene un salón-comedor común con chimenea y 3 plantas, 1 de ellas abuhardillada, con un total de 4 habitaciones sencillas y 3 dobles, convertibles en 3 viviendas independientes con cocina-comedor y baño. Se pueden alquilar enteras. Precios: habitación sencilla 3.000; doble 5.000; desayuno 400; comida o cena 1.250.

Torralba
(CUENCA)

Localidad con una agradable plaza Mayor. Conserva una ermita del s. XV, con el sepulcro de un caballero de la Orden de Santiago. *Excursiones: cuevas del cerro del Castillo.*

Casa Carmen
C/ Postigo 23. Tf. 969/27 01 16

Casa de construcción reciente, con patio y terraza. Tiene salón con chimenea, 1 habitación sencilla y 3 dobles con 2 baños compartidos. Se puede alquilar entera. Precios: habitación doble 4.600; desayuno 350; comida o cena 1.200; vivienda 16.100 diarias.

Valdearenas
(GUADALAJARA)

Pueblo ribereño del Badiel, en un valle con abundante vegetación. *Excursiones: villas históricas de Hita, Torija, Brihuega y Jadraque.* *Taller de restauración de muebles y venta de antigüedades en la hostería. En **Zarzuela de Jadraque**, alfarería.*

Hostería del Arciprestazgo de Hita
Ctra. del Retiro s/n. Tf. 949/32 34 07

Casona de piedra del s. XVIII, que sirvió de residencia arciprestal, con amplios jardines y barbacoa. El interior, decorado con objetos rústicos, muebles y cuadros de época, tiene comedor, salón, chimenea y 6 habitaciones dobles con baño. Precios: habitación doble 7.500; desayuno 600. *Observaciones: comidas o cenas con platos típicos, previo encargo; la propiedad alquila una casa para 8 personas.*

Valdecolmenas de Abajo
(CUENCA)

Pueblo situado en las faldas de la sierra de Cabrejas, en un paisaje de arbolado. Iglesia de raíces románicas, ermita de La Soledad y puente medieval. *Excursiones: zona de hallazgos romanos y musulmanes; sierra de Cabrejas.*

La Casa del Cura
La Plaza 1. Tfs. 619/06 85 72 y 91/501 06 87

Hermosa casona del s. XVIII, de dos plantas, situada junto a la iglesia, con patio y bodega. El interior, decorado con mobiliario y cuadros de época, tiene bar, salón, cocina, biblioteca, despensa y 4 habitaciones dobles con baño. Precios (según tipo): habitación doble de 6.500 a 8.000, desayuno incluido. *Observaciones: senderismo; parapente; rutas en bicicleta.*

Apartamentos y casas de alquiler completo

Almadrones (Guadalajara)

Los Trigales
Tfs. 949/28 55 53 y 21 71 87
Casona blasonada del s. XIX, situada en la plaza del pueblo, con jardín, patio y terraza. Comedor, chimenea, cocina, 3 habitaciones sencillas, 2 dobles y 2 baños. Precios: día 17.500; semana 60.000.

Buenache de la Sierra (Cuenca)

Fuente del Camellón
Tfs. 969/23 00 19 y 23 18 26
Casa de construcción reciente, de piedra y ladrillo, con huerto, terrazas y buenas vistas. Sala de estar con chimenea, cocina, 3 habitaciones dobles y 2 baños. Precios: día 15.000.

Las Mendrosas
Tf. 969/22 62 62
Núcleo integrado por 11 cabañas de piedra y madera, con jardín, piscina y barbacoa. Cada cabaña tiene salón-cocina-comedor con chimenea, 2 habitaciones dobles, 1 triple y 1 baño. Precios: día 13.000. *Observaciones: en la misma finca hay un hotel con restaurante.*

Buendía (Cuenca)

La Cueva
Tf. 639/85 92 93
Fax 969/37 20 81
Casa con un gracioso jardín arbolado, terraza y gran cueva habilitada como lugar de reuniones. Salón con chimenea, cocina, 2 habitaciones dobles y 1 baño. Precios: día 20.000. *Observaciones: el precio incluye leña y «alboroque».*

Cañamares (Cuenca)

Llano de los Conejos
Tfs. 969/31 01 28 y 608/57 60 89
Conjunto de 5 cabañas, en el valle de Escabas. Salón-cocina-comedor, 1 ó 2 habitaciones con literas o sofás-cama y 1 baño. Precios (según temporada y tipo): cabaña de 6.000 a 15.000 diarias. *Observaciones: actividades de naturaleza.*

Cañizares (Cuenca)

Casa Checa
Tf. 969/31 31 67
Edificación de piedra, con porche, balconada de madera y buenas vistas. Incluye 2 apartamentos abuhardillados, con salón, cocina, comedor, 2 habitaciones sencillas, 2 dobles y 2 baños. Precios: persona/día 2.500. *Observaciones: actividades guiadas para grupos.*

Hinojosa (Guadalajara)

Casa Malo
Tf. 949/83 17 59 y 617/07 84 08
Caserón blasonado del s. XVII, bien restaurado, en un casco urbano con interesantes ejemplos de arquitectura señorial. Tiene 1 habitación sencilla y 3 dobles. Precios (según ocupación): día de 10.000 a 14.000.

La Huerce (Guadalajara)

Molino de Umbralejo
Tf. 949/21 17 39
Conjunto formado por una rústica casa de piedra y una cabaña de madera. La casa tiene cocina, chimenea, baño, 1 altillo y capacidad para 4 personas y la cabaña dispone de porche, cocina, baño y 6 plazas. Precios: casa 32.000 fin de semana; cabaña 42.800 fin de semana.

Huete (Cuenca)

Chus
Tf. 969/37 11 34
Casa tradicional, precedida de un patio con barbacoa y emparrado. Decoración rústica, salón con chimenea, cocina, 3 habitaciones dobles y 2 baños. Precios: día 13.800.

Las Majadas (Cuenca)

Casa Javier
Tf. 969/28 30 95
Casa emplazada a las afueras, con una amplia balconada. Tiene 3 viviendas, con cocina, salón con chimenea, 1 baño y 2 ó 3 habitaciones dobles. Precios: vivienda pequeña 7.000 diarias; grande 10.000 diarias. *Observaciones: alquiler mínimo de 2 días; rutas a caballo.*

CASTILLA-LA MANCHA

Apartamentos y casas de alquiler completo

Montalbo (CUENCA)

Los Arcos
Mayor 22
Tf. 91/501 61 50
Casa tradicional, restaurada, con terrazas y espléndidas vistas. Tiene salones, uno de ellos con chimenea, despacho, cocina, 2 habitaciones sencillas, 3 dobles y 2 baños. Precios: persona/día 2.400.

Valverde de los Arroyos (GUADALAJARA)

El Nido de Valverde
Tf./fax 949/30 74 48
Tf. 949/85 42 21
Preciosa casa de arquitectura negra. Incluye 2 apartamentos *dúplex*, con salón, cocina-comedor, 1 habitación doble y 1 baño. Precios (2 personas: apartamento 15.000 diarias; desayuno 900; comida o cena 2.700. *Observaciones: mínimo 2 noches.*

Ribagorda (CUENCA)

La Casa de la Posada
Tf. 969/28 54 25
Sencilla casa tradicional, céntrica, con patio y terraza. Salón-comedor con chimenea, 2 cocinas, 6 habitaciones dobles, 2 baños y 1 aseo. Precios: persona/día 2.000.

Villalba de la Sierra (CUENCA)

El Sitio
Tfs. 969/28 15 09 y 610/55 00 03
Agradable construcción de piedra, con huerto, jardín y barbacoa. Cuenta con 2 viviendas, con salón-comedor, chimenea, cocina, baño y 2 ó 3 habitaciones dobles. Precios (según temporada y tamaño): vivienda de 15.000 a 23.000 diarias.

Lugares de interés

Almadrones. Pequeño pueblo con vistas al río Badiel y próximo al nacimiento de este río, en un paisaje de bosques de robles y encinas, con abundantes setas. *Excursiones: villas de Jadraque, Brihuega y Sigüenza; localidad medieval y hoces de Pelegrina.*

Buendía. Villa alcarreña, con un buen conjunto urbano en el que destaca la plaza Mayor, porticada, la iglesia y el pósito del s. XV, murallas y puertas. *Excursiones: paraje natural de la ermita de los Desamparados; ribera del Guadiela; presa de Buendía y pantano de Bolarque, con las ruinas de un «desierto» carmelita. Museo de carros, diligencias y carretines de paseo.*

Cañizares. Población de la serranía, a más de 1.000 m de altitud, en una zona de manantiales. *Excursiones: hoz de Tragavivos; estrecho de Guijarro; pantano del Molino de Chincha; paraje de Solán de Cabras; parque natural del Alto Tajo; zonas de baño en el río Escabas; laguna del Tobar; rutas diversas. Venta de artesanía: cuencos de madera, bastones y cerámica.*

Valverde de los Arroyos. Encantador pueblo de montaña, con una característica arquitectura negra, muy bien conservada, en plena reserva natural de Sonsaz. Entorno con abundantes bosques de robles, manantiales y torrentes. *Excursiones: chorreras de Despeñalagua; pueblo abandonado de Umbralejo, actualmente en restauración; parque natural de la Tejera Negra. Tienda de objetos artesanos de todo tipo.*

Las Majadas. Población situada a 1.391 m, en un paisaje agreste atravesado por el Júcar y cubierto de enebros y sabinas. *Excursiones: paraje de Los Callejones; embalse de la Toba y reserva del Hosquillo.*

Montalbo. Viejo pueblo de La Mancha conquense, presidido por las ruinas de un castillo árabe. Iglesia de Santo Domingo de Silos, con elementos góticos y renacentistas. *Excursiones: villa romana de Segóbriga; monasterio de Uclés; castillos de Belmonte y Alarcón; conjunto artístico de Villaescusa de Haro; laguna de El Hito. En* **Belmonte**, *trabajos de forja.*

2. Montes de Toledo, La Manchuela y sierras de Albacete

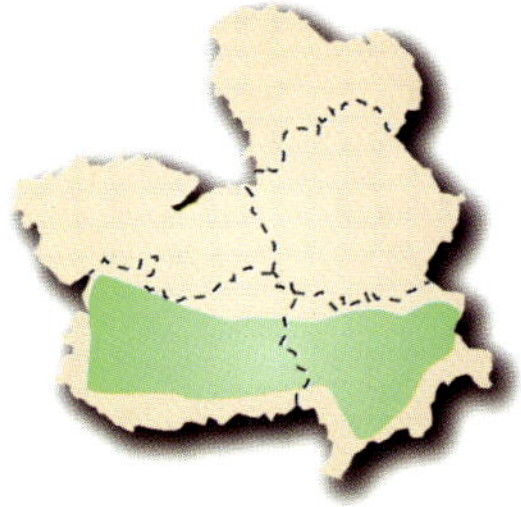

Anchuras
(Ciudad Real)

Agradable localidad que se distinguió por sus movilizaciones contra el proyecto de un campo de tiro en el término. Entorno de gran belleza. *Excursiones: parque nacional de Cabañeros y pantano de Cíjara.*

La Casona
Pl. de España 13. Tf. 926/77 31 10
Antigua posada, rehabilitada manteniendo los anchos muros de piedra, situada frente al Ayuntamiento. Tiene salón con chimenea y 6 habitaciones dobles, 4 de ellas con baño y 1 abuhardillada. Precios: habitación doble 5.000; desayuno 200; comida o cena 1.300. *Observaciones: descuentos por estancias largas; cocina casera con productos ecológicos.*

Ayna
(Albacete)

Localidad de la sierra de Alcaraz, con uno de los núcleos más pintorescos de Castilla-La Mancha. *Excursiones: pueblos de Liétor, Alcaraz, Yeste y Letur; cuevas del Niño, con pinturas rupestres; Riópar y nacimiento del río Mundo.*

Casa Honda
C/ Mayor 20. Tf./fax 967/29 50 83
Casa tradicional, recientemente restaurada, con una bella terraza y excelentes vistas del pueblo y el valle de Ayna. El interior, con una agradable decoración, tiene sala de estar con chimenea y 3 habitaciones dobles o triples, todas con baño y abuhardilladas. Precios (según temporada y tipo): habitación doble de 6.000 a 13.000. *Observaciones: la propiedad alquila además 2 viviendas para 2 y 2/4 personas.*

Espinoso del Rey
(Toledo)

Pueblo de la comarca de los Montes de Toledo. Conserva el rollo de justicia y algunos edificios neomudéjares. *Excursiones: ermita de Nuestra Señora de los Remedios, del s. XVII; risco Ñañas, con excelentes vistas. Ruta de la cerámica: Talavera de la Reina, Oropesa y Puente del Arzobispo.*

El Pinche
C/ Genara Sánchez 7
Tfs. 925/70 39 12 y 689/93 10 15
Casa de nueva construcción, bien integrada en la arquitectura de la zona y con soluciones innovadoras. El interior, repartido en tres plantas, incluye un patio, salón-comedor con chimenea y 6 habitaciones dobles con baño, 1 de ellas con sala. Precios (según tipo): habitación doble de 5.800 a 9.800; desayuno 375; comida o cena de 1.500 a 2.000.

Las Labores
(Ciudad Real)

Localidad próxima a los Montes de Toledo. *Excursiones: parque nacional de las Tablas de Daimiel; ruta de los molinos. En* ***Guardamuro****, cerámica con motivos alusivos a las Tablas de Daimiel.*

La Blanquilla
Ctra. Puerto Lápice- Villarubia. km 21,700
Tfs. 926/69 50 63 y 609/16 27 63
Casa de labranza del s. XVIII, en una extensa finca de los Montes de Toledo. Tiene restaurante y zona de alojamiento, con mobiliario antiguo, 1 apartamento de 4 plazas y 4 habitaciones dobles con baño, 2 de ellas con salón y chimenea. Precios (según tipo): habitación doble de 6.000 a 8.000, desayuno incluido; comida o cena 1.250. *Observaciones: paseos en carro.*

Navalpino
(Ciudad Real)

Pequeño municipio de los Montes de Toledo, que conserva unos baños musulmanes reformados en el s. XIX. *Excursiones: parque nacional de Cabañeros. En* ***Horcajo de los Montes****, elaboración de alfombras.*

Los Baños de Villanarejo
Ctra. Navalpino-Horcajo de los Montes, km 3
Tfs. 91/441 12 36 y 609/61 26 59
Casa señorial en una finca de bosque mediterráneo, lindante con el parque nacional de Cabañeros, con jardín, capilla, terraza y piscinas. El interior tiene mobiliario de época, salones, 7 habitaciones dobles con baño, 3 *suites* y 2 con 1 baño compartido. Precios (según tipo): habitación doble de 10.000 a 15.000; *suite* 20.000; desayuno 1.000; comida o cena 3.500.

Navas de Estena
(Ciudad Real)

Localidad situada en la comarca de los Montes de Toledo. *Excursiones: villa de Retuerta, con templo del s.XVI; parque nacional de Cabañeros; necrópolis árabe de Hontanar; zonas de baño en el río Estena; área recreativa del arroyo de los Reales. Trabajos de corcho realizados por los pastores.*

El Boquerón de Estena
Cº del Río, km 1,5
Tfs. 609/41 67 45. Tf. 689/12 51 08
Caserón de piedra situado a 1,5 km del pueblo, con piscina, zona de juegos y jardín con barbacoa. Tiene sala de estar y comedor con chimenea, biblioteca y 6 habitaciones dobles, algunas con baño. Precios: habitación doble 5.000; con baño 7.000; desayuno 500; comida 2.500; cena 1.500. *Observaciones: facilitan bicicletas; rutas por el parque nacional de Cabañeros.*

Montes de Toledo, La Manchuela y sierras de Albacete

Pedro Muñoz
(Ciudad Real)

Villa manchega del Campo de San Juan, próxima a un conjunto lagunar. Conserva casonas de los s. XVII y XVIII. *Excursiones: charcones de Miguel Esteban, con observatorios de aves. Bordados de ajuares; carpintería y restauración de madera.*

Casa de la Ermita
C/ Cervantes 3
Tfs. 91/301 58 99 y 666/32 55 58
Casa tradicional situada junto a la ermita del pueblo, con patios, galería y terraza. El interior, con bonitos zócalos de azulejos, tiene salón y cocina con chimenea, sala de juegos, 3 habitaciones dobles, 1 de ellas con baño, y 1 baño compartido. Se puede alquilar entera. Precios: habitación doble 4.500; con baño 5.500; desayuno incluido; derecho a cocina 500.

Puerto de San Vicente
(Toledo)

Localidad emplazada en plena sierra de Altamira, en el límite con tierras cacereñas. *Excursiones: comarcas de La Jara y Las Villuercas; monasterio de Guadalupe. Prendas de vestir, sábanas y mantas realizadas con lana y algodón.*

Casa del Puerto
C/ Las Eras 3
Tfs. 925/85 82 34 y 608/14 77 44
Vivienda de fachada sencilla, con una bonita balconada de madera. El interior, decorado con aperos de labranza y mobiliario antiguo, tiene bodega con muros de piedra, salón con chimenea, comedor, 1 habitación sencilla, 5 dobles y 5 baños. Precios: alojamiento 2.700 persona/día; desayuno 350; comida o cena 1.500. *Observaciones: cocina tradicional.*

Riópar
(Albacete)

Localidad situada en un bello entorno natural de la sierra de Alcaraz. Iglesia gótica y restos del castillo-fortaleza. *Excursiones: nacimiento del río Mundo; sierra del Segura. Trabajos de bronce (lámparas, adornos,...), en la escuela-taller municipal; artesanía del esparto.*

Montearroba
Cortijo de las Tablas
Tf./fax 967/43 52 89
Conjunto de dos edificaciones tradicionales, en un paraje de choperas y huertas, en las faldas de un monte. Incluye una casa con salón, comedor y 7 habitaciones dobles, algunas con baño. Precios: habitación doble 3.500; con baño 6.000; desayuno incluido; comida o cena 1.000. *Observaciones: el núcleo incluye además 3 viviendas con 2,3 y 5 habitaciones.*

El Toboso
(Toledo)

Característica localidad de la ruta del Quijote, con una bella rehabilitación urbana llena de pasajes cervantinos. Convento de las Trinitarias y templo del s. XV. *Excursiones: ruta de los Molinos; Belmonte; ruinas de Segóbriga; lagunas de Villafranca y Ruidera.*

Casa de la Torre
C/ Antonio Machado 16. Tf./fax 925/56 80 06
Casa de labranza del s. XVIII, bien rehabilitada, situada en el casco urbano. El interior, con una decoración cuidada, tiene sala de estar con chimenea, comedor, 1 habitación sencilla y 7 dobles, todas con baño. Precios (según tipo): habitación doble de 8.000 a 15.000, desayuno incluido; comida o cena 2.000. *Observaciones: cocina con especialidades del Quijote; exposiciones y tertulias literarias.*

Villanueva de Bogas
(Toledo)

Localidad próxima a Mora, en una zona de abundantes yacimientos prehistóricos. *Excursiones: castillo de Mora; ermita de la Virgen de la Antigua; pantano de Finisterre. Trabajos de forja y muebles y lámparas de diseño propio. En* **Mora**, *alfombras realizadas a mano.*

Casas del Conde
Ctra. Villanueva-Mora, km 1,8
Tfs. 925/25 62 68 y 670/27 84 24
Conjunto de sencillos edificios, construidos en los años 60 como refugios de caza. Incluyen una casa con comedor y salón con chimenea, así como habitaciones, apartamentos y casas de alquiler completo, con un mobiliario funcional. Precios: habitación doble 4.000; apartamento de 4 plazas 7.000 diarias; desayuno 300; comida 1.500; cena 1.000.

Apartamentos y casas de alquiler completo

Alcalá de Júcar (ALBACETE)

Casa Buenaire
Tfs. 967/47 23 33 y 619/15 34 66
Casa rehabilitada, en lo alto del pueblo, con terraza y buenas vistas. Sala con chimenea, cocina, 3 habitaciones dobles, 2 de ellas excavadas en la roca, y 1 baño. Precios: día 10.000; semana 50.000. *Observaciones: la propiedad dispone de otra casa.*

Alcaraz (ALBACETE)

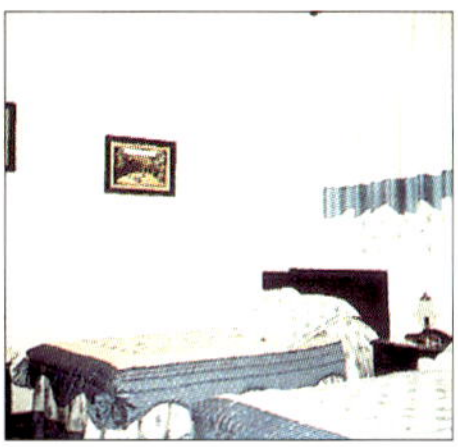

Mari de Bernabé
C/ Mayor 8
Tf./fax 967/38 00 17
Casa tradicional, en pleno casco viejo, con terraza, barbacoa y buenas vistas. Sala de estar, cocina, 2 habitaciones dobles y 1 baño. Precios (según temporada): día de 8.000 a 12.000. *Observaciones: descuentos por estancias largas.*

Cotillas (ALBACETE)

Arroyo Colladillos
Ctra. CM-3204, km 11
Tf. 967/57 41 75
Agradable edificio tradicional, aislado y rodeado de jardín, huerto ecológico y arbolado. Dos apartamentos con cocina, salón, chimenea, 2 habitaciones dobles y 1 baño. Precios (según temporada): apartamento de 6.000 a 8.000 diarias.

Hellín (ALBACETE)

La Carrasca
Tfs. 967/30 05 50 y 91/594 50 08
Casa situada a las afueras, con jardín, frontón y piscina. Sala con chimenea, cocina, 2 habitaciones sencillas, 2 dobles y 2 baños. Precios: habitación doble 6.000; vivienda 15.000 diarias.

Letur (ALBACETE)

El Portalico
C/ Portalicos 14
R. 967/42 63 04 y 42 60 01
Grupo de 4 viviendas de gestión municipal. Comedor con chimenea, cocina, 3 habitaciones dobles y 2 baños. Precios (según temporada): fin de semana de 19.000 a 20.000. *Observaciones: hay más alojamientos similares en el pueblo.*

Letur (ALBACETE)

El Tío de la Pipa
C/ Portalico 7
R. 967/42 63 04 y 42 60 01
Vivienda de nueva construcción, gestionada por el Ayuntamiento, con patio exterior y cueva. Salón-comedor, cocina, 2 habitaciones sencillas, 4 dobles y 3 baños. Precios (según temporada): fin de semana de 26.000 a 29.000.

Nerpio (ALBACETE)

Villa Turrilla
Tfs. 968/73 81 58 y 689/94 60 32
Núcleo de dos viviendas tradicionales, a 3 km del pueblo, con jardín y piscina. Salón-comedor-cocina con chimenea, 2 habitaciones dobles y 1 baño. Precios (según temporada): 4 plazas 12.000 fin de semana y de 40.000 a 45.000 semanales.

Oropesa (TOLEDO)

La Posada
Tf. 619/32 82 44
Edificio tradicional, con miradores, balcones de hierro y una terraza con excelentes vistas. Tiene 6 apartamentos, con salón-comedor, cocina, 1 habitación doble y baño. Precios (según temporada): apartamento de 7.000 a 8.000 diarias.

La Recueja (ALBACETE)

Casas del Barrio
Tf. 967/47 12 19
Conjunto de tres antiguas edificaciones de labranza, restauradas, situadas junto a la hoz del Júcar. Salón, cocina, chimenea, baño y capacidad para 4, 6 y 8 personas. Precios: 4 plazas 6.200 diarias.
✉ La limpieza requiere mayor atención.

Ribera de Cubas (ALBACETE)

La Herradura
Cubas
Tfs. 967/40 50 18-33
Conjunto de 2 casas parcialmente excavadas en la roca, con jardín, terraza y vistas al río. Sala con chimenea, cocina, 3 ó 4 habitaciones dobles y 2 baños. Precios (según temporada): casa pequeña 10.000 diarias; grande 12.000.

Montes de Toledo, La Manchuela y sierras de Albacete

Apartamentos y casas de alquiler completo

Villanueva de los Infantes (Ciudad Real)

El Tio Tanganas
C/ Tomás el Médico 77
Tf. 619/33 97 36
Sencilla casa de pueblo, con paredes de adobe. El interior, con mobiliario antiguo, tiene salón con chimenea, cocina, 3 habitaciones dobles y 2 baños. Precios (según temporada): fin de semana de 25.000 a 30.000.

Lugares de interés

Alcalá de Júcar. Pueblo asentado en un hermoso paisaje, junto a la hoz trazada por el Júcar. Conserva un hermoso castillo, templo del s. XVI y puente del s. XVIII. *Excursiones: zonas de baño del Tranco del Lobo; fuente de las Rochas; parque natural de las Hoces del Cabriel. Trabajos de cerámica y esparto.*

Cotillas. Localidad limítrofe con Jaén y la sierra de Cazorla, integrada en la zona del Calar del Mundo. *Excursiones: arroyo Colladillos, con propiedades curativas; nacimiento del río Mundo y el arroyo Frío; fuente Majada del Soto, con merenderos.*

Hellín. Importante población asentada alrededor del cerro del castillo. Iglesia de Santa María, conventos y casonas. *Excursiones: aldea de Isso, con varios puentes romanos; tolmo de Minateda, con un interesante poblado íbero-romano. Trabajos de esparto.*

Letur. Preciosa localidad de la sierra de Segura, declarada conjunto histórico, con un evocador trazado de origen árabe. Conserva las ruinas de un castillo, la iglesia de la Asunción, del s. XV-XVI, y la ermita de la Concepción, con artesonado mudéjar, que ocupa una antigua sinagoga. *Excursiones: pueblo abandonado del Almazarán, siguiendo el cauce del Arroyo de Letur; molinos de agua de la dehesa de Letur; vivero de las Rejas, con un sabinar milenario; mirador del Pozo Reolid; ruta del río Taibilla y parajes del monte Regalí y La Muela; sierras de Zacatinejo y del Tobar.*

Mesones. Población emplazada en las sierras de Segura y Alcaraz, en una zona de pastos rica en colmenas. *Excursiones: nacimiento del río Mundo y paraje del Calar, con cuevas y fuentes.*

Oropesa. Conjunto medieval bien conservado, con abundantes casas nobles, presidido por el imponente castillo, cuyo palacio está ocupado por un parador de turismo. Templos, casa consistorial del s. XV y puente romano. *Excursiones: restos de un convento en la finca del Rosarito; localidad de Calzada de Oropesa. Bordados y encajes de bolillos. Labores de* ***Lagartera****. En* ***Puente del Arzobispo****, cerámica.*

La Recueja. Pueblo asentado en un terreno agrícola ribereño del Júcar. *Excursiones: villa de Jorquera; hoces del Júcar y del Cabriel; zonas de baño en el río Júcar.*

Villanueva de los Infantes. Notable ciudad del Campo de Montiel, con un rico patrimonio: iglesias, palacios y abundantes casonas nobiliarias. *Excursiones: santuario de Nuestra Señora de la Antigua, con una plaza de toros; puente romano sobre el río Jabalón; conjunto eremítico de Cueva de la Mora. Talleres de forja y talla de piedra; trabajos en cuerda y enea; bastones; carpintería tradicional.*

1. Las Merindades y el Condado de Treviño

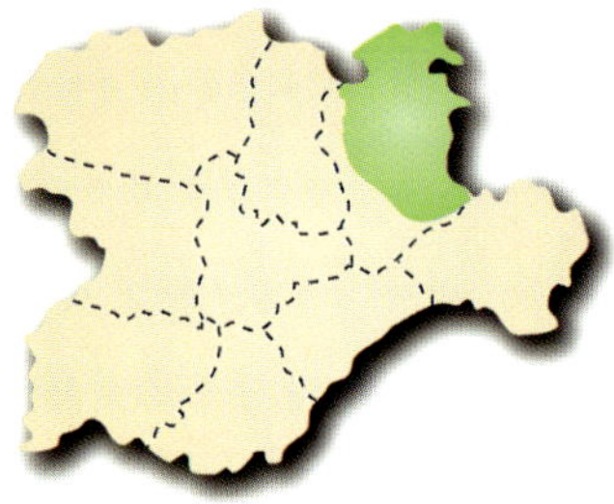

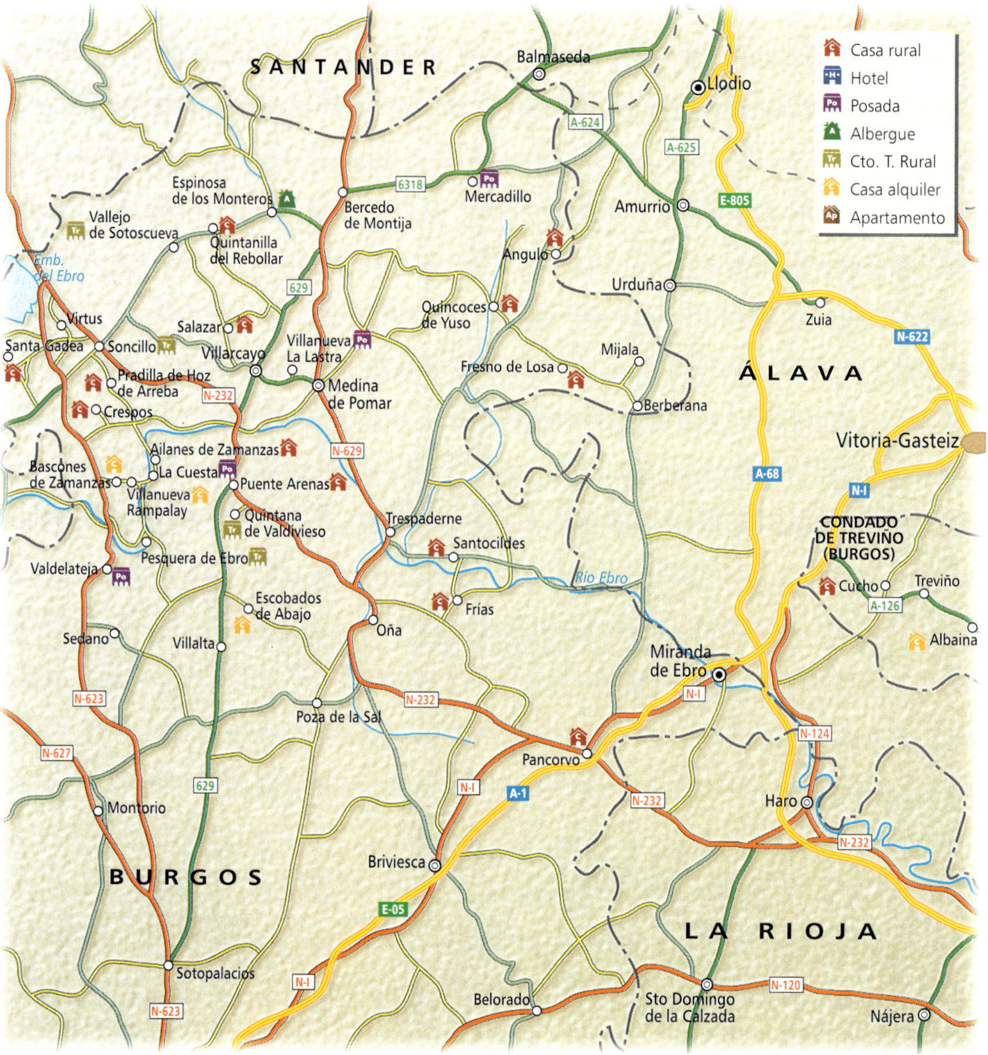

Ailanes de Zamanzas
(BURGOS)

Pequeña aldea del valle de Zamanzas, situada en un lugar apartado, muy próximo a los cañones del Ebro. *Excursiones: dólmenes de Sedano; valle de Manzanedo; cañón de Pesquera del Ebro y desfiladero de los Tornos.* Trabajos de cuero.

Casa Marta
Tf. 947/15 01 05

Casona tradicional con un amplio jardín y centro ecuestre. Cuenta con sala de estar y 2 habitaciones dobles con baño. Precios (persona/día): alojamiento con pensión completa y 3 horas de actividad ecuestre 11.000. *Observaciones: se organizan rutas a caballo; ofrecen información sobre excursiones en bicicleta o piragua en el mismo valle.*

Angulo de Mena
(BURGOS)

Pueblo del valle de Mena, situado junto a la sierra Salvada. *Excursiones: iglesias románicas de Siones y Vallejo; casco medieval de Villasana; cascada de Peñaladros.*

Peña Angulo
Barrio Cozuela. Tf. 947/56 55 80

Hermoso caserón de piedra y madera, con jardín. La zona de alojamiento tiene salón, cocina, 1 habitación sencilla con baño y 6 dobles, 4 de ellas con baño. Se puede alquilar entera. Precios: habitación sencilla 4.000; doble 5.000; desayuno 500; comida o cena 1.500. *Observaciones: elaboración de conservas.*

✉ Muy buen trato. Habitaciones limpias y bien decoradas. Calefacción un poco escasa.

Barrio La Cuesta
(BURGOS)

Pequeña localidad del valle de Zamanzas, muy próxima a Pesquera de Ebro. *Excursiones: poblaciones de Villanueva de Rampalay y Orbaneja del Castillo; desfiladero de las Palancas; hayedo de Carrales.* En **Orbaneja del Castillo**, tienda de artesanía.

Molino del Canto
Tf. 947/57 13 68

Antigua vivienda de molinero, próxima a un molino restaurado y emplazada en una finca riberaña del Ebro. El interior, con mobiliario tradicional, tiene salón-comedor con chimenea y 6 habitaciones tipo *duplex*, con salón y baño. Precios: habitación doble 10.500, desayuno incluido; comida o cena 1.800. *Observaciones: senderismo, rutas a caballo y actividades náuticas.*

Crespos
(BURGOS)

Tranquila localidad de valle de Manzanedo, con uno de los templos románicos más antiguos de la provincia. *Excursiones: desfiladero de las Palancas; cuevas del Piscarciano; cascada de las Pisas; eremitorios rupestres de Argés y Presillas de Bricia.* En **Turzo**, velas artesanas y candelabros.

La Gándara
Tfs. 947/57 31 84 y 689/03 47 61

Vivienda tradicional, con solana de madera, en un bello entorno arbolado. El interior, bien decorado y con muebles antiguos, dispone de sala de estar, salón-comedor con chimenea y 5 habitaciones dobles con baño, 1 de ellas con salón. Precios: habitación doble 6.500; con salón 8.500; desayuno 600; comida 2.000; cena 1.800. *Observaciones: cocina casera .*

Cucho
(BURGOS)

Bello conjunto de casonas rehabilitadas del Condado de Treviño. Conserva una talla de la Virgen amamantando al niño. *Excursiones: eremitorios rupestres de Faido y Laño; desfiladero del río Ayuda; bosques de Bajauri y Obécuri.* En **Puebla de Arlanzón**, exposición y venta de antigüedades.

La Casona del Condado
C/ Real 13. Tf. 945/36 01 02

Vivienda solariega del s. XVIII, con jardín, situada en el centro del pueblo. El interior, decorado con un gusto excelente y mobiliario muy cuidado, tiene comedor, salones con chimenea y 5 habitaciones dobles, 3 de ellas con baño. Precios: habitación doble 7.500, desayuno incluido; comida o cena 3.000. *Observaciones: veladas musicales; tertulias; hay una vieja taberna amueblada con antigüedades.*

Espinosa de los Monteros
(BURGOS)

Buen conjunto monumental. Iglesia de S. Nicolás, torre de los Velascos, palacios y casonas blasonadas. *Excursiones: paraje de Sta. María de Siones; zona pasiega de Burgos; miradores de Lunada y Estacas; montes de Somo y Valnera.*

Espinosa de los Monteros
Ctra. Baranda. Tf./fax 947/12 04 49

Albergue de construcción reciente, integrado en la REAJ. Dispone de 75 plazas en habitaciones de 2-4 con baños comunes y en 4 cuádruples con baño. Tiene servicio de comedor, sala de estar y una zona de acampada. Precios: ver apéndice. *Observaciones: organizan múltiples actividades en el entorno.*

Las Merindades y el Condado de Treviño

Fresno de Losa
(BURGOS)

Pueblo apartado del valle de Losa, limítrofe con tierras alavesas. *Excursiones: ermita románica de S. Pantaleón de Losa; monte de Santiago, donde nace el Nervión; cascada de Peñaladros; túnel de La Complacera y pico del Fraile, en el valle de Angulo; zonas de baño en el río Sobrón.*

Casa Begoña
Pl. Mayor 3. Tf. 947/19 40 65
Casa tradicional, típica del valle de Losa, situada en el centro del pueblo. El interior, que se comparte con la propietaria, cuenta con sala de estar, cocina y 3 habitaciones dobles con baño. Se puede alquilar entera. Precios: habitación doble 4.000; desayuno 250; casa completa 25.000 fin de semana.

Frías
(BURGOS)

Conjunto monumental suspendido sobre el Ebro. Puente medieval, castillo, murallas, judería y templo de S. Vicente. *Excursiones: desfiladero y ermita románica de Tobera; desfiladeros de la Horadada y el Purón; hoces y embalse del Sobrón. Tiendas de artesanía tradicional y moderna.*

Casa Pili
C/ S. Francisco s/n. Tf. 947/35 85 65
Bella edificación situada sobre un alto, en el casco antiguo de la localidad, con jardín y vistas al castillo. Dispone de sala de estar y 3 habitaciones dobles con 1 baño compartido. Precios: habitación sencilla 3.200; doble 3.500; desayuno 350.
Decoración muy sencilla. La dueña es una buena asesora sobre rutas en la zona.

Mercadillo
(BURGOS)

Pequeña localidad del valle de Mena, junto al río Cadagua. Entorno ribereño con ferrerías, torreones y casonas. *Excursiones: calzada romana de Irús; nacimiento del río Cadagua; torreón de los Velasco; castillo y santuario de Cantonaz. Talleres de forja, lámparas y cerámica.*

Don Saulo
Tfs. 947/12 66 63 y 14 12 05. Fax 947/14 13 00
Antiguo edificio rehabilitado, con jardín y próximo a la carretera, asociado a un restaurante tradicional de la zona. El interior, rústico y acogedor, tiene robustas vigas de madera, sala de reuniones, sala de estar con chimenea y 12 habitaciones dobles con baño. Precios: habitación doble 9.000; desayuno 650; comida o cena 1.650 *Observaciones: información sobre la zona; cocina sabrosa y contundente.*

Pancorbo
(BURGOS)

Pueblo próximo a los montes Obarenes, junto a un profundo desfiladero. Iglesia-museo de Santiago, restos de puente romano y restos del castillo. *Excursiones: ermitas del Cristo de Barrio y la Esperanza; monasterio de Sta. María. Taller de madera; construcción de carretas.*

El Ferial
C/ S. Nicolás 59
Tfs. 947/35 42 76 y 35 42 02
Alegre caserón con huerta y jardín, próximo a la vía de ferrocarril. Tiene terraza, comedor, salón con chimenea, 1 habitación sencilla, 3 dobles y 3 baños compartidos. Precios: doble 4.000; desayuno 350; comida o cena 1.500.

Pesquera de Ebro
(BURGOS)

Núcleo bien conservado, con viejas construcciones y casas blasonadas. *Excursiones: pueblos de Cortigüera, Valdelateja, Ahedo de Butrón y Tudanca de Ebro; ruta a pie por los cañones del Ebro; puerto de la Eme; Hoya de Huidobro y Peña Otero.*

El Arco
Tf. 947/57 13 78
Centro de turismo rural en una construcción tradicional, restaurada, con zona ajardinada. Tiene restaurante, sala de estar y 7 habitaciones dobles, triples o cuádruples, todas con baño. Precios: persona/día 3.500. *Observaciones: organizan rutas en burro por los cañones del Alto Ebro y diversas actividades en el entorno; labores agrícolas.*

Pradilla de Hoz de Arreba
(BURGOS)

Pequeña localidad situada sobre un cerro, en el valle de Valdebezana. *Excursiones: monasterio de Rioseco y templo de Crespos; desfiladero de las Palancas y de Tornos de Tudanca; cuevas de Piscarciano; zona de baños en Cidad de Ebro y en Hoz de Arreba.*

El Rincón
Tf. 947/15 30 92
Casa tradicional, encajonada en un rincón del pueblo. Tiene sala de estar, chimenea, cocina, 3 habitaciones dobles, 1 de ellas con baño, y 1 baño compartido. Se puede alquilar entera. Precios (según temporada): habitación doble de 3.000 a 3.500; con baño de 3.500 a 4.000; desayuno 400.

Puente Arenas
(BURGOS)

Localidad del valle de Valdivieso, en la misma orilla del Ebro, con varias torres y casonas solariegas. *Excursiones: preciosa iglesia románica de S. Pedro Tejada, monumento nacional; templos del Almiñé y Valdenoceda; cañón del Ebro y desfiladero de los Hocinos.*

Casa Tipi
Tf. 947/30 31 30

Casa situada al borde del Ebro, con patio, bar y bolera tradicional. Dispone de sala de estar y 2 habitaciones dobles con 1 baño compartido. Precios: habitación doble 5.400; desayuno 400; comida o cena 1.200.

Quincoces de Yuso
(BURGOS)

Localidad próxima a sierra Salvada, limítrofe con tierras alavesas. *Excursiones: ermita románica de S. Pantaleón de Losa; monte Santiago, con el nacimiento del Nervión; cascada de Peñaladros; pico del Fraile y túnel de la Complacera; lobera de Perex. Artesanía de flores secas.*

Casa Paula
Tfs. 947/19 40 14 y 19 43 01

Casa tradicional de indiano, con un amplio jardín de césped y cancha de tenis. Tiene cocina, sala de estar y 5 habitaciones dobles con baño. Se puede alquilar entera. Precios: habitación doble 5.500; desayuno 350; comida o cena 1.600. *Observaciones: la propiedad alquila otra casa con capacidad para 9 personas; rutas de senderismo y bicicleta de montaña; rutas a caballo; vuelos en ultraligero.*

Quintanilla del Rebollar
(BURGOS)

Pequeña población emplazada junto al paraje natural de Ojo Guareña. *Excursiones: ermita rupestre de S. Bernabé; villas de Puentedey y Espinosa de los Monteros; complejo kárstico de Ojo Guareña; bosques de hayas y robles. En **Bedón de Sotoscueva**, velas artesanas.*

El Prado Mayor
Tf. 947/13 86 89

Sólido caserón blasonado del s. XVI, con patio, huerta, jardín, galería y porche. El interior, con mobiliario antiguo y vigas de madera, tiene sala de lectura, salón-comedor, sala con chimenea y 6 habitaciones dobles con baño. Precios: habitación doble 7.500; desayuno 500; cena 1.500. *Observaciones: cocina casera.*

Buena comida. Información y trato excelentes. Decoración realizada con mucho gusto. Detallistas al máximo.

Quintana de Valdivielso
(BURGOS)

Localidad del precioso valle de Valdivielso, en el curso alto del Ebro . *Excursiones: sierras de la Tesla y Tudanca; cañón de los Hocinos. Utensilios de cocina en madera de boj. En **Tartalés de los Montes**, taller de cerámica.*

La Casa Grande
Tfs. 947/30 30 96 y 30 32 62

Hermosa casa-palacio del s. XVII, rodeada de finca y jardín y con espléndidas vistas del valle. Tiene una amplia sala circular, 2 aulas para cursillos, comedor, 8 habitaciones dobles y 2 triples, todas con baño. Precios: habitación doble 5.000; desayuno *buffet* 400; comida o cena 1.400. *Observaciones: rocódromo; piraguas; bicicletas de montaña; excursiones en burro y otras actividades.*

Salazar
(BURGOS)

Pequeña localidad de rica arquitectura popular y nobiliaria, situada en la Merindad de Castilla la Vieja. *Excursiones: núcleo de Puentedey, con un bello puente de roca; complejo kárstico de Ojo Guareña; canales de Dulla y Puentedey. Elaboración de juguetes, en El Kabauter.*

El Kabauter
C/ Placer 1. Tf. 947/13 00 41

Edificación de piedra, hecha por los dueños y bien integrada en la arquitectura de la zona. Tiene jardín, sala de estar, biblioteca y 2 habitaciones dobles con baño. Precios: habitación doble 5.000, incluido desayuno y derecho a cocina. *Observaciones: cursillos de idiomas y cantería.*

Santa Gadea
(BURGOS)

Núcleo bien conservado con arquitectura popular de influencias cántabras. *Excursiones: monasterio de Montes Claros; monte Hijedo, con extensos bosques; pantano de Arija, apto para deportes náuticos; embalse del Ebro con zonas de baño; cuevas de Sotoscueva. Venta de porcelana.*

Casa Druna
Tfs. 689/73 52 09 y 942/77 32 94

Construcción del presente siglo, accesible a través de un jardín. Tiene cocina para uso exclusivo de los huéspedes, comedor, salón, sala de estar, 5 habitaciones dobles y 2 baños. Precios: habitación doble 4.500; desayuno 450. *Observaciones: se pueden adquirir productos elaborados en la misma casa; ofertas de fin de semana con rutas en barco y a caballo .*

Las Merindades y el Condado de Treviño

Santocildes
(Burgos)

Pueblo mínimo del valle de Tobalina, muy próximo al curso del Ebro. *Excursiones: tumbas medievales; bello conjunto monumental de Frías; sierra de Tesla; parque natural de Valderejo y cañón del río Purón.*

El Avellano
Tf. 947/35 84 29
Acogedora casa tradicional, con jardín y cuadras en una finca aneja. El interior, con rústicos detalles decorativos, dispone de sala de estar, comedor y 4 habitaciones dobles con baño. Precios: habitación doble 5.000; desayuno 350. *Observaciones: organizan excursiones en bicicletas de montaña; senderismo; parapente.*

Soncillo
(Burgos)

Pequeño pueblo del valle de Valdebezana, muy próximo al gran embalse del Ebro. *Excursiones: ruta de iglesias románicas, góticas y rupestres; paraje de Las Piascas, con un conjunto de cascadas por las que baja el río Gándara; barranco de Vallengua; cuevas de Piscarciano.*

Molino de Luna
C/ del Río 50. Tf. 947/15 31 28
Antiguo molino de agua, que sirvió en la Guerra Civil como cuartel de las tropas italianas, en un pequeño valle a 500 m del pueblo, con jardín. Tiene comedor, salón-biblioteca con la piedra del molino, porche cubierto con chimenea y 10 habitaciones dobles o triples con baño. Precios: habitación doble 7.000; desayuno 450; comida o cena 1.500. *Observaciones: organizan rutas y actividades.*

Valdelateja
(Burgos)

Pueblo integrado en la comarca que forman los ríos Ebro y Rudrón. *Excursiones: localidad de Sedano; ermitas de Sta. Elena y Centola; románico de Gredilla y de S. Felices del Rudrón; cañones del Ebro; zona protegida de Rudrón; cueva y cascada del Tobazo; Pozo Azul; páramos de la Lora.*

La Posada del Balneario
Tf. 947/15 02 20. Fax 947/12 02 71
Bello edificio de arquitectura tradicional, situado al borde del río, habilitado en un antiguo balneario con terrazas, jardín, piscina y galerías acristaladas. Tiene salones, comedor, bar, 10 habitaciones dobles y 4 duplex, todas con baño y algunas abuhardilladas. Precios (según temporada): habitación doble de 9.500 a 10.500, desayuno incluido; comida o cena 1.800.

Vallejo de Sotoscueva
(Burgos)

Pueblo de la Merindad de Sotoscueva, cercano al complejo kárstico de Ojo Guareña, con 100 km de cavidades. *Excursiones: conjunto monumental de Espinosa de los Monteros; poblamiento de Las Machorras; montes del Somo y río Engaña; pistas de esquí de La Lunada.*

Ojo Guareña
Barrio de la Estación
Tf. 947/13 87 70. Fax 947/13 87 56
Centro de turismo rural, en una casona de buena planta, con solanas de madera. Tiene bar-restaurante en la planta baja, dos salas de estar, 4 habitaciones sencillas, 4 dobles y 1 triple, con 3 baños. Precios (según temporada): habitación doble de 3.500 a 4.000; desayuno 400; comida o cena 1.000.*Observaciones: alquiler de bicicletas.*

Villanueva La Lastra
(Burgos)

Pequeña población de la Merindad de Castilla La Vieja. *Excursiones: torre e iglesia de Valdenoceda; conjunto de casonas de Quecedo y Arrojo; núcleo monumental de Tobera; cascada de Pedrosa de Tobalina; rutas por la ribera del Nela.* En **Medina de Pomar**, *talleres de cerámica.*

Granja Ribacardo
Ctra. Villarcayo-Medina de Pomar, km 5
Tfs. 947/13 23 07 y 13 14 06
Posada habilitada en un palacio y una torre del s. XV, con jardín. El interior, con mobiliario clásico, tiene salón con chimenea, restaurante, 1 habitación sencilla, 10 dobles y 1 *suite*, todas con baño. Precios (según temporada): habitación doble de 8.000 a 9.000; *suite* de 14.000 a 15.000; desayuno incluido; comida o cena 1.500. *Observaciones: facilitan actividades.*

Apartamentos y casas de alquiler completo

Albaina (Burgos)

Iñakiren Etxea
Tf. 945/37 90 54
Sobria casa de piedra, característica del Condado de Treviño, con terraza. Sala, cocina, 4 habitaciones dobles y 1 baño. Precios: fin de semana 34.000; semana 75.000.

Bascones de Zamanzas (Burgos)

Casa Zamanzas
Tf. 947/57 13 71
Edificio tradicional situado dentro de la población, con patio para uso de los huéspedes. Cocina-comedor, salón con chimenea, 2 habitaciones dobles y 1 baño. Precios: fin de semana 25.000; semana 50.000. *Observaciones: excursiones a caballo.*

Escóbados de Abajo (Burgos)

Casa del Ceramista
Tf. 947/30 27 91
Casa antigua, reformada, propiedad de un ceramista, con porche y un pequeño jardín. Amplio salón, cocina, 3 habitaciones dobles y 2 baños. Precios (según temporada): fin de semana 27.000; semana de 70.000 a 85.000.

Villanueva de Rampalay (Burgos)

Casa de la Palmera
C/ Puente Romano 3
Tf. 947/57 13 36
Casa solariega con jardín, a orillas del Ebro y con acceso directo al río. Sala de estar, salón-comedor, cocina y 4 habitaciones dobles. Precios: fin de semana 25.000; semana 50.000.

Lugares de interés

Albaina. Pueblo del Condado de Treviño. *Excursiones: localidad alavesa de Markinez, con excelentes caserones; parque natural de Izki; eremitorios de Faido y Laño.* Taller de cerámica.

Bascones de Zamanzas. Pueblo recoleto, rodeado de robledales y situado a 5 km del curso del Ebro. *Excursiones: Orbaneja del Castillo; cañones del Ebro; valle de Manzanedo, con una bella colección de templos románicos; Pozo Azul, en Covanera.* Trabajos de carpintería y talla de madera.

Escóbados de Abajo. Pueblo de la comarca de La Bureba, junto a los páramos de Villaescusa. *Excursiones: castillo de Poza de la Sal; sierra de la Tesla; lagunas de Pola Vieja, Cernégula y Venta Parra; diapiro de Poza de la Sal.*

Villanueva de Rampalay. Localidad ribereña del Ebro, en el valle de Zamanzas y en un entorno de gran belleza. *Excursiones: localidad de Orbaneja del Castillo; desfiladeros de las Palancas y Tornos de Tudanca; cañones del Ebro; surgencia del Pozo Azul.*

2. Tierra de Campos, Montaña palentina y Camino de Santiago

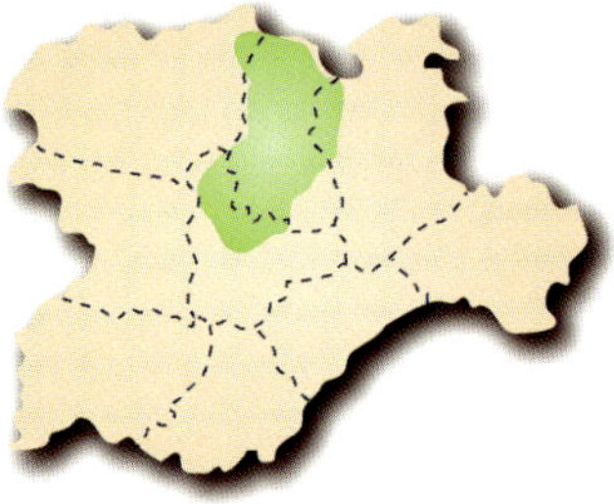

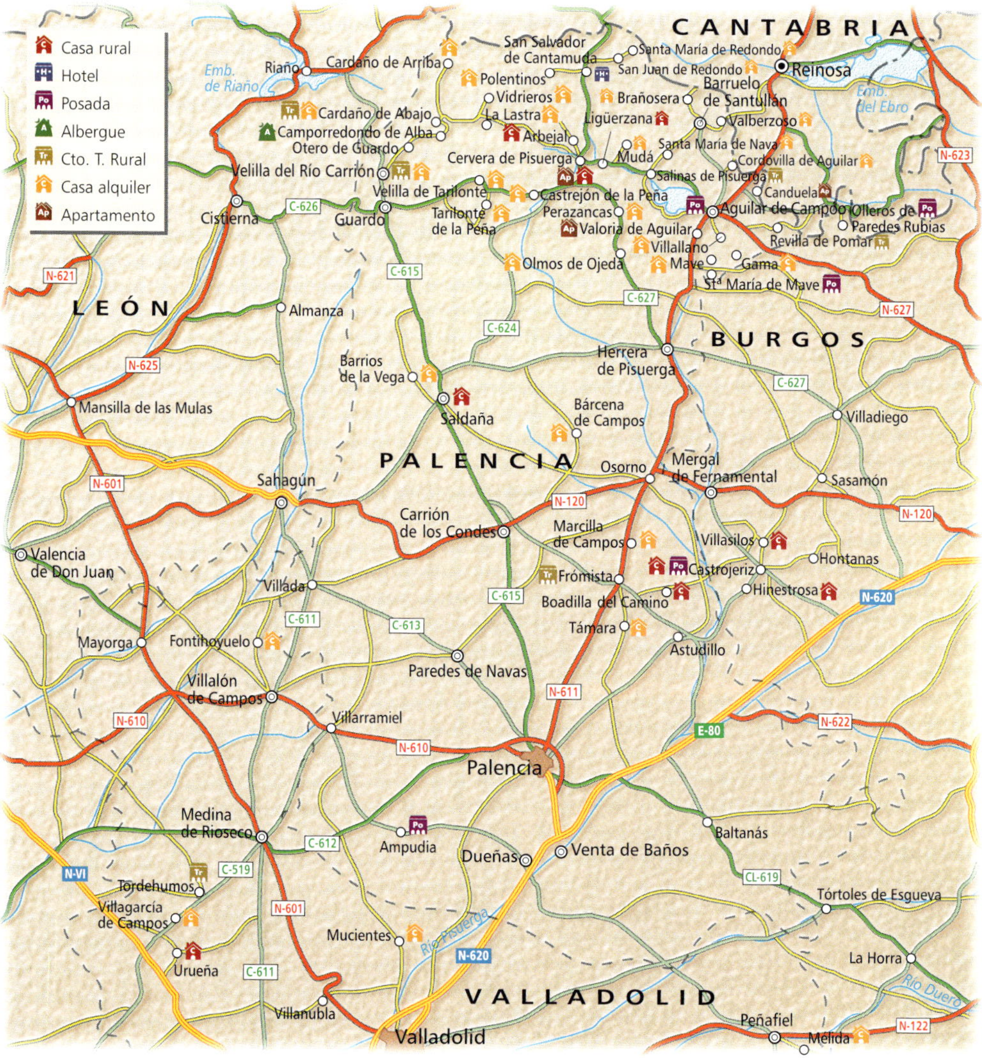

Aguilar de Campoo
(PALENCIA)

Espléndido conjunto monumental: judería, monasterio del s. XII, castillo, casas blasonadas, Colegiata y ermita románica. *Excursiones: paraje de las Tuerces; Covalagua y mirador de la Lora. Miniaturas de iglesias románicas; cerámica; encuadernación; forja; vidrieras; venta de muebles antiguos.*

Posada de Santa María
Tfs. 979/12 20 00 y 12 25 22. Fax 979/12 56 80

Hospedería en las dependencias agrícolas del monasterio de Sta. María la Real, con jardín y acceso a la iglesia románica y a la biblioteca. Tiene comedor, salón con chimenea, 3 habitaciones sencillas y 15 dobles, todas con baño y algunas con altillo. Precios (según tipo): habitación sencilla de 5.500 a 6.500; doble de 7.500 a 8.600; desayuno 500; comida o cena 1.500.

Se echa de menos un trato más personal.

Ampudia
(PALENCIA)

Característico pueblo de la Tierra de Campos, declarado conjunto histórico-artístico. Colegiata de S. Miguel y castillo del s. XV. *Excursiones: localidades de Paredes de Nava, Fuentes de Nava, Torremormojón y Becerril de Campos; lagunas de la Nava y Villafáfila.*

La Casa del Abad
Tf. 979/76 80 08. Fax 979/76 83 00

Edificio del s. XVII, enclavado en el centro del pueblo y antaño residencia del abad de la Colegiata. Tiene zagúan de entrada, patios, salones, gimnasio, piscina cubierta, 12 habitaciones dobles y 5 *suites*. Precios (según tipo): habitación doble de 11.500 a 17.500; *suite* de 14.500 a 20.000; desayuno 1.500; comida o cena 3.500. *Observaciones: alquiler de caballos y bicicletas.*

Arbejal
(PALENCIA)

Localidad ribereña del Pisuerga, a más de 1.000 m de altitud, cerca de los embalses de Ruesca y Requejada. *Excursiones: robledales junto al Pisuerga; reserva de Fuentes Carrionas.*

Casa Simón
Tf. 979/87 07 27

Precioso caserón, cuidado al detalle. Tiene salón-comedor, sala con chimenea y 5 habitaciones dobles, 3 de ellas con baño, así como 1 baño compartido. Precios: habitación doble 5.000; con baño 6.100; desayuno 400; comida o cena 1.500; oferta de fin de semana (pensión completa y excursiones a caballo) 16.000. *Observaciones: cocina de la comarca; actividades ecuestres en el entorno.*

Boadilla del Camino
(PALENCIA)

Localidad jacobea cercana a Frómista. Iglesia de Sta. María y picota del s. XV, con una preciosa filigrana. *Excursiones: villa de Carrión de los Condes; bellísima iglesia románica de S. Martín, en Frómista.*

En el Camino
C/ Los Francos 3
Tfs. 979/81 02 84 y 73 05 79

Construcción del s. XIX, situada en el centro del pueblo, con un bonito espacio ajardinado. Cuenta con sala de estar y 4 habitaciones dobles, con 2 baños compartidos. Precios: habitación doble 3.000; desayuno 350; comida o cena 1.000. *Observaciones: dispone de caballos y bicicletas.*

Camporredondo de Alba
(PALENCIA)

Pueblo ribereño del embalse de Camporredondo, a 1.250 m de altitud y en plena reserva natural de Fuentes Carrionas. *Excursiones: pueblos abandonados de Valcovero y Valsurvio; reserva de Fuentes Carrionas y ruta de los pantanos. Elaboración de instrumentos musicales.*

Camporredondo
Tfs. 979/86 60 24 y 86 14 84

Antiguo edificio de montaña, restaurado. Tiene comedor, sala de estar con chimenea, aulas de actividades y 48 plazas en 4 habitaciones múltiples. Precios (persona/día): alojamiento 1.600, desayuno incluido; media pensión 2.400; pensión completa 3.100. *Observaciones: cursos de botánica y de construcción de instrumentos de la región.*

Cardaño de Abajo
(PALENCIA)

Pueblo integrado en la reserva natural de Fuentes Carrionas, junto al embalse de Camporredondo. *Excursiones: ruta de los embalses; macizos de Espigüete, Peña Prieta y Curavacas. En Guardo y Otero de Guardo, talleres de forja, cerámica, flores secas, escultura y venta de artesanía.*

El caserón de Fuentes Carrionas
Tfs. 979/86 65 02 y 630/68 03 78

Centro de turismo rural, en un edificio nuevo de piedra y madera. El interior, cuidado, tiene sala de lectura con chimenea, salón-comedor con terraza, sala de juegos, 1 habitación sencilla, 7 dobles y 1 *duplex*, todas con baño. Precios: habitación sencilla 4.000; doble 6.000; desayuno 500; cena 1.900. *Observaciones: organizan actividades culturales y deportivas; lugar especializado para deportes de montaña.*

Tierra de Campos, Montaña palentina y Camino de Santiago

Castrojeriz (Burgos)

Pueblo monumental y enclave destacado del Camino de Santiago. Colegiata del s. XIII, ruinas del hospital de S. Antón. *Excursiones: Villasandino, con un buen conjunto de arquitectura popular; bellos tramos del Canal de Castilla, en Melgar de Fernamental.*

Casa del Camping
Tf. 947/37 72 55

Casa sencilla de reciente construcción, emplazada junto a un camping, en la ladera del monte presidido por las ruinas del castillo. El interior, agradable, tiene sala de estar con chimenea, cocina, 4 habitaciones dobles y 2 baños compartidos. Precios (según temporada): habitación doble 3.500; desayuno 350. *Observaciones: el camping cuenta con restaurante y piscina; alquiler de bicicletas.*

Posada de Castrojeriz
Tf. 947/37 86 10. Fax 947/37 86 11

Edificio del s. XVI, bien restaurado, que sirvió como posada de viajeros hasta finales del s. XIX. El interior, decorado con gusto, tiene un patio con el techo acristalado, salón y 21 habitaciones. Precios: habitación doble 7.300; *suite* 12.000; desayuno 500; comida o cena 1.500.

✉ Trato muy amable. Buena decoración, camas muy cómodas y baños cuidados. Entorno tranquilo, sin ruidos.

Cervera de Pisuerga (Palencia)

Localidad cercana a los embalses de Ruesga y Requejada, situado a 1.100 m en un paisaje arbolado. Museo Etnográfico, iglesia de Sta. María, del s. XVI y ermita rupestre de S. Vicente. *Excursiones: ciclo-rail por el viejo trazado del ferrocarril hullero; valle de Tosande, con tejos milenarios.*

Goyetes
Tf. 979/87 05 68

Caserón tradicional, bien restaurado. El interior, que conserva las vigas de madera, tiene sala de estar con chimenea y 2 habitaciones sencillas y 4 dobles, todas con baño. Precios: habitación sencilla 4.000; doble 5.500; desayuno 400. *Observaciones: facilitan contacto con guías y abundante información sobre excursiones culturales y de naturaleza.*

Frómista (Palencia)

Localidad del Camino de Santiago, con algunas de las principales joyas del románico palentino, como S. Martín, Sta. María y S. Hipólito. *Excursiones: tramos del Canal de Castilla, con esclusas y vegetación de ribera. En* ***Astudillo****, trabajos de forja doméstica.*

S. Telmo
C/ Martín Veña 8-10
Tfs. 979/81 10 28 y 81 07 63

Centro de turismo rural habilitado en un sencillo edificio, con patio interior, en una calle tranquila del pueblo. Tiene comedor con chimenea, 5 habitaciones dobles, 3 triples y 1 cuádruple, todas con baño. Precios: habitación doble 5.000; triple 7.000; desayuno 400.

Hinestrosa (Burgos)

Pueblo mínimo, situado a 2 km de Castrojeriz, en el Camino de Santiago. *Excursiones: tramos del Canal de Castilla; río Pisuerga y Peña Amaya.*

Félix Pascual
C/ La Iglesia s/n. Tfs. 947/22 56 75 y 37 21 26

Casa de pueblo de dos plantas, situada en el casco urbano. Tiene patio interior soleado, salón-comedor, cocina, calefacción mediante la característica «gloria», 5 habitaciones dobles y 2 baños. Se puede alquilar entera. Precios: habitación doble 3.500; vivienda 17.500 diarias y 50.000 semanales. *Observaciones: descuentos a grupos y por estancias largas; alquiler de bicicletas.*

Ligüerzana (Palencia)

Pueblo situado en el entorno de Cervera de Pisuerga, junto a este río y en un terreno llano en el que abundan los cultivos de cereales y los molinos harineros. *Excursiones: agradables zonas de arbolado en la ribera del Pisuerga. En* ***S. Martín de los Herreros****, taller de cerámica y alfarería.*

Casa Mediavilla
Tf. 979/18 40 97

Casa antigua, recientemente rehabilitada. Tiene sala de estar, comedor con chimenea, sala de lectura, 2 habitaciones dobles y 2 apartamentos, con 2 habitaciones dobles cada uno. Precios: habitación doble 5.500; desayuno 450; comida o cena 1.500; apartamento 11.000 diarias.

Olleros de Paredes Rubias
(PALENCIA)

Localidad del valle de Valderredible, curioso «islote» palentino en plenas tierras de Cantabria. *Excursiones: Colegiata de S. Martín; iglesia rupestre de Valverde; cueva y cascada de Orbaneja del Castillo.* En **Villaescusa de Ebro**, *taller de cerámica*.

Casa del Ebro
Tf. 979/18 13 23
Caserón de buen porte, con huerto y jardín. Tiene un gran salón, biblioteca, sauna, comedor con chimenea y 10 habitaciones dobles, repartidas en dos edificios, todas con baño y 1 habilitada para minusválidos. Precios: habitación doble 6.000; desayuno 500; comida o cena 1.600. *Observaciones: masaje y terapias naturales; cocina tradicional.*

Revilla de Pomar
(PALENCIA)

Pequeña localidad próxima a Aguilar de Campoo. *Excursiones: cueva de Los Franceses; valle de Covalagua; mirador de Valcabado, con vistas sobre el espectacular valle de Valderredible.*

Florencio
C/ Hiedra s/n
Tfs. 979/18 12 06 y 609/21 95 93
Edificio del s. XVIII, bien rehabilitado conservando el primitivo patio. Tiene una decoración rústica muy cuidada, comedor, salones, uno de ellos con chimenea, 4 habitaciones dobles y 2 triples, todas con baño y 2 abuhardilladas. Precios (según temporada): habitación doble de 6.000 a 6.500; desayuno 500; comida o cena 1.800. *Observaciones: rutas a pie y en bicicleta.*

Saldaña
(PALENCIA)

Bonita villa ribereña del Carrión. Castillo, casas solariegas, preciosa plaza Vieja y templo de S. Pedro, con museo. *Excursiones: vila romana de La Olmeda, del s. III, con bellísimos mosaicos; zonas de baño en el río Carrión.*

Molino el Sotillo
Tf. 979/89 12 08
Antiguo molino harinero, con amplio caudal de agua bajo el edificio, situado en un paraje tranquilo a 1 km del pueblo, con jardín, barbacoa y comedor exterior. El interior, decorado con muebles antiguos bien restaurados, tiene salón, comedor y 5 habitaciones dobles con baño y derecho a cocina. Precios: habitación doble 4.000; desayuno 350.

Salinas de Pisuerga
(PALENCIA)

Pueblo situado en una hermosa vega regada por el río Pisuerga, en una zona de vieja tradición minera. *Excursiones: Brañosera y Los Redondos; bonitos parajes y zonas de baño de los embalses de Aguilar y Ruesga.* En el **Barrio de San Pedro**, *encuadernación y oficios del libro*.

Casa de las Campanas
Tf. 979/12 01 18
Centro de turismo rural habilitado en un bello caserón, con buenas vistas. Dispone de restaurante, 3 salones, 1 de ellos con chimenea, y 6 habitaciones dobles con baño. Precios: habitación doble 6.000; desayuno 550; comida o cena 1.700. *Observaciones: ofertas por estancias largas; organizan rutas en bicicletas de montaña, descensos en piragua y rutas del románico.*

S. Salvador de Cantamuda
(PALENCIA)

Localidad del valle de La Pernia, ribereña del Pisuerga, al sur de macizo de Peña Labra. Paisaje de alta montaña, con zonas de bosques. Iglesia románica de S. Salvador, monumento nacional. *Excursiones: cueva de los Franceses; cueva del Cobre; pantano de Requejada.*

Peña Tremaya
Tfs. 979/87 90 87 y 87 90 27
Pequeño hostal, con bar en la planta baja. Tiene 7 habitaciones dobles con baño. Precios: habitación doble 4.500; desayuno 300; comida o cena 1.100. *Observaciones: la propiedad cuenta también con un camping y una casa de 14 plazas en habitaciones dobles y cuádruples.*

Santa María de Mave
(PALENCIA)

Pueblo ribereño del Pisuerga. Conserva un convento benedictino, en el que se ha habilitado la hospedería. *Excursiones: monasterio de S. Andrés; cañón de la Horadada; paraje de Las Tuerces; molinos de Mave.* En **Nogales**, *arte en vidrio*; en **S. Cebrián de Mudá** *talla de madera*.

El Convento
Tf. 979/12 36 11. Fax 979/12 54 92
Hostería situada en las antiguas dependencias de un convento benedictino, con iglesia del s. XIII y claustro del s. XVIII. Tiene jardín, terraza, sala de estar, 1 habitación sencilla, 22 dobles y 2 *suites*, todas con baño. Precios (según temporada): habitación sencilla de 5.500 a 6.500; doble de 7.500 a 8.500; desayuno 600; comida o cena 1.500.

Tordehumos
(VALLADOLID)

Pueblo perteneciente a la zona del Sequillo, con numerosos núcleos de arquitectura de barro. *Excursiones: palacio de Ulloa, en Mota del Marqués; montes Torozos y lagunas de Villafáfila. Restauración y elaboración de muebles. En* ***Villabrágima****, trabajos en cuero.*

Don Agustín
Tf./fax 983/71 45 86 y 71 45 80

Centro de turismo rural habilitado en una antigua casona de labranza, característica de la Tierra de Campos. Tiene 4 habitaciones dobles y triples, algunas con baño. Precios: habitación doble con baño 5.500; desayuno 500; comida o cena 1.200. *Observaciones: alquiler de bicicletas; organizan excursiones con guía; el centro alquila 2 viviendas en el cercano Monte Morejón.*

Urueña
(VALLADOLID)

Pueblo medieval amurallado y encaramado sobre un cerro, con espectaculares vistas de la planicie de Tierra de Campos. Templo mozárabe de S. Cebrián, museo Joaquín Díaz, museo de Campanas y librería *Alcaraván*, con un excelente fondo sobre Castilla y León.

Villa de Urueña
Tf. 983/71 70 63

Sencilla casa de pueblo, rehabilitada, dentro del casco urbano y muy próxima a la antigua muralla. Cuenta con dos plantas, sala de estar, cocina, 4 habitaciones dobles y 3 baños compartidos. Precios: habitación doble 4.000; derecho a cocina 350.

Velilla del Río Carrión
(PALENCIA)

Pueblo ribereño del río Carrión. Conserva la casa del Tío Manteón, barroca, y la fuente de la Reana, de origen romano. *Excursiones: acueductos del Griego y del Camino de los Moros; cueva Honseca; reserva natural de Fuentes Carrionas.*

La Ciudad de Brezo
Tf. 979/86 13 13

Conjunto de edificios habilitados en el antiguo poblado de Compuerto, con piscina, bar y restaurante. Dispone de 1 albergue para 100 personas y 14 casas independientes, cada una con salón-comedor, cocina, 5 ó 6 plazas y 1 baño. Precios (según temporada): casa de 5 plazas de 20.000 a 23.000 fin de semana y de 42.000 a 48.000 semanales; desayuno 350; comida o cena 900. *Observaciones: organizan itinerarios y rutas en ciclo-rail.*

Villasilos
(BURGOS)

Localidad próxima al río Odra. Conserva la iglesia de San Andrés, del s. XVI, con numerosos retablos barrocos. *Excursiones: tramos del Canal de Castilla en Melgar de Fernamental, con bosques de ribera.*

Casa Julián
C/ S. Roque 18. Tf. 947/37 73 27

Edificación de buena planta, con grandes muros de piedra. El interior, con una decoración austera, dispone de cochera, sala de estar y 2 habitaciones dobles, con 2 baños. Precios: habitación doble 3.500; desayuno 350.

Apartamentos y casas de alquiler completo

Bárcena de Campos (PALENCIA)

Los Volantes
Tf. 979/88 70 50
Fax 979/88 70 56

Casa de nueva planta, con jardín, lagar y hornera. Interior sencillo, con sala de estar, cocina, 2 habitaciones sencillas, 2 dobles, 1 triple y 3 baños. Precios: fin de semana 33.000; semana 45.000.

Barrios de la Vega (PALENCIA)

Molino de Matazorita
Paseo de Matazorita s/n
Tfs. 979/18 91 48 y 74 74 94

Entrañable molino harinero, con jardín y terraza, a 1,2 km del pueblo. Salón-comedor con chimenea, cocina, 3 habitaciones dobles y 2 baños. Precios: fin de semana 30.000; semana 65.000. *Observaciones: la propiedad alquila 1 apartamento.*

Apartamentos y casas de alquiler completo

Brañosera (PALENCIA)

Calderón
Tf. 979/60 74 26
Bonito caserón de piedra. Comedor, sala de estar con chimenea, cocina, 5 habitaciones dobles y 2 baños. Precios: fin de semana 35.000; semana 65.000; quincena 95.000.

Canduela (PALENCIA)

Casas de la Torre
Tfs. 979/12 20 00 y 12 25 22
Casa habilitada en una torre del s. XIX, restaurada. Tiene 2 apartamentos con sala de estar, cocina, 1 habitación doble y 1 baño. Precios: apartamento 18.500 fin de semana y 40.000 semanales.

Cardaño de Abajo (PALENCIA)

Peña El Tejo
Tfs. 979/85 22 61 y 626/27 36 17
Casa levantada sobre una vieja «corte» de vacas, con jardín y terrazas con excelentes vistas. Salón con chimenea, cocina, 4 habitaciones dobles y 3 baños. Precios (según temporada): fin de semana de 38.000 a 40.000; semana de 75.000 a 80.000.

La Tenada
Tfs. 979/86 65 01 y 629/55 40 40
Edificio de nueva planta, con jardín, piscina y vistas del pantano. Tiene 2 viviendas acogedoras, con cocina, sala, chimenea y 5 plazas. Precios: vivienda 22.000 fin de semana y 40.000 semanales. *Observaciones: canoas, bicicletas, «quads» y telescopios.*

Cardaño de Arriba (PALENCIA)

Casa Kardiel
Tf. 979/86 12 65
Casa típica de la montaña, con corral y tenada. Sala de estar, cocina, comedor con chimenea, 1 habitación sencilla, 2 dobles y 1 baño. Precios: fin de semana 24.000; semana 40.000.

Castrejón de la Peña (PALENCIA)

Casa Tarabás
Tfs. 979/87 71 55 y 696/33 32 75
Casa señorial del s. XVII, rehabilitada, con patio, jardín, barbacoa y horno de leña. Sala de estar, chimenea, cocina, 5 habitaciones dobles y 2 baños. Precios: fin de semana 38.000; semana 82.000. *Observaciones: alquiler de caballos.*

Cervera de Pisuerga (PALENCIA)

Los Tejos
Estación de Vado
Tfs. 979/87 07 95 y 87 06 34
Edificio de buena planta, junto a una estación en desuso, con jardín, terraza y restaurante. Tiene 7 apartamentos, con salón-comedor, cocina, 1 baño y 2 ó 4 plazas. Precios: apartamento de 2 plazas 55.000 semanales; 4 plazas 65.000 semanales.

Cordovilla de Aguilar (PALENCIA)

El Mayorazgo
Tf. 979/18 10 31
Hermosa casa de mayorazgo del s. XVII, en torno a un patio ajardinado. Cuenta con 2 viviendas, con una decoración cuidada, salón-comedor con chimenea, cocina, 2 habitaciones dobles y 2 baños. Precios: vivienda 23.000 fin de semana; 45.000 semanales.

Fontihoyuelo (VALLADOLID)

El Braserillo
Tf. 983/76 11 71
Casa de adobe, restaurada, con corral y situada en una plaza con una fuente de agua de manantial. Interior con suelos y techos de madera, cocina-salón, 1 habitación sencilla, 2 dobles y 1 baño. Precios: fin de semana 16.000; semana 40.000; desayuno 300.

Gama (PALENCIA)

Casas de Gama
Tfs. 979/18 12 17 y 12 31 66
Conjunto de 2 casas con patio, jardín y huerta. Tienen salón, chimenea, cocina y 8 ó 5 plazas en habitaciones dobles con baño. Precios: vivienda pequeña 22.000 fin de semana y 48.000 semanales; grande 32.000 fin de semana y 60.000 semanales.

Apartamentos y casas de alquiler completo

La Lastra (PALENCIA)

Peñasalbas
Tf. 979/86 61 40
Edificio nuevo, de interior acogedor, con un mesón-restaurante en la planta baja. Sala de estar con chimenea, 2 habitaciones sencillas y 4 dobles, todas con baño. Precios: fin de semana 40.000; semana 80.000.

Marcilla de Campos (PALENCIA)

Las Adoberas
Tfs. 979/72 48 84 y 81 08 52
Típica casa de adobe, con un amplio patio. Mobiliario tradicional, salón-comedor con chimenea y juegos de mesa, cocina, 2 habitaciones dobles y 2 baños. Precios: fin de semana 20.000; semana 47.000.

Mave (PALENCIA)

El Portillo
Tfs. 979/12 50 26 y 630/29 47 29
Antigua casa de piedra, restaurada, precedida de un patio. Decoración sencilla, salón-comedor con chimenea, cocina, 1 habitación sencilla, 3 dobles y 2 baños. Precios: fin de semana 25.000; semana 50.000.

Mélida (VALLADOLID)

Corral de Escuela
C/ Sta. Isabel 17
Tfs. 983/88 06 11 y 47 09 17
Antigua casa de pueblo restaurada, con corral, próxima a la iglesia. La planta superior tiene 1 vivienda con salón-comedor, cocina, baño, 1 habitación sencilla y 2 dobles, 1 de ellas con balcón. Precios: fin de semana 20.000; semana 50.000.

Mucientes (VALLADOLID)

La Leyenda
Finca El Caserío
Tfs. 983/58 77 08 y 58 79 14
Antiguo caserío agrícola, rodeado de viñedos, con bodega y producción de vinos propios. Incluye 1 vivienda con salón-comedor, chimenea, cocina, 3 habitaciones dobles y 2 baños. Precios: fin de semana 25.000; semana 50.000.

Mudá (PALENCIA)

Casa Entrepeñas
Tf. 979/70 19 99
Antiguo caserón de piedra, con patio. Decoración tradicional, sala de estar con chimenea, billar, cocina, 4 habitaciones dobles y 2 baños. Precios: fin de semana 30.000; semana 60.000. *Observaciones: senderismo y observación de fauna; la propiedad alquila otra casa.*

Olmos de Ojeda (PALENCIA)

Casa del Pastor
Granja de Sta. Eufemia
Tfs. 979/18 74 50 y 608/48 60 03
Vivienda habilitada en la antigua fábrica de harinas de un monasterio, en un paraje boscoso. Tiene cocina-comedor, sala de estar, 2 habitaciones dobles y 1 baño. Precios: fin de semana 30.000; semana 50.000.

Perazancas de Ojeda (PALENCIA)

Lombraña
C/ La Fuente s/n
Tfs. 979/87 71 83 y 75 04 48
Casa tradicional, con un pequeño jardín. Despensa, salón con chimenea, cocina, 3 habitaciones dobles y 2 baños. Precios: fin de semana 30.000; semana 60.000.

Polentinos (PALENCIA)

El Cebollar
Tfs. 979/18 40 50 y 689/22 41 23
Casa de piedra de comienzos del s. XIX, rodeada de jardín, con terraza y barbacoa. Comedor, sala de lectura, salón con chimenea, cocina 5 habitaciones dobles, 3 de ellas con baño, y 1 baño. Precios: fin de semana 35.000; semana 75.000.

San Juan del Redondo (PALENCIA)

El Fraile
Tf. 979/12 31 90
Casa del s. XVIII próxima al río. Sala de estar, biblioteca, cocina, 2 habitaciones dobles y 1 baño. Precios: fin de semana 20.000; semana 40.000. *Observaciones: guía de montaña.*

Apartamentos y casas de alquiler completo

Santa María de Nava (PALENCIA)

El Mochuelo
Tfs. 96/669 27 11 y 979/18 10 11
Casa tradicional, bien rehabilitada, con fachada de sillería y jardín vallado con barbacoa. Interior decorado con antigüedades, salón con chimenea, cocina, 3 habitaciones dobles y 2 baños. Precios: fin de semana 31.000; semana 71.000.

Los Nogales
Tfs. 96/669 27 11 y 979/18 10 11
Casona solariega del s. XVIII, con patio ajardinado. Interior muy cuidado, con antigüedades, bodega, cocina-comedor, biblioteca, buhardilla-salón, chimenea, 4 habitaciones dobles y 2 baños. Precios: fin de semana 40.000; semana 90.000.

Santa María de Redondo (PALENCIA)

El Casuco
Tf. 979/87 07 58
Bonita casa de piedra, con jardín y amplia balconada. Sala de estar con biblioteca, salón-comedor, cocina, despensa, 2 habitaciones sencillas, 2 dobles y 2 baños. Precios (según temporada): fin de semana de 30.000 a 40.000; semana de 75.000 a 90.000.

Tamara (PALENCIA)

Jesús el Zapatero
Tf. 979/81 04 60
Bonita construcción de sillería, en el casco urbano. Salón-comedor, cocina, 3 habitaciones dobles y 2 baños. Precios: 4 personas 8.000 diarias y 18.000 fin de semana; 6 personas 11.000 diarias y 23.000 fin de semana.

Tarilonte de la Peña (PALENCIA)

El Encinar
Tfs. 979/86 63 91 y 666/84 68 66
Edificio tradicional, muy reformado, con jardín, patio y porche. Sala con chimenea, cocina, 1 habitación sencilla y 4 dobles, algunas abuhardilladas, y 3 baños. Precios: fin de semana 38.000; semana 80.000.

Valberzoso (PALENCIA)

Valle de Brezos
Tfs. 979/18 12 09 y 608/48 78 22
Sencilla casa de 2 plantas, con jardín y buenas vistas. Escalera de caracol, salón, chimenea, biblioteca, cocina, 3 habitaciones dobles y 1 baño. Precios: fin de semana 25.000; semana 68.000. *Observaciones: la propiedad alquila otra casa.*

Valoria de Aguilar (PALENCIA)

Casas de la Torre
Tfs. 979/12 20 00 y 12 25 22. Fax 979/12 56 80
Conjunto de edificios del s. XVII, bien restaurados, en torno a un patio. Hay 5 apartamentos, de 4 a 6 plazas. Precios (según tipo): apartamento de 21.500 a 26.500 fin de semana; de 45.000 a 56.000 semanales. *Observaciones: rutas del románico.*

Velilla de Tarilonte (PALENCIA)

Casa Román
Tf. 979/86 63 72
Casa de piedra de dos plantas, rodeada de jardín con arbolado y barbacoa. Salón con chimenea, cocina, despensa, 4 habitaciones dobles y 2 baños. Precios: fin de semana 36.000; semana 82.000. *Observaciones: descuentos a grupos; información sobre la zona.*

Velilla del Río Carrión (PALENCIA)

Casa Anti
C/ Mayor 2
Tf. 979/86 11 70
Robusta casa de piedra, próxima a la plaza. Comedor, cocina, 1 habitación sencilla y 2 dobles, abuhardilladas, y 2 baños. Precios: fin de semana 22.000; semana 50.000.

Vidrieros (PALENCIA)

Valdenievas
Tf. 979/86 61 63
Bonita casa de piedra en el casco urbano. Interior bien equipado, comedor, sala de estar, cocina, 3 habitaciones dobles y 1 baño. Precios: fin de semana 21.000; semana 42.000. *Observaciones: no admiten animales.*

Apartamentos y casas de alquiler completo

Villagarcía de Campos (Valladolid)

Jeromín
Tfs. 983/29 59 80
Sencilla casa de pueblo de construcción reciente, con patio. Comedor, cocina, 2 habitaciones sencillas, 2 dobles y 2 baños. Precios: fin de semana 20.000; semana 40.000.

Villallano de Aguilar (Palencia)

Las Tuerces
Tfs. 979/18 12 17 y 12 31 66
Amplio caserón tradicional con mirador, patio y jardín trasero. Salón-comedor con chimenea, cocina, 2 habitaciones dobles, 2 triples y 2 baños. Precios: fin de semana 35.000; semana 68.000.

Lugares de interés

Bárcena de Campos. Pequeño pueblo de 70 habitantes, situado en el valle del río Valdavia. *Excursiones: románico de Ojeda.*

Barrios de la Vega. Localidad próxima a Saldaña. *Excursiones: castillo y museo arqueológico de Saldaña; villas romanas de La Olmeda y Quintanilla de la Cueza.*

Brañosera. Pueblo de origen romano, en plena sierra de Híjar. Tuvo el primer fuero municipal de la Península, en el s. IX. *Excursiones: pozo Merino, de gran belleza. En **Barruero**, trabajos de forja.*

Canduela. Pequeño pueblo, a 7 km de Aguilar de Campoo. Conjunto de casas solariegas declarado de interés cultural. *Excursiones: paraje de Las Tuerces; cueva de los Franceses; valle de Covalagua.*

Cardaño de Arriba. Mínima localidad situada a 1.400 m de altitud, en el límite con León y Cantabria. *Excursiones: cascadas de Piedrahita y Mazobre; lago de las Lomas, que da cobijo al tritón alpino.*

Castrejón de la Peña. Pueblo situado a más de 1.100 m de altitud, a los pies de Peña Redonda. Conserva una bella iglesia del s. XV. *Excursiones: valles de S. Román y Tosande, con tejos centenarios.*

Gama. Localidad del valle de Recuevas. Conserva restos de un castillo de aire fantasmagórico. *Excursiones: cañón de la Horadada; conjunto geológico de Las Tuerces.*

La Lastra. Pequeña localidad del municipio de Triollo. Frente al pueblo se alza la imponente pared sur del Curavacas (2.524 m).

Mave. Pueblo situado a 8 km de Aguilar de Campoo, junto al cañón de La Horadada. Iglesia de Sta. María.

Mélida. Pequeña población del valle de Botijas, muy próxima a Peñafiel. Ermita de las Bocas, sobre roca caliza.

Mucientes. Típica localidad castellana, a 10 km de Valladolid y al pie de los montes Torozos. *Excursiones: ruta de los Castillos.*

Mudá. Localidad mínima, emplazada en la vertiente sur de la sierra de Corisa, entre la Pernia y el valle de Santullán. *Reserva de Fuentes Carrionas; cueva del Cobre; mirador de la Virgen de la Peña.*

Olmos de Ojeda. Localidad del valle de Ojeda. Monasterio de Sta. Eufemia de Cozollos, del s. XII. *Excursiones: ruta de las iglesias rupestres; ermita del Rebollar; sierra del Brezo; laguna de Curavacas.*

Polentinos. Pueblo ganadero de montaña, a 1.240 m de altitud, con un buen conjunto de casas de arquitectura de piedra. *Excursiones: abadía de Levanza; iglesia de S. Salvador de Cantamuda.*

San Juan del Redondo. Población asentada a 1.200 m de altitud. *Excursiones: iglesia de S. Salvador de Cantamuda; cueva del Cobre, donde nace del río Pisuerga.*

Santa María de Nava. Población del encantador valle de Santullán, situada al pie del santuario del Carmen. *Excursiones: localidades de Canduela y Villanueva de Henares, catalogados entre las más bellas de Palencia; colegiata de Cervatos, con románico erótico; cascadas y rápidos del río Rubagón; estación de esquí de Alto Campoo.*

Tamara. Localidad cercana a Frómista y escala jacobea. Restos de la muralla, ermita románica de los templarios y templo de S. Hipólito, gótico-renacentista. *Excursiones: villa de Frómista.*

Valberzoso. Pueblo medieval, en una zona montañosa con abundantes bosques. Puente romano y templo románico. *Excursiones: iglesias románicas de Valdeolea. Velas y artesanía del cristal.*

Valoria de Aguilar. Pequeña localidad, en una planicie rodeada de colinas, próxima al Pisuerga y a Aguilar de Campoo. *Excursiones: monasterio de Santa Eufemia; cañón de la Horadada; paisaje kárstico de las Tuerces; cueva de los Franceses y mirador de la Lora.*

Velilla de Tarilonte. Pueblo de 35 vecinos, en una zona agrícola y ganadera a más de 900 m de altitud. *Excursiones: iglesia de Pisón de Castrejón, del s. XIII; templo de Traspeña, del s. XIV. En **Tarilonte**, forja. En **Rosales de la Peña**, flores secas. En **Ventaniella**, cerámica.*

Vidrieros. Pueblo emplazado a 1.300 m de altitud, a la entrada del valle de Pineda, en una zona antaño ligadaa la trashumancia. *Paraje glaciar del nacimiento del Carrión; pico Curavacas (2.525 m).*

Villagarcía de Campos. Localidad de la zona del Sequillo. Conserva restos del palacio de los Quijada, la Colegiata de S. Luis y un pequeño museo dedicado a la infancia de Juan de Austria. *Excursiones: villa de Urueña y monasterio de la Sta. Espina.*

Villallano de Aguilar. Pequeña población cercana a Aguilar de Campoo y muy próxima al paraje geológico de Las Tuerces.

3. Ancares leoneses, Sanabria y Cuatro Valles

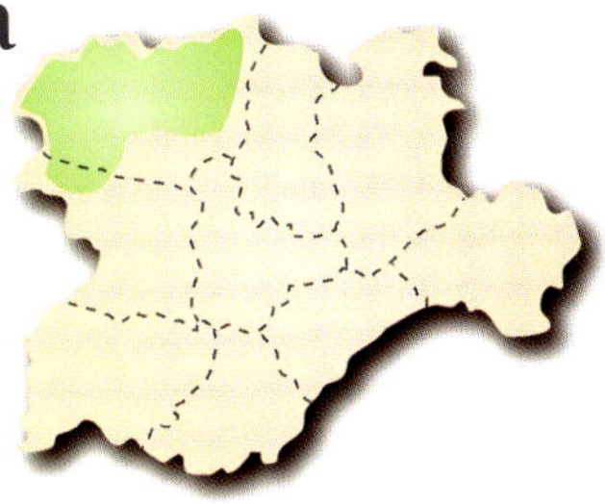

Ancares leoneses, Sanabria y Cuatro Valles

Aralla de Luna
(León)

Pueblo de la comarca de Luna, muy próxima al embalse de Los Barrios. *Excursiones: colegiata de Arbás; embalse de Luna, con posibilidad de practicar deportes náuticos; embalse de Casares; cuevas de Valporquero.*

La Collada de Aralla
Ctra. La Pola de Gordón. Tf. 987/69 89 25
Edificio de nueva construcción, situado en un paraje aislado de montaña, con buenas vistas. Tiene bar-restaurante y 7 habitaciones dobles con baño, algunas abuhardilladas. Precios: habitación doble 4.000; desayuno 300; comida o cena 1.000. *Observaciones: cocina de la comarca.*

Balboa
(León)

Pequeña localidad de los Ancares, con un buen conjunto de arquitectura popular, incluyendo una gran palloza convertida en bar. *Excursiones: aldea de Canteixeira, con excelentes vistas de la zona.*

Ancares (***)
Tfs. 987/56 37 71. Fax 987/56 37 69
Agradable construcción de piedra, bien integrada en el entorno, rodeada de un extenso jardín de césped con un pequeño arroyo y emplazada a 1 km del pueblo. El interior, con una decoración muy actual, tiene restaurante, salón, 13 habitaciones dobles con baño y 3 *suites* con una pequeña sala. Precios: habitación doble 8.000; *suite* 11.000; desayuno 700; media pensión 2.500.

Balouta
(León)

Localidad de los Ancares, en una zona que conserva abundantes pallozas lindante con Asturias y Lugo. *Excursiones: valle de Suárbol; conjunto de pallozas de Campo del Agua. Elaboración de teitos.*

Miravalles
Ctra. de Ancares s/n. Tf. 987/68 99 89
Caserón de piedra y madera de reciente construcción, situado a las afueras del pueblo. Tiene bar, restaurante con chimenea y 10 habitaciones dobles con baño. Precios: habitación doble 5.000; desayuno 350, comida o cena 1.400. *Observaciones: senderismo y rutas en bicicleta.*

Los Barrios de Luna
(León)

Población de la comarca de Babia, emplazada a más de 1.000 m, al pie del embalse de Barrios de Luna. Conserva un templo del s. XIV y restos del castillo de los Luna. *Excursiones: ruta del Collado de Abelgas. En **Benllera**, taller de cerámica; en **Piedrasecha**, bronces.*

Los Nogales
C/ Palenque s/n
Tfs. 987/58 14 22 y 609/82 89 39
Casa de buena planta, con jardín y terraza, emplazada junto a la presa de Barrios de Luna. Tiene 5 habitaciones dobles con baños compartidos. Precios: habitación doble 5.000; con baño 6.500; desayuno 350. *Observaciones: alquiler de bicicletas; organizan excursiones para buscar setas y actividades náuticas.*

Busdongo
(León)

Pueblo del municipio de Villamanín, cercano a la estación invernal de Pajares. *Excursiones: colegiata de Arbas; museo de la Minería; hoces de Vega Cervera; estación de esquí de Pajares; monte Valgrande; calzada romana de la Mesa.*

Puerta de Asturias
Tf./fax 987/59 83 69
Centro de turismo rural, habilitado en un edificio de piedra del s. XIX. Tiene restaurante, sala de estar, aula de naturaleza, 17 habitaciones dobles, 7 de ellas con baño y 2 apartamentos de 5 plazas. Precios: habitación doble 4.000; con baño 6.200; desayuno 500; comida o cena 1.200. *Observaciones: organizan múltiples actividades en la naturaleza.*

Caboalles de Abajo
(León)

Localidad próxima a Villablino, en la falda del accidentado puerto de Leitariegos, que comunica con Asturias. *Excursiones: monte de Valdecuélebre; estación invernal de Leitariegos; cueva de la Mora y laguna de Arbas.*

Portal de León
Ctra. La Espina s/n
Tf. 987/49 10 85 (ext.11)
Edificio antiguo convertido en hotel y rehabilitado con predominio de la piedra y la madera. Tiene cafetería, salas de estar y 15 habitaciones dobles con baño, nevera y una pequeña cocina. Precios: habitación doble 5.000.

Carrizo de la Ribera
(LEÓN)

Villa ribereña del Órbigo. Conserva un monasterio cisterciense del s. XII, con sarcófagos y un Cristo gótico. *Excursiones: playa fluvial de Llamas de la Ribera; cuevas de Valporquero; humedal de Villadangos. Artesanía de cuero (cinturones, bolsos...); tapices decorativos de alto lizo.*

La Posada del Marqués
Tf. 987/35 71 71. Fax 987/35 81 01
Posada habilitada en un antiguo hospital de peregrinos, con patios, jardín y un sistema de riegos del s. XIV. El interior, con muebles de época, dispone de biblioteca, sala de estar y 11 habitaciones dobles con baño. Precios: habitación doble con baño 8.800; desayuno 500; cena 2.200. *Observaciones: en el monasterio se puede oir canto gregoriano; se organizan exposiciones y conciertos.*

Castrillo de los Polvazares
(LEÓN)

Espléndido conjunto de arquitectura maragata. Restos del castro romano, callejones empedrados y numerosos edificios nobiliarios. *Excursiones: villa de Astorga; alto jacobeo de Foncebadón. Venta de artesanía. En* ***Val de S. Lorenzo****, tejidos de lana, alfombras y mantas.*

Cuca la Vaina
Tf./fax 987/69 10 78. Tf. 987/69 19 60
Hostería de nueva construcción, levantada sobre una casa de arrieros maragatos, con una cuidada arquitectura bien integrada en el entorno urbano. Tiene un agradable patio de acceso, restaurante, 1 habitación sencilla y 6 dobles, todas con baño. Precios: habitación sencilla 6.500; doble 8.600; desayuno 600; comida o cena 2.500. *Observaciones: organizan rutas a pie y a caballo.*

Cueta de Babia
(LEÓN)

Pequeña localidad de montaña situada en la comarca de Babia, lindando con la reserva nacional de Somiedo. *Excursiones: nacimiento del rio Sil; lagos de Somiedo; macizo de Peña Ubiña; comarcas de Luna y Las Omañas. En* ***La Majúa****, ceramista de diseño y elaboración de artículos de regalo artesanos.*

Alto Sil
Tfs. 987/23 41 69 y 48 83 31
Construcción de piedra y pizarra, reformada, con corral, a las afueras del pueblo. Tiene sala de estar con chimenea, 2 habitaciones dobles y 1 triple con baño, 2 de ellas abuhardilladas. Se puede alquilar entera. Precios (según temporada): habitación doble de 6.000 a 6.500; triple de 8.000 a 9.000; vivienda de 35.000 a 40.000 fin de semana; desayuno 400; comida o cena 1.500. *Observaciones: organizan actividades.*

El Rincón de Babia
***Barrio de Quejo*. Tf. 987/48 82 92**
Centro de turismo rural, en una casona tradicional, con jardín. Tiene salón con chimenea, comedor, 6 habitaciones dobles, 3 *duplex* y 1 *suite*, todas con baño, así como 1 casita para 4/6 personas. Precios (según tipo): habitación doble de 6.500 a 11.000, desayuno incluido; casita de 12.000 a 14.000 diarias; comida o cena 1.600. *Observaciones: alquiler de bicicletas; rutas a caballo.*
Insuperable. La casa y la comida un 10. El trato un 20.

Espinoso de Compludo
(LEÓN)

Pueblo situado a 1.100 m de altitud, próximo al Camino de Santiago, con espléndidas vistas de la comarca. *Excursiones: poblado y ruinas romanas; herrería de Compludo, con el mecanismo medival; localidades de Molinaseca y Villafranca; tejo milenario de S. Cristóbal.*

El Amanecer
C/ Las Eras s/n. Tf. 987/69 54 39
Edificio tradicional, con un patio empedrado, bonitas galerías y excelentes vistas. Tiene comedor y 5 habitaciones dobles con baño. Precios (según temporada): habitación doble de 5.800 a 8.800; desayuno 500; comida o cena 2.000.

Fuente de Oliva
(LEÓN)

Aldea de la comarca de Los Ancares, accesible por una pista de tierra desde Portelo. *En* ***Villavieja*** *y* ***Canteixeira****, tallas de madera; en* ***Iglesia del Campo****, cerámica y alfarería.*

La Fuente
Tfs. 987/54 90 59 y 616/71 20 97
Bonita casa tradicional, envuelta por una zona de abundante arbolado, con jardín. El interior, con un mobiliario muy sencillo, tiene comedor, cocina de leña, 5 habitaciones dobles, 3 de ellas con baño, y 1 baño compartido. Se puede alquilar entera. Precios (según temporada): habitación doble de 3.500 a 4.500; vivienda 35.000 fin de semana.

Ancares leoneses, Sanabria y Cuatro Valles

Fuente de Oliva
(LEÓN)

Ver pagina anterior.

Fuente de Oliva
Tfs. 987/56 21 75 y 689/00 55 95
Antigua casa de piedra, típica de Los Ancares. Tiene bar, restaurante y 10 habitaciones dobles, 6 con baño en el interior y 4 con el baño exterior. Precios: habitación doble 4.500; desayuno 500; comida o cena 1.500. *Observaciones: cocina casera; senderismo.*

Las Herrerías de Valcarce
(LEÓN)

Aldea de El Bierzo, emplazada en la ruta jacobea y al pie del parque natural de los Ancares. *Excursiones: paraje de Las Médulas; monasterio de Carracedo; valle del Silencio; sierra de o Courel.*

El Paraíso del Bierzo
Tf./fax 987/68 41 37. Tf. 987/68 41 38
Hermosa construcción tradicional de finales del s. XIX, emplazada en una finca agrícola ribereña del Valcarce, con arbolado, praderías y terraza. El interior, con un cuidado mobiliario y abundante madera de castaño, tiene bar, restaurante tradicional, salón y 14 habitaciones dobles con baño. Precios (según temporada): habitación doble de 5.725 a 7.383; desayuno 500; comida 2.100; cena 1.800.

Lario
(LEÓN)

Localidad de la comarca de Riaño, próxima al nacimiento del Esla. *Excursiones: pinar de Lillo, junto al puerto de Tarna.*

La Era
C/ Real 4. Tf. 987/74 00 92
Casa de piedra de gran tamaño, rodeada de un pequeño jardín y con un restaurante anejo. Tiene sala de estar con chimenea y 5 habitaciones dobles con baño, algunas abuhardilladas. Precios (según temporada): habitación doble de 5.000 a 6.000; desayuno 250.

Liegos
(LEÓN)

Tranquilo pueblo de la comarca de Riaño, en las inmediaciones del embalse. Buen conjunto de casas de piedra, bien preservado. *«Porrachas» hechas con madera de fresno; elaboración de madreñas. En* ***Riaño****, tienda de artesanía de la zona.*

Villa de Liegos
Tfs. 987/74 23 01 y 606/16 69 87
Sencilla casa de piedra, de nueva construcción, en un paraje de praderías dentro del casco urbano. Tiene sala con chimenea, comedor, 5 habitaciones dobles y 3 baños compartidos. Se puede alquilar entera. Precios: habitación doble 5.000, desayuno incluido; derecho a cocina 1.000 diarias; vivienda 50.000 fin de semana. *Observaciones: información sobre la zona; senderismo.*

Luyego de Somoza
(LEÓN)

Localidad apartada, entre Astorga y la sierra del Teleno. *Excursiones: valle del Silencio; Peñalba de Santiago. En* ***Valdespino****, trabajos de forja. En* ***Filiel****, instrumentos musicales.*

El Molino del Arriero
Avda. de Villalibre 5. Tf. 987/60 17 20
Antiguo molino, con jardín y patio interior, emplazado al pie del monte Teleno, a las afueras del pueblo y frente a una popular ermita. Tiene cafetería, comedor habilitado en la sala de molienda, sala de reuniones y 8 habitaciones dobles con baño. Precios (según temporada): habitación doble de 5.000 a 8.000; desayuno 500; comida 2.000; cena 1.500. *Observaciones: alquiler de bicicletas; rutas a caballo.*

Molinaseca
(LEÓN)

Localidad del Camino de Santiago. Puente románico sobre el río Meruelo y buen conjunto de casas en la calle Real. *Excursiones: núcleo de Compludo, con una herrería medieval; puente de Malpaso; fpuerto y pueblo abandonado de Foncebadón; cruz de Ferro, hito de la ruta jacobea.*

El Palacio
Tf. 987/45 30 94
Palacio blasonado, con un amplio zaguán, situado junto al puente románico. Tiene restaurante, sala de estar habilitada en un torreón con excelentes vistas y 4 habitaciones dobles con baño. Precios: habitación doble 6.000; desayuno 500. *Observaciones: la propiedad alquila una vivienda para 8 personas en el mismo edificio; dispone de cuadras para caballos; especialidades de cocina berciana.*

Murias de Paredes (LEÓN)

Localidad ganadera situada a 1.435 m de altitud, en la comarca de Las Omañas. *Excursiones: pico Tambarón y monte Fasgarón, con abundantes prados; valle de Laciana. Paños, mantelerías y sábanas de hilo bordadas a mano.*

Po **Los Acebos**
Pza. Charcón 11. Tf./fax 987/59 31 25
Sencilla edificación de montaña de finales del s. XIX, con muros y tejas de piedra. El interior, decorado con mobiliario rústico, piezas agrícolas y vigas vistas, cuenta con un pequeño bar-restaurante, salón con chimenea y 4 habitaciones dobles con baño. Precios: habitación doble 5.800; desayuno 450; comida o cena 1.500 (previo encargo).

Tr **El Urogallo**
C/ del Castro 3. Tf. 606/92 98 32
Robusta construcción de piedra que sirvió como cárcel, con jardín. Tiene salón-comedor con chimenea, zona de lectura, 5 habitaciones dobles y 2 múltiples, todas con baño. Precios (según temporada y tipo de habitación): persona/día de 2.000 a 3.000, desayuno incluido; comida o cena 1.500. *Observaciones: alquiler de bicicletas; paseos a caballo; guias de naturaleza; senderismo.*

Pereda de Ancares (LEÓN)

Localidad de montaña, situada en pleno corazón de la reserva nacional de los Ancares. *Excursiones: pallozas de Campo de Agua; fuente ferruginosa de Fumeixín; braña de Pereda; laguna de Cuiña.*

Tr **Valle de Ancares**
Tf. 987/56 42 84
Centro de turismo rural habilitado en una antigua casona de labradores. Cuenta con cafetería, comedor y 9 habitaciones dobles con baño. Precios: habitación doble 7.000; desayuno 550; comida 1.800; cena 1.700. *Observaciones: senderismo y rutas en bicicleta.*

Piedrafita de Babia (LEÓN)

Pueblo de la legendaria comarca de Babia, a 1.270 m de altitud. *Excursiones: laguna de Las Verdes, accesible desde Torre de Babia; lagos de Somiedo; estación de esquí de Leitariegos. Tallas de madera y manualidades.*

C **Los Pinos**
Tf. 987/48 83 82
Construcción típica de montaña, con jardín y porche. El interior, muy acogedor, tiene salón con chimenea y 4 habitaciones dobles, 2 de ellas con baño, y 1 baño compartido. Se puede alquilar entera. Precios: habitación doble 4.000; con baño 6.000; desayuno 350; vivienda 40.000 fin de semana. *Observaciones: hay mini-golf en el jardín.*

Poladura de la Tercia (LEÓN)

Pueblo de montaña emplazado en el valle de la Tercia. *Excursiones: hoces de Vegacervera; cuevas de Valporquero; monasterio románico de Santa María de Arbás; embalse de Casares; estación de esquí de Valgrande.*

Tr **El Embrujo**
C/ El Parque 4
Tfs. 987/69 83 13 y 69 83 14
Edificio de piedra de comienzos del s. XX, accesible por un patio. Tiene salón con chimenea, comedor y 7 habitaciones dobles con baño. Precios: habitación doble 5.800; desayuno 250; comida 1.450; cena 1.276. *Observaciones: senderismo.*

Posada de Valdeón (LEÓN)

Pueblo del valle de Valdeón, próximo a la emblemática ruta del Cares. *Excursiones: parque nacional de los Picos de Europa; desfiladero de los Beyos.*

Tr **Picos de Europa**
C/ Yanca s/n. Tf./fax 987/74 05 03
Edificio de buena planta, situado a las afueras del pueblo, en un paraje de praderas y arbolado, con piscina, terraza acristalada y excelentes vistas de los Picos de Europa. Tiene comedor con chimenea y 8 habitaciones dobles con baño, 4 de ellas abuhardilladas. Precios: habitación doble 8.500; desayuno 550; cena 2.600.

Ancares leoneses, Sanabria y Cuatro Valles

Pozos de Cabrera
(LEÓN)

Pequeña población emplazada a 1.200 m de altura en la ladera del monte Teleno. Debe su nombre a los abundantes pozos abiertos por los romanos para le explotación del oro de la comarca. *Excursiones: ruta del Ciervo; camino de Sanguiñal.* En **Jiménez de Jamuz**, *taller de alfarería.*

La K Sita
C/ Arroyo s/n. Tf. 987/67 06 86

Graciosa casa de piedra y pizarra, con jardín y observatorio astronómico. El interior, con decoración rústica y abundantes plantas, tiene sala de proyecciones, salón-comedor con estufa de leña, cocina acristalada y 2 habitacones dobles con 1 baño compartido. Precios (según temporada): habitación doble de 4.000 a 4.500; desayuno 400; comida o cena 1.500. *Observaciones: cursos diversos de astronomía.*

Puebla de Lillo
(LEÓN)

Pueblo situado a 1.136 m de altitud, en la vertiente leonesa de los Picos de Europa. *Excursiones: estación invernal de S. Isidro; cuevas de Valporquero; pinar de Lillo, con acceso restringido; embalse de Porma.* En **Cofiñal**, *utensilios de madera.* En **Pallide**, *relojes hechos con troncos y raíces.*

Susarón
C/ Real 22. Tfs. 608/39 04 00 y 98/522 19 18

Construcción tradicional, de más de 300 años de antigüedad, con patio ajardinado. Tiene horno de pan, cocina antigua con chimenea, salón con galería acristalada, 3 habitaciones dobles y 2 triples, todas con baño. Precios: habitación doble 6.500; triple 8.000; desayuno 450. *Observaciones: ofertas de fin de semana; facilitan información y organizan excursiones; la propiedad alquila una casa en el mismo pueblo .*

Quintanilla de Babia
(LEÓN)

Localidad apartada, junto a la sierra de Villabandín. *Excursiones: nacimientos de los ríos Luna y Sil; parque natural de San Emiliano; valle de la Omaña; comarca de Babia.* *Trabajos de forja y artículos de cuchillería.*

La Chama
C/ La Llama 17. Tf. 987/48 82 33

Agradable casa rural situada a las afueras del pueblo, con terraza, patio y jardín. Tiene salón con chimenea, cocina y 5 habitaciones, con 3 baños. Se puede alquilar entera. Precios: habitación doble 4.000; desayuno 350; comida o cena 1.200. *Observaciones: cocina con productos de la región.*

✉ Trato muy acogedor y buena información de la zona.

Rabanal del Camino
(LEÓN)

Pueblo maragato situado en pleno Camino de Santiago, a los pies del puerto de Foncebadón. Conserva la iglesia románica y restos del hospital de pregrinos. *Excursiones: pueblo abandonado de Foncebadón; villas de Castrillo de los Polvazares y Molinaseca.*

Hostería El Refugio
Tfs. 987/69 18 26 y 69 12 74

Edificio de piedra emplazado en el casco viejo, junto a la iglesia parroquial. Tiene bar, comedor, una sala iluminada por una claraboya, 9 habitaciones sencillas y 7 dobles, todas con baño. Precios: habitación sencilla 4.500; doble 7.000; desayuno 450; comida o cena 1.200. *Observaciones: cocina tradicional de la comarca; facilitan información sobre esta etapa del Camino de Santiago.*

Rozas de Sanabria
(ZAMORA)

Población del entorno del lago de Sanabria, declarado parque natural. *Excursiones: núcleo monumental de Puebla de Sanabria; embalse de Cernadilla; rutas señalizadas en el parque natural; playa fluvial de Trefacio.* *Elaboración de cestas de mimbre.*

El Carzal
Tf./fax 980/56 79 79

Casa de dos plantas, hecha con piedra, pizarra y madera, con huerta y jardín, a las afueras del pueblo. Tiene sala de estar con un mirador-galería, salón comedor compartido con los dueños y 3 habitaciones dobles con baño. Precios: habitación doble 7.500; desayuno 400; comida o cena 1.800. *Observaciones: cocina tradicional.*

Salamón
(LEÓN)

Localidad de la comarca de Riaño situada en un terreno áspero y montañoso. *Excursiones: reserva natural de Sajambre y Valdeón; ruta del Cares, desde Posada de Valdeón.*

Hospedería de Salamón
Tf. 987/71 08 06. Fax 987/71 09 11

Edificio de piedra de nueva construcción, con una amplia galería de madera. Tiene sala de estar con chimenea, comedor y 4 habitaciones dobles con baño. Precios: habitación doble 7.500; desayuno 500; comida o cena 2.000. *Observaciones: paseos y rutas en bicicleta y caballo.*

Santa María de Ordás
(LEÓN)

Pueblo ribereño del Luna, próximo al pantano del mismo nombre. *Excursiones: torres de Ordás y de Tapia.* En **La Magdalena**, *tapices.* En **Benllera**, *cerámica.* En **Santiago de las Villas**, *trabajos de vidrio;* en **Otero de Dueñas** y **Quintanilla**, *moscas de pescar.*

El Horno y el Torreón

Tfs. 987/69 83 34 y 689/99 75 79

Conjunto de edificaciones tradicionales, en torno a un patio, con huerto, jardín y horno de pan. Tiene salón-comedor con chimenea, y un total de 2 habitaciones dobles y 2 cuádruples, todas con baño, 1 adaptada a minusválidos y 2 abuhardilladas. Precios: habitación doble 8.000; cuádruple 12.500; desayuno 600; comida o cena 1.300. *Observaciones: la propiedad alquila además 2 casas para 6 personas.*

Santiago Millas
(LEÓN)

Pueblo maragato, situado a más de 900 m de altitud al pie del cerro de La Muñeca. Museo etnográfico dedicado a los arrieros. *Excursiones: villas de Astorga y La Bañeza; montes de Teleno y Foncebadón; valles del Silencio y La Cabrera. Restauración y venta de muebles y antigüedades.*

Guts Muths

C/ Matanza s/n. Tf. 987/69 11 23

Hospedería habilitada en un bello caserón de arrieros del s. XVIII, característico de la arquitectura maragata, con huerto y jardín. El interior, cálido y decorado con pinturas murales, tiene sala de estar con chimenea, comedor y 8 habitaciones con baño. Precios: habitación doble 9.000; desayuno 750; comida 2.200; cena 1.800. *Observaciones: alquiler de bicicletas y caballos; información sobre rutas en la zona.*

Sena de Luna
(LEÓN)

Pueblo de la comarca de Luna, con abundantes ejemplos de casonas bien preservadas, algunas con blasones. *Excursiones: senderos de montaña; valle de San Emiliano; zona de baños en el río Luna; parque natural de Somiedo; embalse de los Barrios de Luna.*

Días de Luna

Tf. 987/59 77 67

Centro de turismo rural habilitado en unas escuelas de comienzos de siglo. Tiene salón con chimenea, biblioteca, comedor, aula de actividades, tienda de artesanía, 11 habitaciones dobles, 4 triples y 1 apartamento. Precios: habitación doble 7.500; triple 10.000; desayuno incluido; apartamento 17.500 diarias; comida 1.800; cena 1.500. *Observaciones: hay 1 habitación para minusválidos; organizan actividades.*

Serrilla
(LEÓN)

Pueblo de la sierra de Corbera, a más de 1.000 m de altitud. *Excursiones: núcleos de Coladilla, Valporquero y Villar del Puerto; hoces de Vegacervera; cueva de Valporquero; rápidos del río Torío; collada de Villar; mina de la Escondida; pico Correcillas, con buenas vistas.*

Serrilla

Tfs. 987/57 83 84 y 23 31 18. Fax 987/57 84 20

Construcción tradicional, bien rehabilitada, con huerto en terrazas, jardín, pozo y estanque. Tiene sala-comedor con estufa de leña y capacidad para 34 personas, en 2 habitaciones dobles, 1 cuádruple y 2 múltiples en literas. Precios (según habitación): alojamiento de 1.500 a 3.000, desayuno incluido; media pensión de 2.300 a 3.800. *Observaciones: talleres de teatro y artesanía; actividades; rutas y excursiones.*

Sésamo
(LEÓN)

Pueblo del Bierzo alto, próximo a Vega de Espinareda. *Excursiones: monasterio de S. Andrés, en Vega de Espinareda; lagos del Cuiña; fuente del Fumeixín; valles del Burbia, de Fornela y del Silencio; Las Médulas.* En **Retuerta**, *trabajos de cuero.* En **San Vicente**, *losera de pizarra.*

Casa Ana

C/ La Mata s/n. Tf. 987/56 85 19

Antigua casa de labranza, recientemente rehabilitada, con huerta, jardín, terraza y un gran balcón. Tiene sala de estar, cocina-comedor, 3 habitaciones dobles, 2 de ellas abuhardilladas, y 2 baños. Precios: habitación doble 4.300; desayuno 400. *Observaciones: cocina a disposición de los huéspedes.*

Torrestío
(LEÓN)

Pueblo de alta montaña, integrado en el parque natural de Somiedo y próximo al macizo de Peña Ubiña. *Excursiones: calzada romana y Camino Real de la Mesa; nacimiento del río Torrestío, con cataratas; lagos de Somiedo.*

El Alba

Tfs. 987/69 82 21 y 31 04 71

Casa tradicional de piedra, de tres plantas, en una extensa finca con jardín y arbolado. Tiene salón-comedor con chimenea, 3 habitaciones dobles y 2 baños. Precios: habitación doble 5.000; desayuno 400; comida o cena 1.200. *Observaciones: actividades en el entorno; excursiones guiadas.*

Ancares leoneses, Sanabria y Cuatro Valles

Trefacio de Sanabria (ZAMORA)

Localidad integrada en el parque natural del lago de Sanabria, con buenos ejemplos de arquitectura popular de piedra y pizarra. Iglesia de buena planta del s. XVIII. *Excursiones: hay 6 senderos aptos para bicicletas por el parque natural.*

El Rincón de Trefacio
Ctra. San Ciprián
Tfs. 980/62 83 00 y 608/47 69 27. Fax 980/62 83 26
Edificio de piedra de principios del s. XX, con patio ajardinado. Tiene comedor, salón social, sala de exposiciones, tienda de productos típicos y 12 habitaciones, sencillas, dobles y triples, todas con baño. Precios (según temporada): habitación doble de 5.500 a 6.500; desayuno 500; comida o cena 1.500. *Observaciones: actividades deportivas y ambientales.*

La Vecilla (LEÓN)

Pueblo del valle de Curueño, en una zona montañosa dedicada a la agricultura y la ganadería. *Excursiones: ruinas del castillo de Aviados; ermita de S. Froilán; torreón del conde Luna, del s. XIV; calzada romana por las profundas hoces de Valdeteja; hoces y cascada de Nocedo.*

Santa Catalina
Tf. 987/74 12 12
Complejo de edificios en una amplia finca, con jardín, huerto, merendero, piscina y gran zona de acampada. Tiene talleres, comedor, 100 plazas, en habitaciones múltiples con baños compartidos, así como 5 cabañas de madera. Precios: alojamiento de 600 a 1.000; desayuno 200; comida o cena 750. *Observaciones: cuentan con polideportivo; senderismo; excursiones en bicicleta y a caballo.*

Villar de Otero (LEÓN)

Aldea perteneciente al municipio de Vega de Espinareda. *Excursiones: monasterio de S. Andrés, en Vega de Espinareda. parque natural de los Ancares; valle de Burbia, con pallozas de origen celta. En **Balouta** y **Candín**, «teiteros». En **Lumeras**, **Burbia** y **Espino**, cestería.*

Los Trobos
Tf. 987/55 01 43
Sólido caserón, situado a 1 km del pueblo en una zona de castaños, con jardín y piscina. Dispone de comedor con chimenea de leña, 5 habitaciones dobles con baño y 4 apartamentos con salón, cocina, 2 habitaciones dobles y 1 baño. Precios (según temporada): habitación doble de 6.000 a 8.000, desayuno incluido; apartamento de 7.000 a 10.000 diarias.

Villasecino de Babia (LEÓN)

Capital histórica de la comarca de Babia y hoy una pequeña aldea con un interesante edificio señorial, el palacio de Los Lorenzana, del s. XVII. *Excursiones: localidad de Riolago; garganta del Sil.*

Río Lazado
C/ Francisco G. Miranda. Tf. 987/59 40 96
Antigua casa de pueblo, reformada, con huerto, un pequeño jardín y terraza. Tiene salón con chimenea, 2 habitaciones sencillas y 10 dobles, todas con baño. Precios: habitación sencilla 3.000; doble 5.000; desayuno 300; comida o cena 1.300. *Observaciones: rutas de senderismo y bicicleta de montaña.*

Apartamentos y casas de alquiler completo

Castrillo de los Polvazares (LEÓN)

La Magdalena
C/ Real 38
Tf. 987/69 10 67
Casona tradicional, en el centro del pueblo. Típico portalón, con piano, sala de estar, cocina, 1 habitación sencilla, 2 dobles y 1 baño. Precios (según temporada): fin de semana de 30.000 a 35.000; semana de 65.000 a 70.000.

Compludo (LEÓN)

Casa del Ermitaño
Tfs. 987/69 55 11 y 689/44 25 53
Bonita casa tradicional, a pie de monte, con huerto, cuadra y jardín. Horno de pan, cocina de leña, 2 habitaciones dobles y 1 baño. Precios (según temporada): fin de semana de 20.000 a 25.000. *Observaciones: rutas guiadas de senderismo y fotografía.*

Apartamentos y casas de alquiler completo

Cuevas de Viñayo (León)

Cuevas de Viñayo
Tf. 626/72 10 40
Conjunto de casas tradicionales, bien rehabilitadas, con jardín y sala con chimenea comunes. Tienen cocina-comedor, baño y capacidad para 2, 4 y 6 personas. Precios (según temporada): 2 plazas de 32.000 a 38.000 semanales; 4 plazas de 50.000 a 60.000 semanales.

El Espino (León)

Casa Antonio
Tf. 987/56 85 88
Casa de piedra, con huerto, jardín, barbacoa y amplia solana. Interior rústico y cuidado, sala de estar, cocina, 3 habitaciones dobles y 1 baño. Precios: fin de semana 35.000; semana 60.000. *Observaciones: descuentos en temporada baja; tareas de huerta.*

Espinoso de Compludo (León)

La Principal
Tfs. 987/69 54 39
Casa de piedra y madera. Sala, cocina, 3 habitaciones dobles y 2 baños. Precios (según temporada): día de 14.000 a 15.000; semana de 72.000 a 88.000. *Observaciones: la propiedad alquila otra vivienda en el edificio, así como varias en el mismo pueblo.*

Las Cruces
C/ La Fuente s/n
Tf. 987/69 54 39
Casa de comienzos de siglo, rehabilitada. Sala de juegos, salón-cocina y 1 habitación doble con baño. Precios (según temporada): día de 8.000 a 10.000; semana de 50.000 a 59.000. *Observaciones: alquiler de bicicletas.*

La Iglesia
Tfs. 987/69 54 39
Caserón del siglo pasado. Salón-comedor, cocina, 2 habitaciones dobles con balcón y 1 baño. Precios (según temporada): día de 11.000 a 13.000; semana de 63.000 a 80.000. *Observaciones: alquiler de bicicletas.*

Espinoso de Compludo (León)

Casa del Pozo
Tfs. 987/69 54 39
Casa de más de 100 años, con balconada, junto a un rústico pozo. Salón con chimenea, cocina, 2 habitaciones dobles y 1 baño. Precios (según temporada): día de 10.000 a 12.000; semana de 56.000 a 75.000. *Observaciones: alquiler de bicicletas.*

Garrafe de Torío (León)

La Pedrosa
Tfs. 987/23 74 99 y 610/29 23 66
Casa de buena planta, rodeada de césped y arbolado, con un cuidado jardín y una terraza con buenas vistas. Salón-comedor con chimenea, cocina, 4 habitaciones dobles y 2 baños. Precios: día 16.000; fin de semana 36.000; semana 75.000.

Las Vigas
Tfs. 987/21 35 76 y 610/67 72 98
Antigua casa de labranza, con jardín y grandes ventanales. Interior agradable, mobiliario cuidado, salón con chimenea, cocina, 1 habitación sencilla, 2 dobles y 1 baño. Precios: fin de semana 25.000; semana 49.000.

Labaniego (León)

La Nogala
Tf. 619/64 46 32
Casa tradicional de piedra, madera y cubierta de pizarra, en un paraje de castaños y encinar, con huerto, jardín y parrilla. Salón-cocina con estufa de leña, 2 habitaciones dobles, 1 de ellas abuhardillada, y 1 baño. Precios: fin de semana 16.000; semana 33.000.

Limianos de Sanabria (Zamora)

Jeijo
Tf./fax 980/56 79 79
Antiguo caserón de piedra rehabilitado, con jardín y huerto. Sala con chimenea, cocina, 2 habitaciones dobles y 1 baño. Precios: fin de semana 28.000; "puentes" 38.000; semana 73.000.

Apartamentos y casas de alquiler completo

Linarejos (Zamora)

Mirador de las Candelas
Tf. 630/77 10 47
Bonita casa de piedra, construida sobre una antigua venta. Interior agradable, mobiliario cuidado, salón-comedor con chimenea, cocina, 4 habitaciones dobles y 2 baños. Precios (según temporada): fin de semana 32.000; semana 65.000.

Matalavilla (León)

Fondo la Vicha
Tfs. 987/47 06 38 y 48 83 17
Sencilla casa tradicional del s. XIX, que sirvió como panadería y conserva el horno. Interior con algunos muebles antiguos, objetos rústicos, salón-comedor, cocina, 1 habitación sencilla, 2 dobles y 1 baño. Precios: fin de semana 30.000; semana 65.000.

Molinaseca (León)

San Nicolás
C/ La Iglesia 43
Tf. 617/79 30 53
Construcción tradicional, céntrica, con un bello corredor. Sala de estar con chimenea, cocina, 1 habitación sencilla, 2 dobles y 1 baño. Precios: fin de semana 30.000; semana 65.000. *Observaciones: conservas artesanales; bicicletas de montaña.*

Odollo (León)

Carriles Romanos
Tfs. 608/78 72 55 y 987/41 39 53
Graciosa construcción de piedra y pizarra, con terrazas, balcones y un breve patio. Interior rústico, salón-comedor-cocina con chimenea, 4 habitaciones dobles y 2 baños. Precios (según temporada): fin de semana de 40.000 a 45.000.

Pandorado (León)

Casas de Campodios
Tfs. 987/80 40 81 y 689/14 76 39
Conjunto de 4 casas, en una loma con vistas y próximas a un robledal. Tienen salón-comedor, chimenea, cocina, 2 habitaciones dobles y 1 baño. Precios: casa 25.000 fin de semana; 45.000 semanales. *Observaciones: viajes en globo y rutas.*

Peñalba de Santiago (León)

Casa Elba
Tf. 988/32 20 37
Casa tradicional de dos plantas, bien rehabilitada, en el centro del pueblo. Salón-comedor con chimenea, cocina, 3 habitaciones dobles y 2 baños. Precios: fin de semana 30.000; semana 70.000.
✉ Acogida muy cordial. Decoración original y confortable.

Riello (León)

La Panera del Conde
Tfs. 987/26 10 60 y 58 07 86
Panera de los condes de Luna, del s. XVIII, con corral ajardinado y porche. Sala-cocina tradicional, 1 habitación sencilla, 2 dobles y 1 baño. Precios (según temporada): semana de 50.000 a 75.000.
✉ Como en tu propia casa.

Robles de Laciana (León)

El Carbachín
Tf./fax 987/47 09 49 y Tf. 987/48 33 17
Sencilla construcción de los años 50, rodeada de frutales, con huerta y jardín. Salón-cocina con chimenea, 2 habitaciones dobles y 1 baño. Precios (según temporada): fin de semana de 12.000 a 15.000; semana de 30.000 a 40.000.

Salce (León)

El Mirador
Tf. 987/68 55 45
Edificio de gran antigüedad, con cuadras y accesible por un corral. Amplio salón con chimenea, cocina, 1 habitación sencilla y 3 dobles, con 2 baños. Precios: fin de semana 40.000; semana 75.000.

Salientes (León)

El Arroyo
Tfs. 987/48 07 93 y 48 71 47
Antigua casa de labranza de arquitectura tradicional, con establos y huerto. Sala de estar, cocina de leña, calefacción mediante una estufa, 1 habitación sencilla, 2 dobles y 1 baño. Precios: fin de semana 23.000; semana 50.000.

Apartamentos y casas de alquiler completo

Salientes (León)

Casa Valeria
Tfs. 987/41 33 63 y 42 83 20
Edificio de piedra y pizarra, con más de 100 años de antigüedad, patio empedrado y buenas vistas. Sala de estar, cocina, 1 habitación sencilla, 2 dobles y 1 baño. Precios (según temporada): día 8.500; semana de 51.000 a 59.000.

San Pedro de Olleros (León)

La Abuela
Tf. 689/91 25 46
Típica casa berciana, rodeada de jardín, con porche y galería. Interior sencillo, con piedra y vigas de madera, salón-comedor-cocina con chimenea, 3 habitaciones dobles y 2 baños. Precios: fin de semana 35.000; semana 60.000.

Santa Marina de Valdeón (León)

El Serenal
Tfs. 616/10 47 37 y 987/74 26 58
Hermoso caserón de piedra, en el casco urbano, rodeado de jardín y con buenas vistas de Picos de Europa. Salones, 1 de ellos con chimenea, cocina, 5 habitaicones dobles y 4 baños. Precios: fin de semana 50.000; semana 115.000.

Soto de Sajambre (León)

El Roblón
Tfs. 987/21 13 72 y 610/31 53 45
Agradable casita de piedra, rodeada de un pequeño jardín. Sala con chimenea, cocina, 2 habitaciones dobles abuhardilladas y 1 baño. Precios: fin de semana 25.000; semana 45.000.

Tremor de Abajo (León)

Juan Manuel
Tfs. 94/447 12 06 y 630/92 79 71
Casa antigua, reformada, con patio ajardinado, en el centro del pueblo. Bodega, salón con chimenea, cocina, 1 habitación sencilla, 4 dobles y 2 baños. Precios: fin de semana 36.000; semana 60.000.

Val de San Lorenzo (León)

Rúa y Río
Tf. 987/23 60 56
Casa de labranza de una sola planta, antaño dedicada a la industria de la lana, con un cuidado jardín. Interior agradable, cocina-sala de estar, 3 habitaciones dobles y 2 baños. Precios (según temporada): fin de semana de 24.000 a 26.000; semana de 50.000 a 56.000.

Vega de Espinareda (León)

Pepón
Tfs. 987/56 86 57 y 606/51 75 37.
Sencilla casa tradicional, con balconada. Comedor, cocina, corredor, 3 habitaciones dobles y 2 baños. Precios: fin de semana 30.000; semana 60.000. *Observaciones: la propiedad alquila otra casa de 3 plazas.*

Vigo de Sanabria (Zamora)

Nogalejas
Tfs. 607/76 84 25 y 980/62 83 00
Casa sanabresa, restaurada, en un pueblo con excelentes vistas del lago. Comedor, salón, cocina, 3 habitaciones dobles y 2 baños. Precios: fin de semana 25.000; 65.000 semanales. *Observaciones: senderismo; alquiler de bicicletas.*

Villanueva del Condado (León)

Casa Fauna
Tfs. 616/87 87 90 y 987/34 02 72
Casa tradicional, con jardín arbolado y un pequeño puente. Interior cuidado, salón, chimenea, cocina, 2 habitaciones dobles y 1 baño. Precios: fin de semana 26.000; semana 76.000. *Observaciones: la propiedad alquila otras 2 casas en la misma finca.*

Villar de Otero (León)

El Desván
Tfs. 987/68 98 96 y 606/18 14 37
Casa antigua, con un amplio corredor de madera y rodeada de jardín. Salón con sofá-cama, cocina, 1 habitación doble y 1 baño. Precios (según temporada): fin de semana de 25.000 a 30.000; semana de 45.000 a 50.000.

Ancares leoneses, Sanabria y Cuatro Valles

Lugares de interés

Compludo. Pueblo del valle del mismo nombre, situado en la sierra de Cabrera, en una zona de bosques de encinar y manantiales. Templo con un antiguo retablo y herrería del s. VII. *Excursiones: villa de Molinaseca; puente de Malpaso. Antiguas minas de oro romanas; río Meruelo.*

El Espino. Pintoresco pueblo de montaña, muy próximo a la comarca de Los Ancares. *Excursiones: monasterio de S. Andrés de Vega de Espinareda. Ruta de Peña Negra.*

Espinoso de Compludo. Pueblo situado a 1.100 m de altitud, al borde del Camino de Santiago y con excelentes vistas de El Bierzo. *Excursiones: poblado y minas romanas; herrería de Compludo, con un viejo taller medieval activado mediante agua; localidades de Villafranca y Cacabelos; Paraje de las Médulas, declarado Patrimonio de la Humanidad por la Unesco; valle del Silencio; playa fluvial de Molinaseca; tejo milenario de S. Cristóbal.*

Garrafe de Torío. Localidad ribereña del río Torío, a 15 km de la capital leonesa. Santuario de Nuestra Sra. de las Manzanedas. *Excursiones: hoces de Vega Cervera; cuevas de Valporquero; bosques ribereños del Torío, con zonas de baño.*

Labaniego. Población del término de Bembibre, en el Bierzo alto. *Excursiones: pueblo y templo de Peñalba de Santiago, en el valle del Silencio; sierra de Gistreo; ruta de las fuentes de la salud; pico Catoute (2.117 m)*

Limianos de Sanabria. Pequeña localidad cercana al lago de Sanabria, declarado parque natural. *Excursiones: cascada de Sotillo; ruta de la trashumancia; parque natural de Montesinhos, en Portugal; sierra de la Culebra, una de las últimas reservas del lobo ibérico. En **San Ciprián**, guarnicionero. En **Valdespino**, talla de madera, restauración de muebles antiguos, pipas y bastones*

Linarejos. Localidad situada al norte de la sierra de La Culebra, en la comarca Sanabria-La Carballeda. Conserva la mayor población de lobos del país. *Excursiones: lago de Sanabria; mirador de Las Candelas.*

Matalavilla. Pequeño pueblo del municipio de Palacios del Sil, a más de 1.000 m de altitud. Zona rica en vegetación, con abundantes corzos y lugar de paso del oso pardo. *Excursiones: pantano de Matalavilla. Adornos con hojas secas, maderas y frutos secos.*

Odollo. Pequeña población emplazada en la zona de los canales que llevaban el agua a Las Médulas. *Excursiones: lagos glaciares de Truchillas y Labaña. En **Val de San Lorenzo**, artesanos textiles.*

Pandorado. Pueblo de Las Omañas, situado al borde del río del mismo nombre, en la confluencia de los Cuatro Valles. *Excursiones: Andarraso, pueblo más alto de la provincia; mirador del Cueto de Rosales; monte de los Frailes; playa fluvial en el río Omaña; valle Gordo.*

Peñalba de Santiago. Pequeño pueblo apartado, a más de 1.000 m de altitud, en la cabecera del valle de Oza. Conjunto de arquitectura popular y preciosa iglesia mozárabe de Santiago, del s. X. *Excursiones: senderos de pastores por los montes Aquilianos; valle del Silencio; cueva de S. Genadio.*

Riello. Pequeña localidad del valle de Omaña, a 1.100 m, en un terreno montañoso dedicado a la agricultura, la ganadería y la producción maderera. *Excursiones: monte de los Frailes; desfiladero de los Calderones; curso del río Omaña, con playas fluviales.*

Robles de Laciana. Pueblo de alta montaña, limítrofe con el parque natural de Somiedo. Conserva un templo románico del s. XI, hórreos y lavaderos. *Excursiones: pista de esquí de Leitariegos; reserva natural de Degaña. Elaboración de moscas para pesca con plumas de gallos leoneses.*

Salce. Pueblo de alta montaña, rodeado de picos, en la sierra de Villabandín. *Excursiones: fortaleza medieval de El Castillo; pueblo de Vegarienza, con algunas casas nobiliarias.*

Salientes. Pueblo del municipio de Palacios del Sil, situado a 1.300 m de altitud, en una de las zonas habituales del oso pardo y con un entorno arbolado de fresnos, robles, abedules y acebos. Conserva varios molinos de cereal en los alrededores. *Excursiones: nacimiento del río Sil; estación de esquí de Leitariegos.*

San Pedro de Olleros. Mínima localidad del Bierzo próxima a Vega de Espinareda. *Excursiones: valle del Silencio. Mercadillo y venta de artesanía los días 1 y 15 de cada mes.*

Santa Marina de Valdeón. Pueblo ganadero de alta montaña, con hórreos y un buen conjunto de arquitectura popular. *Excursiones: garganta del Cares; reserva nacional de Riaño. Trabajos en madera con torno manual, en casa El Serenal.*

Vega de Espinareda. Localidad del Bierzo, al pie del monte Cúa. Buen conjunto de arquitectura popular y el monasterio de S. Andrés, del s. XVIII. *Excursiones: valle del Silencio, con pueblos como Peñalba de Santiago, Bouzas y S. Cristóbal de Valdueza. Valle del Burbia; zonas de baño en el río Cúa.*

Vigo de Sanabria. Pueblo enclavado en el parque natural del lago de Sanabria. Iglesia renacentista de San Miguel y ermita de Nuestra Señora de Gracia. Arquitectura popular, fuentes y hornos. *Excursiones: laguna de los Peces; villa de Puebla de Sanabria. Fragua en activo.*

Villanueva del Condado. Localidad situada en un término bañado por los ríos Porma, Esla y Curueño. *Excursiones: monasterio de S. Miguel de la Escalada, del s IX; hoces de Vegacervera; cascada de Nocedo; embalse y estación de esquí de S. Isidro; colladas de Cármenes y Valdeteja. Trabajos con flores secas.*

4. Gredos, Sierras salmantinas y Arribes del Duero

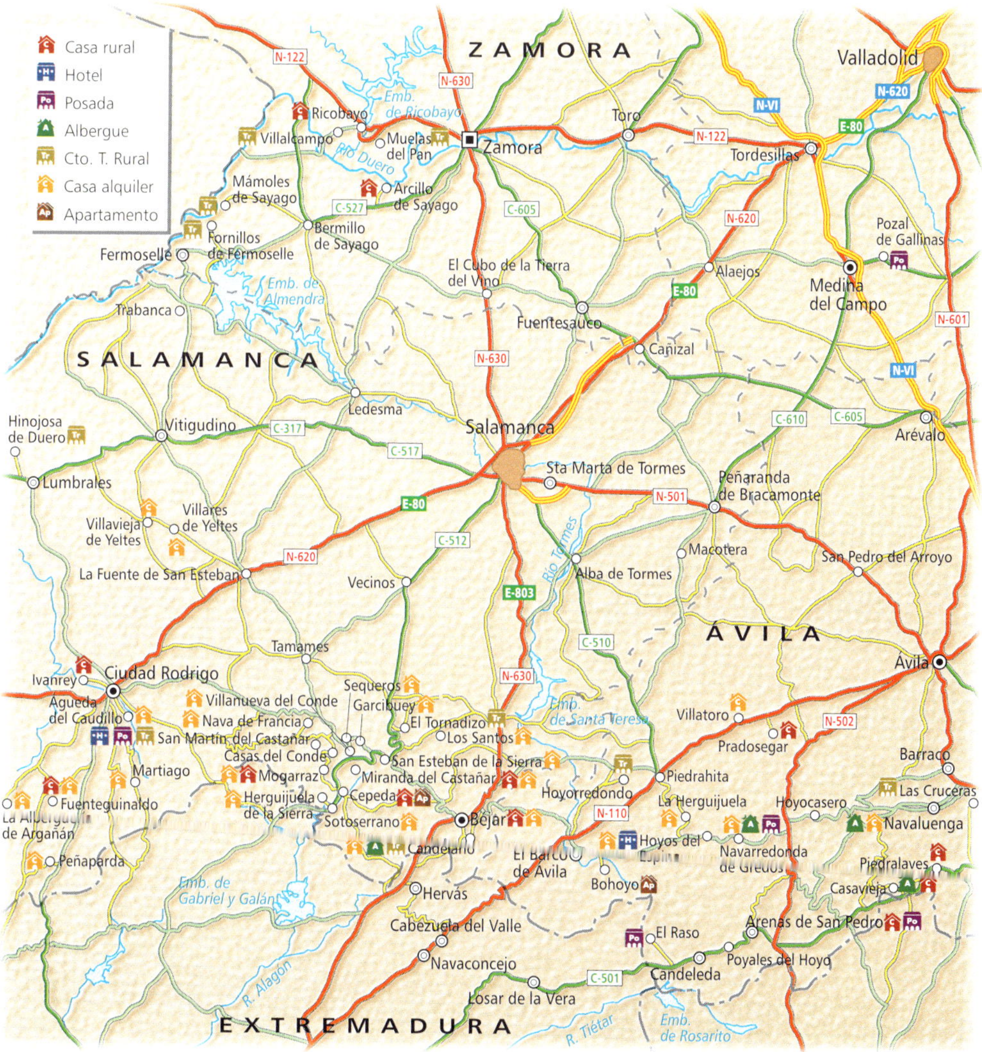

Gredos, Sierras salmantinas y Arribes del Duero

Arcillo de Sayago
(ZAMORA)

Pequeña localidad dependiente del pueblo alfarero de Pereruela, situada en la margen izquierda del Duero, en una zona de dehesas. *Excursiones: localidades de Fermoselle y Fornillos de Fermoselle; encinares de Arcillo; Arribes del Duero. En* ***Pereruela****, cazuelas y hornos de barro.*

La Casa del Duero
Tfs. 980/55 12 10 y 608/18 00 20
Construcción tradicional de hace 200 años, accesible por un amplio patio ajardinado. El interior tiene comedor, cocina tradicional con fuego bajo, horno de pan y escaños, así como 3 habitaciones dobles y 1 triple, con 2 baños compartidos. Precios: habitación doble 4.400; triple 6.600; desayuno 350; comida o cena 1.700. *Observaciones: senderismo; observación de aves; rutas a caballo; actividades.*

Arenas de San Pedro
(ÁVILA)

Villa posiblemente fundada por los romanos, que explotaron las cercanas minas de hierro de Tablada. Buen conjunto monumental, muy deteriorado tras la invasión napoleónica: castillo, palacio del Infante, puente sobre el río Arenal y cruz del Mentidero, catalogada como uno de los cruceros más notables de Castilla. *Excursiones: monasterio de San Pedro de Alcántara; típico pueblo de Guisando; cuevas del Águila. Talleres de cerámica, talla de madera, labores de mimbre, forja, trabajos de cuero y tapices. En* ***Poyales del Hoyo****, talla de madera, tapices, elaboración de objetos de mimbre, vidrio, cuero, trabajos de cartón, flores secas y taraceado. En* ***Santa Cruz del Valle****, cuero, juguetes de madera y cerámica. En* ***San Esteban del Valle****, escultura en bronce. En* ***Villarejo del Valle****, juguetes de madera y joyería. En* ***Cuevas del Valle****, marionetas e instrumentos musicales.*

Arbillas
Cº. Forestal a Arbillas
Tf. 920/37 70 64 y 689/08 25 33
Bonita casa emplazada en una finca agrícola, accesible por pista forestal desde la carretera que une Arenas con Poyales del Hoyo, con frutales, colmenas, piscina natural y magníficas vistas. Tiene terraza cubierta, salón con chimenea y 4 habitaciones dobles con baño. Precios: habitación doble 7.000, desayuno incluido; comida o cena 1.500.

Las Gesillas
Ctra. Arenas-Candeleda, km 5
Tf. 920/37 08 18
Casa de nueva planta, en una finca de pinar, frutales y huerto, con establos y animales de granja. Tiene comedor, 1 habitación sencilla, 3 dobles y 1 triple, todas con baño y algunas abuhardilladas. Precios: habitación doble 6.000; triple 8.000; desayuno incluido; comida o cena 1.500.

El Canchal
C/ La Fuente 1. Tf. 920/37 09 58
Edificio de más de 300 años, que acogió ocasionalmente al arquitecto Ventura Rodríguez, con terraza y buenas vistas. El interior, que conserva el portalón, la bodega con su antiguo *artesón* de piedra y una cueva excavada en los canchales que dan nombre a la casa, tiene comedor con chimenea, sala con piano y 6 habitaciones dobles. Precios (según temporada y tipo): habitación doble de 7.000 a 8.700.

Béjar
(SALAMANCA)

Localidad de la Ruta de la Plata, con una pujante industria textil durante la Edad Media. Restos de la muralla y la alcazaba árabe, iglesia gótica de S. Juan y parque del Bosque, del s. XVI. *Excursiones: villas de Candelario y Hervás; sierra de Béjar. Taller de carámica.*

La Casa Inglesa del Castañar
C/ Rodeos del Castañar 25. Tf. 923/40 44 99
Casa de principios de siglo, con jardín y piscina, en un paraje de castaños. El interior, mimado y con muebles antiguos, tiene salones y comedor con chimeneas, sala de reuniones, biblioteca, 3 habitaciones dobles y 1 triple, todas con baño. Precios (según temporada): habitación doble de 6.300 a 8.300; desayuno 500; cena 2.500. *Observaciones: alquiler de caballos y bicicletas; cenas románticas en invierno.*

Candelario
(SALAMANCA)

Preciosa población con buenos caserones y calles empedradas por las que corre el agua, situada en las estribaciones de la sierra de Gredos, a 1.200 m de altitud. *Excursiones: sierras de Candelario y de Béjar, con lagunas glaciares.*

Ver página siguiente.

Candelario
Parque Municipal s/n. Tf. 923/41 31 17
Edificio de aire decimonónico, reformado como albergue. Tiene salas de reuniones y de uso múltiple, comedor y 52 plazas en 16 habitaciones con literas, 6 de 2 plazas y 10 cuádruples. Precios: consultar. *Observaciones: ofrecen alojamiento, manutención y programan actividades de animación y tiempo libre.*

Candelario
(SALAMANCA)

Ver página anterior.
Circo de Hoya de Moros; parajes del río Cuerpo de Hombre. Venta de artesanía de la región en Artesa; taller de cerámica. En **Navacarros**, *talla de la madera. En* **Montemayor del Río**, *cestería de tiras de castaño. En* **Cepedosa de Tormes**, *alfar tradicional.*

Artesa
Tf. 923/41 31 11. Fax 923/41 30 87

Centro de turismo rural, situado en el casco histórico, con jardín. Tiene sala de estar, biblioteca, salas de reuniones, 9 habitaciones dobles, 5 de ellas con baño, y 2 múltiples. Precios: habitación doble 5.000; con baño 6.000; buhardilla 6.500; desayuno 450; comida o cena 1.250. *Observaciones: cursos y tienda de artesanía; senderismo y rutas a caballo.*

✉ Personal agradable y encantador. Limpia y acogedora.

Casavieja
(ÁVILA)

Localidad emplazada al pie de la sierra de Gredos, en pleno valle del Tiétar. *Excursiones: barranco de las Cinco Villas; cuevas del Águila; calzada romana del puerto del Pico; barranco de las Cinco Villas; cuevas del Águila, con diversas salas y vistosas formaciones de estalactitas y estalagmitas. Elaboración y exposición de cerámica en El Tejarejo. En* **Sartajada**, *alfarería tradicional.*

El Corralón
Tf./fax 91/867 85 63

Conjunto de edificaciones situado en la ladera sur de la sierra de Gredos, con excelentes vistas. En la vivienda principal dispone de sala con chimenea y 8 habitaciones dobles, 5 de ellas con baño. Precios (persona/día, pensión completa incluida): habitación doble 5.000; con baño 5.500. *Observaciones: cocina vegetariana; no se permite fumar en la casa.*

El Tejarejo
Ctra. Madrid- Plasencia, km 99,5
Tf. 925/59 72 49. Fax 925/59 70 05

Edificio de nueva planta, hecho con materiales tradicionales y rodeado de una extensa finca con piscina, a 3 km del pueblo. El interior, decorado con abundante cerámica, tiene salón con chimenea y biblioteca, comedor y 7 habitaciones dobles con baño. Precios: habitación doble 10.500; desayuno 900; comida o cena 3.000. *Observaciones: senderismo; alquilan bicicletas.*

Casavieja
Cº. de las Navas s/n. Tf. 91/867 85 22

Edificio de nueva construcción, a las afueras del pueblo, con huerto, invernadero, establos y piscina. Tiene comedor, cocina, talleres, sala multiuso y 120 plazas en 8 habitaciones múltiples, con baños compartidos. Precios: pensión completa y actividades 3.400 persona/día. *Observaciones: organizan actividades en el huerto; talleres de artesanía; veladas de animación (incluyendo noches de terror).*

Cepeda
(SALAMANCA)

Villa próxima a Béjar, situada en la fosa del río Alagón, limítrofe con la comarca de Las Hurdes en un paisaje de madroños, castaños y matorrales. *Excursiones: conjunto de arquitectura popular de La Alberca; pinturas rupestres de las Cabras Pintadas. Valle de Las Batuecas; el Rebollar; sierra de Béjar; sierra de las Quilamas; bellísimo bosque de La Honfría, cerca de Linares de Riofrío. Bordados típicos; cestas y artículos de tiras de castaño. En* **La Alberca**, *ceramista, bordados y tienda de artesanía de la zona.*

María Sánchez
C/ Eloy Bullón 10. Tf. 923/43 23 97

Casa tradicional con un amplio balcón a lo largo de la fachada. Cuenta con 2 habitaciones dobles, 1 de ellas de matrimonio y 1 baño compartido. Precios: habitación doble 4.000; desayuno 350.

El Solano
C/ Cima la Aldea 35. Tf. 923/43 21 44

Bello edificio de piedra situado en la parte más alta del pueblo, frente a la iglesia, con terraza y jardín. Cuenta con 2 habitaciones dobles y 1 baño compartido. Precios: habitación doble 4.000; desayuno 350. *Observaciones: dispone de hidromasaje y sauna.*

Gredos, Sierras salmantinas y Arribes del Duero

Las Cruceras
(ÁVILA)

Poblado forestal de mediados de siglo, en una zona frondosa del valle de Iruelas. *Excursiones: el propio valle es un área de especial protección para las aves, con una numerosa colonia de buitres negros; zonas de baño y de deportes náuticos en el embalse del Burguillo.*

Valle de Iruelas
Tfs. 91/862 50 59 y 920/28 72 50
Núcleo de turismo rural habilitado en el poblado resinero, al borde del embalse del Burguillo. Tiene 29 viviendas para 2/4 personas y 4 para 6 personas, decoradas con sencillez y todas ellas con sala de estar, chimenea, cocina y habitaciones dobles. Precios (según temporada y ocupación): vivienda pequeña de 15.000 a 21.000 fin de semana; grande de 27.000 a 37.000 fin de semana.

Fornillos de Fermoselle
(ZAMORA)

Pueblo emplazado en un paisaje granítico fronterizo con Portugal, con restos de castros y dólmenes y una interesante arquitectura agraria. *Excursiones: parque natural de los Arribes del Duero; parques naturales de Montesinhos y Douro, en Portugal.*

Casa de los Arribes
Tfs. 980/56 42 30 y 689/39 60 36
Centro de turismo rural, habilitado en dos casas de granito de 1935, con patio y un pequeño jardín. La vivienda principal tiene salón con chimenea, cocina, salar, 1 habitación doble, 1 triple y 1 quíntuple. Precios (según temporada): habitación doble de 4.000 a 6.000; desayuno 400; cena 1.600. *Observaciones: descuentos a niños; organizan actividades a ambos lados de la frontera.*
✉ Trato informal. Decoración sencilla. Buena información.

Fuenteguinaldo
(SALAMANCA)

Pueblo integrado en la zona protegida del Rebollar. Templo del s. XVI con un valioso retablo. *Excursiones: castro de Irueña; puente romano del Villar; molinos del río Águeda; balneario de la Fuente Santa. Sillas de montar y trabajos de piel y cuero. En **El Bodón**, mantas de tiras.*

Casa Auri
C/ Robleda 15. Tf. 923/47 11 02
Casa de reciente construcción, situada en el casco urbano, con buenas vistas. La vivienda, que se comparte con los propietarios, tiene 2 habitaciones dobles y 1 baño. Precios: habitación doble 3.500; desayuno 350. *Observaciones: se puede participar en tareas agrícolas.*

Hinojosa de Duero
(SALAMANCA)

Población próxima a los ríos Duero y Huebra, en la comarca de los Arribes. Iglesia románica, convertida en cementerio y templo del s. XVI. *Excursiones: S. Felices de los Gallegos; parque natural de los Arribes; cascada del Pozo de los Humos; "cachones" del Camacos y del Berrido.*

Quinta de la Concepción
Ctra. Hinojosa-Salto Saucelle, km 9,7
Tf./fax 923/51 30 70
Centro de turismo rural, en un caserón aislado junto al Duero, con terrazas y piscina. Tiene restaurante, un comedor con grandes ventanales, 8 habitaciones dobles y 1 *duplex* para 4 personas. Precios: habitación doble 6.000; *duplex* 12.000; desayuno incluido; comida o cena 1.800. *Observaciones: viajes en barco; alquiler de bicicletas y piraguas; senderismo.*

Hoyorredondo
(ÁVILA)

Pueblo del valle del río Corneja, en el macizo central de Gredos. *Excursiones: localidades de Piedrahíta y Barco de Ávila; central del Chorro y laguna del Duque. Sombreros de paja. En **Puente de Congosto**, piedras pintadas. En **Almohalla**, fragua de artículos decorativos.*

La Trocha de Hoyorredondo
Tfs. 920/20 93 26 y 619/97 66 88
Bonita construcción de piedra, a las afueras del pueblo con una zona de praderas y patio ajardinado. El interior, acogedor, tiene salón con chimenea, comedor, 4 habitaciones dobles y 2triples, con baño. Precios: habitación doble 8.000, desayuno incluido, comida 2.300; cena 1.800. *Observaciones: rutas culturales y senderismo con guía; taller de artesanía en paja; cocina tradicional.*

Hoyos del Espino
(ÁVILA)

Antiguo núcleo ganadero y puerta de acceso a la plataforma de Gredos. Conserva la iglesia del s. XVI. *Excursiones: cascadas de las Chorreras; puente del Duque, en un bello paraje con piscinas naturales; paraje de las Cinco Lagunas y Circo de Gredos.*

El Milano Real (**)
Tfs. 920/34 91 08-31. Fax 920/34 91 56
Hotel de nueva construcción, con aire de chalet de montaña, en una ladera situada en lo alto del pueblo, con jardín y excelentes vistas. El interior, cálido, tiene salas de estar y de reuniones, bar, comedor, sauna, gimnasio y 14 habitaciones dobles con baño, algunas abuhardilladas. Precios: habitación doble 8.750; desayuno de 700 a 1.400. *Observaciones: senderismo y excursiones a caballo.*

Ivanrey
(SALAMANCA)

Pueblo de colonización ribereño del Águeda, emplazado a 2 km de Ciudad Rodrigo. *Excursiones: conjunto monumental de Ciudad Rodrigo.* En **Ciudad Rodrigo**, *mercado de artesanía en agosto: textiles, cencerros, filigrana charra, metales repujados, romanas, flores secas,...*

Ivanrey
C/ Los Tilos 8. Tf. 923/48 01 62

Casa de buena planta, característica de los pueblos de colonización, con huerto, jardín y corralón. Tiene un amplio salón con chimenea y 6 habitaciones dobles, algunas abuhardilladas, con 2 baños. Se puede alquilar entera. Precios: habitación doble 4.000; vivienda 40.000 fin de semana y 75.000 semanales.

Mámoles de Sayago
(ZAMORA)

Pequeña localidad de Los Arribes muy unida al pastoreo y a la agricultura. *Excursiones: cañones del Duero, a su paso por los Arribes; caseta de los Carabineros; paraje de los Picones; cascada de las Aguas Bravas; ermita de Fariza.*

La Alquería de Mámoles
Tfs. 980/56 43 91 y 696/46 83 85

Núcleo tradicional, accesible por un portalón, con patios, cuadras, bodega, horno de pan, jardín y porche cubierto. La casa principal tiene salón-comedor con chimenea, 4 habitaciones dobles, 2 triples, 1 de ellas con baño y 2 baños compartidos. Precios: habitación doble 4.200; triple con baño 6.000; desayuno 400; comida o cena 1.600. ***Observaciones: talleres de labores del campo; paseos en burro; actividades.***

Miranda del Castañar
(SALAMANCA)

Conjunto histórico-artístico, con una muralla que conserva varias puertas. Callejones evocadores, restos del castillo, iglesia edificio del Ayuntamiento, sobre la antigua alhóndiga, plaza de toros y un excelente conjunto de casas blasonadas. *Excursiones: asentamiento templario de Sta. María; monasterio de Las Batuecas; santuario de la Peña de Francia; senderos que conducen a Mogarraz y a Cepeda; paraje de las Fuentes Grandes, con tres fuentes medievales; bosque de La Madroñera; zonas de baño en los ríos Francia y Alagón; mata de la Selva; parque natural de Las Batuecas; comarca de las Hurdes. Hay un comercio de artesanía de la zona, incluyendo labores tradicionales, cuadros y puntillas; cestos de castaño.*

Antonia Criado
C/ Puerta la Villa s/n. Tf. 923/43 20 31

Típica casa de pueblo, situada en el casco viejo. El interior, que conserva los techos abuhardillados de madera, tiene 1 habitación sencilla y 2 dobles, 1 de ellas con baño y 1 baño compartido. Precios: habitación sencilla 3.000; doble 3.500; con baño 4.000; desayuno 400.

Casa Claudia
C/ Derecha 3. Tfs. 923/43 23 69 y 21 22 92

Antigua casona de tres plantas, restaurada, cercana al castillo. El interior, que conserva muebles antiguos y detalles como las "poyatas" de las ventanas, tiene 1 habitación doble con baño y salita y 1 vivienda con salón, cocina con chimenea, terraza, 3 habitaciones dobles y 2 baños. Precios: habitación doble 5.000; vivienda 28.000 fin de semana y 60.000 semanales; desayuno 350; cena 950.

Casa Manoli
C/ La Fuente 7. Tf. 923/43 24 17

Agradable construcción tradicional, rodeada de un cuidado jardín y con una amplia terraza con vistas a la sierra de Francia. Tiene salón y 3 habitaciones dobles con baño, 1 de ellas abuhardillada. Precios: habitación doble 4.000; desayuno 400.

Mogarraz
(SALAMANCA)

Localidad de la sierra de Francia, con un buen patrimonio arquitectónico, declarado conjunto histórico. *Excursiones: valle de Quilamas; parque natural de las Batuecas;Peña de Francia; zonas de baño en el río Francia. Talleres de orfebería y carpintería; artesanía de cuero y botos camperos.*

El Altozano
Plazuela del Altozano 8. Tf. 923/41 81 67

Casa tradicional de dos plantas, próxima a la plaza Mayor. Tiene 2 habitaciones dobles y 1 baño. Precios: habitación doble 4.000; desayuno 350.

Mogarraz
(SALAMANCA)

Ver página anterior.
Calzado hecho a mano (botas camperas y zahones); varios artesanos de la madera que elaboran arcas, cabeceros, muebles de estilo antiguo, especieros y objetos de todo tipo; trabajos de orfebrería y filigrana charra; cerámica; bordados serranos en lino.

Casa Humildad
C/ Miguel Angel Maíllo 50. Tf. 923/41 81 20
Sencilla casa de pueblo del s. XIX, situada en el casco urbano, con un pequeño jardín con barbacoa. Tiene comedor, cocina, 3 habitaciones dobles y 2 baños. Se puede alquilar entera. Precios: habitación doble 4.000; vivienda 20.000 fin de semana.

La Fuente Arriba
Plazuela del Banco 1. Tf. 923/41 80 97
Caserón tradicional del s. XIX, situado sobre unos soportales en pleno núcleo urbano. El interior, con una decoración cuidada, suelos y techos de madera, tiene sala de estar con chimenea, biblioteca, salón-comedor-cocina abuhardillado, 2 habitaciones dobles y 1 baño. Precios: habitación doble 4.500; desayuno 500; cena 2.000. *Observaciones: cocina casera; facilitan información sobre la zona.*

Lucía
C/ Nueva 14. Tf. 923/41 80 74
Bella casa solariega ubicada en el centro del pueblo, con una agradable balconada. Tiene cocina, salón con estufa de leña, 2 habitaciones dobles y 1 baño. Se puede alquilar entera. Precios: habitación doble 4.500; desayuno 400; cena 1.00; vivienda 8.000 diarias.

Muelas del Pan
(ZAMORA)

Villa emplazada entre las comarcas de Aliste, Alba y Tábara. Conserva varios molinos de grano. *Excursiones: iglesia visigótica de San Pedro de la Nave, del s.* XVII; *playa fluvial del embalse del Esla; rutas en barco por los Arribes.* En **Moveros** y **Pereruela**, *alfarería tradicional.*

El Vedal
Tf. 980/55 30 07
Sencillo edificio de nueva construcción, con corredor y excelentes vistas. El interior, sobrio y agradable, tiene bar, comedor, sala de estar y 10 habitaciones dobles con baño. Precios: habitación doble 6.000, desayuno incluido; comida o cena 1.500. *Observaciones: cocina tradicional con platos típicos de la zona (chuletón alistano, mollejas y cochinillo); rutas por la zona.*

Navaluenga
(ÁVILA)

Pueblo ribereño del Alberche, con tramos de bellas alamedas. Conserva una iglesia y un Ayuntamiento de la época de Carlos III. *Excursiones: gargantas del Alberche, en Navarrevisca; iglesia-castillo de Burgohondo. Taller de cerámica; trabajos con raíces; maquetas en miniatura.*

Sierra de Gredos
Urb. Fábrica de la Sierra
Tfs. 920/28 63 93 y 619/24 29 99
Antiguo refugio de pescadores, reformado y muy próximo al río, con jardín. Tiene bar, sala de estar con chimenea, comedor y 12 habitaciones de 2, 4 y 8 plazas, todas con baño. Precio: alojamiento 2.150, desayuno incluido; comida o cena 1.000. *Observaciones: senderismo; piragüismo; tiro con arco; rutas en bicicleta; descuentos a niños y grupos.*

Navarredonda de Gredos
(ÁVILA)

Población ganadera emplazada en la cabecera del Tormes, en la comarca de Barco de Ávila. *Excursiones: villas de Barco de Ávila y Piedrahita; camino de Los Colgadizos, que conduce al circo de Gredos; portillo de las Cinco Lagunas.*
Ver página siguiente.

Casa de Arriba
C/ La Cruz s/n
Tf./fax 920/34 80 24. Tf. 689/93 81 60
Casa solariega del s. XVII, declarada de interés histórico, con jardín y espectaculares vistas. Tiene mobiliario antiguo, suelos de piedra y tarima, salones, comedor, biblioteca y 8 habitaciones dobles con baño. Precios: habitación doble 9.200, desayuno incluido. *Observaciones: senderismo; esquí de travesía; rutas ornitológicas; caballos y bicicletas.*

Navarredonda de Gredos (Ávila)

Ver página anterior.
Talleres de ebanistería, guarnicionería, encuadernación, bordados, elaboración de sombreros, alfarería, forja, cestería y modelismo.

Gredos Centre
Finca Cepeda Mingo
Tf. 920/34 82 80. Fax 920/34 83 78
Edificio de nueva planta, en un precioso paraje aislado a 2 km del pueblo. Tiene vestíbulo, amplio comedor, aulas polivalentes, salón para presentaciones, cocina, enfermería y 4 habitaciones de 8 plazas con literas. Precios: alojamiento 2.000; desayuno 500; cena 1.500. *Observaciones: talleres de artesanía y medio ambiente; actividades deportivas.*

Piedralaves (Ávila)

Pueblo de vieja tradición turística enclavado en el valle del Tiétar, en una zona de abundantes pinares. Conserva algunos rincones pintorescos. *Excursiones: ruinas del castillo de La Adrada.*

La Casa del Naranjo
Tf./fax 91/866 63 08
Casa del s. XVIII, que toma su nombre de un viejo naranjo, emplazada en el casco viejo. El interior, con mobiliario castellano, tiene salón-comedor con chimenea, sala para cursos, cocina, 3 habitaciones dobles y 1 triple, todas con baño y 2 de ellas abuhardilladas. Precios (según temporada): habitación doble de 5.800 a 6.750, desayuno incluido. *Observaciones: talleres y actividades; la propiedad alquila una casa.*

Pozal de Gallinas (Valladolid)

Pueblo emplazado en la comarca natural de Tierra de Pinares. *Excursiones: casco histórico de Medina del Campo; villa de Olmedo, con un «parque temático» de arquitectura mudéjar; zoológico de Matapozuelos.*

Posada del Pinar
Pinar de S. Rafael. Tf. 983/81 20 61
Conjunto de edificios con elementos del s. XVII, en un característico paisaje de pinar a 4 km de Medina del Campo. Tiene salas, salón con chimenea, restaurante, 2 habitaciones sencillas, 6 dobles y 3 *suites* para 4 personas, todas con baño. Precios (según temporada): habitación doble de 7.000 a 9.500; *suite* de 10.500 a 14.000; desayuno 850; comida o cena 1.800. *Observaciones: alquiler de caballos y bicicletas.*

Pradosegar (Ávila)

Población situada al pie de La Serrota, en la cara norte del macizo de Gredos. *Excursiones: localidades de Piedrahíta y S. Miguel de Corneja; pozas de baño en el arroyo de los Tejos; arroyo del Estepar; pantano del Burguillo; ascenso a la Serrota.* En **Piedrahíta**, *máscaras y lámparas.*

Cerro de la Fuente
Barrio de Arriba. Tf. 920/23 92 02
Edificio de piedra, situado en un tranquilo paraje, con jardín. El interior, sencillo, cuenta con sala de estar, chimenea, 1 habitación sencilla y 4 dobles, con 2 baños. Precios: pensión completa 4.000 persona/día. *Observaciones: descuentos por estancias en colaboración; la cocina incluye platos vegetarianos; talleres; expresión corporal; juegos infantiles para mayores.*

El Raso (Ávila)

Aldea de antiquísima fundación, con ruinas vetonas y romanas, situada en la falda sur de la sierra de Gredos. *Excursiones: localidad de Candeleda; mirador y garganta de Arbillas.* En **Candeleda** y **La Parra**, *talleres de cerámica.*

El Rincón de Alardos
Finca Las Planas. Tf. 920/37 70 75
Antigua casa de labranza, con una excelente rehabilitación, aislada en un bellísimo paraje arbolado de la falda de Gredos, con jardín, alberca y terraza. El interior, con una decoración mimada, mobiliario elegante y suelos de piedra, tiene salón, comedor y 5 habitaciones dobles con baño. Precios (según temporada y tipo): habitación doble de 7.500 a 12.000, desayuno incluido; comida o cena 2.500.

Ricobayo (Zamora)

Pintoresco pueblo muy próximo a la frontera, junto al embalse de Ricobayo, salvado por un espectacular puente de hierro. *Excursiones: villa portuguesa de Miranda do Douro; rutas en barco por los Arribes del Duero; posibilidad de deportes náuticos en varios embalses de la zona.*

Casa Inés
Tfs. 980/55 30 97 y 91/803 40 54
Sencillo caserón situado en la plaza central del pueblo. Tiene sala con chimenea y 5 habitaciones dobles con baño. Precios: habitación doble 3.800; desayuno 250. *Observaciones: descuentos por estancias largas.*

Gredos, Sierras salmantinas y Arribes del Duero

San Martín del Castañar
(SALAMANCA)

Localidad asentada en plena sierra de Francia, con un bello conjunto de arquitectura popular. Conserva los restos de un castillo, en cuyo interior se ha habilitado el cementerio. *Excursiones: santuario de la Peña de Francia, con un espléndido mirador a 1.800 m de altitud; localidades de La Alberca y Miranda del Castañar; parque natural de Las Batuecas; valle de Quilamas. Alfar, con torno a mano; taller de guarnicionería, con elaboración de albardas y sillas de montar; joyería de objetos de plata y azabache.*

El Campito
Tfs. 923/43 75 49 y 21 04 39
Pequeño hostal, modesto y acogedor, con una terraza ajardinada, situado en una calle tranquila del pueblo. Tiene restaurante, 1 habitación sencilla y 9 dobles con baño. Precios: habitación doble 4.500; desayuno 250; comida o cena 1.500. *Observaciones: cocina casera.*

La Posada de San Martín (**)
C/ Larga 1. Tf. 923/43 70 36
Pequeño hostal integrado en un edificio histórico, en pleno casco viejo. El interior, bien rehabilitado, dispone de comedor y 5 habitaciones dobles con baño, amuebladas con estilo. Precios (según tipo de habitación): habitación doble de 6.000 a 6.500; desayuno 500; comida 1.500; cena 1.200. *Observaciones: tienda de productos comarcales.*
✉ Cuidado en todos los aspectos. Muy recomendable.

El Linar
Tfs. 923/43 72 01 y 16 11 16
Pequeño hotel de montaña, con parque infantil, aulas y talleres, situado en un paraje aislado a 2 km del pueblo. Tiene 16 habitaciones para 2/3 personas y 4 cuádruples, todas con baño y con excelentes vistas del valle. Precios: habitación doble 10.000, desayuno incluido; comida o cena 1.700. *Observaciones: ofertas de fines de semana; senderismo, rutas a caballo y en bicicleta.*

El Tornadizo
(SALAMANCA)

Pequeña población cercana a la sierra de Quilama, en las estribaciones de la Peña de Francia. *Excursiones: bellísimo bosque de La Honfría, en las proximidades de Linares de Riofrío; ruinas del castillo de Monleón.*

Alquería del Toro
Finca Casas del Sevillano
Tfs. 923/16 10 64 y 619/25 50 17. Fax 923/16 10 64
Edificio de nueva construcción, en una finca ganadera de toro bravo, con tentadero, ermita, jardines y terraza. Tiene bar, comedor y 9 habitaciones dobles con baño. Precios (según temporada): habitación doble de 7.500 a 10.500; desayuno 500; comida 3.000; cena 2.500. *Observaciones: senderismo; visitas a la finca; paseos a caballo.*

Villalcampo
(ZAMORA)

Pueblo de los Arribes del Duero, situado entre los embalses de Villalcampo y Ricobayo. *Excursiones: localidad portuguesa de Miranda do Douro; agradable recorrido en barco por los cortados del río.*

Aliste y Sayago
Poblado del Salto de Villalcampo
Tfs. 608/18 24 32 y 980/55 46 96
Antigua residencia ligada a la construcción de la presa, en un paraje ajardinado y con buenas vistas. Tiene sala de estar con chimenea, comedor con mirador sobre el pantano, 4 habitaciones sencillas y 10 dobles, todas con baño. Precios: habitación doble 4.000; desayuno 500; comida o cena 1.200. *Observaciones: rutas y cursos de piragüismo.*

Apartamentos y casas de alquiler completo

Águeda del Caudillo (Salamanca)

Víctor
Tfs. 923/48 17 17 y 689/96 05 01
Graciosa casa emplazada en un pueblo de colonización, con patio y jardín. Interior cuidado, salón-comedor con chimenea, cocina, 4 habitaciones dobles y 2 baños. Precios: fin de semana 40.000; semana 65.000.

La Alberguería de Argañán (Salamanca)

La Aduana
Tf. 923/48 93 69
Casa de piedra, recientemente rehabilitada, con una amplia terraza y vistas a la plaza mayor. Cocina-comedor, 3 habitaciones dobles, 1 triple y 1 baño. Precios (según temporada): fin de semana de 18.000 a 30.000; semana de 25.000 a 40.000.

Béjar (Salamanca)

Santa Marina
Tf. 923/16 11 30 y 91/593 04 41
Casa de campo de los años 20, a 2 km del pueblo, en una frondosa finca arbolada y cruzada por un arroyo, con jardín y piscina. Sala de estar, cocina con chimenea, 3 habitaciones dobles y 1 baño. Precios: fin de semana 26.000; semana 66.000.

Bohoyo (Ávila)

El Real
Tf. 920/34 71 65
Apartamento integrado en un núcleo de nueva construcción, realizado con materiales tradicionales. Interior cuidado, salón-comedor-cocina, 2 habitaciones dobles y 1 baño. Precios (según temporada): fin de semana de 19.500 a 22.425; semana de 35.100 a 40.365.

Candelario (Salamanca)

Casa de la Panadería
Tf. 923/40 29 98
Fax 923/41 00 12
Casa recientemente rehabilitada. Salón abuhardillado con chimenea y artesonado de madera, cocina, 1 habitación sencilla, 3 dobles y 2 baños. Precios (según temporada): semana de 60.000 a 69.000.

Cepeda (Salamanca)

Victoria
C/ Eloy Bullón 21
Tfs. 923/43 21 16 y 689/87 10 89
Caserón tradicional, con un bonito balcón. Tiene 2 apartamentos con cocina-salón, chimenea, 2/3 plazas y baño. Precios: apartamento 14.000 fin de semana y 24.000 semanales. *Observaciones: información sobre la zona.*
Trato y limpieza inmejorables.

Fuenteguinaldo (Salamanca)

Casa Camila
C/ Tenerías Norte 29
Tf. 923/47 10 87
Antigua casa de labranza, accesible por un amplio corral. Despensa, salón-comedor con chimenea, sala de estar, cocina, 2 habitaciones sencillas, 4 dobles con baño, y 2 baños. Precios: fin de semana 45.000; semana 100.000.

La Lancha
C/ La Lancha 3
Tfs. 923/47 10 27 y 689/22 21 15
Casa antigua, rehabilitada, en el centro del pueblo. Decoración agradable, sala de estar, cocina, 3 habitaciones y 1 baño. Precios: fin de semana 20.000; semana 42.000. *Observaciones: visitas guiadas y rutas ecuestres.*

La Tarihuela
Tf. 923/47 12 04
Casa de piedra, típica de la sierra de Gata, con portalillo. Salón con chimenea, cocina, despensa, 2 habitaciones sencillas y 4 dobles, todas con baño, y 1 baño compartido. Precios: fin de semana 45.000; semana 90.000. *Observaciones: la propiedad alquila otra casa de 3 plazas.*

Garcibuey (Salamanca)

Balcón de la Sierra
Tfs. 923/18 75 29 y 43 74 95
Edificio tradicional, con jardín, frutales y barbacoa. Incluye 2 viviendas, 1 abuhardillada, con 3 habitaciones dobles, 2 baños y terraza y la otra con 4 habitaciones dobles y 3 baños. Precios (según tipo): vivienda de 24.000 a 25.000 fin de semana.

Apartamentos y casas de alquiler completo

Garcibuey (Salamanca)

Casa Clotilde
C/ Altozano 5
Tfs. 923/18 75 29 y 43 74 95
Casa serrana, con huerto, jardín y barbacoa. Decoración cuidada, comedor-sala de estar, cocina, chimenea, 1 habitación sencilla, 2 dobles y 1 baño. Precios: fin de semana 20.000.
✉ Acogida y trato muy familiares. Decoración grata y curiosa.

Cleto
C/ Miranda 21
Tf. 923/43 74 24
Casa de nueva planta, con jardín, terrazas y balcón. Cocina-comedor, 4 habitaciones dobles, algunas abuhardilladas, y 2 baños. Precios: fin de semana 25.000; semana 55.000.

Fuente Asperón
Tfs. 923/24 11 58 y 689/61 65 59
Casa de reciente construcción, aislada en una finca a 400 m del pueblo, en la sierra de la Quilama, con huerto, jardín y piscina. Comedor, cocina con chimenea, 4 habitaciones dobles y 2 baños. Precios: fin de semana 35.000; semana 60.000.

La Herguijuela (Ávila)

Casa del Parapente
Tf. 920/34 90 82
R. 920/25 37 89
Construcción de piedra, con patio posterior. Salón-comedor con chimenea, cocina, 5 habitaciones dobles, algunas abuhardilladas, y 2 baños. Precios: fin de semana 29.500; semana 53.100.

Herguijuela de la Sierra (Salamanca)

La Casa
Camino Nuevo 7
Tf. 923/43 30 38
Bonita construcción tradicional, con jardín. Salón con chimenea, cocina, 4 habitaciones dobles y 2 baños. Precios: fin de semana 26.000; semana 56.000. *Observaciones: actividades artísticas; venta de alimentos artesanos.*

Hoyos del Espino (Ávila)

La Asomaílla
Tf. 920/34 90 10
Edificio de sillería de granito, rehabilitado, con patio ajardinado y barbacoa. Salón-comedor con chimenea, cocina, 3 habitaciones dobles y 2 baños. Precios: fin de semana 24.800; semana 44.700.

Martiago (Salamanca)

Alfaro
Tf. 923/48 01 25
Casa de pueblo, con patio. Hay 2 viviendas independientes, con salón-comedor, chimenea, cocina, 1 habitación sencilla, 2 dobles y 1 baño. Precios (según temporada): fin de semana de 16.000 a 20.000. *Observaciones: la propiedad alquila otras 2 viviendas.*

Miranda del Castañar (Salamanca)

La Almazara
C/ El Rollo 22
Tfs. 923/43 20 48 y 617/98 48 99
Edificio tradicional antaño destinado a almazara, con balcones y buenas vistas. Tiene 2 viviendas, con comedor, cocina, capacidad para 3 y 6 personas y 1 ó 2 baños. Precios (según tipo): vivienda de 18.000 a 30.000 fin de semana.

Nava de Francia (Salamanca)

Casa del Antiguo
Casarito Alto
Tfs. 923/41 51 74 y 629/53 83 02
Antigua edificación rehabilitada, con huerto, arbolado, pequeño jardín y barbacoa. Interior acogedor, salón-comedor con chimenea, sala de estar, cocina, 4 habitaciones dobles, 2 baños y 2 aseos. Precios: fin de semana 30.000; semana 60.000.

Navaluenga (Ávila)

La Piedra
C/ Fuente Nueva 107
Tfs. 920/28 61 73 y 689/00 99 41
Agradable casa de piedra, en un antiguo pajar, cerca de una piscina fluvial. Decoración rústica, salón-comedor, chimenea, 5 habitaciones dobles y 3 baños. Precios: fin de semana 60.000; semana 150.000. *Observaciones: comidas por encargo.*

Apartamentos y casas de alquiler completo

Navaluenga (Ávila)

El Barranco
Tfs. 920/28 72 73 y 608/62 10 59
Casa de los años 50, muy reformada, con huerta, jardín, piscina y barbacoa, en una finca de frutales. Incluye 2 viviendas, 1 de 4 plazas y otra de 8/12. Precios (según tipo): vivienda de 28.000 a 56.000 fin de semana.
✉ Información y trato buenos.

Navarredonda de Gredos (Ávila)

La Pontezuela
Tf. 920/37 02 60 y 608/92 11 67
Edificio que antaño sirvió como «casilla» de ganado, a las afueras. Tiene 2 viviendas con cocina-salón con chimenea, 4 ó 6 plazas y 1 ó 2 baños. Precios (según temporada y tipo): fin de semana de 22.700 a 31.625; semana de 40.860 a 56.925.

Peñacaballera (Salamanca)

La Almazara
Tf. 923/24 33 15
Casa de pueblo, situada en la plaza del Ayuntamiento. El interior, sencillo, tiene sala, cocina, 1 habitación sencilla, 2 dobles y 1 baño. Precios (según temporada): fin de semana de 20.000 a 25.000; semana de 30.000 a 35.000.

Peñaparda (Salamanca)

Casa Mari
C/ Iglesia 45
Tf. 923/48 64 68
Bella casa del s. XVIII, restaurada. Interior bien decorado, mobiliario rústico, sala de estar-comedor con chimenea, cocina, 1 habitación sencilla, 3 dobles y 2 baños. Precios: fin de semana 24.000; semana 45.000. *Observaciones: senderismo.*

San Esteban de la Sierra (Salamanca)

La Serranilla
Tf. 923/27 15 26
Casa tradicional restaurada, próxima a la plaza Mayor. Interior cuidado, con entramado de madera, salón, cocina, 4 habitaciones dobles, 1 de ellas abuhardillada y con balcón, y 1 baño. Precios: fin de semana 20.000; semana 33.000.

Los Santos (Salamanca)

Concejo
Tfs. 983/40 75 81 y 689/73 91 66
Antiguo edificio de granito, muy reformado. Tiene 1 vivienda con salón con chimenea, cocina, 1 habitación doble, 1 triple y 1 baño. Precios: fin de semana 19.000; semana 35.000.

El Mirón
C/ La Fábrica 45
Tfs. 923/59 21 06 y 59 21 97
Caserón de piedra con jardín y emparrado. Salón-comedor, chimenea, cocina, 1 habitación sencilla, 1 doble y 1 baño. Precios: fin de semana 15.000; semana 30.000. *Observaciones: buenos accesos para minusválidos.*
✉ Limpia. Buena información.

La Villa
Tfs. 983/40 75 81 y 689/73 91 66
Construcción reciente con jardín. Mobiliario antiguo, salón, comedor, cocina, 1 habitación sencilla, 2 dobles y 1 baño. Precios: fin de semana 23.000; semana 45.000. *Observaciones: vivienda apta para minusválidos; senderismo; la propiedad alquila otra casa.*

Sequeros (Salamanca)

La Abadía
C/ Vitigudino 6
Tfs. 923/43 74 26 y 43 73 54
Construcción tradicional de piedra y madera, con galería, patio y barbacoa. Salón-comedor con chimenea, cocina, 4 habitaciones dobles y 2 baños. Precios: fin de semana 28.000; semana 60.000.

Casa Común
Tf. 609/41 13 46
Pequeña casa tradicional, situada en el centro del pueblo. Decoración sencilla, sala, cocina, 1 habitación doble y 1 baño. Precios: fin de semana 12.000; semana 20.000.

Apartamentos y casas de alquiler completo

Sequeros (Salamanca)

Casa Luciano
C/ Hilario Goyenechea 8
Tfs. 923/43 70 28 y 649/35 89 91
Casa tradicional, restaurada, con buenas vistas. Salón con chimenea, cocina-comedor, 2 habitaciones dobles y 2 baños. Precios: fin de semana 15.000; semana 25.000.

Menchu
C/ Las Eras 6
Tf. 923/43 70 65
Edificación tradicional de piedra, céntrica, con una amplia balconada. Salón-comedor con chimenea, cocina, 2 habitaciones dobles y 2 baños. Precios (según temporada): fin de semana de 15.000 a 18.000; semana de 25.000 a 28.000.

Vista Hermosa
Ctra. Vitigudino-Béjar 8
Tfs. 923/43 74 26 y 43 73 54
Casa tradicional, rehabilitada en parte, con muros de piedra y techos de madera. Salón-comedor con chimenea, cocina, 3 habitaciones dobles y 2 baños. Precios: fin de semana 22.000; semana 50.000.

Sotoserrano (Salamanca)

La Artesana
Tfs. 923/42 21 14 y 689/68 18 19
Casa de piedra de nueva construcción, a las afueras del pueblo, con jardín, terraza y merendero con barbacoa. Salón-comedor con chimenea, cocina, 3 habitaciones dobles y 3 baños. Precios: fin de semana 28.000; semana 60.000.

Villanueva del Conde (Salamanca)

Casa Hidalgo
C/ Cerezal 13
Tf. 923/43 75 82
Casa de nueva construcción, con terrazas y elementos de arquitectura tradicional. Interior acogedor, techos de madera, salón-comedor con chimenea, cocina, 4 habitaciones dobles y 2 baños. Precios: fin de semana 30.000; semana 60.000.

Villanueva del Conde (Salamanca)

La Cumbre
C/ de la Cumbre 8
Tf. 923/19 10 91
Vivienda tradicional, con jardín, barbacoa y terraza con vistas de la sierra. Cocina-salón con chimenea, 2 habitaciones sencillas, 2 dobles y 2 baños. Precios: fin de semana 22.000; semana 45.000. *Observaciones: picadero y alquiler de caballos.*

Las Eras
Tfs. 923/43 74 26 y 43 73 54
Casa emplazada en una calle tranquila del pueblo, con jardín, barbacoa y terraza con buenas vistas. Salón-comedor con chimenea, cocina, 1 habitación sencilla y 3 dobles. Precios: fin de semana 24.000; semana 55.000.

Jose María
Tf. 923/43 70 69
Casa tradicional restaurada, con huerto, jardín y barbacoa. Cocina-comedor con chimenea, 1 habitación sencilla, 2 dobles y 1 baño. Precios: fin de semana 18.000; semana 35.000. *Observaciones: la propiedad alquila otra casa para 4 personas.*

Manuel Masegosa
C/ Barrio Nuevo 8
Tf. 923/43 75 73
Casa de piedra y entramado de madera, con jardín y terrazas. Salón con chimenea, cocina, 3 habitaciones sencillas, 1 doble y 1 baño. Precios: fin de semana 20.000; semana 40.000. *Observaciones: la propiedad alquila otra casa.*

La Placita
Pza. Juan J. Hidalgo 15
Tf. 923/43 71 12
Casa tradicional de dos plantas, rehabilitada conservando los techos de madera, con un amplio balcón. Sala de estar con chimenea, cocina, 3 habitaciones dobles y 1 baño. Precios: fin de semana 18.000; semana 35.000.

Apartamentos y casas de alquiler completo

Villanueva del Conde (SALAMANCA)

El Rincón
Pl. Obispo Mari Juan 24
Tf. 923/43 75 68
Construcción tradicional, muy reformada, con terrazas. Tiene piezas de mobiliario antiguo, comedor, salón con chimenea, cocina, 1 habitación doble, 1 triple y 1 baño. Precios (según temporada): fin de semana de 18.000 a 20.000.

Villares de Yeltes (SALAMANCA)

Casa Villares
C/ Santiago Sevillano 46
Tf. 923/51 94 21
Casa de labranza, con jardín y buenas vistas. Salón con chimenea, cocina, 2 habitaciones dobles, 1 triple y 1 baño. Precios (según temporada): fin de semana de 18.000 a 20.000. *Observaciones: paseos en burro; venta de productos ecológicos.*

Villatoro (ÁVILA)

Casa de Abilio
Tf. 920/23 00 07
Bonita casa del s. XIX precedida de una terraza ajardinada. Interior cuidado, mobiliario tradicional, salón, comedor con chimenea, cocina, 2 habitaciones dobles y 1 triple. Precios (según temporada): fin de semana de 23.400 a 26.910.

Villavieja de Yeltes (SALAMANCA)

Los Alegría
C/ Chica 10
Tf. 923/51 94 21
Casa emplazada en una calle tranquila del pueblo. Cocina-comedor con chimenea, 2 habitaciones dobles y 1 baño. Precios (según temporada): fin de semana de 15.000 a 18.000; semana 27.000. *Observaciones: paseos en burro.*

Lugares de interés

La Alberguería de Argañán. Pueblo fronterizo con Portugal, en una interesante zona de fortificaciones. *Excursiones: villa portuguesa de Sabugal; reserva natural de sierra Malcata.*

Bohoyo. Pueblo del macizo de Gredos y una de las principales vías de acceso al circo de Gredos. *Elaboración de sombreros y trabajos de mimbre en el Hogar de la Tercera Edad.*

Garcibuey. Pueblo de la sierra de Francia, cercano al parque natural de las Batuecas. Cristo gótico del s. XIII. *Excursiones: restos de calzada romana y puente sobre el río Alagón; zona de baño del Collao y preciosa poza en el río Palla; sierra de Quilama.*

La Herguijuela. Núcleo apartado, en plena sierra de Gredos. Buena arquitectura de piedra. *Excursiones: nacimiento del Alberche.*

Herguijuela de la Sierra. Pequeña localidad serrana, que antaño sirvió como mercado para abastecer Las Hurdes. Templo de buen porte y rica arquitectura popular. *Excursiones: convento de Belén; parque natural de las Batuecas; cueva de la Mora. Juguetes de madera.*

Hoyocasero. Pueblo situado al pie de la sierra de la Paramera, junto al macizo de Gredos. Templo del s. XV. *Excursiones: pinar de Hoyocasero, con ejemplares centenarios; zonas de baño en el Alberche.*

Martiago. Pueblo próximo a la sierra de la Canchera, que hace de barrera natural con la comarca cacereña de Las Hurdes.

Nava de Francia. Pueblo de casas apiñadas y calles estrechas, a los pies de la Peña de Francia. *Excursiones: santuario de la Peña de Francia; La Alberca; monasterio de Las Batuecas; paso de los Lobos; Peña del Huevo; antiguas minas de oro romanas.*

Peñaparda. Localidad de la sierra de Gata, en un pasiaje de pinares y robledales. *Excursiones: villas cacereñas de Gata y S. Martín de Trevejo; robledal de Peñaparda. Museo etnográfico.*

Roturas. Mínima localidad de 30 habitantes, próxima a Peñafiel. *Excursiones: villas de Peñafiel, Roa de Duero y Valbuena de Duero.*

Los Santos. Pueblo de la Ruta de la Plata. *Excursiones: parque temático de la Vía de la Plata. Taller de cerámica; carpinteros.*

Sequeros. Pueblo de la sierra de Francia, a más de 1.000 m de altitud. Iglesia de la Asunción, del s. XVI, mirador de la Cruz y ermita del Humilladero, del s. XV. *Excursiones: bosque y zona recreativa de La Honfría, en Linares de Riofrío. Bordados y tallas de madera.*

Villanueva del Conde. Pequeña población del entorno de Miranda del Castañar. Conserva una estructura de empalizada, en torno a los huertos, única en Europa. *Excursiones: calzada romana de la Ruta de la Plata; parque natural de las Batuecas. Trabajos de cerámica y barro al estilo antiguo; carpintería, forja y bordados.*

Villares de Yeltes. Pequeña localidad del campo charro, cercana a los Arribes. Restos del castillo del s. XV y casona feudal. *Excursiones: conjunto de Villavieja de Yeltes; ruta por los molinos del río Yeltes. En* ***Villavieja de Yeltes****, trabajos en metal, piel y cuero.*

Villatoro. Pueblo ganadero de la ladera norte de Gredos. *Excursiones: ruinas del monasterio del Risco; nacimiento del Adaja.*

Vitigudino. Población de vieja tradición alfarera. Templo de S. Nicolás y la ermita del Socorro, del s. XVI. *Excursiones: castro celta de Yecla de Yeltes. Cerámica tradicional.*

5. Ribera del Duero y tierras de Soria y Segovia

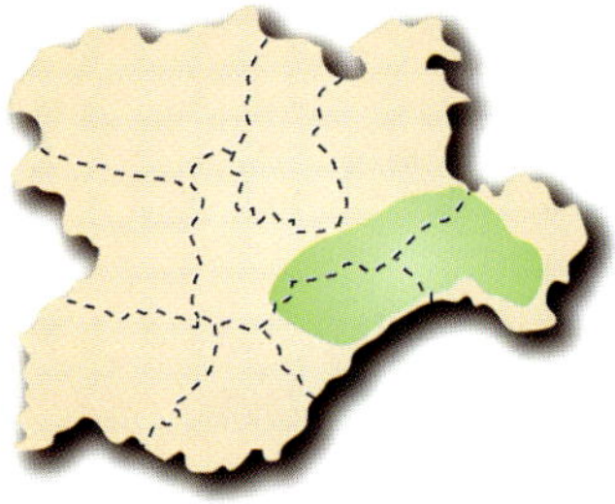

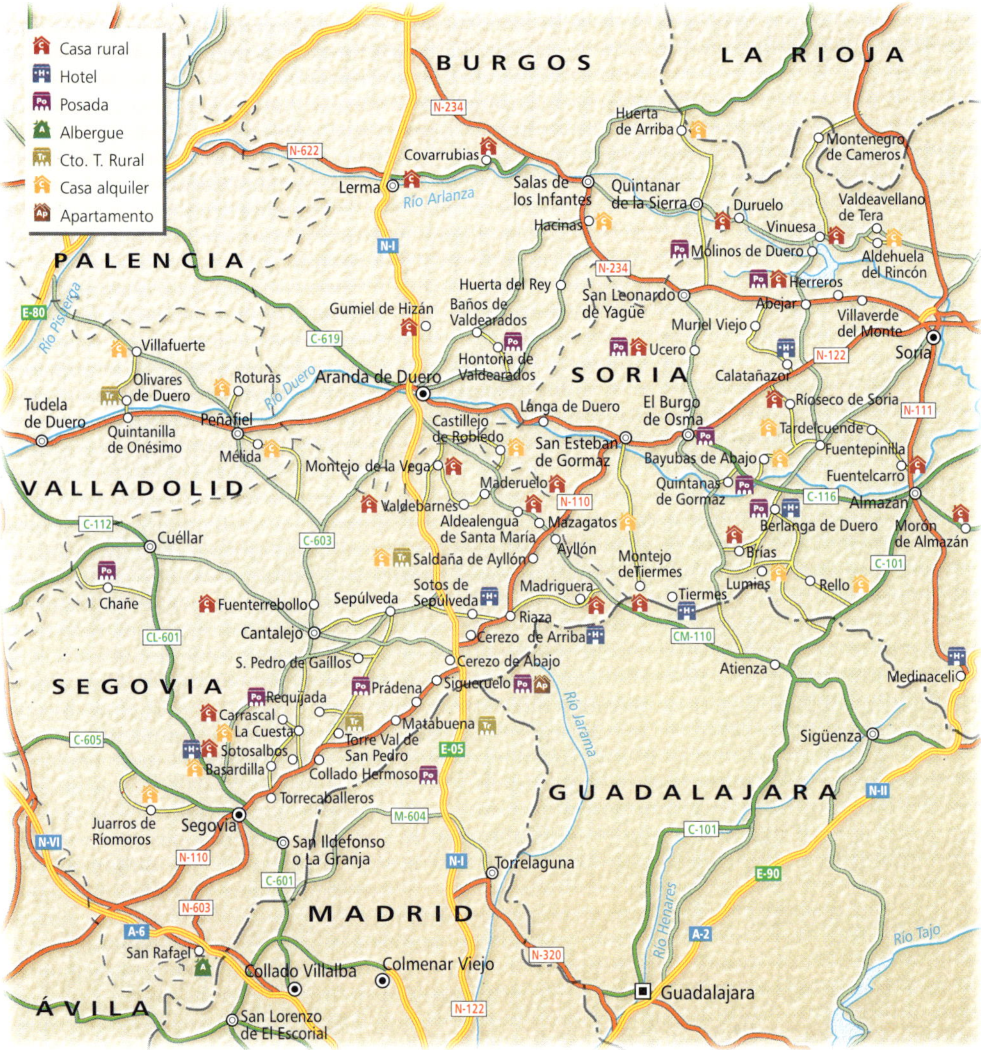

Aldealengua de Santa María (SEGOVIA)

Pueblo próximo a Maderuelo y al límite con tierras sorianas. *Excursiones: villas de Riaza, Ayllón y Maderuelo.* *En **Riaza**, venta de antigüedades.*

la Mansiega
C/ La Iglesia 19
Tfs. 921/12 55 75 y 689/65 47 82
Sencilla construcción de piedra, hecha sobre un antiguo pajar, con huerta y patio interior. Tiene salón con chimenea y acceso al patio y 5 habitaciones dobles con baño, 1 de ellas apta para minusválidos. Precios: habitación doble 7.500, desayuno incluido; comida o cena 1.500.

Berlanga de Duero (SORIA)

Conjunto histórico artístico, con castillo del s. XV y recinto amurallado. Palacios, picota gótica, plaza Mayor y colegiata. *Excursiones: villas de Medinaceli, Burgo de Osma y S. Esteban de Gormaz; parque natural del Cañón del río Lobos.* *Museo del Cántaro, en la estación de Berlanga. Talleres de forja y muebles artesanos. En **Quintana Redonda**, taller de afarería.*

Fray Tomás (**)
C/ Real 16
Tfs. 975/34 31 36 y 34 30 33. Fax 975/34 31 69
Hotel habilitado en un edificio histórico del s. XV, en el centro de la villa. Tiene restaurante y 14 habitaciones dobles con baño, algunas abuhardilladas. Precios: habitación sencilla 4.500; doble 7.000; desayuno 450; comida o cena 1.700. *Observaciones: especialidades de nueva cocina.*

Los Leones
C/ Los Leones s/n. Tf. 975/34 31 55
Posada habilitada en una casa-palacio del s. XVII, dentro del núcleo urbano. Tiene restaurante, cafetería, salón social y 10 habitaciones dobles con baño. Precios: habitación doble 10.000; desayuno 500; comida o cena 1.300.

Brías (SORIA)

Pequeña localidad del marquesado de Berlanga, al sur de Gormaz. *Excursiones: ermita de S. Baudelio; pueblos amurallados de Rello y Calatañazor; castillos de Uxama, Berlanga y Caracena; cueva de la Galiana.* *En **Arenillas**, destilación de espliego y ambientadores naturales.*

Palacio de Brías
Tfs. 975/18 34 88 y 689/65 71 58
Palacio del s. XVII, construido en piedra de sillería, en una amplia finca con arbolado. Tiene salas de estar y de lectura, cocina, comedor, 4 habitaciones dobles y 1 *suite*, todas con baño y muebles elaborados en el mismo palacio. Precios (según temporada): habitación doble de 8.000 a 9.500; *suite* de 12.200 a 13.700; desayuno 750; cena 2.500. *Observaciones: taller de carpintería artesanal.*

Burgo de Osma (SORIA)

Bello conjunto monumental presidido por la catedral. Entramado de calles porticadas y casas blasonadas. *Excursiones: embalse de la Cuerda del Pozo; cañón del río Avión; castillo califal de Gormaz.*

Posada del Canónigo
C/ S. Pedro de Osma 19
Tf. 975/34 14 23. Fax 975/34 14 36
Edificio del s. XVII, recientemente rehabilitado, situado en la plaza de la catedral, con una zona de soportales y patio. Tiene sala con chimenea, comedor, 2 habitaciones sencillas y 9 dobles, todas con baño y algunas abuhardilladas. Precios: habitación sencilla 7.000; doble 12.000; desayuno 900; comida o cena 2.500. *Observaciones: información sobre la zona.*

Calatañazor (SORIA)

Pueblo medieval, erguido sobre un promontorio junto al río Abión. Restos de murallas, torre del Homenaje, calles empinadas y bonitos caserones. *Excursiones: Cañón del río Lobos; rutas a caballo por la Cañada Real; sabinar de Calatañazor.* *En **Almazán**, tienda de antigüedades.*

Calatañazor
C/ Real 10. Tfs. 975/18 36 42 y 37 13 34
Agradable hotelito de pueblo, habilitado en un viejo caserón de piedra y adobe, con restaurante en la planta baja y situado en el centro del casco antiguo. Tiene sala de estar con chimenea, 1 habitación sencilla, 8 dobles y 1 triple, todas con baño. Precios: habitación doble 5.500; triple 7.000; desayuno 350; comida o cena 1.600. *Observaciones: venta de repostería artesana.*

Ribera del Duero y tierras de Soria y Segovia

Carrascal de la Cuesta (Segovia)

Pequeño pueblo próximo a Sotosalbos. Cuidada arquitectura popular y templo del s. XVI. *Excursiones: cuevas del Enebralejo; acebal de Prádena; monasterio abandonado de Collado Hermoso. Martinete de Navafría, último de los que existieron en Europa destinados al batido del cobre a mano.*

La Abubilla
C/ Escuelas 4. Tfs. 91/661 70 68 y 921/12 02 36
Bonita casa del s. XIX, con un patio presidido por grandes árboles y con mobiliario de jardín. El interior, decorado con mimo combinando telas, hierro forjado y madera, tiene sala de estar con chimenea, comedor y 4 *suites* para 2/4 personas, 1 de ellas con sala. Precios (según temporada y tipo): suite de 11.000 a 16.500, desayuno incluido; cena 2.000. *Observaciones: cursos de cocina; alquiler de bicicletas.*

Cerezo de Arriba (Segovia)

Localidad situada al pie de la sierra. *Excursiones: villa de Riaza; ermitas de S. Benito y de Hontanares; estación de esquí de La Pinilla; alto de La Quesera.*

Casón de la Pinilla
La Rinconada s/n
Tf. 921/55 72 01. Fax 921/55 72 09
Hotel de nueva construcción, con jardín, en un paraje próximo a la estación invernal de La Pinilla. Tiene cuarto de juegos para niños, sala de reuniones, salón con chimenea y 9 habitaciones dobles, todas con baño. Precios: habitación doble 9.100; desayuno incluido; comida o cena 1.850. *Observaciones: organizan cursos; ofertas en fin de semana.*

Chañe (Segovia)

Pueblo emplazado en la comarca del Carracillo, entre los núcleos medievales de Íscar, Cuéllar y Coca. *Excursiones: villa de Olmedo, con un interesante parque temático sobre el mudéjar.*

La Posada de Carmen
Tf. 921/15 51 34
Casa de labranza del s. XVIII, restaurada, que sirvió como convento de clausura. El interior, con una decoración cuidada en la que predominan los motivos tradicionales, tiene sala de estar, comedor y 7 habitaciones dobles con baño, 2 de ellas accesibles para minusválidos. Precios: habitación doble 7.500, desayuno incluido; comida 1.500; cena 1.200. *Observaciones: alquiler de caballos y bicicletas; cocina tradicional y moderna.*

Collado Hermoso (Segovia)

Pequeño pueblo situado en la falda norte de la sierra de Guadarrama. Conserva los restos de un monasterio cisterciense del s. XII, en un paraje de gran belleza. *Excursiones: zonas de baños en el Chorro de Navafría; cuevas de Prádena.*

El Molino de Río Viejo
Tf. 921/40 30 63
Hermoso caserón habilitado en un molino y situado a las afueras del pueblo, en un remanso de chopos del pequeño río Viejo. El interior, decorado con antigüedades, tiene sala de estar con chimenea, comedor y 6 habitaciones dobles con baño, llenas de detalles y algunas abuhardilladas. Precios: habitación doble 9.000; desayuno 700. *Observaciones: rutas a caballo; cocina de temporada.*

Covarrubias (Burgos)

Conjunto histórico-artístico. Colegiata del s. XV, museo parroquial, palacios y casonas. *Excursiones: monasterio de S. Pedro de Arlanza; ciudad romana de Clunia. Cestería de mimbre y corteza de avellano; botas y odres; cerámica; tiendas de artesanía y antigüedades.*

Los Castros
C/ Los Castros 8
Tfs. 947/40 63 68 y 608/48 16 24
Antiguo palacete de adobe, rehabilitado respetuosamente, con bodegas y un pequeño patio. El interior, muy cálido, tiene salón con chimenea, comedor, 5 habitaciones dobles y 1 triple, todas con baño. Precios: habitación doble 6.000; triple 8.000; desayuno incluido. *Observaciones: excursiones para grupos.*
Acogida excelente. Habitaciones impecables.

Duruelo (Soria)

Pueblo ribereño del Duero, enclavado entre los pinares de la sierra Umbría. En torno a la iglesia conserva algunos sarcófagos neolíticos excavados en la roca. *Excursiones: localidades de Covaleda y Molinos del Duero.*

Casa de Urbión
Travesía Sta. Ana 15. Tf. 975/37 13 61
Casa de nueva construcción, con grandes ventanales. El interior, con amplias estancias y una decoración en la que predomina la madera, tiene salón con chimenea, comedor, cocina, 4 habitaciones dobles, 2 de ellas con baño, y 1 baño compartido. Precios (según temporada): habitación doble de 6.000 a 7.000; desayuno 250.

Fuentelcarro
(SORIA)

Mínima aldea próxima a Almazán y situada a 1.000 m de altitud, sobre una colina con excelentes vistas. *Excursiones: extensos parajes de pino negral, antaño apreciados por su resina; villas de Almazán y Morón de Almazán; ruta románica.* En **Almazán**, *trabajos de cestería.*

Fuentelcarro
Tfs. 975/18 10 82 y 689/76 02 49

Edificio de piedra, madera y adobe, levantado a comienzos del s. XIX, con jardín y un acogedor porche. Tiene salón con mesa de juegos y una pequeña biblioteca, comedor y 5 habitaciones dobles con 2 baños compartidos. Precios (según temporada): habitación doble de 5.000 a 5.500; desayuno 500; comida o cena 1.500. *Observaciones: alquiler de bicicletas; excursiones micológicas; senderismo.*

Fuenterrebollo
(SEGOVIA)

Población asentada en una zona de extensos pinares, próxima al parque natural de las Hoces del Duratón. *Excursiones: cueva de los Siete Altares; zonas de baños en el río Duratón.* En **Mozoncillo**, *cestería tradicional.* En **Carbonero el Mayor**, *elaboración de dulzainas.*

La Abuela Rufa
Tf. 921/52 10 04

Casa de pueblo muy reformada, situada en un rincón de la localidad, cerca de la plaza. El interior, agradable, se reparte en dos plantas y tiene salón con chimenea y 5 habitaciones dobles, 1 de ellas con baño, y 1 baño compartido. Se puede alquilar entera. Precios: habitación doble 4.000; con baño 6.000; vivienda 35.000 fin de semana. *Observaciones: alquiler de bicicletas; facilitan información.*

Gumiel de Hizán
(BURGOS)

Conjunto histórico-artístico ribereño del Duero. Templo con una magnífica portada y un bello retablo. *Excursiones: villas de Caleruega, Covarrubias y Silos; desfiladero de la Yecla.* En **Sotillo**, *elaboración de dulzainas, pitos y flautas.* En **Aranda de Duero** y **Roa**, *venta de antigüedades.*

El Zarcillo
C/ La Reja 15. Tf. 947/54 41 36

Vivienda de labrador de principios del s. XX, construida con piedra y adobe y situada en el casco viejo. Tiene una antigua bodega con pozo de agua, despensa con chimenea, salón-comedor, 4 habitaciones dobles y 2 baños. Se puede alquilar entera. Precios (según temporada): habitación doble de 4.500 a 5.000; vivienda de 27.000 a 37.000 fin de semana. *Observaciones: senderismo.*

Herreros
(SORIA)

Pequeña localidad situada al pie de la sierra Cebollera y próxima a Calatañazor. *Excursiones: playa de Herreros, en el pantano de la Cuerda del Pozo; ruta de los pastores en la sierra de Cabrejas; pinares de Urbión; cañón del río Lobos; hayedo y acebal de sierra Cebollera.* En **Tajueco**, *taller de cerámica popular.* En **Quintana Redonda**, *cerámica negra.*

La Vieja Chimenea
Tf. 975/27 04 59

Casa de más de 200 años, bien restaurada, que debe el nombre a su espléndida chimenea pinariega. El interior, con mobiliario cuidado, tiene salón, biblioteca, comedor y 4 habitaciones dobles, 2 de ellas con baño. Precios (según temporada): habitación doble de 5.500 a 5.900; con baño de 6.900 a 7.900; desayuno 500; comida 2.000; cena 2.500. *Observaciones: organizan excursiones por la zona.*

Casa del Cura
Tfs. 975/27 04 64-65

Bello caserón, rústico y cuidado, con un espléndido salón presidido por una chimenea pinariega. Tiene jardín, comedor y 12 habitaciones dobles con baño, amuebladas con antigüedades. Precios (según temporada): habitación doble de 8.400 a 9.800; desayuno 800; cena 2.800. *Observaciones: senderismo y rutas de pueblos abandonados; cocina de la región.*

✉ Trato familiar. Limpieza y decoración muy cuidadas.

Hontoria de Valdearados
(BURGOS)

Villa de fundación romana, en un paisaje de cereal y viñedos próximo al Duero. Museo Etnológico. *Excursiones: villa romana de Baños de Valdearados; monasterios de Silos y de la Vid; pueblo medieval de Peñaranda de Duero.* En **Baños de Valdearados**, *trabajos en piedra y madera.*

La Posada de Salaverri
Ctra. Peñaranda-Caleruega, km 10
Tf. 947/56 10 31

Antiguo molino que sirvió como panadería y posada a comienzos del s. XX, con un entorno de jardín y sauces milenarios. Tiene un prestigioso restaurante, sala de estar, 1 «casita», 5 habitaciones dobles con baño y 2 familiares, abuhardilladas, con 1 baño compartido. Precios: habitación doble 6.500, desayuno incluido; comida o cena 1.500.

Ribera del Duero y tierras de Soria y Segovia

Lerma (Burgos)

Hermosa villa ribereña del Arlanza, presidida por el antiguo palacio Ducal. Plaza Mayor porticada, colegiata gótica, templos y casas blasonadas. *Excursiones: colegiata de Sta. María del Campo; villas monumentales de Silos y Covarrubias. Taller de cerámica en las Dominicas.*

El Zaguán

C/ Barquillo 6

Tfs. 947/17 21 65 y 617/76 25 47

Casa solariega del s. XVII, levantada en el centro del casco viejo, en torno a un patio. El interior, que conserva el enorme zaguán, la bodega, las grandes vigas de madera y las paredes de piedra, tiene sala de reuniones, salón, cocina, 3 habitaciones dobles, 1 triple y 1 cuádruple, todas con baño. Precios: habitación doble 6.000; triple 8.000; desayuno 500.

Maderuelo (Segovia)

Localidad medieval, sobre un cerro y rodeada de murallas. Puente romano, casas con curiosos relieves y ermita cuyas pinturas están en el museo del Prado. *Excursiones: villa de Ayllón; hoces del Riaza; pantano de Linares del Arroyo; estación de esquí de la Pinilla. Artesanía de la piel: maletas, bolsos y sillas de montar. En* ***Campo de San Pedro****, jerseis de pura lana de oveja hechos a mano.*

Casa Aurora

Tfs. 921/55 62 22 y 689/98 90 88

Casona tradicional restaurada, situada en el casco urbano, muy próxima a la plaza. Tiene salón, cocina, 1 habitación sencilla y 4 dobles, 3 de ellas con baño. Se puede alquilar entera. Precios: habitación doble 4.500; con baño 6.000; vivienda 22.500 diarias y 125.000 semanales. *Observaciones: descuentos los fines de semana; la propiedad alquila otra vivienda para 6 personas en la misma casa.*

Maderolum

C/ Sta. María 7. Tf. 921/55 61 49

Casa de pueblo del s. XVIII, en pleno casco viejo, muy cerca de la iglesia. El interior, con mobiliario antiguo y decoración tradicional, tiene sala de estar con chimenea, comedor y 4 habitaciones dobles con baño, algunas abuhardilladas. Precios: habitación doble 8.000; desayuno 500; comida o cena de 1.500 a 3.000. *Observaciones: cocina en horno de leña.*

Madriguera (Segovia)

Localidad de arquitectura roja, bien preservada, con un hermoso templo. *Excursiones: pueblos del Muyo y Serracín, con arquitectura negra; parque natural del hayedo de Tejera Negra. En* ***Riaza****, tallas de madera (muebles, yugos y objetos), esculturas de bronce y creaciones textiles.*

La Estepa

C/ Real 42. Tfs. 921/12 54 13 y 608/10 44 48

Antigua edificación, con una reconstrucción respetuosa, manteniendo los muros de piedra rojiza, la balconada y los interiores de madera. Cuenta con comedor, chimenea y 5 habitaciones dobles con baño, 3 de ellas abuhardilladas y otras con altillo y acceso a la balconada. Precios: habitación doble 7.000, desayuno incluido; comida o cena 1.500. *Observaciones: se facilita información sobre la zona.*

Matabuena (Segovia)

Pueblo de la ladera de la sierra de Guadarrama. Conserva un curioso rollo de justicia con una calavera. *Excursiones: martinete del chorro de Navafría, con piscinas naturales; bosque de quejigos de Matabuena. En* ***Gallegos****, trabajos de cuero y pergaminos hechos con antiguas técnicas.*

El Rincón de Urbano

Tfs. 921/50 40 90 y 50 41 34

Centro de turismo rural habilitado en un caserón tradicional de tres plantas, en el centro del pueblo. Tiene restaurante, sala de estar, 5 habitaciones dobles, 2 triples y 2 familiares, todas con baño. Precios: habitación doble 8.000; desayuno 750; comida 2.200; cena 1.800. *Observaciones: desayunos contundentes a base de picadillo, torreznos y huevos; actividades para niños; rutas con carritos y burros.*

Medinaceli (Soria)

Villa monumental, con un casco viejo bien conservado y emplazado sobre un cerro. Arco romano, restos de la muralla, Colegiata, templos, palacio Ducal y ermitas. *Excursiones: yacimiento arqueológico de Ambrona; cascada de Velilla. Venta de artesanía de la región en La Cerámica.*

La Cerámica (**)

C/ Sta. Isabel 2. Tf. 975/32 63 81

Conjunto de dos edificios, situados en el casco antiguo de la villa, con restaurante y tienda de artesanía. Tiene salón, 9 habitaciones dobles o triples con baño, así como 2 habitaciones dobles con sala y baño compartido. Precios: habitación doble 6.000; triple 8.000; desayuno 500; comida 2.000; cena 1.500. *Observaciones: cocina tradicional; ofertas de fin de semana; la propiedad alquila una casa.*

CASTILLA Y LEÓN

Molinos de Duero
(SORIA)

Bello pueblo que alcanzó gran prosperidad en tiempos de la Mesta. Buen conjunto de arquitectura pinariega: palacios y casonas con amplios zaguanes. *Excursiones: laguna Negra; localidad de Vinuesa. Tienda de antigüedades; venta de artesanía de la comarca; forja artesana.*

Real Posada de la Mesta
Pl. Cañerías s/n
Tf. 975/37 85 31. Fax 975/37 82 33
Preciosa casona blasonada del s. XVIII, en torno a un patio, con jardín. El interior, que combina elementos tradicionales y muebles de diseño, tiene bar, comedor, sala de juegos infantiles, billar, salones con chimenea y 13 habitaciones dobles, algunas tipo *suite*. Precios (según tipo): habitación doble de 13.000 a 15.000; *suite* 17.000; desayuno 900; comida o cena 2.300.

Montejo de la Vega
(SEGOVIA)

Localidad situada en el accidentado paisaje de las Hoces del Riaza. Cuenta con un pequeño museo Etnológico. *Excursiones: zona de buitreras de Peña Portillo; enebral de Hormuez, con sabinas centenarias. En* **Fresno de Cantespino**, *alfarería tradicional.*

Hoces del Riaza
Pl. Puente Chico 2. Tf./fax 921/53 23 54
Edificio tradicional, bien rehabilitado, situado en el centro del pueblo. Tiene comedor y 4 habitaciones, algunas con baño. Precios: habitación doble 3.600; con baño 5.000; desayuno incluido; comida 1.400; cena 1.200. *Observaciones: organizan rutas en carro; senderismo.*

Montejo de Tiermes
(SORIA)

Pueblo situado al norte de la sierra Pela, en un paisaje agrícola. Tiene una pequeña iglesia románica y algunos caserones. *Excursiones: ruinas del castillo de Caracena; encinar de Valderromán, con algunos ejemplares de gran antigüedad; zonas de baño en el río Pedro.*

La Abuela
Tfs. 975/18 61 18 y 18 62 01
Edificio tradicional de tres plantas, en el centro del pueblo, con bar y restaurante. El interior, con decoración rústica, aperos de labranza y vigas de tronco entero, tiene sala de estar y 7 habitaciones dobles con baño, algunas abuhardilladas. Precios: habitación doble 6.000; con hidromasaje 7.500; desayuno 500; comida o cena 1.500. *Observaciones: facilitan información de la zona*

Morón de Almazán
(SORIA)

Conjunto monumental, cercano a la villa de Almazán. Ayuntamiento, templo plateresco y picota, del s. XVI. *Excursiones: Almazán, con un rico patrimonio; excursión por la vía abandonada del tren; monte de El Muedo, repoblado con lobos. Cestería de mimbre (queseras y canastos).*

La Vieja Estación de Morón
Cº. de la Estación. Tf. 975/30 60 86
Antigua estación de ferrocarril, junto a una vía abandonada, en un edificio de finales del s. XIX, con jardín. Tiene sala con chimenea, 2 habitaciones sencillas y 4 dobles, todas con baño. Precios (según temporada): habitación doble de 6.500 a 7.500; desayuno 600; cena 2.000. *Observaciones: hay un campo de golf cercano.*

Olivares de Duero
(VALLADOLID)

Pequeño pueblo característico de la zona central de Castilla. *Excursiones: rutas de los Castillos y del Infante D. Juan; bosques-galería en la ribera del Duero; trayectos del GR.14 y GR.27.*

El Agapio
C/ Sta. María 11. Tfs. 983/68 04 95 y 68 10 96
Casa de labranza de más de 300 años de antigüedad, construida con piedra, adobe y madera, con patio ajardinado y fuentes. Tiene horno de leña, sala de estar con chimenea, sala de lectura, 1 habitación sencilla, 5 dobles y 1 triple, todas con baño. Precios: habitación doble 6.500; triple 8.500; desayuno 350; comida o cena 1.200. *Observaciones: paseos en carro y burro; rutas a caballo y en bicicleta.*

Prádena de la Sierra
(SEGOVIA)

Pequeño pueblo de la falda norte de Guadarrama. *Excursiones: Pedraza y Sepúlveda; cueva de Enebralejos, con un río subterráneo y bellas formaciones de estalactitas y estalagmitas; hoces del Duratón. Taller de manualidades; hilado de lana, alpaca, lino, seda y mohair.*

Posada del Acebo
C/ La Iglesia 7. Tf. 921/50 72 60
Caserón de finales del s. XVIII, rehabilitado y con decoración rústica. El interior, con mobiliario tradicional, tiene sala de estar con chimenea, 1 habitación sencilla y 6 dobles, todas con baño y algunas abuhardilladas. Precios: habitación sencilla 6.000; doble 8.000; desayuno 500.

Quintanas de Gormaz
(Soria)

Localidad asentada en un paisaje bañado por el Duero, con espléndidas vistas del castillo de Gormaz. *Excursiones: yacimiento arqueológico de Tiermes; ermita mozárabe de S. Baudelio.*

Casa Grande de Gormaz
Tfs. 975/34 09 82 y 608/30 08 90
Construcción de tipo colonial, con jardín, corral, huerto y lagar. El interior, decorado con elegancia, tiene salones con chimenea y 11 habitaciones con baño. Precios: habitación sencilla 6.000; doble 8.500; *suite* 10.000; desayuno 600; comida o cena 1.800. ***Observaciones:** cocina con productos de la propia huerta.*

Habitaciones muy espaciosas. Trato agradable y buen asesoramiento sobre la zona. Tranquilidad absoluta.

Requijada
(Segovia)

Aldea situada a 5 km de la villa medieval de Pedraza. *Excursiones: ermita románica de la Virgen de la Vega, levantada sobre una villa romana; recinto medieval de Pedraza. Trabajos en piedra. En **Orejana**, talla de madera. En **Pedraza**, cerámica románica y venta de artesanía de todo tipo.*

La Tejera de Fausto
Ctra. de La Salceda-Sepúlveda, km 7
Tf. 921/12 70 87. Fax 91/564 15 20
Conjunto de edificaciones habilitadas en una antigua fábrica de tejas, en un precioso paraje junto al río Cega. El interior, cuidado al detalle, tiene comedor y sala de estar, con chimenea, 4 habitaciones dobles, 2 *dúplex* y 1 *suite* con chimenea. Precios: habitación doble 11.000; *suite* 22.000; desayuno 750; comida o cena 3.500.

Rioseco de Soria
(Soria)

Localidad apartada, situada entre Burgo de Osma y Calatañazor. *Excursiones: conjunto histórico de Calatañazor, con castillo; yacimientos arqueológicos de Tiermes, Uxama y Numancia; sabinar de Calatañazor; piscinas naturales de Bayubas; pantano de la Cuerda del Pozo*

Los Quintanares
C/ Las Eras 11. Tf. 975/18 36 36
Edificio de nueva construcción, al estilo tradicional. Tiene restaurante, sala de estar con chimenea, 3 habitaciones dobles, 2 de ellas con baño, y 1 triple, con 1 baño compartido. Precios (según temporada): habitación doble con baño de 5.000 a 5.500; desayuno 500; comida o cena 1.500. ***Observaciones:** senderismo y actividades deportivas en el entorno.*

Saldaña de Ayllón
(Segovia)

Pequeña localidad situada al pie de la sierra de Ayllón, atravesado por el río Riaza. *Excursiones: aldeas de arquitectura roja de la sierra de Ayllón; encinar milenario de Saldaña; hoces del Riaza; hayedo de la Pedrosa; tejera Negra; sabinar de Hornuez; estación de esquí de La Pinilla.*

El Caz del Molino
Tf. 921/55 51 86
Centro de turismo rural en una vivienda del s. XIX, con patios ajardinados. Tiene cocina, comedor, salón con chimenea, 5 habitaciones dobles, 1 de ellas adaptada a minusválidos, y 1 triple, todas con baño y 2 abuhardilladas. Precios: habitación doble 6.500; triple 9.000; desayuno incluido; comida 2.500; cena 1.500. ***Observaciones:** senderismo, rutas a caballo y en bicicleta, piragüismo y rutas culturales.*

San Rafael
(Segovia)

Núcleo de vieja tradición veraniega, en la falda de la sierra del Guadarrama. *Excursiones: ermita románica del Cristo del Caloco; parajes del río Gudillos; extensos bosques de pinar de Valsaín.*

El Recreo
C/ El Pinar 1
Tfs. 921/17 19 00 y 617/40 87 55
Edificio de buena planta, con patio y polideportivo. Tiene sala de estar, salas de reuniones y 10 habitaciones múltiples con baño. Precios (persona/día): alojamiento 1.725; desayuno 250; comida o cena 850. ***Observaciones:** actividades de cestería, textil, madera, reciclado de papel y flores secas; rutas a caballo y en bicicleta .*

Sigueruelo
(Segovia)

Aldea ganadera de Somosierra, próxima al antiguo camino de la Mesta. *Excursiones: localidades de Prádena, Sepúlveda y Pedraza; bosque de sabinas centenarias; hayedo de Tejera Negra; hoces del Duratón; cueva de Enebralejos, en Prádena, con abundantes formaciones de estalactitas.*

Posada de Sigueruelo
Tf. 921/50 81 35
Precioso caserón, rehabilitado con mimo y situado en el casco urbano. Tiene salón con chimenea, sala de estar y 6 habitaciones dobles, todas con baño, decoradas con gusto y llenas de detalles. Precios: habitación doble 14.000, incluyendo desayuno y cena para 2 personas. ***Observaciones:** organizan recorridos en piragua por el Duratón; descuentos por estancias largas.*

Sotos de Sepúlveda
(SEGOVIA)

Pequeña localidad muy próxima a Riaza, en una zona que alcanzó gran importancia como lugar de paso de la Mesta. *Excursiones: villa de Riaza; santuario de Hontanares y pueblos de arquitectura roja. hayedo de Riofrío, en la Pedrosa. Artesanía del metal; tienda de artesanía de la región.*

Palacio de Esquileo
Tf. 921/12 55 12

Edificio de principios del s. XVIII, antaño destinado al esquileo del ganado, con patio, jardín y una galería con columnas de piedra. Tiene capacidad para 35 personas, en 12 habitaciones dobles y cuádruples, todas con baño. Precios: habitación doble 10.000, desayuno incluido; comida 3.900. *Observaciones: dispone de un archivo sobre la Mesta y otros palacios similares en la región.*

Sotosalbos
(SEGOVIA)

Pequeño conjunto de arquitectura popular, a los pies de la sierra de Guadarrama. Conserva una iglesia románica del s. XII, catalogada como una de las más bellas de la provincia. *Excursiones: ruinas del monasterio cisterciense de Collado Hermoso; castillo de Castilnovo; valle del río Pirón, que forma las llamadas Hoces de Peñasrubias; bellísimo pinar de Navafría, con la zona recreativa de El Chorro. Taller de cerámica artesanal. En* ***Turégano*** *venta de antigüedades.*

Casa de Gildo
Plaza Mayor 6. Tf. 921/40 31 10

Caserón castellano de piedra y madera, situado junto a la iglesia románica. El interior, rústico, entrañable y con mobiliario tradicional, tiene 5 habitaciones dobles con baño, algunas con balcones y vistas a la iglesia. Precios: habitación doble 6.000, desayuno incluido. *Observaciones: en una de las habitaciones se cuenta que durmió C. J. Cela durante alguno de sus viajes por la zona.*

Hostal del Buen Amor
Tf. 921/40 30 20. Fax 921/40 30 22

Casona señorial, con una restauración muy respetuosa. Tiene antesala y sala de estar, ambas con chimenea, biblioteca, 12 habitaciones dobles y 1 *suite*, todas con baño. Precios (según tipo de habitación): habitación doble de 9.500 a 14.000; *suite* 20.000; desayuno 750. *Observaciones: senderismo y excursiones a caballo.*

Tiermes
(SORIA)

Localidad situada a 1.200 m de altitud,en una de las zonas más despobladas de la península. *Excursiones: yacimiento celta de Tiermes, con viviendas excavadas en la roca; impresionante castillo de Caracena; parajes de Sierra Pela; encinar de Valderromán.*

Termes
Tf. 975/18 62 35

Hotel de nueva planta, levantado en un paraje estepario no desprovisto de interés, a 4 km del pueblo. Cuenta con un restaurante tradicional, sala de estar, 2 habitaciones sencillas y 10 dobles, todas con baño. Precios: habitación doble 7.000, desayuno incluido.

Torre Val de San Pedro
(SEGOVIA)

Pequeño pueblo de origen medieval y antaño muy unido a la Mesta, situado al pie de la sierra de Guadarrama. *Excursiones: lagunas de Cantalejo; cuenca del río Pirón; castillo de Castilnovo. Tienda de antigüedades. En* ***Salleda****, trabajos en vidrio. En* ***Cegüilla****, cobre batido.*

La Majada
C/ Trescasas 25. Tf./fax 921/50 62 22

Construcción tradicional de piedra, en una pequeña finca a las afueras, con zona ajardinada y porche. El interior, muy cuidado y con mobiliario tradicional, tiene comedor, sala de reuniones, salón con chimenea, 6 habitaciones dobles, 2 triples y 1 cuádruple, todas con baño, algunas abuhardilladas y 1 apta para minusválidos. Precios: habitación doble 8.000; desayuno 500; comida o cena 1.500.

Ucero
(SORIA)

Pequeña villa situada junto al río del mismo nombre, presidida por las ruinas de su castillo. Conserva una iglesia románica con algunas tallas de interés. *Excursiones: castillo de Gormaz; localidades de Berlanga de Duero.*

Ver página siguiente.

Mari Carmen
C/ Mayor 46. Tf. 975/36 35 14

Agradable construcción de más de un siglo de antigüedad, situada en el centro del pueblo. El interior, en el que destaca la cocina-comedor con la gran chimenea pinariega, tiene suelos y techos de madera, y capacidad para 10 personas en 5 habitaciones sencillas, dobles y triples. Precios (según temporada): habitación doble de 3.500 a 4.000; triple de 6.000 a 6.500; desayuno 300.

Ribera del Duero y tierras de Soria y Segovia

Ucero
(Soria)

Ver página anterior.
Ermita de S. Baudelio de Berlanga; canal romano a Uxama; parque natural del Cañón del Río Lobos, con la ermita templaria de S. Bartolomé; mirador y cuevas de la Galiana; Fuentona, lugar de nacimiento del río Abioncillo.

Molino Rica Posada de Ucero
Ctra. de Navafría, km 0,4. Tf. 975/18 37 27
Viejo molino rehabilitado, situado junto a la chopera del río, con huerto, granja y jardín. El interior, con una decoración muy cuidada, tiene comedor con suelo de cristal para ver el paso del agua, sala de estar, 1 habitación sencilla y 8 dobles, todas con baño y algunas abuhardilladas. Precios: habitación doble 8.000; desayuno incluido. *Observaciones: actividades de naturaleza.*

Valdevarnés
(Segovia)

Pueblo agrícola, con abundantes casas de piedra, próximo al embalse de Linares. *Excursiones: localidades de Maderuelo, Ayllón, Riaza y Sepúlveda; sabinar de Hornuez; hoces del río Riaza; sierra de Ayllón.* *En* ***Fresno de Cantespino****, alfarería tradicional. En* ***Ayllón****, tienda de artesanía.*

La Cepa
C/ Ermita 10. Tf. 921/55 63 06
Típica vivienda de agricultores cerealistas de principios del s. xx, con patio. El interior, en el que destacan las abundantes vigas de madera, tiene comedor, salón con chimenea, sala de estar, 2 habitaciones dobles y 1 triple, todas con baño. Se puede alquilar entera. Precios: habitación doble 6.420; triple 9.630; desayuno 535; comida o cena 1.605; vivienda 26.750 fin de semana.

Vinuesa
(Soria)

Localidad emplazada en un bello paisaje de pinares. Casas blasonadas, palacios y templo del s. XVI. *Excursiones: embalse de la Cuerda del Pozo; laguna Negra; picos de Urbión; villa de Numancia. Talleres de cerámica, latón y metal; exposición de maquetas de madera.*

La Pinariega
C/ Reina Sofía 4. Tfs. 975/37 80 16 y 37 85 10
Rústica casona de piedra, de principios del s. XIX, que esconde un jardín con un viejo pozo. El interior conserva la escalera de madera original, las puertas y el mobiliario antiguo y tiene salón con chimenea, comedor, cocina y 5 habitaciones dobles con baño. Precios: habitación doble 6.500, desayuno incluido; derecho a cocina 500. *Observaciones: información sobre excursiones.*

Apartamentos y casas de alquiler completo

Aldehuela del Rincón (Soria)

Sierra Carcaña
Tfs. 608/97 55 58 y 948/24 70 25
Robusto edificio de piedra. Sala, chimenea, cocina, 2 habitaciones dobles, 1 triple y 2 baños, 1 apto para minusválidos. Precios (según temporada): fin de semana 65.000; semana de 90.000 a 120.000. *Observaciones: la propiedad alquila otra casa.*

Basardilla (Segovia)

Minus
Tfs. 921/40 12 53 y 91/543 01 81
Casa de pueblo en estado puro, con jardín. Tiene muros de adobe y entramado de madera, granero abuhardillado, salón-comedor con chimenea, salita, cocina, 1 habitación sencilla, 2 dobles y 1 baño. Precios: fin de semana 25.000.

Bayubas de Abajo (Soria)

Las Tejas
Tfs. 975/36 50 75 y 91/323 33 79
Casa recientemente rehabilitada, situada en el casco urbano, con patio. Salón-comedor con estufa de leña, cocina, 3 habitaciones dobles y 2 baños. Precios: fin de semana 30.000; semana 70.000.

Castillejo de Robledo (Soria)

El Robledal
Tfs. 975/35 50 05 y 947/51 08 15
Antiguo edificio de piedra, coronado por un alerón de madera, con huerta y jardín con barbacoa. Sala con chimenea, cocina, 2 habitaciones dobles y 1 baño. Precios: fin de semana 20.000; semana 50.000.

Apartamentos y casas de alquiler completo

La Cuesta (Segovia)

La Casa de Paco
Tfs. 921/40 43 67 y 609/10 50 86
Casa rústica de principios del s. XX, con jardín, barbacoa y buenas vistas de la sierra. Decoración con detalles entrañables, sala, cocina, 4 habitaciones dobles y 2 baños. Precios: fin de semana 42.000; semana 105.000.

Mazagatos (Segovia)

Antigua Posada
Tf. 91/404 04 08 y 921/55 35 28
Agradable casa de piedra, con balcón y zaguán. Decoración rústica, mobiliario antiguo, salón-comedor, chimenea, cocina, 3 habitaciones dobles y 2 baños. Precios (según temporada): fin de semana de 36.000 a 43.000; semana de 108.000 a 129.000.

Hacinas (Burgos)

El Árbol Fósil
Tf. 947/38 09 07
Casa serrana de más de 100 años, con jardín. Salón-comedor con chimenea, cocina, 1 habitación sencilla, 3 dobles y 3 baños. Precios (según temporada): fin de semana de 25.000 a 28.000; semana de 45.000 a 48.000.

Rello (Soria)

Los Arquillos
C/ Bajera 19
Tfs. 975/18 36 20 y 91/416 13 11
Casa de piedra, totalmente restaurada, en un rincón tranquilo junto a la iglesia. Salón-comedor con chimenea, cocina, 3 habitaciones dobles y 2 baños. Precios: fin de semana 25.000; semana 50.000.

Huerta de Arriba (Burgos)

Sierra Natural
C/ Sebastianas s/n
Tf. 947/48 91 64
Edificio serrano situado junto a la iglesia, con terraza. Buhardilla, sala de estar y 5 habitaciones dobles con 2 baños compartidos. Precios: fin de semana 35.000; semana 70.000.

Roturas (Valladolid)

La Vieja Olma
Tfs. 983/48 41 28 y 25 33 98
Casa de labranza de comienzos del s. XX, a la entrada del pueblo, con patio. Interior muy cuidado, sala, cocina, 1 habitación doble,1 triple y 1 cuádruple. Precios: fin de semana 27.000; semana 64.800.

Juarros de Ríomoros (Segovia)

Las Casas del Soto
Tfs. 921/48 51 43 y 677/43 07 70
Típica casa de labranza, bien rehabilitada, con patio ajardinado y barbacoa. Incluye 2 viviendas acogedoras con muebles artesanos, sala con chimenea, cocina-comedor, 1 habitación doble y 1 baño. Precios: vivienda 22.000 fin de semana; 50.000 semanales.

Saldaña de Ayllón (Segovia)

Casa Maria Luisa
Tf. 921/55 34 60
Construcción rústica de aspecto sencillo, situada en el casco urbano, con patio. Interior con vigas de madera, sala de estar con chimenea, cocina, 1 habitación sencilla y 3 dobles. Precios: fin de semana 21.000.

Lumias (Soria)

Taina
Tfs. 91/526 55 27
Fax 91/463 23 54
Típica edificación ganadera del sur de Soria, aislada en la despoblada sierra de Pela. Salón-comedor-cocina y 2 habitaciones dobles con baño. Precios: fin de semana 32.000. *Observaciones: la propiedad alquila otras «tainas» en la misma comarca.*

Sigueruelo (Segovia)

La Jarilla
Tf. 689/58 88 10
Casa de tipología tradicional, con porche cubierto y jardín. Incluye 1 pequeño y sencillo apartamento, con chimenea, cocina, 2 habitaciones dobles y 1 baño. Precios: fin de semana 22.000; semana 45.000.

Ribera del Duero y tierras de Soria y Segovia

Apartamentos y casas de alquiler completo

Tardelcuende (Soria)

El Palacete
Tf. 975/30 80 45
Bella construcción indiana, con jardín. Mobiliario antiguo, bodega, patio de luces, salón-comedor, cocina, 2 habitaciones sencillas, 2 dobles, 1 triple y 2 baños. Precios: fin de semana 50.000. *Observaciones: senderismo; alquiler de bicicletas de montaña.*

Villafuerte de Esgueva (Valladolid)

Mirador del Valle
Tfs. 983/20 96 64 y 68 37 46
Casa de reciente construcción, con jardín, terraza y un mirador acristalado con vistas al castillo. Sala con chimenea y biblioteca de la zona, cocina, 2 habitaciones dobles y 1 baño. Precios (según temporada): fin de semana de 20.000 a 24.000.

Lugares de interés

Aldehuela del Rincón. Población cercana a la sierra Cebollera, en las inmediaciones del río Tera y rodeada de bosques de robles y fresnos. *Excursiones: localidad de Vinuesa; Soria capital; acebal de Gallinero; embalses de Sotillo del Rincón y de la Cuerda del Pozo, con zonas de baño y deportes náuticos.*

Basardilla. Pequeño pueblo de las proximidades de Segovia. Conserva un templo románico. *Excursiones: localidad de Sotosalbos; pinares de Valsaín; chorro de Navafría. En* ***Torrecaballeros****, taller de ropa pintada.*

Bayubas de Abajo. Localidad cercana al curso del Duero. *Excursiones: villas de Berlanga de Duero, Calatañazor, Gormaz y Burgo de Osma; sabinar de Calatañazor.*

Castillejo de Robledo. Pueblo medieval, con un interesante templo románico del s. XII y un castillo templario. *Excursiones: pueblo de Cuevas de Ayllón; hoces del río Pedro; ermita visigótica de Santa María del Val, del s. VII. Trabajos de marroquinería.*

Hacinas. Pequeña localidad de la sierra de Neila. Conserva unos curiosos ejemplares de árboles fósiles. *Excursiones: villa de Salas de los Infantes; laguna Negra; garganta de las Cerradas. Escultura en piedra y madera.*

Huerta de Arriba. Población de la sierra de la Demanda. *Excursiones: lagunas de Neila y Calderas; dehesa de Huerta de Arriba, con los robles mejor conservados de la península; cañón del río Lobos; posibilidad de escuchar la berrea del ciervo en septiembre.*

Juarros de Riomoros. Pueblo próximo al macizo de Guadarrama, con un bello entorno de sotos de ribera. *Excursiones: localidad de Santa María la Real de Nieva, con un precioso claustro.*

Mazagatos. Pueblo de la sierra de Ayllón, con un buen conjunto de antiguas casas de labor y un templo románico rural. *Excursiones: hoces del Riaza; conjunto arqueológico de Tiermes. Taller de cerámica; restauración de aperos de labranza y muebles antiguos.*

Rello. Villa amurallada, declarada conjunto histórico artístico. Conserva las ruinas de su castillo. *Excursiones: pueblo de Bordecoréx, que conserva una antigua escuela; curiosa aldea de Lumías, con antiguos palomares. Agradables bosques de ribera en el río Escalote.*

Tardelcuende. Población rodeada de grandes bosques de pinar, entre la capital soriana y la villa de Almazán. *Excursiones: villa romana de Las Cuevas de Soria; localidad alfarera de Quintana Redonda.*

Villafuerte de Esgueva. Localidad próxima a Peñafiel, al pie de los montes de Valderrobledo. Conserva el castillo del s. XV, con su torre del homenaje convertida en museo. *Excursiones: villa de Peñafiel, con castillo del s.XIV, judería, iglesias de S. Miguel y S. Pablo y espléndida plaza del Coso; castillos de Encinas y Curiel; monasterio de Valbuena del Duero, del s. XVII.*

BERNAUS
BERNAUS

1. El Empordà, Banyoles y el entorno de Girona

Arbúcies
(GIRONA)

Antiguo asentamiento de larga tradición agrícola y forestal. Plaza porticada y museo local con una interesante colección de utensilios en La Gabella. *Excursiones: salto de la Dona d'Aigua; castillo de Montsoliu. Lámparas y muebles, en el Molí de Can Aulet. En* ***Breda****, cerámica y barro.*

Camp d'en Pla
Tf. 972/16 26 48

Hermosa casa de payés, en un paraje de montaña y rodeada de arbolado, con huerto, establos con caballos, jardín y piscina. El interior, funcional, tiene sala de estar y comedor con chimenea, 2 habitaciones sencillas, 3 dobles, 1 de ellas con baño y 2 triples, con baños. Precios (persona/día): media pensión 5.500; pensión completa 7.000. *Observaciones: paseos a caballo; lechón asado todos los domingos.*

Avinyonet de Puigventós
(GIRONA)

Localidad próxima a La Garrotxa, apiñada en torno a su castillo. Fue sede de la orden hospitalaria y conserva la casa de S. Joan, actual Casa Consistorial. *Excursiones: santuario de Santa Eugènia; villa medieval de Besalú; villas de Figueres, Perelada y Vilabertran; ruinas de Empúries; parque natural de los Aiguamolls, formado por numerosas lagunas y zonas de marisma, con gran riqueza de aves.*

Mas Falgarona
Ctra. de Llers. Tf./fax 972/54 66 28

Preciosa masía datada en el s. XII, rodeada de huerto, establos y jardín de césped con piscina. Tiene comedor con chimenea, sala de estar, salones de lectura y de juegos y 8 habitaciones dobles con baño. Precios (según temporada): habitación doble de 15.000 a 17.000; desayuno 1.500; comida o cena de 3.000 a 4.000.

Mas Pau (****)
Ctra. Figueres-Besalú
Tf. 972/54 61 54. Fax 972/54 63 26

Uno de los establecimientos más refinados del Empordà, habilitado en una masía del s. XVI, con jardín y piscina. El interior, con un extremo cuidado por los detalles, tiene 17 habitaciones dobles con baño y 3 *suites*. Precios (según temporada y tipo): habitación doble de 11.500 a 15.000; *suite* de 17.000 a 20.000; desayuno 1.200; comida o cena de 4.500 a 6.000.

Bordils
(GIRONA)

Población cercana a la capital gerundense y al cauce del Ter. *Excursiones: localidad y castillo de Púbol. En* ***Girona*** *capital, trabajos de forja, elaboración de barriles de vino y venta de artesanía diversa en un mercadillo que se celebra en la Rambla de la Llibertat.*

Mas de la Roda
C/ de la Creu 31. Tf. 972/49 00 52

Bonita casa tradicional, con huerto y un amplio patio ajardinado. Tiene comedor y 4 habitaciones para 2/4 personas, con baño. Precios (persona/día): alojamiento 3.500; desayuno 500; cena 2.000. *Observaciones: descuentos a niños; masajes terapéuticos; posibilidad de cocina vegetariana.*

Brunyola
(GIRONA)

Localidad apartada, al norte de Sta. Coloma de Farners. Conserva un castillo medieval. *Excursiones: villa de Anglès, con murallas y restos de necrópolis ibérica.*

Can Gavatx
Tf./fax 972/42 33 05

Masía aislada, totalmente restaurada, rodeada de bosques y un jardín de césped, con piscina. Tiene una sala en el palomar, con buenas vistas y 6 habitaciones dobles con baño. Precios: habitación doble 7.000; desayuno 750; cena 2.000.

Calabuig
(GIRONA)

Pequeña población del municipio ampurdanés de Bàscara, en la ribera del Fluvià. La capital conserva los restos de un castillo episcopal. *Excursiones: aldea romana de Cinyana.*

Can Sort
Ctra. Bàscara-Sant Mori, km 2,8
Tf./fax 972/56 03 35

Casa de labranza restaurada, sobria, con jardín y establo. Tiene comedor, 3 habitaciones dobles y 3 triples, algunas con baño. Precios: habitación doble 6.000; con baño 6.500; desayuno 600; cena 1.700. *Observaciones: clases de equitación y rutas a caballo.*

El Empordà, Banyoles y el entorno de Girona

Camós (GIRONA)

Población cercana al lago y a la localidad de Banyoles, junto a la pequeña sierra arbolada de Camós. *Excursiones: cuevas prehistóricas de Serinyà; iglesia románica de Porqueres, del s. XI; localidades de Besalú y Castellfollit de la Roca; lago de Banyoles con zona de baños; cuevas de Estunas; montaña de Rocacorba, con impresionantes vistas; monte de Finestres, que accede al monasterio de Sta. María, en una zona de hayas y farallones. En* ***Banyoles****, taller de papel ecológico y zapatería artesanal. En* ***Besalú****, trabajos de forja, cuero y cerámica artesana.*

Can Ribes
Tf. 972/57 32 11. Fax 972/58 10 73
Acogedora masía del s. XVI, en una zona boscosa y apartada. Tiene salón con chimenea, terraza cubierta en el antiguo granero, 2 habitaciones dobles y 5 múltiples, con 6 baños compartidos. Precios: habitación doble 5.500; desayuno 600; comida o cena 1.600. *Observaciones: estancia gratuita para menores de 2 años.*
✉ Edificio con mucha solera y preciosas vistas.

La Torre de Dalt
Mas La Torre s/n. Tf. 972/57 11 79
Casa pairal del s. XVI, con escudo blasonado, en un paraje de prados y bosques con excelentes vistas. Tiene una amplia sala con chimenea, comedor, cocina, 10 habitaciones dobles, 4 de ellas con baño, y 3 baños comunes. Precios: habitación doble 6.000. *Observaciones: venta de productos de la granja; en la misma finca se puede visitar una moderna explotación de vacas lecheras.*

Campllong (GIRONA)

Pequeño núcleo de fundación medieval, situado en la comarca del Gironès, en una zona agrícola y ganadera.

Mas Serinyà
Les Ferreries
Tf. 972/46 12 67. Fax 972/46 40 64
Gran caserón de piedra en pleno campo, a 9 km de la ciudad de Girona, con jardín. Tiene sala de estar, 3 habitaciones sencillas, 6 dobles y 5 baños. Precios (persona/día): pensión completa 5.000. *Observaciones: descuentos a niños y por estancias largas; clases de Aikido; cocina exclusivamente macrobiótica.*

Cruilles (GIRONA)

Localidad medieval próxima a La Bisbal, villa famosa por sus cerámicas. *Excursiones: pueblos de Verges y Palau Sator; "call" de La Bisbal; poblado ibérico de Ullastret; macizo de Les Gavarres, con pozos de hielo y árboles monumentales; recorrido GR.92; islas Medes.*

Mas Masaller
Tf. 972/64 10 46
Casa *pairal* del s. XII, reformada en distintas épocas, con jardín, piscina, parque infantil y terrazas, situada en un paraje tranquilo junto a una explotación ganadera. Tiene sala de estar, comedor, sala de lectura y capacidad para 14 personas en 5 habitaciones dobles, triples y cuádruples. Precios: habitación doble 5.400; desayuno 600; comida o cena 1.200. *Observaciones: cocina tradicional y vegetariana.*

L'Escala (GIRONA)

Localidad costera, situada al sur del golfo de Roses, con un viejo puerto pesquero, famoso por sus industrias de salazón. Bonito cementerio marinero y casa-museo de la escritora Caterina Albert. *Excursiones: ruinas de Empúries; punta Montgó, con bellas vistas del litoral.*

Empúries
Les Coves 41
Tf. 972/77 12 00. Fax 972/77 15 72
Albergue integrado en la REAJ, habilitado en una típica masía ampurdanesa, junto a las ruinas de Empúries. Tiene zona de acampada, comedor, salón y 69 plazas en habitaciones múltiples. Precios: ver apéndice. *Observaciones: rutas en bicicleta por el parque natural de Els Aiguamolls; cursos de submarinismo y otras actividades.*

Fontclara (GIRONA)

Pueblo del Baix Empordà. Conserva un templo románico, perteneciente al antiguo monasterio de Sta. Pau de Fontclara. *Excursiones: ruinas de Empúries y Ullastret; localidades de Pals, Peratallada y Púbol, ésta última unida a Dalí; parques naturales de las islas Medes y los Aiguamolls.*

Can Massanes
Pl. de la Vila 1. Tf. 972/63 42 35
Masía de piedra del s. XVI, restaurada, con huerta, piscina, jardín, un gran patio y arcos en la planta baja. Tiene sala de estar, comedor y 4 habitaciones para 2/3 personas con baño. Precios (según temporada): habitación doble de 6.000 a 7.000; desayuno 600; cena 1.700.

Galliners
(GIRONA)

Pequeño pueblo del Pla de l'Estany, situado entre Figueres y la ciudad de Girona. *Excursiones: monasterio de S. Pere de Rodas, con espléndidas vistas de la costa; cuevas prehistóricas de Serinyà; bosque de Estunes, con grandes robles; Aiguamolls de la Puda; surtidores de la Vall de Campmajor.*

Can Batllori
Avda. Viader 3. Tf. 972/56 01 89
Casa de buena planta, de mediados de siglo, situada a las afueras de la localidad, con jardín y terraza. Cuenta con salón-comedor, cocina con chimenea, 3 habitaciones dobles y 1 triple, con 2 baños. Precios (según temporada): habitación doble de 5.400 a 6.400; desayuno 600.

Llabià
(GIRONA)

Pequeña localdad de 80 habitantes, situada en el Baix Empordà, con un buen conjunto de casas de piedra restauradas y excelentes vistas del entorno. *Excursiones: villa ibérica de Ullastret, con valiosos restos recogidos en un museo; parque natural de las islas Medes.*

Can Pau
C/ Major 15. Tf. 972/76 02 62
Bella masía, con jardín, huerto y granja de animales. Tiene sala de estar y 3 habitaciones triples con baño. Precios (según ocupación): habitación doble 7.000; triple 8.000; desayuno 600; comida o cena 1.500. *Observaciones: paseos en carro y posibilidad de vuelos en ultraligero sobre las ruinas de Ullastret.*
✉ Acogida maravillosa. Mobiliario antiguo. Decoración y limpieza excelentes. Inolvidable.

Llampaies
(GIRONA)

Núcleo del Alt Empordà, emplazado entre Figueres y Girona, cerca de la costa. *Excursiones: ruinas de Empúries; parque natural de los Aiguamolls.*

Can Gat Vell
C/ Puig 3. Tf. 972/79 42 85
Casa de payés del s. XIV, con jardín y piscina, decorada cuidadosamente con objetos y muebles antiguos. Tiene terraza, sala de lectura, chimenea, comedor y habitaciones dobles y triples con baño. Precios: habitación doble 7.000; triple 8.500; desayuno de payés 1.000; cena 2.500. *Observaciones: la propiedad alquila otra casa independiente.*
✉ Buena acogida. Cocina innovadora y muy cuidada.

Masos de Pals
(GIRONA)

Pequeño pueblo próximo al bello conjunto monumental de Pals. *Excursiones: golfo de Roses; ciudades medievales de Peratallada, Ullastret y S. Martí d'Empúries; castillo de Montgrí, en Torroella; parque natural de los Aiguamolls. En* ***Sant Feliu de Boada****, venta de antigüedades.*

Can Pere Ni
***Barri Bernagar.* Tf. 972/63 61 16**
Casa de mediados de siglo, situada a 4 km de Pals, con jardín, huerto, piscina y barbacoa. Tiene sala de estar, comedor, cocina, 7 habitaciones dobles y 4 baños compartidos. Precios (según temporada): habitación doble de 4.500 a 5.500; derecho a cocina 1.000 por habitación. *Observaciones: venta de productos de la huerta; no admiten animales.*

Olives
(GIRONA)

Pequeña localidad del término municipal de Viladermuls. Iglesia de Sta. María, perteneciente a un priorato del s. XII, con una talla de alabastro de la Virgen. *Excursiones: ermita de S. Mer, del s. XIII; presa de Orfes. Figuras de cartón piedra; telas pintadas a mano; taller de cerámica.*

Mas Ros
Tf. 972/56 10 44
Antigua masía rehabilitada, con explotación ganadera, un cuidado jardín y piscina. Tiene excelentes vistas, sala con chimenea, comedor y 7 habitaciones dobles con baño. Precios: habitación doble 12.000, desayuno tipo *buffet* incluido; cena 2.000. *Observaciones: visitas guiadas a Girona; alquiler de bicicletas; desayunos con embutidos caseros y leche recién ordeñada.*

Parlavà
(GIRONA)

Pueblo del Baix Empordà, en un paisaje ondulado de cultivos, olivares, frutales y viñedos. Conserva la iglesia románica de S. Feliu. *Excursiones: poblado ibérico de Ullastret; localidad de Púbol, unida a Salvador Dalí.*

Mas Majora
Tf./fax 972/76 90 34
Precioso caserón de piedra, del s. XVII, con un cuidado jardín y piscina. Tiene 4 habitaciones dobles con baño. Precios: habitación doble 10.500; desayuno 1.000.

El Empordà, Banyoles y el entorno de Girona

Pedret i Marzà (Girona)

Municipio ampurdanés, en un paisaje de tradición agrícola y ganadera. *Excursiones: localidades de Villajuiga, Vilabertran y Perelada; monasterio de S. Pere de Rodas; castillos de Racasens y S. Quirze de Colera; parque natural de los Aiguamolls; sierra de l'Albera, con dólmenes; cabo de Creus.*

Can Dalmau

C/ Mar 13. Tf. 972/53 03 80

Caserón antiguo, con jardín, huerto, animales de granja y vistas de la bahía de Roses. Tiene sala de estar, comedor, chimenea, cocina, 6 habitaciones dobles y 1 triple, con 5 baños compartidos. Precios: habitación doble 5.000; desayuno 600; cena 1.200. *Observaciones: la propiedad alquila otra vivienda; cocina casera, con productos de la huerta.*

La Pera (Girona)

Localidad del Baix Empordà, situada al pie del macizo de Les Gavarres, muy próxima al castillo daliniano de Púbol. *Excursiones: ruinas de Ullastret; pueblos medievales de Cruïlles, Monells y Peratallada; santuario dels Angels; parque natural de la sierra de les Gavarres; islas Medes; sierra de l'Albera; cabos de Creus y Begur. En **La Bisbal**, abundantes talleres de cerámica, restauración y trabajos en piedra.*

Can Massa

C/ Vell s/n. Tf. 972/48 83 26. Fax 972/48 83 26

Antigua casa de payés, que conserva su viejo horno y utensilios de labranza, con porche y patio interior cubierto de césped. Tiene sala de estar y 4 habitaciones triples con baño. Precios (según temporada): habitación doble de 5.500 a 7.000; triple de 7.000 a 8.500; desayuno 600; cena 1.700. *Observaciones: alquiler de bicicletas.*

Mas Duran

Ctra. Girona-Palamós, km 15,8

Tf./fax 972/48 83 38

Preciosa casa de piedra del s. XVII, con huerto, establos, piscina y un jardín con barbacoa y estanque. El interior, decorado con objetos rústicos y mobiliario antiguo, tiene sala de estar, comedor con chimenea y 3 habitaciones triples con baño. Precios: habitación doble 7.000; triple 9.000; desayuno 700; comida o cena 1.700.

Peratallada (Girona)

Bonito conjunto monumental, asentado sobre una roca en la llanura ampurdanesa. Conserva la muralla, el castillo, un templo románico y una plaza porticada. *Excursiones: poblado ibérico de Ullastret; cabo de L'Estartit. En **La Bisbal**, abundantes talleres de cerámica.*

Ca l'Aliu

C/ Roca 6. Tf. 972/63 40 61

Casa del s. XVIII, restaurada, situada sobre la muralla medieval, con jardín y terraza. El interior, cuidado y con mobiliario antiguo, tiene sala de estar, cocina para uso de los huéspedes y 5 habitaciones dobles con baño. Precios: habitación doble 7.000, desayuno incluido. *Observaciones: alquiler de bicicletas.*

Regencós (Girona)

Localidad situada a 4 km de la costa Brava. *Excursiones: parque natural de los Aiguamolls; minas de terriza para producir "cantis". Hay un horno tradicional que fabrica losas para suelos.*

Hostalet 1701

Pl. Major. Tf. 972/30 33 31. Fax 972/30 45 62

Edificación del s. XVIII, restaurada, con terraza y una tienda de anticuario en la planta baja. El interior, amueblado con antigüedades, tiene cocina con chimenea, salón de música y lectura y 3 habitaciones dobles con baño. Precios: habitación doble 15.000, desayuno incluido. *Observaciones: los muebles están a la venta.*

Sant Martí Vell (Girona)

Pequeña localidad situada al pie del macizo de Les Gavarres. *Excursiones: localidad de Verges; museo Gala-Dalí de Púbol.*

Mas Salo

Tf. 972/49 02 01

Hermosa casa de piedra del s. XVIII, situada a las afueras del pueblo en un paraje de bosques atravesado por un riachuelo, con jardín y piscina. Tiene salas de estar, chimenea, comedor, 1 habitación doble, 2 triples, 1 de ellas con baño, y 1 baño compartido. Se puede alquilar entera. Precios: habitación doble 6.000; con baño 7.000; desayuno 750; cena 2.000. *Observaciones: tienen ponis para niños.*

Santa Cristina d'Aro
(GIRONA)

Pueblo cercano a la localidad costera de S. Feliu de Guixols. Templo con portada románica. *Excursiones: monasterio de Sta. María, con un exposición permanente de belenes; cueva d'en Daina; menhir de Vallvanera; paraje de Pedralta, presidido por una roca de gran tamaño.*

Mas Pla de Solius
Barri Solius. Tf. 972/83 72 89

Hermosa casa de payés del s. XVII, rehabilitada y situada a 3 km de la población y a 6 km del mar. Dispone de terraza, salas de estar y 8 habitaciones dobles, con 4 baños. Precios: habitación doble 4.000; con baño 5.000; desayuno 500.

Santa Llogaia de Terri
(GIRONA)

Pequeño núcleo, próximo a la capital gerundense. *Excursiones: casco viejo de Girona, con su catedral, sus casas coloreadas junto al río Onyar y su evocadora judería; cuevas prehistóricas de Serinyà; lago de Banyoles; valle de S. Daniel.* *En* ***Terradelles****, estampación textil.*

Can Fabrica
Tf./fax 972/59 46 29

Casa del s. XVI, restaurada, emplazada sobre un cerro rodeado de campos de cultivo, con jardín, piscina y terraza con buenas vistas. El interior, cuidado, tiene sala con chimenea, comedor, 1 habitación sencilla, 3 dobles y 2 triples, todas con baño. Precios: habitación doble 7.500, desayuno incluido. *Observaciones: cocina de la tierra y vegetariana; venta de mermeladas, vinagres y salsas; alquiler de bicicletas.*

Siurana d'Empordà
(GIRONA)

Localidad ampurdanesa, situada en un terreno llano, entre los cursos del Fluvià y la Muga. Restos del castillo del s. XIII. *Excursiones: villa daliniana de Figueres; ruinas de Empúries; museo de Arte Naïf, en el Far; parque natural de los Aiguamolls. Trabajos de forja; tapetes y colchas de ganchillo. En* ***Vilamaia****, taller de cerámica. En* ***Agullana****, trabajos con corcho.*

Can Navata
Baseia. Tf. 972/52 51 74. Fax 972/52 57 56

Bonita casa de payés, con huerto, extenso jardín, terraza, *solarium* y barbacoa. El interior, con una decoración cálida y mobiliario tradicional, tiene sala con chimenea y 6 habitaciones dobles, 1 de ellas adaptada a minusválidos. Precios (según temporada): habitación doble de 6.400 a 6.800; desayuno 800; comida 2.000; cena 1.300. *Observaciones: descuentos a niños; ofrecen bicicletas; actividades.*

El Molí de Siurana
Mas Molí. Tf./fax 972/52 51 39

Masía de nueva construcción, en una finca destinada a la explotación lechera, con huerto y jardín, próxima a un río y con un antiguo pozo de nieve. El interior, decorado con mimo, tiene salón-comedor con chimenea, sala de estar, 2 habitaciones dobles con baño compartido y 2 triples con baño, algunas con balcón o terraza. Precios: habitación doble 6.200; con baño 7.200; desayuno incluido; cena 1.400.

Vilanova de la Muga
(GIRONA)

Pueblo ampurdanés, integrado en el parque natural de los Aiguamolls. *Excursiones: localidades de Castelló d'Empúries y Perelada; parque natural del cabo de Creus; sierra de l'Albera, donde se encuentra el monasterio de S. Quirze de Colera.*

Can Bastons
Barrio L'Estanyol. Tf. 972/53 02 77

Masía del s. IX, con actividad agrícola y ganadera, rodeada de césped y arbolado. Tiene sala con chimenea, comedor, sala de lectura y 6 habitaciones dobles con baño. Precios: habitación doble con baño 5.000; desayuno 600; comida o cena 1.300. *Observaciones: cocina con productos del huerto, aves de corral y mermeladas artesanas; la propiedad alquila una casa completa.*

✉ Desayunos copiosos. Casa muy acogedora. Impecable.

Vilobí d'Onyar
(GIRONA)

Pequeña localidad de La Selva, próxima a Sta. Coloma de Farners. *Excursiones: balnearios de Caldes de Malavella y S. Coloma de Farners; castillo y ermita de Farners; volcán de la Crosa, con un gran cráter; sierra de Les Guilleries; campo de golf. En* ***Quart d'Onyar****, taller de cerámica.*

Can Barceló
Tf. 972/47 31 60

Masía documentada en el s. XIV, con reformas posteriores, situada a 0,5 km del pueblo en una finca de cereales, coníferas y nogales, con huerto y jardín. Tiene sala con chimenea, 4 habitaciones dobles, 2 de ellas con baño y 1 baño compartido. Precios: habitación doble 5.000; con baño 6.000; desayuno 600; cena 1.800. *Observaciones: masajes; alquiler de bicicletas; información sobre actividades en la zona.*

El Empordà, Banyoles y el entorno de Girona

Apartamentos y casas de alquiler completo

Arbúcies (Girona)

Can Nan Vila
Ctra. de Viladrau, km 6,7
Tfs. 972/86 00 07 y 16 23 81
Construcción del s. XVII, muy reformada, en una finca agrícola con animales de granja y barbacoa. Sala con chimenea, cocina, 4 habitaciones y 2 baños. Precios: persona/día 2.500.

El Molí de Can Aulet
Tf. 972/86 07 65
Molino del s. XVI, en una finca con establos, animales de granja, huerto, jardín y piscina. Sala de estar, chimenea, cocina y capacidad para 2/4 personas. Precios (en temporada baja): fin de semana 18.600; semana 47.800.

Bordils (Girona)

Ca l'Estevenet
Camí del Pla, 9
Tf./fax 972/49 00 10
Bonita masía de piedra del s. XIX, con un pequeño jardín. Incluye 1 vivienda con sala, chimenea, cocina y capacidad para 6 personas. Precios: fin de semana 30.000; semana 75.000.

Camallera (Girona)

Mas Ferrer Pages
Tf. 972/20 20 24
Masía señorial, en un paraje de bosque a las afueras del pueblo, con jardín y buenas vistas del Pirineo. Interior cuidado, con cocina-comedor, 2 habitaciones dobles y 1 baño. Precios (según temporada): fin de semana de 20.000 a 25.000.

Castelló d'Empúries (Girona)

Mas Mare de la Font
Ctra. C-260, km 34
Tf. 972/25 01 22
Masía tradicional aislada, con arbolado, jardín de césped y barbacoa. Tiene 2 viviendas de 5 y 8 plazas. Precios: vivienda de 5 plazas 30.000 fin de semana; 8 plazas 44.000 fin de semana. *Observaciones: información sobre actividades.*

Fonteta (Girona)

Mas Cals de Fitor
Tfs. 93/412 53 39 y 972/19 60 60
Masía de los s. X al XVIII, aislada en plena montaña, con piscina, en una finca con dos ermitas románicas. Mobiliario tradicional, comedor, sala, cocina, 4 habitaciones dobles y 1 baño. Precios* (según temporada): fin de semana de 55.000 a 75.000.

Fornells de la Selva (Girona)

Cal Rellotger
Tf. 972/47 61 17
Torre residencial restaurada, a 2 km del pueblo, con jardín, huerto, piscina y establos. Mobiliario y objetos antiguos, sala de estar, 4 habitaciones dobles, 1 tipo *suite*, y 2 baños. Precios: fin de semana 50.000; semana 130.000. *Observaciones: información sobre rutas.*

Llabià (Girona)

Mas Puig Roig
Tf. 972/75 70 60
Masía de comienzos del s. XX, restaurada, con explotación lechera. Tiene 2 apartamentos, de 4 y 5 plazas, con comedor, cocina, 2 habitaciones dobles y 1 baño. Precios: 4 plazas 12.000 diarias; 5 plazas 15.000 diarias. *Observaciones: venta de productos; alquiler de bicicletas.*

Pals (Girona)

Manso Pericay
Tf. 972/63 68 71
Masía tradicional, rehabilitada, en una explotación ganadera, con huerto, zona de bosque, jardín, piscina y pista de tenis. Tiene 4 apartamentos de 2 y 4 plazas, ambos con cocina-comedor y 1 baño. Precios* (según temporada): 2 plazas de 5.000 a 6.000 diarias.

Puigpalter de Dalt (Girona)

Mas Carboner
Tf. 972/57 16 67
Antigua masía restaurada, rodeada de bosques y cultivos, con huerto, establos y jardín. Decoración cuidada, gran comedor con chimenea, sala de estar, cocina, 3 habitaciones dobles, 1 de ellas con baño y terraza, y 1 baño. Precios: fin de semana 40.000; semana 105.000.

Apartamentos y casas de alquiler completo

Sant Climent de Peralta (GIRONA)

Mas de l'Església Vella
Tf. 93/412 53 39
Masía histórica, levantada sobre las ruinas de un cenobio benedictino del s. IX y reformada en el s. XIX. Salón-comedor con chimenea, cocina, 4 habitaciones dobles y 1 baño. Precios* (según temporada): fin de semana 55.000; semana de 80.000 a 120.000.

Viladamat (GIRONA)

L'Empordà
Tf. 977/78 85 82
Casa *pairal* del s. XVIII, de tres plantas, céntrica, con terraza. Hay 1 vivienda rústica con sala, comedor, cocina, 2 habitaciones dobles y 1 baño. Precios (según temporada): fin de semana de 22.000 a 37.000. *Observaciones: talleres, cursos y conferencias; actividades en el entorno.*

Sant Miquel de Campmajor (GIRONA)

La Quintana
Barrio de Sta. Quiteria
Tf. 972/57 15 80
Casa de payés, aislada, con un entorno de prados y bosques, jardín y buenas vistas. Comedor, sala con chimenea, cocina, 4 habitaciones dobles y 2 baños. Precios (según temporada): fin de semana 31.500; semana de 73.500 a 87.500.

Vilavenut (GIRONA)

Mas Masó
Tf. 972/58 12 90
Casa *pairal* del s. XVI, con huerto y piscina, en una zona de bosque. Mobiliario tradicional, biblioteca, salas de estar, chimenea, 1 habitación sencilla, 5 dobles y 1 triple, con 3 baños. Precios: fin de semana 100.000.

Lugares de interés

Camallera. Pequeño pueblo ampurdanés en una zona de bosques y cultivos con excelentes vistas de los Pirineos. *Elaboración artesanal de colchones de lana; centros florales y decorativos.*

Castelló d'Empúries. Localidad ampurdanesa documentada en el s. IX. Hermosa basílica de Sta. María, antigua lonja convertida en Ayuntamiento, casas góticas, plazas y callejones. *Excursiones: ruinas de Empúries; parques naturales de los Aiguamolls y de la sierra d'Albera.*

Fonteta. Localidad del Baix Empordà, cercana a La Bisbal y la costa de Palamós. *Excursiones: castillo-palacio de Vulpellac; villas de Begur y Palafrugell; parajes de Aiguablava y Sa Tuna; cordillera litoral de Les Gavarres.*

Fornells de la Selva. Pueblo del Gironès, ribereño del Onyar. Iglesia parroquial del s. XVI, gótica con elementos renacentistas. *Excursiones: ciudad de Girona, con un bello casco viejo y una judería bien conservada; Volcán de la Crosa, con un gran cráter; macizo de Les Gavarres. En* ***Breda****, taller de cerámica. En* ***Salt****, cestería.*

Pals. Villa medieval, con un recinto amurallado declarado conjunto histórico. Iglesia gótica de S. Pere, torre de las Horas, restos del castillo y museo de Arqueología Submarina. *Excursiones: calas de Aiguafreda, Aiguablava y Sa Tuna; cueva del Bisbe.*

Pontós. Población ampurdanesa próxima a Bàscara. Conserva restos de un castillo medieval. *Excursiones: ermita de Romanyà, con excelentes vistas. Peña Celdonia, lugar de peregrinación mariana en el s. XIX, con restos de una basílica rupestre y mosaicos; meandros del río Fluvià, con zonas de baño.*

Puigpalter de Dalt. Barrio del municipio de Banyoles. *Excursiones: lago de Banyoles, que puede ser contemplado desde la colina de S. Martirià; fuente Pudosa; encinas monumentales de Fontcoberta.*

Sant Climent de Peralta. Pueblo del Baix Empordà próximo al macizo de Les Gavarres. Iglesia de S. Climent, con tumbas excavadas. *Excursiones: villa de Palafrugell y núcleo de Tamariu, unido al escritor Josep Pla; sierra de Les Gavarres.*

Sant Miquel de Campmajor. Pueblo cercano a la sierra de Rocacorba. Conserva un templo románico del s. XII. *Excursiones: lago de Banyoles; salto de agua y molino de Roca; prado de S. Nicolau; bosque de Can Ginebrada, con obras escultóricas de Cabanyes; salto y fuente d'en Vila, presidida por un enorme roble.*

Viladamat. Localidad ampurdanesa de antigua fundación, dedicada a la agricultura y la ganadería. Interesante conjunto arquitectónico del s. XVI. *Excursiones: iglesia pre-románica de Sta. Eulàlia; villa romana de Tolegassos. Parques naturales de los Aiguamolls y las islas Medes.*

Vilavenut. Pequeño pueblo del municipio de Fontecoberta, en la comarca del Gironès. *Excursiones: restos del templo románico de S. Bartomeu.*

2. La Garrotxa, Osona, el Vallès y el Ripollès

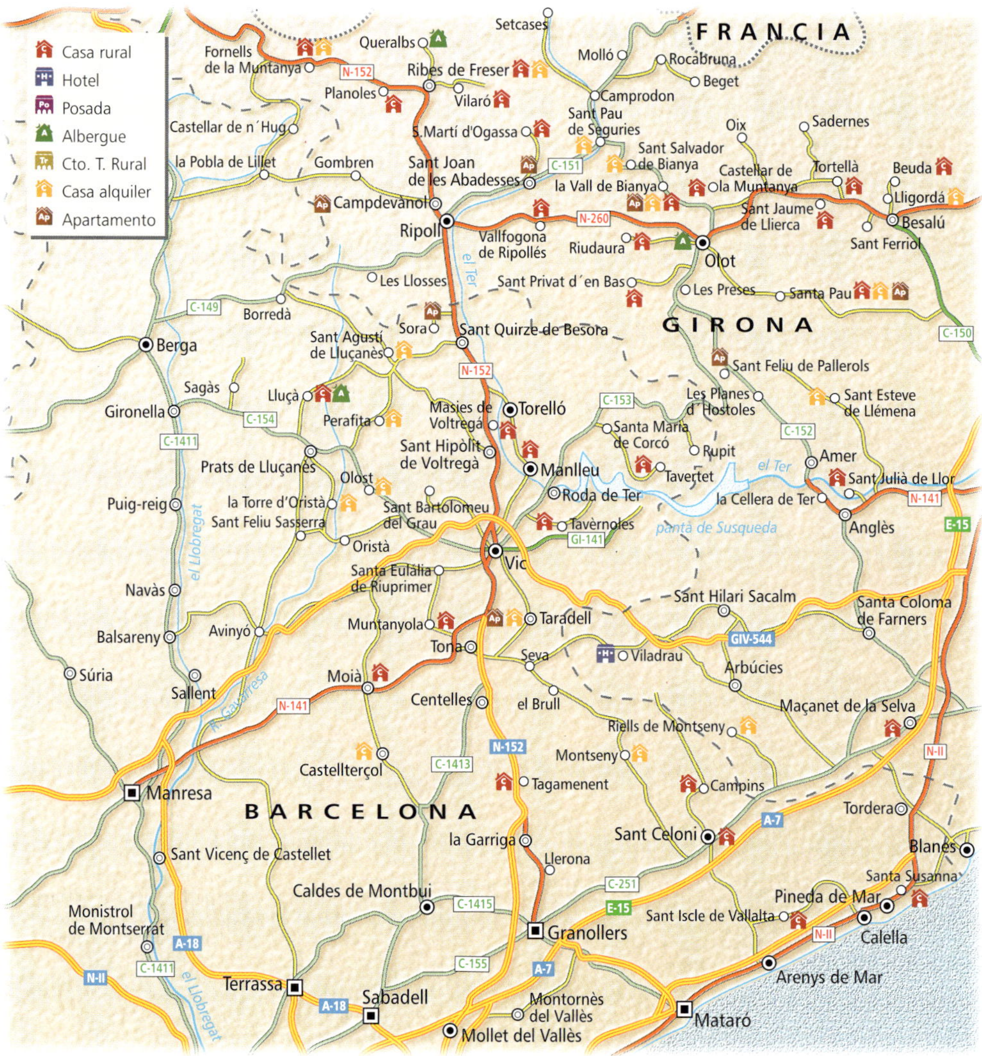

Beuda
(GIRONA)

Pueblo de la Garrotxa, situado en el macizo del Mont, en un terreno cubierto por bosques de pinos y encinas. Ruinas del castillo y templo románico del s. XII, con enigmáticas figuras. *Excursiones: casa pairal del Noguer, en Seguerò; paraje de Rajolins y fuente de la Quera.*

Mas Salvanera
Tf. 972/59 09 75. Fax 972/59 08 63

Precioso caserón iniciado en el s. XIII y con imponentes muros de piedra, situado dentro de una explotación agrícola, con granja, jardín y piscina. Tiene sala de reuniones, salas de estar, chimeneas y 8 habitaciones dobles con baño. Precios: habitación doble 12.000, desayuno incluido; cena 3.500. *Observaciones: alquiler de bicicletas; cursillos de recogida de setas.*

Campins
(BARCELONA)

Municipio con un caserío disperso, en pleno parque natural del Montseny. *Excursiones: abundantes senderos entre bosques de hayas y castaños; lago de Sta. Fe; pico del Turó de l'Home; Gorg Negre.*

Can Pereras Vell
Tf. 93/847 50 63

Espléndida masía del s. XII, reformada en el XVIII, con zona de bosque, prados, establos y una balsa de agua de manantial, situada en una ladera del Montseny y con magníficas vistas. Tiene sala de actividades, sala de estar con chimenea y 4 habitaciones triples, con baños compartidos. Precios (persona/día): media pensión 4.500; pensión completa 6.000. *Observaciones: cursos de terapias alternativas.*

Castellar de la Muntanya
(GIRONA)

Caserío disperso del valle de Carrera, en plena comarca de la Garrotxa. *Excursiones: espectacular conjunto de Castellfollit de la Roca, asentado sobre un precipicio de piedra basáltica; valle del Bac; zona volcánica de la Garrotxa; bosque de hayas d'en Jorda.*

Can Planes
Tf. 972/29 44 78

Edificio rústico, aislado y muy agradable, con huerta, en un paraje de robles centenarios. Tiene comedor con chimenea, una amplia terraza cubierta y 5 habitaciones dobles con baño. Precios: habitación doble con baño 5.200; desayuno 700; cena 1.800.

Fornells de la Muntanya
(GIRONA)

Pequeño pueblo del Ripollès situado en el valle de Ribes, a 1.280 m de altitud. *Excursiones: Castellar de N'Hug; santuario de Núria, a 2.000 m de altitud, accesible en tren cremallera; parque natural del Cadí-Moixeró. En* ***Ripoll****, talla de madera y calderos de cobre. En* ***Pardines****, herrero.*

Cal Pastor
Tf. 972/73 61 63

Hermoso caserón de piedra, con huerto, establos y un pequeño museo de utensilios de pastor. Tiene sala, comedor, 3 habitaciones dobles y 3 triples, todas con baño. Se puede alquilar entera. Precios: habitación doble 5.600; triple 7.000; desayuno 700; cena 1.650; vivienda 24.000 fin de semana. *Observaciones: ofrecen información de rutas por la zona.*

Lluçà
(BARCELONA)

Pequeño municipio de montaña, formado por masías dispersas y surgido en torno al antiguo castillo de Lluçà y a la iglesia de Sta. María, citados a comienzos del s. X. *Excursiones: monasterio de Sta. María de Lluçà, con un bello claustro; capilla redonda de S. Vicenç y cripta de S. Andreu d'Oristà; cauces del Merlès y del Lluçanès, con zonas de baño. Carpintería y restauración de muebles.*

Mas Puig-Oriol
Tf. 93/855 40 36

Típica masía que conserva la estructura original del s. X, ampliada en el XVII, con arboleda, situada a 400 m del pueblo. Tiene sala de estar, comedor con chimenea, 6 habitaciones dobles y 3 baños. Precios: habitación doble 4.500; desayuno 550; comida o cena 1.100. *Observaciones: posibilidad de organizar rutas a caballo.*

Masia Curtius
Tf. 93/833 80 19

Masía restaurada, con jardín, piscina y campos de deportes, en un paraje de prados y bosques al pie del castillo de Lluçà. Tiene salas de actividades, comedor, chimenea y capacidad para 70 personas, distribuidas en 9 habitaciones de 2 a 14 plazas en literas, con 8 baños comunes. Precios (pensión completa): niños 2.500; adultos 3.000. *Observaciones: talleres; rutas a caballo; excursiones.*

La Garrotxa, Osona, el Vallès y el Ripollès

Maçanet de la Selva
(GIRONA)

Población de la comarca de La Selva, emplazada entre los macizos de Montseny y Les Guilleries. *Excursiones: balnearios de Santa Coloma de Farners y Caldes de Malavella; castillo de Montsoriu; parque natural del Montseny; jardín botánico Marimurtra, en la villa costera de Blanes.*

Ca N'Oriol Riera
Tf. 972/85 90 99

Masía tradicional del s. XVII, con huerta y jardín, situada a 3 km del pueblo. Tiene comedor, sala de estar, 3 habitaciones triples y 1 cuádruple, con baños compartidos. Precios: habitación triple 7.500; desayuno 700; cena 1.500.

Manlleu
(BARCELONA)

Población situada al norte de Vic, en la ribera del Ter. *Excursiones: núcleo monumental de Vic; macizo de Collsacabra; pequeño pueblo medieval de Rupit.* *En* ***Vic****, feria del mueble antiguo y mercado todos los sábados, con venta de artesanía.*

Mas La Rierola
Ctra. 522, km 6. Tf. 93/851 01 31

Masía del s. XIX, rodeada de jardín y árboles imponentes. Tiene salón con piano, biblioteca, 2 habitaciones dobles, 2 triples y 2 baños. Precios (persona/día): alojamiento 2.900; desayuno 600; cena 1.500. *Observaciones: recitales de poesía; conciertos; cursillos de artesanía.*

Masies de Voltregà
(BARCELONA)

Pequeño núcleo situado entre Manlleu y Torelló. *Excursiones: paraje natural del Gorg Negre; ermita románica de S. Martí; santuario de La Gleva.*

Mas el Corral
Tf. 93/744 70 83. Tf./fax 93/850 02 79

Casa del s. XVIII muy reformada, emplazada en una explotación agrícola y forestal, con jardín. Tiene comedor, chimenea, 1 habitación sencilla y 5 dobles, todas con baño. Se puede alquilar entera. Precios: habitación doble 6.000; vivienda de 44.000 a 66.000 fin de semana. *Observaciones: alquiler de bicicletas; rutas a caballo; escuela de equitación.*

Moià
(BARCELONA)

Localidad de la comarca de Bages. Conserva la iglesia baroca de Santa María, y la casa-museo de Rafael de Casanova. *Excursiones: dólmenes de Coves del Toll; monasterio románico de l'Estany, del s.XII.* *En* ***Sant Mateu de Bages****, artesanía de flores secas.*

Mas Vilarrasa
Tf. 93/830 04 28

Agradable conjunto de arquitectura tradicional, emplazado junto al valle de Marfà, a 2 km del pueblo, con establos, granja, huerto y jardín. El interior, muy sencillo, tiene comedor con chimenea, cocina y 5 habitaciones dobles con baño. Se puede alquilar entera. Precios: habitación doble 4.000; desayuno 600; comida o cena 1.500; derecho a cocina 500. *Observaciones: alquiler de bicicletas.*

Muntanyola
(BARCELONA)

Municipio de Osona formado por masías dispersas, en un paisaje de bosques y pastos. Iglesia de S. Quirze, del s. X. *Excursiones: zona de dólmenes, cuevas y restos prehistóricos; villa monumental de Vic.* *En* ***Santa Eulàlia de Riuprimer****, trabajos de forja y rejas.*

Can Riera dels Assençaments
Tf. 93/813 71 12

Masía del s. XVIII, con jardín, situada entre campos de cultivo y bosques de robles y pinos. Tiene porche, sala de estar con chimenea, comedor, 2 habitaciones dobles y 1 triple, todas con baño y con derecho a cocina. Se puede alquilar entera. Precios: habitación doble 5.000; triple 6.500; desayuno 700; cena 1.500; vivienda 20.000 diarias.

Olot
(GIRONA)

Capital de la Garrotxa, ribereña del Fluvià. Núcleo viejo de calles estrechas, casas señoriales y convento del Carme, con un claustro renacentista. *Excursiones: paraje de La Moixina; parque natural de la zona volcánica de La Garrotxa. Venta de antigüedades.*

Torre Malagrida
Passeig de Barcelona 15
Tfs. 972/26 42 00 y 26 86 10

Albergue habilitado en una bella torre modernista, con jardín y buenos accesos para minusválidos. Dispone de comedor, salas para distintos usos, biblioteca, lavandería, alquiler de sábanas y 16 habitaciones múltiples. Precios: ver apéndice. *Observaciones: alquiler de bicicletas; actividades.*

Planoles
(GIRONA)

Pueblo de fundación muy antigua, situado en el valle pirenaico de Ribes, a más de 1.100 m de altitud. *Excursiones: valle de Núria, con tren cremallera y pistas de esquí; estación de invierno de la Molina.*

Cal Sadurní
Tf. 972/73 61 35
Casa restaurada con mimo, a las afueras, con huerto, establos y gallinero. Tiene sala de estar, comedor con chimenea y 4 habitaciones dobles, 1 de ellas con baño. Precios (según temporada): habitación doble con baño de 10.500 a 11.100, desayuno y cena incluidos. *Observaciones: descuentos por estancias de más de 2 días; elaboración de mermeladas; no admiten animales; no se permite fumar.*

Queralbs
(GIRONA)

Pequeña localidad del Ripollès, a más de 1.200 m de altitud, rodeada de picos de más de 2.800 m. El pueblo conserva un templo románico. *Excursiones: gargantas del Freser; cuevas de Rialb; trayecto en tren cremallera por el valle de Núria.*

Pic de L'Aliga
Núria. Tf. 972/73 20 48
Edificio de construcción reciente, situado a 2.200 m en el bello paraje de Núria, al pie de las pistas de esquí. Cuenta con comedor, salas de estar, talleres, alquiler de sábanas y 140 plazas en habitaciones múltiples. Precios: ver apéndice.

Ribes de Freser
(GIRONA)

Villa ribereña del Freser, emplazada en un paisaje prepirenaico. Conserva el casco viejo y restos del castillo. *Excursiones: cuevas de Campelles; pico Puigmal; sendero GR.11; pistas de esquí y santuario de Núria, accesibles por tren cremallera. Taller de cerámica; bordados y forja.*

Mas Ventaiola
Tf. 972/72 79 48
Entrañable casa de piedra, con jardín, huerto y establos, situada a 1 km del pueblo. Tiene sala de estar, comedor, 3 habitaciones dobles, 2 triples y 3 baños, así como 3 apartamentos para 4 personas. Precios: habitación doble con baño 5.000; triple con baño 6.000; desayuno 800; apartamento 16.000 diarias.

Riudaura
(GIRONA)

Pueblo de La Garrotxa, cercano a Olot. Conserva la iglesia de Sta. María, resto de un monasterio del s. IX. *Excursiones: santuario de Font de Joan; parque cultural del museo de los Volcanes; hayedo d'en Jorda en el parque natural de La Garrotxa.*

Can Bel
C/ Castanyer Massegur 17
Tfs. 972/26 11 33 y 26 75 86
Casa de pueblo de más de dos siglos, restaurada, con animales de corral, un agradable jardín y terrazas cubiertas, situada en la misma población. Tiene sala de lectura y 3 habitaciones, 1 de ellas familiar, todas con baño. Precios (según tipo): habitación doble de 6.000 a 7.000, desayuno incluido; cena 1.400.

Sant Celoni
(BARCELONA)

Municipio del Vallès Oriental próximo al macizo de Montnegre. Puente gótico sobre el Tordera. *Excursiones: pueblo amurallado de Hostalrich; dólmenes de la Piedra Gentil; ruinas de Sta. Maria de Montnegre; parque natural del Montnegre; bosque de castaños de S. Martí. En* ***Granollers****, feria de artesanía el segundo sábado de cada mes.*

Cal Batlle
Tf. 93/867 18 53. Fax 93/867 09 59
Primitiva casa *pairal* de la baronía de Montnegre, reformada en el s. XIX, con bosque propio, jardín y zona de juegos infantiles. Tiene restaurante, bodega y 8 habitaciones dobles o triples, todas con baño. Precios (según temporada): habitación doble de 6.600 a 7.100; desayuno 600; comida o cena 1.600. *Observaciones: descuentos a niños; excursiones a caballo; cocina casera y carnes a la brasa.*

Mas Sans
Ctra. de Campins, km 1,5
Tf./fax 93/867 07 66
Masía del s. XVI, transformada en casa de colonias, en una finca arbolada con campos de deportes y juegos. Tiene una vivienda con comedor, salón con chimenea y 5 habitaciones dobles con baños compartidos. Precios: habitación doble 5.000; desayuno 700; comida o cena 1.800. *Observaciones: excursiones y actividades deportivas.*

La Garrotxa, Osona, el Vallès y el Ripollès

Tortellà
(GIRONA)

Localidad de La Garrotxa. *Excursiones: zonas de baño en el río Llerca; villas de Besalú y Castellfollit de la Roca; zona volcánica de La Garrotxa. Elaboración de cucharas de madera de boj.*

Mas Ca la Coixa
Tfs. 972/68 76 63 y 689/50 14 33

Antiguo granero de una masía tradicional del s. XVIII, muy reformado, en una zona arbolada con jardín a 1,4 km del pueblo. Tiene 2 viviendas con comedor, cocina y 5 y 8 plazas en habitaciones dobles con baño, así como salón común y chimenea. Precios: habitación doble 6.500, desayuno incluido. *Observaciones: alquiler de bicicletas de montaña; información sobre rutas.*

La Vall de Bianya
(GIRONA)

Municipio de la Garrotxa, situado en una de las zonas volcánicas de la región y próximo a la sierra de S. Miquel del Mont. A destacar el núcleo de S. Salvador, con una iglesia y un conjunto muy bien conservado. *Excursiones: ruta del románico en la Vall de Bianya; itinerario por la antigua vía de Capsacosta, por la que los romanos cruzaban los Pirineos; pueblo de Setcases; excelente conjunto de casas pairales repartidas en todo el término; sierra y río de Sta. Llúcia, con zonas de baño; parque natural de la Garrotxa; valle d'en Bas; solitario valle del Bac. Talleres de forja y cerámica.*

Mas Cabrafiga
***S. Pere d'Espuig*. Tf. 972/29 12 68**

Edificación del s. XIV, en una finca con jardín, establos y huerta, atravesada por el cauce del Sta. Llúcia. Dispone de 2 habitaciones y 2 viviendas, para 4 y 6 personas, ambas dotadas de salón con chimenea, cocina y baño. Precios: habitación doble 6.000; desayuno 700; cena 1.500; vivienda fin de semana 36.000; semana 80.000. *Observaciones: alquiler de caballos y bicicletas.*

La Torra de Santa Margarida
Tf. 972/29 13 21

Edificación con mucha solera, en una finca boscosa dedicada a la agricultura y la ganadería, con establos, animales de granja, huerto y jardín. Tiene comedor con chimenea y 5 habitaciones para 2/3 personas con baño. Precios: habitación doble 6.000; triple 9.000; desayuno 600; comida o cena 1.500.

Vallfogona de Ripollès
(GIRONA)

Población medieval, restaurada casi en su totalidad, accesible por un antiguo portal de la muralla. *Excursiones: iglesia de S. Julià, del s. XII; campanario de la iglesia de Sta. María del Pòpul; sendero GR.3; fuente de Ciutadia; zonas de bosques de hayas y robles.*

Can Pau
Pl. Call de la Font 1
Tfs. 972/70 19 18 y 626/53 40 51

Casa de piedra del s. XVIII, situada en el casco viejo del pueblo, con huerto y jardín. Tiene salas de estar con chimenea, 2 habitaciones dobles y 4 triples, todas con baño, así como un estudio independiente con capacidad para 4 personas. Precios: habitación doble 5.000; triple 7.500.

Viladrau
(GIRONA)

Pueblo de larga tradición estival, perteneciente a la comarca de Osona, con una iglesia románica y un entorno muy agradable. En el pasado fue frecuentado por destacados intelectuales catalanes. *Excursiones: parque natural del Montseny. Talleres de forja y carpintería artesanas.*

Xalet la Coromina
Ctra. Vic 4. Tf. 93/884 92 64. Fax 93/884 81 60

Hotel habilitado en un bonito chalet de principios de siglo, rodeado de un jardín con estanque, árboles centenarios, terrazas y porche. Tiene restaurante, sala de estar y 8 habitaciones dobles con baño. Precios: habitación doble 10.400; desayuno 1.000; comida o cena 2.000. *Observaciones: cocina cuidada, con especialidades de temporada.*

Apartamentos y casas de alquiler completo

Campdevànol (Girona)

Masía Serradell
Tf./fax 972/73 09 50
Bella masía ganadera del s. XII, situada a 5 km del pueblo, con jardín. Tiene 1 habitación doble con baño y 4 apartamentos con cocina, sala con chimenea y 4 plazas. Precios: apartamento 18.000 fin de semana; desayuno 700; comida o cena 1.600.

Castellterçol (Barcelona)

Castell de Castellterçol
Tf. 93/866 63 18
Vivienda integrada en un castillo del s. IX, rodeado de bosque, a 0,5 km del pueblo. Mobiliario de estilo, salas, comedor, cocina, 1 habitación sencilla, 2 dobles y 2 baños. Precios: fin de semana 50.000. *Observaciones: actos culturales en verano; el castillo abre al público los sábados.*

Fornells de la Muntanya (Girona)

Cal Mestre
Tf. 72/73 61 63
Construcción de piedra y madera, con huerto y animales de granja. Cocina-comedor, 3 habitaciones dobles y 3 baños. Precios (según temporada): fin de semana 24.000; semana de 70.000 a 84.000.

Lligordà (Girona)

Maholà
Ctra. Besalú-Beuda, km 2,5
Tf. 972/59 01 62
Casa *pairal* del s. XVII, rodeada de bosques, con patio y jardín. Tiene 2 viviendas con sala, comedor, cocina, 4 y 8 plazas, y 1 ó 2 baños. Precios (según temporada): 4 plazas de 25.000 a 30.000 fin de semana y de 55.000 a 80.000 semanales.

Montseny (Barcelona)

Finca El Bales
Tf. 93/847 30 20
Conjunto de edificaciones de gran antigüedad y posible enclave templario, en pleno parque natural del Montseny. Incluye 3 viviendas, con 5 a 8 plazas. Precios: vivienda de 5 plazas 30.000 fin de semana; 8 plazas 50.000 fin de semana.

Olost de Lluçanès (Barcelona)

Cal Masover de Reixac
Tf. 93/888 00 28
Edificación de labranza, sencilla, a 2 km de la población, rodeada de bosques y cultivos. Comedor, galería, cocina, 3 habitaciones dobles, 1 triple y 2 baños. Precios: fin de semana 35.000; semana 70.000. *Observaciones: la propiedad alquila otra casa de 10 plazas.*

Perafita (Barcelona)

La Tria
Tf. 93/853 02 40
Casa *pairal* del s. XVII, con una cuidada restauración, a 1 km del pueblo. Sala de estar, y 8 habitaciones dobles con 4 baños. Precios: fin de semana 75.000; semana 170.000. *Observaciones: cuenta con un campo de fútbol.*

Ribes de Freser (Girona)

Can Coderch
Ribesaltes
Tfs. 610/33 41 48 y 972/72 80 56
Edificación de comienzos del s. XX, con jardín. Cocina, chimenea, 2 habitaciones dobles, 1 cuádruple y 1 baño. Precios: fin de semana 34.000; semana 90.000. *Observaciones: la casa incluye otras 2 viviendas de 4 y 5 plazas.*

Riells de Montseny (Girona)

Fontdellops
Tfs. 608/79 36 96 y 972/17 81 31
Masía del s. XVI, en una zona arbolada, accesible por una pista de 7,5 km. Sala de estar, cocina, comedor, 1 habitación sencilla, 3 dobles y 1 triple, con 4 baños. Precios (según temporada): vivienda de 65.000 a 92.000 fin de semana.

Sant Agustí de Lluçanès (Barcelona)

Masover del Codinach
Tf. 93/857 82 89
Antigua edificación en una explotación agrícola, con jardín y barbacoa. Sala con chimenea, cocina, 2 habitaciones dobles, 2 triples y 2 baños. Precios: fin de semana 35.200; semana 75.000.

La Garrotxa, Osona, el Vallès y el Ripollès

Apartamentos y casas de alquiler completo

Sant Esteve de Llémena (GIRONA)

Mas El Molí
Tf. 972/44 30 19
Molino harinero del s. XVIII, en una finca con un cuidado jardín y piscina. Sala de estar con chimenea, cocina, 1 habitación sencilla, 4 dobles, 2 de ellas con baño, y 1 baño. Precios: persona/día 3.500.

Sant Feliú de Pallerols (GIRONA)

Mas La Fàbrega
Tfs. 972/44 40 32 y 44 42 88
Masía del s. XII, dedicada a la producción lechera, con jardín. Tiene 1 apartamento con salón, cocina-comedor con chimenea, 2 habitaciones dobles y 1 baño. Precios: fin de semana 27.000; semana 60.000. *Observaciones: información sobre la zona.*

Sant Joan de les Abadesses (GIRONA)

El Reixac
Tf. 972/72 03 73
Masía del s. XVI, con restauraciones posteriores, en un frondoso paraje a 2 km del pueblo, con jardín. Dispone de 3 apartamentos abuhardillados, con chimenea, cocina y 2, 3 ó 6 plazas. Precios: 2 plazas 10.000 fin de semana; 3 plazas 12.000; 6 plazas 20.000.

Sant Pau de Seguries (GIRONA)

Casa Nova del Mariner
Tf. 972/74 70 12
Bella casa *pairal* del s. XVIII, con capilla y jardín, a 1 km de la localidad y con buenas vistas. Tiene 1 vivienda en los antiguos establos, con salón, chimenea y 4 habitaciones dobles. Precios: fin de semana 50.000; semana 130.000. *Observaciones: información sobre la zona.*

Mas de l´Om
Tf. 972/74 70 12
Masía del s. XVI, rodeada de prados, con jardín y establos, en un tranquilo paraje del valle del Bac. Salón con chimenea, buhardilla, 1 habitación sencilla, 4 dobles y 3 baños. Precios: fin de semana 50.000; semana 130.000. *Observaciones: información sobre la zona.*

Sant Salvador de Bianya (GIRONA)

El Callís
Tf. 972/19 50 43
Hermosa masía con establos y jardín, en un paraje de bosques y prados. Sala con chimenea, cocina, 2 habitaciones dobles, 3 triples y 3 baños. Precios: fin de semana 72.000.

Santa Pau (GIRONA)

Mas el Cros
Tf. 972/68 03 61
Casa tradicional restaurada, en plena zona volcánica, con explotación agrícola y ganadera y piscina. Lavadero, sala de chimenea, cocina, 4 habitaciones dobles y 2 baños. Precios: fin de semana 64.000.

Mas El Carrer
Tf. 972/68 04 87
Conjunto formado por una masía del s. XIV y su cabaña, rehabilitadas, con jardín y piscina. En la masía hay 5 apartamentos y la cabaña tiene cocina, chimenea, 3 habitaciones dobles y 2 baños. Precios (según temporada y tipo): fin de semana de 20.000 a 65.000.

Sora (BARCELONA)

La Posa
Tf. 93/852 92 31
Edificación antigua, muy reformada, en un bosque de roble y pinar. Tiene 2 apartamentos, 1 de 4 plazas y otro de 8, ambos con comedor-sala de estar, cocina y baño. Precios: 4 plazas 22.000 fin de semana y 45.000 semanales; 8 plazas 35.000 fin de semana y 67.000 semanales.

Taradell (BARCELONA)

Can Solé
Tf. 93/812 61 02
Casa de nueva construcción, situada a 2 km del pueblo, con jardín, barbacoa, piscina y restaurante. Tiene 1 vivienda con sala de estar con chimenea, biblioteca, 3 habitaciones dobles, 3 triples y 4 baños. Precios (según temporada): fin de semana de 55.000 a 70.000.

Apartamentos y casas de alquiler completo

Taradell (Barcelona)

Mas Pratsevall
Tf. 93/880 08 80
Casa de buen porte rodeada de bosque y jardín, a 500 m del pueblo. En unos graneros cercanos se han habilitado 2 apartamentos, con sala, chimenea, cocina, 3 habitaciones dobles y 1 baño. Precios: apartamento 28.000 fin de semana y 75.000 semanales.

Torre d'Oristà (Barcelona)

La Caseta
Coll de l'Arç
Tfs. 93/888 05 27 y 609/81 20 22
Masía tradicional del s. XVIII, restaurada, rodeada de bosque y jardín, junto a una cañada. Tiene 2 viviendas con cocina-comedor, sala con chimenea, 1 habitación sencilla, 3 dobles y 2 baños. Precios: persona/día 2.000.

La Vall de Bianya (Girona)

Can Capsec
La Vila
Tf. 972/29 00 76. Fax 972/29 11 34
Edificio integrado en una de las masías más antiguas del valle, al pie de un bosque y rodeada de prados, con establos, jardín y barbacoa. Sala con chimenea, cocina, 2 habitaciones dobles, 2 triples y 2 baños. Precios: persona/día 3.500.

La Vall de Bianya (Girona)

El Molí
Tf. 972/29 12 97
Vieja masía habilitada en un molino, en un pequeño valle aislado a 4 km de la Vall, con piscina. Interior acogedor y 3 apartamentos bien equipados, con 5 y 9 plazas. Precios (según temporada): 5 plazas de 20.000 a 22.000 fin de semana; 9 plazas de 38.000 a 40.000.

Can Solà
Tf./fax 972/29 21 05
Construcción de piedra y madera, aneja a la anterior. Incluye 3 apartamentos de 2, 6 y 8 plazas con terraza cubierta, barbacoa, sala-comedor con chimenea y cocina. Precios (según temporada y ocupación): apartamento de 26.000 a 48.000 fin de semana.

Vilaró (Girona)

Cal Pai
Tfs. 610/33 41 48 y 972/72 80 56
Bonita masía tradicional de comienzos del s. XX, con un pequeño jardín. Chimenea, cocina, 1 habitación sencilla, 2 dobles y 2 triples. Precios: fin de semana 34.000; semana 90.000. *Observaciones: la casa incluye otras 2 viviendas de 4 y 5 plazas.*

Lugares de interés

Campdevànol. Pueblo del Ripollès, en un paisaje accidentado junto al río Freser. Conserva la primitiva iglesia románica. *Excursiones: santuario de S. Marc d'Estiula; valle de Núria.*

Castellterçol. Pueblo natal del primer presidente de la Generalitat, Prat de la Riba. Castillo, en una zona de bosques protegidos, con fuentes y pozos de hielo. *Excursiones: monasterio de L'Estany.*

Montseny. Pueblo situado al sur de este macizo, en un paisaje accidentado. Iglesia románica de S. Agustí. *Excursiones: ermita de S. Bernat; monasterio de S. Marçal.* *Tienda de artesanía variada.*

Olost de Lluçanès. Pueblo de la comarca de Osona, en un paisaje de masías centenarias. Iglesia del s. X y castillo. *Excursiones: cripta románica y museo de cerámica de Oristà.* *Forja y tejas tradicionales.*

Perafita. Pequeña localidad de Osona, en un paisaje prepirenaico con abundantes robledales y pinares. *Excursiones: parque comarcal del castillo de Montesquiu.* *En casa La Tria, óleos y acuarelas.*

Riells de Montseny. Localidad de La Selva, en la vertiente del Montseny. *Excursiones: villa de Breda y castillo de Montsoriu.*

Sant Feliú de Pallerols. Villa situada al pie de los riscos y del santuario de la Salut. Casas antiguas, molino de la Conqueta y plaza del Firal. *Excursiones: castillos de Hostoles, Colltort y Puigalder.*

Sant Joan de les Abadesses. Localidad presidida por un imponente monasterio cisterciense, con un bello claustro gótico. *Elaboración de instrumentos musicales.*

S. Pau de Seguries. Localidad ganadera del Ripollès. *Excursiones: delicioso valle del Bac; villa de Camprodon.* *Taller de cerámica.*

Sora. Pequeño pueblo de la comarca de Osona, en un término accidentado. *Excursiones: ruinas del castillo de Rocafiguera; castillo y parque comarcal de Montesquiu.* *Cantería y ebanistería.*

Taradell. Villa de la comarca de Osona, con un paisaje accidentado. *Excursiones: fuentes sulfurosas; rutas por el Montseny y Les Guilleries.*

3. La Cerdanya, el Berguedà, el Alt Urgell y el Solsonès

Adrall
(LLEIDA)

Pueblo del Alt Urgell, en una zona regada por el Segre. Conserva restos de su castillo medieval. *Excursiones: Seu d'Urgell, sede episcopal desde el s. VI, con una notable catedral románica; ermita de S. Joan de l'Erm Vell, unida a los cátaros. En* ***Ossera****, infusiones y flores secas.*

Cal Xico
Pl. Mayor s/n. Tf. 973/38 70 55

Vivienda tradicional, restaurada, con galerías en la parte trasera. El interior, que mantiene la decoración rústica y las vigas de madera, dispone de sala de estar, comedor, cocina con chimenea, 8 habitaciones dobles, 4 de ellas con baño y 2 baños compartidos. Precios (según temporada): habitación doble de 3.500 a 3.700; con baño de 5.000 a 5.500; desayuno de payés 650; media pensión 1.800.

Age
(GIRONA)

Pequeño pueblo perteneciente al municipio de Puigcerdà, situado a 2 km de la frontera, con un entorno agrícola de prados y montes de pinar. *Excursiones: parque natural del Cadí-Moixeró; baños termales en Dorres y Llo. En* ***Puigcerdà****, trabajos de forja artesana*

Cal Marrufès
Tf. 972/14 11 74

Casa tradicional de piedra, situada en el casco viejo del pueblo y precedida de un amplio patio. Tiene salón-comedor con chimenea, cocina para uso de los huéspedes y 6 habitaciones dobles con baño. Precios (según temporada): habitación doble de 7.000 a 9.000, desayuno incluido. *Observaciones: desayuno abundante, tipo "buffet".*

Arsèguel
(LLEIDA)

Pequeño pueblo del Alt Urgell, ribereño del Segre, situado a 1.000 m. Museo del Acordeón. *Excursiones: parque natural de Cadí-Moixeró; río Segre, con posibilidad de practicar piragüismo. Fábrica-museo de lana, con mantas, bufandas y calcetines.*

Cal Roig
Tfs. 973/38 40 17 y 606/24 40 68

Vivienda tradicional de piedra, emplazada a 2 km de la localidad, con huerto y establos. Tiene patio, terrazas, chimenea, sala de estar, 9 habitaciones dobles, 3 de ellas con baño y 1 triple, así como 3 baños compartidos. Precios: habitación doble 3.000; con baño 4.500; desayuno 500; comida o cena 1.100.

Bolvir de la Cerdanya
(GIRONA)

Pueblo de la Baixa Cerdanya, escalonado a 1.145 m de altitud. Conserva la iglesia románica de Sta. Cecilia. *Excursiones: villa catalana de Llívia, al otro lado de la frontera; lagos de Malniu y La Pera; pistas de esquí de Puigcerdà.*

Torre del Remei (****)
Camí Reial s/n. Tf. 972/14 01 82

Hotel habilitado en un palacete modernista de comienzos de siglo, con huerto, jardín, piscina y todos los servicios que convierten la experiencia rural en un lujo para sibaritas. Tiene sala de estar, 4 habitaciones dobles y 7 *suites*, algunas con chimenea. Precios: habitación doble 28.000; *suite* 45.000; desayuno 2.500.

Calvinyà
(LLEIDA)

Pueblo situado a más de 1.000 m de altitud, a 6 km de la Seu d'Urgell. *Excursiones: conjunto monumental de la Seu d'Urgell; parque natural del Cadí-Moixeró. En la* ***Seu d'Urgell****, venta de artesanía, esculturas de hierro, joyas y piezas de cerámica.*

Cal Serni
Tf. 973/35 28 09

Bonita casa tradicional, con granja de animales y terraza. El interior, rústico y agradable, tiene despensa, bodega, comedor, cocina, 1 habitación sencilla, 4 dobles y 1 cuádruple, todas con baño. Precios: habitación doble 4.200; desayuno 500; comida o cena 1.600.

Castelltallat
(BARCELONA)

Pueblo del municipio de Sant Mateu de Bages, próximo a la sierra de Castelltallat, en un paisaje cubierto de pinares. *Excursiones: macizo de Montserrat; balneario de Caldes de Montbui; museo y minas de sal de Cardona; cuevas de Collbató. En* ***Cardona****, figuras de sal.*

Cal Morera
Tf. 93/836 61 91

Bonita masía de piedra, en una finca agrícola, con animales de granja, huerto, jardín y patio. Tiene comedor, chimenea, 3 habitaciones dobles, 1 de ellas con baño, y 1 baño compartido. Precios: habitación doble 5.000; desayuno 700; comida o cena 1.500. *Observaciones: senderismo; en la casa hay una muestra de utensilios antiguos.*

Serrateix
(Barcelona)

Pueblo apartado del Berguedà, situado sobre una planicie. Conserva la abadía benedictina de Sta. Maria, fundada en el s. X. *Excursiones: castillo de Balsareny.*

l'Hostalet
C/ Hostalet 36. Tf. 93/744 90 48

Bonita masía de piedra, cercana a un bosque, con huerto, establos, jardín, piscina y horno de leña. Tiene sala de estar con chimenea, 3 habitaciones dobles y 2 baños. Precios*: habitación doble 3.800; desayuno 600; comida o cena 1.300.

La Seu d'Urgell
(Lleida)

Bello conjunto monumental. Catedral románica del s. XII, museo Diocesano, templos, conventos, callejones con soportales y sorprendente claustro del parque de Valira, diseñado por Racionero. *Excursiones: parque olímpico del Segre; parque natural de Cadí-Moixeró.*

La Vall del Cadí
Ctra. Cerc-Tuixén, km 1. Tf. 973/35 03 90

Casa tradicional situada a 1 km de La Seu, en un paraje tranquilo. Tiene comedor, 4 habitaciones dobles, 1 triple y 1 cuádruple, todas con baño y buenas vistas. Se puede alquilar entera. Precios (según temporada): habitación doble de 6.000 a 7.000; desayuno 600. *Observaciones: desayunos con productos caseros; facilitan información sobre el entorno; alquiler de caballos.*

Tuixén
(Lleida)

Agradable conjunto de arquitectura popular, situado en un paisaje montañoso, entre dos valles, a 1.200 m de altitud. *Excursiones: grandioso macizo de Pedraforca; sierra y estación de esquí de Port de Compte; sierras de Cadí y Verd; pista de esquí nórdico de La Vansa. Museo de Les Trementinaries, dedicado a estas mujeres que recogían plantas y hacían remedios medicinales.*

Cal Farragetes
Coll 7. Tf. 973/37 00 34

Casa de montaña situada en la plaza del pueblo, junto al acogedor café y con un jardín botánico de plantas medicinales. Cuenta con patio, 4 habitaciones dobles, 1 triple y 1 cuádruple, todas con baño. Precios: habitación doble 3.200; triple 4.800; desayuno 500; cena 1.400. *Observaciones: precios especiales en temporada de nieve; se organizan itinerarios de plantas medicinales.*

Cal Gabriel
C/ Riu de la Mola 5. Tf./fax 973/37 01 42

Casa tradicional de piedra, en el centro del pueblo, con patio. El interior, con suelos de madera, tiene sala de estar con chimenea, comedor, 5 habitaciones dobles y 1 triple, todas con baño. Precios: habitación doble 3.560; triple 5.340; desayuno 520; comida o cena de 1.560 a 2.120. *Observaciones: alquiler de trineos y bicicletas de montaña.*

Urtx
(Girona)

Pueblo de la Baixa Cerdanya, en un paisaje de pastos y bosques. A destacar la iglesia de S. Martí, románica, con un interesante portal esculpido. *Excursiones: zona de baños en el río Segre; áreas recreativas en el entorno, con fuentes y barbacoas; estación de esquí de La Molina.*

Cal Mateu
Tf. 972/89 04 95

Casa de construcción reciente, hecha con materiales tradicionales, con patio y establos. Tiene sala de estar, chimenea, cocina, 1 habitación sencilla, 3 dobles, 1 triple y 1 cuádruple, todas con baño. Precios: habitación doble 6.000; triple 8.000; cuádruple 11.000; desayuno incluido.

Vallferosa
(Lleida)

Pueblo de la comarca de Segarra, ribereño del río Vallferosa. Conserva la gran torre del homenaje de su antiguo castillo, que domina el caserío. *Excursiones: villa de Torà, con algunos edificios de interés; monasterio de Cellers. En* ***Verdú****, talleres de cerámica. En* ***Torà****, forja.*

La Collita
Masía Cal Cristófol. Tf. 973/47 33 99

Masía del s. XVIII aislada, con huerto, jardín, piscina y un pequeño museo agrícola. Tiene comedor con chimenea, salas de estar, sala de reuniones y 10 habitaciones con baño. Precios (persona/día): media pensión 4.300; pensión completa 5.300. *Observaciones: descuentos a niños; juegos de mesa y al aire libre.*

Vilada (Barcelona)

Localidad del Berguedà, emplazada en un paisaje de pastos y pinares, a 750 m de altitud. *Excursiones: castillo de Roset; embalse de La Baells, con zonas de baño y áreas recreativas; sierra de Pic-en-Cel, con abundantes senderos señalizados en parajes y bosques de gran belleza; sierra del Catllaràs, con una variada flora y alturas que superan los 1.700 m; parque natural del Cadí-Moixeró y macizo de Pedraforca.*

Cal Xocolater
Ctra. S. Romá de la Clusa
Tf. 93/823 81 54. Tf./fax 93/823 83 83
Agradable construcción de los años 50, con zona deportiva y parque infantil, situada a 300 m del pueblo. Tiene un bonito porche de piedra, terraza, salones y 10 habitaciones, repartidas en apartamentos. Precios: persona/día 3.000; desayuno 600; comida o cena 1.500.

Les Eres de Guardiolans
Ctra. Berga-Ripoll, km 34
Tf. 93/823 82 64
Imponente masía del s. X, con capilla aneja, aislada en un bello paraje de montaña. Tiene comedor, salas para cursos, 2 habitaciones dobles y 4 cuádruples, algunas con baño. Precios (persona/día): alojamiento de 1.600 a 2.000; desayuno 600; comida 1.200; cena 1.100. *Observaciones: menú vegetariano para grupos.*

Apartamentos y casas de alquiler completo

Adrall (Lleida)

Cal Migueló
Tfs. 973/38 70 25 y 606/59 38 34
Casa de pueblo, situada en la plaza Mayor, con jardín, terraza cubierta y barbacoa. Despensa, sala de estar con chimenea, comedor, cocina, 5 habitaciones y 3 baños. Precios (según temporada y ocupación): fin de semana de 24.000 a 48.000.

Àger (Lleida)

Pasqual d'Oroners
Tf. 973/45 50 88
Casa rodeada de una finca agrícola, al pie de la carretera, con huerto y establo. Comedor, sala, cocina y 5 habitaciones dobles o triples. Precios: día 19.000; semana 100.000.

Berga (Barcelona)

El Cobert
Casa Vilaformiu
Tf./fax 93/821 21 21
Explotación ganadera y centro ecuestre, con jardín y barbacoa. Incluye 1 vivienda con sala, chimenea, cocina, 4 habitaciones dobles y 2 baños. Precios: fin de semana 40.000; semana 105.000. *Observaciones: excursiones a pie y a caballo.*

Casserres (Barcelona)

Cal Peu Curt
Tf./fax 93/825 07 59
Casa de piedra rehabilitada, sobre un montículo con buenas vistas y en una finca agrícola y ganadera, con huerto, jardín, barbacoa y piscina. Sala con chimenea, cocina, 7 habitaciones dobles y 3 baños. Precios: fin de semana 70.000.

Castellar de Tost (Lleida)

Cal Tinet
Tfs. 609/38 60 39 y 973/29 81 26
Casa de piedra de tres plantas, con patio y amplios balcones, muy próxima a la iglesia. Sala-comedor con chimenea, cocina, 5 habitaciones dobles y 3 baños. Precios (según temporada): fin de semana de 38.000 a 42.000.

Castellbó (Lleida)

El Molí del Pau
Tf. 973/35 16 08
Antiguo molino, muy reformado, con jardín de césped, fuente, terraza y barbacoa, a la entrada del pueblo. Cocina-comedor y 2 habitaciones dobles con baño. Precios : fin de semana 23.000; semana 60.000.

Apartamentos y casas de alquiler completo

Castelltallat (Barcelona)

El Mas
Tf. 93/836 61 35
Fax 93/836 60 45
Masía del s. XVII, con una encina centenaria, establos para caballos y jardín. sala con chimenea, cocina, 1 habitación sencilla, 3 dobles y 2 baños. Precios: fin de semana 35.000; semana 70.000.

Cal Putxó
Tf. 93/836 60 50
Bonita masía del s. XVII, reformada, con jardín y piscina. Tiene 1 habitación doble y 1 apartamento de 6 plazas, con sala, cocina y 1 baño. Precios: habitación doble 5.000; desayuno 700; comida o cena 1.500; apartamento 30.000 fin de semana y 70.000 semanales.

Clariana del Cardener (Lleida)

Flotats
Tfs. 973/48 23 90 y
608/13 47 87
Casa de buena planta, de comienzos del s. XX, con jardín, piscina y espectaculares vistas. Incluye 2 alojamientos independientes con cocina-salón-comedor con chimenea, 1 habitación doble, 1 triple y 1 baño. Precios: fin de semana 26.000.

Coll de Nargó (Lleida)

Coll de la Mola
Tfs. 973/38 35 75 y
609/75 16 32
Casa de alta montaña, aislada entre prados, con piscina. Sala, chimenea, cocina, 6 plazas y 2 baños. Precios (según temporada): fin de semana 30.000; semana de 55.000 a 80.000. *Observaciones: la propiedad alquila otra casa en la misma finca.*

Masovers de Torriella
Tfs. 973/38 35 75 y
609/75 16 32
Bonita casa rústica, en un paraje boscoso de montaña, con piscina. Salón, comedor, cocina, 3 habitaciones dobles, 1 de ellas con baño, y 1 baño. Precios (según temporada): fin de semana 30.000; semana de 55.000 a 80.000.

Coll de Nargó (Lleida)

El Tossal
Tfs. 973/38 35 75 y
609/75 16 32
Casa de reciente construcción, en un paraje aislado de montaña, con jardín y piscina. Mobiliario antiguo, sala de estar con chimenea, cocina-comedor, 5 habitaciones dobles y 5 baños. Precios (según temporada): fin de semana de 45.000 a 65.000.

Gósol (Lleida)

Ca l'Esteve
Tf. 973/37 01 26
Sencilla edificación de piedra, en el mismo pueblo, con jardín. Sala de estar con chimenea, comedor, cocina, 2 habitaciones y 1 baño. Precios: fin de semana 15.400. *Observaciones: servicio de guías; hay 1 estancia con literas para grupos de 8/10 personas.*

Lladurs (Lleida)

La Moixella
Tfs. 973/48 03 03 y
689/47 46 82
Masía del s. XVIII, restaurada, en una finca agrícola a 2 km del pueblo. Interior adaptado para minusválidos, porche, barbacoa, sala con chimenea, cocina, 3 habitaciones dobles, 2 triples y 3 baños. Precios: fin de semana 60.000; semana 155.000.

El Pla de Montpol
Tf. 973/48 01 07
Casa emplazada en una finca ganadera, con huerto y establos, en un paraje con bosques y riachuelo de montaña. Tiene 6 habitaciones dobles y 5 baños. Precios (para 8 personas): fin de semana 48.000. *Observaciones: la propiedad alquila otra casa para 6 personas.*

Casa Corral
Ctra. de S. Llorenç, km 7
Tfs. 973/48 03 03 y 689/47 46 82
Amplia masía del s. XIX, con huerto, jardín y piscina. En el pajar se han habilitado 3 apartamentos, con cocina, chimenea, 2 habitaciones dobles y 1 baño. Precios: apartamento 25.000 fin de semana y 90.000 semanales.

Apartamentos y casas de alquiler completo

Odèn (Lleida)

El Call d'Odèn
Tfs. 973/48 31 77 y 49 90 48
Casa de payés del s. XIII, en una finca ganadera, con excelentes vistas. Incluye 3 viviendas con sala, chimenea, cocina-comedor, 1 habitación doble, 1 triple abuhardillada y 1 baño. Precios (según ocupación): vivienda de 21.000 a 27.000 fin de semana.

Ogern (Lleida)

El Molí d'Ogern
Tf./fax 973/46 27 37
Hermosa masía del s. XVIII, con molino harinero y jardín con barbacoa. Tiene 2 apartamentos rústicos, con sala-comedor, chimenea, cocina, 3 habitaciones dobles y 1 baño. Precios (según temporada): apartamento 30.000 fin de semana y de 55.000 a 65.000 semanales.

Olvan (Barcelona)

Cal Cisteller
Tf./fax 93/825 09 06
Tradicional casa de labor, rodeada de vegetación y próxima a un riachuelo, con jardín, piscina y barbacoa. Interior acogedor, salón-cocina-comedor, sala de estar con chimenea, 2 habitaciones dobles, 1 triple y 2 baños. Precios: fin de semana 40.000.

Roca-Rodona
Can Ferreres s/n
Tf./fax 93/825 09 06
Casa de labranza del s. XVI, con jardín, piscina y una cuidadosa restauración, en una finca agrícola a 2 km del pueblo. Salón con chimenea, un antiguo horno de pan y 3 apartamentos de 4/6 plazas. Precios: apartamento 25.000 fin de semana.

Os de Civís (Lleida)

Cases Artigues
Tf. 973/36 91 41
Casa de piedra, en este pueblo accesible por Andorra, con patio, barbacoa y *solarium*. Tiene 2 viviendas con salón-comedor, chimenea, cocina, 6 ó 10 plazas y 2 baños. Precios (según temporada): 6 plazas de 31.000 a 36.000 fin de semana; 10 plazas de 47.000 a 52.000.

Sagàs (Barcelona)

Casamira
Tf./fax 93/825 00 15
Casa tradicional, emplazada en un paraje aislado, con jardín y barbacoa. Sala de juegos, sala con chimenea, cocina, 5 habitaciones dobles y 2 baños. Precios: persona/día 2.250.

Masoveria Vilanova
Tf. 93/744 11 11
Hermoso conjunto de edificios tradicionales, en un paraje de huertas, con establos, jardín, barbacoa y piscina. Incluyen 1 vivienda con sala, chimenea, cocina, 5 habitaciones dobles y 2 baños. Precios: persona/día 2.500.

Sanavastre (Girona)

La Granja
Camí de la Vila 3
Tf. 972/89 01 14
Casa de reciente construcción, con huerto y jardín. Salón-comedor con chimenea, cocina, 3 habitaciones dobles y 1 baño. Precios: fin de semana 30.000.

Santa Maria de Merlès (Barcelona)

Cal Tracanet
Tfs. 93/744 10 76 y 93/825 04 76
Agradable construcción de piedra, con establos, huerto y jardín, en un paraje natural próximo al río. Sala de estar, chimenea, cocina, 4 habitaciones dobles y 3 baños. Precios: fin de semana 28.800; semana 95.000.

Ventajola (Girona)

Mas Meya
Tfs. 972/88 08 47 y 619/69 27 39
Pajar rehabilitado, en una finca en explotación, con praderas y arbolado, a 2 km de Puigcerdà. Tiene 4 apartamentos, con cocina-comedor-sala con chimenea, 4 plazas, 1 baño y 1 aseo. Precios: apartamento 22.000 fin de semana; 55.000 semanales.

La Cerdanya, el Berguedà, el Alt Urgell y el Solsonès

Lugares de interés

Àger. Población del valle de Àger, en la Noguera. Conjunto escalonado sobre un montículo a los pies del castillo y la colegiata. *Excursiones: desfiladero de Mont Rebei; "pedrera" de Rúbies.*

Casserres. Localidad del Berguedà, próxima a la villa de Gironella y al curso del Llobregat. *Excursiones: núcleo de Avià, famoso por sus concursos de belenes en miniatura; macizo de Pedraforca; pistas de esquí de Rasos de Peguera; parque natural del Cadí-Moixeró.*

Castellar de Tost. Pequeña localidad del municipio de Ribera de Urgellet, en un terreno accidentado del prepirineo. *Excursiones: conjunto monumental de la Seu d'Urgell; Andorra; rutas del románico y de los cátaros; parque natural del Cadí-Moixeró. En el **Pla de S. Tirs**, bellos cuencos tallados en distintas maderas.*

Castellbó. Pequeño pueblo, escalonado sobre un cerro presidido por las ruinas de su castillo y unido a la presencia de los cátaros en Cataluña. *Esencias y cremas naturales; abanicos.*

Coll de Nargó. Pueblo del Alt Urgell, ribereño del Segre. Buen conjunto de arquitectura popular, ruinas del castillo y preciosa iglesia románica con un singular campanario. *Excursiones: reserva natural del Boumort; río de Valldarques, con zonas de baño.*

Gósol. Pueblo de alta montaña, rodeado de los macizos de Cadí-Moixeró y Pedraforca. Conserva los restos de un castillo y un buen conjunto de arquitectura popular. Museo etnográfico y pequeña colección de obras de Picasso.

Lladurs. Pueblo del Solsonès, en un paisaje que alterna el pinar y los cultivos de secano. Conserva los restos de un castillo, numerosas masías y algunos dólmenes en su término municipal. *Excursiones: villa monumental de Solsona, con catedral, restos de murallas y numerosos caserones góticos; santuario de Lord; parajes naturales de Ribera Salada, Busa Bastets; sierra del Verd; estación de esquí del Port del Compte; sendero GR.7. Tienda de artesanía con objetos típicos y figuras del folklore (gigantes y cabezudos).*

Ogern. Pueblo del Alt Urgell, próximo a Bassella, atravesado por el pequeño cauce de Ribera Salada.

Olvan. Localidad del Berguedà, emplazada en un terreno con abundantes pinares. *Excursiones: villa de Berga; templos de S. Quirze de Pedret, Obiols y Avià; pantano de La Baells; pistas de esquí de Rasos de Paguera.*

Os de Civís. Pueblo de alta montaña, a más de 1.600 m y rodeado de tierras de Andorra. Iglesia románica de S. Pedro, levantada sobre el antiguo castillo. *Museo del Fósil; elaboración de cuadros con plantas del Pirineo, artesanía de madera; cerámica y venta de antigüedades.*

Ventajola. Aldea del municipio de Puigcerdà, a más de 1.100 m de altitud junto al río Aravó. Conserva una iglesia románica.

4. Vall d´Aran, Pallars y Ribagorça

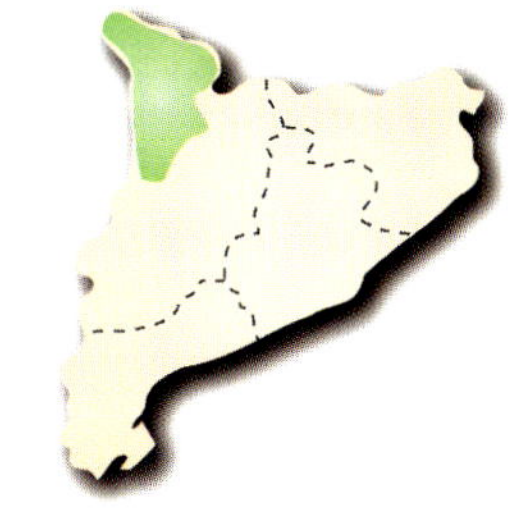

Vall d´Aran, Pallars y Ribagorça

Esterri de Cardós (LLEIDA)

Pueblo de 20 habitantes, ribereño del torrente de Esterri, a 1.200 m de altitud. Iglesia de S. Pere, románica. *Excursiones: lagos glaciares de Certascan y Naorte.* *En **Ribera** y **Sort**, venta de artesanía.*

Casa Borrut

Tf. 973/62 31 84

Hermosa edificación de piedra, de tres plantas, con techos y suelos de madera. Tiene una gran sala de estar y 5 *dúplex* de 2/4 plazas, con baño. Precios (según ocupación): *dúplex* de 6.000 a 8.000; desayuno 600; comida o cena 1.500. *Observaciones: la propiedad alquila otra casa de 6 plazas en el mismo pueblo.*

Irgo (LLEIDA)

Pequeño pueblo perdido en una zona de montaña. Conserva la ermita románica de S. Salvador y una valiosa talla de Cristo en la iglesia parroquial. *Excursiones: pueblo abandonado de Sarais; embalse de l'Escales.*

Casa Palomés

Tf. 973/29 70 11

Preciosa edificación de piedra de 1580, con un amplio patio, en la parte alta del pueblo. El interior, lleno de detalles, tiene sala de estar, comedor con chimenea y 3 habitaciones dobles con baño, algunas con espléndidas vistas. Precios: habitación doble 10.000, desayuno incluido. *Observaciones: cocina francesa y de la tierra; información de rutas.*

✉ Trato entrañable y decoración muy elegante. Única.

Lés (LLEIDA)

Localidad aranesa ribereña del Garona, que divide la población en dos núcleos. Conserva balnearios del s. XIX y los restos del antiguo castillo, incendiado en 1650 durante la guerra de los Segadors. *Excursiones: bosque de Lés; lago Long de Liat, accesible desde S. Joan de Toran.*

Matacabós

Sant Jaume s/n. Tf. 973/64 80 48

Albergue perteneciente a la REAJ, próximo a las pistas de esquí. Tiene buenos accesos para minusválidos, 2 salas de estar, talleres y comedor, y dispone de 45 plazas en habitaciones múltiples, con posibilidad de alquilar sábanas o sacos. Precios: ver apéndice. *Observaciones: organizan la semana de la nieve y actividades en el valle de Aran.*

Lladorre (LLEIDA)

Pueblo del Pallars Sobirà, en la cabecera del valle de Cardós y en una región de paisaje alpino, donde se encuentran los pueblos más altos del Pirineo catalán. *Excrusiones: parque nacional de Aigües Tortes; lago de Certascan; llanos de Boabí.* *Venta de antigüedades.*

Casa Serra

Ctra. de Tavascan s/n. Tf. 973/62 31 17

Caserón de piedra, con establos, animales de granja y piscina, situada a 1 km del pueblo. Tiene 4 habitaciones dobles, 2 de ellas con baño, y 1 baño compartido. Precios: habitación doble 3.000; con baño 4.000; desayuno 500; comida o cena 1.500; derecho a cocina 500 por habitación. *Observaciones: cocina de la comarca; excursiones a caballo.*

Llesp (LLEIDA)

Pequeño pueblo de la Alta Ribagorça, a 1.000 m de altitud y próximo a Pont de Suert. Iglesia de S. Martí, con elementos románicos. *Excursiones: valle de Boí.* *Taller de cerámica.*

Casa Quintana

Tf. 973/69 03 39

Casa de pueblo de los años 50, recientemente restaurada. El interior, sencillo y agradable, tiene salón con chimenea, 5 habitaciones dobles, 3 de ellas con baño, y 1 baño compartido. Precios (persona/día): media pensión de 3.700 a 4.200. *Observaciones: cocina tradicional, con productos caseros.*

Malpàs (LLEIDA)

Pueblo muy apartado, situado en el barranco de Peranera, cerca de Pont de Suert. *En **Pont de Suert**, fábrica de mantas y tienda de artesanía.*

Casa Espot

Tf. 973/69 11 22

Robusta edificación de piedra, asentada en lo alto del pueblo, con espléndidas vistas. Tiene una amplia entrada cubierta, comedor, salas de estar, chimenea, 4 habitaciones sencillas y 3 dobles, con 3 baños compartidos, así como 1 apartamento para 4 personas. Precios (según temporada): habitación doble de 4.000 a 4.600; desayuno 700; cena 1.500; apartamento de 17.000 a 20.000 fin de semana.

Salardú
(LLEIDA)

Localidad aranesa, a más de 1.200 m de altitud. Iglesia con un bello Cristo románico y restos de murallas y castillo. *Excursiones: lagos y circo glaciar de Colomers; bellos parajes de la ribera del Aiguamòg.* **En Vielha**, *venta de artesanía, antigüedades y agradables objetos decorativos: flores secas, viejos esquís, cestos de avellano, utensilios de cocina,...*

Deth Païs (**)

Pl. Pica. Tf. 973/64 58 36. Fax 973/64 45 00

Hotel familiar, habilitado en un edificio de aire alpino con tejado de pizarra, en el casco viejo del pueblo. Tiene bar, restaurante, guarda-esquís, sala de estar con chimenea y 18 habitaciones dobles con baño, algunas abuhardilladas. Precios: habitación doble 6.800. *Observaciones: alquiler de bicicletas de montaña; traslado a las pistas de esquí.*

Era Garona

Ctra. de Vielha s/n. Tf. 973/64 52 71

Albergue integrado en la REAJ, abierto todo el año excepto en Navidad. Tiene comedor, salas de estar, talleres y alquiler de sábanas y sacos. Está adaptado para minusválidos y cuenta con 180 plazas en habitaciones de 4 y 6 plazas. Precios: ver apéndice. *Observaciones: organizan excursiones por los valles de Aran y del Alto Garona.*

Sant Martí de Barcedana
(LLEIDA)

Pequeño núcleo apartado del Pallars Jussà, con una activa ganadería y cultivos de olivos y cereales. *Excursiones: castillo de S. Gervàs; románico del Pallars; sierra del Montsec; valle de Barcedana; embalse de Cellers.*

Casa Roca

C/ Major s/n. Tf. 973/65 10 70

Bello edificio del s. XVI, con corrales, huerto y capilla del s. XVII. Tiene piscina, sala, un hogar antiquísimo y 7 habitaciones dobles y triples, algunas con baño. Precios: habitación doble 2.800; con baño 3.900; desayuno 675; comida 1.500; cena 1.400. *Observaciones: cocina casera; excursiones en tractor; elaboración de alimentos artesanales.*

✉ Es como estar en tu propia casa.

Santa Engràcia
(LLEIDA)

Agradable conjunto de arquitectura popular, casi deshabitado, en un paraje recóndito y espectacular. *Excursiones: castillos de Mur y Orcau; iglesia románica de Covet, con una preciosa portada; congost de Terradets.*

Casa Guilla

Tf. 609/36 84 73. Tf./fax 973/25 20 80

Preciosa construcción del s. VIII, con una terraza que ofrece espectaculares vistas de la zona. Las dependencias incluyen una biblioteca, bar, comedor, salas con chimenea y 5 habitaciones dobles, con 3 baños compartidos. Precios (persona/día): media pensión 5.000.

✉ Aldea apartada sobre un farallón. Buen ambiente de tertulia durante las cenas.

Senterada
(LLEIDA)

Localidad del Pallars Jussà, próxima a Pobla de Segur. *Excursiones: dólmenes de Pinyana y Mas de Rosell; cueva de Cuveres; teleférico y lagos de la Vall Fosca; embalse de Sant Antoni, con posibilidad de practicar deportes náuticos; ríos Noguera Pallaresa, Bosia y Flamisell.*

La Fàbrica

Avda. de la Begoda s/n. Tf. 973/66 17 56

Encantador alojamiento en una industria de hilados del s. XIX. El interior, muy cuidado y con una decoración agradable que incluye recuerdos de la primitiva fábrica, tiene un salón con chimenea y 3 habitaciones. Precios (según temporada): habitación doble de 5.100 a 5.900; desayuno 700; cena 2.250. *Observaciones: alquiler de bicicletas; junto a la casa hay una antigua piscifactoría.*

Taüll
(LLEIDA)

Agradable localidad de la Alta Ribagorça, encaramada a 1.495 m de altitud. El pueblo se reparte en dos barrios en torno a las preciosas iglesias románicas de Sta. María y S. Climent, consagradas ambas en el año 1123.

Ver página siguiente.

Casa Baró

Tf. 973/69 60 27

Masía del s. XII que se ha mantenido con pocas alteraciones, situada en la parte baja del pueblo, con jardín y vistas de la iglesia de S. Climent. Cuenta con salón-comedor, cocina para uso exclusivo de los huéspedes y 5 habitaciones dobles con baño. Precios: habitación doble 4.700. *Observaciones: alquiler de esquíes.*

Vall d´Aran, Pallars y Ribagorça

Taüll
(LLEIDA)

Ver página anterior.
Excursiones: conjunto de templos románicos del valle de Boí, en las localidades de Cardet, Cóll, Erill la Vall, Boí, Barruera y Durro; balneario de Caldes de Boí; lago de Llebreta; río Malo, donde es posible ver nutrias; bosque del Forat del Gel; parque nacional de Aigües Tortes. Taller de elaboración de imágenes de santos y esculturas de todo tipo, en piedra, barro y madera; trabajos en cuero; tiendas de artesanía. En ***Caldes de Boí****, venta de artesanía variada en el patio del balneario.*

Casa Planominguero
C/ Planominguero 9. Tf. 973/69 61 17
Casa de reciente construcción, bien integrada en la arquitectura de la zona y situada en la parte alta del pueblo, con huerto y jardín. Tiene 5 habitaciones dobles y 1 triple, todas con baño, así como 1 apartamento de 4 plazas. Precios: habitación doble 4.500; desayuno 500.
✉ Buenas vistas del valle. Decoración algo impersonal. Limpieza y comodidad buena. Escasea la información.

Casa Xep
Plaça Cap del Riu 7. Tf. 973/69 60 54
Construcción recientemente rehabilitada, con un bonito balcón, en el centro del pueblo y próxima a la iglesia de Sta. María. El interior tiene sala de estar, cocina con chimenea y 5 habitaciones dobles, algunas abuhardilladas, con 3 baños compartidos. Precios: habitación doble 3.200; desayuno 400; derecho a cocina 200 habitación/día.

Tavascán
(LLEIDA)

Localidad de alta montaña situada en el valle de Cardós. *Excursiones: castillo de Lladorre y puente de Borito; parajes del río Noguera de Cardós; cimas de los picos Montroig y Ventolau; lagos de Mariola, Estanys del Port, Naorte, Diable y Certascan, de origen glaciar.*

La Pleta del Prat
Tf. 973/62 30 79. Tf./fax 973/62 30 89
Refugio de alta montaña, aislado a 11 km del pueblo, en un paraje de gran belleza junto a las pistas de esquí. Tiene cafetería, comedor y capacidad para 50 personas en habitaciones múltiples. Precios: alojamiento 1.500, desayuno incluido; media pensión 2.800; pensión completa 3.800. *Observaciones: descuentos a grupos: monitores de esquí nórdico y alpino; organizan excursiones por el entorno.*

Vila
(LLEIDA)

Pueblo aranés, con buenas vistas del valle de Garona. Conserva un templo parroquial románico. *Excursiones: bosque de Baricauba; lago de Bassa d'Oles, en un bello paraje con senderos y áreas recreativas.*

Casa Curbelies
Tf. 973/25 30 07
Construcción reciente, de buena planta, con huerta, jardín, piscina y terraza. Tiene comedor, sala de estar, 1 habitación sencilla y 6 dobles, todas con lavabo y algunas abuhardilladas, así como 4 baños compartidos. Precios: habitación doble 4.000; desayuno 400; cena 1.600.

Vilaller
(LLEIDA)

Localidad de la Alta Ribagorça, con un excelente emplazamiento para recorrer los valles de Aran y Boí. Conserva la ermita de S. Antoni, objeto de una vieja leyenda local. *Excursiones: lago de Llauset, accesible desde el pueblo de Aneto.*

Casa Pauet
Plaça Masaneres 34. Tf. 973/69 81 75
Construcción reciente y agradable, rodeada de un terreno con huerta. Se comparten la sala y la chimenea con los propietarios. Tiene cocina y 3 habitaciones dobles, con 2 baños compartidos. Precios: habitación doble 4.000, con derecho a cocina; desayuno 300.

Vilamòs
(LLEIDA)

Pueblo aranés asentado a más de 1.200 m de altitud, en un pequeño llano junto al río Uixera. Iglesias románicas de Sta. María y S. Miquel. *Excursiones: paraje de Barradós, con cascadas.*

Uxera
Tf. 973/64 27 68
Edificio de piedra, emplazado en un rincón del pueblo. Dispone de salón con chimenea, 1 habitación sencilla y 7 dobles con baño. Precios: habitación doble 4.500; desayuno 400; comida o cena 1.200.

Apartamentos y casas de alquiler completo

Altron (Lleida)

L'Era de Sansa
Tf./fax 973/25 00 98
Antiguo pajar, rehabilitado con gracia, con rocódromo y observatorio astronómico. Comedor con chimenea, cocina, 4 habitaciones dobles y 2 baños. Precios (según temporada): fin de semana de 30.000 a 40.000. *Observaciones: ropa de cama por cuenta de los huéspedes.*

Barruera (Lleida)

Casa Carlà
C/ Riu. Tf. 973/69 40 61
Casa amplia, con piscina, jardín, barbacoa y una tienda de alimentación en la planta baja. Tiene 3 estudios con salón-comedor y 1 ó 2 habitaciones abuhardilladas. Precios: estudio de 4 plazas 8.000 diarias y 56.000 semanales.

Casa l'Hortal
Ctra. de Caldes s/n
Tf. 973/69 40 20
Agradable edificio de piedra, con un café en la planta baja. Tiene 3 habitaciones dobles con baño y 3 apartamentos con cocina-comedor, 1 habitación doble y 1 baño. Precios: habitación doble 5.000; apartamento 9.000 diarias.

La Comella
Tf. 973/69 40 03
Casa de montaña, con jardín y barbacoa. Tiene 2 apartamentos con comedor, cocina y 2 habitaciones dobles abuhardilladas. Precios (según temporada): apartamento de 4 plazas de 14.000 a 16.000 fin de semana. *Observaciones: descuentos en temporada baja.*

Durro (Lleida)

Casa Garbot
Tf. 973/69 40 47
Construcción de piedra, típica de la zona, con patio. Sala de estar con chimenea y 2 apartamentos, con cocina-comedor, 2 habitaciones dobles y 1 baño. Precios: fin de semana 15.000.

Durro (Lleida)

Casa Sastret
Tf 973/69 40 53
Sólida construcción con balconada de madera. Tiene 2 apartamentos con capacidad para 4 personas. Precios: apartamento 7.500 diarias; comida o cena 1.700.

Erill la Vall (Lleida)

Casa Ferro
Tf. 973/69 40 61
Construcción de buena planta, con jardín y patio exterior. Cuenta con 2 apartamentos, con salón-comedor, cocina, chimenea, 2 habitaciones dobles y 1 baño. Precios: apartamento 8.000 diarias y 56.000 semanales. *Observaciones: venta de productos de huerta.*

Garòs (Lleida)

Matevet
Tf. 973/64 02 65
Edificación de piedra, muy característica de la zona y con un agradable patio de entrada. Tiene 2 viviendas, ambas con salón, 4 y 5 plazas y 1 baño. Precios: apartamento de 4 plazas 20.000 fin de semana; 5 plazas 24.000 fin de semana.

Salàs de Pallars (Lleida)

Can Delme
Tf. 973/67 61 80
Edificio destinado antaño al cobro de diezmos (*delmes*), con restaurante. En el antiguo pajar y en los corrales tiene 3 apartamentos de 4 plazas. Precios (persona/día): media pensión 6.000. *Observaciones: cocina cuidada; excursiones a caballo.*

Taüll (Lleida)

Santa Maria
Tf. 973/69 61 70
Bonita casa de pueblo, precedida de patio empedrado y jardín. Dispone de 5 habitaciones dobles, algunas con baño. Precios: día 10.000.

Apartamentos y casas de alquiler completo

Taüll (Lleida)

Casa Moneny
C/ Iglesia 15
Tf. 973/69 60 15
Antiguo caserón de piedra, junto a la iglesia de Sta. María. Cuenta con 4 apartamentos bien equipados, con cocina, salón-comedor, 2 a 6 plazas y 1 baño. Precios (persona/día): alojamiento 2.500.

Casa Xulla
Tf. 973/69 61 16
Bonita casa de piedra, en la parte alta del pueblo, con huerta, un breve jardín y buenas vistas. Cuenta con 1 estudio para 3 personas y 1 apartamento para 5. Precios (según temporada): estudio 6.500 diarias; apartamento 8.500 diarias.

Vilamur (Lleida)

Casa Blasi
Tfs. 973/62 17 80 y 629/26 45 09
Casa tradicional con la fachada de piedra, de interior muy reformado. Salón-comedor, chimenea, cocina y 5 habitaciones dobles, con 2 baños. Precios: persona/día 2.500. *Observaciones: no facilitan ropa de cama.*

Lugares de interés

Garòs. Pueblo recoleto del valle de Aran, con algunos bonitos caserones, muy característicos de la arquitectura de la zona. *Conjunto lacustre de Valarties.*

Salàs de Pallars. Localidad del Pallars Jussà, cercana al barranco de la Fonfreda y al pantano de Talarn. Conserva algunos lienzos de su antigua muralla. *Excursiones: Pobla de Segur, con un bello molino de aceite, convertido en museo.*

Vilamur. Pequeño pueblo del Pallars Sobirà, emplazado a 1.260 m de altitud. Conserva la iglesia con un ábside del s. XIII. *Excursiones: despoblado de la Santa Creu; Port de Cantó; buenas zonas para la búsqueda de setas.*

5. Priorat, Camp de Tarragona, Penedès y delta del Ebro

Priorat, Camp de Tarragona, Penedès y delta del Ebro

Alforja
(TARRAGONA)

Localidad del Baix Camp, en un paisaje de masías y avellanos. Restos de murallas y del castillo. *Excursiones: Cartuja de Scala Dei; ermita de Puigcerver.*

Mas d'en Mestre
Tf. 977/75 35 79

Casa del s. XIX situada en medio de un bosque, con piscina, capilla y cementerio familiar. Tiene terraza, sala de juegos, biblioteca, piano, 1 habitación sencilla, 6 dobles, 2 de ellas con baño, y 1 triple. Precios*: habitación doble 4.500; con baño 5.000; desayuno 500; comida o cena 1.500. *Observaciones: descuentos a niños; tiro con arco, billar y tenis de mesa.*

Amposta
(TARRAGONA)

Ciudad del Montsià, asentada sobre el delta del Ebro. El núcleo viejo nació en torno al desaparecido castillo. Cuenta con un interesante museo dedicado a la comarca. *Excursiones: lagunas de L'Estany, Encanyissada y Tancada; eco-museo del parque natural.*

Mas de Chapa
Ctra. Amposta-Montells, km 11
Tfs. 977/70 23 91 y 26 10 78

Masía del s. XIX, con jardín, rodeada de cultivos de arroz y en pleno delta del Ebro. Tiene cocina, comedor y 3 habitaciones dobles con baño. Precios (según temporada): habitación doble con baño de 4.800 a 5.400, derecho a cocina incluido.

Bonastre
(TARRAGONA)

Localidad aislada del Baix Penedès, en un paisaje de cultivos de secano próximo a la sierra de Quadrell. *Excursiones: arco romano de Berà; castilllo de Quatre Gats, en Nou de Gaià.*

Cal Magi
C/ Major 8. Tf. 977/65 70 70

Casa *pairal* situada en el centro del pueblo, con huerto, bodega y terraza. Cuenta con sala de estar, comedor, 2 habitaciones dobles y 1 triple, con 2 baños compartidos. Precios: habitación doble 6.400, desayuno incluido; cena 1.300. *Observaciones: cocina de la comarca; la propiedad tiene una explotación agrícola y se puede participar en la huerta.*

Bovera
(LLEIDA)

Pueblo de la comarca de Les Garrigues, asentado sobre un cerro rodeado de paisaje de olivar. *Excursiones: monasterios de Poblet y Santes Creus; cartuja de Scala Dei; cuevas de Binafallet y castillo de Miravet; paseos en barca por el Ebro. En* ***Omellons****, trabajos en piedra.*

Jaumet
Pl. La Balsa 23. Tf. 973/13 33 56

Edificación sencilla de finales del s. XIX, con establos y animales de granja. Tiene sala, comedor, cocina, 4 habitaciones dobles, 2 de ellas con baño, y 2 triples. Se puede alquilar entera. Precios: habitación doble 4.000; con baño 5.000; triple 6.000; triple con baño 7.500.

Cantallops d'Avinyonet
(BARCELONA)

Pueblo de la comarca vinícola del Alt Penedès. *Excursiones: cavas de S. Sadurní; villa de Sitges, con buenos ejemplos de arquitectura modernista; parque de atracciones de Port-Aventura; parque natural del Garraf. En* ***Sitges****, venta de relojes antiguos.*

Cal Jeroni
Tf./fax 93/897 06 11

Casa agradable de nueva construcción, con jardín y *solarium*. Tiene comedor, 4 habitaciones dobles y 1 triple, con 2 baños compartidos. Precios: habitación doble 4.800; triple 7.200; desayuno 500; derecho a cocina 300 persona/día. *Observaciones: organizan rutas a caballo y senderismo; vuelos en ultraligeros; cursos de iniciación sobre vinos y cavas*
.

Deltebre
(TARRAGONA)

Localidad agrícola de casas blancas, en el corazón del delta del Ebro. Cuenta con un interesante eco-museo del Delta. *Excursiones: villas de Tortosa y Peñíscola; localidad de Amposta, con un museo antropológico dedicado a la comarca.*

Ver página siguiente.

Casablanca "El Petit Hotel"
C/ Leopoldo Segarra 49
Tf./fax 977/48 92 91. Tf. 670/26 89 35

Conjunto de 3 *bungalows*, con un agradable jardín de césped. El interior, con decoración de estilo mediterráneo, tiene cocina americana, sala de estar, 1 habitación doble y 1 baño. Precios (según temporada): *bungalow* de 8.000 a 10.000 diarias. *Observaciones: alquiler de bicicletas; facilitan información sobre la zona y excursiones autoguiadas.*

Deltebre
(TARRAGONA)

Ver página anterior.
Posibilidad de realizar recorridos en las barcas de "perxar"; playa de la Marquesa; laguna de Encanyssada; isla de Buda; paraje de El Garxal, formado por un conjunto de islotes y lagunas que se puede observar desde el mirador de Riumar.

Antoni Batlle
Avda. de les Goles de l'Ebre s/n
Tf. 977/48 01 36. Fax 977/48 12 84
Albergue integrado en la REAJ. Tiene comedor, buenos accesos para minusválidos, salas, talleres, instalaciones deportivas, alquiler de sábanas y sacos, y 120 plazas en habitaciones múltiples. Precios: ver apéndice. *Observaciones: hay una piscina a 50 m; organizan actividades en el delta del Ebro, como trayectos en canoa y observación de aves.*

L'Espluga de Francolí
(TARRAGONA)

Villa de la Conca del Barberà, ribereña del Francolí. Conserva edificios medievales, una fuente barroca, una bodega modernista y un museo rural. *Excursiones: conjunto monumental de Montblanc; monasterios de Poblet, Santes Creus y Vallbona; cueva-museo de la Font Major, en el nacimiento del Francolí; sierra de Prades; paraje de Les Obagues del río Corb. En* ***Senan*** *y en* ***Florès****, talleres de cerámica y escultura. En* ***Solivella****, jarrones y platos. En* ***Vimbodi****, museo y taller de vidrio. En* ***Sarral****, taller de alabastro.*

Masía del Cadet (**)
Les Masies de Poblet. Tf. 977/87 08 69
Hotel familiar, habilitado en una hermosa masía, con jardín, piscina y parque infantil. Tiene restaurante y buenos accesos para minusválidos y dispone de 12 habitaciones dobles con baño. Precios: habitación doble 8.500; desayuno 700; comida o cena 2.500. *Observaciones: actividades en el entorno.*

Jaume I
Les Masies de Poblet
Tf. 93/483 83 63. Fax 93/483 83 50
Albergue próximo al monasterio de Poblet. Tiene comedor, salas, talleres, piscina y 160 plazas en habitaciones dobles, cuádruples y múltiples, con 24 plazas adaptadas para minusválidos. Precios: ver apéndice. *Observaciones: organizan rutas por los monasterios del Císter; actividades de educación ambiental.*

Horta de Sant Joan
(TARRAGONA)

Pueblo limítrofe con Teruel, en las proximidades de Gandesa. *Excursiones: montaña de Santa Bárbara; S. Salvador d'Horta con una iglesia del s. XIII y un convento anejo. En* ***Gandesa****, botas de vino. En* ***El Pinell****, cestería con una variedad de palmera conocida como «margalló».*

Senia de Don Pedro
Partida Plans. Tf. 977/43 51 09
Bonito conjunto de edificios, algunos con 500 años de antigüedad y con restos de muralla, emplazados en una extensa finca, con jardín y piscina. Incluye 1 vivienda con 5 habitaciones dobles, 2 baños compartidos y cocina a disposición de los huéspedes. Se puede alquilar entera. Precios: habitación doble 6.000; vivienda 50.000 fin de semana.

Masdenverge
(TARRAGONA)

Villa situada entre el delta del Ebro y los puertos de Beceite, en la comarca del Montsià. *Excursiones: santuario de la Pietat y cuevas rupestres de Ulldecona; localidades de Tortosa y Amposta, con un museo etnológico dedicado a la comarca; fuente del Toix y racó de Capellans, en Beceite; parque natural del delta del Ebro; cuevas de estalactitas de Benifallet; embalse de Ulldecona. Cucharas de madera y jabón artesano, en Can Torres y en Lo Molí.*

Can Torres
Tfs. 977/71 91 89 y 616/29 10 50
Casa de pueblo, céntrica y con fácil acceso para minusválidos. Cuenta con 2 cocinas, 2 comedores, sala de estar y 7 habitaciones dobles, 2 de ellas con baño, y 2 baños compartidos. Precios (persona/día): alojamiento 2.000; desayuno 500; cena 1.500; derecho a cocina 300. *Observaciones: talleres de cocina tradicional y elaboración de jabón; la propiedad tiene otra casa en el mismo pueblo.*

Lo Molí de Rosquilles
Tf. 977/71 80 52 y 608/09 45 74
Hermoso molino de aceite del s. XIX, que conserva su estructura tradicional, la almazara y un agradable patio ajardinado. Tiene salas de estar, chimenea, comedor y 8 habitaciones dobles con baño. Precios: habitación doble 5.600; desayuno 800; comida o cena 2.500; derecho a cocina 500 persona/día. *Observaciones: elaboración de conservas y jabón casero; acogida a grupos de tercera edad, entre semana.*

Priorat, Camp de Tarragona, Penedès y delta del Ebro

Miravet
(TARRAGONA)

Bonito pueblo escalonado en la ribera del Ebro y antiguo lugar de paso del río. Conserva el castillo templario. *Excursiones: recorridos en barcaza por el río; puertos de Beceite y Mont Caró; cuevas de Benifallet. Barrio alfarero con varios talleres y colección particular de cerámica de la Península.*

Cal Pigat
C/ Major 20. Tf. 977/40 70 13

Edificación sencilla, situada en el centro del pueblo. El interior tiene sala de estar, cocina, 2 habitaciones dobles, 1 triple y 1 baño. Se puede alquilar entera. Precios: habitación doble 4.000, incluido derecho a cocina; desayuno 500; comida o cena 1.500; vivienda 20.000 fin de semana. *Observaciones: en el garaje de la casa se ha habilitado un museo de aperos del campo.*

Móra la Nova
(TARRAGONA)

Pueblo ribereño del Ebro, en una zona agrícola de viñedos y olivares. *Excursiones: ermita de Sta. Magdalena, en la sierra de Gobians; poblado ibérico de Catellet de Banyoles; recorridos fluviales desde Ribaroja.*

Mas de Subirats
Tf. 977/40 28 54

Edificación próxima al Ebro, con huerto, jardín y piscina, en una finca con animales de granja. Tiene sala de estar, biblioteca y capacidad para 15 personas, en habitaciones sencillas y dobles, algunas con baño. Precios: habitación doble con baño 3.600; desayuno 500; comida o cena 1.000. *Observaciones: dispone de embarcadero propio.*

Les Ordres
(TARRAGONA)

Pequeña localidad del Alt Camp, próxima al monasterio de Santes Creus. *Excursiones: monasterios cistercienses de Poblet, Santes Creus y Vallbona de les Monges; villas de Espluga de Francolí y Montblanc. Taller de cerámica.*

Can Ros
***Aiguamurcia.* Tf. 977/26 00 29**

Masía del s. XV, con finca agrícola, jardín y huerto, a 5 km de la población. Tiene 4 habitaciones dobles, 3 de ellas con baño. Precios: habitación doble con baño 4.000; desayuno 800; comida o cena 2.500. *Observaciones: en temporada de calçots se puede degustar esta deliciosa verdura de la comarca.*

Paüls
(TARRAGONA)

Población del Baix Ebre, con un pintoresco caserío de calles peatonales, sobre un cerro coronado por el castillo. *Excursiones: villa histórica de Tortosa; ermita de S. Roc; localidad de Miravet, con castillo templario; cuevas de Benifallet.*

Casa de Pamela
Calavila 1. Tf. 977/49 22 39

Casa situada en la parte alta del pueblo, con terraza y excelentes vistas. Tiene comedor, salón con chimenea y 3 habitaciones dobles con baño. Precios (según temporada): habitación doble de 5.000 a 6.000. *Observaciones: gastos de calefacción no incluidos.*

El Perelló
(TARRAGONA)

Localidad de origen remoto, fortificada en la antigüedad frente a los ataques de los corsarios. *Excursiones: castillo de Miravet; calzada romana de Via Augusta; parque natural del Delta del Ebro.*

Mas d'en Curto
***Partida el Burgà.* Tf. 977/26 73 02**

Edificación rural, en un paisaje de almendros y olivos, a 10 km del pueblo, con jardín. Tiene cocina-comedor, sala de estar con chimenea, 1 habitación sencilla, 3 dobles y 2 triples, 1 de ellas con baño, así como 3 baños compartidos. Precios (según temporada): habitación doble de 4.500 a 5.500; con baño de 5.000 a 7.000; desayuno 700; comida o cena 1.700. *Observaciones: clases de composición floral.*

Poblenou del Delta
(TARRAGONA)

Localidad agrícola del municipio de Amposta, rodeada de un paisaje de arrozales. *Excursiones: villa de S. Carles de la Ràpita, en cuyo puerto se celebra una popular subasta de pescado.*

Ver página siguiente.

Can Gilabert
Ronda Fortaleza 14. Tf. 977/74 42 34

Casa de payés situada en el núcleo urbano. Dispone de 4 habitaciones dobles y 2 triples, con 3 baños compartidos. Precios: habitación doble 3.000; triple 4.500; desayuno 400; comida o cena 1.500. *Observaciones: cocina de leña con productos de la huerta; enseñan la elaboración de embutidos.*

Poblenou del Delta
(TARRAGONA)

Ver página anterior.
Mont Caró (1.500 m), donde se puede observar la capra hispánica; parque natural del delta del Ebro.

L´Encanyssada
Pl. del Jardí s/n
Tf. 977/74 22 03. Fax 977/74 27 09
Albergue formado por dos edificios, comunicados por un patio interior y situado en el centro del pueblo. Dispone de comedor, sala de estar, instalaciones deportivas y 46 plazas en habitaciones múltiples. Precios: consultar apéndice. *Observaciones: organizan excursiones por el parque natural.*

Riudoms
(TARRAGONA)

Pueblo del Baix Camp, rodeado de cultivos de avellanos. Iglesia del s. XVIII, con el cuerpo incorrupto del beato Bonaventura. *Excursiones: villa romana de Les Planes; castillo de Escornalbou; litoral y puertos de Cambrils y Salou.*

Mas d'en Aubi
Tf./fax 977/21 90 80
Bella masía restaurada, a 1,5 km del pueblo, con huerto y piscina. Tiene cocina, comedor con chimenea, 1 habitación sencilla y 4 dobles. Se puede alquilar entera. Precios: habitación doble 6.500; vivienda 60.000 fin de semana y 182.000 semanales.

Mas Carreté
Tf./fax 977/21 90 80
Agradable edificación rural, con balsa, jardín y barbacoa. Tiene cocina, comedor con chimenea, 5 habitaciones dobles y 2 baños. Se puede alquilar entera. Precios: habitación doble 6.000; vivienda 56.000 fin de semana y 175.000 semanales. *Observaciones: descuentos por estancias largas.*

Santa Fe del Penedès
(BARCELONA)

Pueblo del Alt Penedès, cercano a la costa de Sitges y a Vilafranca. *Excursiones: castillos románicos de Olèrdola, S. Martí Sarroca, Castellet y Subirats.*

Masía els Botins
Ctra. Vilafranca-S. Sadurní, km 7,2
Tfs. 608/13 53 14 y 93/897 43 78. Fax 93/897 41 14
Masía del siglo XII, que conserva arcos románicos y góticos, con establos. Tiene cocina, sala de estar, 2 habitaciones dobles y 2 triples, con baño. Se puede alquilar entera. Precios: habitación doble con baño 7.000; vivienda de 70.000 a 85.000 fin de semana.

La Selva del Camp
(TARRAGONA)

Localidad del Baix Camp, próxima a Reus. *Excursiones: parque de atracciones de Port-Aventura; fuentes del Glorieta; zonas de montaña de Prades, Siurana y Montsant.*

Mas Passamaner
Tf./fax 977/26 92 50. Tf. 666/66 72 28
Bella construcción de 1920, catalogada como obra de interés artístico, con elementos decorativos modernistas, jardín y piscina. Tiene una gran sala de estar con chimenea, comedores, sala de música, juegos de mesa, un gracioso mirador y 12 habitaciones, 3 de ellas con baño y el resto con wc y lavabo, y baños compartidos. Precios (persona/día): alojamiento 3.000; desayuno 500; comida o cena 1.700.

Torrelavit
(BARCELONA)

Municipio agrícola del Alt Penedès, en un terreno de viñedos y cultivos de secano. Iglesia de S. Marçal, del s. XI. *Excursiones: localidad de S. Sadurní d'Anoia, con posibilidad de visitar las cavas; pueblo de S. Pere Riudebitlles, con un palacio gótico y un acueducto del s. XVIII.*

Can Cardús
Tf. 93/899 50 18
Amplia masía aislada del s. X, declarada patrimonio arquitectócnico, con prensas y lagares de vino, rodeada de un jardín con balsa. Tiene comedor, cocina, sala de estar con chimenea, 6 habitaciones, dobles, triples y cuádruples, con 3 baños. Precios: habitación doble 4.800; triple 7.000; cuádruple 9.000; desayuno 500; cena 1.500.

Priorat, Camp de Tarragona, Penedès y delta del Ebro

Apartamentos y casas de alquiler completo

L'Aleixar (TARRAGONA)

Cal Fernando
Tfs. 93/412 69 84 y 609/72 60 80
Edificación señorial del s. XVIII, con jardín y piscina. Mobiliario clásico, sala de juegos, comedor, cocina con chimenea, 1 habitación sencilla y 4 dobles, 2 de ellas con baño. Precios (según temporada): fin de semana de 50.000 a 70.000.

Amposta (TARRAGONA)

Can Teresa
Tf. 977/70 20 20
Sencilla casa de payés, en pleno delta del Ebro, entre cultivos de arrozales. Comedor, cocina, 2 habitaciones dobles, 1 triple y 1 baño, así como 1 apartamento de 2 plazas. Precios (para 4 personas): vivienda 20.000 fin de semana y 65.000 semanales.

La Bleda (BARCELONA)

Cal Ton Xacó
Barrio Can Rigol
Tfs. 93/891 83 96 y 696/96 56 90
Masía situada en un cerro, con jardín, animales de granja y vistas del Penedès. Cocina-comedor y 3 habitaciones con 8 plazas. Precios: fin de semana 35.000; semana 70.000. *Observaciones: hay un aula rural aneja, con actividades para niños.*

Castellví de la Marca (BARCELONA)

Mas Orpí
Barrio Les Conilleres
Tf. 93/890 25 57
Masía del s. XV, restaurada, con piscina, jardín y barbacoa, en una finca donde se elabora cava. Salón con chimenea, comedor, cocina y 5 habitaciones dobles con baño. Precios: fin de semana 55.000; semana 130.000.

Conesa (TARRAGONA)

El Clos
Tf. 977/89 80 21
Antiguo pajar, cuidadosamente rehabilitado, con patio, jardín, horno de leña y barbacoa. Tiene 3 apartamentos con buenas vistas, sala-comedor con chimenea, cocina y 3, 4 y 6 plazas. Precios: 6 plazas 33.600 fin de semana; desayuno 600; comida o cena 1.500.

Deltebre (TARRAGONA)

La Barraca de Joanet
Cº. dels Parrillos
Tf. 977/48 07 84
Graciosa barraca, rodeada de césped y arbolado. Cocina-comedor, 2 habitaciones sencillas, 1 doble y 1 baño. Precios: fin de semana 20.000; semana 40.000. *Observaciones: alquiler de bicicletas; venta de productos de la granja.*

Casa Pepeta
Ctra. La Marquesa
Tf. 977/48 14 57
Casa sencilla, con patio y porche, junto a las marismas y cercana a la playa de la Marquesa. Sala-comedor, cocina, 1 habitación sencilla, 1 doble y 1 baño. Precios: fin de semana 35.000.

La Fonsa
Ctra. Riumar, km 16
Tf. 977/48 04 34
Construcción sencilla, con un cuidado jardín, pozo y terraza. Sala, cocina y capacidad para 5 personas. Precios (según temporada): fin de semana 20.000; semana de 40.000 a 50.000. *Observaciones: carece de calefacción.*

Lo Toll de Morritos
Ctra. de Toll
Tf. 977/48 11 70
Edificación típica del delta, con una terraza sobre el arrozal. Sala con chimenea, cocina, 1 habitación sencilla, 2 dobles y 1 baño. Precios: fin de semana 20.000. *Observaciones: alquiler de bicicletas; carece de calefacción.*

Villa Fina
Ctra. de Nassos
Tf. 977/48 10 20
Edificación típica de la comarca, con jardín y un bonito porche. Sala con chimenea, cocina, 1 habitación sencilla, 2 dobles y 1 baño. Precios: fin de semana 20.000. *Observaciones: alquiler de bicicletas; carece de calefacción.*

Apartamentos y casas de alquiler completo

Deltebre (Tarragona)

Lo Vivet
Ctra. de Riumar
Tf. 977/48 07 40
Graciosa casa, con jardín de césped. Sala-comedor con chimenea, cocina, 2 habitaciones dobles, 1 triple y 1 baño. Precios (según temporada): semana de 30.000 a 50.000. *Observaciones: alquiler de bicicletas; carece de calefacción.*

Font-Rubí (Barcelona)

Cal Ton Gran
Tfs. 93/817 05 43 y 639/51 70 32
Masía tradicional rehabilitada, rodeada de viñas y pinar, a 2 km del pueblo. Salas de estar y de juegos, comedor con chimenea, cocina, 4 habitaciones dobles y 1 baño. Precios: fin de semana 35.000; semana 70.000.

Lavern (Barcelona)

Masía l'Olivera
Tf. 93/899 33 41
Edificio integrado en un complejo vinícola, con restaurante y quesería. Tiene 3 viviendas de 5 plazas, 2 de ellas con patio común, jardín, piscina y barbacoa. Precios (según temporada): vivienda de 60.000 a 90.000 semanales. *Observaciones: cursos de cata; venta de vino.*

Masdenverge (Tarragona)

Ca l'Agustí
Tf. 977/71 86 16
Edificio del s. XVIII, bien restaurado. Comedor, sala de estar, chimenea, cocina, 5 habitaciones y 3 baños. Precios: fin de semana 30.000; semana 70.000.

Les Piles (Tarragona)

Cal Biel
Tf. 977/88 05 03
Edificio de reciente construcción, con terraza. Sala de estar, buhardilla, 2 habitaciones sencillas y 6 dobles, con 2 baños y derecho a cocina. Precios: fin de semana 33.000.

El Pla del Penedès (Barcelona)

Mas Palou
Tf. 93/898 90 52
Vivienda de colonos en una masía del s. XVII, con casa *pairal*, patio y bodegas, rodeada de viñedos, jardín y piscina. Comedor, sala, cocina, 4 habitaciones dobles y 1 baño. Precios (según temporada): fin de semana de 45.000 a 60.000; semana de 75.000 a 120.000.

Poboleda (Tarragona)

Cal Carles
Tf. 977/82 72 67
Edificio del s. XIX, con una soleada terraza con vistas al campo. Estufas eléctricas, sala de estar, 3 habitaciones con capacidad para 8 personas y 2 baños. Precios (según temporada y ocupación): fin de semana de 35.000 a 44.000; semana de 70.000 a 87.000.

Rasquera (Tarragona)

Can Pellisa
Tf. 977/40 92 49
Sencilla casa de pueblo. Comedor, sala de estar, cocina, 1 habitación sencilla y 3 dobles. Precios; persona/día 2.000; pensión completa 5.000. *Observaciones: la propiedad tiene un restaurante.*

Sant Jaume d'Enveja (Tarragona)

Casa Cusa
Ctra. playa de Serrallo
Tfs. 977/45 01 58 y 45 10 09
Casa típica, aislada en el arrozal y próxima a la playa. Cocina-comedor, chimenea, 1 habitación doble, 1 triple y 1 baño. Precios (según temporada): fin de semana de 22.000 a 25.000. *Observaciones: energía solar; paseos en pontona por los canales.*

Masía Illa de Riu
Ctra. playa de Migjorn
Tfs. 977/45 01 58 y 45 10 09
Masía de principios de siglo, en un bello paraje de arrozales. Comedor, chimenea, sala, cocina, 6 habitaciones dobles y 1 triple, con baños. Precios (según temporada): fin de semana de 60.000 a 66.000. *Observaciones: paseos en pontona.*

Priorat, Camp de Tarragona, Penedès y delta del Ebro

Apartamentos y casas de alquiler completo

Sant Pere Molanta (Barcelona)

La Caseta
Tfs. 93/897 01 12 y 608/59 76 42
Masía rodeada de viñedos, con patio y piscina. Tiene 2 apartamentos con salón-comedor, chimenea, cocina, 5 plazas y 1 baño. Precios (según temporada): apartamento de 45.000 a 65.000 semanales. *Observaciones: rutas a caballo y en bicicleta.*

Senan (Tarragona)

Ca la Nuri
Tf./fax 977/87 73 01
Caserón de piedra de buena planta, con patio y jardín. Vivienda con cocina, comedor, chimenea, 2 habitaciones dobles y 2 baños. Precios: fin de semana 18.000; semana 35.000. *Observaciones: junto a la casa hay un taller de cerámica con exposición permanente.*

Torrelles de Foix (Barcelona)

Mas Aixola
Tfs. 93/899 59 56 y 743 11 37
Típica masía del Penedès, del s. XIX, en una finca de viñedos, con piscina y jardín. Sala de estar, cocina, 4 habitaciones y 3 baños. Precios: fin de semana 36.000; semana 90.000. *Observaciones: la propiedad tiene un refugio anejo.*

Lugares de interés

La Bleda. Parroquia y antiguo castillo del municipio de S. Martí Sarroca, en la comarca del Alt Penedès. *Excursiones: villas de Vilafranca del Penedès y S. Martí; parque natural del Garraf; área recreativa de les Deus, en S. Quintí de Mediona, con cuevas y una gran fuente.*

Castellví de la Marca. Pueblo del Penedès, asentado en un cerro. Iglesia de S. Sadurní, del s. XI, torre del homenaje y murallas del castillo. *Excursiones: museo del vino de Vilafranca. Sierra de Montmell, con áreas recreativas.*

Conesa. Villa medieval asentada en el altiplano de la Conca del Barberà. Murallas, iglesia gótica, fuentes y antiguo horno de pan. *Excursiones: ruta a pie por Vallfogona de Riucorb; Sta. Coloma de Queralb.*

Lavern. Pequeña localidad del municipio de Subirats, en el Alt Penedès, muy próximo a S. Sadurní d'Anoia. *Excursiones: villa de S. Sadurní, con algunas casas y bodegas modernistas; pueblo de S. Sebastià dels Gorgs, con un interesante templo románico.*

Les Piles. Localidad de la Conca de Barberà, situada en torno a un castillo del s. XI. *Excursiones: monasterios cistercienses de Poblet y Santes Creus; villa de Sta. Coloma de Queralt; castillo de Rocafort de Queralt. En* ***Cervera****, elaboración de zapatillas de esparto, talleres de miniaturas, restauración y cerámica.*

El Pla del Penedès. Población del Alt Penedès, en un paisaje de cultivos de secano y viñedos destinados a la producción de cava. *Excursiones: área recreativa de les Deus, en S. Quintí de Mediona.*

Poboleda. Tranquila localidad de la comarca del Priorat. *Excursiones: lugar de paso del sendero de largo recorrido GR 7-4; embalse y pueblo de Siurana; cartuja de Scala Dei; sierra de Montsant. Taller de cerámica; pinturas al óleo y acuarelas; mimbre; ropa pintada a mano; artesanía de la madera.*

Sant Jaume d'Enveja. Localidad asentada en pleno delta, muy cerca del cauce del Ebro. *Excursiones: puerto de l'Ampolla; yacimientos íberos de Ulldecona, Perelló, Amposta y Tivisa; isla de Buda, en el corazón del delta; parque natural de los Puertos de Beceite.*

Sant Pere Molanta. Pueblo del Alt Penedès, en un paisaje llano habitado desde la Edad Media. Iglesia del s. X, reformada en el XVIII. *Excursiones; castillo románico de Olèrdola; museo del Vino. Parque natural del Garraf; fuente del Cuscó. Taller de forja. En* ***La Granada del Penedès****, muebles artesanos. En* ***S. Sebastià dels Gorgs****, mosaicos.*

Senan. Población de 33 habitantes, en una zona de bosques y relieve accidentado. Buen conjunto de casas de piedra y templo de Sta. María, del s. XII. *Excursiones: localidades de Poblet y Vallbona de les Monges; recorridos a pie hasta el santuario del Tallat, bordeando esta sierra. Taller de cerámica.*

PLAZA
MAYOR
12

1. Litoral y montes de Gipuzkoa

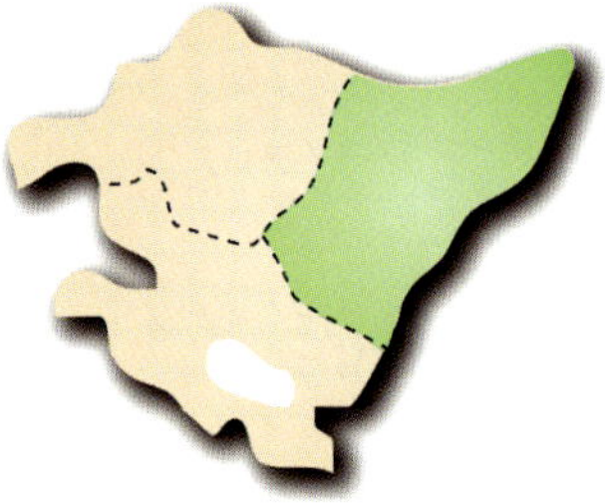

Aia

Pequeña población situada sobre la ladera del monte Pagoeta, cerca de la sierra de Aralar y en una zona rica en bosques y valles recoletos. Ermita de S. Pedro, del s. XIII. *Excursiones: santuario de Loyola y cruz de Pagoeta; caserío de Laurgain; molino y ferrería de Agorregi; collado de Lizarra; parque natural de Pagoeta.*

Agerresoro-Aundi
Barrio de Andatza. **Tf. 943/83 50 53**
Caserío tradicional, con terraza y jardín, situado en una explotación lechera, a medio camino entre Aia y Orio. Tiene 1 vivienda con 4 habitaciones dobles, 2 de ellas con baño. Se puede alquilar entera. Precios: habitación doble 3.500; con baño 4.000; desayuno 350; derecho a cocina 600.

Agote Etxiki
Barrio Elkano. **Tf. 943/13 37 49**
Caserío antiguo, rehabilitado, con vistas al mar y la costa francesa. Tiene 1 vivienda con cocina-comedor, un amplio salón y 4 habitaciones dobles con baño. Se puede alquilar entera. Precios (según temporada): habitación doble de 5.000 a 6.000; desayuno 500; vivienda 25.000 diarias.

Olaskoaga Goikoa
Barrio Olaskoegia
Tfs. 943/58 08 14 y 607/23 38 24
Caserío de nueva construcción, situado en plena montaña, con jardín y muy próximo a la playa. Tiene sala de estar, cocina, comedor y 6 habitaciones dobles con baño. Precios (según temporada): habitación doble de 4.000 a 5.000.

Sagarmaneta
Barrio Urdaneta. **Tf. 943/13 30 94**
Caserío ganadero de buena planta, a las afueras de la misma localidad, cerca del parque natural de Pagoeta. Cuenta con una gran sala con chimenea y 5 habitaciones dobles, con 3 baños compartidos y derecho a cocina. Precios: habitación doble 4.000; desayuno 300; derecho a cocina 300. *Observaciones: se puede participar en las tareas del caserío.*

Aizarnazabal

Localidad ribereña del Urola, en una zona de paisaje boscoso próxima a Zarautz. *Excursiones: balneario de Zestoa; santuario de Loyola; mirador del monte Inda-Mendi; ferrería y molinos de Agorregui; museo de Iturraran, en el parque natural de Pagoeta, con jardín botánico y un colmenar didáctico.*

Sarasola Zahar
Barrio Zehatz. **Tf. 943/14 77 74**
Caserío situado a 4 km del pueblo en un paraje muy aislado, con huerta ecológica, cuadra y frontón. Tiene sala de estar, 6 habitaciones dobles y 3 baños. Precios: habitación doble 4.000, derecho a cocina incluido; desayuno 350; cena 1.000. *Observaciones: alquiler de bicicletas; clases de cocina macrobiótica; posibilidad de menús vegetarianos.*

Alkiza

Pueblo cercano a Tolosa y situado en la ladera del monte Ernio, en un paisaje de perfil ondulado con numerosos caseríos, algunos abandonados. *Excursiones: parque de Ernio-Pagoeta, con un centro de interpretación en el caserío Iturraran; valle de Errezil y campo de Usarraga.*

Lete
Tf. 943/69 12 64
Gran caserío situado a las afueras, con una fachada en la que destaca el escudo blasonado. El interior, con mobiliario de estilo, cuenta con un amplio salón y 5 habitaciones dobles, 4 de ellas con baño, con buenas vistas de la montaña. Precios: habitación doble 4.000; con baño 5.000; desayuno 350. *Observaciones: venta de productos de granja.*
Trato amable y decoración muy cuidada.

Litoral y montes de Gipuzkoa

Amezketa

Población de la falda del Txindoki, en la sierra de Aralar. Iglesia de S. Bartolomé, y ermita de S. Martín, con talla del s. XIII. *Excursiones: parque natural y antiguas minas de cobre de Aralar.*

Haundiko
Tfs. 943/65 48 64 y 67 25 31
Vivienda de reciente construcción, situada a 2 km del pueblo, dentro del parque natural de Aralar. Tiene salón y 6 habitaciones dobles con baño. Precios (según temporada): habitación doble de 4.400 a 5.700; desayuno 350; cena 1.300. *Observaciones: productos caseros; se puede participar en las tareas de la granja.*

Aretxabaleta

Población del valle del Deba. Iglesia de la Asunción y portada románica en el cementerio. *Excursiones: santuario de Aranzazu; villa histórica de Bergara; núcleo medieval de Mondragón; pantano de Urkulu, con posibilidad de practicar deportes náuticos.*

Mitarte Garai
Tf. 943/79 17 51
Edificio tradicional, situado a 3 km de la población, con bar-restaurante, jardín, huerto y establos. Tiene sala de estar con chimenea, 3 habitaciones dobles y 2 baños. Precios: habitación doble 5.000; desayuno 600; comida o cena 1.600.

Asteasu

Villa situada en la ladera del monte Ernio, en un paisaje regado por numerosos ríos. Bonita plaza Mayor, Casa Consistorial y templo parroquial, con una pila bautismal del s. XIII. *Excursiones: parque natural Ernio-Pagoeta.*

Saskarate
***Barrio Urpazan*. Tf./fax 943/69 04 46**
Caserío datado en el s. XVII, situado en una finca ganadera en plena montaña, con establos, huerto y jardín. Tiene sala de estar, cocina y 6 habitaciones dobles con baño y derecho a cocina. Precios (según temporada): habitación doble de 4.000 a 6.000; desayuno 400.

Urkidi Zahar
***Goi Bailara*. Tf./fax 943/69 30 83**
Antiguo caserío rehabilitado, a 3 km del pueblo, con jardín. Tiene sala de estar y 6 habitaciones dobles, con 4 baños. Precios (según temporada): habitación doble de 3.900 a 4.200; desayuno 400. *Observaciones: se puede participar en las tareas del caserío; venta de productos caseros; facilitan información de la zona.*

Astigarraga

Villa ribereña del Urumea, muy próxima a San Sebastián. Conserva el bello palacio de Murguía.

Arraspine
***Barrio Santiagomendi*. Tf. 943/33 13 19**
Caserío catalogado como patrimonio histórico, situado a 1 km del pueblo, con huerta. Tiene sala de estar y 6 habitaciones dobles con baño y derecho a cocina. Precios (según temporada): habitación doble de 5.000 a 6.000; desayuno 300. *Observaciones: venta de productos caseros; facilitan información de la zona.*

Ataun

Localidad próxima a la sierra de Aralar. Conserva la iglesia de S. Martín, con un bonito retablo. *Excursiones: parque natural de Aralar; río Agauntza; sierra de Aizkoate, morada de una raza feroz de criaturas legendarias, llamadas gentiles. En* ***Legazpia****, taller de forja.*

Aldarreta
Tf. 943/18 03 66
Caserío antiguo, reformado, con huerto, establo y un magnífico entorno. Cuenta con sala de estar con chimenea y 4 habitaciones dobles con 2 baños. Precios: habitación doble 3.500; desayuno 300; comida o cena 1.200; derecho a cocina 600 habitación/día. *Observaciones: se puede participar en tareas del caserío; cocina tradicional; buenos accesos para minusválidos.*

Azkoitia

Población situada en el valle del Urola, rodeada de montañas y con un hermoso conjunto monumental. Iglesia gótica de la Asunción, del s. XVI y numerosas casonas nobiliarias. Manantiales de aguas mineromedicinales de San Juan. *Excursiones: macizo de Izarraitz; playa de Zumaia, cuevas de Ekain.*

Laja

Barrio de Sta. Cruz. **Tf./fax 943/81 25 14**

Vivienda rural de hermosa fachada, situada en medio del campo, a 1 km del pueblo. Dispone de 6 habitaciones dobles con baño. Precios: habitación doble 5.000; desayuno 400; comida o cena 1.100. *Observaciones: organizan actuaciones de música tradicional y bailes de salón.*

Azpeitia

Villa emplazada en una llanura junto al río Urola. Preciosas casonas y templo gótico de S. Sebastián, de origen templario. Cuenta con un Museo Vasco del Ferrocarril. *Excursiones: santuario de Loyola; valle de Errezil y parque natural de Ernio-Pagoeta.*

Xoxote Mendi-Aterpea

Tfs. 943/58 10 07 y 81 65 38 (noches)

Refugio de montaña, situado en el macizo de Izarraitz, a 10 km de la población. Dispone de cocina, aseo, salón comedor y 2 habitaciones múltiples, con un total de 40 plazas. Cuenta con zona de acampada. Precios: ver apéndice.

Berastegi

Bonita localidad, con casas solariegas, en un pequeño valle. Iglesia de S. Martín, con portada románica. *Excursiones: legendaria cueva de Berastegi, donde cuentan que una mujer fue raptada por un caballo; valle de Leizarán; parque natural de Aralar.*

Baztarretxe

Barrio Aiztun. **Tf./fax 943/68 33 86**

Caserío rehabilitado, declarado patrimonio histórico, a las afueras del pueblo. Tiene sala de estar, salón-comedor y 6 habitaciones dobles con baño. Precios: habitación doble 5.000; desayuno 400; derecho a cocina 500. *Observaciones: se puede participar en tareas del campo.*

Bidegoian

Municipio agrícola y ganadero. Iglesia de S. Bartolomé y palacio de Iriarte. *Excursiones: monte Ernio y alto de Urraki, con hermosas vistas del valle de Errezil.*

Bengoetxea

Tf. 943/68 10 67

Caserío situado en el casco urbano, con huerto y establos. Cuenta con 1 vivienda con cocina-comedor, sala de estar, 3 habitaciones dobles, 2 de ellas abuhardilladas y 2 baños. Se puede alquilar entera. Precios: habitación doble 4.500; desayuno 400; derecho a cocina 400 habitación/día; vivienda 15.000 diarias. *Observaciones: venta de productos del caserío; descuentos por estancias largas.*

Eguzkitza Ostatua

Ctra. Gi. 2.634, km 10. Tf. 943/58 09 46

Casa de reciente construcción, en un paraje de prados, con huerto, parque infantil, jardín y un agradable porche. El interior, con mobiliario agradable y funcional, tiene restaurante, sala de estar y 6 habitaciones dobles con baño. Precios: habitación doble 6.000; desayuno 500; comida 1.600; cena 1.400. *Observaciones: cocina casera, con productos de la comarca; rutas de senderismo.*

Deba

Villa de antiquísima fundación, junto al Cantábrico y la desembocadura del río Deba. Agradable conjunto urbano, de vieja tradición veraniega, con un templo gótico que conserva el claustro y una preciosa portada del s. XIV.

Ver págna siguiente.

Arrasketa

Lasturbea. **Tf. 943/60 40 71**

Agradable caserón rehabilitado, a pocos kilómetros de Deba, con huerto, establo y jardín. Tiene sala de estar y 2 habitaciones dobles con 1 baño compartido. Precios (según temporada): habitación doble de 3.500 a 4.000; desayuno 400; comida 1.200; cena 1.000. *Observaciones: alquiler de bicicletas; cocina tradicional con productos del caserío.*

Litoral y montes de Gipuzkoa

Deba

Ver página anterior.
Excursiones: santuario de Itziar; ruta costera del Camino de Santiago; antiguos molinos de maíz recuperados; cuevas de Ermittia, Ekain y Arbil; rasa mareal de Mendata, con impresionantes acantilados; macizo de Izarraitz, con bosque de hayas. Elaboración de abarcas y calzado hecho a mano. En las tiendas de ***Lastur****, venta de cerámica vasca. En el caserío Goikola, trabajos de hilado con rueca y telares. En* ***Azpeitia****, cestería tradicional, con madera de castaño.*

Arriola-Txiki
Barrio Arriola
Tf./fax 943/19 20 00. Tf. 606/52 21 47
Caserío muy reformado, con ganado, árboles frutales, jardín y una terraza con espléndidas vistas del puerto del Deba y de la costa. Tiene salón-comedor con chimenea y 4 habitaciones dobles con baño. Precios (según temporada): habitación doble de 4.000 a 4.500; desayuno 350; cena 1.500. *Observaciones: elaboración de sidra; cocina con productos del caserío.*

Arruan Haundi
Cooperativa Lastur. Tf. 943/60 37 04
Precioso caserío emplazado en medio del monte, en un paraje arbolado. Cuenta con un establo acristalado junto al salón y 1 apartamento, en un edificio anejo de madera, con 3 habitaciones dobles y 1 baño compartido. Precios: habitación doble 3.500; desayuno 400; vivienda de 10.500 a 14.000 diarias. *Observaciones: producción artesanal de queso, mantequilla, mermeladas; hilado de lanas con rueca.*

Donibane
***Itziar*. Tf./fax 943/19 15 54. Tf. 617/68 63 37**
Caserío de nueva construcción, aislado en medio del campo, con jardín y vistas al mar. Dispone de sala de estar y 6 habitaciones dobles, algunas con baño, y 2 baños compartidos. Precios: habitación doble 3.900; con baño 4.900; desayuno 350; derecho a cocina 250 persona/día.

Goikola
***Barrio Lastur*. Tf. 943/19 90 82**
Preciosa edificación, situada a 10 km de Deba y próxima a Lastur, en una zona de bosques. Dispone de sala de estar y 6 habitaciones dobles, con 3 baños compartidos y 2 cocinas para uso de los huéspedes. Precios: habitación doble 4.000, incluido derecho a cocina; desayuno 400. *Observaciones: hay un taller textil y una quesería junto a la casa.*

Txerturi-Goikoa
Alto de Itziar
Tf./fax 943/19 91 76. Tf. 616/05 59 19
Precioso caserío bien rehabilitado, con jardín, barbacoa y terrazas, próximo al mar y a unos espectaculares acantilados. Cuenta con una zona de acceso independiente, con cocina-comedor, sala de estar y 5 habitaciones dobles con baño. Precios (según temporada): habitación doble de 3.500 a 4.500; desayuno 400; derecho a cocina 500 habitación/día.

Errezil

Pueblo del valle de Errezil, en un paisaje montañoso presidido por la mole del monte Ernio. Iglesia de S. Martin de Tours, plaza empedrada y curiosa ermita circular de S. Isidro. *Excursiones: parque natural Ernio-Pagoeta; pantano de Urkulu.*

Izarre
Tf. 943/81 35 24
Caserío restaurado, situado a 200 m del núcleo urbano, con jardín y piscina. Tiene sala de estar, buenos accesos para minusválidos y 6 habitaciones dobles con baño. Precios (según temporada): habitación doble de 5.000 a 6.000; desayuno 400; comida o cena 1.500. *Observaciones: venta de artesanía y productos de la casa.*

Eskoriatza

Población del valle de Léniz, regado por el río Deba. Conserva una iglesia del s. XVIII, con torre barroca, el Ayuntamiento, de 1705, y el palacio de Gamuza. *Excursiones: pueblo medieval de Leintz-Gatzaga; restos del castillo de Aitzorrotz; pantano de Urkulu; monte Gurutzeberri; zona de baños en el río Usako.*

Gaztelu

Pueblo agrícola cercano a Tolosa. Conserva una hermosa iglesia rural del s. XVI, con retablo del s. XVII. *Excursiones: caverna de Txispiri; pueblo de Orexa, donde se elabora queso de oveja; villa de Tolosa, con palacios, plaza porticada, curioso museo de la Confitería y popular mercado del Tingladillo, del s.* XIX.

Getaria

Activo puerto de mar, situado al pie del monte Gárate, unido por un pequeño tómbolo a la isla de S. Antón. Destacan la iglesia de S. Salvador, gótica y algunas hermosas casonas. Paisaje de viñedos, muy ligados a la producción de un excelente txakolí. *Excursiones: santuario de Loyola; museo del Mar en Zarautz; parque natural de Pagoeta, donde se encuetra la ferrería Agorregi; parque natural de Aia y cuevas de Altxerri; "ratón" de Getaria; parque del monte S. Antón, en Getaria; cuevas de Ekain, en Zestoa.* Producción artesanal de redes de pesca. En Zumaia, museo de artesanía vasca, con venta de muebles, tejidos y cerámica.

Areano
***Barrio Mendiola*. Tf. 943/71 44 70**
Bello caserío rehabilitado, con huerto y jardín, en la ladera del monte Gurutzeberri. Cuenta con sala de reuniones, comedor, sala de estar con chimenea y 6 habitaciones dobles con baño. Precios (según temporada): habitación doble de 5.000 a 5.500; desayuno 400; comida o cena 1.500. *Observaciones: disponen de bicicletas; organizan excursiones y actividades para niños en varios idiomas.*

Iriarte
Tfs. 943/67 58 72 y 67 20 10
Caserío tradicional en estado puro, con establos en la planta baja y rodeado de prados. Tiene sala de estar, buenos accesos para minusválidos y 4 habitaciones dobles, con 2 baños compartidos. Precios: habitación doble 4.500; desayuno 400; derecho a cocina 600. *Observaciones: se venden productos del caserío.*

Abeta
Alto de Meagas. Tf. 943/13 24 96
Casona de buena planta situada muy cerca del pueblo. Dispone de sala de estar y 5 habitaciones dobles con 2 baños compartidos. Precios (según temporada): habitación doble de 3.500 a 4.000; desayuno 350; comida o cena 1.200. *Observaciones: alquiler de bicicletas.*

Agote Aundi
***Barrio Askizu*. Tf. 943/14 04 55**
Construcción rural de buen tamaño, situada a 3 km del pueblo, con frontón, huerto y establo. Tiene salón y 6 habitaciones dobles con 3 baños compartidos. Se puede alquilar entera. Precios (según temporada): habitación doble de 4.000 a 4.500; desayuno 350.

Gure Ametsa
***Barrio Orrua*. Tf. 943/14 00 77**
Caserío muy próximo a la costa, situado a 5 km de Getaria. Dispone de sala de estar, 6 habitaciones dobles, 3 de ellas con baño. Precios (según temporada): habitación doble de 4.000 a 5.000; con baño de 5.500 a 6.500; desayuno 350. *Observaciones: se venden productos de granja.*

Azkue
Alto de Meagas
Tfs. 943/83 05 54 y 13 31 52. Fax 943/13 05 00
Edificio de nueva planta, situado en un barrio de Getaria, con jardín, frutales, terraza y buenas vistas del mar. El interior, con mobiliario rústico, tiene restaurante, bar, sala de reuniones y 16 habitaciones dobles con baño. Precios: habitación doble 5.500; desayuno 500; comida o cena 1.600. *Observaciones: cocina tradicional.*

Litoral y montes de Gipuzkoa

Hernani

Villa de gran antigüedad, con un casco viejo que incluye bellas casas blasonadas. Iglesia de San Juan Bautista, que guarda el sepulcro de Juan de Urbieta y torre de los Gentiles. *Excursiones: nacimiento del Urumea. Primer domingo de diciembre, feria de artesanía.*

Sansonategi

Barrio Martindegi. **Tf./fax 943/33 04 29**

Caserío de más de tres siglos de antigüedad, con establos, jardín, parque infantil y buenas vistas, emplazado lejos del pueblo en una zona de numerosas sidrerías. Tiene salón-comedor, cocina y 5 habitaciones dobles con baño y con derecho a cocina. Precios (según temporada): habitación doble de 4.500 a 6.000; desayuno 400; comida o cena 1.100.

Hondarribia-Fuenterrabía

Preciosa villa histórica, asentada en las estribaciones del monte Jaizkibel, con un entramado de calles empedradas y casas con galerías de madera. Castillos de Carlos V y de S. Telmo, restos del recinto amurallado, puerta de Sta. María y templo gótico de la Asunción. *Excursiones: iglesia de Guadalupe, edificada sobre una ermita del s. XV; localidades de San Juan de Luz y Biarritz, en la costa vasca francesa; alto de Jaizkibel, con magníficas vistas y acantilados; cuevas de Sare, Oxocelhaya, Urdax y Zugarramurdi; parque natural y espacio protegido de la bahía de Txingudi, con abundantes aves acuáticas; parque natural de peñas de Aia, con excelentes vistas y rutas señalizadas; pantano de Artikutza; monte la Rhune. Venta de cerámica en el caserío Maidanea. Taller y venta de artesanía vasca: damasquinado, talla de madera, «kutxas» y pintura. Venta de antigüedades.*

Arotz-Enea

Barrio Jaizubia. **Tf./fax 943/64 23 19**

Bonito caserío del s. XV emplazado a 3 km de la costa, en un paraje aislado con huerto, jardín, terraza y espléndidas vistas de la zona. El interior, con una decoración muy cálida en la que predomina la madera, dispone de salón con chimenea y 5 habitaciones dobles con baño. Precios (según temporada): habitación doble de 6.500 a 9.000; desayuno 700.

Artzu

Barrio Montaña. **Tf. 943/64 05 30**

Caserío agrícola y ganadero de buena planta, con un magnífico entorno, junto al litoral y en pleno monte Jaizkibel. El interior, modesto, se reparte en 6 habitaciones dobles, 1 de ellas con baño y 3 baños compartidos. Precios (según temporada): habitación doble de 3.500 a 5.000; con baño de 5.000 a 6.000; desayuno 300; cena 2.000.

Iketxe

Barrio Arkoll. **Tf. 943/64 43 91**

Bonito caserío de nueva planta, con jardín y huerto. Tiene sala de estar con una espléndida panorámica y 5 habitaciones dobles con baño, mobiliario bien escogido y porche o terraza. Precios (según temporada): habitación doble de 6.000 a 8.000; desayuno 500. *Observaciones: facilitan información sobre la zona.*

✉ Trato entrañable. Habitaciones cómodas, acogedoras y bien decoradas. Calidad más precio: máxima puntuación.

Maidanea

Barrio Arkoll. **Tf./fax 943/64 08 55**

Caserío del s. XVII, con jardín, huerto, establos y terraza con excelentes vistas. Tiene salón, biblioteca y 6 habitaciones dobles con baño, 1 de ellas apta para minusválidos. Precios (según temporada): habitación doble de 6.000 a 8.000; desayuno 500. *Observaciones: venta de productos de granja.*

✉ Acogida muy cálida. Limpieza perfecta. Entorno bellísimo, tranquilo y muy cuidado.

Postigu

Barrio Semisarga. **Tf. 943/64 32 70**

Amplio caserío situado a 1 km del pueblo. Tiene sala de estar y 6 habitaciones dobles, con baños compartidos. Precios (según temporada): habitación doble de 4.500 a 5.500; desayuno 350; comida o cena 1.500; derecho a cocina 400.

Txakarrenea
Barrio Semisarga. **Tf. 943/64 57 01**
Caserío antiguo, rehabilitado, a las afueras de la población, con huerta, jardín y porche. Cuenta con buenos accesos para minusválidos y 4 habitaciones dobles con baño y una decoración agradable. Precios* (según temporada): habitación doble de 5.500 a 7.000; desayuno 500. *Observaciones: los propietarios facilitan información sobre paseos y excursiones por la zona.*

San Nicolás (**)
Plaza de Armas 6. Tf. 943/64 42 78
Edificio con una graciosa fachada, situado en el centro del casco viejo. Tiene un pequeño café, 3 habitaciones sencillas y 9 dobles con baño. Precios (según temporada): habitación doble de 7.500 a 8.500; desayuno 700.

Igeldo

Barrio de San Sebastián, próximo a una zona de litoral escarpado. *Excursiones: monte Igeldo, con acantilados y magníficas panorámicas de la ciudad y la ensenada donostiarra; parque natural de las peñas de Aia; cuevas prehistóricas de Altxerri.*

Aristondo
Tf./fax 943/21 55 58
Vivienda de nueva construcción, emplazada a 4,5 km de la costa. El alojamiento, en un edificio independiente, tiene mobiliario antiguo y 4 amplias habitaciones dobles con baño, acceso propio y terraza con vistas de S. Sebastián. Precios (según temporada): habitación doble de 5.500 a 6.500; desayuno 300. *Observaciones: se puede participar en las labores en una huerta ecológica.*

Hostal Leku-Eder (**)
Tfs. 943/21 09 64 y 21 01 07
Pequeño chalet ubicado en la ladera del monte Igeldo, con huerta, jardín, parque infantil y excelentes vistas. Tiene 1 habitación sencilla y 10 dobles, todas con baño. Precios: habitación sencilla 4.900; doble 8.000; desayuno 400.

Irún

Ciudad fronteriza, con un buen conjunto monumental: casas blasonadas, palacio de Arbelaiz, templo gótico del Juncal y ermita de S. Marcial. *Excursiones: parque natural de las peñas de Aia; monte Jaizkibel; bonitos paseos al borde del Bidasoa, en un tramo con varias islas; bahía de Txingudi.*

Mendiola
Barrio Ventas
Tfs. 943/62 97 63 y 626/88 56 76
Casa de construcción reciente, situada a 3 km de la localidad, con jardín, huerta y establos. Tiene terraza, cocina para los huéspedes y 3 habitaciones dobles con 2 baños compartidos. Se puede alquilar entera. Precios (según temporada): habitación doble de 4.000 a 5.000; desayuno 350; vivienda 16.000 diarias.

Lazkao

Población cercana a Beasain. Casco histórico: palacio del duque del Infantado, del s. XVII, iglesia parroquial, monasterio de las Bernardas y convento de los Benedictinos, con magnífica biblioteca. *Excursiones: parque natural de la sierra de Aralar.* *En **Zerain**, venta de artesanía, tallas de madera, cestas y barro.*

Lizargarate
Barrio Lazkaomendi. **Tf. 943/88 19 74**
Agradable caserío agrícola y ganadero, a las afueras de la población. Tiene sala de estar, buenos accesos para minusválidos y 6 habitaciones dobles, 1 de ellas con baño, y 4 baños compartidos. Precios: habitación doble 3.500; con baño 4.000; desayuno 3500; cena 1.200. *Observaciones: se puede participar en las tareas del campo.*

Litoral y montes de Gipuzkoa

Leintz-Gatzaga

Pueblo asentado en un término montañoso, con un casco viejo que conserva numerosos palacios de los s. XVII y XVIII, casas solariegas y restos de la antigua muralla. *Excursiones: ermita de Nuestra Sra. de Dorleta.*

Gure Ametsa
Tf./fax 943/71 49 52
Edificio de aspecto acogedor, con jardín y parque infantil, en un bonito paraje. Cuenta con restaurante, bar y 4 habitaciones dobles con baño. Precios: habitación doble 6.000; desayuno 500. *Observaciones: restaurante acreditado, con especialidades de cocina vasca y platos de caza.*

Mendaro

Pueblo dependiente de Elgoibar, ribereño del Deba que conserva una bella plaza de los Fueros, presidida por la iglesia barroca y el Ayuntamiento. *Excursiones: ermita de S. Salvador; valle de Kilimon, con abundantes cuevas, entre las que destaca la de Arratzo; cascadas del río Intxusai.*

Atxuri
Barrio Garagarza
Tfs. 943/85 04 41 y 630/12 94 06
Caserío ganadero del s. XVI, en un paraje apartado de montaña, con excelentes vistas. El interior, amplio y bien decorado, tiene comedor con chimenea y 6 habitaciones dobles, 3 de ellas con baño. Precios: habitación doble 4.000; con baño 5.000; desayuno 400; comida o cena 1.400.
Trato familiar. Cuidada. Emplazamiento excepcional.

Mutriku

Pueblo costero y tradicional puerto de pesca, muy cercano a la desembocadura del río Deba. Casco histórico, presidido por la Casa Consistorial y la iglesia de la Asunción. Torre de Berriatua y convento de Sta. Catalina. *Excursiones: barrios de Astigarribia y Olatz; playa de Ondarbeltz; valle de Olatz. Cestería artesana de madera de castaño.*

Koostei
Barrio Artzain Erreka. Tf. 943/58 30 08
Edificio rehabilitado por los propietarios, a 5 km de Mutriku, en un lugar aislado y accesible por una pista cubierta de arbolado. Tiene sala de estar y 4 habitaciones dobles, 2 de ellas con baño. Precios: habitación doble 4.000; con baño 4.500; desayuno 400; derecho a cocina 500. *Observaciones: organizan excursiones a caballo.*

Matzuri
Galdonamendi. Tf. 943/60 30 01
Caserío de montaña, con jardín y vistas al mar. Tiene sala de estar y 6 habitaciones dobles con baño. Precios: habitación doble 5.500; desayuno 450; comida o cena 1.500.

Oiartzun

Pueblo cercano a San Sebastián y al encantador puerto de Pasajes de San Juan. *Excursiones: cascos históricos de Lezo y Rentería; fuerte de S. Marcos; embalse de Artikuntza; parque natural de Aia; cuevas de Landarbaso.*

Arri-Gain
Barrio Iturrioz. Tf. 943/49 11 04
Caserío de nueva construcción, con huerto y jardín, situado a 1,5 km del pueblo y muy próximo al Camino de Santiago. Tiene sala de estar, cocina y 6 habitaciones dobles con baño, 1 de ellas preparada para minusválidos. Precios (según temporada): habitación doble de 4.500 a 5.500; desayuno 400. *Observaciones: alquiler de bicicletas.*

Olaberria

Pueblo próximo a Beasain, en un paisaje de pastos y arbolado, de vieja tradición ganadera. *Excursiones: casco histórico de Segura; villa de Ordizia, con un popular mercado de productos de los caseríos; parque natural de Aralar, presidido por el monte Txindoki. En Gabiria, elaboración de albarcas.*

Borda
Barrio Errekalde. Tf. 943/16 06 81
Caserío rehabilitado, en plena naturaleza, con jardín, huerto y establos. Tiene sala de estar, cocina, mobiliario antiguo y 5 habitaciones dobles, 1 de ellas con baño, y 2 baños. Precios: habitación doble 4.000; con baño 4.500; desayuno 350; derecho a cocina 200 persona/día.

Oñati

Hermosa villa monumental. Universidad, iglesia de S. Miguel, casas-torre, palacios góticos, monasterio de Bidaurreta y plaza de los Fueros. *Excursiones: santuario de Aranzazu, en un espectacular paraje; parque natural de Aitzgorri; cuevas de Aizkirri; cañones de Jaturabe-Araotz; parque del Hierro.*

Arregi

Barrio Garagaltza. Tf./fax 943/78 08 24

Agradable caserío de nueva construcción, con patio ajardinado, en un paraje tranquilo y aislado con buenas vistas. El interior, con estancias muy amplias y mobiliario tradicional, tiene salón con chimenea, sala de estar y 6 habitaciones dobles con baño, algunas abuhardilladas. Precios: habitación doble 5.000; desayuno 400; cena 1.100. *Observaciones: facilitan información de la zona.*

Soraluze Ostatua

Ctra. Aranzazu, km 1

Tf. 943/71 61 79. Fax 943/71 60 70

Pequeño hotel de nueva construcción, con jardín, parque infantil y terraza, en una ladera con espléndidas vistas del valle. Tiene cafetería, restaurante, sala de estar y 12 habitaciones dobles con baño. Precios: habitación doble 7.650; desayuno 575; comida o cena 1.025.

Ordizia

Villa próxima a la sierra de Aralar. Destacan el palacio Barrenechea, la casa Ibarbia y la iglesia de Nuestra Señora de la Asunción, del s. XVI. *Excursiones: parque natural de Aralar, con abundantes dólmenes y bosques de hayas. Celebra un popular mercadillo todos los miércoles.*

Oianguren

Tf. 943/16 14 24

Caserío de tres plantas, situado en el parque de Oianguren, a 2 km de Ordizia. Dispone de comedor, bar-restaurante, salas de trabajo, parque infantil, 2 habitaciones dobles con baño y 2 múltiples, con un total de 44 plazas. Precios: ver apéndice. *Observaciones: durante la semana funciona como escuela de educación ambiental.*

Orio

Pueblo pesquero, en una zona de litoral escarpado próximo a Zarautz. Puerto muy activo y pequeño núcleo antiguo, en torno a la iglesia de S. Nicolás de Bari. *Excursiones: villa de Zarautz; núcleos rurales de Aia, Aizarna y Regil; parque natural de Pagoeta y ferrería de Agorregi.*

Aizperro

Barrio S. Martin. Tf. 943/83 54 19

Caserío tradicional, a 1,5 km del núcleo urbano, con jardín. Tiene salón y 6 habitaciones dobles con baño. Precios (según temporada): habitación doble de 4.500 a 5.000; desayuno 400; comida o cena 1.200. *Observaciones: cocina casera; venden productos del caserío; facilitan información de la zona.*

Amalur

Barrio Ortzaika. Tf. 943/83 28 88

Caserío tradicional de buena planta, con jardín, situado a pie de monte y próximo a la costa. Tiene sala de estar, cocina y 6 habitaciones dobles con baño. Precios (según temporada): habitación doble de 4.000 a 5.500; desayuno 350. *Observaciones: venta de productos del caserío.*

Urnieta

Localidad interior muy próxima a S. Sebastián. *Excursiones: capital donostiarra, localidad estival de Zarautz y parque natural de Pagoeta.*

Kostegi

Barrio Oztaran. Tf./fax 943/36 56 88

Caserío de nueva construcción, emplazado a 1,5 km del pueblo en lo alto de un monte, con zona arbolada, manzanos, huerto ecológico, jardín, terraza y excelentes vistas. Tiene salón-comedor con chimenea y 6 habitaciones dobles con baño. Precios (según temporada): habitación doble de 5.000 a 6.000; desayuno *buffet* 500; comida o cena 1.500. *Observaciones: productos de caserío.*

Litoral y montes de Gipuzkoa

Urnieta

Ver página anterior.

Montefrío
***Barrio Goiburu*. Tf. 943/55 71 58**
Sencillo caserío, con huerto y establos, en un paraje montañoso y rodeado de prados. Tiene comedor y 5 habitaciones dobles con baño. Precios (según temporada): habitación doble de 4.000 a 6.000; desayuno 450; cena 1.500. *Observaciones: venta de productos del caserío.*

Usurbil

Población próxima a la costa, situada en las márgenes del río Oria. A destacar el palacio de Atxega y la iglesia de S. Salvador. *Excursiones: parque natural de Leizekalde; bellos tramos del río Oria en la vega de Zubieta.*

Ibarrola Txiki
***Barrio Kale-Zar*. Tf. 943/36 30 07**
Casa de nueva construcción en una finca ganadera, con jardín y arbolado. Tiene restaurante y 6 habitaciones dobles con baño. Precios: habitación doble 6.000; desayuno 400; comida o cena 1.200.

Zabalea
***Barrio S. Esteban*. Tf. 630/56 25 88**
Caserío del s. XVII, restaurado, a 5 km de San Sebastián, con un entorno ajardinado. Cuenta con sala de estar, 5 habitaciones dobles con baño, 1 de ellas abuhardillada. Precios (según temporada): habitación doble de 5.000 a 5.500; desayuno 400. *Observaciones: facilitan información de la zona; se puede colaborar en trabajos de huerta.*

Zaldibia

Pueblo próximo a Tolosa, situado en un terreno en las inmediaciones de la sierra de Aralar. *Excursiones: parque natural de Aralar.*

Aizporra
***Larraitz*. Tf. 943/58 20 11**
Caserío antiguo, restaurado, a 4 km del pueblo y en pleno parque natural de Aralar. Tiene cocina y 5 habitaciones dobles con 2 baños compartidos. Precios: habitación doble 4.000, derecho a cocina incluido; desayuno 350. *Observaciones: venta de queso artesano.*

Lazkao-Etxe
***Barrio Aiestaran*. Tf. 943/88 00 44**
Caserío de buena planta, situado junto a un río truchero y dedicado a la agricultura y la ganadería. Tiene 4 habitaciones dobles con baño. Precios (según temporada): habitación doble de 4.000 a 5.000; desayuno 400; comida o cena 1.200.

Zarautz

Población de añeja tradición veraniega. Conserva algunos palacios de interés, como los de Portu y Narros, la torre Luzea y el templo de Nuestra Sra. la Real. *Excursiones: ermitas de Sta. Bárbara y S. Martín de Ibaieta, con hermosas vistas.*

Ver página siguiente.

Agerre Goikoa
***Barrio S. Pelayo*. Tf. 943/83 32 48**
Casa rehabilitada, cercana a la localidad, con jardín y huerto. Dispone de salón, cocina-comedor, 6 habitaciones dobles con baño y 1 apartamento para 4 personas. Precios (según temporada): habitación doble de 4.500 a 6.000; desayuno 350; apartamento 15.000 diarias. *Observaciones: se organizan excursiones con guía; hay caballos y ponis para los niños.*

Zarautz

Ver página anterior.
Parque natural de Pagoeta, con un interesante centro de información en Laurgain; molino y ferrería de Agorregi, cerca de Aia.

Berazadi Berri
Talaimendi Auzoa. Tf. 943/83 34 94

Hermoso caserío de nueva construcción, situado a 1,5 km de Zarautz, con huerto y cuadra. Está adaptado a minusválidos y dispone de sala de estar, sala de reuniones y 6 habitaciones dobles con baño y vistas al mar. Precios (según temporada): habitación doble de 5.100 a 5.500; desayuno 400; comida o cena 1.500. *Observaciones: cocina casera; venta de productos de granja.*

Gaiko-Etxe
Barrio Urteta. Tf. 943/13 29 00

Caserío de nueva planta, con jardín. Tiene sala de estar, 6 habitaciones dobles con baño y 1 apartamento con sala, cocina, 2 habitaciones dobles y 1 baño. Precios: habitación doble 5.500; desayuno 300.

Zegama

Villa situada junto al río Oria, con un agradable casco viejo. Iglesia de San Martín, con monumento funerario de Zumalacárregui, palacio de Mazquiarán y ermita del Espíritu Santo, antiguo convento de los templarios. *Excursiones: conjunto medieval de Segura; localidad de Ordizia, con mercado tradicional los miércoles; parque natural de Aitzgorri; túnel y calzada romana de S. Adrián; pequeño núcleo de Zerain, con museo y serrería hidráulica; sierras de Aralar y Andía; sierra de Urbasa, con el nacedero del río Urederra.* En **Zerain**, venta de cerámica vasca.

Arrieta Haundi
Tfs. 943/80 18 90 y 656/72 12 65

Edificación tradicional muy cercana a esta histórica población y en las faldas del Aitzgorri, con huerto ecológico, jardín y barbacoa. La zona de alojamiento, con aceso independiente, tiene cocina, salón-comedor con estufa de leña, 1 habitación sencilla y 5 dobles, con 3 baños compartidos. Precios: habitación doble 4.000; desayuno 400. *Observaciones: venta de productos del caserío.*

San Adrián
Otzaurte. Tf. 943/46 14 40

Bonito edificio de montaña, de 3 plantas, situado en el macizo de Aitzkorri. Cuenta con cocina, cantina, aseos y 3 dormitorios con capacidad para 50 personas. Precios: ver apéndice.

Zestoa

Localidad termal de la ribera del Urola, situada a 4 km de la costa, con un casco urbano presidido por la iglesia de la Natividad. Buen conjunto de casas solariegas, palacio de Lili, algo abandonado, y precioso balneario del s. XIX. *Excursiones: parque natural de Pagoeta.*

Zelaikoa
Tf./fax 943/14 74 92

Caserío rural, a las afueras de la localidad, con huerto y establos. Tiene sala de estar y 4 habitaciones dobles con baño. Precios (según temporada): habitación doble de 4.000 a 4.500; desayuno 350; derecho a cocina 350. *Observaciones: venta de productos del caserío.*

Sastarrain
Barrio Lili. Tf. 943/14 81 15

Caserío tradicional, situado a 1,5 km del pueblo, en un bonito valle y próximo a las cuevas de Ekain. Tiene cocina, comedor, aulas-taller, 2 habitaciones cuádruples y 3 para 25 personas. Precios (persona/día): pensión completa 2.500. *Observaciones: escalada; espeleología; senderismo y windsurf.*

Litoral y montes de Gipuzkoa

Zizurkil

Población emplazada al borde del parque natural de Pagoeta. *Excursiones: collado de Zelatun, con numerosas cabañas convertidas en merenderos; dólmenes de Olarteta y Otagain; túmulos de Arreta; hayedos del monte Hernio. Reproducciones en miniatura de las piedras utilizadas en deportes vascos.*

Goizaldi
Barrio Mendi Bailara. Tf. 943/69 27 82
Casa de buena planta, con jardín y piscina, en un alto con bellas vistas del entorno. El interior, rústico, incluye un salón y 3 habitaciones dobles con 1 baño compartido. Precios: habitación doble 6.000; desayuno 550. *Observaciones: facilitan información de la zona; juegos al aire libre.*
✉ Buen trato. Cocina casera y sustanciosa.

Nekola
Barrio Buztin Bailara. Tf. 943/69 20 51
Caserón situado a las afueras, con establos en la planta baja. Tiene 3 habitaciones dobles con baño. Precios (según temporada): habitación doble de 4.500 a 5.500; desayuno 500. *Observaciones: se puede participar en las tareas del caserío.*

Abeletxe
Tf. 943/69 39 83
Antiguo caserío rehabilitado, emplazado en un cerro, con jardín y una terraza con bellas vistas. El interior, cálido, tiene salón con chimenea, comedor, 7 habitaciones dobles con baño y 1 buhardilla con 30 plazas en literas. Precios*(según temporada): habitación doble de 5.000 a 6.000, desayuno incluido; comida o cena 1.200. *Observaciones: actividades deportivas, conciertos y actuaciones de jazz.*

Apartamentos y casas de alquiler completo

Abaltzisketa

Naera Haundi
Barrio Sasiain
Tf. 943/65 40 33
Caserío ganadero del s. XVIII integrado en el patrimonio vasco. Incluye 2 apartamentos, con cocina, baño y 4 plazas. Precios (según temporada): apartamento de 6.500 a 7.500 diarias; desayuno 400. *Observaciones: no hay t.v.; meriendas copiosas.*

Aizarnazabal

Ion-Xabier
C/ Leku Eder 4
Tfs. 943/14 75 25 y 607/23 34 37
Caserío de buena planta, a las afueras, cerca de una pista de deportes. Tiene 2 habitaciones dobles con baño y 1 apartamento con salón-comedor, cocina, baño y 2/4 plazas. Precios*: habitación doble con baño 5.800; apartamento 50.000 semanales.

2. Costa de Bizkaia y ría de Mundaka

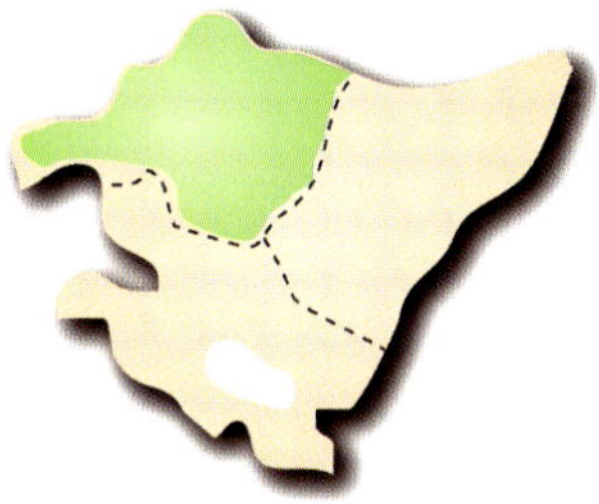

Costa de Bizkaia y ría de Mundaka

Areatza

Hermoso núcleo monumental, fundado en el s. XIV. Calles empedradas, iglesia de San Bartolomé, del s. XV, Casa Consistorial, palacio de Cortázar y monasterio de Santa Isabel. *Excursiones: parque natural del monte Gorbeia.*

Angel Sopeña
Tfs. 608/17 03 87 y 94/441 18 83
Refugio de montaña situado en las campas de Arraba, en el macizo de Gorbeia. Dispone de una sala-dormitorio con chimenea, cocina equipada y capacidad para 24 personas en 2 habitaciones múltiples. Precios: ver apéndice.

Atxondo

Valle cercano a la cordillera de Amboto, en una comarca con fuerte presencia de industrias. La capital, Apatamonasterio, conserva la iglesia con algún antiguo sepulcro. *Excursiones: parque natural de Urkiola; montes del Duranguesado; collado de Larrano. En **Durango**, cestería y mobiliario rústico.*

Imitte-Etxebarría
Tf./fax 94/623 16 59
Casa tradicional del s. XVIII, aislada. El interior, que conserva las paredes de piedra vista y las vigas de madera, tiene 4 habitaciones dobles con baño y salida a una terraza. Precios: habitación doble 6.000; desayuno 400. *Observaciones: ofrecen bicicletas gratuitas; facilitan información sobre la zona.*
El entorno merece un mayor cuidado.

Aulesti

Pequeño pueblo al fondo de un valle y a orillas del río Lea. *Excursiones: costa y puerto pesquero de Ondarroa; monte de Sta. Eufemia.*

Auzoko
Barrio de Urriola. Tf. 94/627 90 01
Casona rehabilitada, a 1 km del casco urbano, con jardín. Tiene sala de estar con chimenea y 4 habitaciones dobles, 3 con baño, y 1 baño compartido. Precios: habitación doble 4.500; con baño 6.000; desayuno 400. *Observaciones: facilitan información sobre la zona.*

Balmaseda

Localidad de las Encartaciones, ribereña del Cadagua. Puente Viejo, iglesia gótica de S. Severino y Ayuntamiento. *Excursiones: valle de Arcentales. Utensilios y «putxeras» de cobre, empleados tradicionalmente por los ferroviarios del tren de La Robla.*

Kolitza
Tfs. 94/680 00 00 y 680 00 01
Edificio de piedra, emplazado en el monte Kolitza, a 6 km de la localidad. Tiene cocina, comedor, chimenea, leñera y una habitación con 20 plazas. Precios: ver apéndice. *Observaciones: se precisa llevar sistema de alumbrado; hay una zona de acampada cerca.*

Barrika

Conjunto de caseríos dispersos, próximos a la costa. Conserva la iglesia y la Casa Consistorial. *Excursiones: castillo de Butrón, accesible a pie por una pista; recorrido costero desde el encantador puerto viejo de Algorta, hasta Sopelana.*

Gane
Goierriko Bidea. Tf. 94/676 16 83
Edificio de nueva planta, que mantiene el porche y la solana característicos de los caseríos del litoral, en un paraje tranquilo con espléndidas vistas. El interior, acogedor y con mobiliario cuidado, tiene salón-comedor con chimenea y 6 habitaciones dobles con baño. Precios: habitación doble 6.000; desayuno 500. *Observaciones: facilitan abundante información.*
Trato acogedor. Excelentes desayunos. Impecable.

Bermeo

Precioso puerto pesquero, amurallado durante la Edad Media. Iglesia de Santa Eufemia, gótica, torres de Ercilla y Aróstegui y convento de San Francisco Extramuros. Museo del Pescador y curioso cementerio antiguo, con tallas de piedra y madera, únicas en Bizkaia.

Ver página siguiente.

Mañuko Benta
Barrio Mañuas. Tfs. 94/688 12 12 y 688 56 01
Bello caserío de piedra con estructura de madera, situado en pleno monte, en el Alto de Sollube. El interior, con una decoración cuidada y mobiliario restaurado, tiene un porche acristalado que sirve de sala de estar, restaurante, bar y zona de alojamiento con acceso independiente y 6 habitaciones dobles con baño. Precios: habitación doble 6.000; desayuno 500; comida o cena 2.000; pensión completa 3.825.

Bermeo

Ver página anterior.
Excursiones: santuario de S. Juan de Gaztelugatxe; isla de Izaro, donde existió un convento franciscano; castillo de Butrón; ría de Mundaka y Reserva de la Biosfera de Urdaibai; bosque pintado de Oma; playas de Laida y Laga; playa de Mundaka, muy indicada para la práctica del windsurf. En el restaurante Eneperi, cerca de S. Juan de Gaztelugatxe, preciosa colección de utensilios tradicionales vascos.

Areneko

***Barrio de Arene*. Tf. 94/688 34 19**

Albergue situado a 5 km de Bermeo. Tiene comedor-sala de reuniones, así como cocina equipada, chimenea y capacidad para 20 personas. Precios: ver apéndice.

Mañuko

***Barrio de Mañu*. Tf. 94/688 34 19**

Albergue habilitado en las antiguas escuelas, en un barrio situado en el alto de Sollube. Tiene cocina, comedor, chimenea, un frontón cubierto y una habitación con 20 plazas. Precios: ver apéndice.

Berriatua

Pueblo cercano a Ondarroa. Conserva algunas hermosas casas-torre y la iglesia de S. Pedro Apóstol, del s. XII. *Excursiones: cueva de Goikolan; parque natural de Urkiola; valle de Artibai.* Trabajos de mimbre.

Urkixa Bekoa

***Barrio de Asterrika*. Tf. 94/683 33 23**

Antiguo caserío, situado entre Ondarroa y Lekeitio, con huerto, establo y jardín. Tiene sala de estar, chimenea y 8 habitaciones, algunas convertibles en 2 apartamentos, con salón, cocina, 2 habitaciones dobles y 1 baño. Precios: habitación doble 4.500; con baño 6.000; desayuno 400; comida o cena 1.300; apartamento 24.000 fin de semana. *Observaciones: venden productos de huerta.*

Bolibar

Agradable núcleo urbano, ligado a la familia de Simón Bolívar, con un museo dedicado al Libertador. Su iglesia conserva una talla de la Virgen de Coromoto, patrona de Venezuela. *Excursiones: ruta jacobea de la costa; balneario de Urberuaga; colegiata de Cenarruza, levantada en el siglo X.*

Ziortza-Beitia

***Barrio Goiherria*. Tf. 94/616 52 59**

Bonito caserío, reformado recientemente, emplazado junto al monasterio de Zerranuza. Tiene bar con chimenea, restaurante, salón, 6 habitaciones dobles con baño, 2 de ellas con sala, y 6 habitaciones con plazas de albergue. Precios (según temporada): habitación doble de 5.000 a 6.000; plaza de albergue 2.000; desayuno 500; comida o cena 1.500. *Observaciones: cocina tradicional vasca.*

Elorrio

Precioso conjunto monumental. Palacios, iglesia de la Concepción, del s. XV, y cruz de Krutziaga, gótico-plateresca. *Excursiones: ermita de S. Adrián de Argiñeta, con una interesante colección de tumbas y estelas funerarias; parque natural de Urkiola.*

Arabio-Azpikoa

Tf. 94/658 33 42

Edificación tradicional, blasonada, con huerto y establo, situada a 2 km del pueblo. Incluye 1 vivienda con sala de estar y 3 habitaciones dobles con 1 baño compartido. Se puede alquilar entera. Precios (según temporada): habitación doble de 4.000 a 5.000; desayuno 400.

Errigoiti-Rogoitia

Pequeña localidad muy próxima a Gernika. En su iglesia se guarda una curiosa momia, expuesta en la sacristía. *Excursiones: Casa de Juntas y árbol de Gernika; imponente castillo de Butrón; reserva natural de Urdaibai; cueva de Santimamiñe; bosque pintado de Ibarrola. En Gernika, venta de artesanía de la zona.*

Madalen Aurrekoa

Tf. 94/625 46 31

Hermosa construcción con balcones de madera, situada en un pequeño caserío, cerca del pueblo y con excelentes vistas. Tiene cocina, sala de estar y 6 habitaciones dobles con baño. Precios (según temporada): habitación doble de 5.000 a 6.000; desayuno 450; derecho a cocina 600. *Observaciones: facilitan información sobre la zona.*

Costa de Bizkaia y ría de Mundaka

Maruri

Localidad situada en un terreno montañoso. Iglesia del s. XII, ermita de Sta. Cruz y sepulcros medievales. *Excursiones: castillo de Butron; litoral con abundantes playas; montes Jata y Sollube.*

Garaizar
Barrio Ergoien
Tfs. 94/615 52 13 y 674 14 24
Caserío tradicional muy reformado, a 1 km del pueblo, con un gran jardín y un bello entorno. Tiene sala de estar con chimenea y una amplia terraza, una decoración rústica y 6 habitaciones dobles, 3 de ellas con baño. Precios (según temporada): habitación doble de 4.000 a 4.500; con baño de 5.000 a 5.500; desayuno 400.

Mundaka

Simpática localidad marinera, asentada en la boca de la ría del mismo nombre. Iglesia de Santa María, bello palacio de Larrinaga, puerto recoleto y playas muy indicadas para la práctica del *windsurf*. *Excursiones: reserva de Urdaibai; mirador de Portuondo, con buenas vistas de la isla de Ízaro; villa de Gernika.*

El Puerto
C/ Portu 1
Tf. 94/687 67 25. Fax 94/687 67 26
Antigua casa de pescadores convertida en un entrañable hotel con una privilegiada ubicación sobre el encantador puerto marinero de Mundaka. El interior, funcional, tiene cafetería, sala de estar, 1 habitación sencilla y 10 dobles, todas con baño, algunas abuhardilladas y en su mayoría con vistas al mar. Precios: habitación sencilla 8.500; doble 10.500; desayuno 900.

Mungia

Villa próxima a la costa de Plentzia. *Excursiones: castillo de Butron; castillo-torre de Billela; encantador puerto viejo de Algorta; pueblos pesqueros de Armintza y Gorliz; alto de Sollube y ría de Plentzia; reserva de Lea-Artibai. En* ***Getxo****, talleres y tiendas de cerámica y muebles artesanos; en* ***Erandio****, trabajos de cuero y forja.*

Borkalene
Barrio Trobika
Tf. 94/615 50 83. Tf./fax 94/674 02 69
Caserío tradicional, rehabilitado, a 500 m del pueblo, con jardín. Tiene sala de estar con chimenea y 6 habitaciones dobles con baño, algunas con terraza o hidromasaje. Precios (según temporada y tipo): habitación doble de 5.000 a 7.000; desayuno 450.

Loba-Zarre
Barrio Iturribaltza. Tf. 94/674 35 22
Edificio de nueva construcción, a 2,5 km del pueblo. Tiene sala de estar, cocina, 5 habitaciones dobles, 2 de ellas con baño, y 2 baños compartidos. Precios (según temporada): habitación doble de 4.500 a 5.000; con baño de 5.000 a 5.500; desayuno 400; derecho a cocina 1.000.

Munitibar

Pequeña población situada al pie del monte Oiz. *Excursiones: casa-museo de Bolivar; colegiata de Cenarruza; balcón de Bizkaia; monte de S. Miguel de Ereñozar; parque natural de Urkiola.*

Garro
Barrio S. Miguel. Tf. 94/616 41 36
Precioso caserío de piedra, emplazado junto al río y apartado del pueblo, con un agradable jardín y una terraza cubierta. El interior, cuidadosamente decorado y muy acogedor, dispone de un amplio salón con chimenea y 6 habitaciones dobles con baño. Precios: habitación doble 5.500; desayuno 500; derecho a cocina 600. *Observaciones: facilitan información sobre excursiones en la zona.*

Muxika

Villa de origen medieval, próxima a Gernika, situada en un terreno fértil. *Excursiones: balcón de Bizkaia; reserva natural de Urdaibai; parque natural de Urkiola; rutas por el Duranguesado.*

Astei
Alto de Montecalvo
Tfs. 94/673 23 18 y 689/80 23 62
Caserío de buena planta, cuidadosamente reformado, con establos, huerto y rodeado de césped. Dispone de sala de estar con chimenea, 3 habitaciones dobles y 3 baños. Precios: habitación doble 4.000; desayuno 400. *Observaciones: la propiedad tiene un asador con platos típicos del caserío y de la cocina vasca.*

Iberreko-Errota
***Barrio Ariatza*. Tf. 94/625 45 67**
Bonito edificio de piedra, antaño molino de agua, rodeado de huertas y prados, con jardín y terraza. Tiene sala de estar con chimenea y 6 habitaciones dobles con baño, 1 de ellas adaptada para minusválidos. Precios (según temporada): habitación doble de 5.500 a 7.000; desayuno 400.

Natxitua-Ea

Localidad próxima a la ría de Mundaka. *Excursiones: puertos de Elantxobe, Lekeitio, Mundaka y Bermeo; reserva de Urdaibai; cuevas de Santimamiñe; bosque pintado de Oma.*

Zarandegi
Barrio Angelutxu
Tfs. 94/627 51 47 y 475 52 99
Antiguo caserío restaurado, con jardín, en un paraje arbolado cerca de la costa y a 1 km del pueblo. Tiene 4 habitaciones dobles, 2 baños, salas y cocinas, que se pueden transformar en 2 apartamentos de 4 plazas. Precios: habitación doble 5.000; desayuno 400; derecho a cocina 500; apartamento 24.000 fin de semana.

Orozko

Localidad próxima al macizo de Gorbeia, en un paisaje rico en monumentos megalíticos. Casa-torre de Aranguren, del s. XVI, convento de las Mercedarias, iglesia de S. Juan, lamentablemente abandonada y Casa Consistorial. *Excursiones: parque natural de Gorbeia; cuevas de Otxabide y Supelegor, asociadas al mágico personaje de Mari; parajes del Ojo de Atxulaur y manantial de Aldabide; río Altube.* Museo etnográfico dedicado al pastoreo.

Etxeluzea
***Donibane*. Tfs. 94/661 01 71 y 609/40 00 75**
Antiguo caserío, reformado, con huerta, jardín y establos. Tiene salón con chimenea, una pequeña biblioteca y 5 habitaciones dobles con baño, una de ellas adaptada para minusválidos. Precios (según temporada): habitación doble de 4.700 a 6.000; desayuno 500; derecho a cocina 600. *Observaciones: se puede participar en tareas del campo.*

Garai
***Barrio de Beraza*. Tf. 94/633 05 06**
Precioso caserón de piedra del s. XIX, en un lugar tranquilo y retirado, con pista de tenis, jardín y barbacoa. Dispone de 5 habitaciones dobles con baño, abuhardilladas y con robustas vigas de madera, así como 3 apartamentos para 2/4 personas. Precios (según temporada): habitación doble de 4.800 a 6.000; desayuno 500; derecho a cocina 600. *Observaciones: elaboración y venta de miel.*

Sopuerta

Pueblo de la histórica comarca de Las Encartaciones. *Excursiones: Casa de Juntas de Avellaneda; puente de Balmaseda; ermita de S. Roque y castillo de Muskiz.* En Zalla, trabajos de cestería.

Lezamako-Etxe
***Barrio Carral*.Tf. 94/650 42 37**
Casa tradicional, restaurada, situada a las afueras, con huerta, establo y jardín. Tiene sala de estar y 5 habitaciones dobles, 2 de ellas abuhardilladas, con 2 baños compartidos. Se puede alquilar entera. Precios: habitación doble 3.960; desayuno 400; derecho a cocina 500; vivienda 35.000 fin de semana. *Observaciones: venta de productos del campo y embutidos caseros.*

Zeanuri

Pueblo de montaña, cercano al monte Gorbeia. Conserva varias casas solariegas y el templo de Sta. María del s. X. *Excursiones: ermitas de Santi Kurutz y S. Andrés; casas torre de Akauri y Axpe; parque natural de Peña Gorbeia; humedal de Saldropo; cueva de Mairuelegorreta; diapiro de Murgia; cascada de Gujuli.*

Amalau
***Barrio Ipiñaburu*. Tf. 94/631 71 79**
Bonito caserío situado a 5 km del pueblo, en un tranquilo barrio del parque natural de Gorbeia. Dispone de 1 vivienda con 3 habitaciones dobles y 1 apartamento con cocina, salón con chimenea, baño y 2/4 plazas. Precios: habitación doble con baño 5.000, incluido derecho a cocina; apartamento de 7.000 a 8.500 diarias; vivienda 85.000 semanales; desayuno 400. *Observaciones: agricultura ecológica; cursos sobre plantas.*

Costa de Bizkaia y ría de Mundaka

Apartamentos y casas de alquiler completo

Bolivar

Monte Baserria
Barrio Arta
Tfs. 94/413 09 87 y 606/25 54 24
Caserío tradicional, con frontón y jardín, en un paraje tranquilo. Interior muy cuidado, salón-comedor con chimenea, cocina, 1 habitación sencilla, 3 dobles y 2 baños. Precios (según temporada): fin de semana de 30.000 a 34.000.

Gauteguiz de Arteaga

Ugaldebarri
Barrio Kanala
Tf. 94/625 65 77
Caserío de buena planta, a 1 km de la costa. Tiene 1 apartamento abuhardillado, con cocina, 2 habitaciones, baño y mirador sobre la ría. Precios (según temporada): día de 10.000 a 13.500. *Observaciones: información sobre excursiones.*

Orozko

Aurrekoa Baserria
Barrio Arrugaeta
Tfs. 94/416 49 47 y 609/44 81 21
Casa típica de la comarca, de 3 plantas, bien rehabilitada. Interior cuidado, mobiliario antiguo, salón-comedor con chimenea, cocina, 3 habitaciones dobles y 1 cuádruple, con baño e hidromasaje. Precios (para 6 personas): fin de semana 30.000.

Otxandio

Kerizara
Tfs. 945/46 14 12 y 45 01 69
Vivienda rural, a las afueras, con jardín. El interior, convertible en 3 apartamentos, tiene salas de estar, 6 habitaciones dobles, 4 de ellas con baño, y 1 baño compartido. Precios: habitación doble 4.200; desayuno 400; apartamento 17.000 fin de semana.

Lugares de interés

Otxandio. Villa fundada en el s. XIII, con una notable riqueza monumental. Casa Consistorial, calle de Carnicería, iglesia de Sta. María, del s. XVI, antiguo hospital, fuente de Vulcano y ermita gótica de S. Martín. *Excursiones: hay un pantano muy próximo; parque natural de Urkiola, con bosques de hayas.*

3. Llanada y montaña alavesa

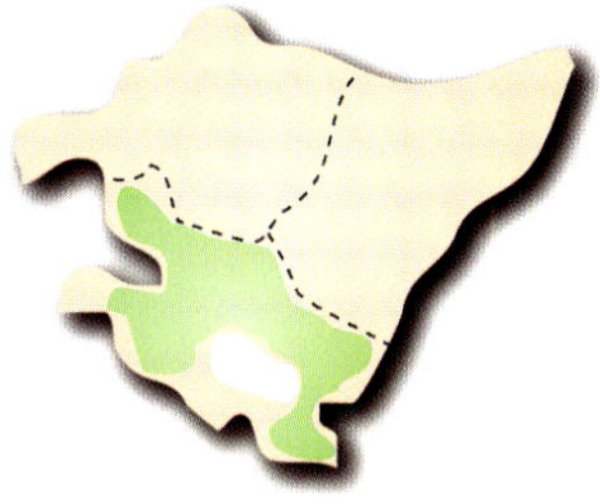

Llanada y montaña alavesa

Aiara

Lugar de sierra Salvada, próximo a la villa monumental de Orduña. *Excursiones: salto del Nervión; monasterio de Quejana; bosques de Cobata; loberas de S. Miguel.*

Goizale
Paraje San Isuso. **Tf. 945/39 38 32**
Pequeño albergue de montaña, accesible sólo con todoterreno por una pista de 3,5 km. Tiene cocina, salón comedor, baño completo, estufa y leñera, y 18 plazas en 2 habitaciones con literas. Precios: ver apéndice.

Alda

Capital del valle de Arana, en un llano rodeado de montañas, junto a la sierra de Urbasa. Iglesia de S. Pedro, con bóvedas góticas y campanario octogonal. *Excursiones: parque local de Sta. Teodosia; parques naturales de Izki y Urbasa. En **Ullibarri**, taller de yugos. En **Atauri**, madera de boj, lana hilada y kaiku de cuero.*

Biltegi Etxea
Tf./fax 945/40 60 42
Antiguo almacén de patatas rehabilitado, situado a las afueras de la localidad. Dispone de 6 habitaciones dobles con baño. Precios: habitación doble 5.000; desayuno 400; cena 2.000.

Amurrio

Municipio de la zona occidental. Conserva casas solariegas, el palacio de Ugarte y la iglesia de la Asunción, con portada románica y un bello retablo. *Excursiones: valle de Ayala; posibilidad de variadas rutas de senderismo por las tierras de Orduña.*

El Txakoli
Alday 36. Tf. 945/89 07 03
Caserío muy reformado, a 700 m de la localidad, con huerto y jardín. Tiene sala de estar y 3 habitaciones dobles con baño. Precios: habitación doble 4.500; desayuno 400; comida o cena 1.500; pensión alimenticia 2.890. *Observaciones: venta de sidra y txakoli elaborados en la misma casa.*

Aprikano

Lugar del valle de Kuartango, al pie de la sierra de Badaya. *Excursiones: interesante conjunto de puentes, molinos de cubo y molinos de canal en los ríos Bayas y Vadillo; nacimiento del Nervión; parque natural de Valderejo y cascada de Gujuli. Flores secas, jabones naturales y cremas en casa Maribel.*

Casa Maribel
Tf./fax 945/36 28 18. Tf. 629/41 22 77
Precioso caserón del s. XV, que fue antaño casa de postas. Tiene una acogedora sala de estar, comedor, biblioteca y 5 habitaciones dobles con baño. Precios: habitación doble 7.000; desayuno 500; comida 3.000; cena 2.500. *Observaciones: la casa tiene un jardín botánico; horno de pan; cocina de temporada e infusiones; la propietaria, muy afable, facilita abundante información sobre la zona.*

Araia

Localidad situada entre las sierras de Aitzgorri y Entzia. *Cerámica y alfarería; cestos de mimbre.*

Mendiaxpe
Salsamendi. Tf./fax 945/30 42 12
Caserío tradicional, próximo a un río y rodeado de jardín y frutales. Tiene cocina-comedor y 3 habitaciones dobles con baño, 1 de ellas adaptada a minusválidos. Precios: habitación doble 5.500, incluido derecho a cocina; desayuno 500. *Observaciones: venta de miel y productos de la huerta; información sobre rutas y actividades en la zona.*

Aramaio-Ibarra

Capital del precioso valle de Aramaio, situado en el centro del País Vasco. Destacan la iglesia de S. Martín, la ermita de Sastiña y el Ayuntamiento. *Excursiones: arque natural de Urkiola; paraje de S. Adrián, con fuente, donde se accede al alto de Cruceta, para seguir a los de Orixol y Anboto.*

Caserío Uxarte
Barrio Untzila. **Tf./fax 945/44 51 46**
Edificio del s. XVII, situado en un barrio tranquilo, con huerta, animales de granja y jardín. Tiene 5 habitaciones dobles con baño, 2 de ellas adaptadas para minusválidos. Precios: habitación doble 5.500; desayuno 500; cena 1.500. *Observaciones: elaboración de pan en horno de leña; se puede participar en tareas del caserío.*

Aramaio-Ibarra

Ver página anterior.
*Cuevas de Anboto, lugar poblado por «lamiak» y otros seres fantásticos; monte Morugain; pantano de Albina, con zonas de baño. Exposición y venta en el museo de piezas antiguas de Cerámica Vasca. En **Gantzaga**, yugos, piezas de madera y carbón vegetal. En **Ollerías** taller de alfarería.*

Muru
***Barrio Gantzaga*. Tf. 945/44 53 65**
Agradable caserío con árboles frutales, jardín y huerto, en un paraje de espléndidas vistas del valle de Aramaio. Tiene cocina-sala de estar con chimenea y 3 habitaciones dobles con baño. Precios: habitación doble 6.000; desayuno 450; cena 2.000; derecho a cocina 500 persona/día. *Observaciones: se puede participar en las tareas del campo; comida vegetariana por encargo.*

Artziniega

Localidad con un interesante casco antiguo, en el que se conservan algunas casas blasonadas. Museo Etnográfico y ermita de la Virgen de la Encina. *Excursiones: localidades de Llodio y Amurrio; zona histórica de las Encartaciones. Mercadillo medieval y venta de artesanía el primer fin de semana de septiembre.*

Torre de Artziniega (**)
Cuesta de Luciano 3
Tf. 945/39 65 00. Tf./fax 945/39 65 65
Edificio medieval del s. XIII, precedido de un jardín y situado en pleno casco viejo. El interior, que conserva robustas vigas de roble, tiene un salón en el ático, comedor y 10 habitaciones dobles. Precios: habitación doble 7.800; desayuno 650; comida 1.100; cena 1.500. *Observaciones: ofertas de fin de semana; organizan actividades en el entorno.*

Boveda

Localidad asentada en un rincón apartado de Álava, limítrofe con Burgos y al pie de la sierra de Peñagobia. *Excursiones: torres medievales de Barona; sierra de Boveda, con rutas hasta el parque natural de Valderejo; circuitos señalizados para excursiones en bicicleta.*

Herranetxe
C/ La Iglesia 36. Tf./fax 947/35 31 82
Caserón típico de la zona de Valdegovia, con la tradicional solana, situado en la zona alta del pueblo y con explotación agrícola y ganadera. Tiene salón y 4 habitaciones dobles con baño. Precios: habitación doble 5.000; desayuno 350; comida o cena 1.500.

Carcamo

Pueblo situado al pie de la sierra de Arkamu. Conserva un bonito templo románico. *Excursiones: iglesia románica de Tuesta y necrópolis medieval de Castro de Lastra; valle de Valdegovia; parque natural de Valderejo; nacimiento del Nervión; sierra de Arkamu, con más de 100 cuevas; zona de baños en el río Espejo.*

Ansotegui
C/ Real 21. Tf. 947/35 10 05
Sencillo edificio, de buena planta, con patio y jardín. En el piso superior tiene un amplia sala de estar, cocina y 4 habitaciones dobles con 2 baños compartidos. Precios: habitación doble 3.500; desayuno 300.
✉ La atención puede mejorar.

Castillo-Sopeña

Pequeña localidad situada entre la sierra de Arkamu y la villa burgalesa de Miranda de Ebro. *Excursiones: parque natural de Valderejo.*

Torre Robredo
Tfs. 945/36 28 18 y 629/41 22 77
Torre del s. XVI rodeada de jardín y emplazada sobre la ladera de un monte, con porche cubierto de emparrado y con excelentes vistas de la zona. El interior, con mobiliario antiguo, escaleras de piedra y robustas vigas de madera, tiene 2 salones, 1 de ellos con chimenea, cocina, 4 habitaciones dobles y 2 baños. Se puede alquilar entera. Precios: habitación doble 6.000; vivienda 24.000 diarias.

Elorriaga

Pueblo del alfoz de Vitoria. Conserva la iglesia, con una portada del s. XIV y un retablo del XVII, así como algunas casonas nobiliarias. *Mercado de artesanía, en **Vitoria-Gasteiz**, el primer sábado de cada mes.*

Palacio de Elorriaga
Tf. 945/26 36 16. Fax 945/26 80 51
Hermosa casa solariega de los s. XVI-XVII, con un bonito entorno ajardinado, emplazada a 1 km de la capital alavesa. El interior, con algunos muebles de época, amplias estancias y un comedor con entramado de vigas de madera, tiene cafetería, 3 habitaciones sencillas y 8 dobles, todas con baño. Precios: habitación sencilla 10.000; doble 12.000; desayuno 1.000.

Llanada y montaña alavesa

Elosu

Pequeño núcleo situado en una ladera, junto al río Sta. Engracia. *Excursiones: parques naturales de Peña Gorbeia y Urkiola; campos de golf de Larrabea y Zuia. Museo vasco de Cerámica.*

Atxarmin
Barrio Atxarmin
Tf./fax 945/45 50 87. Tf. 670/42 25 24
Caserío de reciente construcción, junto a un lago y en un paraje arbolado, con jardín, huerto y establos. Tiene sala de estar-comedor, 5 habitaciones dobles abuhardilladas, con baño y vistas al lago. Precios: habitación doble 6.000; desayuno 500; cena 2.000. *Observaciones: alquiler de bicicletas de montaña, piraguas y embarcaciones de vela.*

Haritz-Ondo
Tf./fax 945/45 52 70
Cuidadísimo caserío, con jardín, huerto y terraza, emplazado en un lugar tranquilo, muy cerca del pueblo. El interior, mimado, decorado con antigüedades y con espléndidas vigas de madera, cuenta con comedor y 15 habitaciones dobles con baño. Precios: habitación doble 7.000; desayuno 1.000. *Observaciones: se organizan excursiones a los parques naturales cercanos.*

Espejo

Localidad del municipio de Valdegovia, en un paisaje llano atravesado por el río Omecillo. *Excursiones: torres medievales de Barona; parque natural de Valderejo; salinas de Añana.*

Patxo-Etxea
C/ Real 52. Tf. 947/35 10 16
Bello caserón del s. XIX, situado en el casco viejo de la localidad, junto a la carretera y precedido de un pequeño jardín. Tiene sala de estar y 3 habitaciones dobles con 2 baños compartidos. Precios: habitación doble 3.750; desayuno 300.

Faido

Pequeño pueblo limítrofe con el condado de Treviño. Conserva un interesante eremitorio, formado por un pequeño templo rupestre y un conjunto de cuevas con tumbas antropomorfas. *Excursiones: eremitorio de Laño; bonita villa de Markínez; parque natural de Izki. En* ***Albaina****, taller de cerámica.*

Basarte Etxea
C/ S. Miguel 2. Tf. 945/40 32 38
Bonita casa de arquitectura tradicional, con jardín y piscina. El interior, espacioso, con una decoración y un mobiliario cuidados, tiene salón-comedor y 8 habitaciones dobles, 4 de ellas con baño, y 3 baños. Precios: habitación doble 4.500; con baño 5.500; desayuno 350; comida 1.300; cena 1.100.

Hijona

Pueblo situado al pie del monte coronado por el monasterio de Estíbaliz, en un paisaje de bosques de hayas, próximo a la capital alavesa. *Excursiones: provincial de Garaio, con zonas de baño; parque natural de Izki, con abundante vegetación autóctona. En* ***Santa Cruz de Campezo****, bastones y tallas de madera.*

Arantza Etxea
Camino del Monte 24
Tf./fax 945/29 30 94. Tf. 656/75 23 00
Sencilla casa de labranza, recientemente restaurada. Tiene sala de estar con chimenea y 5 habitaciones dobles con baño, 1 de ellas adaptada para minusválidos. Precios: habitación doble 6.000; desayuno 500; cena 1.800. *Observaciones: descuentos por estancias de más de 2 días.*

Izarra

Pueblo situado en el valle de Urkabustaiz y formado por dos barrios, con un buen conjunto de casas rurales. *Excursiones: espacios naturales del monte Gorbeia y de la sierra de Guibijo; parque de Ostuño. Museo Etnográfico.*

Casa de Doña Lola
Las Escuelas 2. Tf. 945/43 72 24
Edificio solariego de gran belleza, con zona ajardinada. El interior, decorado con muebles antiguos, tiene bar, restaurante, sala de reuniones, sala de estar y 7 habitaciones dobles. Precios: habitación doble 5.000; desayuno 500; comida o cena 1.200. *Observaciones: se organizan rutas a caballo.*

Laguardia

Localidad de la Rioja alavesa, al sur de la sierra de Cantabria. Bello conjunto monumental fortificado en la Edad Media: murallas, casas blasonadas, iglesia de Sta. María de los Reyes, con una preciosa portada gótica y una gran pila bautismal, palacio del fabulista Samaniego. En el subsuelo hay numerosas cuevas medievales para la conservación del vino. *Excursiones: poblado prehistórico de La Hoya; dólmenes de La Hechicera, S.Martín, Alto de Huesera y El Sotillo; lagunas de Laguardia, con abundantes especies de aves; parque local de Berberana, donde se levanta la ermita del mismo nombre; parque ornitológico de Los Molinos, al pie de la sierra de Cantabria. Artesanía y objetos alegóricos asociados al vino de La Rioja; restauración y venta de muebles y objetos usados. En* **Villaverde**, *artesano de madera de boj.*

Erletxe
Rua Mayor de Peralta 24
Tf./fax 941/12 10 15
Bello caserón sobre la muralla de la villa, con un acogedor patio ajardinado. El interior, muy cuidado, tiene sala de estar, buenos accesos para minusválidos, biblioteca y 5 habitaciones dobles con baño. Precios: habitación doble 7.000; desayuno 400. *Observaciones: facilitan información de la zona; visitas a bodegas; venta de miel y nueces.*

Castillo el Collado
Paseo El Collado
Tf. 941/12 12 00. Fax 941/60 08 78
Precioso edificio modernista, con jardines y capilla del s. XVII, situado junto a un frondoso paseo-mirador. El interior, con un decoración exuberante y llena de elementos *art-deco*, tiene bar, restaurante y 8 habitaciones dobles con baño, algunas con balcón o terraza y 1 *suite* en el torreón. Precios (según tipo): habitación doble de 14.000 a 22.000.

Marixa
C/ Sancho Abarca 8
Tf. 941/60 01 65. Fax 941/60 02 02
Conjunto de hotel y apartamentos, en un edificio con añadidos de nueva construcción, cerca del centro histórico. Tiene cafetería, un restaurante con excelentes vistas, 10 habitaciones dobles con baño y 3 apartamentos. Precios: habitación doble 8.950; desayuno 850; comida o cena de 3.000 a 5.000; apartamento 4.000 persona/día.

Posada Mayor de Migueloa (**)
C/ Mayor 20. Tf. 941/12 11 75
Pequeño hotel habilitado en el palacio de Viana, del s. XVII, en pleno casco histórico. Tiene restaurante, salón de reuniones, "vinoteca" y 8 habitaciones con baño. Precios: habitación sencilla 11.000; doble 14.000; desayuno 950; comida o cena 5.000.

Lalastra

Población emplazada en el acceso al parque natural de Valderejo. *Excursiones: pueblo abandonado de Villamardones; localidad de Villanañe, con la torre de los Varona; salinas de Añana; área recreativa, con molino y ermita restaurados; nacimiento del río Nervión. Museo Etnográfico y centro de acogida del parque.*

Valderejo Etxea
C/ Real 2. Tf./fax 947/56 60 87
Bello edificio tradicional de la región, del s. XVII, con un mesón en la planta baja. La zona de alojamiento, con entrada independiente, tiene un interior agradable y funcional, sala de estar y 6 habitaciones dobles con baño, 2 de ellas abuhardilladas. Precios: habitación doble 5.000; desayuno 450; comida o cena 1.600.

Lanciego

Localidad de La Rioja alavesa, emplazada entre la sierra de Cantabria y el río Ebro. Conserva la iglesia de S. Acisclo, con un órgano muy antiguo. *Excursiones: villas de Laguardia, Labraza, Elciego y Viana; senderismo por la sierra de Cantabria; rutas de los dólmenes y los trujales aceiteros; parque natural de Izki.*

Larrain (*)
C/ Mayor 13
Tf. 941/12 82 26. Fax 941/12 82 51
Pequeño hotel ubicado en un palacio del s. XVIII, en el centro del casco urbano. El interior, sobrio, cuidado y adaptado para minusválidos, tiene bar, comedor, sala de estar, 1 habitación sencilla y 9 dobles, todas con baño. Precios (según temporada): habitación sencilla de 5.000 a 5.500; doble de 6.500 a 7.500; desayuno 700; comida o cena 2.000.

Llanada y montaña alavesa

Markina

Lugar del municipio de Zuya, en un valle atravesado por el río Ugalde. Conserva una iglesia gótica y algunos viejos caseríos. *Excursiones: parque natural de Peña Gorbeia; espacios protegidos de la ermita de Jugatxi, santuario de Oro y Ostuño. Venta de cerámica, muebles antiguos y hierro forjado en el caserío Arguiena.*

Perrenku
Tf. fax 945/43 02 24
Edificio de reciente construcción, en el parque natural de Gorbeia, con un jardín rodeado de arbolado. Incluye 1 vivienda con salón, chimenea, cocina y 4 habitaciones dobles, 1 de ellas con baño, y 2 baños. Se puede alquilar entera. Precios: habitación doble 4.500; con baño 5.500; desayuno 600; vivienda 42.000 fin de semana. *Observaciones: actividades en el entorno.*

Markinez

Pueblo de la montaña alavesa, con un hermoso conjunto de caserones. Conserva la iglesia de Sta. Eulalia, una ermita románica y numerosas cuevas artificiales en su entorno. *Excursiones: parque natural de Izki, con el mayor marojal de Europa; cuevas de Sta. Leocadia, con bajorrelieves. En* ***Pellaniz****, artesanía de la madera.*

Basibide-Etxea
Basibidea 19. Tf. 945/37 90 48
Edificio de reciente construcción, en una finca dedicada a la cría caballar, con un extenso jardín de césped y con buenas vistas. Tiene sala de estar, comedor, cocina y 3 habitaciones dobles, 1 de ellas con baño. Precios: habitación doble 4.000; con baño 5.000; desayuno 400; comida 1.700; cena 1.500. *Observaciones: cocina con productos del caserío; alquiler de caballos; facilitan información de la zona.*

Maroño

Barrio del municipio de Ayala. Casas blasonadas y templo de S. Pedro. *Excursiones: conjunto monumental de Quejana; museo de Gastronomía, en Llodio; pantano de Maroño; sierra de Orduña.*

Guzurtegi
***Barrio Oruro*. Tf. 945/39 94 38**
Bello caserío tradicional rehabilitado, con eras, frutales, terraza y jardín, próximo a un pantano. Tiene comedor, 6 habitaciones dobles con baño. Precios: habitación doble 6.000; desayuno 450; comida o cena 2.500; pensión alimenticia 4.632. *Observaciones: disponen de un restaurante especializado en asados a la parrilla con carbón; facilitan guía para excursiones y actividades deportivas.*

Maturana

Pueblo próximo a Vitoria. Iglesia de S. Martín, del s. XIII y parque ornitológico de Mendixur, en el embalse de Ullibarri. *Excursiones: villa de Salvatierra; calzada romana; sierra de Elguea; valle de Barrundia, con bellos paisajes y pequeños caseríos. En* ***Narvaja****, tienda de cerámica vasca, cestos de mimbre, artículos de cristal y forja.*

Sagasti Zahar
C/ Sagasti Zahar 10. Tf./fax 945/31 71 58
Caserío del s. XVI, reformado, con huerto y un agradable jardín. El interior, cuidado con esmero, con muros de piedra vista, vigas de madera y mobiliario tradicional, tiene salas de estar con chimenea y 4 habitaciones dobles con baño, 1 con salida al jardín. Precios: habitación doble 6.500; desayuno 500; cena 2.500. *Observaciones: información de la zona; rutas guiadas.*

Murgia

Localidad situada entre las estribaciones de Gorbeia y la sierra de Arrato. *Excursiones: bello santuario de Nuestra Sra. de Oro; parque natural de Peña Gorbeia; paisaje kárstico de Itxina; cueva de Mairuelegorreta; campo de golf de Altube; embalse de Urrunaga; cascada de Gujuli. Museo de la Miel. En* ***Ollerías****, museo de la alfarería tradicional vasca.*

La Casa del Patrón (**)
C/ S. Martín 2
Tf. 945/46 25 28. Fax 945/46 24 80
Elegante edificio de principios del s. XX, con terraza, rodeado de jardín. Tiene bar, restaurante, 4 habitaciones sencillas y 10 dobles, todas con baño. Precios (según temporada): habitación sencilla de 5.000 a 5.500; doble de 8.000 a 8.500; desayuno 700; comida o cena 1.200. *Observaciones: excelentes pinchos, con premios provinciales.*

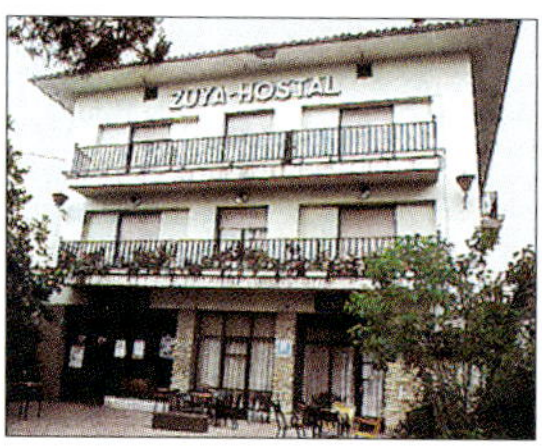

Zuya (**)
C/ Domingo Sautu 30
Tf. 945/43 03 00. Tf./fax 945/43 00 27
Pequeño hotel con jardín, en un agradable rincón del centro de esta localidad. Tiene comedores, un rústico *txoko* y 15 habitaciones con baño. Precios (según temporada): habitación sencilla 4.500; doble de 6.000 a 7.200; desayuno de 300 a 700; comida o cena 1.000. *Observaciones: ofertas de fin de semana.*

Murua

Localidad asentada junto al parque natural de Gorbeia. *Excursiones: torre Goikoetxea, en Gopegi; fuente de Artzegi; cueva de Mairuelegorreta; humedal de Saldropo.*

Guikuri
Tf./fax 945/46 40 84

Bonita casa rural situada en el mismo pueblo, con huerto ecológico y jardín. Dispone de un interior agradable, con un amplio salón con chimenea y una pequeña biblioteca, cocina y 5 habitaciones dobles, 1 de ellas abuhardillada, con 3 baños. Precios: habitación doble 6.000, incluido derecho a cocina; desayuno 500. *Observaciones: alquiler de bicicletas y piraguas.*
✉ Entorno muy tranquilo. Alojamiento sencillo y cuidado.

Okondo

Pueblo del valle de Ayala. *Excursiones: casco histórico de Balmaseda; museo de minas de Trapagaran; montes Ganekogorta, Pagolar y Lujamendi; sierra Salvada. Trabajos de cestería y talla de madera.*

Olabarrieta Beheko
Tf./fax 945/89 81 46

Caserío dedicado a la explotación ganadera y a la elaboración de queso de oveja, en un paraje rodeado de prados, con terraza. Tiene 2 salones, biblioteca y 6 habitaciones dobles con baño. Precios: habitación doble 7.000; desayuno 600; comida 3.000; cena 2.500. *Observaciones: elaboración de pan artesanal y productos de matanza; cocina con productos del caserío.*

Quejana-Ayala

Núcleo situado la pie de la sierra Salvada, a 6 km de la villa de Amurrio. Casa-torre de los Ayala y conjunto histórico de gran solera.

Los Arcos de Quejana
Ctra. Beotegui s/n
Tf. 945/39 93 20. Fax 945/39 93 44

Hotel habilitado en un palacio del s. XIV, aislado sobre una ladera con espléndidas vistas de la torre de los Ayala. El interior, acogedor, tiene comedor, salón con chimenea y 19 habitaciones dobles con baño. Precios: habitación doble 7.960; desayuno 750; comida 1.680; cena 1.560. *Observaciones: programas de fin de semana.*

Rivabellosa

Tranquilo pueblo de origen medieval, muy próximo a la ribera del Ebro y al cinturón industrial de Miranda de Ebro. *Excursiones: parque educativo del Ebro; lago de Zadorra.*

Sagarribai
C/ Alfonso VI, 49. Tf. 947/35 50 30

Edificio antiguo, de rehabilitación atrevida. La zona de alojamiento, con diseño funcional y espectaculares mapas, tiene salón-comedor, cocina, sala de estar y 4 habitaciones dobles, 2 de ellas con baño y algunas abuhardilladas. Se puede alquilar entera. Precios: habitación doble 5.000; con baño 5.500; desayuno 400; vivienda 20.000 diarias. *Observaciones: información sobre rutas en la zona.*

Salinas de Añana

Villa de gran antigüedad, ligada a las explotaciones de manantiales de agua salada. *Excursiones: convento de S. Juan de Acre; poblado medieval de los Castros de Lastra; templo románico de Juesta; torres medievales de Varona, Nograro y Astulez; desfiladero de Sobrón. Venta de antigüedades en la Casa Palaciega de los Ozpinas.*

Casa Palaciega de los Ozpinas
Plazuela de Los Ozpinas 8
Tf./fax 947/35 13 04

Palacio barroco del s. XVIII, con terraza y jardín. Cuenta con una galería-mirador, sala de reuniones, comedor, biblioteca y 6 habitaciones, todas con baño. Precios: habitación sencilla 4.500; doble 6.500; desayuno 450; cena 1.450. *Observaciones: organizan cursos de idiomas; ofrecen baños salinos.*
✉ Acogida excelente. Limpieza y comodidad bien.

Salinillas de Buradón

Precioso pueblo amurallado que toma su nombre de unas antiguas eras de sal. *Excursiones: conjuntos monumentales de Haro y Labastida; montes Toloño y S. Cristóbal. En* ***San Millán****, cerámica; en* ***La Puebla de Arlanzón****, venta de antigüedades; en* ***Nájera****, muebles y objetos de madera; en* ***Haro****, cubas para vino.*

Areta-Etxea
C/ Mayor 17
Tfs. 941/33 72 75 y 630/26 47 95

Casa antigua, reformada, en el centro del pueblo, frente a uno de los arcos de la muralla. El interior, amueblado con gusto, tiene salón con chimenea, comedor y 5 habitaciones dobles con baño. Precios: habitación doble 6.000; desayuno 500; comida o cena 2.000. *Observaciones: desayunos y platos caseros.*

Llanada y montaña alavesa

Sarria

Aldea del municipio de Zuya, en un paisaje accidentado en el que destaca la sierra de Badaya. Bella ermita de la Inmaculada. *Excursiones: santuario de Oro, en un paraje lleno de misterio; zonas de baño en el mismo pueblo; parque natural de Peña Gorbeia. Feria de artesanía a primeros de octubre.*

Gorbea-Bide

C/ Pagazuri 8. Tf./fax 945/43 00 46

Bello caserón de piedra, del s. XVI, con jardín, barbacoa, pozo y huerto. La zona de alojamiento tiene cocina, salón-comedor con chimenea y juegos de mesa y 4 habitaciones dobles con baño. Se puede alquilar entera. Precios: habitación doble 4.000; desayuno 400; derecho a cocina 500 persona/día; vivienda 19.000 diarias. *Observaciones: venta de miel; recogida de setas y endrinas; productos de huerta.*

Urturi

Localidad apartada, próxima a los montes de Izkiz. *Excursiones: barrancos de Izkiz; villa medieval de Corres; ermita de S. Román de Campezo.*

Aitonaren Etxea

Tf./fax 945/37 81 47

Casa tradicional, próxima al parque natural de Izki y a un campo de golf. Tiene salón con chimenea y 6 habitaciones dobles con baño. Precios (según temporada): habitación doble de 4.500 a 5.000; desayuno 500. *Observaciones: venta de miel y pacharán.*

Los Artilleros

Tf./fax 945/37 81 74

Casa antigua, rehabilitada, ubicada junto a la plaza, con una zona de soportales. En la primera planta tiene salón-comedor con juegos de mesa y en el piso superior tiene 4 habitaciones dobles con baño. Precios: habitación doble 4.000; desayuno 400.

EXTREMADURA

La Vera, el Jerte, la sierra de Gata y la Serena

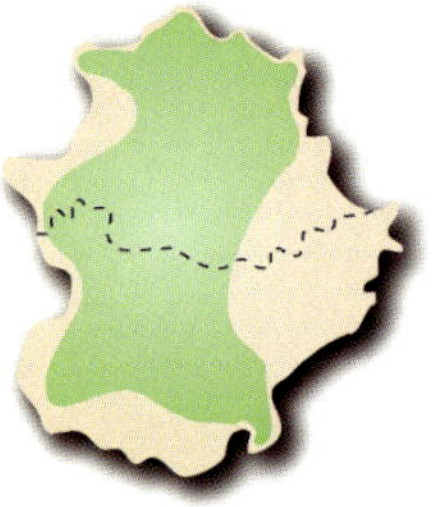

Albuquerque
(BADAJOZ)

Villa amurallada de gran importancia en la Edad Media. Castillo, pequeña judería, barrio gótico y templos de S. Mateo y Sta. María del Mercado. *Excursiones: santuario de Nuestra Sra. Carrión; risco de S. Blas, con pinturas rupestres.* En **Arroyo de la Luz**, excelente cerámica.

Castillo de Luna
Tf. 924/40 00 41. Fax 924/40 15 23

Albergue perteneciente a la REAJ, ubicado en un castillo del s. XIV, perfectamente restaurado, dentro del recinto amurallado. Tiene piscina, salas de estar y de reuniones, comedor, sala de juegos y 50 plazas en 11 habitaciones dobles con baño, 5 cuádruples y 1 múltiple. Precios: ver apéndice.

Barrado
(CÁCERES)

Localidad aislada en la ladera de la sierra de S. Bernabé, a 800 m de altitud. Conjunto de arquitectura popular, con calles empinadas, coronado por la iglesia. *Excursiones: judería de Hervás; valle de Ambroz; zonas de baños en la garganta del Obispo.* Tallas de madera y bolillos.

La Almazara de Barrado (**)
Tf./fax 927/47 83 28. Tf. 670/34 45 50

Centro de turismo rural habilitado en una antigua almazara, próxima a un riachuelo y con excelentes vistas. Tiene restaurante, patio interior, salón, biblioteca y 5 habitaciones dobles con baño y 2 que forman una estancia independiente. Precios: habitación doble 6.500, desayuno incluido; comida o cena 1.300. *Observaciones: venta de productos de la zona; organizan múltiples actividades de temporada.*

Cabeza del Buey
(BADAJOZ)

Población situada al pie de la sierra del Pedregoso, junto al valle cordobés de Los Pedroches. Iglesia de la Divina Pastora y conjunto de casas señoriales. *Excursiones: puerto de La Nava, con restos de termas romanas; santuario de Belén, de origen templario.* Cooperativa de cerámica y taller de forja.

Las Setecientas
Tfs. 924/14 60 24 y 689/05 68 09

Antigua casa de campo situada en una extensa finca entre el pueblo y el pantano de La Serena, a 2 km de la presa. Tiene calefacción por estufas de butano, cocina, sala de estar con chimenea, 5 habitaciones dobles y 3 baños. Precios: habitación doble 7.000, desayuno incluido.

Cabezabellosa
(CÁCERES)

Pueblo emplazado a 900 m de altitud, entre los valles del Jerte y Ambroz. *Excursiones: sierra de Gredos.* En **Baños de Montemayor**, trabajos de mimbre y cerámica.

El Taller
C/ Barreros 6. Tf. 927/48 90 44

Construcción tradicional, dedicada antiguamente a carpintería, con huerto, jardín y porche. El interior, con mobiliario sencillo y vigas de madera, tiene sala de estar-comedor con chimenea, cocina, 4 habitaciones dobles, 2 baños y 1 aseo. Se puede alquilar entera. Precios: habitación doble 5.000, desayuno incluido; vivienda 32.000 fin de semana.

Villa Lucía
Ctra. Villar-Cabezabellosa, km 6,8
Tfs. 927/41 21 55 y 670/62 76 62

Casa de nueva construcción, al pie de un monte y rodeada de jardín y huerto con barbacoa. Tiene salón-comedor con chimenea, cocina y capacidad para 8 personas en 5 habitaciones, con 2 baños compartidos. Se puede alquilar entera. Precios: habitación doble 4.500, desayuno incluido; vivienda 15.000 diarias.

Cabezuela del Valle
(CÁCERES)

Población del valle del Jerte, conocida ya por los romanos. Buen núcleo de arquitectura popular: barrio de la Aldea, ocupado antiguamente por la judería, puertas blasonadas y balcones de madera. Templo parroquial edificado sobre la antigua sinagoga.

La Chinata
***Pto. de Honduras.* Tfs. 927/47 00 07 y 19 40 61**

Majada de piedra, rehabilitada, en un hermoso paraje, con jardín y huerto de árboles frutales, zonas para bañarse y buenas vistas. Tiene un acogedor porche y 3 habitaciones dobles con baño. Precios: habitación doble 5.000; desayuno 250; cena 1.000. *Observaciones: elaboración de queso.*

La Vera, el Jerte, la sierra de Gata y la Serena

Cuacos de Yuste
(CÁCERES)

Bonito pueblo de la comarca de La Vera, con algunos rincones pintorescos y una arquitectura bien preservada. Plaza porticada, iglesia del s. XV, casa de Juan de Austria y puente romano. *Excursiones: monasterio de Yuste; cementerio de soldados alemanes; pueblos de Valverde, Villanueva, Piornal y Guijo de Sta. Bárbara; valles de Ambroz y del Jerte; gargantas Chica y de Pedro Chate; parajes del Charco Calderón, con cascadas. Taller de forja. En* ***Plasencia*** *taller de forja.*

La Ciega
Finca Los Arromadillos
Tfs. 609/07 16 23 y 91/352 76 11
Antigua majada de piedra, en una extensa finca de praderas y robledal, con vistas a la sierra de Gredos. El interior, con mobiliario antiguo y vigas de madera, tiene salón-comedor con chimenea, 5 habitaciones dobles, 1 de ellas con baño, y 2 baños compartidos. Se puede alquilar entera. Precios: habitación doble 5.500; con baño 6.500; desayuno incluido; vivienda 26.000 diarias.

La Vera de Yuste
C/ Teodoro Perianes 17
Tfs. 927/17 22 89 y 91/798 08 77
Casa tradicional del s. XIX, con muros de piedra, huerto y jardín. El interior, con decoración rústica y techos de madera, tiene comedor, sala de estar y 6 habitaciones dobles, algunas con baño. Precios: habitación doble 6.000; con baño 7.000, desayuno incluido; comida o cena 2.000. *Observaciones: descuentos por estancias largas.*

Eljas
(CÁCERES)

Pueblo del valle del mismo nombre, con un entorno de gran belleza. Conserva una fortificación medieval y la "fala" (habla local). *Excursiones: comarca portuguesa de Penamacor; termas de Monfortinho; senderos señalizados en el valle y el puerto de Sta. Clara.*

Divina Pastora
Tf. 927/14 21 59
Pequeña edificación situada a 4 km del pueblo, junto a una ermita y en un paraje con espléndidas vistas. Tiene terraza-mirador, patio interior, sala con chimenea, 2 habitaciones múltiples, con capacidad para 12 personas y 2 baños. Se puede alquilar entera. Precios*: fin de semana 3.000 persona/día; albergue completo 15.000 fin de semana. *Observaciones: senderismo y rutas a caballo.*

Fresnedoso de Ibor
(CÁCERES)

Pueblo situado en un paisaje de bosque mediterráneo, junto a la sierra de Guadalupe. *Excursiones: curso del río Ibor, con zonas de baño; garganta de Descuernacabras; cancho de Juan Caldilla, con colonias de buitres; monasterio de Guadalupe. En* ***Guadalupe****, trabajos de bronce y metal.*

Casa Grande
Tf. 927/57 53 82. Fax 927/57 52 93
Casa solariega del s. XIX, que alojó al general Prim, con un recoleto jardín y zaguán. El interior, acogedor, tiene salón con chimenea, sala de estar, comedor, un pequeño bar y 6 habitaciones dobles con baño. Se puede alquilar entera. Precios: habitación doble 6.500; desayuno 500. *Observaciones: senderismo; bicicletas de montaña; rutas a caballo.*

Gata
(CÁCERES)

Población situada en la cabecera del valle Rivera de Gata. Conjunto de arquitectura popular y templo del s. XVI. Ermita del Humilladero, con un cedro centenario. *Excursiones: río Rivera de Gata, con zona de baños; sendero de la Trashumancia; aldeas de Idanha-a-Velha y Monsanto.*

Casa Maire
C/ Humilladero 66. Tf. 927/67 20 79
Casona de buen porte, con escudo nobiliario y un patio ajardinado, situada a las afueras del pueblo, cerca de la ermita del Humilladero. Tiene salón-comedor con chimenea, cocina, 1 habitación sencilla y 4 dobles, 2 de ellas con baño y 1 con terraza. Se puede alquilar entera. Precios: habitación doble con baño 4.400; vivienda 16.000 diarias.

Guijo de Sta. Bárbara
(CÁCERES)

Pueblo situado al sur de Gredos, a 900 m de altitud en una zona de agua abundante. Templo del s. XVII. *Excursiones: piscinas naturales de Calajomero y Trabuquete; garganta de Jaranda; parque natural de Monfragüe. Cerámica y artesanía de madera. En* ***Aldeanueva****, trabajos de forja.*

Camino Real
Tfs. 927/56 11 19 y 56 06 66. Fax 927/56 04 71
Bella casa datada en 1872, con fachada de piedra, ladrillo y entramado de madera, precedida de un patio y con buenas vistas. El interior, amueblado con mimo, tiene portal, salón, comedor y 6 habitaciones dobles con baño. Se puede alquilar entera. Precios: habitación doble 10.500, desayuno incluido. *Observaciones: el desayuno incluye pan recién horneado, bollería casera, mermeladas y perrunillas.*

Hinojal
(CÁCERES)

Localidad de la comarca de los Cuatro Lugares, junto al embalse de Hinojal. *Excursiones: zona de abundantes restos arqueológicos pre-romanos, como Los Castillejos y Los Torreones; posibilidad de avistar aves esteparias, cigüeñas negras, buitres y cernícalos.*

El Corralón
Tfs. 927/28 61 36 y 28 62 39

Casa de labranza, situada en la plaza Mayor y precedida de un patio. El interior, con vigas de madera, un sencillo mobiliario y decorado con algunos aperos de labranza, tiene cocina-comedor, salón, 5 habitaciones dobles, 1 de ellas con baño y 2 baños. Se puede alquilar entera. Precios (según tipo): habitación doble de 4.000 a 6.000; vivienda 40.800 diarias.

Hornachos
(BADAJOZ)

Pueblo situado al pie de la sierra Grande, en el entorno de la villa monumental de Zafra. *Excursiones: localidades de Zafra, Almendralejo y Villanueva de los Barros.*

Sierra de Mampar
Ctra. Hornachos-Puebla de la Reina, km 6,5
Tf. 924/12 40 20

Precioso cortijo de estilo colonial del s. XVIII, con establos, huerto, jardín, piscina y amplia terraza con barbacoa. El interior, con mobiliario antiguo y muy cuidado, tiene comedor y bar decorado con aperos, salones con chimenea y 6 habitaciones dobles con baño. Precios (según tipo): habitación doble de 8.000 a 10.000, desayuno incluido.

Jaraiz de la Vera
(CÁCERES)

Localidad verata y uno de los principales centros de actividad de la comarca. Conserva la torre herreriana de su iglesia. *Excursiones: núcleos de Cuacos de Yuste, Jarandilla y Garganta la Olla. Trabajos de latón, cerámica y mimbre; bordados extremeños; zapatería artesanal; capas españolas. Exposición y venta de artesanía de la comarca en la finca Los Valvellidos.*

La Casona
Ctra. Navalmoral-Jaraiz de la Vera, km 15
Tfs. 927/19 41 45 y 670/40 47 66

Bonita construcción de piedra, con jardín, porche y piscina. Tiene bar, sala de estar, chimenea, comedor, cocina y 6 habitaciones dobles con baño. Precios: habitación doble 8.500, desayuno incluido; comida o cena 2.000. *Observaciones: asados en horno de leña.*

Finca Los Valvellidos
Ctra. Navalmoral de la Mata-Jaraiz, km 15
Tf. 927/19 41 43

Conjunto de edificaciones de comienzos del s. XX, en una finca ganadera, con barbacoa. Incluye 1 vivienda, con salón-comedor, cocina, 3 habitaciones dobles y 1 baño, así como 2 casitas de 5 plazas y 7 *bungalows* de 2 ó 4 plazas. Precios: habitación doble 5.500, desayuno incluido; casita 9.000 diarias; *bungalow* de 7.000 a 12.000 diarias; desayuno 550; comida o cena 2.000.

Jerte
(CÁCERES)

Pueblo situado en pleno valle, entre los montes de Tras la Sierra y la sierra de Tormantos. Pequeño casco antiguo. *Excursiones: reserva natural de la garganta de los Infiernos; puerto de Tornavacas; nacimiento del río Jerte. Trabajos de alabastro.*

El Cerezal de los Sotos
Paraje de las Vegas
Tfs. 927/47 04 29 y 607/75 21 97

Casa tradicional de piedra, en un bonito paraje aislado al pie de la sierra. Tiene sala, comedor y 6 habitaciones dobles con baño. Precios: habitación doble 6.500, desayuno incluido.

La Sotorriza
Pl. Independencia 13
Tfs. 927/47 00 52 y 47 03 07

Casa típica de la arquitectura de la zona, situada en una plaza con soportales. El interior, con suelos y techos de madera, tiene bodega, comedor y 5 grandes habitaciones dobles con baño, 1 de ellas abuhardillada. Precios: habitación doble 7.000; abuhardillada 8.500. *Observaciones: en la bodega se pueden degustar productos y vinos de la zona.*

La Vera, el Jerte, la sierra de Gata y la Serena

Losar de la Vera (CÁCERES)

Pueblo de la ladera sur de Gredos. Conserva una iglesia de buenas proporciones y algunas casas blasonadas. *Excursiones: pueblos de la Vera; monasterio de Yuste y núcleo de Garganta la Olla; garganta del Trabuquete; garganta de Cuartos, con zona de baños; abundantes senderos en la sierra de Gredos; cuevas del Águila; parque natural de Monfragüe.* *En* ***Madrigal de la Vera****, taller de cerámica.*

Antigua Casa del Heno
Finca Valdepimienta
Tfs. 927/19 80 77 y 689/87 90 06
Casona de piedra, con jardín, en un espléndido paraje muy aislado. Tiene restaurante y 8 habitaciones dobles con baño. Precios: habitación doble 7.800, desayuno incluido; comida o cena de 2.000 a 3.000. *Observaciones: alquiler de bicicletas; desde la propia casa salen algunas sendas que conducen a la Garganta de Cuartos y a las cumbres de la Covacha.*

Hostería Fontivieja
***Finca los Mártires*. Tf. 927/57 01 08**
Construcción tradicional de la zona, en un paraje de olivar, con piscina y con vistas a la sierra de Gredos. Cuenta con salón, comedor para desayunos, 12 habitaciones dobles y 8 *suites*, en edificios independientes. Precios (según temporada): habitación doble de 7.000 a 8.000; *suite* de 10.000 a 12.000; desayuno incluido.

Malpartida de Plasencia (CÁCERES)

Localidad próxima a Plasencia. Conserva una monumental iglesia gótica con portadas renacentistas y retablo del s. XVII. *Excursiones: valles del Jerte, La Vera y Ambroz; vega del río Alagón; parque natural de Monfragüe.* *Trabajos en piel: bolsos, carteras, cinturones, petacas y «zajones»; elaboración y restauración de muebles. En* ***Arroyomolinos****, maquetas de fachadas típicas. En* ***Gargüera****, flautas y tamboriles.*

La Posada de Amonaria
Tf./fax 927/45 94 46. Tf. 608/70 20 70
Casona de labranza del s. XIX, situada en el mismo pueblo, con porche y patio ajardinado. El interior, bien decorado, conserva la antigua bodega, el lagar, el desván habilitado como sala, y tiene 6 habitaciones dobles con baño, 3 de ellas con salita. Precios: habitación doble 8.000; con salita 10.000; desayuno 560. *Observaciones: clases de baile; sesiones de observación astronómica; facilitan información.*

Parque de Monfragüe
Tf. 927/45 92 94
Edificio de construcción reciente, situado en el núcleo urbano. Tiene comedor, sala de estar, tienda d recuerdos y capacidad para 60 personas en habitaciones de 4, 10 y 14 plazas con literas. Precios: alojamiento 1.400, desayuno incluido; media pensión 2.200; pensión completa 2.900. *Observaciones: descuentos para grupos; itinerarios guiados por el parque natural; rutas en bicicleta.*

Navaconcejo (CÁCERES)

Población ribereña del Jerte, con un agradable barrio junto al río. Conserva un viejo crucero de piedra y las ruinas del convento franciscano de Sta. Cruz de Tabladilla, del s. XVI. *Excursiones: monasterio de Yuste; el Palancar; Plasencia; rutas por el valle del Jerte; garganta de los Infiernos, con zonas de baño; sierra y lagunas de Gredos; comarca de Las Hurdes; parque natural de Monfragüe.* *Tallas de alabastro del valle del Jerte.*

La Casería
Tf. 927/17 31 41
Preciosa casa de labranza, a 3 km del pueblo, construida sobre el claustro de un convento y rodeada de frutales, con jardín, piscina y establos. Tiene sala de estar, 6 habitaciones dobles, 2 de ellas con baño, y 3 baños. Se puede alquilar entera. Precios (según tipo de habitación): habitación doble de 6.000 a 8.000, desayuno incluido. *Observaciones: la propiedad alquila otras 2 viviendas en la misma finca.*

La Parra
Tfs. 927/17 32 20 y 656/42 57 60
Casa tradicional situada en el casco urbano. Tiene salón-comedor con chimenea, una gran cocina, 4 habitaciones dobles, 1 triple con baño, así como 2 baños y 1 aseo. Se puede alquilar entera. Precios (según tipo): habitación doble de 5.000 a 6.000; con baño 7.000; vivienda 25.000 diarias.

Navas del Madroño
(CÁCERES)

Población con una interesante arquitectura tradicional y un buen conjunto de chimeneas. A destacar el templo parroquial, de grandes dimensiones. *Excursiones: localidades de Brozas, con castillo, y Arroyo de la Luz.* En **Alcántara**, trabajos de forja. En **Arroyos de la Luz**, cerámica.

El Vaqueril
Ctra. C-523. Tf. 927/19 10 01

Pequeño hotel rural habilitado en un cortijo del s. XIX en torno a un patio, rodeado de una gran dehesa, con piscina, terraza, capilla y plaza de toros. Tiene comedor con chimenea, restaurante y 13 habitaciones dobles con baño, 3 de ellas tipo *suite*. Precios: habitación doble 9.500; *suite* 14.000; desayuno incluido. *Observaciones: senderismo; alquiler de bicicletas.*

Pasarón de la Vera
(CÁCERES)

Localidad de la Vera, declarada conjunto histórico. Palacio de Lara, templo del Salvador y museo Pecharromán, en una típica casa verata del s. XVII. *Excursiones: ermita de Nuestra Sra. La Blanca; localidad de Garganta la Olla; sierra de Tormantos.* Taller de carpintería.

La Casa de Pasarón
C/ La Magdalena 18. Tf. 927/46 94 07

Bella casa señorial de principios del s. XX, situada en el casco urbano, con jardín y terraza. El interior, con una cuidada decoración, conserva la bodega y los techos abovedados y tiene comedor con chimenea, salones y 13 habitaciones dobles con baño, algunas adaptadas a minusválidos. Precios (según tipo): habitación doble de 8.000 a 10.000, desayuno incluido; comida o cena 1.500.

Piornal
(CÁCERES)

Pueblo más alto de Extremadura, a 1.200 m en la divisoria entre la Vera y el Jerte, en un paisaje muy arbolado. *Excursiones: zonas de baño en las gargantas de Cuartos y en el río Jerte; garganta de Pedro Chate.* En **Hervás** trabajos de cestería y muebles artesanos.

Casa Verde
C/ Libertad 38. Tfs. 927/47 63 95 y 22 07 79

Casa de aspecto sencillo, con terraza ajardinada y buenas vistas del pueblo. Tiene sala de estar con chimenea, comedor y 6 habitaciones dobles con baño. Se puede alquilar entera. Precios: habitación doble con baño 5.000, desayuno incluido; vivienda 25.000 diarias. *Observaciones: senderismo; paseos a caballo; rutas fotográficas y actividades en la naturaleza.*

Quintana de La Serena
(BADAJOZ)

Villa asentada en un paraje de dehesas, con una abundante población de grullas. Templo de Nuestra Sra. de los Milagros y buen conjunto de arquitectura popular. *Excursiones: recinto fortificado de Hijovejo; humedales del río Guadalefra; senda del Rey.* Talla de granito.

La Estación
Ctra. de la Estación, km 6
Tf. 924/77 73 22. Fax 924/78 60 23

Albergue municipal, emplazado en dos edificios de la antigua estación de ferrocarril. Tiene aulas-taller, salón-comedor, cocina bien equipada, 39 plazas en 7 habitaciones con literas y 3 baños múltiples . Precios: alojamiento 700. *Observaciones: actividades culturales y ecológicas.*

San Martín de Trevejo
(CÁCERES)

Población de la sierra de Gata, próxima a la frontera portuguesa. Bonita plaza Mayor y palacio del Comendador. *Excursiones: museo del Vino y del Aceite; castillo de Trevejo; valles de Villamiel y Fuente Aliso; paraje de Vallefrío; ruta de los lagares.* Encajes de bolillos.

Zoila
C/ S. Pedro 1. Tf. 927/51 31 30

Bella casona de piedra, situada en el núcleo urbano, con una gran balconada. Tiene comedor con chimenea, cocina, bodega y 5 habitaciones dobles con baño. Precios: habitación doble 6.000, desayuno incluido. *Observaciones: la propiedad tiene además 3 apartamentos; alquiler de bicicletas; venta de productos caseros; información sobre la comarca y sobre el habla tradicional.*

Serrejón
(CÁCERES)

Localidad situada junto al parque de Monfragüe. *Excursiones: parque natural y castillo de Monfragüe; comarca de la Vera; valles del Jerte y del Ambroz; llanos de Cáceres, Ibores y Villuercas.*

El Alcaudón
C/ Caganchas 13. Tf. 927/54 76 00

Hotel rural, habilitado en una casona de arquitectura tradicional, en el casco urbano. Tiene comedor, salón con chimenea, 1 habitación sencilla y 7 dobles, todas con baño. Precios: habitación sencilla 5.000; doble 8.000; desayuno incluido; comida o cena 1.500. *Observaciones: visitas guiadas al parque de Monfragüe; recorridos en lancha neumática; guías de naturaleza; jornadas de educación ambiental.*

Tejeda de Tiétar (CÁCERES)

Pequeña localidad situada en la ladera sur de Gredos, entre Plasencia y La Vera. *Excursiones: parque natural de Monfragüe; conjunto monumental de Plasencia.*

La Vallejera

Ctra. Plasencia-Jaraiz, km 15,3
Tf. 927/19 41 21. Fax 927/41 67 92

Casa tradicional, en una finca atravesada por un río y dedicada al cultivo de tabaco, con jardín y porche. El interior, agradable, tiene salón con chimenea y piano, comedor, cocina, 6 habitaciones dobles abuhardilladas, 3 de ellas con baño, y 2 baños compartidos. Se puede alquilar entera. Precios: habitación doble 6.000; con baño 6.500; desayuno incluido.

Tornavacas (CÁCERES)

Población de la sierra de Gredos. Conserva la picota, algunas casas blasonadas y el templo de la Asunción, del s. XVII. *Excursiones: localidades de Barco de Ávila y Piedrahita; reserva natural de la garganta de los Infiernos; ruta de las cascadas; valle de S. Martín; "chorrero" de la Virgen; cueva de Santiago de León; garganta de Becedas, con zona de baños; laguna de Solana; paraje de Los Pilones, con el nacimiento del río Jerte; ruta del Torreón; ruta de Carlos V; sierra de Béjar.*

Antigua Posada

C/ Real de Abajo 32
Tfs. 608/85 21 31 y 927/17 70 19

Casa del s. XVIII situada en el casco urbano. El interior, decorado con mobiliario antiguo, tiene bodega, sala de estar con chimenea, cocina y 5 habitaciones dobles con baño. Se puede alquilar entera. Precios: habitación doble 6.500, desayuno incluido; comida o cena 1.500. *Observaciones: desayunos con migas, churros o torrijas; organizan excursiones por la zona.*

Finca el Carpintero

Ctra. N-110, km 360,5. Tf. 927/17 70 89

Edificio de mampostería de piedra, antaño vinculado a tareas ganaderas, con excelentes vistas de las cumbres de la zona. El interior, decorado cuidadosamente, tiene un amplio salón, 4 habitaciones dobles con baño y 1 *suite*. Precios (según temporada): habitación doble de 8.000 a 9.000, desayuno incluido. *Observaciones: asados en horno de leña, carnes rojas, embutidos ibéricos y quesos de la comarca.*

Trujillo (CÁCERES)

Hermoso conjunto histórico. Bellísima plaza Mayor, castillo, murallas y puerta de Santiago, palacios de S. Carlos y del marqués de la Conquista, casa de la Cadena. *Excursiones: parque natural de Monfragüe; sierra de Guadalupe. Taller de cerámica; antiquísimo telar donde se elaboran mantas, alfombras y «polleras»; trabajos en cuero; artesanía del mimbre (cestos leñeros, sillas costureros, etc.); tinajas, botijos y otros útiles.*

Viña Las Torres

Ctra. Ex. 208, km 87,5
Tf. 927/31 93 50. Fax 927/31 93 55

Hotel emplazado en una antigua finca señorial, con jardín, pista de tenis y piscina, a 10 km de Trujillo. El interior, en torno a un bonito patio, tiene salones con chimenea y rincón de lectura, comedor, 5 habitaciones dobles con baño y 4 *suites*. Precios: habitación doble 10.000; *suite* 14.000; desayuno incluido. *Observaciones: tiro con arco; rutas a caballo; paseos en globo.*

Finca Sta. Marta

Pago de S. Clemente
Tf. 927/31 92 03. Fax 91/350 22 17

Antiguo molino, en una casona señorial del s. XIX situada en una finca a 14 km de Trujillo, con jardín, capilla y piscina. El interior, con mobiliario antiguo, tiene bodega, cocina con chimenea, salón y 12 habitaciones dobles con baño, en dos antiguos lagares. Precios: habitación doble 9.500, desayuno incluido. *Observaciones: información sobre la zona.*

Valencia de Alcántara (CÁCERES)

Localidad fronteriza con un buen conjunto de casas blasonadas y un barrio gótico bien conservado. *Excursiones: ruta megalítica; villas portuguesas de Castelo de Vide, Portalegre y Marvão; parque natural de la sierra de S. Mamede.*

Ver página siguiente.

El Jiniebro

***Aceña de la Borrega*. Tf. 927/58 40 62**

Bonita casa de piedra, con más de 200 años, en una zona de almendros y pinar próxima a la frontera, con piscina. El interior, cuidado y con mobiliario artesano, tiene salón con chimenea, comedor, cocina, 1 habitación sencilla, 4 dobles, 1 de ellas con chimenea, y 2 baños. Se puede alquilar entera. Precios: habitación doble 6.000; desayuno 500; vivienda 40.000 fin de semana.

Valencia de Alcántara
(CÁCERES)

Ver página anterior.
Antigua ruta de los Contrabandistas; sierra de S. Pedro. Bordados en Valencia de Alcántara; pinturas al óleo y trabajos de forja en la casa Salto del Caballo; muebles de madera rústica en la casa El Jiniebro; en **Las Lanchuelas**, *cestos realizados con madera de castaño; en* **S. Vicente de Alcántara**, *artesanía y decoración de corcho; en* **Castelo de Vide** *y* **Marvão**, *azulejos pintados a mano y tallas de mármol y madera; en* **Portalegre**, *alfombras.*

Puerto Roque
Ctra. de Casiñas s/n
Tfs. 927/58 41 71-58 05 62 y 630/64 83 95
Casa de piedra, de buen porte, con un cuidado jardín. Tiene 3 habitaciones sencillas y 2 dobles. Se puede alquilar entera. Precios: habitación doble 6.000; vivienda 30.000 diarias.

El Regato
Huerta Luna. Tf. 927/49 10 78
Casa de campo de dos plantas, situada a 6 km del pueblo en la misma raya con Portugal, con huerto, jardín y piscina. Tiene salón, comedor con chimenea, cocina, 4 habitaciones dobles y 2 baños. Se puede alquilar entera. Precios: habitación doble 5.000, desayuno incluido; vivienda 15.000 diarias; comida o cena 1.500. *Observaciones: alquiler de caballos; organizan excursiones y visitas a dólmenes.*

Salto del Caballo
La Fontañera. Tf./fax 00/351/45/96 43 45
Bonita casa de finales del s. XIX, situada a 10 km del pueblo, en la misma línea fronteriza, en un paraje arbolado con patio, piscina y terraza. Tiene comedor, sala de estar, 5 habitaciones dobles, 3 de ellas con baño, y 1 baño compartido. Precios: habitación doble 5.500, desayuno incluido; comida o cena 1.300. *Observaciones: descuentos a niños y por estancias largas; alquiler de caballos y bicicletas.*

Valverde del Fresno
(CÁCERES)

Pueblo de la sierra de Gata, en un paisaje rocoso, cubierto de pinar y matorral, próximo a la frontera portuguesa y unido a historias de contrabando. Plaza Mayor porticada, templo de la Asunción y palacio de los Frades, del s. XVIII. *Excursiones: valles de Xalima y de la Vega.*

La Ramallosa
Ctra. Valverde-Portugal, km 11
Tfs. 91/574 43 55 y 689/84 20 64
Bonito caserío de piedra, muy aislado y sin luz eléctrica, en una extensa finca. El interior, con una decoración muy esmerada, se divide en 4 viviendas, algunas con chimenea y todas con salón-comedor, baño, cocina y 4 plazas. Precios: pensión completa 9.800 persona/día. *Observaciones: descuentos a niños; accceso por una pista de tierra de 9 km.*

Villamiel
(CÁCERES)

Buen conjunto de arquitectura, en el que destaca el palacio del Deán, el templo de Sto. Domingo de Guzmán y la iglesia de la Magdalena, con curiosas inscripciones en sus muros. *Excursiones: pequeño núcleo de Trevejo, declarado bien de interés cultural, con castillo templario, espadañas y tumbas antropomórficas; casa museo de Cilleros; núcleos de arquitectura popular de Hoyos, Acebo, Gata, Torre de Don Miguel y Robledillo de Gata; aldeas históricas de Monsanto, Indanha-a-Velha y Sortelha, en Portugal; comarcas de las Hurdes y sierra de Francia; valle de las Batuecas; termas de Monfortinho y sierra de Malcata, en Portugal.*

El Cabezo
Ctra. Valverde-Hervás, km 8
Tfs. 927/19 31 06 y 689/40 56 28
Precioso caserío, rehabilitado y decorado con mimo. Tiene un gran porche, patio con horno, salón, cocina, comedor y 3 habitaciones dobles, con baño y chimenea, y 1 *suite*. Precios: habitación doble 9.800; *suite* 12.000; desayuno incluido.
✉ Trato extraordinario. Desayuno fuera de lo común. Limpieza y comodidad excelentes. Una gozada.

Fuente Arcada
Ctra. Valverde-Hervás
Tfs. 927/19 30 81 y 91/541 46 36
Caserío cuidado, a media montaña, en una finca agrícola y ganadera, con almazara, ermita y alberca. Tiene horno, bodega, comedor, salón, sala de lectura y 5 habitaciones dobles con baño. Se puede alquilar entera. Precios: habitación doble 10.800, desayuno "campero" incluido. *Observaciones: la propiedad alquila otra casa en la misma finca.*

La Vera, el Jerte, la sierra de Gata y la Serena

Villanueva de la Vera (CÁCERES)

Conjunto histórico-artístico situado en la ladera de la sierra de Gredos. Templo barroco del s. XVI y notable núcleo de arquitectura popular. *Excursiones: Valverde de la Vera; parque arqueológico de la necrópolis de Pajares. Cerámica; estampación en tela; rabeles y talla de madera.*

A Tu Vera
Finca La Cornocosa
Tfs. 927/19 80 38-19 84 85 y 626/15 11 53
Casa de labranza verata de principios del s. XX, rodeada de jardín y próxima a un arroyo. Tiene cocina de verano y 3 habitaciones dobles con baño y acceso independiente. Se puede alquilar entera. Precios (según temporada): habitación doble de 6.000 a 7.000, desayuno incluido. *Observaciones: disponen de telescopio y bicicletas de montaña.*

Apartamentos y casas de alquiler completo

Acebo (CÁCERES)

El Pajar
El Becerril
Tf. 927/14 17 24
Viejo pajar rehabilitado, en una finca de agricultura ecológica. Tiene 2 apartamentos con baño, cocina y chimenea, y 1 vivienda para 6 personas. Precios: apartamento 7.500 diarias; vivienda 25.000 diarias.

Cabeza del Buey (BADAJOZ)

El Chaparral Bajo
Tfs. 924/60 00 74 y 91/561 97 43
Edificio de aire colonial, con un entorno de dehesa y finca ganadera, a 4 km del pueblo. Incluye 2 viviendas con salón, chimenea, cocina, 3 habitaciones dobles y 1 baño. Precios: vivienda 40.000 fin de semana. *Observaciones: posibilidad de avistar grullas.*

La Loma
Tf. 924/60 03 27
Casa tradicional, a 1 km del pueblo y muy próxima a una ermita, con establos, huerto y jardín. Decoración rústica, salón con chimenea, comedor, cocina, 2 habitaciones sencillas, 3 dobles y 1 baño. Precios: fin de semana 40.000.

Casas del Monte (CÁCERES)

La Casa de la Abuela
Tf. 656/38 20 80
Casa situada en el centro del pueblo, próxima a la iglesia, con jardín, barbacoa y cenador de piedra. Salón-comedor con chimenea, cocina y 2 habitaciones dobles con baño. Precios: fin de semana 20.000; semana 56.000.

Castuera (BADAJOZ)

Isla del Zújar
Tf. 924/77 38 17
Antiguo refugio rehabilitado, de propiedad municipal, situado en una península al borde del pantano de La Serena, con porche. Salón-comedor con chimenea, cocina, 2 habitaciones dobles y 1 baño. Precios: día 14.000.

Gata (CÁCERES)

El Fortín
Tf. 689/72 94 80
Antigua tenada, bien rehabilitada, con jardín y excelentes vistas de la sierra. Sala-cocina-comedor con chimenea, 3 habitaciones dobles y 2 baños. Precios: fin de semana 30.000.

Jarandilla de la Vera (CÁCERES)

El Calambuco
Tfs. 927/56 73 24 y 609/34 00 61
Núcleo de casitas de piedra, con jardín, piscina, terraza y excelentes vistas. Incluye apartamentos con salón-comedor, cocina, 1 habitación doble y 1 baño. Precios (según temporada): fin de semana de 16.000 a 20.000: semana de 50.000 a 60.000.

Jerte (CÁCERES)

La Casona
Tf. 927/47 03 13
Construcción de piedra, con un pequeño patio, situada en el centro del pueblo. Salón-comedor con chimenea, cocina y 5 habitaciones dobles con baño. Precios: habitación doble 5.000; vivienda 40.000 fin de semana y 90.000 semanales.

Apartamentos y casas de alquiler completo

Jerte (Cáceres)

Los Panjalos
Camino Los Panjalos 6
Tf. 927/47 03 13
Vivienda de madera, con un pequeño jardín y terraza, situada a 300 m del pueblo. Sala, cocina y 3 habitaciones dobles. Precios: fin de semana 30.000; semana 70.000. *Observaciones: la propiedad alquila otra casa con 8 plazas.*

El Tejo
Tfs. 927/47 04 35 y 47 04 13
Casa de gran tamaño, en el centro del pueblo. Interior bien decorado y divisible en 3 viviendas, todas con sala-comedor-cocina con chimenea, 1 baño y 2 habitaciones dobles. Precios: casa completa 41.000 diarias.

Mestas (Cáceres)

Cabañas de Mestas
Tf./fax 927/43 40 25
Conjunto de 10 cabañas de madera, en un paraje de bancales y olivos, con piscina natural, en plena comarca de Las Hurdes. Terraza, sala-comedor, cocina,1 baño y 2 ó 4 plazas, en algunos casos adaptadas a minusválidos. Precios: 2 plazas 7.000 diarias; 4 plazas 9.000.

Navaconcejo (Cáceres)

El Cerezal
Tf. 927/17 32 02
Casa rústica, en una finca de cerezos próxima al Jerte, con jardín, pista de tenis, porche y barbacoa. Salón con chimenea, cocina, 4 habitaciones dobles y 2 baños. Precios: día 15.000. *Observaciones: la propiedad alquila otra casa de nueva construcción, para 9/10 personas.*

Molino del Sol
Tf. 927/47 03 13
Antiguo molino de pimentón, con una pequeña piscina, en la ribera del Jerte. Interior cuidado, salón con chimenea, cocina, 4 habitaciones dobles, 2 baños y buhardilla con 2 habitaciones. Precios: fin de semana 50.000; semana 140.000.

Navaconcejo (Cáceres)

La Tahona
Paraje Guerrillas 109
Tf. 927/17 30 13
Tahona de principios de siglo, rehabilitada, a las afueras del pueblo, junto al río Jerte. Salón-cocina con chimenea y 4 habitaciones dobles con baño. Precios: día 18.000.

Piornal (Cáceres)

Majada de Albarrán
Tfs. 927/47 63 30 y 608/00 38 06
Casita rústica, en una finca agrícola a 1,5 km del pueblo, con jardín, porche y terraza. Salas con chimenea, cocinas y 6 habitaciones dobles, 4 de ellas con baño, y 1 baño. Precios (según temporada): vivienda de 28.000 a 33.000 diarias.

Robledillo de Gata (Cáceres)

La Luna Menguante
Tfs. 927/67 10 48 y 689/84 99 23
Bonita casa de tres plantas, con jardín de plantas medicinales y vistas a la sierra. Decoración cuidada, bodega, salón con chimenea y 4 habitaciones dobles con baño. Precios: persona/día 3.000. *Observaciones: la propiedad alquila otra vivienda.*

Manadero
Tf. 927/67 11 18
Casa tradicional de entramado y techo de pizarra. Incluye 5 apartamentos de 2 a 4 plazas, con sala, cocina y baño. Precios: 2 plazas de 6.000 a 8.000 diarias; 4 plazas 10.000 diarias; desayuno 500; comida o cena 1.550. *Observaciones: servicio de restaurante; alquiler de bicicletas.*

San Martín de Trevejo (Cáceres)

Huerta de Valdomingo
Tf. 927/51 31 30
Bonita casa de piedra, a las afueras y rodeada de prados, con dos albercas. Comedor con chimenea, cocina, 3 habitaciones dobles y 1 baño. Precios: fin de semana 32.000; semana 95.000.

Apartamentos y casas de alquiler completo

Segura de Toro (CÁCERES)

El Sequero
Tfs. 927/47 30 80 y 48 42 15
Antiguo secadero de pimentón, con huerto. Interior acogedor y decorado con gracia, salón-cocina, chimena, 1 baño, 1 habitación doble en altillo y capacidad para 2/4 personas. Precios: fin de semana 15.000. *Observaciones: disponen de caballos.*

Villamiel (CÁCERES)

Fuentealiso
Tf. 927/21 34 59
Caserón aislado en la aldea de Fuente Aliso, a las faldas del monte Trevejo. Cocina-comedor, chimenea, sala de reunión, cenador, 3 habitaciones dobles y 1 baño. Precios*: fin de semana 24.000; semana 60.000.

El Hornillo
Tf. 927/19 30 61 y 689/38 63 49
Edificio recuperado, en una finca ganadera, con jardín y piscina. Salón-comedor con chimenea, cocina y 5 habitaciones dobles, 3 de ellas con baño. Precios: día 30.000. *Observaciones: la propiedad alquila otra casa para 4 personas.*

Villamiel (CÁCERES)

La Veleta
Trevejo. Tf. 927/14 40 97
Casa de piedra, en el centro de una pequeña aldea de arquitectura bien conservada. Interior cuidado, salón, cocina, 1 habitación doble, 1 baño y una "cabaña" de 2 plazas con lavabo. Precios: apartamento 24.000 fin de semana y 60.000 semanales.

Villanueva de la Sierra (CÁCERES)

Evamar
Tfs. 927/44 52 72 y 629/93 27 94
Casa de pueblo, rehabilitada. Sala de estar con chimenea de piedra, cocina, 4 habitaciones dobles y 1 baño. Precios: día 32.000.

Villanueva de la Vera (CÁCERES)

Barranco de los Rincones
Tfs. 927/56 63 79 y 609/34 00 61
Antigua cuadra restaurada, en un bello paisaje de robles y matorral, con jardín, patio y porche. Sala de estar, cocina, 1 habitación doble y 1 baño. Precios (para 2 personas): fin de semana 17.000; semana 50.000.

Lugares de interés

Acebo. Tranquila localidad de la sierra de Gata, en un hermoso paisaje de abundante arbolado. Conserva una curiosa iglesia con mezcla de estilos gótico, mudéjar y renacentista. *En **Acebo** y **Villasbuenas de Gata**, encajes de bolillos.*

Casas del Monte. Pueblo de montaña, en un bello entorno natural del valle de Ambroz. *Excursiones: piscina natural en los alrededores; convento de Abadía; pueblo abandonado de Granadilla; restos de la ciudad romana de Cáparra.*

Hoyos. Localidad de la sierra de Gata, en un paisaje arbolado. Iglesia y calle del obispo Álvarez de Castro. *Excursiones: localidades de Gata, Robledillo y Santibáñez el Alto; castillo de Trevejo; paraje de las Cabezas de la Cervigona; ribera del río Acebo.*

Malcocinado. Pueblo perdido en el extremo sur de la provincia de Badajoz, cerca de la sierra del Recuero. *Excursiones: castillo de Ricamonte; embalse de Azuaga; granja de Torrehermosa.*

Villanueva de la Vera. Conjunto de interés histórico, con un bello patrimonio de arquitectura verata. Plaza Mayor, calle Pizarro y templo del s. XVI. *Excursiones: garganta de Gualtaminos, con merendero y zonas de baño; chorro de la Ventera; parajes de la sierra de Gredos; parque natural de Monfragüe.*

Robledillo de Gata. Pequeña población del valle del Arrago, en un paisaje de frutales y huertos, con una interesante arquitectura roja. *Excursiones: torre de Almenara y casa del Rey, en Cadalso; ermita de Descargamaría, del s. XVI; parque natural de Monfragüe. Tienda de artesanía, con alfarería de la zona, cuero y dibujos. Artesanía de la madera.*

Segura de Toro. Bonito pueblo del valle de Ambroz. Conserva un toro de piedra de origen celta, la vieja torre del Reloj y parte del recinto amurallado. *Excursiones: paraje de la Garganta; villa de Plasencia; arco de Cáparra.*

1. Rías Altas y Mariña lucense

Alfoz
(Lugo)

Municipio formado por pequeñas poblaciones diseminadas, próximo a la costa y atravesado por el río Ouro. Conserva el castillo de Pardo de Cela y la iglesia de Adelán, con restos románicos. *Excursiones: paseos por los acantilados y playa da Rapadoira; valle del Masma. Alfarería.*

Finca Galea
Castro do Ouro. **Tf./fax 982/55 83 23**

Construcción de piedra, en una preciosa finca con estanque, arbolado y un antiguo mazo para el lino. Tiene sala con *lareira,* museo etnográfico y 5 habitaciones dobles con baño. Precios (según temporada): habitación doble de 7.500 a 10.000, desayuno incluido. ***Observaciones: dispone de barca para paseos por el lago; entre las inagotables sorpresas se puede disfrutar de la "lluvia de diamantes".***

Bogo
(Lugo)

Localidad del término de Pontenova, en una zona bañada por el río Eo. *Excursiones: valle de Lourenzá; sierra de la Bobia, en la comarca asturiana de Los Oscos.*

Casa da Ferrería
S. Pedro de Bogo. **Tf./fax 982/33 81 04**

Construcción tradicional, de piedra, rodeada de huerta, con un molino artesanal que conserva la fragua y el mazo del s. XVIII. Tiene sala de estar, comedor, un bar y 3 habitaciones dobles con baño. Precios (según temporada): habitación doble de 5.000 a 6.000, desayuno incluido; cena 1.500.

Cervo
(Lugo)

Pueblo de la Mariña Luguesa, bañado por las aguas del río Xunco. *Excursiones: playa de los Piratas, en Rueta; playa de las Catedrales; rías de Fazouro y Ribadeo, con aves migratorias; "fraga" de Rua; cascada del "pozo da Ferida" en el río Cobo. En Sargadelos, excelente cerámica.*

O Almacén
Tfs. 982/55 78 36 y 55 78 94

Almacén de coloniales, destinado a proteger las mercancías frente a los piratas durante el s. XVIII. Tiene jardín, restaurante, sala de estar y 7 habitaciones dobles con baño. Precios (según temporada): habitación doble de 6.000 a 8.500; desayuno 600; comida o cena 1.700. ***Observaciones: organizan "queimadas".***

✉ Lugar ideal para unas vacaciones entretenidas: paseos en diligencia, ratos de charla, excursiones a caballo, etc.

Cospeito
(Lugo)

Municipio agrícola y ganadero, atravesado por el río Támoga. *Excursiones: castillo de Vilaxuán; pazos de Sistallo y de Calcaloba; lagunas de Cospeito y Teixeiro; playa fluvial de Vilalba.*

Lugar de Vila
Sistallo. **Tfs. 982/50 30 70 y 52 00 76**

Casa de buena planta, bien rehabilitada, con un cuidado jardín, piscina y galería cubierta. Tiene sala de estar con una gran *lareira,* sala de lectura y 3 habitaciones dobles con baño. Se puede alquilar entera. Precios: habitación doble 6.000, desayuno incluido; derecho a cocina 500 diarias; vivienda 30.000 diarias. ***Observaciones: ofrecen bicicletas a los huéspedes.***

✉ Dueños muy atentos. Limpieza y comodidad perfectas.

Esteiro
(A Coruña)

Pueblo próximo a Cedeira, ribereño con esta ría, en una zona de pequeños valles. *Excursiones: camino empedrado de A Costa de Madalena, que formaba parte del Camino Real de Cedeira a Ferrol; península de Robaleira, en plena ría de Cedeira.*

Casa Cordobelas
Cordobelas. **Tf./fax 981/48 06 07**

Precioso caserón de piedra, con tejados a diferentes alturas y solana de madera, en una zona de prados. Cuenta con jardín, bar, comedor, sala de estar y 7 habitaciones dobles con baño. Precios (según temporada): habitación doble de 6.000 a 9.000; desayuno 600; cena 2.000. ***Observaciones: permanece cerrado en Navidad.***

Meira
(Lugo)

Pueblo situado al pie de la sierra de Meira, junto al nacimiento del Miño, con un valioso casco histórico. *Excursiones: castro celta de Viladonga; pedregal de Irimia, paraje de nacimiento del Miño; playa fluvial en el río Eo. Tienda de artesanía: cerámica, cristal y artículos de cuero.*

Casa Cazoleiro
Graña Nova. **Tf. 982/33 05 31**

Bonita casa de labranza, de piedra, con jardín, huerto y establo. Tiene 2 salas de estar, chimenea y 6 habitaciones dobles con baño. Precios (según temporada): habitación doble de 5.000 a 6.000; desayuno 500; comida o cena 1.550. ***Observaciones: paseos a caballo y en bicicleta; senderismo.***

Rías Altas y Mariña lucense

Mosende
(A Coruña)

Aldea muy próxima a la localidad de Valdoviño, emplazada entre las Rías Altas y la ciudad de Ferrol. *Excursiones: santuario de S. Andrés de Teixido; zona protegida del Lago Frouxeira; cabo Ortegal.* *En* **S. Andrés de Teixido**, *«sanandreses» de miga de pan.*

Antigua Casa de Mosende
Tf. 981/48 70 12. Tf./fax 981/48 61 31

Construcción rural situada a 2 km de la playa y próxima a la carretera. El interior, acogedor y decorado con gusto, incluye un salón con chimenea, horno de pan, 1 habitación sencilla y 4 dobles, 1 con baño. Precios (según temporada): habitación doble de 5.000 a 7.000; con baño de 7.000 a 9.000; desayuno 800.

Neda
(A Coruña)

Población de la ría del Ferrol. Conserva varios caserones del s. XVI y una iglesia del s. XIV con sepulcros medievales. *Excursiones: fraga y monasterio de Caaveiro; ruinas del monasterio de Monfero; desembocadura del Eume; cabo Prioriño; playa y laguna de Doniños.*

Pazo de la Merced (***)
Tfs. 981/38 22 00 y 38 29 00

Precioso edificio del s. XVII, con jardín y capilla, situado al borde de la ría y frente al monasterio de Couto, al que aseguran que está unido por un túnel subterráneo. El interior, con amplias estancias, tiene salón y 5 habitaciones dobles con baño. Precios: habitación doble 13.000; desayuno 1.200.

✉ Acogida, comodidad y entorno muy buenos. Recuperación arquitectónica atrevida y muy bien hecha.

Obe
(Lugo)

Parroquia del municipio de Ribadeo, cercana a la ría y a esta localidad turística. *Excursiones: mirador de S. Roque; ría de Ribadeo, con abundantes aves marinas; bahía de Rinlo; playas de Os Castros y As Catedrais.*

A Cortiña
***O Grañol*. Tf./fax 982/13 01 87**

Conjunto de edificaciones recientemente rehabilitadas, dentro de una finca agrícola, con jardín. El interior, con mobiliario antiguo, tiene comedor, salas de estar, biblioteca y 6 habitaciones dobles con baño, 1 de ellas adaptada para minusválidos. Precios (según temporada): habitación doble de 6.600 a 9.000, desayuno incluido; cena 2.000. *Observaciones: actividades de navegación; senderismo.*

Huerta de Obe
Tf./fax 982/12 87 15

Casa tradicional en una amplia finca vallada, con arboleda, huerta, jardín y piscina, a 1 km del pueblo. Tiene sala de estar y 10 habitaciones dobles con baño. Precios (según temporada): habitación doble de 6.500 a 9.000; especial de 7.500 a 11.000; desayuno incluido. *Observaciones: los dueños tienen caballos y bicicletas.*

San Miguel de Reinante
(Lugo)

Localidad del municipio de Barreiros. Conserva la casa torre de O Outeiro. *Excursiones: casa torre de Pumarín; playa de Arealonga; playa de A Brela, rodeada de pinar; paisaje rocoso de la playa de As Catedrais.*

A Devesa
Tf. 982/12 33 00

Albergue y zona de acampada emplazados en esta pequeña localidad, a poca distancia de la costa. Tiene cocina, comedor, salas de actividades y capacidad para 72 personas. Precios: ver apéndice.

Trabada
(Lugo)

Pueblo del interior, próximo a la desembocadura del Eo. *Excursiones: monasterio de S. Salvador, en Vilanova de Lourenzá; valle de Lourenzá; ría de Ribadeo.*

Pazo de Terrafeita
***O Pacio*. Tf./fax 982/13 50 77**

Pazo situado en una finca de bosques, pastizales y explotación de ganado vacuno, con huerta, jardín y un museo de aperos de principios de siglo. Tiene comedor, salón de estar y 10 habitaciones dobles con baño, 1 de ellas adaptada a minusválidos. Precios (según temporada): habitación doble de 7.200 a 10.000, desayuno incluido; comida o cena 2.000. *Observaciones: alquiler de bicicletas.*

Viveiro (Lugo)

Localidad costera. Conserva el barrio de Xunqueira, con puertas de las antiguas murallas, así como templos románicos y el convento de Valdeflores. *Excursiones: Monte Faro y monte de S. Roque, con excelentes vistas del litoral; playa de Area, donde la leyenda cuenta que hay una ciudad sumergida.* En agosto, feria de artesanía popular gallega.

Pazo da Trave
Galdo. **Tf. 982/59 81 63. Fax 982/59 80 40**
Conjunto de edificios, unidos por patios, con huerta, jardín y piscina. Tiene restaurante, sala de estar y 10 habitaciones dobles con baño, algunas de ellas tipo *suite*, con lucernario. Precios (según temporada): habitación doble de 10.500 a 15.000; *suite* de 12.000 a 17.000; desayuno 1.200; comida o cena 2.500. *Observaciones: disponen de caballos y bicicletas; el restaurante cierra los lunes y del 2 al 16 de noviembre.*

Albergue de Area
Tf. 982/56 08 51
Albergue integrado en la REAJ, ubicado junto a la costa, en una zona poco urbanizada de la ría de Viveiro. Cuenta con cocina, comedor, sala de estar, biblioteca, instalaciones deportivas, enfermería y capacidad para 120 plazas en habitaciones de 5 o 6 camas. Precios: ver apéndice.

Apartamentos y casas de alquiler completo

Loiba (A Coruña)

Casa do Loureiro
Tfs. 981/44 02 37 y 42 41 53
Construcción sencilla, rodeada de una amplia finca y próxima a algunas playas desiertas. Salón, cocina, 2 habitaciones sencillas, 2 dobles y 1 baño. Precios (según temporada): fin de semana de 15.000 a 18.000.

Nois (Lugo)

Casa Genara
Cabanas
Tfs. 982/13 60 76 y 649/15 52 23
Casa de piedra, recientemente rehabilitada, con huerta y jardín. Incluye 2 apartamentos, uno con 1 habitación sencilla y 2 dobles y otro con 2 habitaciones sencillas. Precios: habitación sencilla 2.500; doble 5.000; apartamento 12.000 diarias.

Santalla (A Coruña)

O Carreiro
Tfs. 981/48 08 94 y 48 26 98
Bonita casa de piedra, con jardín, en un lugar apartado. Tiene restaurante y 2 apartamentos de 4 plazas. Precios: apartamento 8.000 diarias. *Observaciones: la propiedad alquila una cabaña nórdica de 4 plazas; recorridos en barco por la ría.*

Lugares de interés

Loiba. Parroquia del municipio de Ortigueira, próxima a la costa. *Excursiones: acantilados del cabo Ortegal; estaca de Bares; ría de O Barqueiro; santuario de S. Andrés de Teixido.* Cestería y encaje de bolillos. En **El Baleo**, «sellas».

Nois. Parroquia del municipio de Foz. Iglesia de San Xiao, del s. XVII, con elementos barrocos y renacentistas. *Excursiones: ruta del mariscal Pardo de Cela.* Cerámica de Sargadelos.

Santalla. Aldea mínima del municipio de Cedeira, muy próxima al cabo Ortegal. *Excursiones: playa de Pantín; sierra de Capelada; faro Candieira, con un espectacular ascenso a través del monte Purrido.*

2. Sierras de Ancares y Courel

Castroverde (Lugo)

Municipio de relieve accidentado, en una rica región agrícola y ganadera. Conserva la torre del castillo y la preciosa iglesia gótica de Vilabade.

Pazo de Vilabade

Vilabade

Tf. 982/31 30 00. Fax 982/31 20 63

Hermosa construcción del s. XVII, con jardines y galería. Cuenta con salones, biblioteca, *lareira*, 1 habitación sencilla y 5 dobles, todas con baño, 2 de ellas adaptadas para minusválidos. Precios (según temporada): habitación sencilla de 10.000 a 12.000; doble de 12.000 a 14.000; desayuno 850. *Observaciones: alquiler de bicicletas.*

Doncos (Lugo)

Pueblo cercano a Pedrafita do Cebreiro, lugar de paso del Camino de Santiago. *Excursiones: evocadora aldea de O Cebreiro, con un buen conjunto de pallozas. En Becerreá, tejidos tradicionales.*

Casa Pascual

Outeiro. **Tf. 982/36 40 53**

Casa de piedra, rehabilitada recientemente, con huerta y rodeada de jardín. El interior, sencillo, tiene sala de estar y 2 habitaciones dobles con baño. Precios: habitación doble 4.500; desayuno 300. *Observaciones: se puede colaborar en tareas de la huerta.*

Freixo (Lugo)

Pueblo del término de Fonsagrada, en una comarca accidentada, presidida por la sierra de A Lastra. *Excursiones: restos del castillo de Buron; embalse de Fonsagrada.*

Casa da Fonte

Tf./fax 982/35 40 54

Antigua edificación de piedra, con huerto y jardín, en un paraje tranquilo del pueblo. Tiene sala de estar, 1 habitación sencilla y 6 dobles, 3 de ellas con baño. Se puede alquilar entera. Precios (según temporada): habitación doble de 5.500 a 6.500; con baño de 6.500 a 7.500; desayuno incluido; comida 2.000; cena 1.500.

Láncara (Lugo)

Villa emplazada en el valle del río Neira. Conserva la casa paterna de Fidel Castro y el palacio barroco de Láncara. *Excursiones: puente de Carracedo; parajes del río Neira, con cascadas; templos románicos de S. Salvador y S. Xoan de Muro.*

Casa de Láncara

Tf./fax 982/16 74 54. Tf. 610/57 42 56

Casa de piedra de arquitectura indiana, sobre una construcción del s. XVII, rodeada de una extensa finca con capilla, palomar y unos bellos jardines. El interior, con mobiliario clásico, tiene salas de estar, comedor con *lareira*, galería y 10 habitaciones dobles con baño, algunas abuhardilladas, con chimenea o acceso a la galería. Precios: habitación doble 6.000; desayuno 600; comida o cena 1.800.

Negueira de Muñiz (Lugo)

Municipio del interior, muy despoblado, con un paisaje accidentado y espectacular. La capital, Negueira, conserva un interesante templo parroquial. *Excursiones: en el término hay restos de antiguos yacimientos mineros.*

Casa Vizcaín

Tf. 982/35 33 09

Casa situada en las faldas de Pedras Apañadas, próxima a la sierra de Ancares. Tiene salas de estar, comedor, 1 habitación sencilla y 4 dobles con baño. Precios (según temporada): habitación doble de 5.000 a 6.000; desayuno 500; comida o cena 1.500.

As Nogais (Lugo)

Villa asentada en un municipio montañoso, cercano a Los Ancares y atravesado por el río Navia. Destaca la iglesia de S. Andrés, con restos prerrománicos y curiosas pinturas. *Excursiones: reserva nacional de los Ancares, con una rica fauna que incluye el lobo y el urogallo.*

Casa David

Tfs. 982/36 26 68 y 689/22 53 24

Edificación sencilla, con jardín. Tiene sala de estar y 3 habitaciones dobles, 1 de ellas con baño. Se puede alquilar entera. Precios: habitación doble 3.500; con baño 4.000; desayuno 400; comida o cena 1.200; vivienda 15.000 diarias.

3. Costa de la Muerte y tierras de Compostela

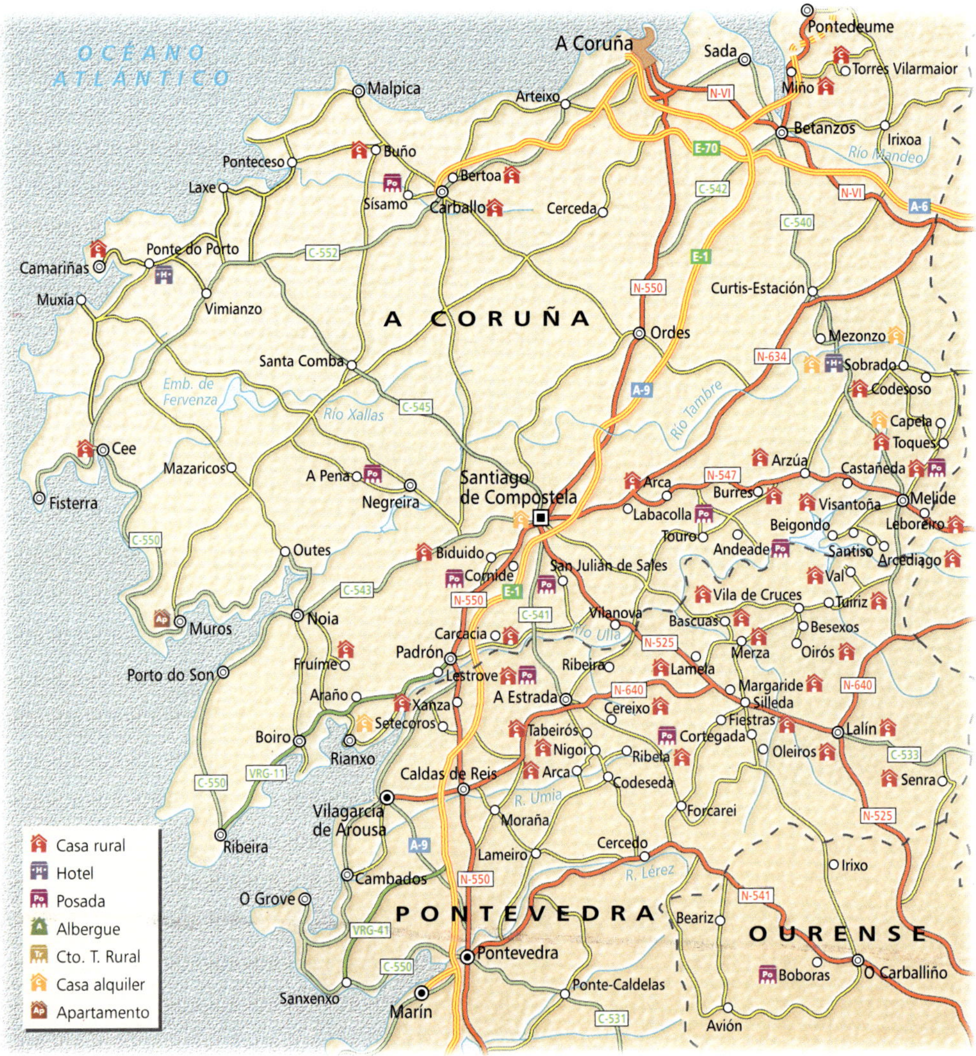

Andeade
(A Coruña)

Pequeña aldea del municipio de Touro, en un paisaje regado por el río Beseño. *Excursiones: bosques de robles en la cercanía del pueblo; playa fluvial de A Santalla.*

Pazo de Andeade
Lugar de Casa Grande. Tf./fax 981/19 33 55
Elegante pazo tradicional, con huerta, jardín y un bello *cruceiro* tallado en piedra. Tiene comedor, bar, restaurante y 8 habitaciones dobles con baño. Precios (según temporada): habitación doble de 6.000 a 8.000; desayuno 600; comida o cena 2.000.

Arca
(A Coruña)

Parroquia del municipio de O Pino, en un paisaje presidido por el monte Picón. *Excursiones: embalse de Portodemouros, con posibilidad de practicar deportes náuticos y paseos en canoa; antiguas minas en el monte Picón; molinos en desuso en las orillas del río Batalla.*

Casa do Acivro
A Rúa. Tf./fax 981/51 13 16
Edificio tradicional, a 1 km de Arca, con huerta, piscina infantil y jardín. Tiene horno de cocer pan, *lareira*, sala de estar, 1 habitación sencilla y 3 dobles, todas con baño y 3 apartamentos de 2/4 plazas. Precios (según temporada): habitación doble de 5.000 a 6.000; desayuno 400; cena 1.500. *Observaciones: se puede hacer pan; facilitan bicicletas.*

Arcediago
(A Coruña)

Pueblo del municipio de Santiso, ribereño del Ulla, en un término de población muy diseminada. *Excursiones: museo Etnográfico de las tierras de Melide; playas fluviales de Arzúa y Melide; aula de la Naturaleza, en Toques. Talleres de forja y carpintería artesanal.*

Casa dos Buxeiros
Tf. 981/51 77 35
Edificio restaurado, en una finca de explotación agrícola. Tiene salón, cocina, chimenea y 2 habitaciones dobles con 1 baño compartido. Se puede alquilar entera. Precios (según temporada): habitación doble 5.000; comida o cena 1.600; vivienda de 20.000 a 25.000 fin de semana. *Observaciones: se puede participar en tareas del campo; disponen de un lugar para animales de compañía.*

Casa San Xurxo
San Xurxo. Tf. 981/50 53 02
Edificio de piedra, rodeado de un amplia finca con robledal y capilla. Tiene salón, biblioteca, aulas para cursos, 3 habitaciones sencillas y 5 dobles, 2 de ellas con baño. Se puede alquilar entera. Precios: habitación doble 4.500; con baño 5.000; desayuno 350; derecho a cocina 800; vivienda 55.000 fin de semana y 100.000 semanales.

Arzúa
(A Coruña)

Municipio bordeado por el Ulla, en un paisaje de casas solariegas. Conserva la vieja tradición de las campanas de Rendal, capaces, según dicen, de sanar el dolor de muelas. *Excursiones: castros celtas de Rendal y Toques; laguna y abadía de Sobrado dos Monxes. Curtido de pieles.*

Casa Brandáriz
Dombodán
Tf. 981/50 80 90. Fax 981/50 09 90
Casa rodeada de una finca con agua abundante. Tiene porche, salón comedor, *lareira*, horno, 1 habitación sencilla y 7 dobles con baño. Precios: habitación doble 6.000, desayuno incluido; comida o cena 2.000. *Observaciones: se puede participar en las tareas del campo; paseos a caballo y en coche de caballos.*

Bascuas
(Pontevedra)

Localidad del término de Vila de Cruces, muy próxima a la confluencia de los ríos Deza y Ulla. *Excursiones: observatorio astronómico de Vila de Cruces; área recreativa de A Carixa; balneario de Baños da Brea; cascada da Toxa; embalse de Portodemouros. Trabajos de cestería.*

Casa dos Cregos
Fondevila. Tf./fax 986/58 37 78
Hermosa casona que sirvió como rectoral, emplazada en una parcela, con jardín, alpendre, hórreo y palomar. Tiene sala con chimenea, salita de estar, comedor y 7 habitaciones dobles con baño, 1 de ellas adaptada a minusválidos. Precios: habitación doble 5.000; desayuno 400; comida o cena 1.500.

Costa de la Muerte y tierras de Compostela

Bertoa (A Coruña)

Localidad próxima a la Costa de la Muerte. *Excursiones: laguna de Valdaio; monasterio de Soandres; puerto ballenero de Caion; dolmen de Dombate. Taller de vidrieras medievales y escultura de vidrio en la casa Mar de Queo. En* **Camariñas**, *bolillos.*

Mar de Queo

Queo de Abaixo

Tf. 981/75 73 61. Fax 981/75 57 01

Casa del s. XVIII, muy reformada, con un precioso jardín que incluye fuente con cascada, *cruceiro*, juegos al aire libre y terraza. Tiene bodega, comedor, salón con chimenea, biblioteca y rincones para la tertulia, 2 habitaciones sencillas y 6 dobles, todas con baño. Precios (según temporada): habitación doble de 6.000 a 8.000; desayuno 500.

Biduido (A Coruña)

Localidad muy próxima a Santiago de Compostela. *Excursiones: playa fluvial de Puentevea-Xirimbao, con puente colgante sobre el río Ulla; legendario Pico Sacro.*

Casa do Cruceiro

Raices. Tf. 981/54 85 96

Bello edificio de piedra, de 1850, rodeado de un jardín con *cruceiro*, hórreo, fuente, porche y piscina. El interior, con mobiliario antiguo, tiene comedor, salón, *lareira*, horno de pan y 6 habitaciones dobles con baño. Precios (según temporada): habitación doble de 6.000 a 8.000; desayuno 600; comida 2.000.

✉ Acogida muy familiar. Desayuno exquisito y abundante. La decoración no tiene nada que envidiar a un gran hotel.

Boborás (Ourense)

Municipio ribereño del Avia, con un paisaje agrícola en el que predominan los viñedos. *Excursiones: templo de Astureses; localidad de Pazos de Arenteiro, con un insólito conjunto de pazos, algunos muy abandonados. Piedra, cerámica y ebanistería.*

Pazo la Almuzara

La Almuzara. Tf./fax 988/40 21 75

Pazo de finales del s. XIX, situado en el centro de la aldea de La Almuzara, con jardín y piscina. Dispone de sala de estar, sala de juegos y 10 habitaciones dobles con baño. Precios (según temporada y tipo): habitación doble de 5.500 a 10.000, desayuno incluido; comida o cena 1.500.

Bragaña (A Coruña)

Localidad del término de Toques, que reúne interesantes muestras románicas. *Excursiones: monasterio benedictino de S. Antolín, levantado en el s. XI; castro da Graña; dolmen de Forno dos Mouros; fortaleza de S. Paio; playa fluvial de Melide; parajes naturales de Capela y Pena Moura.*

Casa Amadora

Tf. 981/50 74 91

Bonita edificación, con huerta de árboles frutales y con terrazas. Tiene salón, la tradicional *lareira* y 4 habitaciones dobles con baño. Precios (según temporada): habitación doble de 5.000 a 6.000, desayuno incluido; comida o cena 1.500. *Observaciones: la propiedad cuenta con un mesón de cocina tradicional.*

✉ Acogida excelente. Limpieza y entorno cuidados.

Buño (A Coruña)

Localidad alfarera, cercana al litoral de Malpica. Conserva la iglesia, con un curioso altar de las Ánimas. *Excursiones: dolmen de Dombate; torre de Mens; villa de Ponteceso; islas Sisargas; punta de Roncudo; trayectos por la Costa de la Muerte. Abundantes talleres de cerámica.*

Casa de Laxe

O Rueiro. Tf./fax 981/71 10 72

Agradable construcción de piedra, con jardín y colmenas. Tiene salón y 5 habitaciones dobles con baño. Precios (según temporada): habitación doble de 5.000 a 7.500; desayuno 500. *Observaciones: venta de miel de la casa.*

Camariñas (A Coruña)

Villa pesquera famosa por las labores de encaje de sus "palilleiras". *Excursiones: impresionante cabo Vilano y cementerio de náufragos, en uno de los parajes más bellos de la Costa de la Muerte. Posibilidad de adquirir excelentes encajes. En abril se celebra una Muestra de esta labor.*

A Paxariña

Xaviña. Tfs. 981/73 01 11 y 24 43 42

Precioso edificio de sillería, rodeado de jardín y con una escalera tallada. Tiene sala de estar, 2 habitaciones sencillas y 3 dobles, 2 de ellas con baño. Precios: habitación sencilla 8.000; doble 9.000; con baño 11.000; desayuno 600.

Carballo
(A CORUÑA)

Capital de la comarca de Bergantiños. Puente romano de Lubians y balneario del s. XVIII. *Excursiones: localidad alfarera de Buño; playas de Baldaio, Rías y Aviño; parajes de la Costa de la Muerte. Taller de zuecos. En **Buño**, abundantes alfares que mantienen las técnicas tradicionales.*

Casa Grande de Entremuros
Cances. **Tf. 981/75 70 99**

Casona del s. XIX, rodeada de una huerta vallada, situada en una aldea del valle de Cances, con cuadras y hórreo. El interior, de piedra vista, tiene salones y 4 habitaciones dobles con baño. Precios (según temporada): habitación doble de 6.000 a 8.000; desayuno 500.

Carcacia
(A CORUÑA)

Parroquia del municipio de Padrón, repartida en pequeñas aldeas. *Excursiones: casa-museo de Rosalía de Castro, en Padrón; convento del Carmen; jardín botánico; torres romanas de Catoira; parque natural de las dunas de Corrubedo; cumbre de la Curotiña.*

Casa Marcelo
Xuane. **Tf./fax 986/55 74 79**

Antigua casa de granito que conserva parte de la muralla, con jardín, frutales, mesas de piedra y hórreo, al borde del río Ulla. Tiene horno de pan, salón comedor con *lareira*, cocina y 4 habitaciones dobles, 2 de ellas con baño, y 1 baño compartido. Se puede alquilar entera. Precios (según temporada): habitación doble de 5.500 a 6.000; con baño de 6.500 a 7.500; desayuno 700; derecho a cocina 500.

Castañeda
(A CORUÑA)

Parroquia de Arzúa en cuyos hornos, antaño famosos, se elaboró la cal de la catedral compostelana. *Excursiones: monasterio de S. Antolín de Toques y abadía cisterciense de Sobrado de los Monxes; playa fluvial de Rivadiso.*

Casa Milia
Portela. **Tf. 981/51 52 41. Fax 981/81 50 11**

Sólida edificación de piedra, con jardín, situada en la pequeña aldea de Portela, en pleno Camino de Santiago y al borde de la carretera. El interior, cuidado, tiene salón y 4 habitaciones dobles con baño. Precios (según temporada): habitación doble de 5.000 a 6.000; desayuno 400; comida o cena 1.500; derecho a cocina 1.500.

Pazo de Sedor
Tf./fax 981/19 32 48

Pazo de buena planta, emplazado junto a una explotación ganadera, con molino, piscina y pista de tenis. El interior, espacioso, conserva la bella escalera de piedra y la antigua *lareira* y cuenta con 6 habitaciones dobles con baño. Precios (según temporada): habitación doble de 8.000 a 10.000; desayuno 600; cena 2.000. ***Observaciones: el pazo tiene también 1 dúplex adaptado a minusválidos.***

Cee
(A CORUÑA)

Agradable puerto de mar de vieja tradición ballenera. Conserva escasos monumentos tras ser incendiado por los franceses en el s. XIX. *Excursiones: castillo de Vimianzo, del s. XII; monasterio de Moraime, del s. XI; cabos de Finisterre y Touriñán; monte y cascada de Ézaro.*

Casa Raúl
Lires. **Tf./fax 981/74 81 56**

Casa apartada del mundanal ruido, con jardín, cercana a Cee y al mítico Finisterre. Tiene sala de estar, 5 habitaciones dobles, 3 de ellas con baño y 1 baño compartido, así como 1 apartamento. Precios (según temporada y tipo): habitación doble de 3.000 a 4.000; con baño de 5.000 a 7.500; desayuno 300; comida o cena 1.400; apartamento de 6.000 a 8.000 diarias.

✉ Trato familiar. Apartamento cuidado y bien equipado.

Codesoso
(A CORUÑA)

Lugar del municipio de Sobrado dos Monxes, junto a la sierra de O Bocelo. *Excursiones: monasterio de Sobrado dos Monxes; castillo-museo etnográfico de Friol; laguna de Sobrado; meseta de As Pías; bosque de A Porta, escenario de "El bosque animado".*

Casa Picoto
Lodeiro. **Tf. 981/78 76 01**

Casa de labranza del s. XVIII, en un paraje de praderas, con hórreo y jardín. Tiene sala de estar con chimenea, cocina-comedor y 5 habitaciones dobles con 2 baños. Se puede alquilar entera. Precios: habitación doble 5.000; vivienda 45.000 fin de semana y 75.000 semanales.

Costa de la Muerte y tierras de Compostela

Cornide (A Coruña)

Lugar próximo a la localidad de Casalonga, situado entre Santiago de Compostela y Padrón. *Excursiones: petroglifos de Campo Lameiro; Coutos de Xirimbao y Couxo; ruta de los pazos; Fuentes de Rego. En* ***Padrón****, talleres de cerámica celta y trabajos de forja.*

Casa Grande de Cornide

Tf. 981/80 55 99. Fax 981/80 57 51

Pazo rural habitado por los propietarios, con un extenso jardín, hórreos y un palomar del s. XVIII. El interior, con una decoración elegante y mobiliario antiguo, cuenta con salón, una nutrida biblioteca y 7 habitaciones dobles con baño. Precios (según temporada): habitación doble de 11.000 a 13.000; *duplex* de 13.000 a 15.000; desayuno 950.

Cortegada (Pontevedra)

Pequeña localidad próxima a Silleda. Conserva una iglesia del s. XVI y algunas bonitas capillas repartidas por su término. *Excursiones: castro do Cura; puente de Taboada, del s. X; "carballeiras" de Trasfontao y Siador; catarata del Toxa.*

Casa Grande de Fuente Mayor

Cobas. Tf. 986/68 97 32. Fax 986/68 16 91

Espléndido caserón de comienzos del s. XVIII, rodeado de finca, con huerto, jardín con árboles de buen porte, piscina y excelentes vistas del entorno. Cuenta con salón-comedor, horno para desayunos y 9 habitaciones dobles con baño, decoradas con esmero. Precios (según tipo): habitación doble de 7.000 a 12.000; desayuno 500; comida o cena 2.000.

Curiscada (A Coruña)

Localidad mínima de la parroquia de Burres, próxima a Arzúa. *Excursiones: museo de la Miel, en Dombodán; monumental monasterio de Sobrado; iglesia de S. Antolín de Toques; playa fluvial de Rivadiso. En* ***Arzúa****, elaboración de zuecos.*

Casa da Curiscada

Tfs. 981/50 03 65 y 13 26 12

Casa tradicional, con jardín y piscina, próxima a un palomar octogonal. Tiene sala de estar, cocina y 3 habitaciones dobles con baño. Se puede alquilar entera. Precios: habitación doble 5.000, desayuno incluido; cena 1.500; vivienda 30.000 fin de semana.

Fiestras (Pontevedra)

Parroquia del municipio de Silleda. Conserva una preciosa iglesia del s. XII, con capillla románica y bonitos capiteles. *Excursiones: monasterios de La Saleta y Carboeiro; cascada de Toxa y playa fluvial de A Carixa. Plumas de pescas y talla de madera; en* ***Negreiros****, tallas y miniaturas de piedra.*

Casa Ravel

Tfs. 986/58 12 89 y 58 05 86

Casa rústica, bien restaurada, con jardín y huerta para el abastecimiento de los huéspedes. Tiene sala de estar, chimenea, 1 habitación sencilla y 5 dobles, todas con baño. Precios: habitación sencilla 3.000; doble 5.500; desayuno 350.

Fruime (A Coruña)

Parroquia perteneciente al municipio de Lousame, en la comarca de Barbanza, entre las rías de Muros y Arousa. *Excursiones: monasterio de Toxo Souto.*

Casa do Xan

Ardeleiros. Tf./fax 981/87 79 88

Edificio con siglo y medio de antigüedad, rodeado de un pequeño jardín y precedido de un porche. El interior, que conserva el primitivo horno y el pozo artesiano, tiene muebles antiguos, sala de estar, comedor con chimenea y 4 habitaciones dobles con baño. Precios (según temporada): habitación doble de 6.000 a 7.000; desayuno 500; cena 1.500. *Observaciones: rutas a caballo y en bicicleta; senderismo.*

Lalín (Pontevedra)

Municipio de la tierra de Deza. Conserva diversos restos megalíticos y la iglesia románica de S. Martiño, del s. XII. *Talla de la madera; cantería y elaboración de trajes populares.*

Casa Celsa

Zobra. Tf./fax 986/78 45 44

Antigua casa de piedra, en un entorno de vegetación abundante. Tiene sala de estar, cocina a disposición de los huéspedes y 3 habitaciones dobles, 1 de ellas con baño. Se puede alquilar entera. Precios (según temporada): habitación doble de 4.000 a 5.000; con baño de 5.000 a 6.000; desayuno incluido.

Lamela
(Pontevedra)

Pequeña feligresía próxima a Cervaña. *Excursiones: panteón de la iglesia de Deza; santuario de Abades; monasterio de Carboeiro; pazos de Cascaxide y Paizás; bella cascada de Toxa; roble centenario de Escuadro; fuente de aguas sulfurosas del río Deza.* En **Martixe**, *trabajos de cestería.*

Casa de Cacheiro

Tf. 986/58 50 95. Tf./fax 986/58 50 27

Edificio antiguo, rehabilitado, con jardín de árboles centenarios y merenderos de piedra. Dispone de mobiliario antiguo, salones, *lareira,* horno de piedra, cocina para uso de los huéspedes y 7 habitaciones dobles, 2 de ellas con baño. Precios (según temporada): habitación doble de 5.000 a 6.000; con baño de 6.000 a 7.000; desayuno 500.

✉ Trato familiar. Excelente información sobre la zona.

Lavacolla
(A Coruña)

Localidad muy próxima a Santiago y paso obligado de los peregrinos, que hacían baños de purificación en este lugar antes de llegar a Compostela.

Pazo Xan Xordo

Tf. 981/88 82 59. Fax 981/88 82 93

Hermoso pazo del s. XVII, en una extensa finca rodeada por un río, con molino de agua, hórreo, *cruceiro* y capilla. Tiene comedor de desayunos, sala de estar y 10 habitaciones dobles con baño, 1 de ellas especial. Precios (según temporada): habitación doble de 6.500 a 8.500; especial de 8.000 a 10.000; desayuno 500.

Leboreiro
(A Coruña)

Localidad muy próxima al pueblo jacobeo de Melide. Conserva una bella iglesia románica del s. XII. *Excursiones:* ***monasterio de Camanzo****; isla de Gres, con zonas de baño; catarata de A Toxa; observatorio astronómico de Vila de Cruces; playa fluvial de A Carixa.*

Casa de los Somoza

Coto. Tf. 981/50 73 72

Bello caserón de piedra, con un bar en la planta baja, cercano a la carretera. Tiene 10 habitaciones dobles con baño, con una decoración muy cuidada. Precios: habitación doble con baño 6.000; desayuno 550; comida o cena 2.250.

Lestrove
(A Coruña)

Localidad cercana a Padrón. *Excursiones: dunas de Corrubedo; isla de A Toxa; localidades de Padrón, Porto de Son, Muros y Noia; santuario do Monte; jardín botánico de Padrón; fuente del Carmen; refugio Xirimbao; espacio protegido de las brañas de Laiño; senderismo por el río Ulla.* En **Pontecesures**, *cerámica celta.* En **Noia**, *talleres de cantería y cerámica; sombreros de paja.*

A Casa Antiga do Monte

Boca do Monte

Tf. 981/81 24 00. Fax 981/81 24 01

Preciosa casona palaciega, en una extensa finca ajardinada con estanques y cascadas, campo de golf, piscina y hórreo del s. XVIII. Tiene un salón-comedor con *lareira*, sala de lectura y 10 habitaciones dobles con baño y balcón o terraza, 2 de ellas *suites.* Precios (según temporada): habitación doble de 9.500 a 12.000; *suite* 18.000; desayuno 1.150.

Pazo de Hermida

Trasmuro. Tf. 981/81 71 10. Fax 981/81 71 17

Pazo blasonado, declarado monumento histórico, procedente de dos antiguas torres medievales y rodeado de una extensa finca, con palomar, acueducto, canal de piedra y un rincón donde escribía Rosalía de Castro. Tiene biblioteca, salón, lareira de piedra y 6 habitaciones dobles con baño. Precios (según temporada): habitación doble de 8.000 a 9.000; desayuno 600; comida o cena 3.000.

Margaride
(Pontevedra)

Pequeña localidad del municipio de Silleda, próxima a esta población. *Excursiones: monasterio de Carboeiro; cascada de Toxa; robledal centenario del pazo de Transfontao; playas fluviales de Vilatuxe y Carixa; catarata y bosque de Férveda.* En **Silleda**, *cuero y tallas de piedra y madera.*

Casa Méndez

Costela

Tf. 986/58 02 17. Tf./fax 986/58 00 30

Bella edificación situada en una zona de bosque y praderías y precedida de un amplio porche. Tiene salón y 7 habitaciones dobles con baño. Precios: habitación doble 7.000; desayuno 500; comida 2.000; cena 1.500.

Costa de la Muerte y tierras de Compostela

Merza
(PONTEVEDRA)

Lugar de las tierras de Trasdeza, con un interesante templo románico. *Excursiones: balneario de Baños da Brea; monasterio de Camanzo; cascada de Toxa. Artesanía de cuero: mochilas, pulseras, etc. En* **Bandeira,** *elaboración de trajes regionales; en* **Grava**, *sombrerería.*

Casa Goris
Tf. 986/58 35 87

Hermoso caserón de piedra, con jardín y una bodega con vinos de la región. Tiene comedor con una impresionante *lareira*, sala de estar y 4 habitaciones dobles con baño. Precios (según temporda): habitación doble de 4.000 a 5.000; desayuno 300; comida o cena 1.400. *Observaciones: la cocina de la casa ofrece pollo de corral, carne mechada y filloas en temporada.*

Miño
(A CORUÑA)

Pequeña localidad agrícola próxima a la ría de Betanzos. *Excursiones: monasterio de Monfero; río Lambre; zonas boscosas del Eume; marismas de la ría de Betanzos.*

Casa Pousadoira
Callobre. Tf./fax 981/19 51 18

Bonita casa de labranza, con huerta ecológica, a 500 m del río Lambre. El interior, con mobiliario tradicional, cuenta con rincones para la charla, biblioteca y 5 habitaciones dobles con baño, 1 de ellas con sala. Precios (según temporada y tipo): habitación doble de 6.313 a 10.165, desayuno incluido; comida 1.700; cena 1.200.

Nigoi
(PONTEVEDRA)

Parroquia del municipio de A Estrada, en la falda del monte Arca y junto al nacimiento del río Liñares. Conserva su bella iglesia prerrománica. *Excursiones: bello pazo de Oca; monasterio de Acibeiro; torre medieval de Guimarei; torres romanas de Catoira; nacimientos de los ríos Lérez y Umia; playa fluvial en A Estrada; monte de Rocha, coronado por la ermita de S. Sebastián; misterioso lago de Olives; mirador de Castro; tramos angostos del río Ulla; rutas al monte Fental; robledales del río Umia; catarata de Toxa.*

Casa do Forno
Carballeira. Tf./fax 986/57 20 21

Casa de piedra del siglo pasado, bien restaurada, con huerta, hórreo, finca de recreo y piscina. Tiene cocina, comedor, salón con *lareira* y 5 habitaciones dobles con baño. Precios (según temporada): habitación doble de 6.000 a 7.000; desayuno 400; comida o cena 1.200; derecho a cocina 300.

Casa Virxinia
Tf. 981/59 09 35

Sencilla casa de piedra, con jardín y huerta de frutales. Tiene salón con chimenea, cocina y 3 habitaciones dobles con baño. Se puede alquilar entera. Precios (según temporada): habitación doble de 5.500 a 6.500; vivienda de 15.500 a 18.500 diarias.

Leira Herminia
Carballeira

Tf./fax 986/57 32 00. Tf. 619/70 60 82

Casa de labranza del s. XIX, con un cuidado jardín, frutales, pista de tenis y piscina. Dispone de salón, cocina y 4 habitaciones dobles con baño. Se puede alquilar entera. Precios (según temporada): habitación doble de 7.000 a 9.000; vivienda de 20.000 a 32.000 diarias y de 100.000 a 210.000 semanales. *Observaciones: la propiedad ofrece otra casa similar.*

Oirós
(PONTEVEDRA)

Parroquia del municipio de Vila de Cruces, con una población muy diseminada. *Excursiones: isla de Gres; playa fluvial de A Carixa; necrópolis de Marco do Comballón, donde se encontraron algunos objetos de oro.*

Casa Madriñán
Penela. Tf. 670/97 68 07

Construcción de comienzos del s. XX, que sirvió como escuela del pueblo, con un agradable porche, en una extensa finca de praderías rodeada de arbolado. El interior, acogedor, tiene salón-comedor, cocina, 1 habitación sencilla y 4 dobles, algunas con baño. Se puede alquilar entera. Precios: habitación doble 4.600; con baño 5.500; vivienda 50.000 fin de semana.

Oleiros
(PONTEVEDRA)

Parroquia próxima a Silleda y cercana al río Deza, que cuenta con una playa fluvial. *Excursiones: monasterio de Carboeiro; tramos de la Ruta de la Plata; senderos hasta el molino y el Puente del Diablo sobre el río; catarata de Toxa.*

A Viña
Pazos. **Tf./fax 986/68 14 58**

Casona de 1915, emplazada en medio del pueblo, con establo, huerto y jardín. Tiene galería acristalada, horno de pan, la antigua *lareira*, sala de estar y 7 habitaciones dobles con baño. Se puede alquilar entera. Precios: habitación doble 5.000; desayuno 300; cena 2.000. *Observaciones: alquiler de bicicletas; comidas por encargo.*

A Pena
(A CORUÑA)

Pequeña localidad, próxima a Santiso, en las tierras jacobeas de Melide. *Excursiones: localidad de Melide, con un interesante museo etnográfico y un cruceiro, catalogado como el más antiguo de Galicia. En* ***Melide****, marroquinería y guarnicionería.*

Pazo da Pena
Tf. 981/19 39 10. Fax 986/78 80 12

Pazo rehabilitado, en una amplia finca atravesada por un río, con jardín, hórreo, palomar y una antigua capilla. Tiene salones, biblioteca, cocina con *lareira*, 3 habitaciones sencillas y 6 dobles, todas con baño. Precios: habitación doble 8.000; desayuno 500; comida 1.800; cena 1.200. *Observaciones: se puede participar en las tareas del campo.*

Ponte do Porto
(A CORUÑA)

Parroquia del municipio de Camariñas, atravesada por el río Grande y enclavada en plena Costa de la Muerte. *Excursiones: litoral entre Camelle y Arou, con rutas de senderismo; museo del alemán, en Camelle, con restos de cetáceos. En el castillo de* ***Vimianzo****, muestra de artesanía.*

La Fé
Dor. **Tf. 981/73 11 33**

Hotel familiar de nueva construcción, con vistas a la ría y al monte, próximo a la carretera de Camariñas. Tiene cafetería y 9 habitaciones dobles con baño. Precios (según temporada y tipo): habitación doble de 3.000 a 5.000; desayuno 350.

Ribela
(PONTEVEDRA)

Pequeña aldea situada entre las localidades de Nigoi y A Estrada. *En* ***A Estrada****, trabajos de marroquinería, instrumentos musicales, madera torneada y cerámica.*

Casa da Carballeira
Vilar. **Tf./fax 986/68 95 52**

Casa de aldea con robledal, huerto y jardín. Tiene sala de estar y 3 habitaciones dobles con baño y derecho a cocina. Se puede alquilar entera. Precios (según temporada): habitación doble de 6.000 a 7.000; desayuno 500; comida 1.500; cena 1.000.

San Julián de Sales
(A CORUÑA)

Pequeña localidad próxima a Santiago de Compostela. *En* ***Santiago de Compostela****, trabajos de azabache, plata y forja. En* ***Teo****, piedra labrada.*

Pazo Cibrán
Tf./fax 981/51 15 15

Edificio histórico, restaurado recientemente, con huerta y un extenso jardín con fuentes y arbolado. El interior, que conserva mobiliario de época y la antigua cocina, tiene biblioteca, salón de estar y 11 habitaciones dobles con baño. Precios: habitación doble 12.000; desayuno 800. *Observaciones: información sobre rutas por la zona.*

Senra
(PONTEVEDRA)

Aldea del municipio de Silleda, cercana al alto de la Rocha, con excelentes vistas del valle de Balandiga. *Excursiones: monasterio de Carboeiro; pazo de Cascajid; santuario de Sta. Isabel de Escuadro; parajes del río Deza; alto de Le Roche; playa fluvial de A Carixa.*

Casa da Senra
Tf. 986/68 13 04. Tf./fax 986/48 22 31

Casa de aire colonial levantada en 1920, rodeada de huerta y de un amplio jardín con arbolado. El interior, con mobiliario de época, tiene salón con chimenea, comedor, 7 habitaciones dobles, 3 de ellas con baño y 3 baños compartidos. Precios: habitación doble 6.000; con baño 7.000; desayuno 500; cena 1.500.

Señorans
(PONTEVEDRA)

Lugar de la parroquia de Cereixo. *Excursiones: ruinas de la torre medieval de Guimarey y pazo de Oca, barroco, con unos preciosos jardines; puente de Mariola, en el río Ulla; cataratas de Toxa.*

Casa Matalobos
Tfs. 986/57 39 30 y 57 19 37

Edificación de principios de siglo, con jardín, hórreo y huerta, abastecida con agua procedente de una mina subterránea. Dispone de sala de estar, cocina y 3 habitaciones dobles con baño. Se puede alquilar entera. Precios (según temporada): habitación doble con baño de 4.000 a 6.000; desayuno 500; cena 1.800; vivienda de 20.00 a 30.000 fin de semana y de 56.000 a 91.000 semanales.

Sísamo
(A CORUÑA)

Localidad del municipio de Carballo, en la que se conserva una iglesia parroquial románica. *Excursiones: castro de Sísamo y monumentos megalíticos; ruta de los pazos; molinos de agua; playa de Razo; marismas de Galdayo. Alfarería. En **Bayo**, museo y artesanía del lino.*

Pazo do Souto
Tf. 981/75 60 65. Fax 981/75 61 91

Pazo del s. XVIII, sobre un castro celta, rodeado de finca con castaños y cultivos de invernadero. Tiene sala de estar y 10 habitaciones dobles con baño. Precios (según temporada): habitación doble de 7.000 a 9.500; especial de 8.500 a 11.500; desayuno 600; comida o cena 1.750. *Observaciones: se puede participar en las tareas del invernadero; disponen de caballos y bicicletas.*

Sobrado dos Monxes
(A CORUÑA)

Pequeño núcleo surgido en torno al monasterio, fundado en el s. X y más tarde ligado al Císter. Preciosa fachada renacentista. *Excursiones: castillo de Pambre; monasterios de Sta. Maria y S. Pedro de Mezonzo; bosque de A Porta, escenario de la película "El bosque animado".*

S. Marcus
Tf. 981/78 75 27

Hotel sencillo y familiar, con un agradable jardín, piscina y vistas al monasterio. Tiene salón, restaurante y 12 habitaciones dobles con baño, algunas con dosel. Precios (según tipo): habitación doble de 5.500 a 7.000; desayuno 550; comida o cena 2.200. *Observaciones: cocina tradicional gallega, con especialidades com el jarrete de ternera y las carnes de la zona.*

Tabeirós
(PONTEVEDRA)

Parroquia del municipio de A Estrada. Conserva una iglesia del s. XII con elementos románicos. *Excursiones: núcleo monumental de Guimarei; pazo del marqués de Sta. Cruz de Rivadulla; paraje de Pedra Cabalar; mirador del monte Fental. En **Berres**, talla de madera.*

Casa Fernández
Tf./fax 986/57 27 16

Caserón de piedra, con un cuidado jardín de césped. Tiene sala de estar, cocina y 4 habitaciones dobles con baño. Se puede alquilar entera. Precios: habitación doble 6.000; desayuno 500; vivienda 20.000 diarias.

✉ Entorno de aldea muy bien preservado. Mobiliario sencillo y agradable.

Casa do Outeiriño
***Outeiriño.* Tf./fax 986/57 27 16**

Sencilla casa de piedra, con huerto y rodeada de jardín. El interior, adaptado para minusválidos, tiene sala de estar, cocina y 5 habitaciones dobles con baño. Se puede alquilar entera. Precios: habitación doble 6.000; desayuno 600; vivienda 40.000 fin de semana. *Observaciones: alquiler de bicicletas.*

Torres Vilarmaior
(A CORUÑA)

Pequeña población próxima a la ría de Betanzos y a la localidad de Puentedeume. *Excursiones: monasterio de Monfero; monasterio de Caaveiro y fragas del Eume, bosque declarado parque natural; villa de Betanzos, antigua capital del reino de Galicia.*

Casa da Cancela
Tfs. 981/19 56 26 y 689/78 63 74

Antigua construcción de piedra, característica de la zona, con animales de granja, huerta, jardín y *palleira*. Tiene salón con chimenea, cocina-comedor, 1 habitación sencilla y 4 dobles, todas con baño y 1 de ellas adaptada a minusválidos. Precios (según temporada): habitación sencilla de 4.000 a 4.500; doble de 6.500 a 7.500; doble especial de 8.000 a 9.000; desayuno 500; cena 1.800.

Tuiriz
(PONTEVEDRA)

Parroquia del municipio de Pantón. *Excursiones: monasterio de Camanzo; santuario do Corpiño; "illas" de S. Ramón; monte de La Magdalena.*

Lodeiro
Cima da Aldea. **Tf. 986/58 25 00**
Edificio restaurado en una bonita finca, con césped y árboles frutales. El interior, decorado con gusto, dispone de salón, *lareira*, comedor, biblioteca y 7 habitaciones dobles con baño, 1 de ellas accesible a minusválidos. Precios: habitación doble 7.000, desayuno incluido; comida o cena 1.500.

Val
(PONTEVEDRA)

Pequeña localidad del municipio de A Golada, que reune un grupo de parroquias con buenas muestras de arquitectura popular. Recinto ferial medieval. *Excursiones: iglesia de Vilariño; casa grande de Baiña; pazo Borraxeiros; playa fluvial de A Carixa; senderos a orillas del Ulla.*

Casa do Xis
Saa. **Tf./fax 986/69 90 59**
Casa de piedra del s. XIX, rodeada de una extensa finca con caballos. Dispone de comedor, bodega, sala de estar con chimenea, 3 habitaciones dobles con baño y 2 habitaciones especiales de 4 plazas. Precios: habitación doble 5.000; especial 8.000; desayuno 500; comida o cena 1.500. *Observaciones: alquiler de bicicletas; rutas a caballo y en carruaje.*

Vila de Cruces
(PONTEVEDRA)

Capital del municipio del mismo nombre, al sur del embalse de Portodemouros. *Excursiones: balneario de Baños da Brea; casa museo A Solaina; observatorio astronómico; catarata de Toxa; playa fluvial de A Carixa; isla de Gres.* Elaboración de zuecos. En **Ferreirós**, telares.

San Ginés
Ferreirós. **Tf. 986/58 23 70**
Edificio de hermosa fachada, precedido de un jardín y un porche. El interior, con mobiliario tradicional, tiene bodega, horno de pan, salón con chimenea, comedor y 4 habitaciones dobles con baño. Precios: habitación doble 7.000; desayuno 500; comida o cena 1.500. *Observaciones: se puede participar en las tareas agrícolas; cocina casera con productos de la propia huerta.*

Visantoña
(A CORUÑA)

Pueblo del municipio de Santiso ribereño del Ulla. Cuenta con una ludoteca de recuperación de juegos tradicionales. *Excursiones: aldea de Valocas; castros de Barazón, Quirizán, Moreira, S. Román, Visantoña y Seixas; pazo de Vilar de Ferreiros.*

Casa Curros
Tf. 981/51 08 18
Edificio tradicional de piedra, con jardín y patio, situado a media ladera de un monte y con espectaculares vistas del pantano de Portodemouros. Tiene sala de estar, *lareira*, y 5 habitaciones dobles con baño. Precios: habitación doble 5.000; desayuno 500; comida o cena 1.500. *Observaciones: cocina casera; alquiler de bicicletas.*

Xanza
(PONTEVEDRA)

Población del término de Valga, próxima a Iria Flavia. Templo parroquial, románico, del s. XII. *Excursiones: torres romanas de Catoira; parque natural de las dunas de Corrubedo; cumbre de la Curotiña; rutas de montaña bordeando el río Pedras.*

Casa do Sixto
O Sixto. **Tf./fax 986/55 95 49**
Gran casa de aldea, situada sobre un altozano a 1 km de Valga, con huerta, hórreo, *cruceiro*, palomar y jardín con césped. Tiene biblioteca, sala de estar con chimenea y 4 habitaciones dobles, 2 de ellas con baño. Precios: habitación doble 5.000; con baño 6.500; desayuno 500; comida o cena 1.500. *Observaciones: alquiler de bicicletas.*

Costa de la Muerte y tierras de Compostela

Apartamentos y casas de alquiler completo

Capela (A Coruña)

Casa da Capela
Mourelos
Tf. 981/50 54 86
Casa tradicional de aldea, con jardín, zaguán y horno. Interior con desniveles, salón, comedor, 5 habitaciones dobles, 1 de ellas con baño, y 2 baños. Precios: día 25.000. *Observaciones: cerca hay un Centro de Naturaleza.*

Mezonzo (A Coruña)

Muiño de Vasques
Fasilde
Tf. 981/77 81 52. R. 981/50 80 91
Conjunto de edificios de labor que incluyen molino, almacén y vivienda del molinero, al fondo de un valle. Gran sala, cocina y 3 habitaciones dobles con baño y porche con vistas al río. Precios: día 14.000.

Muros (A Coruña)

M. Rey
Punta de Louro
Tfs. 981/85 62 38 y 616/27 69 55
Conjunto de antiguas edificaciones al borde del mar, con huerto, jardín y embarcadero. Incluyen 7 apartamentos, 2 de 4 plazas y 5 de 6, con sala, cocina y baño. Precios (según temporada y tipo): apartamento de 6.000 a 10.000 diarias.

Santiago de Compostela (A Coruña)

San Lorenzo
Corredoira dos Muiños
Tf./fax 981/59 35 27
Vivienda habilitada en un antiguo molino rodeado de finca y con piscina, próxima a la universidad de Santiago. Salas de estar, chimenea, 1 habitación sencilla y 3 dobles, con 2 baños. Precios: día 22.000.

Setecoros (Pontevedra)

O Paciño
Magariños
Tf./fax 986/54 03 35
Vivienda tradicional restaurada, con preciosas vistas del entorno, rodeada de un amplio jardín con barbacoa. Salón, cocina, 1 habitación sencilla y 3 dobles, con 3 baños. Precios: día 20.000.

Sobrado dos Monxes (A Coruña)

Casa Abeleiras
Abeleiras
Tfs. 981/19 50 66 y 50 71 94
Típica construcción rural, con establos y jardín. Interior agradable, salón, *lareira*, horno y 6 habitaciones dobles con baño. Precios: fin de semana 45.000; semana 65.000.

Lugares de interés

Capela. Parroquia del municipio de Toques, emplazada en un paisaje montañoso. *Excursiones: monasterio prerrománico de S. Antolín, del s.* XI; *dólmenes de Moruxosa y Pena Moura; bonita cascada de Brañas.*

Mezonzo. Localidad del valle del mismo nombre. Iglesia románica de Sta. María, que formó parte de un monasterio del s. II. *Ruta de los molinos de Vilsantar; cascada y senderos en el río Tambre; embalse de Portodemouros; aula de naturaleza de Toques. Museo viviente de la Miel en Arzúa.*

Muros. Bonita población costera. Conserva un agradable casco viejo con plazoletas y soportales, el templo gótico de S. Pedro y el convento franciscano de Louro. *Excursiones: playa de S. Francisco, con bandera azul; lago de Louro; playa de la Carnota; monte Pindo, con petroglifos; cascada del río Xallas; molinos de marea de Serrés.*

Portas. Localidad próxima a Caldas de Reis. *Excursiones: balnearios de Caldas de Reis y Cuntis; playas de Vilagarcia de Arousa.*

Santiago de Compostela. Joya monumental del Renacimiento y el Barroco y destino de millones de peregrinos desde la Edad Media. Catedral del s. XVIII, palacios, conventos, evocadoras "rúas" y plazas empedradas. *Excursiones: robledal y monasterio de Trasoutos; monte Pedroso, con excelentes vistas.*

Setecoros. Parroquia del municipio de Valga, próxima a la ría de Arousa. *Excursiones: localidad de Padrón; museo de Rosalía de Castro y balneario de Caldas de Reis. En* **Boiro**, *cestas y carpintería artesana.*

4. Rías Bajas y ribera del Miño

Rías Bajas y ribera del Miño

Anceu-Ramis
(PONTEVEDRA)

Localidad próxima a Pontecaldelas. *Excursiones: castillo de Soutomaior, recientemente restaurado; petroglifos de Tourón y Campo Lameiro; embalse de Eiras; piscinas fluviales en Pontecaldelas y Fornelos de Montes; sierra del Suido.* Exposiciones de *cerámica en la residencia Galicia.*

Residencia Galicia
Tf. 986/76 72 31. Fax 986/75 05 82

Conjunto de viviendas que antiguamente formaban una aldea, con jardín, piscina y una hermosa arboleda. Tiene sala de estar, comedor con chimenea, 1 habitación sencilla y 9 dobles con baño, 7 de ellas con cocina. Precios (según temporada): habitación doble de 6.500 a 7.500; doble con cocina de 7.000 a 8.000; triple con cocina de 8.500 a 9.500. *Observaciones: cursos de manualidades.*

Arbo
(PONTEVEDRA)

Localidad ribereña del Miño, fundada en época romana y próxima a Ponteareas y a la frontera portuguesa. Conserva restos de los "pescos" que servían a los romanos para la captura de las lampreas. *Excursiones: villas portuguesas de Caminha y Valença do Minho; balnearios de Mondáriz y Arnoia; playa fluvial y paseos en catamarán en el Miño; parque nacional de Peneda-Gerês.* En **Añón**, *taller de cerámica.*

Casa Cruceiro
***Barcela.* Tfs. 986/66 55 44 y 689/53 77 57**

Sólido caserón de piedra, del s. XIX, con un «peto de ánimas», en una zona productora de vinos de Albariño. La zona de alojamiento tiene galería, bodega, salón, cocina rústica y 10 habitaciones dobles con baño, abuhardilladas. Se puede alquilar entera. Precios (según temporada): habitación doble de 5.500 a 7.000; desayuno 500; comida o cena 1.500. *Observaciones: cocina y vinos de la región.*

Casa Pazos
Tf./fax 986/66 59 86

Casona de principios del s. XIX, rodeada de una extensa finca con jardín, robledal y piscina, y con espléndidas vistas del Miño y de Portugal. Tiene salón, comedor con chimenea y 7 habitaciones dobles con baño, 4 de ellas abuhardilladas. Precios (según temporada): habitación doble de 6.000 a 8.000; desayuno 600; comida o cena 1.800. *Observaciones: visitas a bodegas; rutas de senderismo.*

Cespón
(A CORUÑA)

Localidad del municipio de Boiro, al borde de la ría de Arousa. *Excursiones: castros de Neixón y Baroña ; dolmen de Axeitos; dunas de Corrubedo; sierra de Barbanza; mirador de la Curota; río Tambre.*

Casa da Posta de Valmaior
***Valmaior.* Tf./fax 981/86 25 48**

Acogedora casa de labranza, con huerta, jardín, un acogedor porche y vistas al mar. El interior, que conserva los muros de piedra vista, tiene sala de estar con chimenea, 10 habitaciones, algunas abuhardilladas, y 1 *suite* con balcón. Precios (según temporada): habitación doble con baño de 5.000 a 6.500; desayuno tipo *buffet* 500.

Crecente
(PONTEVEDRA)

Localidad de antigua fundación, que llegó a contar con una fortaleza. *Excursiones: villa de Tui; localidad portuguesa de Melgaço, accesible por un nuevo puente sobre el Miño; zonas de baño en el río Ribadil; excursiones por la ribera del Miño.* En **Padrenda**, *tallas de madera.*

Hijos Dalgo
***Pousa.* Tf./fax 986/66 63 19. Tf. 610/52 41 42**

Edificio de 1900, situado en una extensa finca cercana al Miño, con jardín, parque infantil, piscina y terraza. Tiene sala de estar y 10 habitaciones dobles con baño, 1 de ellas adaptada a minusválidos. Precios (según temporada): habitación doble de 7.000 a 9.000, desayuno incluido; comida o cena 2.500; menú infantil 700. *Observaciones: disponen de bicicletas y «bodega lúdica»; guisos de lamprea en temporada.*

Cristiñade
(PONTEVEDRA)

Pueblo próximo al Miño. *Excursiones: ruta dos Penedos, realizable a pie o en bicicleta por una bonita zona de miradores. Tallas y cuadros en madera.*

Casa da Urcela
***O Cribeiro.* Tf./fax 986/64 95 34**

Conjunto de edificaciones del s. XIX, rehabilitadas en un paraje de robledal, con huerta de cerezos, cultivo de nardos, jardín y porche. Tiene una hermosa galería, sala de estar con chimenea, *lareira* y bodega, y 3 habitaciones dobles con baño. Precios (según temporada): habitación doble de 5.000 a 6.500; desayuno 500; comida o cena 1.500. *Observaciones: facilitan abundante información de la zona.*

Gondomar
(Pontevedra)

Villa cercana a Vigo, en una zona de asentamientos muy primitivos, acreditados por los restos paleolíticos de Chan de Cereixo. *Excursiones: castros de Barcala y Pedra Moura, en Donas; bellísimo pazo del conde de Gondomar.*

Casa Estarque
Ctra. Gondomar-Tuy, km 1
Tf./fax 986/36 01 14

Edificio del s. XVIII, con huerta, hórreo y jardín. Tiene sala de estar, biblioteca y 5 habitaciones dobles con baño. Precios (según temporada): habitación doble de 6.500 a 9.000; especial de 11.200 a 16.500; desayuno 300. *Observaciones: la propiedad alquila 1 apartamento de 4 plazas.*

Acogida y limpieza excelentes. Entorno muy cuidado.

Nigrán
(Pontevedra)

Capital del municipio costero del mismo nombre, en una zona de clima atlántico. *Excursiones: villa de Baiona; castro de Sta. Tegra; promontorio de Monteferro; mirador de la Virgen de la Roca con preciosas panorámicas de la zona.* En **Baiona**, *tienda de artesanía gallega.*

Pazo da Touza
Camos. Tf./fax 986/36 69 89

Edificio del s. XVI, declarado monumento histórico-artístico, rodeado de una extensa finca con un bello jardín, capilla y torreón. Tiene una gran estancia con *lareira*, salones, sala de juegos, bar, 1 habitación sencilla y 9 dobles con baño, 1 de ellas *suite*. Precios (según temporada): habitación doble de 11.000 a 12.000; *suite* de 15.000 a 18.000; desayuno 700.

Paradela
(Pontevedra)

Concejo atravesado por el río Umia y próximo a la ría de Arousa. *Excursiones: localidad de Cambados, con un buen conjunto de pazos; isla de A Toxa; ensenada de O Grove y playa de la Lanzada.*

A Moroza
Vilanoviña. Tf. 986/71 55 80. Fax. 986/71 55 82

Sobrio pazo de piedra, con capilla, jardín y piscina. El interior, con mobiliario tradicional, tiene bar, restaurante, sala con chimenea, juegos de mesa, biblioteca y 9 habitaciones dobles, 3 de ellas tipo *suite*. Precios (según temporada): habitación doble de 10.000 a 12.000; *suite* de 12.000 a 15.000; desayuno incluido; comida o cena 2.500. *Observaciones: alquiler de bicicletas.*

Pazos de Santa Marina
(Pontevedra)

Localidad situada entre las poblaciones de A Cañiza y Mondáriz. *Excursiones: castillo de Sobroso; parajes del río Tea; pista forestal al balneario de Mondáriz; playa fluvial de Maceira.*

Casa da Erea
Tf. 986/65 01 01. Tf./fax 986/65 02 83

Bella posada, rodeada de jardín y habilitada en un edificio de 1700, con elementos anteriores. Tiene sala de estar con chimenea, 5 habitaciones dobles con baño, 1 de ellas adaptadas para minusválidos. Precios (según temporada): habitación doble de 4.000 a 7.500; cuádruple de 8.000 a 12.500; desayuno 600. *Observaciones: organizan queimadas y tertulias.*

Pías
(Pontevedra)

Localidad del término de Ponteareas. *Excursiones: villa de Ponteareas, objeto de una bella celebración del Corpus con alfombras de flores; balneario de Mondáriz.* En **Ponteareas**, **Tui** y **El Rosal**, *trabajos en madera, cuero y cerámica.*

Casa das Pías
Cotobade. Tf./fax 986/69 74 65

Edificio del s. XIX, muy reformado, emplazado en pleno valle del río Tea, con jardín, piscina y patios empedrados. Tiene comedor y salón con chimenea y 7 habitaciones dobles con baño. Precios (según temporada): habitación doble de 6,500 a 8.000; desayuno 700; cena 1.800. *Observaciones: alquiler de bicicletas; buenos accesos para minusválidos.*

Casa Cabaqueiros
Carrascal. Tf./fax 986/61 18 44

Edificio tradicional, con jardín y una bonita galería acristalada. El interior, sencillo, tiene sala de estar, comedor y 6 habitaciones dobles con baño. Precios (según temporada): habitación doble de 5.500 a 7.000; desayuno 500; comida 2.000; cena 1.700. *Observaciones: alquiler de bicicletas.*

Rías Bajas y ribera del Miño

Ponte-Caldelas
(PONTEVEDRA)

Capital de este municipio de paisaje abrupto y arbolado. Iglesia de Sta. Eulalia y templo románico de Tourón. *Excursiones: castros de Barbudo y de Tourón; castillo de Sotomayor y Villasobroso; parque de Cotorredondo; lago Castiñeiras; sierra de Suido.*

Granja O Castelo
Tf./fax 986/42 59 37. Tf. 608/38 13 34

Casa del s. XIX con finca arbolada y hórreo. El interior, con mobiliario sencillo, tiene salón con chimenea, 5 habitaciones dobles con baño y 2 con baño compartido. Precios (según temporada): habitación doble de 7.000 a 8.000; especial de 8.500 a 10.500; desayuno 500. *Observaciones: tienen caballos para realizar rutas por la zona; disponen de bungalows.*

Afianzar qué alojamiento se está reservando.

Reboreda
(PONTEVEDRA)

Localidad del municipio de Redondela. *Excursiones: isla de San Simón, con restos de un antiguo lazareto; playa de Cesantes, con hermosos miradores.*

Torres de Agrelo
Asnelle de Abaixo

Tf. 986/40 80 21. Fax 986/40 21 26

Pazo de mediados del s. XIX, emplazado junto a la ría de Vigo, con invernaderos, establos, huerto y un espléndido jardín con estanque y gruta de agua natural. El interior, con mobiliario de época, tiene comedor y 7 habitaciones dobles con baño, 1 de ellas *suite*. Precios (según temporada): habitación doble de 10.000 a 12.000, desayuno incluido; comida o cena 1.800.

Rianxo
(CORUÑA)

Municipio ribereño de la ría de Arousa, en una zona de bateas mejilloneras. Iglesia de Sta. Comba, del s. XV, con campanario barroco. *Excursiones: zonas de baño en el río Te; monumental hórreo de Araño; dunas de Corrubedo; cascada de Toxosoutos.* Barcos de madera y aparejos de pesca.

Os Muiños
Araño

Tf. 630/31 16 87. Tf./fax 981/86 33 74

Bonito molino del s. XIX, rehabilitado, con huerto y jardín, próximo a una zona arbolada. Tiene salón comedor y 4 habitaciones dobles con baño. Precios (según temporada): habitación doble de 6.000 a 7.000; desayuno 500. *Observaciones: la propiedad ofrece 1 casa y 1 apartamento en la misma finca; se organizan rutas y actividades de aventura.*

Saiar
(PONTEVEDRA)

Población perteneciente al término de Caldas de Reis. Iglesia de S. Esteban, con elementos románicos. *Excursiones: monte Meda, con abundantes pistas y excelentes panorámicas sobre la ría de Arousa; termas de Caldas de Reis; cascada de Segade.*

Casa Loureiro
Cardin. **Tf./fax 986/53 52 38**

Casa del s. XVIII, bien rehabilitada, con viñedos, huerta de árboles frutales, hórreo, el antiguo lagar, jardín y un patio cubierto por una parra centenaria. Tiene salón con lareira, comedor y 5 habitaciones dobles con baño. Precios (según temporada): habitación doble de 5.000 a 7.000; desayuno 350; comida o cena 1.700. *Observaciones: alquiler de bicicletas; información sobre itinerarios por la zona; elaboración de vino.*

Sanxenxo
(PONTEVEDRA)

Localidad de vieja tradición estival. *Excursiones: monasterio de Armenteira; localidad de Combarro; isla de A Toxa; playa de A Lanzada; dunas de Corrubedo; paraje natural de Correirón de la Isla.* En **A Toxa**, *collares de conchas.*

Aldea Bordóns
Cº de Outeiro 11. Tf./fax 986/72 43 74

Conjunto de edificaciones situadas a 1 km de Sanxenxo, en la ladera de una montaña, con vistas al mar y con terrazas y jardines unidos por escaleras de piedra. Tiene sala de estar, chimenea, bodega, comedor y 6 habitaciones dobles con baño, 1 de ellas adaptada a minusválidos. Precios (según temporada): habitación doble de 7.000 a 9.000; especial de 10.000 a 12.000; desayuno 500; cena 2.500.

Sisan
(PONTEVEDRA)

Parroquia del municipio de Ribadumia. *Excursiones: bello conjunto monumental de Cambados; ruinas de Sta. María Dozo; monasterio de Armenteira; playas fluviales y desembocadura del río Umia; ensenada del Bao; monte de Castroverde; playa de A Lanzada.*

Pazo Carrasqueira
Tf. 986/71 84 88. Tf./fax 986/71 00 32

Agradable pazo del s. XVII, rodeado de jardín con hórreo y piscina. Tiene bodega, salas de estar y 9 habitaciones dobles con baño, algunas tipo *dúplex*. Precios (según temporada y tipo): habitación doble de 6.800 a 12.800, desayuno incluido; comida 2.500; cena 2.000. *Observaciones: producción propia de vino albariño.*

Tenorio
(PONTEVEDRA)

Parroquia dependiente de Cotobade y sede de un monasterio benedictino fundado en el s. X. *Excursiones: parajes del río Lérez; robledal, ermita y balneario semiabandonado de S. Xurxo; piscinas fluviales de Cabanelas y A Xesteira.* Taller de cantería y de cruceiros.

O Casal
O Castro
Tf./fax 986/76 41 41. Tf. 608/08 39 54
Bonita edificación, restaurada, con hórreo, *cruceiro*, terraza cubierta y piscina. Tiene sala de estar, mobiliario antiguo, 8 habitaciones dobles con baño, 1 de ellas adaptada a minusválidos y 1 *suite*. Precios: habitación doble 10.000; *suite* 15.000; desayuno 500; media pensión 2.500.

Tomiño
(PONTEVEDRA)

Población cercana a Guarda, situada entre el curso del Miño y la sierra de Argallo. Conserva su iglesia parroquial, resto de un monasterio benedictino del s. XII. *Excursiones: castillo de Goián; minas de O Rosal; villa romana y necrópolis germánica de Currás; villas monumentales de Tui y Valença do Minho; castro de Sta. Tegra; ribera y estuario del Miño, con paseos, observatorio ornitológico y zonas de baño; lago da Pedra.* Cerámica artística y talleres de cerámica tradicional. En **A Guarda**, venta de recuerdos del castro de Santa Tegra; en **Freixo** (Portugal), calderería: cacharros de cobre y alambiques; en **Valença do Minho**, venta de artesanía portuguesa.

O Buxo
Currás. Tf. 986/63 35 03
Casa de labranza del s. XIX, restaurada, con huerto y un amplio jardín, a 2 km de la frontera portuguesa. Tiene sala de estar, sala de juegos, biblioteca y 8 habitaciones dobles con baño. Se puede alquilar entera. Precios (según temporada): habitación doble de 5.500 a 7.000; desayuno 600; vivienda 45.000 diarias. ***Observaciones: bicicletas a disposición de los clientes.***

Casa da Reina
Vilachán. Tf. 986/62 22 74
Bello edificio decimonónico, con jardín. Cuenta con salón y 4 habitaciones dobles con baño, 1 de ellas con salita. Precios (según temporada): habitación doble de 5.500 a 7.000; con salita de 7.500 a 8.500; desayuno 500; cena 1.800. ***Observaciones: se puede participar en tareas de huerta.***
✉ Los propietarios son muy agradables. Los dormitorios "un sueño" y el resto de la casa muy acogedor.

Apartamentos y casas de alquiler completo

Campo Lameiro (PONTEVEDRA)

Meu Reposo
Panceiros
Tfs. 986/77 12 43 y 619/51 50 23
Graciosa casa de piedra, rodeada de jardín, con barbacoa. Salón-cocina con estufa de leña, 1 habitación doble y 1 baño. Precios: día 10.000.

Camposancos (PONTEVEDRA)

Leira Braulia
Outeiro
Tfs. 986/42 22 04 y 649/91 66 10
Casa amplia, muy reformada. Incluye 2 viviendas, 1 de 4/5 plazas y otra de 6/7, ambas con zona ajardinada. Precios (según temporada): 5 plazas de 7.000 a 8.500 diarias; 6 plazas de 8.500 a 11.500 diarias.

Combarro (PONTEVEDRA)

Meu Lar
Tfs. 986/77 05 16 y 22 69 77
Casa de piedra, en el casco viejo y con balcón con vistas del mar. Salón-comedor con chimenea, cocina y 3 habitaciones con baño. Precios: día 18.000. ***Observaciones: en el mismo edificio, hay 1 apartamento de 2/3 plazas.***

Xeitosiña
Rua 7. Tfs. 986/77 05 16 y 22 69 77
Casa antigua, pequeña, situada en el casco viejo y con vistas a la ría. Salón, cocina y capacidad para 2/4 personas. Precios (según temporada): día de 10.000 a 12.000.

Apartamentos y casas de alquiler completo

Portas (Pontevedra)

A Laxiña
Lantaño
Tf. 610/90 65 40
Pequeña construcción de piedra, rodeada de jardín con barbacoa y precedida de un porche cubierto. Sala de estar, cocina, 1 habitación doble y 1 baño. Precios (según temporada): día de 8.000 a 10.000.

Sabadin (Pontevedra)

La Torre
Tf./fax 986/54 03 35
Casa tradicional restaurada, con patio y jardín. Incluye 3 apartamentos de 4 plazas. Precios: apartamento 11.500 diarias; desayuno 425. *Observaciones: facilitan bicicletas.*

Tomiño (Pontevedra)

Fontegrande
Salgosa. Tf. 986/62 21 95
Fax 986/62 34 09
Bella edificación rodeada de una finca ajardinada, con huerta. Sala de estar, cocina y 4 habitaciones dobles con baños compartidos. Precios: día 25.000. *Observaciones: alquiler de bicicletas; se puede participar en tareas de huerta.*

Lugares de interés

Camposancos. Parroquia de A Guarda, próxima al amplio estuario del Miño. *Excursiones: estuario del Miño, con observatorio ornitológico; monte de Sta. Tegra, con un castro y magníficas vistas del litoral; trayectos en ferry a la villa portuguesa de Caminha. En **Goyán**, **Tomiño** y **Guillarey** , alfarería y cerámica. En **Carregal**, esmaltes en frío.*

Combarro. Conjunto urbano de gran interés, con arquitectura de piedra, *cruceiros* y hórreos al borde del mar. *Excursiones: playas de Argas y A Lanzada. Abundantes tiendas de artesanía. Exposición de bronces de Jose María Acuña.*

Sabadin. Aldea próxima a Caldas de Reis. *Excursiones: cascada del río Umia; área recreativa de Pontenova, con posibilidad de dar paseos en piragua.*

5. Ribera Sagrada y tierras de Limia

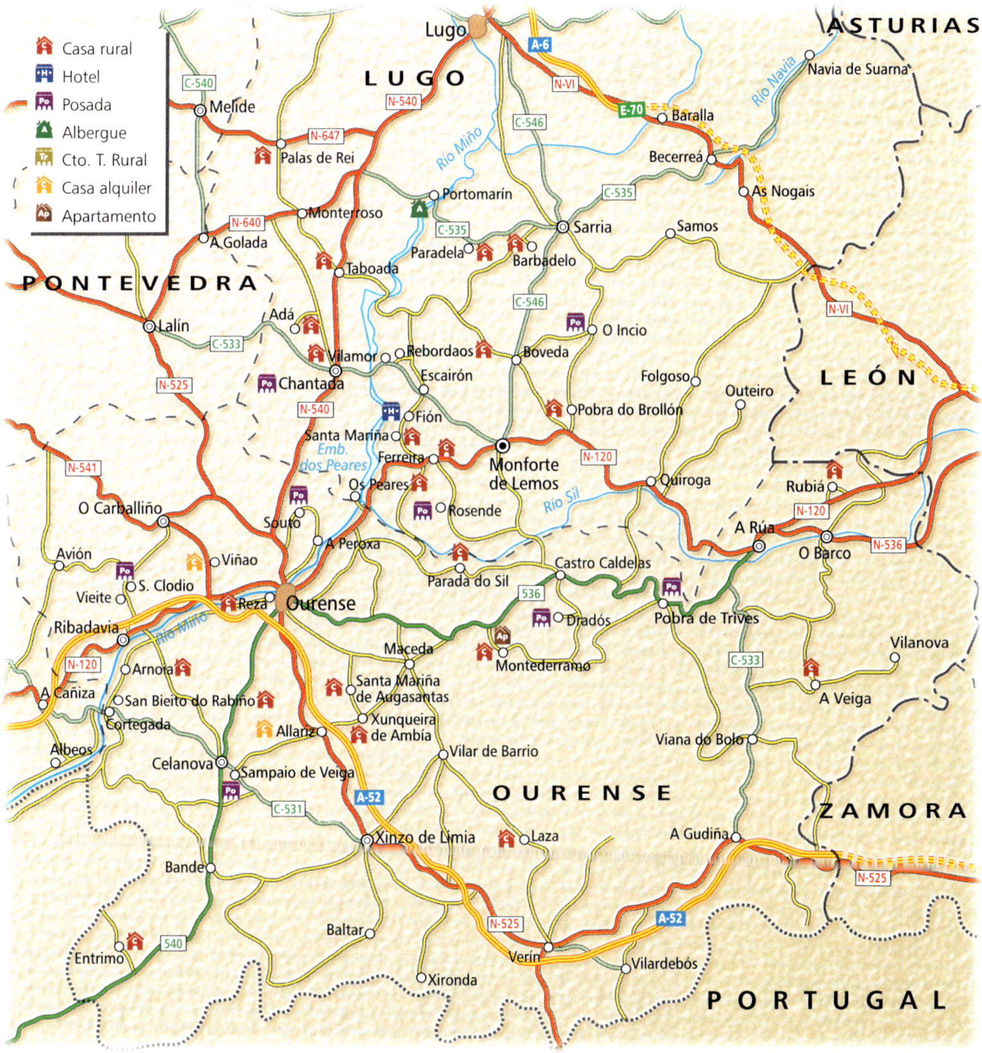

Ribera Sagrada y tierras de Limia

Ada
(LUGO)

Localidad del término de Chantada, en un paisaje de viñedos atravesado por el Miño. *Excursiones: pazos de Sabadelle y Vilar de Esperante, del s. XV; robledales de Faro y Montalto; monasterio de S. Estevo de Ribas do Miño.*

Casa do Portomeñe
Surribas. **Tfs. 982/16 22 60 y 608/38 41 00**

Característica «casa grande», emplazada al pie del monte Faro, con horno de pan, hórreo y patios interiores. Tiene salón, comedor, chimenea y 10 habitaciones dobles con baño, 1 de ellas abuhardillada. Se puede alquilar entera. Precios (según temporada y tipo): habitación doble de 5.900 a 8.900; desayuno 575; comida o cena 2.475. *Observaciones: la casa cuenta con una sala de exposiciones*

Arnoia
(OURENSE)

Localidad de tradición termal, próxima a la villa medieval de Ribadavia. *Excursiones: monasterio de San Clodio, en Leiro; rutas en catamarán por el Miño.*

O Bacelo
Tf. 988/49 28 84

Edificio de piedra de sillería, con jardín. El interior, con una decoración cuidada y paredes de piedra vista, tiene salón-comedor, cocina a disposición de los huéspedes y 8 habitaciones dobles con baño, 1 de ellas con un pequeño estudio. Precios (según temporada y tipo): habitación doble de 5.000 a 7.500. *Observaciones: rutas a caballo y en bicicleta.*

Barbadelo
(LUGO)

Pueblo de la ruta jacobea, perteneciente al término de Sarria. Conserva la iglesia parroquial románica, muy primitiva, que dependió del monasterio de Samos. *Excursiones: castro de As Paredes y caserón de O Mosteiro.*

Casa Nova de Rente
Rente. **Tf./fax 982/18 78 54**

Bonita casona de piedra, con establos, huerto y jardín, rodeada de finca con arbolado. Tiene sala de estar y 6 habitaciones dobles, 1 de ellas con baño. Precios: habitación doble 4.200; con baño 5.500; desayuno 300; comida 1.400; cena 1.200; derecho a cocina 500.

Chantada
(LUGO)

Villa de la Ribera Sagrada, en un término rico en edificios románicos. *Excursiones: monasterio de Oseira; playa fluvial de Sangoñedo; rutas en catamarán por el Miño; embalse de Belesar, con posibilidad de deportes náuticos. Telares y artesanía del lino; trabajos en latón.*

Pazo As Casas
Tf. 982/17 15 12. Tf./fax 982/44 05 53

Antiguo pazo señorial, que conserva hórreo, capilla, horno y establos, en medio de una gran extensión de praderías a 9 km de Chantada. El interior, cuidado, tiene sala de estar, biblioteca y 10 habitaciones dobles con baño. Precios: habitación doble 7.600; especial 9.100; desayuno incluido; cena 1.800. *Observaciones: excursiones a caballo y en bicicleta.*

Drados
(OURENSE)

Aldea del municipio de Chandrexa de Queixa, próximo al río Sil. *Excursiones: santuario de las Ermitas, del s. XVI; localidad de Castro Caldelas; estación invernal de Manzaneda; mirador y embalse de S. Fiz; alto de Fitorio; piscina fluvial en Rabal. En* ***Celeiros****, taller de alfarería.*

Casal de Drados
Tf. 988/30 42 35. Fax 988/30 70 79

Casa de aldea convertida en hospedería, con una cuidada rehabilitación. Tiene salones, comedor, 6 habitaciones dobles, 4 de ellas con baño y 1 apartamento. Precios: habitación doble 4.500; con baño de 6.200 a 6.500; apartamento 12.000 diarias; desayuno 700. *Observaciones: facilitan abundante información de la zona; hay poneys para los niños.*

Feiravella
(OURENSE)

Localidad cercana a la villa de Entrimo, emplazada en las proximidades del río Limia y junto a la frontera portuguesa. *Excursiones: parque nacional de Peneda-Gêres, en Portugal.*

Casa D'Asperelo-Valdolimia
Tf. 988/43 49 08. Tf./fax 988/43 49 10

Bella casona con jardín y piscina. Tiene restaurante, bar, comedor, sala de estar, biblioteca y 6 habitaciones dobles con baño. Precios (según tipo): habitación doble de 8.000 a 9.000, desayuno incluido; comida o cena 2.000; derecho a cocina 1.500. *Observaciones: alquiler de bicicletas.*

Ferreira (Lugo)

Localidad próxima a Palas de Rei y al cauce del río Ulla. *Excursiones: castillo de Pambre; pazo de Laxe; corredoiras de Barbadelo, con tramos empedrados del Camino de Santiago; antiguo camino recuperado que une Peruscallo y Portomarín; embalse de Belesar. Escultura en piedra.*

Casa da Ponte

Tf./fax 982/21 45 80. Tf. 982/18 30 77

Sobria casa de piedra, en una finca bordeada por el río Ferreira, con pajar, horno y bodega. Tiene comedor, sala de estar y 5 habitaciones dobles, 3 de ellas con baño. Se puede alquilar entera. Precios: habitación doble 4.000; con baño 5.000; desayuno 500; cena 1.600.

Fión (Lugo)

Aldea del municipio de O Saviñao, ribereño del Miño. Precioso templo de S. Lourenzo, con elementos románicos y pinturas murales de gran valor. *Excursiones: ruta de los monasterios de la Ribera Sagrada; cañones del Sil, con miradores y recorridos en catamarán; calzada dos Cregos.*

Torre Vilariño (**)

Tf. 982/45 22 60

Edificio tradicional del s. XVIII, construido en granito y bien restaurado, con piscina. Dispone de un patio de piedra con merendero para el verano, bodega, un comedor muy acogedor con chimenea y 9 habitaciones dobles con baño. Precios (según temporada): habitación doble de 6.000 a 7.000; desayuno 600; comida 1.800; pensión completa 3.500.

Buen trato, buena cocina y entorno muy cuidado.

O Incio (Lugo)

Lugar del interior bordeado por sierras y en un paisaje de bosques de castaños, con abundantes castros. Conserva una hermosa plaza cubierta de castaños. *Excursiones: conjunto de Hospital do Incio; ruta de las minas de Hierro; alto de Pena dos Castros. Instrumentos musicales: «palletas».*

Casa Grande de Romariz

Romariz. Tf. 982/42 72 34. Fax 982/42 72 55

Casa iniciada en el s. XVI, con un robledal centenario, capilla y jardín. Tiene salón con chimenea y 10 habitaciones dobles con baño. Precios (según tipo): habitación doble de 6.000 a 9.000, desayuno incluido; comida o cena 1.700. *Observaciones: la cocina, de la comarca, utiliza productos caseros.*

Laza (Ourense)

Pueblo próximo a la sierra de S. Mamede y escenario de unos famosos Carnavales, protagonizados por los *peliqueiros*. *Excursiones: parque natural de los montes do Invernadeiro. Elaboración de trajes y máscaras de peliqueiro; trabajos de forja, cestería y miga de pan; confección de «corozas».*

O Boutallón

O Boutallón. Tfs 988/41 41 72 y 42 20 61

Casa de nueva planta, en una extensa finca de castaños centenarios, robles y cultivos, con jardín y porche. Tiene salón-comedor-cocina con chimenea, 3 habitaciones dobles con aseo, 1 cuádruple y 2 baños. Se puede alquilar entera. Precios (según temporada): habitación doble de 3.000 a 4.000; desayuno 200; comida o cena 1.000; vivienda de 7.000 a 15.000 diarias. *Observaciones: la propiedad dispone de restaurante a 1 km.*

Mein (Ourense)

Mínimo caserío de la parroquia de San Clodio en un paisaje de viñedos. *Excursiones: villa de Ribadavia, con callejones evocadores y una pequeña judería; monasterio románico de S. Clodio; iglesia de S. Xes, en Francelos; embalse de Castrelo do Miño.*

Viña Mein

Tf. 988/48 84 00. Fax 988/48 87 32

Bello pazo rodeado de viñedos, con piscina y una bodega de vino *ribeiro*. Cuenta con una decoración muy cuidada, amplio comedor, sala de estar con chimenea, horno de piedra, 6 habitaciones dobles con baño y 1 apartamento para 4 personas, con sala y 1 baño. Precios: habitación doble 8.000, desayuno incluido; apartamento 12.000 diarias.

Montederramo (Ourense)

Municipio cercano a la ribera del Sil, con un terreno accidentado. Monasterio de Sta. María, fundado en el s. XII. *Excursiones: sierra de S. Mamede; estación invernal de Cabeza de Manzaneda; ruta de los monasterios y embalse de Leboreiro; playas fluviales de Montederramo y Castro Caldelas.*

A Fervenza

Ctra. a Cabeza de Manzaneda, km 2

Tf. 988/29 20 19. Tf./fax 988/29 20 65

Molino de más de un siglo, con una cuidada restauración, emplazado en una extensa finca junto al río Mao. Tiene 1 vivienda con cocina, sala de estar con chimenea y 3 habitaciones dobles con baño. Se puede alquilar entera. Precios: habitación doble 6.500, incluido derecho a cocina; vivienda 16.500 diarias. *Observaciones: organizan rutas con guía.*

Ribera Sagrada y tierras de Limia

Palas de Rei (LUGO)

Municipio regado por el río Ulla, en una zona en la que abundan los templos románicos. *Excursiones: castillo de Pambre, del s. XIV; antiguo camino recuperado que une Peruscallo y Portomarín; embalse de Belesar; iglesia de S. Salvador, de Vilar de Donas; pazo de Laxe, en Monterroso.*

A Parada das Bestas
***Pidre.* Tf./fax 982/18 36 14**
Bonita casa de piedra, en una finca agrícola, con jardín. Tiene sala de estar, biblioteca y 7 habitaciones dobles, 2 de ellas especiales. Precios (según temporada y tipo): habitación doble de 6.000 a 7.000; especial de 7.500 a 10.500; desayuno 600; comida o cena 2.000. ***Observaciones: alquiler de bicicletas; se puede participar en tareas agrícolas.***

Casa Blanco
***San Breixo.* Tf./fax 982/16 32 94**
Caserón de buena planta, en una finca bordeada por el río Pambre, con hórreo, huerto, jardín y un mesón rural. Tiene sala de estar y 5 habitaciones dobles, 3 de ellas con baño, y 1 baño compartido. Precios (según temporada): habitación doble de 4.500 a 5.500; con baño de 5.000 a 6.000; desayuno 500; comida o cena 1.500.

Parada do Sil (OURENSE)

Municipio ribereño del Sil, que fluye encajonado en su término, con tramos espectaculares. *Excursiones: monasterios de Sta. Cristina, S. Esteban, Montederramo, S. Pedro de Rocas y Xunqueira de Ambia; miradores de Parada; recorridos en catamarán por el río.*

Casa dos Castiñeiros
***Rabacallos.* Tf. 988/20 80 29**
Casa de 1.800, restaurada, en la pequeña aldea de Rabacallos y con vistas a los cañones del Sil. Tiene 6 habitaciones dobles con baño. Precios: habitación doble 6.000; desayuno 400; comida o cena 1.600. ***Observaciones: la propiedad alquila otra casa similar con capacidad para 11 personas en la misma aldea.***

Paradela (LUGO)

Municipio ribereño del Miño, rodeado de un paisaje agrícola. Templo de S. Miguel, con elementos románicos. *Excursiones: villa de Sarriá; bosque de castaños de Barbadelo. Marroquinería. En **Sarriá**, calderos de cobre, encuadernación, talla de madera policromada, instrumentos musicales de cuerda.*

Casa Cimadevila
Tf. 982/54 12 16. Fax 982/54 10 04
Caserón de buen tamaño, con huerta y rodeado de jardín. Tiene sala de estar, comedor y 6 habitaciones dobles con baño. Precios: habitación doble 5.800; especial 7.800; desayuno 600; cena 1.800. ***Observaciones: alquiler de caballos; se puede participar en tareas agrícolas.***

Os Peares (LUGO)

Municipio encajonado entre los cauces del Miño y del Sil. *Excursiones: rutas románicas de Pantón; Nogueira de Ramuín y Carballedo; cañones del Sil y el Miño; paseos en catamarán; miradores de Sober y Pesqueiras. Calderería y talla de madera; en **Gundivós** y **Sober**, talleres de cerámica.*

Muiño do Vao
***O Vao.* Tf. 982/40 18 63. Fax 982/40 35 08**
Molino de agua con más de 200 años de antigüedad, enclavado junto al río Búbal y próximo al embalse de Os Peares, con jardín de césped, estanques y una piscina natural. La zona de alojamiento, cuidada, tiene comedor, sala de estar, cocina y 3 habitaciones dobles con baño. Se puede alquilar entera. Precios (según tipo): habitación doble de 8.000 a 8.750; desayuno 500; vivienda 24.000 diarias.

Pobra de Trives (OURENSE)

Capital de este municipio enmarcado por la sierra de Queixa, que corona el pico Manzaneda. *Excursiones: puente romano de Bibei, reserva natural de O Invernadeiro; santuario de las Ermitas; estación de montaña de Manzaneda; castro de Baroña.*

Ver página siguiente.

Casa Grande
Tf. 988/33 20 66. Fax 988/33 20 66
Pazo del s. XVIII, con austera fachada, una buena rejería y escudos blasonados. Tiene patio porticado, un encantador jardín con arbolado y capilla con retablo barroco. El interior, con un bello mobiliario, dispone de salas de estar y 7 habitaciones dobles con baño. Precios: habitación doble 7.700; desayuno 750.

Pobra de Trives
(OURENSE)

Ver página anterior.
*Cañones del Sil, con recorridos en catamarán; «fraga» de Río, con grandes extensiones de castaños; «curros» para el ganado en Chandrexa de Queixa. En **Esgos** y **Maceda**, talleres de cerámica; en **A Peroxa**, trabajos de cobre y barcos en miniatura.*

Pazo Paradela
Tfs. 988/33 07 14 y 608/77 76 37
Hermoso pazo rodeado de finca y con escudo blasonado, con buenos accesos para minusválidos. Tiene salón, 7 habitaciones dobles con baño y 1 *suite*. Precios: habitación doble 8.500; *suite* 10.000; desayuno 850; cena de 2.500 a 3.500. *Observaciones: se puede participar en las tareas del campo; bicicletas gratuitas; descuentos por estancias largas.*

Pobra do Brollón
(LUGO)

Municipio interior, limitado por la sierra de Trapa, con un paisaje rural en estado puro, escasamente poblado. *Excursiones: paseos en catamarán por el Miño y el Sil; alto de Poio. Trabajos de cuero. En **Monforte de Lemos**, bordados y ganchillo.*

A Salanova
***Salcedo.* Tfs. 982/43 05 01 y 43 02 02**
Casa de piedra, rehabilitada, con un pequeño jardín y piscina. Tiene horno, sala de estar y 7 habitaciones dobles, algunas abuhardilladas. Precios (según temporada): habitación doble de 4.000 a 4.500; desayuno 400; comida o cena 1.200. *Observaciones: la propiedad ofrece otra casa con 3 habitaciones dobles.*

Portomarín
(LUGO)

Capital del municipio del mismo nombre, al borde del Miño. Interesantes parroquias de San Pedro y San Nicolás, a ambos lados del río; palacio del general Paredes. *Excursiones: parajes del río Celeiro, con rutas a pie hasta Barbadelos.*

Benigno Quiroga
Tf. 982/54 50 22
Albergue integrado en la REAJ, de construcción reciente, situado junto a un embalse y con buenas vistas. Tiene cocina, comedor, cafetería y 36 plazas en habitaciones de 6. Está abierto todo el año. Precios: ver apéndice.

Rebordaos
(LUGO)

Localidad próxima a Chantada y la curso del Miño. *Excursiones: embalse de Belesar; rutas en catamarán por el río. En **Gundivós**, talleres de cerámica negra, útiles dedicados a la producción de vino, zuecos y cestería.*

Cazapedro
***Candaira.* Tf./fax 982/18 21 57**
Agradable construcción de piedra, en una finca de viñedos, con animales de granja, huerta, piscina y jardín. Tiene sala de estar con chimenea, comedor y 6 habitaciones dobles con baño. Precios: habitación doble 6.000; desayuno 600; cena 1.700. *Observaciones: disponen de bodega propia; se puede participar en labores de la finca, como la vendimia y el ordeño.*

Reza
(OURENSE)

Lugar próximo a la villa termal de Arnoia y al curso del Miño. *Excursiones: localidad de Ribadavia y bodegas del Ribeiro; balneario del río Arnoia; zona de baño de Inquiao, en el Arnoia; sierra de Faro.*

A Cancela
Tfs. 988/47 08 82 y 47 10 49
Casa de aldea, con un agradable jardín, finca arbolada y terrazas. Tiene cocina con chimenea, salones y 3 habitaciones dobles con 2 baños compartidos. Se puede alquilar entera. Precios (según temporada y tipo): habitación doble de 4.000 a 6.000; vivienda de 14.000 a 17.000 diarias. *Observaciones: descuentos por estancias largas.*

Rosende
(LUGO)

Parroquia del municipio de Sober, antaño dependiente del monasterio de S. Estevo. Conserva algunos pazos históricos. *Excursiones: playas fluviales en el río Cabe; cañones y miradores del Sil. En **Muiño da Cavadiña**, esmaltista sobre metal.*

Casa Grande de Rosende
Tf. 982/46 06 27. Fax 982/45 51 04
Antiguo pazo restaurado, con jardín y piscina, en una extensa finca. El interior, con una cuidada decoración, cuenta con comedor, *lareira*, sala de estar, 2 habitaciones sencillas y 4 dobles, todas con baño. Precios: habitación sencilla 6.000; doble 8.500; desayuno 500; cena 1.600.

Ribera Sagrada y tierras de Limia

Rubiá de Valdeorras
(OURENSE)

Pueblo de la comarca de Valdeorras, en el ancho valle del Sil. *Excursiones: canal de Montefurado, que permitía la extracción de oro del Sil en época romana.*

Casa Barreiro
Ctra. Villafranca 19
Tfs. 981/58 08 534 y 988/32 42 92
Sencilla casa tradicional, con jardín y adornada con una pequeña galería. Tiene comedor, sala de estar, 4 habitaciones dobles, 2 de ellas con baño, y 1 baño compartido. Precios: habitación doble 4.000; con baño 5.000; desayuno 400. ***Observaciones:** abierta de abril a septiembre.*

Sampayo de Veiga
(OURENSE)

Pueblo cercano a Celanova. Iglesia románica de S. Munio, con bella cruz bizantina. *Excursiones: monasterios de S. Rosendo y S. Salvador; torre de Uncastillo; villa de Allariz. En* ***Niñodaguia****, cerámica y alfarería; en* ***Celanova****, talla de granito y vidrieras emplomadas.*

A Fabrica
Tf./fax 988/43 20 92
Hospedería habilitada en un pazo de más de 200 años, con piscina y jardín, en una finca de árboles centenarios donde se conserva el palomar y la capilla. Tiene una soleada galería, bar, biblioteca, salón con chimenea, 6 habitaciones dobles con baño y 1 *suite* familiar. Precios (según temporada): habitación doble de 7.300 a 8.300; *suite* de 11.000 a 12.000; desayuno 700.

San Bieitio do Rabiño
(OURENSE)

Pueblo próximo a la villa de Cortegada, al sur de Arnoia. *En* ***Quintela de Leirado****, elaboración de maquetas.*

O Pontillon
***Os Muiños*. Tf./fax 988/48 31 15**
Casa de buena planta, con una curiosa rehabilitación. Tiene sala de estar, comedor y 4 habitaciones dobles con baño. Precios: habitación doble 5.500, desayuno incluido.

Santa Mariña
(LUGO)

Villa ligada a Portomarín, en una zona ribereña del Miño. *Excursiones: valle del río Cabe; alto de Pena dos Castro.*

Santa Mariña
Tf./fax 982/54 51 05
Casa antigua, rodeada de jardín y con una gran finca de viñedos. Tiene un mesón rural, horno de leña y 3 habitaciones dobles, 1 de ellas con baño. Precios: habitación doble 4.000; con baño 5.000; desayuno 450; comida o cena 1.500. ***Observaciones:** se puede colaborar en la vendimia y en la elaboración de empanadas; se alquilan barcas.*

Sta. Mariña de Augas Santas
(OURENSE)

Población de la ruta jacobea, con un casco antiguo declarado monumento nacional. Templo románico del s. XII, castro romano y horno comunal. *Excursiones: zonas recreativas y balnearios en Baños de Molgas. En* ***Allariz****, fábrica de curtidos y museo del Juguete.*

Casa Grande de Augas Santas
Tf./fax 988/44 21 50
Construcción noble, con más de 200 años, situada en el casco histórico de la localidad, con huerto, jardín, pista de tenis y piscina. Tiene biblioteca, sala de reuniones, salón con chimenea y 6 habitaciones dobles con baño. Precios (según temporada): habitación doble de 9.000 a 10.000, desayuno incluido; cena 2.000. *Observaciones: disponen de bicicletas.*

Taboada
(LUGO)

Municipio ribereño del Miño, con un paisaje agrícola y ganadero. *Excursiones: fortaleza de Taboada en S. Pedro de Bembibre; embalse de Belesar.*

Arxona
***Fontefría.* Tf. 982/15 27 21. Fax 982/16 28 68**
Edificación sencilla, con huerta, establos, hórreo y jardín. Tiene sala de estar y 10 habitaciones dobles, 8 de ellas con baño. Precios: habitación doble 6.000; con baño 6.500; desayuno 600; comida o cena 1.750. ***Observaciones:** se puede participar en las tareas agrícolas.*

Turbisquedo
(OURENSE)

Pequeña aldea de la parroquia de Souto, próxima al Miño y a la capital orensana. *Excursiones: iglesia de Temes, con un sarcófago del s. I; rutas de la alfarería y de los molinos; paraje de Os Peares, donde se unen el Miño y el Sil; bosque de Carballedo, con árboles milenarios.*

Pazo de Turbisquedo
Tf./fax 988/26 47 74
Precioso pazo señorial, con torreón, huerta, jardín de árboles centenarios y un bello patio empedrado. El interior, con mobiliario y decoración tradicional, tiene sala de estar, comedor y 10 habitaciones dobles con baño. Precios: habitación doble 12.000, desayuno incluido; comida o cena 2.500. ***Observaciones: alquiler de caballos.***

A Veiga
(OURENSE)

Parroquia cercana a la localidad de A Rúa, en uno de los términos de mayor altitud de Galicia. *Excursiones: iglesia de Xares; parajes del río Xares; fuentes celtas y molinos medievales en el entorno; peña Trevinca; lagunas glaciares de Ocelo y Serpiente.*

Couso de Abaixo
Xares. Tf. 988/29 48 78. Fax 988/35 02 10
Edificio tradicional de piedra, situado en una pequeña aldea. Tiene salón-comedor, cocina, 2 habitaciones dobles y 1 baño. Se puede alquilar entera. Precios: habitación doble 8.000; vivienda 12.000 diarias. ***Observaciones: la propiedad alquila otras 2 casas en la misma aldea.***

O Trisquel
Vilanova
Tfs. 988/29 48 58 y 616/53 66 01
Edificio de 200 años que mantiene el estilo de las antiguas casas de aldea, rodeado de bosque y con jardín. Tiene horno, bancas, muebles antiguos, una buena biblioteca y 3 habitaciones dobles, con 2 baños compartidos. Precios: habitación doble 5.000; desayuno 400; comida o cena de 1.500 a 2.000.

Vilamor
(LUGO)

Población muy próxima al Miño, en la Ribera Sagrada, en un término con abundantes robles y castaños. *Excursiones: zona rica en arte románico, dólmenes, molinos y pazos; posibilidad de excursiones en catamáran por el río.* En **Gundivós**, cerámica negra.

Casa de Vilamor
Tfs. 982/45 23 84 y 17 19 42
Casona de labranza del s. XVII, en una finca con hórreo, piscina, patio cubierto y jardín. Tiene comedor, salón con biblioteca, sala de estar, *lareira* y 6 habitaciones dobles con baño. Precios (según temporada): habitación doble de 5.000 a 5.200; desayuno 350; comida o cena 1.200. ***Observaciones: cuenta con un museo etnográfico; guía especializado.***
✉ Trato y comida excelentes. Buenos quesos gallegos.

Xunqueira de Ambía
(OURENSE)

Pueblo de la ruta de la Plata. Conserva un templo románico. *Excursiones: localidad termal de Baños de Molgas, con excelentes zonas de baño; villa de Allariz.*

Casa Miraval
Tfs. 988/43 60 78 y 91/416 13 11
Señorial casa de piedra, con una típica galería. El interior, con mobiliario de época y algunas curiosas piezas decorativas, tiene salón, comedor con chimenea y 3 habitaciones dobles con baño. Se puede alquilar entera. Precios: habitación doble 5.000; vivienda 30.000 fin de semana.

Ribera Sagrada y tierras de Limia

Apartamentos y casas de alquiler completo

Allariz (Ourense)

Muiño do Briñal
Tf./fax 988/44 20 06
Encantador molino, recientemente restaurado, en un bucólico paraje ribereño, accesible a pie. Salón, cocina y 2 habitaciones dobles con baño. Precios (según temporada): día de 9.000 a 10.000. *Observaciones: junto al molino se alquila 1 casa con 6 plazas.*

Montederramo (Ourense)

Caserío da Castiñeira
Sas do Monte
Tf./fax 988/20 34 06
Casa de labranza del s. XVIII, aislada en una amplia finca. Tiene 1 habitación doble con baño y 4 apartamentos de 2 a 4 plazas, con salón común, en torno a un patio. Precios: habitación doble 4.300; apartamento de 5.500 a 8.400 diarias.

Viñao (Ourense)

Finca Beirán
Tf. 988/28 01 91
Edificios tradicionales en una extensa finca de viñedos y frutales, bordeada por el río Barbantiño. Incluyen 2 viviendas, con sala-cocina, chimenea, 1 ó 2 habitaciones dobles y 1 baño. Precios (según tipo): vivienda de 5.000 a 7.000 diarias y de 25.000 a 40.000 semanales.

Lugares de interés

Allariz. Hermoso conjunto monumental al borde del Arnoia. Calles enlosadas, judería, iglesia de Santiago y monasterio de Santa Clara. *Excursiones: castro amurallado de San Salvador dos Penedos; parajes de los ríos Arnoia y Briñal, con zonas de baño. Museo etnográfico. Taller-tienda textil y trabajos de cuero.*

Viñao. Pequeño pueblo del municipio de Punxín, a 17 km de Ourense. *Excursiones: cascada de A Fervenza; pueblos abandonados de Baldariz, O Faracho y S. Pedro; aguas medicinales de O Bañino.*

Mesón
de la
Virreina

Guadarrama, Sierra Pobre y valle del Henares

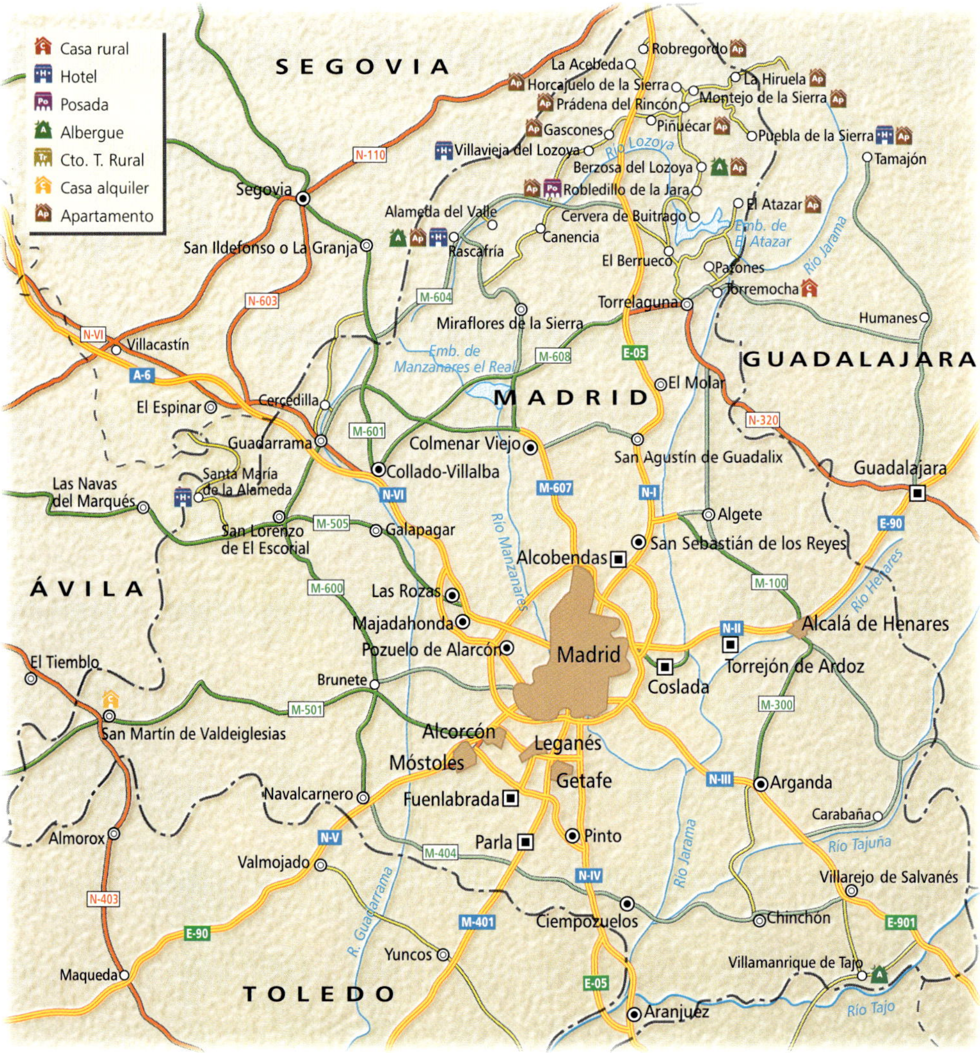

Berzosa del Lozoya

Aldea próxima al embalse del Villar, en una zona con abundantes pinares. Arquitectura popular bien conservada. *Excursiones: valle del Riato; dehesa de robles; hayedo de Montejo de la Sierra; embalse del Atazar; dehesa de Mangirón; el Picazo y pinar de Casasola; fuente de la Hontana.* *Talleres de cerámica, cuero, bisutería y restauración de muebles.*

Calumet

C/ Reguera 25. Tf./fax 91/868 70 63

Albergue de nueva construcción, a las afueras del pueblo, con un frontón cubierto. Tiene comedor, sala de usos múltiples, biblioteca, instalaciones deportivas y 56 plazas en 4 dormitorios con literas. Precios: alojamiento de 1.200 a 1.550; desayuno 300; pensión completa 3.000. *Observaciones: descuentos para grupos y ofertas especiales; alquiler de bicicletas; actividades en el entorno.*

Pinar de Casasola

Tf./fax 91/868 70 63

Refugio habilitado en una antigua casa forestal, integrado en el pinar de Casasola. Tiene cocina con chimenea, sala múltiple y funciona únicamente para grupos, con un mínimo de 15 personas. Precios: alojamiento 1.000; desayuno 250. *Observaciones: las intalaciones sirven también como aula de naturaleza.*

Puebla de la Sierra

Apartada localidad, conocida antiguamente como Puebla de la Mujer Muerta, en uno de los parajes más accidentados de la región. Arquitectura bien preservada. *Excursiones: ermita de los Dolores, con fuente romana; piscina natural de las Puentecillas; mirador de Peñaguila; rutas señalizadas del Paseo de los Linares.*

El Parador de la Puebla (*)

Tf./fax 91/869 72 56

Bonito caserón de piedra, con terraza-comedor de verano. El interior, agradable, tiene sala de estar y 5 habitaciones dobles. Precios: habitación doble 7.000; desayuno incluido; comida o cena 3.000. *Observaciones: en el pueblo se celebra un encuentro de música tradicional en agosto.*

Rascafría

Pueblo del valle de Lozoya, que conserva algunos caserones y un olmo centenario. Monasterio de El Paular (s. XV) con bello atrio gótico, retablo de alabastro, "transparente" y claustro. *Excursiones: piscinas naturales de las Presillas; mirador de los Robledos; parque natural de Peñalara.* *Trabajos de cobre; muebles rústicos.*

Los Calizos (**)

Ctra. Miraflores-Rascafría, km 22

Tf. 91/869 11 12

Hotel ubicado en el Puerto de la Morcuera, en una excelente zona para hacer recorridos de montaña, y rodeado de un extenso jardín de arbolado. Dispone de restaurante, sala de estar con chimenea, 1 habitación sencilla y 11 dobles, todas con baño. Precios: habitación sencilla 6.500; doble 9.000; desayuno 650; comida o cena 3.500.

Robledillo de la Jara

Pequeña localidad asentada en la sierra Pobre, en una zona con abundantes colmenas. *Excursiones: Buitrago de Lozoya, con un casco antiguo; embalses del Atazar, Pontón de la Oliva y el Villar; hayedo de Montejo.*

La Posada de la Sierra

C/ La Fuente 24

Tf. 91/868 71 52. Fax 91/868 71 26

Edificio de buen porte que albergó una clínica, rehabilitado, con jardín y una amplia terraza. Tiene restaurante, sala de estar abuhardillada con chimenea y 6 habitaciones dobles con baño. Precios: habitación doble 7.000; comida o cena 2.500. *Observaciones: especialidad en carnes de la sierra y costillas asadas con miel; información sobre actividades en la zona.*

Santa María de la Alameda

Localidad estival, situada a más de 1.400 m de altitud, en el límite con la provincia de Ávila. *Excursiones: mirador de la Peña del Águila; pinares de Peguerinos; parque recreativo de Fuente Nava; cumbre de Cueva Valiente.* *Escultura y tallas de madera.*

La Ínsula

C/ de la Iglesia 6. Tf. 91/899 90 09

Caserón de piedra rehabilitado, con patio y jardín. El interior, cálido y acogedor, tiene comedor, chimenea y 4 habitaciones dobles. Precios: habitación doble 7.000, desayuno incluido; comida o cena 1.500. *Observaciones:rutas a caballo; excursiones en bicicleta; senderismo y recogida de setas, en temporada.*

Torremocha del Jarama

Población próxima a Torrelaguna. Iglesia del s. XVI, con pinturas medievales. *Excursiones: villas de Torrelaguna y Patones de Arriba; pueblo de Uceda, en Guadalajara, con restos de castillo y templo románico convertido en cementerio; cueva del Reguerillo; antigua presa del Pontón; Museo de Agricultura.* Centro artesanal Torrearte.

Casa del Puente Colgante
Ctra. a Uceda, km 3. Tf./fax 91/843 05 95
Edificio de los años 50 recientemente restaurado, con jardín, en la ribera del Jarama y junto al puente que da nombre a la casa. Tiene terraza, porche, salón-comedor con chimenea y 5 habitaciones dobles con baño. Precios (según tipo): habitación doble de 6.000 a 8.000, desayuno incluido; comida o cena 1.900. *Observaciones: en primavera y verano ofrecen conciertos en el jardín; descuentos por estancias largas; organizan rutas.*

Villavieja del Lozoya

Pequeño núcleo del valle de Lozoya, próximo al embalse de Riosequillo. *Excursiones: villa amurallada de Buitrago; embalse de Pinilla de Buitrago, con zonas de baño; salto de agua de la Chorrera de S. Mamés.*

Hospedería El Arco
C/ Arco 6. Tf. 91/868 09 11
Edificio restaurado, que conserva dos primitivos arcos mudéjares. Tiene bar, sala de estar, 1 habitación sencilla y 7 dobles, todas con baño y abuhardilladas. Precios: habitación sencilla 5.500; doble 7.500.

Apartamentos y casas de alquiler completo

El Atazar

El Atazar
C/ Higueras 10
R. 91/539 87 17
Edificación de piedra y pizarra, en la que se han habilitado 2 alojamientos, con baño, cocina, chimenea y capacidad para 4/6 personas. Precios: apartamento 36.400 fin de semana; 63.700 semanales.

Balcones de El Atazar
Tf. 91/539 87 17
Edificio de piedra de dos plantas con terraza-mirador. Cuenta con 3 apartamentos con salón, chimenea, cocina, 2 habitaciones dobles, 1 de ellas en un altillo y 1 baño. Precios: apartamento 29.200 fin de semana y 51.100 semanales.

Berzosa del Lozoya

Apartamentos
C/ Villar s/n
Tf./fax 91/868 70 63
Edificio de nueva construcción, bien integrado en el entorno. Cuenta con 5 apartamentos, con buenas vistas, salón-comedor-cocina con chimenea, 4 plazas y 1 baño. Precios: apartamento 12.000 diarias y 30.000 fin de semana.

Gascones

La Casa de la Luna
Tf. 91/868 12 59 y 616/77 09 95
Conjunto de edificios de nueva construcción. Incluyen 8 alojamientos de dos plantas, con salón-comedor, chimenea, terrazas, cocina, 1 ó 2 habitaciones dobles, 1 baño y 1 aseo. Precios: día 10.000; fin de semana 28.000; desayuno incluido.

La Hiruela

Apartamentos
C/ Arriba 22
R. 91/869 70 58
Edificación tradicional de piedra y madera. Incluye 2 apartamentos de 2 plazas y 4 estudios de 4 plazas, muy reducidos. Precios: 2 plazas 15.000 fin de semana; 4 plazas 18.900 fin de semana. *Observaciones: cerca hay 1 casa habilitada en la antigua fragua.*

Horcajuelo de la Sierra

Apartamentos
R. 91/869 70 58
Casa de piedra. Incluye 1 estudio para 2 personas y 4 para 4 personas, tipo *dúplex*. Precios: 2 plazas 15.000 fin de semana; 4 plazas 18.900 fin de semana.

Apartamentos y casas de alquiler completo

Horcajuelo de la Sierra

Las Eras de Horcajuelo
R. 91/539 87 17
Conjunto de alojamientos, en un edificio de piedra de nueva construcción. Incluye 3 apartamentos para 2/4 personas y 3 para 4/6 personas, todos con cocina, salón-comedor con chimenea y 1 baño. Precios: 2/4 plazas 27.800 fin de semana; 4 plazas 36.400 fin de semana.

El Toril
R. 91/869 70 58
Alojamiento habilitado sobre el primitivo toril. Dispone de dos apartamentos, con baño, salón-cocina, con estufa de leña y capacidad para 2 personas. Precios: fin de semana 16.000.

Montejo de la Sierra

Calle Real
R. 91/869 70 58
Edificio de madera y piedra oscura. Tiene 2 apartamentos, con salón-cocina con chimenea, 1 baño y capacidad para 4 personas. Precios: fin de semana 18.900.

Travesía de la Amargura
R. 91/869 70 58
Caserón de piedra, con 4 apartamentos distribuidos en torno a un patio común. Cada apartamento cuenta con salón-cocina, estufa de leña, 1 baño y 1 habitación doble. Precios: fin de semana 16.000.

Piñuecar

Casas de Piñuecar
Tfs. 649/86 80 89-90
Edificio de nueva planta, precedido de un patio, bien integrado en el entorno. Incluye 5 duplex con terraza, salón, chimenea, cocina, 2 habitaciones dobles, 1 baño y 1 aseo. Precios: 2 plazas 18.000 fin de semana y 38.000 semanales; 4 plazas 24.000 fin de semana y 42.000 semanales.

Prádena del Rincón

Apartamentos
C/ Pizarro 7
R. 91/869 70 58
Edificio tradicional, de aspecto sencillo. Cuenta con 2 apartamentos de 4 plazas, ambos con salón-cocina, estufa de leña, 1 habitación doble y 1 baño. Precios: fin de semana 18.900.

Puebla de la Sierra

Apartamentos
Ctra. a Prádena
R. 91/869 70 58
Edificio de una sola planta. Alberga 4 apartamentos de 4 plazas, todos con salón-cocina con estufa de leña, 1 habitación doble y 1 baño. Precios: fin de semana 18.900. *Observaciones: en otro edificio hay 1 apartamento de 2 plazas.*

Rascafría

El Palancar
R. 91/580 42 16
Casa de peón caminero, rehabilitada. Sala de estar con chimenea, cocina y 24 plazas en 2 habitaciones abuhardilladas. Precios: ver apéndice. *Observaciones: imprescindible saco de dormir; mínimo 10 personas; abierto fines de semana.*

Puerto de la Morcuera
R. 91/580 42 16
Casa de peón caminero, rehabilitada. Sala-taller, bar, emisora, cocina, comedor, venta de provisiones y capacidad para 30 personas. Precios: ver apéndice. *Observaciones: imprescindible saco de dormir; mínimo 10 personas; abierto de miércoles a domingo.*

Valle de El Paular
Tf. 670/66 33 66
Conjunto de 9 apartamentos repartidos en dos edificios a la entrada del pueblo. Decoración cuidada, salón-cocina con chimenea, 1 baño y capacidad para 2 a 6 personas. Precios: 2 plazas 20.000 fin de semana; 6 plazas 35.000 fin de semana.

Apartamentos y casas de alquiler completo

Robledillo de la Jara

La Estancia
Tf. 91/754 26 47
Edificación de nueva planta, con patio. Incluye 4 apartamentos con salón-comedor, chimenea, 2 habitaciones dobles, 1 baño y 1 aseo. Precios (según ocupación): fin de semana de 20.000 a 40.000. *Observaciones: la propiedad alquila otros apartamentos en Gascones.*

Robregordo

La Sonrisa del Gnomo
Tfs. 91/868 65 43 y 649/54 20 37
Antigua fragua rehabilitada. Incluye 6 apartamentos con salón-comedor, cocina, 2/4 plazas y 1 baño. Precios (según temporada): 2 plazas de 21.400 a 25.000 fin de semana. *Observaciones: la propiedad alquila otros apartamentos en Horcajo.*

San Martín de Valdeiglesias

Alvaro de Luna
Tf. 91/861 29 33
Casa solariega del s. XVIII, con patio y bodega. Incluye 1 *duplex*, 5 estudios y 5 apartamentos, 3 de ellos abuhardillados, con 4 plazas. Precios: estudio 15.000 fin de semana; apartamento 19.000; *duplex* 21.500; desayuno incluido. ***Observaciones: rutas en bicicleta; clases de equitación.***

Villamanrique del Tajo

Centro de Naturaleza
R. 91/580 42 16
Antigua casa de peones camineros, rehabilitada, en el centro del pueblo. Patio, salas de estar, cocina y 20 plazas. Precios: ver apéndice. ***Observaciones: Observaciones: imprescindible saco de dormir; mínimo 15 personas; abierto fines de semana y festivos.***

Lugares de interés

El Atazar. Pueblo de antigua fundación, que conserva algunas casas de lajas de piedra. *Excursiones: poblado del Canal, con buenas vistas del embalse del Atazar; posibilidad de practicar deportes náuticos en el embalse.*

Gascones. Población ganadera situada en las proximidades de Buitrago, a más de 1.000 me de altitud. *Excursiones: villa de Buitrago; hayedo de Montejo; embalses de El Atazar y Rio Sequillo.*

La Hiruela. Agradable localidad, con buenas muestras de arquitectura popular, en un rincón apartado de la sierra. *Excursiones: puerto de la Hiruela, con un bello mirador sobre la zona.*

Horcajuelo de la Sierra. Pueblo de la sierra Pobre, enclavado en un paisaje rico en minerales. Conserva una iglesia parroquial de origen gótico, con algunas tallas de valor. *Excursiones: antigua mina de plata del cerro de La Parrilla y localidad de Prádena, con una bella arquitectura de piedra.*

Montejo de la Sierra. Pequeña y entrañable localidad, considerada capital de la sierra Pobre y bien emplazada para recorrer la zona. Conserva la iglesia de San Pedro, con numerosas tallas románicas y una valiosa cruz procesional. *Excursiones: espacio protegido del hayedo de Montejo, uno de los bosques de hayas más meridionales de Europa, situado junto al curso alto del Jarama.*

Piñuecar. Pueblo de 40 habitantes, situado en la ladera del puerto de Somosierra, en una zona de abundantes pantanos. *Excursiones: hayedo de Montejo. Bisutería artesana.*

Prádena del Rincón. Agradable conjunto de arquitectura popular. Conserva uno de los templos rurales más encantadores de la provincia. *Excursiones: cañada de las Merinas; dehesa Boyal; lomo del Peral.*

Robledillo de la Jara. Pueblo muy cercano al embalse del Atazar. *Excursiones: hayedo de Montejo.*

Robregordo. Localidad emplazada al pie de Somosierra, en un paisaje de pinos, robles y acebos. Iglesia de Sta. Catalina, del s. XVII. *Excursiones: pico de las Tres Provincias.*

San Martín de Valdeiglesias. Pueblo de origen medieval, próximo a la sierra de Gredos. Destacan el castillo del s. XV, la iglesia de S. Martín y la ermita de Ecce Homo. *Excursiones: ruinas del monasterio cisterciense de Pelayos de la Presa; localidades de Cadalso de los Vidrios, Villadelprado y Cenicientos; toros de Guisando; pantano de San Juan; camino de la Fuenfría; cerro Almoclón y ermita de la Virgen de la Nueva. Talleres de cerámica; tapices y artesanía floral.*

Villamanrique del Tajo. Pueblo de origen medieval, fundado por los antepasados del poeta Jorge Manrique. *Excursiones: pinar de la Encomienda y zonas navegables del Tajo.*

Las Tierras Altas

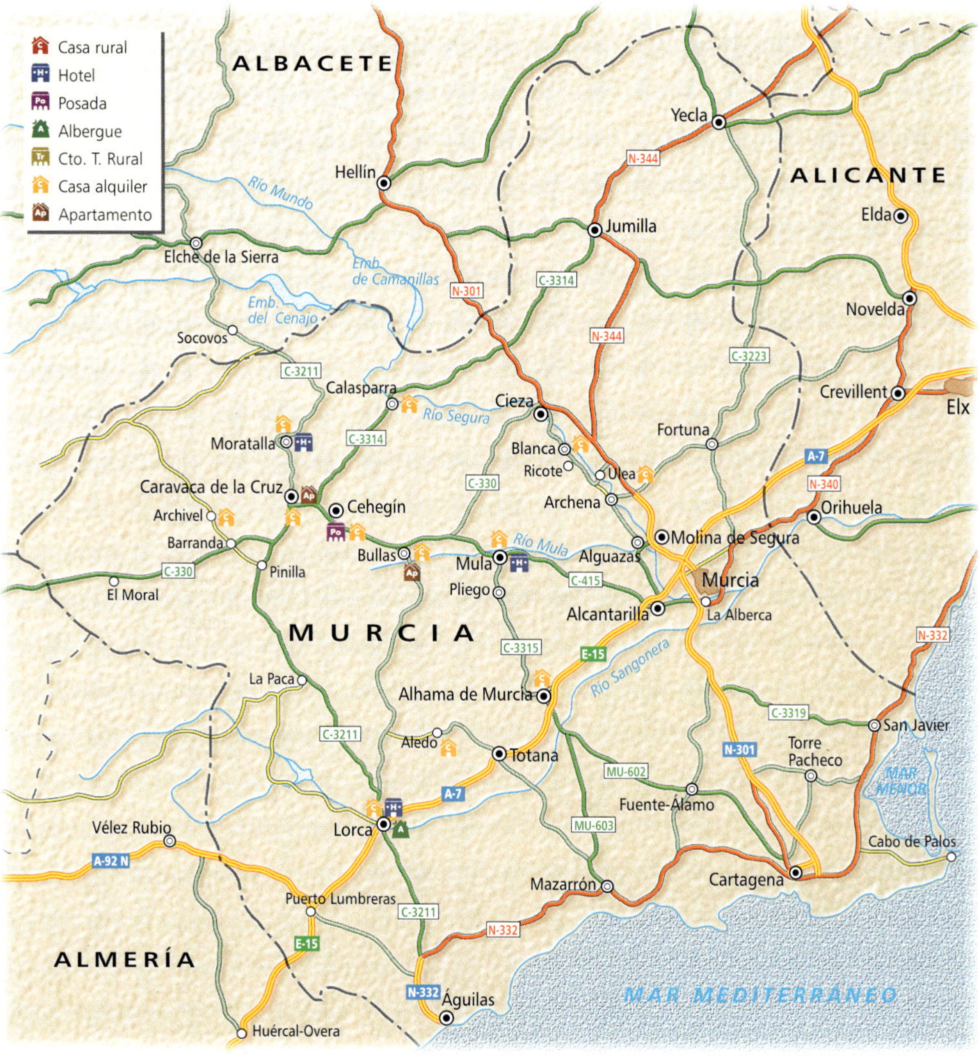

Bullas

Pueblo de fundación muy antigua, próximo al río Mula, con un bello trazado de tipo árabe, buenos ejemplos de arquitectura popular y fachadas con rejerías. Torre del Reloj, iglesia barroca del Rosario y Colegio de las Monjas. *Numerosos ceramistas; trabajos de forja.*

Molino de Abajo (*)
Ctra. de Totana. Tf. 968/93 13 83
Molino de más de 300 años que conserva su maquinaria, a 1,5 km de Bullas. El interior, decorado con tapices artesanos y muebles de forja, tiene restaurante con chimenea, un hermoso salón, sala de lectura con chimenea, 3 habitaciones dobles con baño y 4 con 2 baños compartidos. Precios (según temporada): habitación doble de 5.500 a 6.500; comida o cena 1.600. *Observaciones: ofertas de fin de semana.*

Cehegín

Pueblo de origen íbero al borde del río Argos. Rincones evocadores, caserones, iglesias y conventos. *Excursiones: cuevas de Peña Rubia, con pinturas rupestes; santuario de Nuestra Señora de la Esperanza; rutas en barca por el río Segura; paraje de la Puerta. Talleres de forja. En* ***Valentín****, elaboración de tejas y baldosas de barro.*

Molino de Sahajosa
Pedanía de Valentín. Tf. 968/72 01 70
Molino harinero del s. XVIII, restaurado conservando la antigua maquinaria, con jardín y piscina. El interior, que reune una excelente colección de objetos antiguos, entre ellos un viejo proyector de cine, tiene buenos accesos para minusválidos, salón, cocina y 10 habitaciones dobles con baño. Precios: habitación doble 6.000, desayuno incluido. *Observaciones: venta de conservas y mermeladas.*

Lorca

Notable población, rica en restos arqueológicos. Buen conjunto monumental: colegiata del s. XVIII, Ayuntamiento, palacio de Guevara y plaza de toros. *Excursiones: castillo de la sierra del Caño, de época romana. Centro de artesanía: cerámica, madera, forja y esparto. En* ***La Paca****, confección de jarapas en telares tradicionales.*

Casazul
La Paca. Tf. 968/49 16 82. **R.** 968/70 66 00
Casona rehabilitada, con una amplia terraza y alberca con agua de manantial, situada en el paraje de Casa D. Gonzalo. El interior, decorado con gracia, tiene un cuidado restaurante, bodega, sala con chimenea y 10 habitaciones dobles o triples con baño. Precios (según temporada y tipo): habitación doble de 6.500 a 8.500; triple 7.500; desayuno incluido. *Observaciones: organizan actividades.*

Casa Iglesias
La Culebrina
Tf. 968/43 65 10. Fax 968/47 31 43
Antigua casa forestal, rehabilitada, con mirador, pista deportiva y piscina. Tiene bar, restaurante, salón, 48 plazas en 4 habitaciones con literas y 4 apartamentos de 2/3 plazas, con chimenea y baño. Precios (persona/día): plaza en albergue 1.200; apartamento 2.750; desayuno 300; comida 900; cena 750. *Observaciones: disponen de un camping .*

Moratalla

Localidad encaramada sobre un cerro, con restos de su castillo árabe, en el que sobresale la torre del homenaje. Conserva numerosos edificios civiles y religiosos del s. XVI, así como la parroquia de la Asunción, con un interesante museo de arte sacro, y el santuario Casa de Cristo, del s. XIV-XVI. Buenas vistas del entorno, especialmente desde la plaza de la Iglesia. *Excursiones: pinturas rupestres de La Risca y Calar de la Santa; paraje de Somogil, atravesado por el río Alhárabe; puente romano de Hellín; rutas naturales de Los Revolcadores, Fuente de la Carrasca y el Morterete; paraje de La Puerta; valle del río Benamor; posibilidad de la práctica de espeleología en la zona. Trabajos de esparto; tiendas de cerámica; tambores e instrumentos musicales.*

Molino de Benízar
Benízar
Tfs. 968/73 60 06 y 73 60 03. **R.** 968/70 66 00
Molino del s. XIX, restaurado y parcialmente excavado en la roca, con piscina. Tiene terrazas, salón-comedor, cocina, chimeneas, horno de leña, 1 habitación sencilla y 6 dobles. Precios: habitación doble 5.500.

La Tejera
Ctra. de la Puerta, km 2
Tfs. 968/70 62 61 y 73 00 00. **R.** 968/70 66 00
Hospedería de nueva planta, aislada y rodeada de pinares, con piscina. Tiene 2 habitaciones sencillas y 7 dobles, todas con baño. Precios: habitación doble 6.000, desayuno incluido; comida o cena 1.800. *Observaciones: alquiler de bicicletas; instalaciones de camping; la propiedad dispone de 2 casas de 4 y 6 plazas.*
✉ Acogida, trato y comida excelentes.

Mula

Localidad de origen medieval, declarada conjunto histórico artístico. Castillo árabe de La Puebla y restos de las murallas. Iglesias, convento de La Purísima, Museo El Cigarralejo y monasterio de La Encarnación. *Excursiones: curiosa ermita "La Vieja"; ruta fluvial por el río Mula.* En **Ceutí**, *artesanía del papel reciclado.*

El Molino de Felipe
Ribera de los Molinos
Tfs. 968/66 20 13 y 607/75 44 77
Molino harinero del s. XVII, en activo y restaurado, en un paraje de pinar a 3 km de Mula, con huerta, granja, horno moruno y jardín. Tiene 4 habitaciones dobles con baño y 3 apartamentos con chimenea, cocina, 4 plazas y 1 baño. Precios: habitación doble 5.000; apartamento 11.000 diarias; desayuno 350. *Observaciones: alquiler de bicicletas.*

Apartamentos y casas de alquiler completo

Aledo

La Casica
Las Canales
R. 968/70 66 00
Antigua casa, rehabilitada, con terraza y patio, en una zona de montaña a 3 km del pueblo. Sala de estar con chimenea, cocina, 3 habitaciones dobles y 1 baño. Precios (según temporada): fin de semana 27.000; semana de 49.000 a 70.000.

Alhama de Murcia

El Aljibe
***Gebas.* Tf. 968/63 21 98**
Casa tradicional de comienzos de siglo, con patios ajardinados, palmeras y cañizos. Sala de estar con chimenea, cocina, barbacoa, 3 habitaciones dobles, 1 de ellas con baño, y 1 baño. Precios (según temporada): fin de semana de 21.000 a 23.000; semana de 50.500 a 57.250.

Las Palmeras
Pedanía de Gebas
Tf./fax 968/63 20 18
Casa tradicional, rehabilitada, con jardín. Decoración sencilla, sala con chimenea, cocina, 2 habitaciones sencillas, 1 doble y 1 baño. Precios: fin de semana 17.120; semana 33.705.

Archivel

Casa del Cerro
R. 968/70 66 00
Casa de campo aislada a las afueras del pueblo, con terraza. Sala con chimenea, cocina, 3 habitaciones dobles y 2 baños. Precios: fin de semana 20.000; semana 60.000. *Observaciones: gimnasio, sauna y jacuzzi.*

Blanca

La Navela
Ctra. del Pantano
Tfs. 968/43 42 64 y 689/12 19 31
Conjunto de casitas, en un pinar, a 3 km del pueblo. Sala, chimenea, cocina, y 5 ó 6 plazas. Precios (según temporada): vivienda de 20.000 a 24.000 fin de semana y de 52.000 a 64.000 semanales. *Observaciones: deportes y actividades de naturaleza.*

Bullas

Águila I
C/ Águila 11
Tf. 968/65 46 66. R. 968/70 66 00
Casa reformada, en el casco viejo de la localidad. Salón, cocina y 3 habitaciones dobles. Precios (según temporada): fin de semana de 19.000 a 24.000; semana de 40.000 a 48.500.

Águila II
C/ Águila 20
Tf. 968/65 46 66. R. 968/70 66 00
Casa antigua rehabilitada, en el casco viejo, con patio y terraza. Salón, cocina y 2 habitaciones dobles. Precios (según temporada): fin de semana de 15.500 a 19.500; semana de 34.000 a 43.000.

Casas Leonas
C/ Águila 4
Tf. 968/65 21 28. R. 968/70 66 00
Edificio de nueva planta, integrado en la arquitectura de la zona. Salón, cocina, chimenea y 4 habitaciones dobles. Precios: fin de semana 31.000; semana 63.500. *Observaciones: en un edificio anejo hay otra vivienda con 4 plazas.*

Apartamentos y casas de alquiler completo

Bullas

Fatigas I
C/ Fatigas 5
Tf. 968/65 46 66. R. 968/70 66 00
Casa situada en el casco viejo, con patio. Salones, cocina, chimenea y capacidad para 6 personas. Precios (según temporada): fin de semana de 19.000 a 24.000; semana de 40.000 a 48.500.

Fatigas II
C/ Fatigas 9
Tf. 968/65 46 66. R. 968/70 66 00
Vivienda situada en el casco viejo, con patio y terraza. Salón, cocina, chimenea y 1 habitación doble. Precios (según temporada): fin de semana de 11.500 a 14.000; semana de 28.000 a 36.000.

Palancar
R. 968/70 66 00
Casa antigua, bien rehabilitada, en el casco urbano. Decoración cuidada, sala con chimenea, comedor, cocina, 1 habitación doble y 1 baño. Precios: fin de semana 16.900; semana 31.500. *Observaciones: la propiedad alquila otra vivienda en el mismo edificio.*

Peseta
C/ Peseta 10
Tf. 968/65 46 66. R. 968/70 66 00
Casa rehabilitada, con patio. Salón, cocina, chimenea y 1 habitación doble. Precios (según temporada): fin de semana de 11.500 a 14.000; semana de 28.000 a 36.000.

Villa Castelar
Ctra. Bullas-Totana, km 4
Tf. 968/65 20 79. R. 968/70 66 00
Casa de una planta, con piscina, aislada en un paraje de pinar y almendros. Salón-comedor, cocina, chimenea, 2 habitaciones dobles y 1 baño. Precios: fin de semana 19.300; semana 43.100.

Bullas

La Rafa
Tf. 968/65 46 66
Hotel con apartamentos habilitado en una antigua fábrica de seda, con lago, pistas de tenis y piscina. Tiene 8 apartamentos con sala, chimenea, cocina, 2 habitaciones dobles y 1 baño. Precios: fin de semana 15.410; semana 38.520. *Observaciones: alquiler de bicicletas.*

Calasparra

Cortijo La Palmera
R. 968/70 66 00
Casa rústica, con terraza y patio, en una pequeña cortijada y rodeada de huertas a las afueras del pueblo. Sala, chimenea, cocina, 2 habitaciones sencillas, 2 dobles y 1 baño. Precios (según temporada): fin de semana de 22.000 a 24.000; semana de 55.000 a 60.000.

Caravaca de la Cruz

El Bañuelo
Casa del César
Tf. 968/70 89 41. R. 968/70 66 00
Casa antigua, aislada sobre una loma a 2,5 km del pueblo, con jardín, parrilla y piscina. Sala, cocina con chimenea, 3 habitaciones dobles y 1 baño. Precios: fin de semana 23.00; semana 45.000. *Observaciones: alquiler de caballos en las cercanías.*

Cañada Lentisco
Tf. 968/70 03 52
R. 968/70 66 00
Casa de labranza, aislada en una ladera, junto a una huerta de frutales, con piscina. Salón, chimenea, cocina y 3 habitaciones dobles. Precios (según temporada): fin de semana de 23.000 a 25.000; semana de 48.000 a 60.000.

Cortijo La Jimena
Los Prados
Tf. 968/70 42 49. R. 968/70 66 00
Viejo cortijo rehabilitado, con pista de tenis, piscina, jardín, patio y barbacoa. Salón con chimenea, cocina, horno de leña y 2 habitaciones dobles. Precios: fin de semana 20.000; semana 53.000. *Observaciones: rutas en bicicleta y visitas guiadas.*

Las Tierras Altas

Apartamentos y casas de alquiler completo

Caravaca de la Cruz

Finca Las Oicas
Cº Viejo Archivel, km 4
Tf. 968/70 41 20. R. 968/70 66 00
Conjunto de edificios, en una finca en la sierra del Gavilán. Incluye 1 vivienda con sala, chimenea, cocina, 4 habitaciones dobles, 1 triple y 1 baño. Precios: fin de semana 38.000; semana 95.000. *Observaciones: la propiedad alquila otras 2 casas.*

Noguericas
Archivel
Tf. 968/72 51 09. R. 968/70 66 00
Casa de nueva planta, a 18 km de Caravaca. Decoración rústica, salón, chimenea, cocina y 4 habitaciones dobles con baño. Precios: fin de semana 34.000; semana 68.000. *Observaciones: la propiedad alquila 2 viviendas de 4 plazas y 1 cortijo de 8 plazas.*

Villa Oñate
Paraje Torre Mata
Tf./fax 91/742 95 47
Casa solariega, a 2 km de Caravaca, entre huertas, con jardín y patios. Decoración agradable, salón-comedor, chimenea, cocina, 12 plazas y 4 baños. Precios: fin de semana 45.000; semana 86.000. *Observaciones: la propiedad alquila 1 vivienda de 8 plazas.*

Villa Rosa
Navares
Tf. 968/70 87 63. R 968/70 66 00
Casa tradicional, con jardín, piscina, barbacoa y parque infantil, en el paraje de Chuecos. Sala, chimenea, 2 habitaciones sencillas, 3 dobles y 2 baños. Precios (según temporada): fin de semana de 31.500 a 35.000; semana de 54.000 a 60.000.

Molino del Río Argos
Cº. Viejo de Archivel, km 9
Tfs. 606/30 14 09 y 968/43 33 81
Bello edificio del s. XVI, rehabilitado, con jardín y piscina, en el cañón del río Argos. Salones, restaurante, 1 habitación doble y 6 apartamentos de 2 a 6 plazas. Precios (según temporada): 2/4 plazas 9.630 diarias; 4/6 plazas 14.980 diarias.

Cehegín

Casa de la Estación
Cº de la Estación s/n
Tf. 968/74 08 43. R 968/70 66 00
Casa antigua, rehabilitada con gracia, en el núcleo de la localidad, cerca de la estación. Salón-comedor con chimenea, 1 habitación sencilla, 2 dobles y 2 baños. Precios: fin de semana 22.500; semana 50.600.

Casa Nueva
Pedanía de Valentín
Tf. 968/72 01 70
Sencilla casa tradicional, próxima a la hospedería del Molino de Sahajosa, con jardín y piscina. Salón con chimenea, cocina, 3 habitaciones dobles y 1 baño. Precios: día 12.600. *Observaciones: la propiedad alquila otra casa de 6 plazas.*

Doña Teresa
C/ Mayor de Abajo 11
Tf. 968/21 91 11. R 968/70 66 00
Edificio situado en un rincón pintoresco del casco antiguo. Incluye 2 viviendas, ambas con sala de estar, chimenea, calefacción eléctrica, 2 habitaciones dobles, 1 baño y 1 aseo. Precios: vivienda 16.000 fin de semana y 35.000 semanales.

Doña Valentina
Tf. 968/7403 70
R. 968/70 66 00
Antigua vivienda rehabilitada, con patio, barbacoa y vistas de la huerta y del casco de Cehegín. Cocina, 1 habitación sencilla, 2 dobles y 1 baño. Precios: fin de semana 22.500; semana 50.600.

El Tío Naranjas
El Chaparral
Tf. 968/65 31 19. R 968/70 66 00
Casa antigua, con terraza, patio y piscina. Interior rústico, salón-comedor con chimenea, 3 habitaciones dobles y 1 baño. Precios (según temporada): fin de semana 21.000; semana de 39.300 a 51.700.

Apartamentos y casas de alquiler completo

Lorca

Casas del Conde
Pedanía de Doña Inés
Tfs. 968/46 21 54 y 616/14 77 10
Núcleo de 2 casas de labranza con más de 200 años y patio con barbacoa, a 32 km de Lorca. Sala de estar con chimenea, cocina, 3 habitaciones dobles y 1 baño. Precios (según tipo): vivienda de 22.000 a 24.000 fin de semana.

Cortijo La Umbría
Umbrías
Tfs. 68/44 22 21 y 46 30 01
Sencillo cortijo, aislado en lo alto de un monte, en un paraje de pinos y almendros. Chimenea, cocina, 2 habitaciones dobles y 1 baño. Precios: fin de semana 19.500; semana 43.300. *Observaciones: electricidad mediante energía solar.*

Moratalla

La Acequia
Paraje Lo Ancho
Tf. 968/70 61 79. R. 968/70 66 00
Casa de nueva planta, en un paraje arbolado, con piscina. Salón, chimenea, cocina y 4 habitaciones dobles. Precios (según temporada): fin de semana 35.000; semana de 75.000 a 122.500. *Observaciones: la propiedad alquila otra casa.*

Casa Caravaca
Campo de S. Juan
Tf. 968/73 01 64. R. 968/70 66 00
Casa antigua, en un paraje de almendros y nogales a 25 km de Moratalla, con piscina. Salón, cocina, chimenea, 1 habitación sencilla, 2 dobles y 1 baño. Precios: fin de semana 26.300; semana 63.000. *Observaciones: la propiedad alquila otras 2 casas.*

Casa Garrido
Fuente del Campo
Tf. 968/70 66 95. R. 968/70 66 00
Agradable casa tradicional, con horno, emparrado y piscina, cerca del río Alhárabe. Sala con chimenea, cocina, 4 habitaciones dobles y 2 baños. Precios: fin de semana 28.000; semana 55.000. *Observaciones: alquiler de bicicletas; rutas a caballo.*

Moratalla

Casas de Pujola
La Pujola
R. 968/70 66 00
Agradable núcleo tradicional, con buenas vistas, jardín, piscina y porche. Incluye 2 viviendas con sala, cocina, 2 habitaciones dobles y 1 baño. Precios (según temporada): vivienda de 18.400 a 20.000 fin de semana.

Cortijo de Rojas
Pedanía del Roble
Tf. 968/70 82 89. R. 968/70 66 00
Cortijo con solera, al pie de la sierra del Cerezo, con piscina, almazara, museo etnológico y "cabaña" infantil. Incluye 3 viviendas, con 6 y 8 plazas. Precios (según temporada y tipo): vivienda de 26.300 a 36.800 fin de semana y de 63.000 a 84.000 semanales.

La Noguera
Cº Puente de Hellín
Tf. 968/73 06 89. R. 968/70 66 00
Núcleo de dos casas rehabilitadas, en un paraje de huerta, a 3 km de Moratalla. Tienen comedor, chimenea, cocina y 4 habitaciones. Precios: vivienda 26.300 fin de semana y 50.600 semanales.

Pepe y Mercedes
Paraje Lo Ancho
Tf. 968/73 05 64. R. 968/70 66 00
Casa de campo, rodeada de huerta a 3 km del pueblo, con piscina y barbacoa. Incluye 2 viviendas, una de 4 y otra de 6 plazas. Precios (según temporada): casa pequeña de 44.900 a 55.100 semanales; grande de 50.600 a 78.600 semanales.

El Zorro
Calar de la Santa
Tf./fax 968/73 81 31
Casa de nueva planta, con patio, barbacoa y terraza, situada a 1.600 m de altitud, en una pedanía a 35 km de Moratalla. Sala de estar, cocina, 3 habitaciones dobles y 2 baños. Precios: fin de semana 18.500; semana 40.000.

Las Tierras Altas

Apartamentos y casas de alquiler completo

Mula

Casa del Francés
Ctra. Totana-Bullas, km 36
Tf. 96/395 70 13. R 968/70 66 00
Edificación rústica, con patio y piscina, aislada en un paraje montañoso. Decoración cuidada, sala, chimenea, 4 habitaciones dobles y 1 baño. Precios: fin de semana 27.300; semana 53.900. *Observaciones: la propiedad alquila otra casa de 4 plazas.*

Casa Gabarrón
Huerta Gabarrón
R. 968/70 66 00
Antigua construcción, con jardín, patio y terraza, en un paraje de huerta y frutales, a 1 km de Mula. Decoración rústica, sala-comedor con chimenea, cocina, 2 habitaciones dobles y 1 baño. Precios: fin de semana 16.500; semana 34.000.

Ulea

El Parque
Tf. 968/67 00 43
Finca próxima a Archena, presidida por un pabellón modernista, con piscina y unos espléndidos jardines. Salón, chimenea, cocina y 3 habitaciones dobles con baño. Precios: fin de semana 55.000; semana 80.000. *Observaciones: en la misma finca hay 2 casas para 4 y 6 personas.*

Lugares de interés

Aledo. Población próxima a Totana, en la vertiente meridional de sierra Espuña. Conserva restos de su castillo y de las murallas, así como una notable representación del Auto de los Reyes Magos, que se celegbra desde el s. XIII. *Excursiones: parque natural de Sierra Espuña; villa fortificada de Lorca. Importante centro alfarero, desde tiempos de los árabes.*

Alhama de Murcia. Localidad rodeada de un paisaje serrano. Restos del castillo árabe, termas romanas y templo del s. XVIII. *Excursiones: parque natural de Sierra Espuña, con parajes espectaculares: murallón calizo de las paredes de Leyva, meseta de la Muela, barranco de la Hoz, estrecho de la Algualeja, cañón del río Luchena. En* ***Totana****, producción de alfarería.*

Blanca. Población asentada en la veega del Segura, al pie de la Peña Negra, en una zona de huertas y montes pelados. Restos del castillo, teatro Victoria, Casa del Conde. *Excursiones: sierra de la Navela; valle de Ricote; azud del río Segura. Alfombras de esparto y sisal.*

Bullas. Pueblo de fundación muy antigua, próximo al río Mula, con un bello trazado árabe. *Excursiones: yacimientos arqueológicos de Cabezo de Oro y Fuente Mula; valle del Aceniche; quejigal y palacio del Carrascalejo y caserón neoclásico de Fuente la Higuera; salto del Usero, formación de cascadas y "pasico" Ucenda, todos ellos en el curso del río Mula. Numerosos ceramistas; trabajos de forja.*

Calasparra. Población agrícola asentada en la vega del río Argos. *Excursiones: sierra de La Puerta; villas de Moratalla y Caravaca de la Cruz; embalse de Alfonso XIII. Trabajos de caña y mimbre; tejas y losas tradicionales.*

Caravaca de la Cruz. Localidad que alcanzó una gran importancia durante la ocupación árabe. Conserva un barrio medieval amurallado y presidido por el santuario de la Vera Cruz, con una magnífica fachada barroca. Iglesia de la Soledad, considerada como la joya del Renacimiento murciano. *Excursiones: santuario de La Esperanza, en Calasparra; precioso paraje arbolado de las Fuentes del Marqués; conjunto natural y arqueológico de la Encarnación, con restos íbero-romanos; sierra de Mojantes; macizo de Revolcadores; sierra del Gavilán; ríos Argos y Quípar; cuevas del Rey Moro; posibilidad de descensos fluviales por el Segura. Producción de cerámica, bordados, alpargatas hechas a mano y cruces de Caravaca de todos los materiales. Mercado de artesanía, compartido con Mula, Cehegín y Calasparra.*

Ulea. Pueblo próximo a Archena, en la vega del río Segura y con un bello entorno de palmeras. Conserva restos del castillo y la muralla, iglesia con artesonado mudéjar y algunas edificaciones de interés. *Excursiones: pueblo y valle de Ricote; paraje del Salto de la Novia; villa de Blanca, con restos de su fortaleza; ruta de las norias, en el pueblo de Abarán. Objetos de esparto y enea. En* ***Archena****, alfombras de esparto, cerámica, belenes y museo etnográfico del esparto.*

NAVARRA

1. Valles del Roncal, Salazar, Aezkoa y Roncesvalles

Aribe

Población del valle de Aezkoa, situada entre montes, al borde del río Irati. Conserva un bello puente medieval. *Excursiones: aldeas abandonadas de El Molino y Los Baños; bosques del monte Txerbola, con manantial de aguas medicinales; robledal de Garralda; bello mirador sobre el Irati.*

Casa Txikirrin

Tf. 948/76 40 74. R. 948/20 65 41

Casa con balcón y buenas vistas. Tiene un salón compartido con los dueños y 3 habitaciones dobles, abuhardilladas y forradas de madera, con 2 baños. Precios: habitación doble 4.300; desayuno 350. *Observaciones: alquiler de bicicletas; la propiedad alquila otra casa similar.*

Auritz-Burguete

Pueblo de la ruta jacobea, asentado a cerca de 900 m de altitud, junto al río Urrobi. Fue escenario de diversos procesos de brujería a lo largo del s. XVI. *Excursiones: colegiata de Roncesvalles; dolmen de Lindux; angosta foz de Lumbier, con buitreras; alto de Ibañeta; hayedo de Odia; bosque de Irati.* En **Mezkiriz**, cucharas de boj.

Casa Vergara

Tf. 948/76 00 44. R. 948/20 65 41

Hermosa casa tradicional, con un recogido jardín. El interior, cálido y decorado con mobiliario antiguo y aperos tradicionales, tiene salón con chimenea y 5 habitaciones dobles con baño. Precios: habitación doble 4.800; desayuno 400. *Observaciones: mermeladas caseras; descuentos del 25% a niños.*

Aurizberri-Espinal

Entrañable núcleo de población del Camino de Santiago, con casonas blasonadas, en un paisaje de abundantes simas. Destaca la antigua iglesia parroquial, reformada en el s. XVII. *Excursiones: valle de Aézkoa; selva de Irati; paraje de Sorogain, con fuentes, merenderos y dólmenes; abundantes monumentos megalíticos en la zona; piscina fluvial en el camping de Urrobi.* Artesanía de madera y cerámica.

Casa Alberto

Tf. 948/76 01 25. R. 948/20 65 41

Casa tradicional, con jardín, situada en el núcleo urbano. Dispone de salón-comedor y cocina para uso exclusivo de los huéspedes, así como 5 habitaciones dobles con 2 baños compartidos. Precios: habitación doble 3.500; desayuno 400; derecho a cocina 500 habitación/día.

Casa Yanborinberri

Tf. 948/79 04 17. R. 948/20 65 41

Edificación de buena planta, con vistas a un cercano bosque. Tiene sala de estar y 4 habitaciones dobles, con 2 baños. Precios: habitación doble 3.500; desayuno 350. *Observaciones: venta de productos artesanales; visitas guiadas y alquiler de bicicletas de montaña.*

Errebesena

C/ S. Bartolomé 25

Tf. 948/76 01 41. R. 948/20 65 41

Bella casona del s. XVIII, situada en el casco urbano, próxima al río y al frontón. Tiene sala de estar para uso de los huéspedes, 6 habitaciones dobles y 2 baños compartidos. Precios: habitación doble 3.500; desayuno 400.

Biokarrota

Localidad emplazada junto al Camino de Santiago. En la Edad Media contó con una hospedería, hoy desaparecida. Templo de S. Pedro, de origen románico. *Excursiones: alto de Erro, con excelentes vistas y una legendaria piedra que marca la longitud del paso de los "pasos de Roldán".*

La Posada Nueva

Tf. 948/76 01 73

Caserón del s. XIX, rehabilitado, situado junto a la plaza del pueblo, con huerto y jardín. Tiene salón, un amplio comedor con chimenea en la planta baja, 6 habitaciones dobles con baño, 2 de ellas tipo *suite* y 2 habitaciones con 1 baño compartido. Precios: habitación doble 3.800; con baño 5.500; *suite* 7.600; desayuno 450; cena 1.400. *Observaciones: facilitan información sobre la zona.*

Jaurrieta

Municipio del valle de Salazar, entre las sierras de Atuzkarraz y Abodi. Conserva una curiosa inscripción hebraica en su Casa Consistorial y la llamada plaza del Palacio, testimonio de alguna vieja edificación nobiliaria. *Excursiones: ermita de la Virgen Blanca; bosque de Irati; pico de Orhy; sierra de Abodi; paraje de Remendía; foz de Arbayún, pantano de Yesa. Piscina fluvial en el río Zatoya.*

Casa Ayabe

C/ S. Pedro 13
Tf. 948/89 00 00. R. 948/20 65 41

Amplia casa situada en el centro del pueblo. Tiene cocina vasca con chimenea para uso de los huéspedes, 2 habitaciones sencillas y 1 doble. Precios (según temporada): habitación sencilla de 1.500 a 1.700; doble de 3.000 a 3.400; desayuno 350; derecho a cocina 700 habitación/día.

Sario

C/ Llana 13. Tf. 948/89 01 87

Edificio tradicional, reformado, con terraza. El interior, acogedor, tiene restaurante, sala de estar y 9 habitaciones dobles, 4 de ellas con baño incorporado. Precios*: habitación doble 4.000; con baño 5.000; desayuno 475; comida o cena 1.500. *Observaciones: cocina casera.*

Luzaide-Valcarlos

Primera escala del Camino de Santiago y escenario de la derrota de Roldán. Contó con un hospital de peregrinos durante la Edad Media. *Excursiones: enigmática torre romana de Urkulu, con excelentes vistas; colegiata de Roncesvalles. Localidad de S. Jean-de-Pied-de-Port, en Francia; calzada romana y alto de Ibañeta, en una zona legendaria cubierta de bosques de hayas y robles, con espléndidas vistas. Elaboración de muebles de maderas nobles. En* ***S. Jean-de-Pied-de-Port****, numerosas tiendas de artesanía.*

Casa Etxezuría

Tf. 948/79 00 11. R. 948/20 65 41

Imponente caserón habilitado en un viejo convento con más de 500 años, con establo, jardín de arbolado y espléndidas vistas. El interior, con una decoración cuidada, tiene sala de estar con chimenea y 2 habitaciones dobles con lavabo, con 1 baño compartido. Precios: habitación doble 3.800; desayuno 400. *Observaciones: venta de productos artesanos.*

Casa Navarlaz

Tf. 948/79 00 42. R. 948/20 65 41

Casa habilitada en un albergue de peregrinos del s. XIII, con huerta, jardín y establo. Tiene cocina, salón con chimenea y 4 habitaciones dobles, 2 de ellas con baño. Precios (según temporada): habitación doble de 3.500 a 5.900; con baño de 4.800 a 6.900; desayuno 500; cena 1.500. *Observaciones: descuento a niños; ofertas de media pensión en temporada alta; cultivos ecológicos.*

Casa Pedro Mari

C/ Elizaldea s/n. Tf. 948/79 02 18

Bonito caserón, con patio y terraza sobre el río. El interior, decorado con muebles antiguos, cuenta con sala, comedor, cocina, 1 habitación sencilla y 5 dobles, todas con lavabo, y 2 baños. Precios: habitación sencilla 2.000; doble 3.500; desayuno 350; cena 1.300. *Observaciones: cocina casera.*

✉ Excelente calidad en la acogida y el trato. Magnífica.

Casa Toki Ona

Tf. 948/79 00 42. R. 948/20 65 41

Casa de construcción reciente, con jardín, huerto ecológico y establo. Tiene sala de estar, fogón y 6 habitaciones dobles con baño. Precios (según temporada): habitación doble 4.800 a 6.900, incluido derecho a cocina; desayuno 500; cena 1.500. *Observaciones: alquiler de bicicletas; organizan rutas por la zona, con guía especializado; descuentos a niños; ofertas de media pensión en temporada alta.*

Kurutxezahar
Barrio Gaindola
Tf. 948/79 00 52. R. 948/20 65 41
Cuidado caserío, con más de 200 años de antigüedad, situado a 2 km del pueblo y próximo a la frontera francesa. Tiene salón con chimenea, 4 habitaciones dobles y 2 baños. Precios: habitación doble 3.500; desayuno 350; cena 1.200.

Meoz

Pequeña localidad próxima a Aoiz. *Excursiones: curso del río Irati; foces de Lumbier y Arbayún.*

Casa Primorena
C/ S. Pedro 16. Tf. 948/39 03 06
Bonita casa de piedra, realizada con criterios bioclimáticos, con jardín, sauna y piscina. Tiene cocina-salón-comedor y 2 habitaciones dobles con 1 baño compartido. Precios: habitación doble 5.000, desayuno incluido; comida o cena 1.500. *Observaciones: cocina vegetariana, sin alcohol; no se permite fumar; taichi y meditación.*

Ochagavia

Preciosa localidad situada en la cabecera del valle de Salazar y conocida por sus famosos "dantzaris". Conserva seis puentes de piedra sobre el río Zatoya y cuatro sobre el Anduña. Hermosos caserones, calles empedradas y templo de S. Juan, reedificado en el s. XVI. *Excursiones: santuario de Muskilda y ermita de Nuestra Sra. de las Nieves; monte Orhy (2021 m), con espléndidas panorámicas de la zona; valle de Belagua; bosque de Irati y pantano de Irabia; foz de Arbayún, con un angosto trazado de 6 kilómetros; sierra de Abodi; cuevas de Kakueta; gargantas de Olzarte; monte Basarria; nacimiento del río Zatoya; reserva de Larra y Lizardoya. En el pueblo de Ochagavía hay piscinas fluviales. Tienda de artesanía: cubiertos y artículos de madera de boj, herradas de cinc, etcétera; talla de piedra; artesanía en madera (relojes, perchas, arcas,...). En* **Abodi**, *venta y restauración de muebles rústicos.*

Casa Dukea
Tf. 948/89 00 62. R. 948/20 65 41
Casa tradicional cercana a la iglesia y con una rehabilitación muy cuidada. Tiene terraza, mobiliario y decoración rústicos, sala de estar, comedor con chimenea, 1 habitación sencilla y 4 dobles, con 2 baños compartidos. Precios: habitación sencilla 2.000; doble 3.500; desayuno 400.

Casa Martinezker
Tf. 948/89 02 11. R. 948/20 65 41
Casa tradicional sobria, recientemente reformada y situada en el centro urbano, junto a la iglesia. Cuenta con terraza, comedor, cocina para los huéspedes, 4 dobles y 2 baños. Se puede alquilar entera. Precios: habitación doble 3.500; derecho a cocina 300 persona/día; desayuno 350; vivienda 34.000 fin de semana. *Observaciones: la propiedad alquila además una casa con capacidad para 10 personas.*

Casa Ñavarro
Tf. 948/89 03 35. R. 948/20 65 41
Casa tradicional, situada en el centro del pueblo. Tiene salón con chimenea, 4 habitaciones dobles abuhardilladas, 1 de ellas con baño, y 2 baños compartidos. Precios: habitación doble 3.500; con baño 4.000; desayuno 300.

Casa Osaba
C/ Irigoyen 9
Tf. 948/89 00 11. R. 948/20 65 41
Robusta casona, con una bella fachada y amplio portal de piedra, en una calle céntrica del pueblo. Tiene sala de estar, cocina y dispone de 4 habitaciones dobles, con 2 baños. Precios: habitación doble 3.500; desayuno 350; derecho a cocina 600 habitación/día.

Valles del Roncal, Salazar, Aezkoa y Roncesvalles

Ochagavia

Ver página anterior.

Casa Sinco
Tf. 948/89 04 39. R. 948/20 65 41
Vivienda sencilla, de fachada agradable, reformada recientemente, con huerto y terraza. Tiene sala de estar, 4 habitaciones dobles y 2 baños. Precios: habitación doble 3.500; desayuno 350.

Hostal Orialde (*)
C/ Urrutia 6. Tf. 948/89 00 27
Caserón de aspecto acogedor, junto al río, con terraza. Cuenta con sala de estar abuhardillada, con muebles rústicos y 10 habitaciones dobles, algunas con baño. Precios (según temporada): habitación doble 3.900; con baño de 4.900 a 5.300; desayuno 400; comida o cena 1.600.

Olaldea

Localidad del curso medio del río Irati. *Excursiones:colegiata de Roncesvalles; mirador de Ariztokia, con magníficas vistas de los robledales en este tramo del valle; selva de Irati y embalse de Irabia; piscina fluvial den Oroz-Betelu.*

Casa Arcelus
Tf. 948/76 42 87. R. 948/20 65 41
Casa tradicional, con huerta, cercana a la panadería del pueblo. Dispone de salón-comedor para uso de los clientes, además de 3 habitaciones dobles y 1 baño compartido. Precios: habitación doble 3.500; desayuno 350.

Casa Aróstegui
Tf. 948/76 42 30. R. 948/20 65 41
Construcción característica de la zona, aislada a las afueras del pueblo, con huerta y rodeada de prados y bosques. Tiene estufas, sala de estar y 2 habitaciones dobles con 1 baño. Precios: habitación doble 3.500; desayuno 350; cena 1.200. *Observaciones: descuentos y bicicletas para niños.*

Orbaitzeta

Localidad próxima a Roncesvalles, en el curso alto del Irati. *Excursiones: ruinas de la fábrica de armas, construida durante el reinado de Carlos III; ermita de la Virgen de las Nieves; montes Abodi y Berrendi; nacimiento del río Irati; pantano de Irabia; ermita de la Virgen de las Nieves; reservas naturales de Mendilatz y Lizardoya, con tupidos hayedos; monumentos megalíticos y torre circular de Urkulu; Azpegui, lugar de interés por sus dólmenes y cromlech.*

Casa Alzat
Tf. 948/76 60 55. R. 948/20 65 41
Caserón de buen tamaño, con jardín, balcón y un agradable porche. Tiene sala de estar y 3 habitaciones dobles. Precios: habitación doble 3.600; desayuno 350. *Observaciones: elaboración y venta de productos artesanales.*

Casa Mujurdin
Tf. 948/76 60 46. R. 948/20 65 41
Casa tradicional, situada en el mismo casco urbano. Tiene terraza con buenas vistas, sala de estar y 2 habitaciones dobles con 1 baño. Precios: habitación doble 3.600; desayuno 350.

Casa Sastrarena
C/ S. Pedro 17. Tf. 948/76 60 93
Sencilla casa tradicional, situada en el casco urbano, con un pequeño jardín cercado. Tiene salón-comedor y 2 habitaciones dobles con baño. Precios: habitación doble 4.500; desayuno 400.

Mendilatz Aterpea
Barrio de Larraun. Tf. 948/76 60 88
Caserón antiguo, rodeado de un cuidado jardín de césped y emplazado en uno de los accesos al bosque de Irati y al pantano de Irabia. Tiene un agradable comedor y 45 plazas en 2 pabellones con literas. Precios*: alojamiento 1.000; desayuno 300; comida o cena 1.300; derecho a cocina 100 persona/día. *Observaciones: excursiones a caballo y rutas en bicicleta; talleres sobre temas diversos.*

Roncal

Centro geográfico del valle del mismo nombre y lugar de nacimiento de Julián Gayarre. Conserva la iglesia de S. Esteban (s. XVI), edificios de buena planta, la casa-museo de Gayarre y el bello mausoleo del tenor, que preside el pequeño cementerio local. *Excursiones: ermitas de S. Sebastián de Navarzato y de la Virgen del Castillo; el pueblo dispone de piscina fluvial y un Centro de Interpretación de la Naturaleza donde facilitan abundante información sobre la zona. Numerosos dólmenes en el término municipal; zonas de baño en el río Esca; complejo kárstico de Larra; sierra de Sta. Bárbara; Cañada Real de los Roncales, en la sierra de Leyre.*

Casa Indiano
Tf. 948/47 51 22. R. 948/20 65 41
Preciosa edificación, con hermosas vistas y restaurada conservando los elementos tradicionales. Tiene sala de estar, una bonita galería, cocina, 1 habitación sencilla y 2 dobles. Precios: habitación sencilla 1.700; doble 3.400; desayuno 320; derecho a cocina 600 habitación/día. *Observaciones: mermeladas caseras.*

Casa Pili
Tf. 948/47 51 35. R. 948/20 65 41
Casa de piedra, bien rehabilitada y con un bonito balcón, situada en un rincón de la plaza del pueblo. En la segunda planta tiene 1 sala con chimenea, 2 habitaciones dobles y 1 baño. Precios: habitación doble 3.400; desayuno 350.

Casa Txarpa
Tf. 948/47 50 68. R. 948/20 65 41
Casa situada en el centro del pueblo, junto a la panadería y a una casona solariega. Tiene sala de estar, 4 habitaciones dobles, algunas abuhardilladas, y 2 baños. Precios: habitación doble 3.400; desayuno 350; cena 1.300.

Villa Pepita
Tf. 948/47 51 33. R. 948/20 65 41
Amplia casona, con jardín y un agradable porche de entrada. El interior, cuidado, tiene sala de estar, comedor con chimenea, sala de lectura y 5 habitaciones dobles, 1 de ellas con baño y algunas abuhardilladas. Precios: habitación doble 3.400; con baño 4.500; desayuno 375; comida o cena 1.300. *Observaciones: descuentos a niños y grupos.*

Roncesvalles

Municipio vinculado a la famosa Colegiata, donde se fundó un hospital de peregrinos en el s. XII. Lugar legendario de la ruta jacobea y de la "Chanson de Roland", conserva la iglesia del s. XIII, con una preciosa talla de la Virgen, así como el panteón real y un museo con piezas de gran valor.

Albergue Roncesvalles
Tf. 948/76 00 15

Albergue integrado en la REAJ, dentro de las instalaciones de la Colegiata. Cuenta con comedor, duchas, sala de estar y 65 plazas en habitaciones múltiples. Precios: ver apéndice.

Urzainki

Pequeña población del valle de Roncal, ribereña del Esca. Conserva una interesante iglesia gótica, dedicada San Martín de Tours y crucero renacentista del s. XVI. *Excursiones: rutas a pie hasta Isaba, por un antiguo sendero; subida a los montes Coronas; Sant Bárbara y Urralegui; parajes de Belagua y Belabarce.*

Casa Pilar Layana
Tf. 948/47 50 48. R. 948/20 65 41

Vivienda próxima al río y protegida por una tupida arboleda. Dispone de jardín con barbacoa, salón-comedor, cocina y 2 habitaciones dobles con 1 baño. Precios (según temporada): habitación doble de 3.300 a 3.400; desayuno 350; derecho a cocina 300 persona/día.

Uztarroz

Agradable localidad en una zona de abundante arbolado. Destaca la iglesia de Santa Engracia, del s. XVI, con un retablo del s. XVIII. *Excursiones: impresionante paisaje de la foz de Mintxate; mirador de Laza; sima de S. Martín.*

Casa María Isabel
Tf. 948/89 31 23. R. 948/20 65 41

Caserón de piedra de 1816, emplazado en el casco urbano, con terraza. Tiene salón-comedor, calefacción eléctrica y 3 habitaciones dobles, con 2 baños compartidos. Precios (según temporada): habitación doble de 3.300 a 3.400; desayuno 350; cena 1.250; derecho a cocina 250 persona/día.

Casa María Luisa
C/ Zabalea s/n

Tf. 948/89 31 72. R. 948/20 65 41

Bonito edificio, de traza medieval, construido en piedra y con un balcón saledizo en la planta alta. Dispone de cuarto de estar y 3 habitaciones dobles, con 1 baño. Precios (según temporada): habitación doble de 3.300 a 3.400; desayuno 350. *Observaciones: elaboración de mermeladas caseras.*

Zalba

Localidad emplazada junto al río Erro. *Excursiones: santuario de Roncesvalles y castillo de Monreal.*

Casa Mercatena
Tf. 948/33 83 04. R. 948/20 65 41

Hermosa casona de piedra, de aspecto nobiliario, con huerta. Dispone de un salón-comedor con chimenea, cocina, 3 habitaciones dobles y 1 baño. Precios (según temporada): habitación doble de 3.500 a 4.500; desayuno 375; cena 1.500. *Observaciones: los dueños recolectan una excelente miel.*

Zilbeti

Pequeño pueblo en un lugar apartado, próximo a la frontera francesa. *Excursiones: bello paraje del embalse de Eugui; Quinto Real y monte Adi, con bonitas vistas panorámicas; nacimiento del río Zilbeti; zona de baños en el pueblo.*

Casa Lenko
Tf. 948/76 80 50. R. 948/20 65 41

Gran caserón, próximo al frontón del pueblo, con establos. El interior, decorado con muebles rústicos, cuenta con estufas, sala de estar con chimenea, 5 habitaciones dobles, 1 de ellas con baño, y 3 baños compartidos. Precios: habitación doble 4.000; con baño 5.000; desayuno 350; cena 1.200. *Observaciones: excursiones a caseríos y zonas de montaña; cocina tradicional.*

Zilbeti

Ver página anterior.

Casa Nicolás
Tf. 948/76 80 54. **R.** 948/20 65 41
Casa tradicional, situada a la entrada del pueblo, con huerta. Tiene cocina-comedor con chimenea, 2 habitaciones dobles y 1 baño. Precios: habitación doble 4.000; desayuno 350; derecho a cocina 800 habitación/día.

Apartamentos y casas de alquiler completo

Aurizberri-Espinal

Casa Goizeder
Tfs. 948/76 01 57 y 639/54 36 31. **R.** 948/20 65 41
Casa de reciente construcción, con jardín y barbacoa. Incluye 2 viviendas con salón-comedor-cocina, 2 habitaciones dobles y 1 baño. Precios: vivienda 20.000 fin de semana y 49.000 semanales.

Casa Iturri
Tf. 948/76 01 11
R. 948/20 65 41
Construcción tradicional, reformada. Incluye 2 viviendas, 1 de ellas abuhardillada, ambas con sala de estar, cocina-comedor, baño, aseo y capacidad para 4 personas. Precios: fin de semana 20.000; semana 49.000.

Ezcaroz

Casa Juango
Tf. 948/89 02 80
R. 948/20 65 41
Bello edificio de piedra, rehabilitado, en el núcleo urbano, con terraza. Incluye 2 viviendas con sala, cocina, 4 habitaciones dobles y 2 baños. Precios (según temporada): vivienda 35.000 fin de semana; de 84.000 a 90.000 semanales.

Hiriberri

Casa Txikirrin
Tf. 948/76 40 74
R. 948/20 65 41
Casa tradicional, reformada, en el núcleo urbano. Comedor, sala de estar, buhardilla, cocina y 5 habitaciones dobles, 2 de ellas con baño. Precios: fin de semana 39.000; semana 84.000.

Lintzoain

Casa Casenia
Tfs. 948/26 39 22 y 76 80 67. **R.** 948/20 65 41
Bello edificio del s. XIX, con jardín y terraza. Incluye 1 amplio desván y 2 viviendas con salón-comedor-cocina, 2 habitaciones dobles y 1 baño. Precios: vivienda 22.000 fin de semana y 49.000 semanales. *Observaciones: ofertas en temporada baja.*

Luzaide-Valcarlos

La Bordica
Tf. 948/79 00 11
R. 948/20 65 41
Casita tipo refugio, situada entre la carretera y el río. El interior, decorado con madera, tiene cocina, salón, chimenea y 1 habitación doble abuhardillada, con baño. Precios: fin de semana 12.000; semana 30.000.

Casa Manuelena
Tf. 948/79 00 11
R. 948/20 65 41
Edificación antigua reconstruida, con jardín y terraza, en una ladera a las afueras del pueblo. Interior cálido, sala con chimenea, cocina, 4 habitaciones dobles y 2 baños. Precios: fin de semana 25.000; semana 65.000.

Casa Sipilinea
Tf. 0033/559/37 06 41
R. 948/20 65 41
Casa situada junto a la frontera y a 500 m del pueblo, con jardín, barbacoa y terraza. Decoración cuidada, cocina-comedor, salón con chimenea, 4 habitaciones dobles y 2 baños. Precios: fin de semana 30.000; semana 75.000.

Valles del Roncal, Salazar, Aezkoa y Roncesvalles

Apartamentos y casas de alquiler completo

Luzaide-Valcarlos

Casa Preottua
Tf. 948/79 00 38
R. 948/20 65 41
Casa tradicional, situada a 1,5 km del pueblo, con terraza y buenas vistas. Salón con chimenea, cocina, 4 habitaciones dobles y 2 baños. Precios: fin de semana 25.000; semana 55.000.

Ochagavia

Casa Intxusta
Tf. 948/89 03 34
R. 948/20 65 41
Pequeño y agradable edificio, con suelos y vigas de madera. En la planta baja tiene 1 apartamento con cocina, comedor, 2 habitaciones dobles y 1 baño. Precios: fin de semana 12.000; semana 30.000.

Casa Udi
Tf. 948/89 04 07
R. 948/20 65 41
Casa de reciente construcción, en el núcleo urbano. Interior con suelos y techos de madera, salón-comedor, cocina, 3 habitaciones dobles abuhardilladas y 1 baño. Precios: fin de semana 24.000; semana 56.000.

Casa Sarbide
Tf. 948/89 03 42
R. 948/20 65 41
Casa tradicional situada en el centro del pueblo. Tiene 1 apartamento, con cocina-sala de estar, 2 habitaciones dobles y 1 baño. Precios: fin de semana 16.000; semana 45.000.

Orbaitzeta

Casa Mendikoetxea
Tf. 948/76 60 50
R. 948/20 65 41
Casa tradicional de buen porte, a 5 km del pueblo, junto a la fábrica de armas. Salón-comedor, chimenea, cocina, 3 habitaciones dobles y 3 baños. Precios: fin de semana 25.000; semana 55.000. *Observaciones: elaboración de quesos artesanos.*

Oroz-Betelu

Casa Jabat
Tf. 948/76 42 50
R. 948/20 65 41
Casa céntrica de alegre fachada. Interior con suelos de madera, salón-comedor, cocina, 3 habitaciones dobles y 1 baño. Precios: fin de semana 25.000; semana 55.000. *Observaciones: la propiedad alquila otro alojamiento en el mismo pueblo.*

Ezkerra
Tf. 948/76 42 35
R. 948/20 65 41
Edificio de buena planta. Incuye 2 apartamentos, ambos con sala de estar, cocina, 1 habitación sencilla, 2 dobles y 1 baño. Precios: apartamento 23.000 fin de semana; 55.000 semanales.

Roncal

Casa Tetxe
Tf. 948/47 50 98
R. 948/20 65 41
Acogedora casa de piedra. Salón-comedor, chimenea, cocina y 3 habitaciones dobles con baño. Precios: fin de semana 26.000; semana 70.000. *Observaciones: ofertas de alojamiento, cursillos y material de esquí en temporada de nieve.*

Uztarroz

Casa Marcelo
Tf. 948/89 31 72
R. 948/20 65 41
Casa reformada, en la ladera de un monte y próxima a la carretera. Sala con chimenea, cocina, 1 habitación sencilla y 4 dobles, 1 de ellas con baño, y 2 baños. Precios (según temporada: fin de semana 34.000; semana de 75.000 a 80.000.

Casa Mariana
Tf. 948/89 31 12
R. 948/20 65 41
Casa de buena planta, al pie de un monte próximo al pueblo. Estufas de butano, salón-comedor, cocina de leña, 3 habitaciones dobles, 1 baño y 1 aseo. Precios: fin de semana 22.000; semana 45.000. *Observaciones: no admiten animales.*

Apartamentos y casas de alquiler completo

Uztarroz

Choromilo
Tf. 948/89 30 50
Casa tradicional situada en el núcleo urbano, junto al río, con jardín y terraza. Cocina-salón-comedor con chimenea, 3 habitaciones dobles y 2 baños. Precios (según temporada): fin de semana 28.000; semana de 60.000 a 65.000. *Observaciones: no admiten animales.*

Lugares de interés

Hiriberri. Agradable caserío del valle de Aezkoa. *Excursiones : sierras de Abodi y Berrendi, con numerosos senderos.*

Oroz-Betelu. Pueblo situado al borde del río Irati. Conserva algunas casonas góticas del s. XIV y una iglesia parroquial con pórtico de influencias románicas. *Excursiones: hay piscinas fluviales en el mismo pueblo; paraje de la foz de Gaztelu.*

2. Valle del Baztán y regata del Bidasoa

Amaiur-Maia

Pueblo apartado en el alto valle de Baztán. Conserva los restos del castillo que fue el último foco de resistencia de los navarros contra su incorporación a la corona de Castilla. *Excursiones: buitreras de Gorrain; montañas de Alkurruntz; peñas de Labiaga; puerto de Otxondo; monte Gorramendi; cuevas de Urdax, Zugarramurdi y Sare; lago de St. Pée, en Francia.*

Casa Eguzkialde

Tf. 948/45 30 47

Casa tradicional, rehabilitada, emplazada a la entrada del pueblo, con un soleado jardín. Tiene sala de estar, cocina-comedor y 2 habitaciones dobles con baño. Precios: habitación doble 4.700; desayuno 375; derecho a cocina 700. *Observaciones: alquiler de bicicletas.*

Casa Miguelenea

Tfs. 948/45 32 24. R. 948/20 65 41

Vivienda tradicional rodeada de un jardín vallado y una pequeña huerta. Tiene una graciosa galería de madera, sala de estar, 3 habitaciones dobles, 1 de ellas con baño, y 1 baño compartido. Precios: habitación doble 3.500; con baño 4.500; desayuno 350; derecho a cocina 700 habitación/día.

Goiz-Argi

Tfs. 948/45 32 34 y 649/78 51 93

Casa tradicional con una bella fachada, huerta, jardín arbolado y terraza cubierta. Tiene mobiliario de estilo tradicional, cocina-comedor y 5 habitaciones dobles con baño, repartidas en dos plantas con acceso independiente. Precios: habitación doble con baño 4.800; desayuno 450; derecho a cocina 500 habitación/día. *Observaciones: se ofrecen gratuitamente productos de la huerta.*

Arizkun

Población baztanesa, en un terreno ondulado a orillas del Bidasoa. Bella arquitectura popular, con preciosas fachadas y convento barroco. Torre Jaureguía, en el barrio de Vergara y palacio de Goyeneche. El barrio de Bozate fue lugar de residencia de los agotes, antiguo pueblo maldito. *Excursiones: palacio de Ursúa, lugar de nacimiento de Pedro de Ursúa, acompañante y víctima de Lope de Aguirre en su enloquecida búsqueda de El Dorado; reserva natural de Itsusi; parajes pirenaicos de Aritzakun y Urritzate; espacio recreativo de Leurtza; cascada de Xorroxin. Taller de forja, con elaboración de objetos de adorno, lámparas, muebles, etcétera; talla en piedra; museo etnográfico y de escultura en la casa Gorrienea.*

Casa Gontxea

Tf. 948/45 34 33. R. 948/20 65 41

Antiguo caserío, en el centro del pueblo, con una agradable decoración y mobiliario antiguos. Dispone de comedor, sala de estar con chimenea, 6 habitaciones dobles, 4 de ellas con baño, y 2 baños. Precios: habitación doble 3.800; con baño 4.800; desayuno 400. *Observaciones: se puede disponer de bicicletas y palas de frontón.*

Casa Landaberroa

Ctra. Elizondo-Dantxarinea, km 64

Tf. 948/45 32 08. R. 948/20 65 41

Caserío tradicional aislado, en un bello paraje y muy cerca de un río, con una cuidada restauración. Dispone de comedor, sala de estar, 4 habitaciones dobles, 3 de ellas con baño, y 1 baño. Precios: habitación doble 3.500; con baño 4.000; desayuno 350; derecho a cocina 400 habitación/día.

Bera-Vera de Bidasoa

Localidad próxima al País Vasco. Conserva la iglesia parroquial, edificada sobre un antiguo templo románico, la Casa Consistorial, del s. XVIII, y un buen conjunto de edificios tradicionales, entre ellos la casa Itzea, perteneciente a los Baroja.

Ver página siguiente.

Alkeberea

Tfs. 948/63 05 40 y 617/90 49 41

Caserío tradicional, aislado a 2 km del pueblo y próximo a la frontera, en un paraje de prados, con terraza y jardín. Tiene cocina-comedor con chimenea, 6 habitaciones dobles, 1 de ellas con baño, y 2 baños compartidos. Se puede alquilar entera. Precios: habitación doble 4.500; con baño 5.000; desayuno 400; derecho a cocina 500 habitación/día. *Observaciones: la propiedad alquila otra casa de 6/8 plazas.*

Valle del Baztán y regata del Bidasoa

Bera-Vera de Bidasoa

Ver página anterior.
Excursiones: ciudad de S. Juan de Luz y playas de Hendaya y Biarritz, en el País Vasco francés; reserva natural de Labiaga, con restos de antiguos yacimientos de carbón y abundantes fósiles; alto de Ibardín, con "ventas" donde se sirve la cocina de la región; monte de Larun, accesible en tren cremallera; cuevas de Sare, excavadas por el mar; cuevas de Urdax y Zugarramurdi; calzada romana utilizada por Napoleón en su retirada hacia Francia; lugar de paso del G.R 11. Tienda de artesanía navarra; taller y venta de forja. En ***Igantzi****, cestos de castaño.*

Casa Etxebertzea

Barrio de Zalain. **Tf. 948/63 02 72**
Preciosa casa tradicional, renovada y rodeada de jardín, próxima a una zona industrial. Tiene una cuidada decoración, salas de estar y 4 habitaciones dobles con 2 baños compartidos. Precios: habitación doble 5.000; desayuno 250. ***Observaciones:*** *elaboran sidra natural y cuajada; no se permite fumar en las habitaciones.*

Olaseneko Borda

Tf. 948/38 70 61. R. 948/20 65 41
Agradable caserío tradicional, con terraza y jardín, en un bello paraje apartado y junto a un pequeño río. El interior, muy acogedor, tiene sala de estar y 4 habitaciones dobles, 1 de ellas con baño, y 1 baño compartido. Precios: habitación doble 4.500; con baño 6.000; desayuno 350; cena 1.500. ***Observaciones:*** *cocina casera con platos como cabrito, ajoarriero y truchas; descuentos a niños.*

Donamaria

Pueblo del alto Bidasoa. Conserva la imponente casa-torre medieval de Jaureguía. *Excursiones: dolmen de Eteneko-Gaña; embalse de Leurtza; parque natural del Señorío de Bertiz.*

Donamariako Benta

Barrio de Bentas. **Tf./fax 948/45 07 08**
Bello caserío tradicional de 250 años de antigüedad, con jardín. Tiene salón con chimenea y 5 habitaciones dobles con baño, así como un restaurante en un edificio cercano, decorado con mimo y abundantes objetos antiguos. Precios: habitación doble 8.800, desayuno incluido; comida o cena 2.000. ***Observaciones:*** *encuentros culturales; facilitan información sobre excursiones y actividades en el entorno.*

Elizondo

Buen conjunto monumental, a orillas del río Baztán. Palacio de Las Gobernadoras, Casa Consistorial y casa del Valle, con fachada del s. XVI. *Excursiones: monumentos megalíticos en Bearzun; pueblos del País Vasco francés; zona protegida de las Peñas de Itxusi, con una rica población de aves que incluye el quebrantahuesos; parque natural del Señorío de Bértiz; reserva de Irubetakaskoa. Venta de antigüedades.*

Casa Urruska

Barrio de Beartzun
Tf. 948/45 21 06. R. 948/20 65 41
Caserío aislado, en una zona de prados, con preciosas vistas. El interior, bien decorado, tiene comedor, sala con chimenea y 5 habitaciones dobles con baño. Precios: habitación doble 4.200; desayuno 375; comida 1.600; cena 1.400. ***Observaciones:*** *elaboran queso y cuajada.*
✉ Camino precioso. Excelente trato y buena cocina.

Pensión Eskisaroi (*)

C/ Jaime Urrutia 40. Tf. 948/58 00 13
Pensión modesta, habilitada en un edificio antiguo, en el centro de la población y con un restaurante en la planta baja. Dispone de 1 habitación sencilla y 9 dobles, 5 de ellas con baño. Precios (según temporada): habitación doble de 3.000 a 3.500; con baño de 4.000 a 4.500; comida o cena 1.300. ***Observaciones:*** *no ofrecen desayunos.*

Eratsun

Pueblo emplazado en una zona montañosa, junto al río Ezcurra y al pie del alto de Iruñerri, en un paisaje de robles, hayas y castaños. Hermosos caserones y ermitas de San Juan y San Pablo. *Excursiones: embalse de Leurtza; abundantes posibilidades de excursiones en temporada de setas y pacharán.*

Casa Martunea

Tf. 948/61 50 07. R. 948/20 65 41
Casa del s. XIX, situada en el centro del pueblo, con terraza. Dispone de comedor, salita y 3 habitaciones dobles con baño. Precios (según temporada): habitación doble de 4.000 a 5.000; desayuno 400; comida 1.700; cena 1.500. ***Observaciones:*** *la cocina de la casa ofrece pollos de corral, cuajadas, natillas y mermeladas artesanales.*

Francisquenea
Tf. 948/61 51 17. R. 948/20 65 41
Edificación del s. XIX, reformada, muy próxima a la iglesia de esta pequeña población. Dispone de 2 habitaciones dobles con 1 baño compartido. Precios: habitación doble 3.500; desayuno 350; comida 1.500; cena 1.300.

Erratzu

Pueblo baztanés, con preciosos ejemplos de arquitectura popular. *Excursiones: numerosos monumentos megalíticos; nacimiento del río Bidasoa; cascada de Xorroxin; parque natural del Señorío de Bértiz. Trabajos de talla de madera (kaikus y cubiertos); «zimitzes» para hacer queso; talleres de forja y talla de piedra.*

Casa Etxebeltzea
Tf. 948/45 31 57
Preciosa casa palaciega del s. XIV, en el mismo centro de población, con un jardín de arbolado, piscina y porche. El interior, bien decorado y con mobiliario de influencia francesa, tiene sala de estar y 4 habitaciones dobles con baño. Precios (según temporada): habitación doble de 6.000 a 7.000; desayuno de 200 a 400. *Observaciones: no se admiten animales.*

Casa Indatxipia
Tf. 948/45 31 21. R. 948/20 65 41
Caserío modesto, situado a las afueras, a orilla de un río. Tiene salón comedor para uso de los huéspedes y 3 habitaciones dobles, con 2 baños. Precios: habitación doble 3.500; desayuno 300; cena 1.225. *Observaciones: se puede participar en las tareas del caserío; ofrecen un poni para los niños; zona indicada para búsqueda de setas.*

Casa Kordoa
Tf. 948/45 32 22. R. 948/20 65 41
Magnífica casa de piedra, con huerta, jardín y una preciosa balconada, situada en las proximidades de un río y del barrio de Bozate. Dispone de una agradable terraza, cocina para los huéspedes, salón-comedor y 6 habitaciones dobles con baño. Precios: habitación doble 4.600; desayuno 400; derecho a cocina 500 habitación/día. *Observaciones: alquiler de bicicletas.*

Etxalar

Población con un entorno muy agradable, junto al río Etxalar, que vierte sus aguas al Bidasoa. Puente medieval y templo de la Asunción, con un precioso atrio en el que se conservan algunas estelas funerarias. *Excursiones: paraje de las palomeras; reserva natural de S. Juan Xar; ruta de Lizarleta, con acceso a las cuevas de Sare; cromlechs del prado de Irazaku y del monte Zentinel; recorrido hasta la ermita de la Sta. Cruz; rutas por el borde del río Eximista; restos de ferrerías del s. XIX.*

Casa Domekenea
Tf. 948/63 50 31. R. 948/20 65 41
Agradable casa tradicional situada en una plazoleta, con terraza. Dispone de salón-comedor y 2 habitaciones dobles con baño. Precios: habitación doble 4.000; desayuno 400.

Casa Herri-gain
Barrio de Lurriztiederra
Tfs. 948/63 52 08 y 608/68 02 66. R. 948/20 65 41
Casa de reciente construcción, situada en un alto con espléndidas vistas del pueblo. Tiene sala de estar, comedor con chimenea y 3 habitaciones dobles, 2 de ellas con baño. Precios: habitación doble 4.000; con baño 4.500; desayuno 400.
Buen trato. Decoración agradable y unas vistas inmejorables del valle.

Valle del Baztán y regata del Bidasoa

Ituren

Localidad del valle de Bidasoa. Conserva la Iglesia parroquial, con un bello retablo del s. XVII y palacio de Sagardía. *Excursiones: zonas de baño en el río; rutas por el País Vasco francés; monte Mendaur y pantano de Urroz.*

Hostal Plazaenea
Pza. de la Villa 8. Tf./fax 948/45 00 18
Bonito caserón emplazado en el núcleo urbano, con jardín. El interior, agradable, tiene salón-comedor y 8 habitaciones dobles con baño, 5 de ellas abuhardilladdas y con excelentes vistas. Precios: habitación doble 7.500; desayuno 500.

Aurtizko Ostatua (**)
C/ Baja 17. Tfs. 948/45 04 77 y 608/97 42 63
Edificio tradicional, con una bonita fachada, emplazado en la falda del monte Mendaur. Tiene salón con chimenea y biblioteca, así como 6 habitaciones con baño y con capacidad para 3/4 personas. Precios: habitación doble con baño 4.500; triple 5.800; desayuno 400; comida o cena 1.400. *Observaciones: organizan excursiones por la zona.*

Labaien

Pequeño pueblo muy próximo al río Ezcurra, uno de los afluentes del Bidasoa. *Excursiones: embalse de Leurtza.*

Beintzako Ostatua
Tf. 948/45 00 14
Albergue habilitado en un agradable caserón del valle de Maldaerreka. Tiene posada, taberna, cocina, comedor y 1 habitación con literas para 25 personas. Precios: ver apéndice.

Lesaka

Población con numerosas casas de buena planta. Iglesia de S. Martín de Tours y torreón medieval de la «casherna». *Excursiones: embalse de Leurtza; zona de palomeras en el pueblo de Etxalar; alto de Yarmendi; reserva natural de S. Juan Xar.*

Casa Agiña
Ctra. Lesaka-Oiartzun, km 11. Tf. 948/38 70 57
Casa de nueva planta, situada en el alto de Aguiña y aislada en un paraje de hayedo a 9 km de la población. Tiene comedor, sala de estar con chimenea y 5 habitaciones dobles con baño. Precios: habitación doble 6.955; desayuno 500; comida o cena 1.875. *Observaciones: descuentos a niños y por estancias largas.*

Urdazubi-Urdax

Pequeña población, rodeada de montañas, próxima a la frontera francesa. Restos del monasterio de S. Salvador y cuevas de Urdax, con formaciones de estalactitas y estalagmitas. *Excursiones: cromlechs de Mairuillarrieta, levantados en honor de un genio femenino; cuevas de Zugarramurdi y Sare.*

Hostal Irigoienea
Barrio Iribere
Tf. 948/59 92 67. Fax 948/59 92 43
Acogedor hotel familiar habilitado en un caserón del s. XVIII, con terraza y un jardín bordeado por el río. Tiene salón-mirador con chimenea y biblioteca, bar y 12 habitaciones dobles con baño. Precios (según temporada): habitación doble de 6.500 a 8.000; desayuno 600. *Observaciones: información sobre actividades en el entorno.*

Zugarramurdi

Localidad que guarda el recuerdo de akelarres, que reunían en sus cuevas a brujos y brujas para homenajear al diablo, lo que les costó más de un disgusto con la Inquisición. Actualmente hay un espectáculo de marionetas sobre "sorgiñak" que se representa en el pueblo.
Ver página siguiente.

Casa Sueldeguía
Tf. 948/59 90 88. R. 948/20 65 41
Antigua casa tradicional, con establos y un bello balcón. Tiene salón con chimenea, sala de estar, cocina y 6 habitaciones con 3 baños. Precios: habitación sencilla 3.000; doble 4.000, incluido derecho a cocina; desayuno 300. *Observaciones: elaboración de bollos, mermeladas y bizcochos caseros; cierra del 1 de diciembre al 15 de marzo.*

Zugarramurdi

Ver página anterior.

Excursiones: cuevas de Urdax y Sare; monte Larun con extraordinarias vistas de la costa vasco-francesa y de una extensa región de Navarra; lago de St. Pée, con zonas de baño. Taller de cerámica; artesanos especializados en la talla de piedra; venta de recuerdos y «brujitas».

Casa Teltxeguia
Tf. 948/59 91 67. R. 948/20 65 41
Bonita edificación, con terraza y huerta. Tiene estufas, sala de estar, una cuidada decoración y 3 habitaciones dobles, con 2 baños. Precios: habitación doble 4.000, incluido derecho a cocina; desayuno 300. *Observaciones: descuento del 20% a niños; cierra del 1 de diciembre al 15 de marzo.*

Apartamentos y casas de alquiler completo

Amaiur-Maia

Casa Alamanttonea
Tf. 948/45 30 49
R. 948/20 65 41
Caserío aislado, a 2 km del pueblo, con dependencias para aperos, leña y ganado. Cocina-comedor, chimenea, 3 habitaciones dobles y 1 baño. Precios (según temporada): fin de semana de 21.000 a 25.000; semana de 47.000 a 50.000.

Casa Bordaberea
Tf. 948/45 30 21
R. 948/20 65 41
Casa tradicional, en el núcleo urbano, con huerta, terraza y buenas vistas. Salón-comedor, cocina, 3 habitaciones dobles y 2 baños. Precios: fin de semana 24.000; semana 50.000. *Observaciones: la propiedad alquila otra vivienda de 4 plazas.*

Jaimeneko Borda
Tfs. 948/45 30 43 y 649/72 27 43. R. 948/20 65 41
Bonito caserío tradicional, aislado a 2 km del pueblo, con jardín y barbacoa. Incluye 1 vivienda con cocina-salón-comedor, chimenea, 2 habitaciones dobles, 1 baño y 1 aseo. Precios: fin de semana 22.000; semana 44.000.

Aniz

Casa Etxeberría
Tf. 948/58 50 47
R. 948/20 65 41
Casa tradicional, cercana al frontón del pueblo, con terraza. Salón-comedor, cocina, 1 habitación sencilla, 2 dobles y 2 baños. Precios (según temporada): fin de semana 22.000; semana de 42.000 a 46.000.

Aniz

Casa Jaureguía
Tf. 948/58 50 03
Fax 948/58 51 20
Precioso palacio del s. XVII, con jardín. Incluye 2 viviendas, ambas con comedor, cocina y baños y 3 ó 4 habitaciones dobles. Precios (según temporada y tipo): vivienda de 25.000 a 35.000 fin de semana y de 55.000 a 70.000 semanales.

Arantza-Aranaz

Xenborda Baserria
Tf. 948/38 70 63
R. 948/20 65 41
Rústico caserío, aislado en un bello entorno a 3 km del pueblo, con huerto, establo, jardín y terraza con vistas al valle. Cocina-salón-comedor con chimenea, 2 habitaciones dobles y 1 baño. Precios (según temporada): semana de 35.000 a 45.000.

Arizkun

Casa Atsotenea
Tf. 948/45 30 97
R. 948/20 65 41
Casa tradicional en el histórico barrio de Bozate. Salón con chimenea, cocina, 3 habitaciones dobles y 2 baños. Precios (según temporada): fin de semana 24.000; semana de 49.000 a 59.000. *Observaciones: bicicletas; guía de senderismo.*

Casa Barrantxea
Tfs. 948/45 30 16 y 616/16 01 15. R. 948/20 65 41
Caserío de buen porte, a 1 km del pueblo, con jardín y barbacoa. Incluye 2 viviendas con salón-comedor, cocina y 4 habitaciones dobles con baño. Precios: vivienda 35.000 fin de semana y 75.000 semanales. *Observaciones: alquiler de caballos.*

Valle del Baztán y regata del Bidasoa

Apartamentos y casas de alquiler completo

Arizkun

Enekoneko Borda
Tfs. 948/45 34 19 y 629/68 43 55. R. 948/20 65 41
Amplia «borda», típica del norte de Navarra, con barbacoa. Mobiliario clásico, cocina-comedor, 5 habitaciones dobles y 2 baños. Precios: fin de semana 40.000; semana 85.000. *Observaciones: cerrada de noviembre a marzo.*

Sasterneko Borda
Tf. 948/59 91 40
Casa tradicional, aislada y rodeada de prados, junto a la carretera que va a Dantxarinea, con buenas vistas de la zona. Cocina-comedor con chimenea, sala de estar, 4 habitaciones dobles y 2 baños. Precios: fin de semana 28.000; semana 65.000.

Bixta Eder
Tf. 948/59 91 40
R. 948/20 65 41
Edificio de nueva planta, aislado en el campo, con jardín. Incluye 2 apartamentos, ambos con sala, cocina y 2 habitaciones dobles con baño. Precios: apartamento 18.000 fin de semana y 45.000 semanales. *Observaciones: no admiten animales.*

Arraioz

Casa Artxea
Tf. 948/58 11 27
R. 948/20 65 41
Casa tradicional próxima al río, con jardín y terraza. Sala, cocina, 3 habitaciones dobles y 1 baño. Precios (según temporada): fin de semana 23.000; semana de 45.000 a 60.000.
Jardín agradable. La casa merece un mayor cuidado.

Casa Tristantenea
Tf. 948/58 12 77
R. 948/20 65 41
Caserío a 1 km del pueblo, con jardín y piscina. Gimnasio, comedor, chimenea, cocina, 4 habitaciones dobles y 1 baño. Precios (según temporada): fin de semana 27.000; semana de 60.000 a 70.000. *Observaciones: la propiedad alquila otra vivienda.*

Azpilkueta

Casa Etxeberría
Barrio de Urrasun
Tf. 948/58 08 42. R. 948/20 65 41
Vivienda de finales del s. XVII, rodeada de prados, con huerto, patio y terraza. Salón-comedor, cocina, 3 habitaciones dobles y 1 baño. Precios: fin de semana 22.000; semana 56.000.

Casa Labakia
Tf. 948/45 33 11
R. 948/20 65 41
Pequeño caserío, situado a las afueras del barrio de Apayoa, con jardín y barbacoa. Salón con chimenea, cocina, 3 habitaciones dobles y 2 baños. Precios (según temporada): fin de semana 20.000; semana de 38.000 a 45.000.

Casa Labaki-Zarra
Tf. 948/45 33 11
R. 948/20 65 41
Edificio bien restaurado, próximo al anterior. Salón, cocina, 4 habitaciones dobles y 2 baños. Precios (según temporada): fin de semana 23.000; semana de 50.000 a 59.000.
Trato inmejorable. Ambiente confortable y vistas preciosas.

Casa Latxaberria
Tf. 948/45 30 96
R. 948/20 65 41
Casa tradicional, a 1 km del pueblo, con jardín, barbacoa, piscina y terraza. Comedor, salón con chimenea, cocina, 6 habitaciones dobles y 3 baños. Precios: fin de semana 38.000; semana 88.000.

Karakotxeneko Borda
Tf. 948/45 33 11
Bonita edificación, a 200 m del pueblo, con terraza, porche y un amplio jardín. Incluye 2 viviendas con salón, chimenea, cocina, 3 habitaciones dobles y 3 baños. Precios (según temporada): vivienda 22.000 fin de semana y de 50.000 a 60.000 semanales.

Apartamentos y casas de alquiler completo

Azpilkueta

Petisansenea
Barrio Zuastoy
Tf. 948/45 33 38. **R.** 948/20 65 41
Edificio del s. XVIII, en una zona de prados. Incluye 2 viviendas con salón-comedor, cocina y 2 ó 4 habitaciones dobles. Precios (según temporada): vivienda de 4 plazas 15.000 fin de semana y de 29.000 a 38.000 semanales.

Bera-Vera de Bidasoa

Larrutxoko
Barrio Itzea
Tf. 948/63 02 17. R. 948/20 65 41
Casa tradicional, en un paraje de bosque, con huerta, jardín y terraza. Salón, sala con chimenea, cocina-comedor, 3 habitaciones dobles y 2 baños. Precios: fin de semana 24.000; semana 64.000.

Erreteneko Borda
Col d'Ibardin
Tf. 948/63 01 54. **R.** 948/20 65 41
Caserío aislado, situado a 6 km de Bera, en el alto de Ibardín, con jardín y terraza. Salón-comedor con chimenea, cocina, 4 habitaciones dobles y 2 baños. Precios: fin de semana 40.000; semana 80.000.

Gure-Naia
Barrio Cía
Tf. 948/63 03 22. **R.** 948/20 65 41
Casa tradicional, situada a 1,5 km del casco urbano, con terraza y buenos accesos para minusválidos. Salón-comedor, cocina, 3 habitaciones dobles y 1 baño. Precios: fin de semana 20.000; semana 56.000.

Iratxeko-Berea
Barrio de Kaule
Tf. 948/63 10 49. R. 948/20 65 41
Edificio buena planta, a 500 m de la frontera y rodeado de prados. Incluye 1 vivienda con cocina, chimenea, 5 habitaciones dobles y 2 baños. Precios: fin de semana 35.000; semana 90.000. *Observaciones: la propiedad alquila otra vivienda de 8 plazas.*

Donamaría

Zabaltenea
Tfs. 948/45 00 50 y 45 15 73. **R.** 948/20 65 41
Casa de nueva construcción, con huerta y jardín. Salón-comedor, cocina, 3 habitaciones dobles y 2 baños. Precios (según temporada): fin de semana 20.000; semana de 50.000 a 55.000. *Observaciones: la propiedad alquila otra vivienda similar.*

Doneztebe-Santesteban

Casa Crispola
Tf. 948/45 05 64
R. 948/20 65 41
Vivienda próxima a la carretera, con jardín y una agradable galería cubierta. Salas de estar, comedor, cocina de leña, 3 habitaciones dobles y 1 baño. Precios: fin de semana 20.000; semana 40.000.

Elizondo

Autxiko Borda
Tf. 948/58 00 22
R. 948/20 65 41
Casa del s. XIX, aislada a 2 km del pueblo, con jardín, barbacoa y buenas vistas del valle de Baztán. Incluye 2 viviendas con salón-comedor, cocina y 2 ó 5 plazas, con baños. Precios: 5 plazas 35.000 fin de semana y 75.000 semanales.

Erratzu

Barazabal
Barrio Gorostapolo
Tf. 948/63 08 85. **R.** 948/20 65 41
Casa tradicional, próxima al frontón. Desván, cocina-comedor, 2 habitaciones dobles y 1 baño. Precios (según temporada): fin de semana 17.000; semana de 40.000 a 45.000. *Observaciones: la propiedad alquila otra vivienda en la misma casa.*

Casa Semperenea
Tfs. 948/63 08 85 y 45 31 58. **R.** 948/20 65 41
Bonito caserío rehabilitado rodeado de prados y un pequeño jardín, a 7 km del pueblo. Salón-comedor-cocina con chimenea, 4 habitaciones dobles y 2 baños. Precios (según temporada): fin de semana 27.000; semana de 60.000 a 65.000.

Valle del Baztán y regata del Bidasoa

Apartamentos y casas de alquiler completo

Erratzu

Martikotenea
Tf. 948/45 30 94
R. 948/20 65 41
Caserío aislado en una finca, a 3 km del pueblo. Incluye 2 viviendas con sala abuhardillada, cocina-comedor, 2 habitaciones dobles y 1 baño. Precios (según temporada): vivienda 17.000 fin de semana y de 40.000 a 45.000 semanales.

Urrain
Tf. 948/45 31 10
R. 948/20 65 41
Casa de buena planta, en el centro del pueblo y junto al frontón. En la segunda planta tiene 2 apartamentos con salón, cocina, 2 habitaciones dobles y 1 baño. Precios: fin de semana 17.000; semana 40.000.

Etxalar

Añorbe
Tf. 948/58 11 02
R. 948/20 65 41
Caserón emplazado a 4 km del pueblo, accesible por una pista. Incluye 2 viviendas con salón, chimenea, cocina, baño y 1 ó 2 habitaciones dobles. Precios (según tamaño): vivienda de 14.000 a 19.000 fin de semana y de 28.000 a 39.000 semanales.

Casa Aldalurberea
Tfs. 948/63 51 17 y 666/74 54 85. **R.** 948/20 65 41
Hermoso edificio tradicional del s. XIX, próximo a la plaza. Porche cubierto, cocina-comedor, salón con chimenea, 4 habitaciones dobles, 2 baños y 1 aseo. Precios (según temporada): fin de semana 28.000; semana de 55.000 a 62.000.

Casa Antxurne
Barrio Luriztiederra
Tf. 948/63 52 08. **R.** 948/20 65 41
Sencilla edificación con jardín, a 2 km del pueblo. Sala de estar, cocina con chimenea, 2 habitaciones sencillas, 3 dobles y 2 baños. Precios : fin de semana 25.000; semana 55.000.

Etxalar

Casa Kattón
Tf. 948/63 51 64
R. 948/20 65 41
Casa rodeada de prados, en un entorno montañoso a 3 km del pueblo. Salón-comedor, cocina con fogón de leña, 4 habitaciones dobles y 1 baño. Precios (según temporada): fin de semana 25.000; semana de 50.000 a 55.000.

Casa Oyarburu
Tf. 948/63 51 84
R. 948/20 65 41
Viejo caserío, con establos y animales de granja, a las afueras del pueblo, en una zona de pastos y con buenas vistas del valle. Cocina-comedor, 3 habitaciones dobles y 1 baño. Precios: fin de semana 18.000; semana 42.000.

Casa Peruarnea
Tf. 948/63 51 74
R. 948/20 65 41
Casa tradicional, en el núcleo urbano, con jardín, merendero y barbacoa. Sala de estar con chimenea, cocina, 1 habitación sencilla, 4 dobles y 3 baños. Precios (según temporada): fin de semana 32.000; semana de 60.000 a 68.000.

Mikelestonea
Barrio Iñarreta
Tfs. 948/63 50 75 y 689/04 26 21
Casa anterior a 1.600, con jardín, terraza y barbacoa. Incluye 2 viviendas con cocina-comedor, 2 habitaciones dobles y 1 baño. Precios (según temporada): vivienda 20.000 fin de semana y de 38.000 a 46.000 semanales.

Bagoleko Borda
Tfs. 948/38 70 77 y 608/97 45 47. **R.** 948/20 65 41
Caserío de 100 años, a 6 km del pueblo, en un precioso entorno de hayedos y prados. Incluye 2 apartamentos con salón-cocina-comedor, chimenea, 2 ó 3 habitaciones dobles y 1 baño. Precios: 4 plazas 20.000 fin de semana y 40.000 semanales.

Apartamentos y casas de alquiler completo

Ituren

Ansonea Baja
Tf. 943/62 21 58
R. 948/20 65 41
Edificación cuidada, céntrica. Incluye 1 vivienda con comedor, cocina, 3 habitaciones dobles y 1 baño. Precios (según temporada): fin de semana 18.000; semana de 40.000 a 43.000. *Observaciones: la propiedad alquila otra vivienda.*

Casa Arzenea
Tf. 948/45 04 41
R. 948/20 65 41
Casa tradicional, con 1 vivienda independiente en la primera planta. Sala de estar, cocina, 2 habitaciones dobles y 1 baño. Precios: fin de semana 18.000; semana 42.000. *Observaciones: la propiedad alquila otra vivienda en el mismo edificio.*

Galantenea
Barrio Lasaga
Tf. 948/45 05 64. R. 948/20 65 41
Edificio situado a las afueras, con jardín y terraza. Sala de estar, cocina, 1 habitación doble y 1 baño. Precios: fin de semana 12.000; semana 30.000. *Observaciones: alquiler de "ponis"; la propiedad alquila otra vivienda de 10 plazas.*

Lekaroz

Casa Istarbey
Tf. 948/58 00 46
R. 948/20 65 41
Borda tradicional con excelentes vistas, aislada en un paraje de prados a 4,5 km de Elizondo. Salón con chimenea, cocina, 2 habitaciones dobles y 1 baño. Precios: fin de semana 24.000; semana 55.000.

Eskisaroi
Barrio Orabidea
Tf. 948/63 06 18. R. 948/20 65 41
Casa tradicional, aislada, con terrazas y ganado en la planta baja durante el invierno. Salón-comedor con chimenea, cocina, 3 habitaciones dobles y 1 baño. Precios: fin de semana 22.000; semana 50.000.

Lesaka

Casa Garaikomendian
Tf. 948/63 72 81
R. 948/20 65 41
Edificio agradable de reciente construcción, a 800 m del pueblo, con jardín. Mobiliario cuidado, cocina-comedor, salón, chimenea, 5 habitaciones dobles y 2 baños. Precios (según temporada): fin de semana 45.000; semana de 80.000 a 90.000.

Narbarte

Casa Errotaldea
Tf. 948/58 03 22
R. 948/20 65 41
Alojamiento habilitado en un antiguo molino, a las afueras del pueblo, con huerta y patio. Sala de estar, cocina con fuego de leña, 3 habitaciones dobles y 1 baño. Precios (según temporada): fin de semana 20.000; semana de 42.000 a 50.000.

Narbarte

Martiñenea
Tf. 948/59 20 71
R. 948/20 65 41
Edificio tradicional. Dispone de 2 apartamentos con salón, cocina y 2 habitaciones dobles. Precios (según temporada y tipo): apartamento de 15.000 a 18.500 fin de semana y de 35.000 a 38.500 semanales.

Petitxenea
Tf. 948/59 21 42
R. 948/20 65 41
Casa tradicional, con jardín. Incluye 2 apartamentos abuhardillados con comedor, cocina y 2 ó 3 habitaciones dobles. Precios (según temporada): apartamento pequeño de 37.000 a 43.000 semanales; grande de 42.000 a 50.000 semanales.

Oieregi

Irubidarte
Tf. 948/59 22 57
R. 948/20 65 41
Vivienda próxima a la carretera, con patio, piscina y jardín con barbacoa. Sala de estar, cocina, 4 habitaciones dobles y 2 baños. Precios: fin de semana 25.000; semana 55.000.

Apartamentos y casas de alquiler completo

Saldias

Casa Intxurea
Tf. 948/61 51 13
R. 948/20 65 41
Vivienda situada en el núcleo urbano, con un pequeño jardín. Salón-comedor con chimenea, cocina, 1 habitación sencilla, 3 dobles, 1 baño y 1 aseo. Precios (según temporada): fin de semana 20.000; semana de 45.000 a 48.000.

Sunbilla

Casa Pullainea
Tf. 948/45 03 12
R. 948/20 65 41
Casa sencilla ubicada en el pueblo, cerca del puente románico sobre el Bidasoa. Cocina-comedor, 2 habitaciones dobles y 1 baño. Precios: fin de semana 17.000; semana 42.000.

Casa Zubigain
Tf. 948/45 09 05
R. 948/20 65 41
Casa de nueva planta, con jardín y barbacoa, a 3 km del pueblo, junto al Bidasoa. Sala, salón-comedor, chimenea, cocina, 3 habitaciones dobles y 1 baño. Precios: fin de semana 30.000; semana de 60.000 a 70.000. *Observaciones: alquiler de bicicletas.*

Xuanter
Tfs. 948/45 05 12 y 689/23 29 63
Casa aislada a 1,5 km del pueblo, con jardín y barbacoa. Ático abuhardillado, cocina-comedor, chimenea, 3 habitaciones dobles y 1 baño. Precios (según temporada): fin de semana 40.000; semana de 50.000 a 60.000. *Observaciones: alquiler de bicicletas.*

Urdazubi-Urdax

Aterbea
Barrio Iribere
Tf. 948/59 90 28. R. 948/20 65 41
Edificio de hace 200 años, próximo al pueblo y al río. Incluye 2 viviendas con cocina-comedor, salón, chimenea, 2 ó 3 habitaciones dobles y 2 baños. Precios (según tamaño): vivienda de 20.000 a 21.000 fin de semana y de 44.000 a 50.000 semanales.

Urdazubi-Urdax

Casa Karakoetxea
Barrio de Leorlas
Tf. 948/59 91 36. R. 948/20 65 41
Caserío bien restaurado, con patio y un agradable jardín. Cocina-comedor, 4 habitaciones dobles y 2 baños. Precios (según temporada): fin de semana 30.000; semana de 60.000 a 70.000.

Zugarramurdi

Casa Etxaundia
Tf. 948/59 90 01
R. 948/20 65 41
Bonito caserón, emplazado en el casco urbano, con porche y balcón. Sala, cocina, 4 habitaciones dobles y 2 baños. Precios: fin de semana 22.000; semana 55.000.

Casa Martienea
Tf. 948/59 90 79
R. 948/20 65 41
Precioso caserón, con huerta, jardín y establos, situado a la entrada de la localidad. Sala de estar y 4 habitaciones dobles, con 1 baño. Precios: fin de semana 22.000; semana 56.000.

Casa Iriartea
Tf. 948/59 90 83
Casa tradicional, situada en el núcleo urbano, junto a la vivienda de los propietarios. Sala de estar, cocina-comedor, 2 habitaciones dobles y 1 baño. Precios: fin de semana 15.000; semana 35.000. *Observaciones: no admiten animales.*

Lugares de interés

Aniz. Pueblo ganadero, situado en pleno valle de Baztán, en la zona conocida como Basaburúa. *Excursiones: mirador de Baztán, en la cercana localidad de Ziga; embalse de Leurtza; monte Abartán, con bosques de hayas y monumentos megalíticos; parque natural del Señorío de Bértiz.* *Tienda de artesanía en la oficina de turismo de Bértiz.*

Arraioz. Lugar del valle de Baztán, sobre un terreno fértil y ondulado. Conserva magníficas torres medievales, con balcones de madera, palomares y escudos blasonados. Fue escenario de un sonado proceso de brujería a comienzos del s. XVII. *Excursiones: parque natural del Señorío de Bértiz.* *Venta de reproducciones de antiguos enseres de todo tipo.*

Azpilkueta. Agradable localidad baztanesa, con un buen conjunto de arquitectura popular. Basílica de Urrasuri, palacio y torre de Doña María y templo de S. Andrés. *Excursiones: parque natural del Señorío de Bértiz; cuevas de Urdax y Zugarramurdi; lago de St. Pée en la zona francesa; tren cremallera al monte Larun, con excelentes vistas de la costa cantábrica; embalse de Urroz; monte Alkurruntz.* *Relojes tallados en madera.*

Doneztebe-Santesteban. Principal núcleo del valle de Bidasoa, surgido como mercado y plaza fuerte, entre tres ríos. Conserva la monumental iglesia de S. Lorenzo y un buen conjunto de edificios góticos, renacentistas y del s. XVIII. *Venta y exposición de kaikus y otros obejtos de madera. En* ***Zubieta****, kaikus de madera de abedul. En* ***Oitz****, cubiertos y utensilios de madera de boj.*

Lekaroz. Pueblo baztanés, muy dañado por un grave incendio durante el s. XIX. Conserva algunos palacios del s. XVI. *Excursiones: embalse de Eugi, en pleno bosque de Quinto Real; picos Galloa y Gartzaga; mirador de Baztán, en Ziga.*

Narbarte. Pueblo situado a las puertas del valle de Baztán, con bellos exponentes de la arquitectura de la zona. *Excursiones: señorío de Bértiz, frondoso parque natural con lago, jardín botánico y capilla modernista; embalse de Leurtza. Tienda de artesanía y productos gastronómicos.*

Oieregi. Pequeña localidad del valle de Baztán, Conserva el palacio de Reparacea. *Excursiones: parque natural del Señorío de Bértiz.*

Saldias. Pequeño pueblo apartado, próximo al curso del río Ezcurra. *Excursiones: embalse de Leurtza; parque natural del Señorío de Bértiz.* *En* ***Elgorriaga****, taller artesano de forja.*

Sunbilla. Localidad del valle de Bidasoa, formada por dos barrios, a ambos lados del río, unidos por un bello puente. *Excursiones: Señorío de Bértiz; cascada de Bisusta; puente colgante y zonas de baño en el Bidasoa; antigua vía de ferrocarril transformada en sendero.* *Producción artesanal de «kaikus».*

3. Sierra de Aralar y sierra de Urbasa

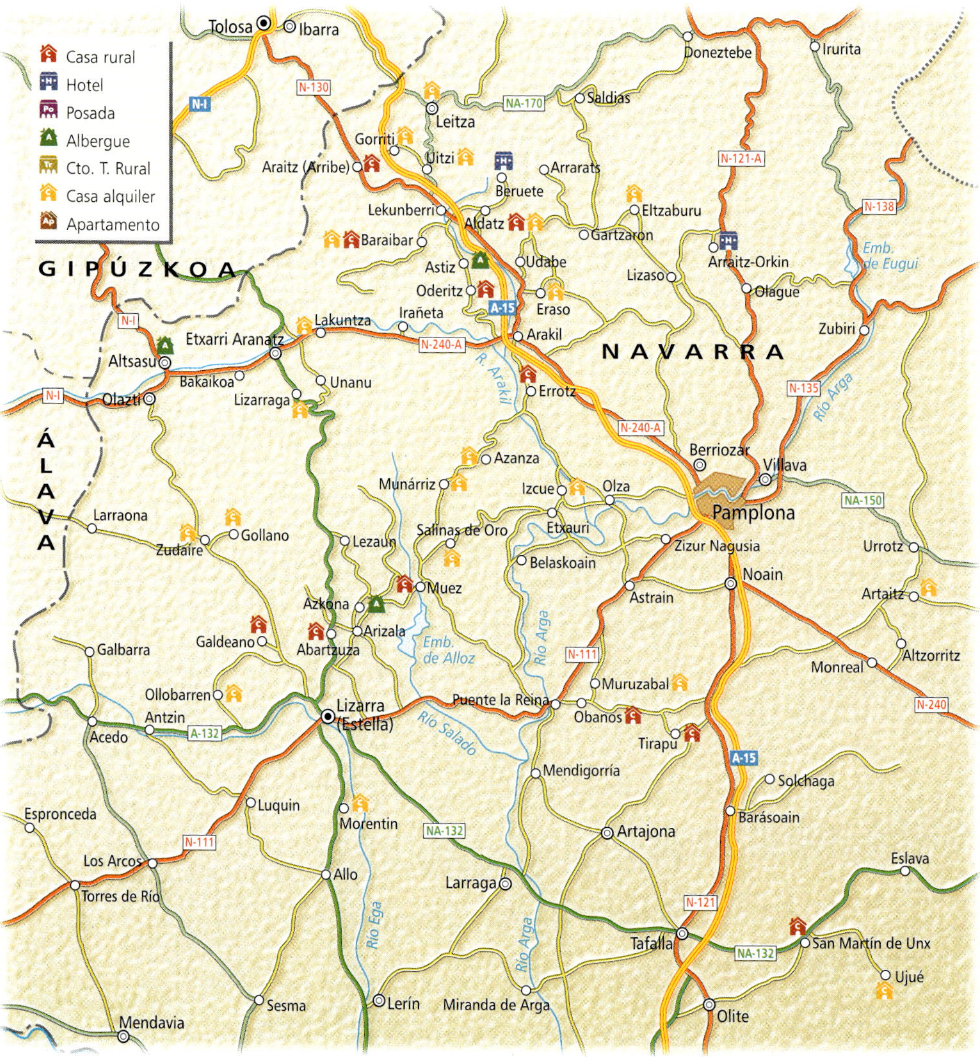

Abarzuza

Población del valle de Yerri, al pie de montes poblados de robles y encinas. *Excursiones: monasterio de Iranzu, del s. XII; conjunto monumental de Estella; pantano de Alloz, con zonas de baño; paseos por las sierras de Urbasa y Andia; nacimiento del río Urederra; barranco de Lasia.* *Alfarería y gres. En **Estella**, venta de antigüedades.*

Casa Laguao
C/ San Roque 7
Tf. 948/52 02 03. R. 948/20 65 41
Vieja casona, con escudos nobiliarios en la fachada y establo para caballos. Dispone de salón-comedor, 1 habitación sencilla, 4 dobles y 2 baños. Precios: habitación sencilla 2.000; doble 3.600; desayuno 350.

Aldatz

Pequeño pueblo del valle de Larraun, próximo al macizo de Aralar. *Excursiones: nacedero del Larraun; robledal de Orgi; senderismo y paseos por la vía del tren de Plazaola; sierra de Aralar, con abundantes bosques de hayas y fresnos; valle de Ultzama.* *Cerámica y talla de madera.*

Uhaldeko Borda
Tfs. 948/39 60 13 y 619/81 81 09
Caserío de buen porte, emplazado en un paraje tranquilo a 1,5 km de la población, con jardín, huerta, establo y un bello entorno. Tiene salón-comedor con chimenea, 4 habitaciones dobles con baño y 1 cuádruple, tipo apartamento. Precios (según temporada): habitación doble de 4.900 a 5.300; apartamento de 8.800 a 10.500; desayuno 500; cena 1.600. *Observaciones: descuento del 20% a niños.*

Altsasu/Alsasua

Notable centro comercial del valle de Burunda. Iglesia renacentista, humilladero y ermita del Santo Cristo de Otadía. *Excursiones: sierra de Aralar, coronada por el santuario de S. Miguel; barranco Burunda; nacedero del río Larraun; río Arakil, con tramos navegables en piragua; sierra de Urbasa; despoblado de Elkuren.*

Santo Cristo de Otadía
C/ Zelai 91. Tf. 948/56 23 04
Edificación moderna, con instalaciones deportivas. Tiene buenos accesos para minusválidos, comedor, salas de usos múltiples y 33 habitaciones de 2, 3 y 4 plazas, algunas con baño, con una capacidad total de 81 plazas. Precios: ver apéndice. *Observaciones: organizan actividades en el entorno.*

Arraitz-Orkin

Agradable localidad, con algunos palacios de interés: Jaureguizar y Zubiria. *Excursiones: ermita de Belate; Señorío de Bértiz; robledal de Orgi y pantano de Urrotz.* *En **Alloz**, cuadros de flores secas.*

Venta Ulzama (*)
Puerto de Belate. Tf. 948/30 51 38
Edificio del s. XVIII con jardín. El interior, en el que abundan los rincones acogedores, tiene 12 habitaciones dobles y 3 múltiples, algunas abuhardilladas. Precios (según temporada): habitación doble de 7.000 a 8.000; desayuno 650; comida o cena 2.100. *Observaciones: paseos a caballo; hay una granja de ciervos cerca.*

Arribe-Atallu

Pueblo agrícola y ganadero del valle de Araitz. Ermitas de Sta. Agueda y Nuestra Sra. del Camino. *Excursiones: Santuario de S. Miguel de Aralar; parque natural de Aralar; pueblo de Azkarate, donde confluyen los senderos GR. 20, 21 y 121; piscina natural en el río Araxes; nacedero del río Larraun; recorrido por las vías y túneles del antiguo tren de Plazaola, en Lekumberri; zona de abundantes cuevas sin explorar.*

Casa Etxeberri
Tf. 948/51 31 73. R. 948/20 65 41
Preciosa edificación del s. XVII, con jardín y fachada de piedra, situada a orillas del río Araxes. El interior, con una decoración cuidada, conserva las imponentes vigas de madera y cuenta con sala de estar-galería, un amplio comedor, 1 habitación sencilla y 5 dobles, todas con baño y algunas abuhardilladas. Precios: habitación sencilla 3.210; doble 5.350; desayuno 535; cena 1.750.

Casa Iturgaitz
Tf. 948/51 30 72. R. 948/20 65 41
Caserío situado a las afueras del pueblo, al pie de un pequeño monte, con huerto, jardín y un bello entorno de bosques y prados. Tiene sala de estar, cocina, 3 habitaciones dobles y 1 baño. Precios (según temporada): habitación doble de 3.300 a 4.000; desayuno 400. *Observaciones: descuentos por estancias de más de tres días.*

Sierra de Aralar y sierra de Urbasa

Astiz

Pueblo situado en plena sierra de Aralar, en un magnífico emplazamiento para recorrer la zona. *Excursiones: sierra de Aralar, coronada por el santuario de S. Miguel; nacedero del río Larraun; sima de Lezegalde; río Arakil, con tramos navegables en piragua; dolmen de Albi; alto de Uitzi.*

Haizea Aterpetxea
C/ San Pedro s/n. Tf. 948/50 41 85

Caserío de tres plantas, en el mismo pueblo. Tiene calefacción, cocina, comedor, sala de estar, material de audiovisuales, zona de acampada y 3 dormitorios, con un total de 40 plazas. Precios: ver apéndice. *Observaciones: se organizan cursos de escalada, tiro con arco, supervivencia y espeleología, entre otras actividades.*

Astrain

Pueblo del Camino de Santiago, en la ladera de la sierra del Perdón. Conserva varias casas del s. XVI. *Excursiones: claustro de Gasolaz; ermita de Eunate; puerto del Perdón, con buenas vistas del valle; pueblo abandonado de Guendulain.* *Objetos artesanos de cartón-piedra.*

Casa Carpintero
Tf. 948/35 32 28. R. 948/20 65 41

Casona de 200 años bien conservada, situada en el centro del pueblo. Tiene una agradable decoración en la que abundan los objetos tradicionales de carpintería, sala de estar, comedor, cocina con chimenea y 5 habitaciones dobles, 2 de ellas con baño, y 2 baños compartidos. Precios (según temporada): doble de 4.300 a 5.500; con baño de 5.500 a 6.500; desayuno 500.

Azkona

Localidad del valle de Yerri, en plena tierra de Estella. Iglesia de S. Martín, basílica de Mendigaña y ermita románica de Sta. Catalina. En **Villanueva de Yerri**, *taller de cerámica y esmaltes y venta de artesanía de tierra de Estella: cuero, cerámica, talla en raíces y reproducciones a escala de instrumentos musicales.*

Hegoa
Tf. 948/54 21 46. Fax 943/35 42 14

Edificio tradicional habilitado como albergue, en una finca con frutales y huerto ecológico. Tiene comedor con chimenea, salas de estar y de actividades y 40 plazas en 3 habitaciones con literas. Precios: alojamiento 1.200; desayuno 350; pensión alimenticia 2.350. *Observaciones: la propiedad dispone de 1 apartamento y 2 habitaciones dobles; organizan actividades deportivas y rutas culturales.*

Baraibar

Pueblo de las estribaciones del legendario monte Aralar. Conserva algunos excelentes caserones. *Excursiones: santuario de S. Miguel de Aralar, con magníficas vistas; dólmenes del monte Aralar; nacimiento del río Larraun; mirador de Izarritxe; cuevas de Astiz.* En **Lekumberri**, *venta de cerámica, flores secas y cuero.*

Casa Apezteguía
Tf. 948/50 41 88. R. 948/20 65 41

Caserón del s. XIX, muy renovado, con jardín, establo y huerta. Tiene un enorme salón, 3 habitaciones dobles y 1 baño. Precios: habitación doble 3.700; desayuno 400. *Observaciones: descuento del 25% a niños.*

Beruete

Pequeña localidad apartada del valle de Ultzama, en las proximidades de la sierra de Aralar. *Excursiones: santuario de S. Miguel de Aralar; ruta del Plazaola.*

Hotel Peruskenea (***)
Tf./fax 948/50 33 70

Bonita edificación tradicional, con jardín y buenas panorámicas. El interior, acogedor, tiene bar con chimenea, restaurante, 7 habitaciones dobles y 2 triples, todas con baño y algunas con mirador y vistas al valle. Precios (según temporada): habitación doble de 8.000 a 9.000; desayuno 700; comida o cena 2.100. *Observaciones: cocina casera , con parrilla y asador; facilitan información sobre la zona.*

Errotz-Arakil

Localidad situada al pie del monte Gaztelu, junto al río Arakil. La iglesia parroquial conserva un retablo renacentista, realizado hacia 1600. *Excursiones: ruta de los dólmenes en la sierra de Aralar; manantial de Arteta; posibilidad de practicar piragüismo en el río Arakil.* En **Izurdiaga**, *trabajos de forja.*

Casa Oskia
Tfs. 948/50 09 00 y 619/84 38 59

Casa del s. XVII, cuidadosamente reformada, con huerto de frutales, jardín y piscina, muy próxima a la vía del tren. Tiene estufas, cocina de leña, comedor, salón con chimenea y 2 habitaciones dobles, con 2 baños. Precios: habitación doble 4.500; desayuno 400; comida 1.400; cena 1.300; piscina 400. *Observaciones: se facilita información sobre la zona y se organizan excursiones.*

Galdeano

Pueblo situado a los pies de la sierra de Lokiz, próximo a Estella. Palacio señorial y templo con bello retablo renacentista. *Excursiones: monasterios de Iranzu e Irache; nacederos de los ríos Itxaxo y Urederra; cueva de Basaura; zonas de baño de Artabia; manantiales de Alborón; peñas de Larrion y de Azantza.*

Casa Lokiz
C/Mayor s/n
Tfs. 948/54 04 97 y 608/28 45 40. R. 948/20 65 41
Caserón situado en la parte alta del pueblo, con buenas vistas del valle y de la sierra de Lokiz. Tiene sala de estar-comedor con chimenea, 1 habitación sencilla y 2 dobles, 1 de ellas con baño, y 2 baños. Precios: habitación sencilla 3.500; doble 3.900; con baño 4.900; desayuno 425.

Muez

Localidad próxima a la sierra de Urbasa, en el Camino de Santiago. Conserva una iglesia del s. XIII. *Excursiones: villa monumental de Estella; monasterios de Irache e Iranzu; pantano de Alloz; mirador de Iturgoyen; manantial de Arteta.* En **Estella**, venta de antigüedades. En **Iranzu**, artesanía de la zona.

Gatos Negros
Tf. 948/35 70 12. R. 948/20 65 41
Preciosa casa tradicional del s. XVIII, con jardín, piscina cubierta, calefacción solar y una azotea con excelentes vistas. Tiene sala de estar con chimenea, cocinas, 5 habitaciones dobles y 2 baños. Se puede alquilar entera. Precios: habitación doble 4.000; desayuno 500; vivienda 40.000 fin de semana y 100.000 semanales.

Obanos

Pueblo del Camino de Santiago y antiguo lugar de reunión de los Infanzones. *Excursiones: preciosa iglesia templaria de Eunate, del s. XII; localidades de Arnotegui y Puente la Reina; Señorío de Sarriá; puertos del Perdón y de Loiti, con buenas vistas de la zona; embalse de Alloz.*

Ossés
Tf. 948/34 42 61. R. 948/20 65 41
Casa tradicional, recientemente reformada. Cuenta con salón-comedor, 2 habitaciones dobles con 1 baño, y 1 apartamento en la planta alta. Precios: habitación doble 3.200; desayuno 350; apartamento 15.000 fin de semana y 38.000 semanales.

Oderitz

Pequeña localidad del valle de Ultzama, en la ladera de la sierra de Aralar. *Excursiones: santuario de S. Miguel de Aralar; ruta del Plazaola; sierra de Urbasa.*

Casa Etxatoa
Tf. 948/50 44 49
Casa tradicional de hace 200 años, que conserva un blasón en la fachada, con huerto, zona verde y terraza amueblada. El interior, agradable, tiene salón-comedor con chimenea y 4 habitaciones dobles con baño. Precios: habitación doble 7.000, desayuno incluido; cena 1.800. *Observaciones: no está permitido fumar; alquiler de bicicletas; información sobre rutas y excursiones; descuentos a niños.*

San Martín de Unx

Agradable localidad con un conjunto de casas blasonadas y restos del recinto amurallado. Iglesia de S. Martín, con una bella cripta y templo gótico de Sta. María del Pópolo. *Excursiones: cruz del Saludo; villas de Ujué y Olite; desierto de las Bardenas Reales; laguna de Pitillas, con abundantes aves; carrascal de Sansoáin.*

Luyando
Tf. 948/73 81 42. R. 948/20 65 41
Casa tradicional situada en el núcleo urbano, con terraza. Tiene cocina-salón-comedor, 2 habitaciones dobles y 1 baño. Se puede alquilar entera. Precios: habitación doble 4.000; vivienda 18.000 fin de semana y 38.000 semanales. *Observaciones: no se admiten animales; la propiedad alquila otra vivienda para 6 personas en el mismo edificio.*

Tirapu

Pequeña localidad encaramada sobre un cerro, cercana al Camino de Santiago. *Excursiones: ermita de Eunate; población de Obanos, con bellos caserones; Puente la Reina, con su bello puente medieval sobre el Arga.* Talla de madera en casa Goñi.

Casa Goñi
Tf. 948/35 02 02
Casa tradicional, próxima a la iglesia, con un pequeño jardín. El interior, cálido y con algunos curiosos objetos decorativos, dispone de un pequeño *txoko* para catar vinos de la zona, sala de estar, 1 habitación sencilla, 3 dobles y 2 baños. Precios: habitación sencilla 2.000; doble 3.800; desayuno 400; comida 1.600; cena 1.500. *Observaciones: cocina casera y sustanciosa.*

Sierra de Aralar y sierra de Urbasa

Apartamentos y casas de alquiler completo

Aldatz

Casa Hualdea
Tf. 948/50 42 18
R. 948/20 65 41
Vivienda tradicional, próxima a la iglesia, con establo y jardín. Sala, cocina, buenos accesos para minusválidos, 5 habitaciones dobles, 2 de ellas con baño y 1 baño. Precios (según temporada): fin de semana 35.000; semana de 65.000 a 75.000.

Artaiz

Casa Maisterrena
Tf. 948/33 82 47
R. 948/20 65 41
Casa tradicional, junto a la iglesia románica, con terraza y jardín. Salón-comedor con chimenea, cocina, barbacoa, 1 habitación sencilla, 2 dobles y 1 baño. Precios: fin de semana 20.000; semana 42.000.

Azanza

Iserena
Tf. 948/32 80 85
R. 948/20 65 41
Espléndido caserón, con terraza, barbacoa y pozo artesiano. Incluye 2 viviendas con sala, chimenea, cocina, 5 habitaciones dobles y 2 baños. Precios (según temporada): vivienda 35.000 fin de semana y de 65.000 a 70.000 semanales.

Baraibar

Casa Anatxonea
Tf. 948/50 41 45
R. 948/20 65 41
Casa rústica de una planta, con establos. Interior agradable, salón, cocina, 3 habitaciones dobles y 1 baño. Precios (según temporada): fin de semana 21.000; semana de 45.000 a 50.000. *Observaciones: elaboración de queso y cuajada.*

Eltzaburu

Benta Etxea
Tf. 948/30 52 07
R. 948/20 65 41
Casa de buen porte, con jardín, porche con barbacoa y amplia balconada. Incluye 1 vivienda con salón-comedor, chimenea, 4 habitaciones dobles y 2 baños. Precios: fin de semana 30.000; semana 65.000.

Eraso

Casa Dorrea
Tf. 948/50 32 74
R. 948/20 65 41
Casona tradicional, situada en el casco urbano, con jardín. Salón con chimenea, equipo de música y biblioteca, cocina-comedor, 3 habitaciones dobles, 1 de ellas con baño, y 1 baño. Precios: fin de semana 24.000; semana 56.000.

Gollano

El Abuelo
Tf. 948/53 91 92
R. 948/20 65 41
Antiguo granero de una fortaleza medieval, bien rehabilitado, con porche y balcón. Mobiliario rústico, salón-comedor con chimenea, cocina, 3 habitaciones dobles, 1 baño y 1 aseo. Precios: fin de semana 40.000; semana 70.000.

Gorriti

Casa Ipaerrea
Tf. 948/50 40 60
R. 948/20 65 41
Casa tradicional de dos plantas, reformada. Buhardilla, cocina-comedor, sala de estar, 5 habitaciones dobles y 2 baños. Precios: fin de semana 35.000; semana 65.000.

Izcue

Casa Zurgiñenekoa
Tf. 948/32 21 60
R. 948/20 65 41
Casa tradicional, reformada, con jardín y terraza. Sala de juegos, salón-comedor, cocina, 1 habitación sencilla, 4 dobles y 2 baños. Precios: fin de semana 35.000; semana 75.000. *Observaciones: alquiler de bicicletas.*

Lakuntza

Casa Gamboa
Tf. 948/57 60 65
R. 948/20 65 41
Casa de nueva planta, a las afueras del pueblo, con jardín y terrazas. Salón-comedor, sala de lectura, 2 habitaciones sencillas y 3 dobles. Precios: fin de semana 30.000; semana 75.000.

Apartamentos y casas de alquiler completo

Leitza

Casa Ozparrun
Barrio Erasote
Tf. 948/51 00 19. R. 948/20 65 41
Vivienda recientemente reformada, a 1,5 km del pueblo, con huerto y jardín. Radiadores eléctricos, sala con chimenea, 3 habitaciones dobles y 2 baños. Precios: fin de semana 24.200; semana 55.000.

Lizarraga-Ergoiena

Casa Txikenekoa
Tf. 948/46 02 06
R. 948/20 65 41
Casona antigua, con una bella fachada de piedra. Salón-comedor, cocina con fogón de leña, 2 habitaciones dobles y 1 baño. Precios: fin de semana 14.000; semana 35.000. *Observaciones: elaboración de queso; alquiler de bicicletas.*

Morentin

Casa Arrastia
Tf. 948/55 47 19
R. 948/20 65 41
Robusta casa blasonada, en el centro urbano. Incluye 2 viviendas, una con jardín y otra con terraza, ambas con cocina-comedor, 3 habitaciones dobles, 1 baño y 1 aseo. Precios: vivienda 20.000 fin de semana y 50.000 semanales.

Munarriz

Casa Apezetxea
Tfs. 948/32 80 20
R. 948/20 65 41
Bello caserón palaciego, emplazado junto a la iglesia. Interior cuidado y lleno de detalles, salón con chimenea, cocina, 4 habitaciones sencillas, 4 dobles, 3 baños y 2 aseos. Precios: fin de semana 42.000; semana 75.000.

Casa Azkarate
Tfs. 948/32 80 69 y 14 67 94. R. 948/20 65 41
Caserón palaciego con bonitas rejerías, jardín y barbacoa. Sala-comedor con cocina económica, 4 habitaciones dobles y 1 baño. Precios: fin de semana 28.000; semana 60.000.

Munarriz

Casa Kisuskienekoa
Tf. 948/32 80 74
R. 948/20 65 41
Amplia casa tradicional de piedra, con jardín. Comedor, salón, cocina, 8 habitaciones dobles, 5 baños y 2 aseos. Precios: fin de semana 42.000; semana 75.000.

Muruzabal

Casa Metauten
Tf. 948/34 44 70
R. 948/20 65 41
Entrañable casa tradicional, en el núcleo urbano. Sala de estar-cocina con estufa de leña, 2 habitaciones dobles, 1 de ellas abuhardillada y 1 baño. Precios (según temporada): fin de semana 17.000; semana de 34.000 a 38.000.

Ollobarren

Casa Oses
Tf. 948/54 05 00
R. 948/20 65 41
Sencilla casa de piedra de comienzos del s. XX, al pie de la sierra de Lokiz, con patio y barbacoa. Salón-comedor con chimenea, cocina, 2 habitaciones sencillas, 2 dobles, 1 baño y 1 aseo. Precios: fin de semana 23.000; semana 55.000.

Salinas de Oro

Casa Azkorena
Tf. 948/35 71 40
R. 948/20 65 41
Edificio tradicional, en el casco urbano. Incluye 1 vivienda con salón-comedor, chimenea, cocina, 3 habitaciones dobles abuhardilladas, 1 baño y 1 aseo. Precios: fin de semana 25.000; semana 55.000; desayuno 400; comida 1.300; cena 1.200.

Uitzi

Casa Mainea
Tf. 948/23 35 88
R. 948/20 65 41
Caserón con terraza y buenas vistas. Incluye 1 vivienda con cocina-comedor, 5 habitaciones dobles y 2 baños. Precios: fin de semana 30.000; semana 65.000. *Observaciones: la propiedad alquila otra vivienda en el mismo edificio.*

Sierra de Aralar y sierra de Urbasa

Apartamentos y casas de alquiler completo

Ujué

Casa Iriarte
Tfs. 948/70 05 41 y 626/12 78 82. R. 948/20 65 41
Casona de piedra, con fachada del s. XVI, en el casco urbano. Mobiliario antiguo, sala de estar, cocina-comedor con chimenea, 1 habitación sencilla, 3 dobles y 2 baños. Precios: fin de semana 28.000; semana 50.000.

Zudaire

La Txola
Tf. 948/53 90 14
R. 948/20 65 41
Bonito caserón de piedra, en el centro del pueblo. Decoración rústica, salón-cocina, 3 habitaciones dobles y 1 baño. Precios: fin de semana 22.000; semana 55.000. *Observaciones: descuentos a grupos y en temporada baja; visitas guiadas.*

Lugares de interés

Artaiz. Lugar del valle de Unciti, rodeado de un terreno que baña el río Erro. Conserva la iglesia románica de S. Martín, del s. XII, con pinturas murales y un bonito pórtico gótico. *Excursiones: foz de Iñarbe; "higa" de Monreal.*

Azanza. Lugar del municipio de Goñi, próximo a las sierras de Sarbil, Andía y Urbasa. *Excursiones: pico de Sta. Cruz, con ermita y vistas sobre el valle y el peñón de Echauri; manantial de Arteta, con centro de recepción.*

Eltzaburu. Lugar de origen medieval, emplazado en pleno valle de Ultzama, en un paisaje agrícola y ganadero. *Excursiones: robledal de Orgi, con centro de interpretación de la naturaleza; cuevas de Astiz; senderos por el valle de Ultzama y vía verde del Plazaola. En Gerendiain, trabajos de madera.*

Eraso. Población emplazada en el entorno de Aralar, en el llamado valle de Imotz, rodeada de un paisaje montañoso. *Excursiones: sierra de Aralar; nacedero del río Larraun; vía verde del Plazaola. Asociación de artesanos: cuero, madera tallada, cerámica, etc.*

Galdeano. Pueblo situado a los pies de la sierra de Lokiz, próximo a Estella. Palacio señorial y templo con bello retablo renacentista. *Excursiones: monasterios de Iranzu e Irache; nacederos de los ríos Itxaxo y Urederra; cueva de Basaura; zonas de baño de Artabia; manantiales de Alborón; peñas de Larrion y de Azantza.*

Gorriti. Pequeño pueblo del municipio de Larraun, cercano a tierras guipuzcoanas. *Excursiones: dolmen de Goldamburu; valle de Leizarán; nacedero del río Lezegalde; altos de Uitzi y de Ezkurra; angosto valle de Urumea; antiguo ferrocarril de Plazaola.*

Izcue. Localidad mínima, próxima a Pamplona, al pie de la sierra de Sarbil. Conserva los restos del palacio de los reyes de Navarra y piezas de interés en la iglesia parroquial. *Excursiones: sierra de Andía; valle de Yerri; diapiro de Salinas de Oro.*

Lakuntza. Municipio situado entre las sierras de Aralar y Urbasa. Conserva una interesante picota medieval y la iglesia, construida entre los s. XVI y XVIII. *Excursiones: sierra de Aralar, coronada por el santuario de S. Miguel; nacedero del río Larraun; sima de Lezegalde; río Arakil, con tramos navegables en piragua; sierra de Urbasa.*

Leitza. Localidad encajonada entre montes, con un bonito conjunto de arquitectura popular y edificios de interés: iglesia de San Miguel, torre de Ochoa y ermita de Santa Cruz. *Excursiones: valle del Alto Urumea; alto de Ezkurra, con extensos bosques de hayas y pinares. Trabajos de talla de piedra y madera; cuero y labores.*

Lizarraga-Ergoiena. Población cercana a los macizos de Urbasa y Aralar. *Excursiones: monte S. Donato; cumbre de Lizárraga, con espectaculares simas.*

Munarriz. Localidad de la sierra de Andia, integrada en el conjunto de las Cinco Villas. Conserva una iglesia del s. XIV y una hermosa casa palaciega. *Excursiones: embalse de Alloz, con zonas de baño y deportes náuticos; sierra de Andía.*

Salinas de Oro. Villa agrícola de las tierras de Estella, fundada a finales de la Edad Media. *Excursiones: diapiro de Salinas de Oro; nacederos del Ubagua y del Urrederra; sierras de Urbasa y Andía.*

Uitzi. Pueblo cercano a Leitza, rodeado de un hermoso paisaje. *Vía del Plazaola; sierra de Aralar y nacimiento del río Larraun.*

Ujué. Villa de origen romano, integrada en la llamada Merindad de Olite. Conserva un monumental castillo-santuario del s. XI y un conjunto de calles empinadas. *Excursiones: hórreo de Iracheta, del s. XII; alto de Lerga, con espectaculares vistas de la sierra de Izco; comarca de la Valdorba, con un buen conjunto de románico.*

Zudaire. Pueblo situado en un valle al pie de la sierra de Urbasa. *Excursiones: reserva natural del barranco de Basaura; cuevas de Noriturri y los Cristinos; zona de baño y nacedero del río Urederra.*

LA RIOJA

Los Valles y la sierra de Cameros

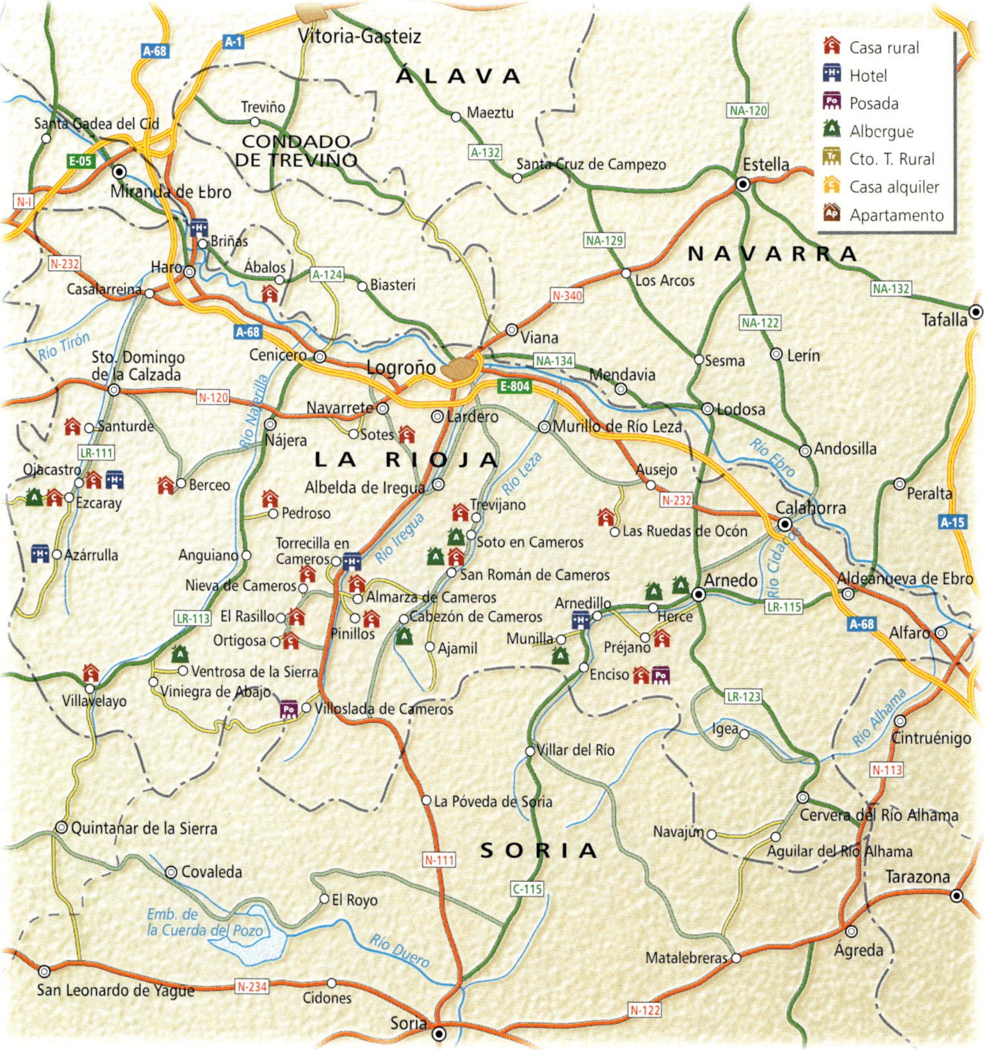

Ábalos

Pueblo vinícola de La Rioja Alta, con abundantes bodegas familiares, algunas con más de 500 años de antigüedad. Caserones nobiliarios, templo parroquial con fachada plateresca y ermita románica de S. Felices.

Chicote
Tf. 941/33 41 11
Bello caserón de piedra, con escudo blasonado y un agradable patio central, situado en el casco urbano. El interior dispone de sala y 5 habitaciones dobles con baño. Precios: habitación doble 5.000; desayuno 450.

Almarza de Cameros

Localidad ganadera del valle de Iregua, situada entre este valle y las cumbres del Serradero. Conserva una ermita del s. XVIII, a las afueras del pueblo. *Excursiones: Solar de Tejada; cuevas de Ortigosa de Cameros: gruta de la Paz y Canto Hincado; mirador del Peñueco, en Torrecilla.*

Monte-Rey
Tfs. 608/57 72 45 y 941/46 02 68
Casa típica de la zona, con jardín y terraza. Tiene salón con chimenea, 3 habitaciones dobles y 1 baño, así como 1 ático con 3 habitaciones dobles, salón, cocina y 2 baños. Precios: habitación doble 4.000; desayuno 400. *Observaciones: la propiedad alquila otra casa, llamada El Hayedo, con capacidad para 8 personas.*

Rodrigo
Tf. 941/46 02 45
Casa de buena planta, a la entrada del pueblo. Dispone de una planta independiente con salón con chimenea, 3 habitaciones dobles y 1 baño. Precios: habitación doble de 3.500 a 4.000; desayuno 400. *Observaciones: elaboración de mermeladas, embutidos y conservas.*

Arnedillo

Localidad del valle del Cidacos. Conserva restos del castillo, una iglesia gótica y numerosas ermitas. *Excursiones: balneario de Arnedillo, de origen romano; monasterio de Nuestra Sra. del Vico; ruta de las ermitas; curso del río Cidacos.* En **Quel**, elaboración de almazuelas. En el monasterio de Vico, cerámica.

El Molino del Cidacos
Tf. 941/39 40 63. Fax 941/39 42 00
Molino harinero del s. XVII, situado a las afueras de la población, completamente rehabilitado conservando la primitiva noria. Tiene una cafetería habilitada en el granero y 8 habitaciones dobles con baño. Precios: habitación doble 11.000, desayuno incluido. *Observaciones: degustaciones de vino en la bodega.*

Arnedo

Pueblo ribereño del Cidacos. Conserva restos del castillo y los templos de Sta. Eulalia y S. Cosme, del s. XVII. *Excursiones: santuario de Nuestra Sra. de Vico; ruinas de la ermita de S. Marcos; sierra de La Hez; peña Isasa, con crestas calizas; paraje de La Plantonera, con olivos y almendros.* Talleres de cerámica y cuero.

Las Pirámides
Tf. 941/38 10 80
Edificio moderno, con patio, jardín e instalaciones deportivas. Está adaptado para minusválidos y tiene cocina, salas de actividades y juegos, y capacidad para 65 personas. Permanece abierto todo el año. Precios: ver apéndice.

Azárrulla

Pequeño pueblo del valle del Oja, muy próximo a la estación de esquí de Valdezcaray. *Excursiones: localidad de Ezcaray, con un buen conjunto de arquitectura popular y templo del s. XIV; monasterios de Suso, Yuso y S. Millán de la Cogolla; ruta de las bodegas vinícolas de Haro.*

Valle del Oja
Tf. 941/42 74 16. Fax 941/42 74 32
Hospedería integrada en los edificios de una antigua ferrería, con piscina, jardines, terrazas y bar exterior. Tiene sala de estar, comedor, 10 habitaciones dobles y 2 *suites*, todas con baño. Precios: habitación doble de 9.250 a 10.900; desayuno 1.100.

Los Valles y la sierra de Cameros

Berceo

Pequeña localidad del valle de San Millán, cuna de Gonzalo de Berceo y San Millán de la Cogolla. Agradable conjunto de edificaciones, entre las que destaca algún caserón neoclásico. *Excursiones: monasterios de Suso y de Yuso; villa monumental de Nájera; pistas de esquí de Valdezcaray; valle del río Tobía, con bosques de hayas; panorámica de los Pancrudos.*

Casa Gonzalo
Tfs. 941/20 53 62 y 20 69 50
Casa muy reformada, situada en la misma población. Cuenta con cocina, salón con chimenea, 3 habitaciones dobles y 2 baños. Precios: habitación doble 4.000; desayuno 350; derecho a cocina 500 por habitación.

Casa Nestazar
Tf. 941/37 32 17
Vivienda tradicional reformada, muy sencilla, con una agradable terraza con techumbre sustentada por vigas de madera. Dispone de salón con chimenea y 3 habitaciones dobles, con 1 baño compartido. Se puede alquilar entera. Precios: habitación doble 4.000; desayuno 500; vivienda 12.000 diarias. *Observaciones: la propiedad dispone de otra casa, con 5 habitaciones dobles.*

Briñas

Localidad cercana a Haro, en la comarca de la Sonsierra. Hermoso templo parroquial del s. XVI y buen conjunto de casonas nobiliarias con magníficos escudos. *Excursiones: localidades de Ollauri y S. Vicente de la Sonsierra; templo de Sta. María de la Piscina.*

Señorío de Briñas (***)
Trav. de la Calle Real 3
Tf. 941/30 42 24. Fax 941/30 43 45
Bonito palacete del s. XVIII, bien restaurado, que sirvió de cuartel durante la Guerra Civil. El interior, con una decoración cuidada y mobiliario antiguo, tiene bar, salas de estar, 11 habitaciones dobles y 3 *suites*, con salón. Precios: habitación doble 14.000; *suite* 18.500; desayuno incluido. *Observaciones: exposición permanente de pinturas y esculturas.*

Cabezón de Cameros

Localidad de Cameros Viejo, situada a ambos lados del río Leza. Destacan el templo de Santa María y la ermita de Jesús, María y José. *Excursiones: reserva de Monte Real; cueva de Ayomedroso; collado de Sancho Leza, lugar de nacimiento del río Leza.*

Señorío de Cameros
R. 941/29 11 00 (ext. 62 02)
Caserón de aspecto agradable, con capacidad para 20 personas. Permanece abierto todo el año. Precios: ver apéndice.

Enciso

Bello pueblo del valle del Cidacos, en un cerro coronado por el templo de Sta. María, del s. XV. Conserva la iglesia de S. Pedro, con torre románica, y el puente sobre el Cidacos. *Excursiones: peñas de Arnedillo; aldeas abandonadas; ruta de los dinosaurios, donde se pueden ver numerosas huellas o "icnitas"; hayedos de Poyales y Santiago; pozo de la Caseta, en el río Cidacos; fuente de S. Cabras. Elaboración de almazuelas, tapices, colchas, tapetes y mantas artesanales. Tienda con artesanía variada de toda la Comunidad.*

La Tahona
Ctra. de Soria, km 2,8. Tf. 941/39 60 66
Alojamiento habilitado en una antigua fábrica de harina. Dispone de patio, terraza, salón con chimenea, 6 habitaciones dobles, algunas abuhardilladas, todas con baño. Precios: habitación doble 4.300; desayuno 350. *Observaciones: disponen de una colección de fósiles y una biblioteca con información sobre la zona.*

La Posada de Santa Rita
Tf. 941/39 60 71
Caserón del s. XIX, muy reformado, en el centro del pueblo. Tiene un agradable salón con chimenea, una pequeña biblioteca, 8 habitaciones dobles y 4 triples, todas con baño. Precios: habitación doble 4.900; triple 6.500; desayuno 500.

Ezcaray

Precioso pueblo de la sierra de la Demanda. Arquitectura popular, calles y plazuelas. Iglesia del s. XIV y plaza de la Verdura, con una argolla que, al tocarla, liberaba durante un día a los perseguidos de la justicia. *Excursiones: pistas de esquí de Valdezcaray; conjuntos monumentales de Haro y Sto. Domingo de la Calzada; pueblo abandonado de Turza;valles del Oja y de Turza; pinar de la Estación; valle de Valgañón.* *Muebles artesanos; elaboración de mantas y prendas de lana (boinas, calcetines,...). En* ***Santo Domingo de la Calzada****, trabajos de bronce y tiendas de artesanía. En* ***Zorraquín****, bastones.*

Herce

Localidad de fundación romana próxima al Cidacos. Iglesia del s. XVI, restos del monasterio de las Bernardas, ruinas del castillo y casonas del s. XVII. *Excursiones: aguas termales; parque de "icnitas" de dinosaurios.*

Munilla

Agradable conjunto escalonado. Iglesias de S. Miguel y Sta. María, del s. XIV. *Excursiones: ermita de Peñalavieja; aldea abandonada de Antoñanzas.*

Nieva de Cameros

Pintoresca localidad, muy apartada y situada sobre un cerro, en las proximidades del alto Iregua. Conserva un buen conjunto de caserones. *Excursiones: cuevas de Ortigosa de Cameros y ermita de Lomos de Orio; valle de Puente Ra, con pequeñas cascadas y pozas; cueva Grande.*

Ojacastro

Pueblo ganadero de la sierra de la Demanda. Conserva la ermita de la Ascensión, resto del monasterio románico de S. Salvador. *Excursiones: villas de Ezcaray y Sto. Domingo de la Calzada; románico del valle de Oja; aldea de Tondeluna*

Ver página siguiente.

Zaldierna

Zaldierna. **Tf. 941/42 71 53**

Edificación de piedra del s. XVII, emplazada en una aldea con buenas vistas de la sierra y del río Oja. Cuenta con una zona de entrada independiente, con biblioteca, salón con chimenea, 4 habitaciones dobles y 3 baños. Precios: habitación doble 5.000; con baño 6.000; desayuno 450. *Observaciones: organizan actividades en el entorno.*

Molino Viejo

R. 941/29 11 00 (ext. 62 02)

Edificio nuevo y agradable, abierto todo el año. Dispone de salón-comedor, una acogedora sala de estar, zona de acampada y buenos accesos para minusválidos. Tiene 49 plazas en habitaciones de 2, 3, 4 y 6 plazas. Precios: ver apéndice. *Observaciones: organizan excursiones; a 15 km se encuentra la estación de esquí de Valdezcaray.*

Minialbergue La Estación

R. 941/29 11 00 (ext. 62 02)

Bonito edificio habilitado en una vieja estación ferroviaria, con frontón y pistas deportivas. Está abierto todo el año y cuenta con salón comedor, cocina y 20 plazas en 1 habitación doble, 1 de 8 plazas y otra de 10 plazas con baños y duchas compartidos. Precios: ver apéndice.

Hayedo de Santiago

Cipriano Martínez 29

R. 941/29 11 00 (ext. 62 02)

Edificio de nueva planta en el casco urbano. Tiene buenos accesos para minusválidos, sala de reuniones, comedor, alquiler de sábanas y capacidad para 52 personas en 2 habitaciones dobles y 2 múltiples, con duchas y baños compartidos. Precios: ver apéndice.

Casa Canchales

Plaza 2. Tfs. 941/46 00 83 y 25 43 25

Caserón del s. XVII, bien rehabilitado, en el centro del pueblo. El interior, con mobiliario antiguo y cuidado al detalle, tiene salones, comedor y 9 habitaciones, 3 de ellas con baño. Precios: habitación doble 5.000; con baño 6.000; desayuno 500; comida o cena 1.500. *Observaciones: cursos de inglés y de composición floral.*

✉ Trato muy amable. Limpieza y comida excelentes.

Casa Ugarte

Plaza de las Eras 8. Tf. 941/42 74 58

Bonita construcción tradicional con exterior de piedra y madera. Tiene sala de estar con chimenea y 3 habitaciones dobles, 1 de ellas con salita, con 1 baño compartido. Precios: habitación doble 4.000; desayuno 400. *Observaciones: descuentos por estancias largas.*

Los Valles y la sierra de Cameros

Ojacastro

Ver página anterior.
Senderismo por la sierra de la Demanda; acebal de Valgañón; pistas de esquí de Ezcaray. Mantas, gorros y calcetines de lana; cestería.

La Plazuela
C/ Nuza 11. Tfs. 941/42 75 22 y 20 56 61
Casa de aspecto agradable recién reformada, situada en el Barrio Alto, con jardín, porche y terraza. Tiene salas de estar, 5 habitaciones dobles, 1 de ellas con baño, y 3 baños. Precios: habitación doble 4.000; con baño 5.500; desayuno de 400 a 800. *Observaciones: descuentos por estancias largas.*

El Pago (**)
Ctra. de Sto. Domingo 29. Tf. 941/42 75 26
Bonito edificio de comienzos del s. XX, con zona de huerta, merendero y barbacoa. Tiene sala de estar, comedor y 5 habitaciones dobles con baño, todas abuhardilladas. Precios: habitación doble 10.000; desayuno 500 ó 1.000. *Observaciones: descuentos por estancias de más de 2 días.*

Ortigosa de Cameros

Precioso conjunto urbano, encajonado entre barrancos, a más de 1.000 m. Conserva algunos edificios civiles de interés y un templo del s. XVI. *Excursiones: rutas de La Viña, La Paz y Canto Hincado; mirador del Peñueco.*

Casa Maza
C/ Juan Moreno 17. Tf. 941/46 23 31
Sobria casa tradicional, totalmente restaurada, en el casco urbano. Cuenta con salón con chimenea y 3 habitaciones dobles, con 1 baño compartido. Precios: habitación doble 4.200; desayuno 450. *Observaciones: descuentos por estancias largas.*

Pedroso

Pequeño núcleo de arquitectura popular, bien conservado, en el Alto Najerilla. Conserva la iglesia del Salvador. *Excursiones: bonita localidad de Anguiano; monasterio de Valvanera; impresionantes riscos de los mallos de Anguiano; valle de Roñas, con hayedos; parajes de Rajao y S. Cristóbal.*

Monte el Carrascal
C/ La Iglesia. Tf. 941/37 42 30
Edificación nueva, de exterior sencillo. Dispone de salón con chimenea y 5 habitaciones dobles, 1 de ellas con aseo. Precios: habitación doble 4.000; con aseo 5.000; desayuno 350; comida 1.500; cena 1.200.

Pinillos

Población de la sierra de Cameros, con 28 habitantes, asentada sobre un cerro coronado por la iglesia del s. XVI. *Excursiones: parque natural de Cebollera; cuevas de Peñamiel, el Maestro y el Maño; sendas por la sierra.*

Casa Calderas
La Iglesia 21. Tf. 941/46 03 09
Vivienda que ocupa un antiguo corral en la parte más alta del pueblo, junto a la iglesia. Tiene salón con chimenea y dispone de 2 habitaciones dobles con 1 baño. Precios: habitación doble 4.000; desayuno 400. *Observaciones: dispone de una biblioteca con información de la zona.*

Préjano

Pueblo agrícola, en un terreno de abundantes olivos, vides y almendros. *Excursiones: balneario de Arnedillo; ciudad de Calahorra; yacimientos de icnitas de Cornago; pueblo celtibérico de Aguilar del Río Alhama; vía verde de Préjano a Calahorra; árbol fósil de Igea.*

La Solana
C/ La Solana 50. Tf. 941/39 91 08
Casa de nueva construcción, situada en el casco urbano. El interior, funcional y con algunos detalles rústicos, tiene sala de estar con chimenea, 6 habitaciones dobles y 3 baños compartidos. Precios: habitación doble 4.200; desayuno 350. *Observaciones: elaboración de aceite virgen.*

El Rasillo

Pequeña población emplazada a más de 1.100 m de altitud, junto a un pantano. Conserva algunas edificaciones de buena planta y la iglesia parroquial, del s. XVI. Ermita de S. Mamés, de origen románico. *Excursiones: Ortigosa de Cameros, accesible por una pista a través del monte; zonas de baño en Fuentefría y en el pantano; parques naturales de Cebollera y Villoslada de Cameros; alto de Argenzana, desde donde se pueden contemplar magníficas panorámicas del valle de Roñas, Valvanera, el Urbión, los valles de Leza y de Iregua y la sierra Cebollera; enorme ejemplar de roble, con una circunferencia de 10 m; barranco de las Brujas, viejo lugar de akelarres; cuevas de la Gruta y de la Paz.* Trabajos de telar de bajo lizo.

Casa Cospedal
Tf. 941/46 21 37
Preciosa casona de piedra, en una ladera con un cuidado jardín y con espléndidas vistas del pueblo y el embalse. El interior, acogedor, tiene salón con chimenea, una terraza resguardada, 3 habitaciones dobles, 1 de ellas con baño, y 1 baño compartido. Precios: habitación doble 4.000; con baño 5.000; desayuno 500.

Casa Mabe
C/ La Mata 17. Tfs. 941/46 21 19 y 23 86 69
Caserón de buena planta, con excelentes vistas, un agradable jardín y porche cubierto. Tiene salón con chimenea, cocina para los huéspedes, 4 habitaciones dobles con baño y 2 con 1 baño compartido en un ático que se puede alquilar entero. Precios (según temporada): habitación doble con baño de 6.000 a 6.500; desayuno 500; ático de 12.000 a 13.000 diarias. *Observaciones: descuentos por estancias largas.*

El Cumbrero
Montemediano
Tfs. 941/46 23 64 y 46 23 38
Casa emplazada en una aldea ganadera, a 1.000 m de altitud y a 1,5 km de El Rasillo. con huerta, cuadras de caballos y jardín. Tiene salón con chimenea y 6 habitaciones dobles con baño. Precios: habitación doble 5.500; desayuno 400. *Observaciones: actividades; deportes náuticos y de montaña; rutas y visitas culturales por la zona.*

Los Pinos
Tfs. 941/46 22 41 y 610/45 83 55
Edificio de piedra de reciente construcción, situado en la parte alta del pueblo, con vistas del pantano. Tiene 5 habitaciones dobles, algunas con baño. Se puede alquilar entera. Precios: habitación doble 5.000; con baño 5.500; desayuno 500; vivienda 26.000 diarias.

Los Robles
Los Robles s/n
Tfs. 941/46 23 84 y 23 59 58
Edificación de comienzos de siglo, situada en el mismo pueblo. Dispone dos plantas independientes, convertibles en 2 apartamentos, ambos con cocina, salón con chimenea, 2 habitaciones dobles y 1 baño. Precios (según temporada): habitación doble de 5.500 a 6.000; desayuno 500.

El Vallejo
C/ Posada 3. Tfs. 941/46 21 82 y 46 22 85
Bonito caserón, en un paraje tranquilo del pueblo, con jardín. El interior, decorado con gusto, tiene cocina, un espléndido salón con ventanales y chimenea y 5 habitaciones dobles con baño. Precios (según temporada): habitación doble de 6.000 a 7.000; desayuno 500. *Observaciones: la propiedad cuenta con otra casa de 2 habitaciones dobles.*

Los Valles y la sierra de Cameros

Las Ruedas de Ocón

Villa más alta del valle de Ocón, con amplias panorámicas. *Excursiones: barranco de las Ruedas, con un extenso rebollar; sierra de La Hez; pico de Cabi Monteros; calzada romana.*

Casa Gassedat

Tfs. 941/43 81 01

Casona de buena planta, construida en 1872, con jardín. El interior, cuidado y agradable, tiene un zaguán de entrada, 2 salones con chimenea y 6 habitaciones dobles con 3 baños compartidos. Se puede alquilar entera. Precios: habitación doble 4.500; desayuno 500; vivienda 60.000 fin de semana. *Observaciones: senderismo; rutas en bicicleta; micología, botánica y observación de aves.*

San Román de Cameros

Población situada junto al río Leza, con espléndidas vistas sobre el valle. A destacar la iglesia parroquial del s. XVII y un interesante «ecomuseo» del agua, habilitado en el Molino del Corregidor. *Excursiones: núcleos de arquitectura popular de Soto en Cameros y Laguna; zonas de baño en Vadillos y Sta. María; sendero GR.93; cañones del río Leza; aldeas abandonadas de La Avellaneda, Sta. María y el solar de Valdeosera, de interés histórico; huellas de dinosaurios en Cabezón y Soto en Cameros; dehesa Boyal; reserva nacional de Monte Real; riberas del río Rabanera. Cestería y «escriños» de zarza y paja, para hacer quesos.*

Casa Calonge

C/ Cantarranas 2. Tfs. 941/46 40 67 y 51 09 35

Sobria edificación de piedra, situada en el casco urbano. Dispone de 5 habitaciones dobles, 2 de ellas con baño, y 2 baños compartidos. Precios: habitación doble 3.600; con baño 4.200; desayuno 400.

Molino del Corregidor

Ctra. Piqueras s/n. Tf. 941/46 42 16

Construcción rústica, de aspecto muy agradable, habilitada sobre un molino medieval restaurado, que conserva buena parte de su maquinaria. Tiene salón con chimenea y 3 habitaciones dobles, 1 de ellas con baño. Precios: habitación doble 3.600; con baño 4.200; desayuno 400. *Observaciones: el molino cuenta con un eco-museo.*

Tejada

C/ Cantarranas 12. Tf. 941/46 40 14

Bonito caserón de piedra, con un cuidado jardín. El interior, abigarrado, tiene sala de estar con chimenea, salón-comedor, 2 habitaciones dobles y 1 baño. Precios (según temporada): habitación doble de 3.700 a 4.000; desayuno 400.

San Román

Tf. 941/46 40 14

Albergue situado en la parte alta del pueblo, junto a la iglesia. Tiene 12 plazas en una sala común, con 2 aseos y 3 baños compartidos. Precios: alojamiento 700, con saco y 1.000, con sábanas.

Santurde de Rioja

Pueblo emplazado entre Santo Domingo de la Calzada y Ezcaray, en la margen izquierda del río Oja y próximo a los montes de Yuso. *Excursiones: monasterios de Cañas y San Millán; ruta del vino; estación de esquí de Valdezcaray. Elaboración de cencerros.*

Edulis

C/Arriba 72

Tfs. 941/34 31 68 y 689/64 75 96

Casa tradicional, de comienzos del s. XX, con entramado de madera. Tiene salón con chimenea, cocina y 4 habitaciones dobles con baño. Precios (según temporada): habitación doble de 4.500 a 5.000. *Observaciones: información sobre rutas, senderismo y micología; visitas a bodegas y monasterios.*

Sotes

Pequeña localidad emplazada en la sierra de Moncalvillo, lugar de paso del Camino de Santiago. *Excursiones: capital riojana y villa de Nájera.* En **Nájera**, *talla de madera y construcción de carros.*

Señorío de Moncalvillo
Tfs. 941/44 18 89 y 677/08 10 01
Palacio blasonado del s. XVII, rehabilitado. El interior, accesible por un hermoso zaguán, dispone de amplias estancias, suelos de piedra, decoración y mobiliario antiguo, sala con chimenea en la bodega y 6 habitaciones dobles, algunas con baño. Precios: habitación doble 5.000; con baño 6.000; desayuno 500.

Soto en Cameros

Localidad de vieja tradición textil, situada junto al río Leza. Callejuelas empinadas, templo parroquial de S. Esteban y ermita de la Virgen del Cortijo. *Excursiones: aldea de Treguajantes; abundantes huellas de dinosaurios en el término; pista forestal hasta Luezas; garganta del río Leza; sima del Chorrón.*

Hospital de San José
C/ S. José s/n. R. 941/29 11 00 (ext. 62 02)
Bonito edificio que albergó antiguamente un hospital. Tiene buenos accesos para minusválidos y dispone de comedor, sala de estar, sala de reuniones, alquiler de sábanas y 46 plazas en habitaciones triples y múltiples con baño y duchas compartidas. Precios: ver apéndice.

Torrecilla en Cameros

Animada localidad situada en una zona montañosa. *Excursiones: cuevas de Ortigosa; parque natural de la sierra de la Demanda.*

Hostal Sagasta (**)
C/ S. Juan 4. Tf./fax 941/46 02 92
Hotel familiar de nueva construcción, muy acogedor. El interior, con mobiliario rústico, cuenta con cafetería, comedor, sala de reuniones, sala de estar con chimenea, 2 habitaciones sencillas, 11 dobles, 3 triples y 1 cuádruple. Precios (según temporada): habitación doble de 7.000 a 8.000; triple de 8.500 a 9.500; cuádruple de 12.000 a 14.000; desayuno 500.

Trevijano

Localidad apartada en el valle del Leza, con una rica actividad artesana. *Excursiones: garganta del río Leza; caminos de Nalda y Clavijo. Trabajos de telar de bajo lizo y almazuelas; encuadernación.*

Casa Daría
C/ Fontana 4. Tfs. 941/43 90 53 y 25 82 72
Casa de tres plantas, con entramado de roble y cubierta de teja árabe. Tiene salón con chimenea y 3 habitaciones dobles, con 1 baño. Precios: habitación doble 4.900; desayuno 550; cena de 2.700 a 3.200. *Observaciones: la casa dispone de una biblioteca etnográfica.*
✉ Entorno espectacular. Trato inmejorable, comodidad y buena comida.

Ventrosa de la Sierra

Localidad de la sierra de la Demanda, en un valle encajonado a más de 1.000 m de altitud. Conserva un buen conjunto de arquitectura popular. *Excursiones: laguna Negra; parque natural de la sierra de la Demanda.*

Minialbergue Las Escuelas
R. 941/29 11 00 (ext. 62 02)
Albergue situado en el antiguo edificio de las escuelas públicas. Dispone de salón-comedor, cocina completa, tienda de alimentación y zona de acampada. Tiene 20 plazas en 1 habitación doble y 1 múltiple con baños y duchas compartidos. Precios: ver apéndice. *Observaciones: senderismo.*

Villavelayo

Entrañable localidad medieval del Alto Najerilla. Iglesia románica de Sta. Centola, templo parroquial con cruz procesional de 1400 y ermita de Sta. Aurea. *Excursiones: localidad de Viniegra de Abajo, con un grupo de casonas indianas; paisajes de las Viniegras; pantano de Mansilla, que cubre un pueblo.*

Casa Cobarajas
C/ San Roque. Tfs. 941/37 60 28 y 37 60 25
Casona de reciente construcción, adaptada a la arquitectura de la zona. El interior, que se comparte con los propietarios, es amplio y cuenta con salón con chimenea y 6 habitaciones dobles, con 3 baños. Precios: habitación doble 4.000; desayuno 400. *Observaciones: venta de miel.*

Los Valles y la sierra de Cameros

Villoslada de Cameros

Localidad serrana situada a más de 1.000 m de altitud, entre bosques. *Excursiones: ermita de Lomos de Orios; parque natural de Cebollera; área recreativa del Achichuelo, con zonas de baño en el río; esquí de fondo de Sta. Inés.* *Taller-museo y venta de almazuelas; trabajos de forja.*

Posada de Hoyos de Iregua
Tfs. 941/46 82 56 y 608/57 13 48

Edificio restaurado, junto al río Iregua. Tiene salón, comedor y 11 habitaciones dobles, triples o quíntuples con salón, todas con baño. Precios (según temporada): habitación doble de 5.000 a 6.000; quíntuple con salón de 9.500 a 11.000; desayuno de 350 a 500; cena de 1.500 a 2.000. *Observaciones: cenas previo encargo; rutas fotográficas; senderismo; recogida de setas.*

Trato excelente. Comida como en casa. Muy recomendable.

COMUNIDAD VALENCIANA

1. Alt Maestrat

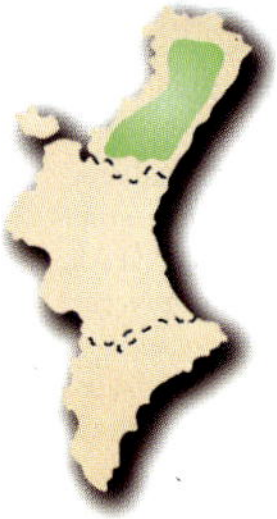

Catí
(CASTELLÓN)

Precioso conjunto medieval. Calle Mayor, restos de la muralla, lonja y templo parroquial, con un retablo del s. XV. *Excursiones: ermita gótica de Sta. Ana; balneario de la Mare de Déu de l'Avellà; sierra de la Nevera. Sillas de madera de pino; manualidades de ganchillo. En* ***Traiguera****, alfarería (botijos, cántaros, paragüeros,...) y fábrica de tejas.*

Mas d'Oncell
Tf. 964/42 83 17
Bella masía del s. XVI, rehabilitada cuidadosamente, en una extensa finca de pinos y encinas, a 5 km del pueblo. Tiene cocina, sala de estar con chimenea, 5 habitaciones dobles y 2 baños. Se puede alquilar entera. Precios: persona/día 1.750; vivienda 30.000 fin de semana y 50.000 semanales. *Observaciones: descuentos por estancias largas.*

Mas del Rei
Tf. 964/42 83 17
Antigua masía, bien restaurada, aislada a 5 km del pueblo. El interior, que conserva los primitivos arcos de las cuadras, tiene porche, salón-comedor con chimenea, cocina, 5 habitaciones dobles y 3 baños compartidos. Precios (persona/día): alojamiento 2.000. *Observaciones: descuentos por estancias largas; senderismo; excursiones a caballo; información de la zona.*

Caudiel
(CASTELLÓN)

Localidad del Alto Palancia, habitada desde la Edad de Bronce. Torre del Molino, iberorromana, ermita gótica de S. Roque y convento de los Carmelitas, del s. XVII. *Excursiones: Cartuja de Vall de Crist; cueva de Cerdaña; parque natural de la sierra de Espadán; alto de las Palomas; sierras de Espina y del Toro; sendero de largo recorrido GR.7; nacimiento del río Palancia; zonas de escalada en el río Mijares. Encajes de bolillos. En* ***Jérica****, venta de artesanía de la comarca y taller de cerámica. En* ***Segorbe****, cacerolas de barro, azulejos de cerámica y garrotas de pastores.*

Casa de la Llum
Cº del Molino 2. Tf. 964/14 40 14
Casa de construcción reciente, con huerto, corral y jardín. El interior, luminoso, tiene sala de reuniones, una pequeña biblioteca, cocina con horno de leña, comedor, 2 habitaciones dobles y 1 cuádruple, todas abuhardilladas, y 2 baños compartidos. Precios (persona/día): pensión completa 6.000. *Observaciones: alquiler de bicicletas; talleres diversos de fin de semana; cocina con productos ecológicos.*

Mas de Noguera
Tf. 964/14 40 74
Conjunto de arquitectura popular y vieja masía rehabilitada, en una finca agrícola a 8 km de Caudiel. Tiene salas de distintos usos, biblioteca y capacidad para 60 personas en habitaciones de 4 y 6 plazas, con literas y 10 baños comunes. Precios (persona/día): alojamiento 2.300, desayuno incluido; media pensión 3.000; pensión completa 4.000. *Observaciones: stareas de huerta; talleres de artesanía y apicultura.*

Chóvar
(CASTELLÓN)

Bello núcleo de arquitectura tradicional, cercano a un antiguo embalse árabe. *Excursiones: zonas de trincheras de la Guerra Civil; ruta de los manantiales; embalse de Ajuez; río subterráneo y cuevas de Val d'Uixó. En* ***Castellnovo y Vall d'Uixó****, trabajos de esparto.*

Casa Elvira
C/ Calvario 33. Tf. 964/65 10 45
Sencilla casa de pueblo, emplazada en la parte alta del casco urbano. Tiene sala de estar con estufa de leña, 3 habitaciones dobles abuhardilladas y 1 baño compartido. Precios: habitación doble 5.000, desayuno incluido. *Observaciones: cocina vegetariana previo encargo; elaboración casera de mermeladas, pan y pasta; terapias naturales.*

Llucena del Cid
(CASTELLÓN)

Localidad situada en la montaña de L'Alcalaten, con magníficos miradores sobre el entorno. Plaza medieval con soportales, templo barroco, con una cripta subterránea y casas con elementos modernistas. *Excursiones: Font del Prat; torre ibérica de Foios; eremitorio de S. Miquel.*

Mas de Magdalena
Ctra. Castellón-Teruel, km 22. Tf. 964/76 60 76
Masía típica, aislada en la ladera de una montaña a 6 km de Llucena, con huerta, corrales y jardín. Tiene comedor con chimenea, sala de estar, taller, cocina con horno de leña y 50 plazas, en 4 habitaciones múltiples con literas y baños compartidos. Precios (persona/día): alojamiento 1.300, desayuno incluido; pensión completa 3.000. *Observaciones: excursiones a caballo y en bicicleta; actividades artesanales.*

Alt Maestrat

Sarratella (Castellón)

Localidad del Maestrat, emplazada en una zona rica en pinturas rupestres. *Excursiones: museo y barranco de la Valltorta; ermita de S. Juan de Nepomuceno; con excelentes vistas; sierra de les Talaies d'Alcalà; monumental carrasca de Culla. Productos de cosmética natural.*

Mas de Selma

Tf. 964/76 08 40. R. 964/42 84 32

Masía tradicional bien restaurada, situada en plena montaña, a 2 km del pueblo. El interior, compartido con los dueños, tiene sala de estar con chimenea, cocina, 1 habitación sencilla, 4 dobles y 1 baño. Precios (persona/día): alojamiento 2.000. *Observaciones: descuentos por estancias largas; se puede participar en la elaboración de productos artesanos; dispone de un pequeño observatorio astronómico.*

Vallibona (Castellón)

Pueblo emplazado en la ladera de la sierra del Turmell. Conserva callejuelas y una agradable arquitectura de piedra y galerías de madera. *Excursiones: Font Fresca; manantiales de Roques de Dalt; comarcas de Els Ports y la Tinença de Benifassà; pozos de nieve en el monte Turmell.*

El Molí

R. 964/42 84 32

Bella edificación de tres plantas y de estilo rústico, que conserva el antiguo molino en la planta baja. Tiene comedor, cocina, 7 habitaciones dobles y 3 baños. Se puede alquilar entera. Precios (persona/día): alojamiento 2.250. *Observaciones: descuentos por estancias largas.*

Apartamentos y casas de alquiler completo

Albocàsser (Castellón)

Casa Peraire

R. 964/42 84 32

Casa antigua, restaurada, en el casco viejo. Tiene 2 plantas y buhardilla, calefacción eléctrica, salón-comedor con chimenea, cocina, 3 habitaciones dobles y 1 baño. Precios: persona/día 1.750. *Observaciones: descuentos por estancias largas.*

Mas d'En Camanyes

R. 964/42 84 32

Casa de buena planta, a 8 km del pueblo, con explotación agrícola. Salones, chimeneas, horno tradicional, cocina, 5 habitaciones dobles, 2 de ellas con baño, y 2 baños. Precios: persona/día 2.150. *Observaciones: descuentos por estancias largas; cuadra para caballos.*

Mas Sant Pere

R. 964/42 84 32

Masía del s. XV, a 2 km de la localidad y próxima a la ermita de la Esperanza. Sala de estar con chimenea, horno de leña, cocina, 1 habitación sencilla, 3 dobles, 1 baño y 1 aseo. Precios: persona/día 1.900. *Observaciones: descuentos por estancias largas.*

Albocàsser (Castellón)

Mas de la Sémola

R. 964/42 84 32

Edificación rústica, situada a 4 km del pueblo. Comedor con chimenea, horno tradicional de leña, bodega, cocina, 5 habitaciones dobles, 1 buhardilla con 3 plazas y 4 baños. Precios: persona/día 1.800. *Observaciones: descuentos por estancias largas.*

El Passadís

R. 964/42 84 32

Edificio antiguo, remodelado, en el casco viejo, al pie de la torre medieval. Cocina-comedor con chimenea, 3 habitaciones dobles, 1 de ellas con baño, 1 baño y una pequeña terraza. Precios: persona/día 1.800. *Observaciones: descuentos por estancias largas.*

La Torre

Tf. 964/42 83 33
R. 964/42 84 32

Sencilla casa de piedra de dos plantas, con terraza, en una calle tranquila. Cocina-comedor con chimenea, 3 habitaciones dobles y 2 baños. Precios: persona/día 1.850. *Observaciones: descuentos por estancias largas.*

Apartamentos y casas de alquiler completo

Ares del Maestre (CASTELLÓN)

Mas de les Llomes
Tfs. 964/76 20 17 y 639/57 79 23
Masía cuidadosamente restaurada, con actividad agrícola y ganadera, en un paraje de interés ecológico. Decoración tradicional, sala con chimenea, cocina, 3 habitaciones dobles, 1 triple y 2 baños. Precios: persona/día 2.000.

Mas de Llorens
Tf. 964/76 21 85
Masía de piedra que conserva dependencias del s. XVI, situada en el barranco de Gasulla, a 9 km del pueblo. Salón-comedor, chimenea, horno de leña, cocina, 2 habitaciones dobles, 2 triples y 2 baños. Precios: persona/día 2.000. *Observaciones: descuentos por estancias largas.*

Culla (CASTELLÓN)

Casa Falguera
R. 964/42 84 32
Típica casa de pueblo, restaurada respetando los muros de piedra, al pie de la muralla. Comedor con estufa de leña, cocina, sala de estar, 2 habitaciones dobles y 1 baño. Precios: persona/día 1.600. *Observaciones: descuentos por estancias largas.*

Forcall (CASTELLÓN)

Torrefolch
Tf. 964/17 12 35
Casa tradicional, bien restaurada, en el núcleo urbano. Decoración con aperos del campo, bodega, sala con chimenea, cocina, 3 habitaciones dobles, 1 triple y 1 baño. Precios: fin de semana 35.000; semana 60.000. *Observaciones: la propiedad alquila otra casa de 6 plazas.*

Morella (CASTELLÓN)

El Portalet
R. 964/42 84 32
Antigua masía, aislada en el campo a 5 km de la localidad. Interior rústico, comedor, sala de estar, cocina, 4 habitaciones dobles, 1 buhardilla con 6 plazas y 2 baños. Precios: persona/día 1.750. *Observaciones: descuentos por estancias largas.*

Morella (CASTELLÓN)

Torre Gargallo
Tf. 964/16 10 91
Bella masía del s. XVI, en el valle de la Vega del Moll, a 6 km de la villa. Incluye 2 viviendas, con cocina-comedor, chimenea, 2 habitaciones dobles y 1 baño. Precios: vivienda 24.000 fin de semana y 40.000 semanales. *Observaciones: hay un lugar para guardar caballos y animales.*

Venta La Carda
Barrio Hostal Nou
Tfs. 964/16 01 74 y 42 84 32
Edificio del s. XIX, rehabilitado, con patio y jardín. Incluye 4 apartamentos bien equipados, con capacidad para 2 ó 4 personas. Precios: 2 plazas 10.000 diarias; 4 plazas 15.000 diarias.

Pobla de Benifassà (CASTELLÓN)

Casa Manolita
C/ del Río 10
Tf. 977/72 90 47
Casa situada en una calle tranquila, en el centro del pueblo. Sala de estar con chimenea, cocina, 1 habitación sencilla, 2 dobles y 1 baño. Precios: persona/día 2.000.

Rosildos (CASTELLÓN)

Mas Roig
Tf. 964/70 66 36
Masía típica de la zona, totalmente restaurada y aislada en plena sierra. Comedor con chimenea, sala de estar, cocina, 4 habitaciones dobles, 1 cuádruple y 1 baño. Precios (según temporada): persona/día de 1.700 a 2.000.

Masía el Parral
Tf. 964/70 67 55
Sencilla construcción de piedra, de tres plantas, con barbacoa. Comedor, salón con chimenea, salita, cocina, 5 habitaciones dobles y 2 baños. Precios: fin de semana 30.000; semana 45.000.

Alt Maestrat

Apartamentos y casas de alquiler completo

Rosildos (Castellón)

Masía Pollo
Tf. 964/70 66 04
Sencilla masía tradicional, aislada en una zona de campo, a 1 km del pueblo. Interior con detalles rústicos, comedor, cocina con chimenea, 4 habitaciones dobles y 1 baño. Precios: 2 plazas 10.000 fin de semana.

Sarratella (Castellón)

Mas de Covarxelles
R. 964/42 84 32
Antigua masía restaurada, en un lugar aislado a 5 km del pueblo, con vistas sobre el Mediterráneo. Energía solar, cocina con chimenea, comedor, salón, 3 habitaciones dobles y 2 baños. Precios: persona/día 1.750. *Observaciones: descuentos por estancias largas.*

Mas de Manuel
R. 964/42 84 32
Casa rústica adosada a Mas de la Selma, con terraza y buenos accesos para minusválidos. Sala de estar con chimenea, cocina-comedor, 2 habitaciones dobles y 1 baño. Precios: fin de semana 28.000. *Observaciones: descuentos por estancias largas.*

Todolella (Castellón)

Casa d'en Ferran
Tf. 964/20 43 33
R. 964/42 84 32
Casa antigua, recién restaurada, en el casco urbano. Decoración rústica, bodega, comedor con chimenea, cocina, 2 habitaciones dobles y 2 baños. Precios: persona/día 2.050. *Observaciones: descuentos por estancias largas.*

Torre d'en Besora (Castellón)

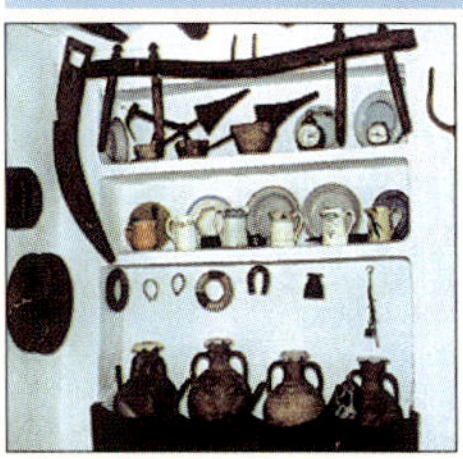

Els Vilás
Tfs. 964/43 10 79 y 44 60 72
Masía bien restaurada y decorada con enseres tradicionales, a 500 m del pueblo. Terraza, sala y comedor con chimenea, 5 habitaciones y 1 baño. Precios: persona/día 1.750. *Observaciones: comidas caseras por encargo.*

Les Useres (Castellón)

Mas del Botigué
R. 964/42 84 32
Casa de labranza recientemente restaurada, situada a 7 km del pueblo. Tiene salón con chimenea, cocina, 4 habitaciones dobles y 2 baños. Precios: persona/día 1.850. *Observaciones: descuentos por estancias largas; paseos y excursiones a caballo.*

Vallibona (Castellón)

Cal Teixidor
R. 964/42 84 32
Bonita casa tradicional, con terraza y galería, en el casco urbano. Interior de 3 plantas, con salón, comedor, cocina, 3 habitaciones dobles, 1 de ellas con literas, y 1 baño. Precios : persona/día 2.250. *Observaciones: descuentos por estancias largas.*

Els Ferrers
Tf. 964/45 37 37
R. 964/42 84 32
Casa antigua, en el casco urbano. Sala con chimenea, cocina-comedor con estufa de leña, 2 habitaciones dobles, 1 triple en la buhardilla y 1 baño. Precios: persona/día 1.700. *Observaciones: descuentos por estancias largas.*

El Rabí
R. 964/42 84 32
Precioso caserón de piedra, con galería de madera, en el casco urbano. Comedor-cocina con chimenea, 2 habitaciones dobles, 1 habitación abuhardillada de 6 plazas y 2 baños. Precios: persona/día 1.800. *Observaciones: descuentos por estancias largas.*

El Rinconet
R. 964/42 84 32
Caserón antiguo de tres plantas con balconadas de madera y estilo rústico, en el casco viejo. Cocina-comedor con chimenea, 2 habitaciones dobles, 1 múltiple y 2 baños. Precios: persona/día 2.000. *Observaciones: descuentos por estancias largas.*

Apartamentos y casas de alquiler completo

Villar de Canes (Castellón)

Mas la Segarra
R. 964/42 84 32
Edificación muy antigua, con jardín, en pleno campo y a 4 km del pueblo. Comedor con chimenea, cocina, 3 habitaciones dobles, 1 de ellas abuhardillada y 1 baño. Precios: persona/día 1.800. *Observaciones: descuentos por estancias largas.*

Villar de Canes (Castellón)

Tía Julia
Tf. 964/40 90 93
Graciosa casa de piedra, a la entrada del pueblo, con jardín y terraza. Interior agradable con objetos antiguos, comedor, sala de estar y cocina con chimenea, 2 habitaciones sencillas, 3 dobles, 3 triples y 2 baños. Precios (según temporada): persona/día de 2.000 a 3.000.

Lugares de interés

Albocàsser. Localidad del Maestrat, con un interesante casco antiguo. A destacar la iglesia de S. Juan, gótica del s. XIII, el castillo templario, con el escudo de esta orden militar, la iglesia parroquial de la Asunción, del s. XVII, y el eremitorio de S. Pau, del s. XVI. *Excursiones: ermita gótica de Nuestra Sra. de la Esperanza, del s. XV; ermita de los Santos Juanes, del s. XIII; cuevas de los Caballos y de Vinromá, en el barranco de Valltorta, con pinturas rupestres; zona de recreo de la Font de la Tosca y de Masía Brusca; prado de Sant Pau. Trabajos de artesanía en madera; telar de tapices.*

Ares del Maestre. Localidad del Maestrazgo, con un bonito casco urbano. Conserva calles con soportales y las ruinas del castillo. *Excursiones : barranco de Gasulla, con pinturas rupestres.*

Culla. Villa amurallada, en un terreno accidentado que supera los 1.000 m. Restos del castillo y fachadas medievales. *Excursiones: pinturas rupestres del Molinell y el Bolavar; río Montlleó; árbol monumental de La Carrasca. Venta de antigüedades.*

Morella. Hermosa villa medieval, con restos del castillo y murallas del s. XIV. Iglesia gótica de Sta. María, casas solariegas y Museo de Historia. *Excursiones: Morella la Vella y santuario rupestre de La Balma. Tinença de Benifassà; zona de baño en el río Bergantes; fuentes de Esperanza y la Donzella. Artesanía textil: alfombras, cortinas, mantas morellanas, jerseis artesanos y bolsas para labores. Venta de artesanía en varias tiendas del centro histórico.*

Pobla de Benifassà. Capital de la Tinença, con un bello recinto de casas de piedra y balcones de madera. Iglesia del s. XIII. *Excursiones: monasterio de Benifassà. Embalse de Ulldecona; gargantas del Bellestar, en el río Sènia; área recreativa de les Ombries; cueva de Resegadors; pinares de Fredes.*

Rosildos. Mínima población cercana a la sierra de Engarcerán. *Excursiones: cuevas de la Valltorta, con pinturas rupestres; macizo de Penya Golosa, con una bella ermita consagrada a S. Miguel.*

Todolella. Villa del Maestrat, con un imponente castillo medieval. *Excursiones: ermita de S. Cristóbal; poblado ibérico de la Mola dels Frares; paraje de S. Joaquín de Menadella, con vistas al pantano de Santolea; cueva del Castell; paraje de la cantera de Bordón. Artesanía textil.*

Torre d'en Besora. Pueblo del Maestrat situado en las faldas de la sierra Espaneguera. *Excursiones: Cueva Santa y villa de Culla, con un castillo y un bello casco urbano; antigua mina de hierro, con fuente y merendero; monumental carrasca de Culla.*

Les Useres. Villa situada en el entorno del macizo de Panyagolosa y lugar de un antiguo voto que lleva a 12 peregrinos hasta S. Joan de Penyagolosa, el último viernes de abril, como gesto de gratitud por haber salvado al pueblo de una peste. *Excursiones· castillo de l'Alcalatén y pueblo de Vilafamés.*

2. Pueblos de Valencia y Alicante

Alcoy
(ALICANTE)

Ciudad del interior. Iglesia del s. XVIII, de estilo barroco levantino, convento de S. Agustín y plaza del Mercado. *Excursiones: pinturas rupestres de Cova Forada; ruinas de una ciudad ibérica en el Puig; parque natural de la Font Roja, en la cercana sierra del Carrascal.*

Masía la Safranera
Partida Les Llacunes
Tfs. 609/61 72 80 y 60 87 36. Fax 96/224 53 83
Bella edificación tradicional, bien rehabilitada, con piscina y *solarium*, en un paraje aislado del parque natural de la Font Roja, a 8 km de Alcoy. Tiene cafetería, comedor, salas de estar y de juegos, 7 habitaciones dobles, 5 cuádruples y 2 múltiples, todas con baño. Precios (según tipo de habitación): persona/día de 2.000 a 3.700, desayuno incluido.

Alfafara
(ALICANTE)

Pequeña localidad de la sierra Mariola, emplazada en torno a su iglesia parroquial. *Excursiones: villa de Agres; santuario de la Mare de Déu del Castell; parque natural de la sierra de Mariola; parque natural de la Font Roja, en Alcoy.* Destilería de plantas aromáticas.

El Pinet
Tfs. 96/552 90 39 y 609/71 51 32
Masía del s. XVIII, situada a 1,5 km del pueblo, rodeada de pinar y cultivos, con piscina, patio y barbacoa. Tiene cocina, sala con chimenea, 3 habitaciones dobles y 1 triple, todas con baño. Se puede alquilar entera. Precios: habitación doble 8.000; triple 9.500; desayuno 500; cena 1.800. *Observaciones: descuentos por estancias largas; organizan vuelos en globo; la propiedad ofrece además una casa para 6 personas.*

Andilla
(VALENCIA)

Pueblo muy apartado, en el límite con las provincias de Teruel y Castellón y próximo a la sierra de Javalambre. *En **Villar del Arzobispo**, alfarería.*

El Racó de l'Om
Cº de la Jordana
Tfs. 96/211 86 01 y 340 37 47
Edificación aislada sobre un alto a media ladera, entre bosques y huertas, con jardín y terrazas. Tiene salón con chimenea y biblioteca, comedor, 4 habitaciones dobles, 2 de ellas con baño, y 1 baño compartido. Precios: habitación doble 6.000; con baño 8.000; desayuno 500; cena 1.750. *Observaciones: abundante información sobre la zona.*

Benagéber
(VALENCIA)

Municipio del Alto Turia, donde el río sigue su curso, encañonado, hasta alcanzar el pantano. *Excursiones: reserva natural de Valdeserrillas; fuentes medicinales del Charco Negro; paraje del Chorro de Barchel; fuente Canalejas y de la Olla; senderismo por el río Mijares.*

Embalse de Benagéber
Ctra. Utiel-Tuéjar, km 19,5
Tfs. 96/217 10 15 y 342 04 26
Edificio antiguo, con piscina y excelentes vistas del embalse. Tiene sala de estar y 35 habitaciones, 5 de ellas cuádruples con baño, y el resto con literas y baños compartidos. Precios: pensión completa 2.500 en plaza de litera. *Observaciones: actividades deportivas en el entorno; rutas a caballo y en bicicleta.*

Buñol
(VALENCIA)

Localidad del interior, presidida por un castillo árabe. Templo parroquial del s. XVIII. *Excursiones: sierra de Malacara; bosques de ribera y zonas de baño en el río Mijares; paraje de la Umbría del Fresnal; sendero GR.7.* En casa del Río Mijares, venta de esencias con plantas aromáticas.

Casa del Río Mijares
Aldea de Mijares. Tf. 96/212 73 00
Casa señorial de principios del s. XX, en una finca agrícola junto al nacimiento del río Mijares, con establos, corrales, huerto ecológico y jardín. Tiene sala de estar con estufa de leña, biblioteca, comedor, cocina, mirador y capacidad para 32 personas en habitaciones de 6 y 8 plazas. Precios (persona/día): pensión completa 4.000. *Observaciones: cocina con productos de la finca; rutas y actividades.*

Callosa d'en Sarrià
(ALICANTE)

Localidad de la Marina Baja, con un bello casco antiguo. Templo del s. XVII y primitivo lavadero. *Excursiones: villas de Polop, Tárbena, Bolulla y La Nucía; castillo de Guadalest; nacimiento del río Algar; sierra Aitana. En **Tárbena**, museo de Arte Antiguo y prendas de lana tejidas a mano.*

El Repòs del Viatger
C/ Mayor 1. Tf./fax 96/588 23 22
Elegante edificio de finales del s. XIX, que sirvió como farmacia del pueblo y guarda una valiosa biblioteca. El interior, con mobiliario de época, tiene un café para los huéspedes, sala de estar, comedor, 1 habitación sencilla, 3 dobles y 1 *suite*, todas con una decoración unida a distintos oficios. Precios: habitación doble de 6.000; *suite* 12.000; desayuno 500; comida o cena 1.500.

Pueblos de Valencia y Alicante

Castell de Castells (ALICANTE)

Pueblo apartado en un entorno montañoso, salpicado de numerosos castillos. *En* **Orba**, *alfarería tradicional. En* **Gata de Gorgos**, *muebles y objetos de mimbre. En* **Jalón** *y* **Teulada**, *mercadillos de antigüedades.*

Casa Pilar
C/ S. José 2. Tf. 96/551 81 57. Fax 96/551 83 34
Vivienda tradicional de mediados del s. xx, en el núcleo urbano. El interior, con el mobiliario original y rústicos detalles decorativos, cuenta con un comedor habilitado en el antiguo establo, un amplio salón con biblioteca, sala de desayunos y 5 habitaciones dobles con baño. Se puede alquilar entera. Precios: habitación doble 7.000, desayuno incluido; comida o cena 1.500; vivienda 70.000 fin de semana.

Chulilla (VALENCIA)

Bonito conjunto de arquitectura popular, escalonado sobre una profunda hoz del Turia y coronado por el castillo musulmán. *Excursiones: ermitas de Sta. Bárbara y S. José; estrecho de Los Cinglos, en el curso del Turia. En* **Villar del Arzobispo**, *alfarería tradicional.*

El Pozo
C/ Arrabal 7. Tfs. 96/165 72 72 y 165 72 92
Hostal de reciente construcción, adaptado a la arquitectura de la zona y situado en el centro del pueblo. Tiene una cafetería donde se ha conservado el pozo de la antigua construcción, 4 habitaciones dobles y 1 triple, todas con baño. Precios: habitación sencilla 3.500; doble 4.800; triple 6.650; desayuno 350.

Daya Vieja (ALICANTE)

Localidad cercana a la costa, emplazada en un valle de naranjos de la Vega Baja, a 20 km de la capital. *Excursiones: parque natural de las Salinas; campo de golf de la Marquesa; dunas de Guardamar.*

Multiaventura
Ctra. Daya Nueva 17. Tf. 96/671 54 84
Bonita construcción tradicional, situada en una finca de naranjos, con jardín, piscina, patio y porche. Tiene sala de estar, comedor, chimenea y 3 habitaciones triples con baño. Precios: habitación doble 6.955; triple 8.560; desayuno incluido. *Observaciones: descuentos a niños; cursos de vela, parapente y buceo.*

Macastre (VALENCIA)

Pueblo asentado en la Hoya de Buñol, en la falda del cerro del Castillo, con buenas vistas y un entorno de fuentes y cuevas abundantes. *Excursiones: escuela de artesanía y venta de cerámica.*

La Posadica
Avda. Hoya de Buñol 33. Tf. 96/251 64 86
Casa típica, restaurada, en una calle tranquila del pueblo y con una tasca de cocina tradicional en la planta baja. Tiene sala de estar en la buhardilla, 2 habitaciones dobles y 1 cuádruple, todas con baño. Se puede alquilar entera. Precios: habitación doble 5.000; cuádruple 7.000; vivienda 24.000 diarias. *Observaciones: venta de miel, embutidos y aceite ecológico.*

Quatretondeta (ALICANTE)

Villa del interior, emplazada al pie de la sierra de Serrella, con alturas superiores a los 1.300 m. *Excursiones: conjunto de monolitos erosionados por el viento, conocidos como «agulles» o «frares»; paraje del Huerto de los Frailes.*

Els Frares
Avda. Pais Valencià 20. Tf. 96/551 12 34
Tradicional casa de pueblo, emplazada en el casco urbano, con patio ajardinado y terrazas. El interior, cuidado y con detalles agradables, tiene bar, restaurante, salón con chimenea, sala de estar y 9 habitaciones dobles con baño, algunas con terraza. Precios (según tipo): habitación doble de 6.500 a 7.500; desayuno 500; media pensión alimenticia 2.500. *Observaciones: descuentos por estancias largas.*

Terrateig (VALENCIA)

Población de la comarca de la Vall d'Albaida, a 15 km de Gandía. *Excursiones: monasterio de St. Jeroni de Cotalba; sierra de la Safor.*

La Casa del Morqui
Cº. Tossal 1. Tfs. 96/284 55 31 y 289 63 69
Hermosa masía completamente reformada, presidida por un torreón y situada a 1 km del pueblo, con un frondoso jardín, huerto y piscina. El interior, cuidado y con mobiliario coqueto, tiene bar, sala de estar, comedor, 5 habitaciones dobles con baño, 3 de ellas con terraza, y 1 *suite*. Precios: habitación doble 6.500; con terraza 8.500; desayuno incluido. *Observaciones: admiten animales.*

La Vall de Laguart (ALICANTE)

Conjunto de tres barrios, en plena Marina Alta, con abundantes manantiales. *Excursiones: pinturas rupestres del barranco de l'Infern y del Pla de Petracos; presa abandonada de Isbert; parque natural de Montgó.* En **Orba**, *cerámica y alfarería.* En **Gata de Gorgos**, *cestería y esparto.*

La Casota
Tfs. 96/558 36 46 y 629/50 17 42
Casa de labranza de piedra, antaño unida a un secadero de pasas, con huerta ecológica, frutales y patio. Tiene sala de estar, bodega, comedor, salón con chimenea y 4 habitaciones dobles, abuhardilladas y con salida independiente al jardín. Precios: habitación doble 7.500; desayuno 600; cena 1.800. *Observaciones: la propiedad alquila otra vivienda para 6 personas; guía para excursiones; cruceros en barco de vela.*

Villena (ALICANTE)

Activa localidad presidida por el castillo de la Atalaya. Templos, museos y famosas fiestas de Moros y Cristianos. *Excursiones: sierra de Salinas; santuario de la Virgen de las Virtudes. Museo de la Muñeca.*

Casa del Procurador
Las Virtudes. Tf./fax 96/597 91 61
Casa de labor del s. XIX, levantada con materiales procedentes de vías del ferrocarril y rodeada de un espacio ajardinado, próxima al santuario de Las Virtudes. Tiene salón-comedor con chimenea y 5 habitaciones dobles, habilitadas en las primitivas cuadras, con 2 baños y 2 aseos. Precios: habitación doble 5.000, desayuno incluido; comida o cena de 1.500 a 3.000. *Observaciones: alquiler de caballos y bicicletas.*

Apartamentos y casas de alquiler completo

Altea (ALICANTE)

Casa Daniel
C/ S. Pablo 8
Tfs. 608/96 52 03 y 96/544 53 92
Agradable casa tradicional, en el casco viejo, cerca de la iglesia. Interior cuidado y capacidad para 4/6 personas. Precios: día 11.000.

Benissa (ALICANTE)

Casa Bernia
Tfs. 96/573 20 59 y 606/78 77 79
Casa de comienzos del s. XX, en plena sierra y a 15 km de la costa. Sala de estar, salón-comedor con chimenea, cocina con barbacoa, 5 habitaciones dobles y 2 baños. Precios (según temporada): persona/día de 2.000 a 3.000.

El Galliner
Tf. 96/573 16 91
Casita rústica, restaurada, rodeada de un jardín con estanque, piscina y barbacoa, en una zona del interior próxima a la Costa Blanca, entre Benissa y Jalón. Salita, cocina, 1 habitación doble y 1 baño. Precios: fin de semana 24.000; semana 40.000.

Facheca (ALICANTE)

La Mestra
Tf. 606/02 33 25
Antigua vivienda de la maestra, en el casco urbano. Incluye 2 viviendas con salón-comedor, chimenea, cocina, 1 baño, 1 habitación sencilla y 1 ó 2 dobles. Precios : persona/día 3.000. *Observaciones: la propiedad alquila además una casa de 7 plazas.*

Quesa (VALENCIA)

Casa Villar
Tf. 976/33 56 32
Vivienda de comienzos del s. XX, con terraza y patio interior. Interior modesto, con estancias pequeñas, salón-comedor con chimenea, despensa, cocina, 3 habitaciones dobles y 2 baños. Precios : persona/día 2.500.

Rafol d'Almunia (ALICANTE)

La Caseta
Tfs. 96/566 62 98 y 578 55 77
Sencilla casa de aperos, restaurada, a las afueras del pueblo, en un paraje arbolado. Sala de estar con chimenea, cocina, 3 habitaciones dobles y 1 baño. Precios (según temporada): fin de semana 18.000; semana de 45.000 a 55.000.

Pueblos de Valencia y Alicante

Apartamentos y casas de alquiler completo

Requena (Valencia)

La Purísima
Tfs. 96/230 00 64 y 230 18 17
Conjunto de 20 casas-refugio, en una extensa finca cercana a la localidad, con piscina y zonas deportivas. Chimenea, cocina, baño y capacidad para 4, 6, 10, 15 ó 20 personas. Precios (según temporada y capacidad): día de 5.500 a 20.000.

San Vicente del Raspeig (Alicante)

Chez Àngela
Partida Moralet
Tf. 965/96 06 96
Casa de labranza, en un alto con vistas del mar y rodeada de un jardín con velador y piscina. Agradables detalles decorativos, comedor, salón con chimenea, cocina, 3 habitaciones dobles y 1 baño. Precios: día 9.000; semana 56.000.

Lugares de interés

Altea. Agradable localidad costera, con un precioso casco histórico de calls estrechas y casas encaladas que suben por el monte. Portal Vell y Nou, restos de la muralla y barrio pescador de Raval del Mar. *Excursiones: playas y macizo de Mascarat, con acueducto romano; jardín botánico de cactus. Cuero, alfarería y joyería artesanal.*

Benissa. Pueblo situado en un altozano, junto a la sierra de Bernia. Conserva la iglesia del s. XIX, llamada la "catedral de La Marina". *Excursiones: vértice geodésico de Cau; calas de La Fustera y Les Bassetes; barrancos de Conquet y Fondo; playas de Calpe. En* ***Jalón****, mercadillo de antigüedades los sábados. En* ***Teulada****, rastrillo los domingos. En* ***Denia****, venta de antigüedades.*

Facheca. Localidad agrícola, a los pies de Serrella (1.345 m). En la plaza conserva un olmo centenario. *Excursiones: nevero del Pla de la Casa; ruta del molino y ruta de Gavanilles.*

Quesa. Pequeña población del interior, en una zona montañosa y de terreno abrupto. *Excursiones: cuevas de La Araña, con pinturas rupestres; salto de Millares; cascadas de Playamonte y Barcal, con zonas de baño. En* ***Albuixech****, capazos, cestas y escobas de palma.*

Rafol d'Almunia. Pequeña localidad de la Marina Alta, en un paisaje serrano dedicado al cultivo del almendro y del naranjo. *Excursiones: cueva de las Calaveras; cuevas del Rull; sierra Aitana; parque natural de Montgó; fuente del Algar.*

Requena. Ciudad histórica: restos de fortaleza árabe, conjunto histórico del barrio de la Villa, iglesia gótica del Salvador, convento franciscano y puente románico. *Excursiones: molino de El Medio; nacimiento del río Mijares; hoces del río Cabriel; balneario de los Hervideros.*

San Vicente del Raspeig. Localidad cercana a la capital alicantina. *Excursiones: pueblo de Agost, con museo de alfarería; pantano de Tibi; palmeral de Elche; isla y pueblo de Tabarca, accesible en barco desde Alicante.*

PORTUGAL

Minho y Douro

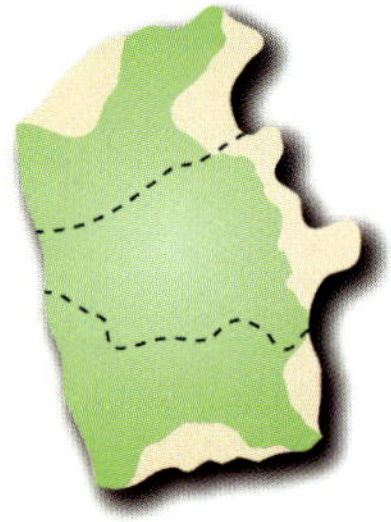

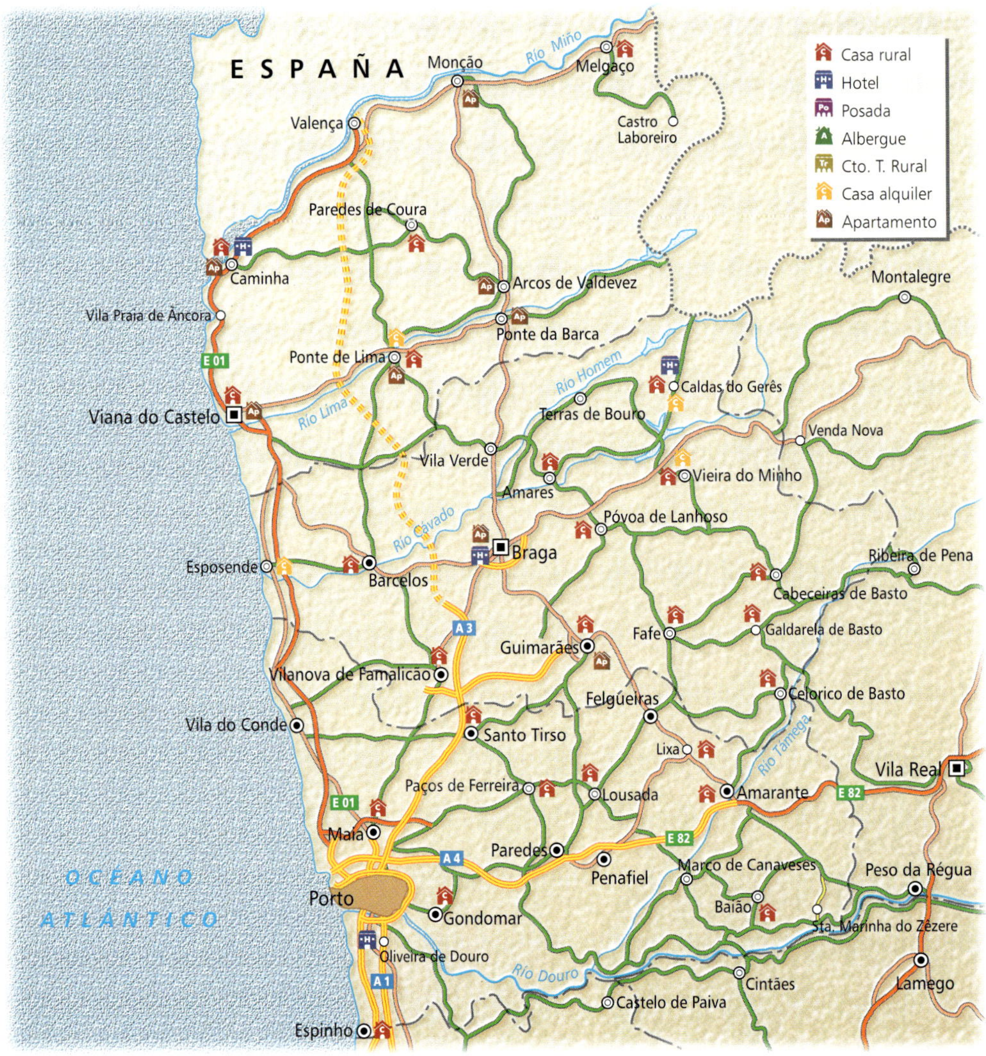

Amarante (Porto)

Preciosa villa de origen romano situada en una zona de abundante vegetación, bordeada por el Tâmega. Conserva una interesante arquitectura civil de los s. XVII y XVIII, el monasterio de S. Gonçalo, del s. XVI, con un magnífico órgano, el templo de S. Pedro, de fachada barroca, y los museos Souza Cardoso y de arte sacro. *Excursiones: conjuntos megalíticos de Aboboreira y Meninas dos Castros; ruinas del monasterio románico de Gatão; miradores de Vale de Olo y Mancelos; recorridos del Tâmega en canoas; cascadas y sierra de Marão, con pueblos de pizarra; estación termal de Murtas; campo de golf. Trabajos de cerámica; bordados de lino y fábrica de tejas. En* ***Lixa****, bordados.*

Casa da Cerca d'Além
Tf. 255/43 14 49
Casona señorial del s. XVII, ribereña del Tâmega, con jardín y con vistas sobre el casco histórico. Tiene sala de estar, biblioteca y 4 habitaciones dobles con baño. Precios: habitación sencilla 8.000 esc.; doble 11.000 esc.; desayuno incluido.
✉ Trato muy amable. Decoración cálida, llena de recuerdos de un sabio antepasado de la dueña.

Casa da Obra
***Fregim*. Tf. 255/44 69 07**
Alojamiento habilitado en un hermosa quinta agrícola, rodeada de abundante vegetación boscosa. Tiene jardín, piscina, salas de estar y de lectura y 7 habitaciones dobles. Precios*: habitación doble 9.000 esc., desayuno incluido; comida de 2.000 a 3.000. *Observaciones: disponen de restaurante.*
✉ Habitaciones y casa muy cuidadas. Comida sabrosa y abundante. A destacar la tranquilidad del jardín.

Casa de Pascoaes
***S. João de Gatão*. Tf. 255/42 25 95**
Bonito solar del s. XVI, con una magnífica fachada, próximo al río Tâmega. Tiene jardín, comedor, salón con chimenea, biblioteca y 3 habitaciones dobles con baño. Precios (según temporada): habitación doble de 15.000 a 18.000 esc., desayuno incluido. *Observaciones: tiene un museo con recuerdos del poeta Teixeira de Pascoaes.*

Amares (Braga)

Villa de la cuenca del Miño, que antigamente se hizo famosa por las termas de Caldelas, con uno de los manantiales más ricos del país. Iglesia parroquial, picota y monasterio de Santa Maria do Bouro. Conserva dos puentes romanos sobre los ríos Homem y Cávado.

Quinta do Burgo
***Lugar dos Almeidas*. Tf. 253/99 27 49**
Casa solariega, con horno, molino, un *espigueiro* del s. XIX, un gran jardín y porche para los desayunos. Tiene salas de estar, comedor, 6 habitaciones dobles, 4 de ellas con baño, y 4 apartamentos de 2 ó 4 plazas. Precios (según temporada): habitación doble con baño de 10.000 a 12.000 esc.; apartamento de 4 plazas de 16.000 a 17.500 esc. diarios; desayuno incluido. *Observaciones: alquiler de caballos y bicicletas.*

Baião (Porto)

Localidad próxima al Duero, en un paisaje arbolado con numerosas casas solariegas. Conserva la iglesia de Sta. Leocadia, reformada en el s. XVIII. *Excursiones: convento románico de Ermelo; bonita villa termal de Caldas de Aregos, al borde del Duero; casa del escritor Eça de Queiroz, en Ovil; valle del Duero; sierra de Marão; embalse de Pala; dolmen de Cha, en Parada; monumentos megalíticos de la sierra de Aboboreira.*

Casa de Cochêca
***Mesquinhata*. Tf./fax 255/55 11 74**
Quinta del s. XVI situada en un valle agrícola próximo al Duero, con jardín, piscina y capilla. Tiene sala de estar, comedor, taller de artesanía y 4 habitaciones dobles con baño. Precios: habitación doble 17.000 esc., desayuno incluido.

Casa de Fundo de Vila
***Gestaçô*. Tf. 254/00 21 60**
Casa tradicional con huerto, capilla y jardín. Tiene sala de estar, 5 habitaciones dobles con baño y 1 *suite*. Precios: habitación doble 8.000 esc.; *suite* 10.000 esc.; desayuno incluido. *Observaciones: cocina de la región, asados de horno de leña y vinos de la casa.*

Minho y Douro

Barcelos (BRAGA)

Localidad situada en una región de relieve accidentado, habitada desde el Paleolítico. Excelente conjunto monumental: palacio del Solar dos Pinheiros, casas del Condestável, Malheiros, Gayos y Carmonas, colegiata de Sta. María Maior, patio del convento de Vilar de Frades, renacentista. Rincones evocadores, como el Largo do Apoio, el paseo do Assentes y el jardín de las Barrocas. *Excursiones: ruinas del castillo de Monte de Orastro; molinos de Airó; casa noble de Fervença, en Gilmonde; petroglifos del Laje dos Sinais; ciudad monumental de Braga; litoral de Esposende; parajes de los ríos Neiva y Cavado; mirador de S. Brás, en lo alto de Barcelinhos; fuentes y manantiales de Sta. Eulalia de Aguas Santas; campos de golf de Estela y Ponte de Lima; parque nacional de Peneda-Gerês.* *Trabajos de bordados; miniaturas de utensilios agrícolas en madera; cerámica, incluyendo la popular figura del gallo, símbolo del país y protagonista de una leyenda local; mercadillo popular todos los jueves y tiendas de artesanías.*

Casa dos Assentos
***Quintiães*. Tf. 253/88 11 60. R. 258/74 16 72**
Magnífica casa de campo, del s. XVII, junto a la iglesia de la localidad, con jardín y piscina. Tiene 5 habitaciones dobles con baño y 3 apartamentos con sala de estar, chimenea, cocina y 2 ó 3 habitaciones dobles, con baño. Precios: habitación doble 14.000 esc.; apartamento para 4 personas 22.400 esc. diarios; desayuno incluido.
La dueña es encantadora y los jardines, una delicia.

Casa do Monte
Abade de Neiva
Tf. 253/81 15 19. R. 258/74 16 72
Casa de campo, con piscina, rodeada de un extenso jardín con pinos, cedros y robles. Tiene bar, sala de estar, cocina, 4 habitaciones dobles y 1 apartamento para 4 personas. Precios: habitación doble 10.600 esc.; apartamento de 4 plazas 17.800 esc. diarios; desayuno incluido.

Quinta do Convento da Franqueira
Pereira
Tfs. 253/83 16 06 y 83 18 53. Fax 253/83 22 31
Antiguo convento, levantado en el s. XVI con piedras de un castillo, rodeado de viñedos y jardines, con capilla, piscina y bodega propia de *vinho verde*. Tiene un interior acogedor, con salón, chimenea y 4 habitaciones dobles con baño. Precios: habitación doble 16.000 esc., desayuno incluido.

Quinta de S. João e do Espírito Santo
***Vila Boa*. Tfs. 253/81 14 92 y 22/616 07 56**
Casa señorial del s. XVII, con capilla y piscina, rodeada de árboles centenarios y en una finca con producción propia de *vinho verde*. Tiene sala de estar, sala de desayunos, 4 habitaciones dobles y 2 *duplex*. Precios: habitación doble 10.000 esc.; desayuno incluido. *Observaciones: estancias mínimas de 2 días.*

Quinta de Santa Comba
Lugar de Crujães
Tfs. 253/83 21 01 y 83 14 40. R. 258/74 16 72
Quinta de buena planta, con capilla, jardín, lago, piscina y producción propia de *vinho verde*. El interior, muy acogedor, cuenta con sala de estar, cocina, 6 habitaciones dobles con baño y 3 apartamentos para 2/4 personas. Precios: habitación doble 11.000 esc., desayuno incluido. *Observaciones: comidas previo encargo; alquiler de caballos; aula de equitación.*

Quinta do Tarrio
***Tamel*. Tf. 253/88 15 58. Fax 253/88 27 73**
Quinta agrícola del s. XVII, destinada a la producción de maíz, con un gran *espigueiro*, jardín, piscina, un amplio patio y zonas de emparrado, emplazada en una ladera cercana a Barcelos. Tiene salas de estar con chimenea, comedor y 4 habitaciones dobles con baño. Precios: habitación doble 13.000 esc., desayuno incluido. *Observaciones: se puede disponer de parrillas en el jardín.*

Braga
(Braga)

Capital de la provincia del Minho. Buen conjunto monumental: catedral, casa de los Coimbras, templos renacentistas y manuelinos; parque de Sta. Barbara; monasterio de Tibás. *Excursiones: santuario de Bom Jesus, con espléndidas vistas; Citania de Briteiros; sierras de Gerês y Soajo.*

Castelo de Bom Jesus

Bom Jesus. **Tf. 253/67 65 66. Fax 253/67 76 91**

Castillo del s. XVIII, con vistas sobre la ciudad y rodeado de un parque con estanques y árboles centenarios. Tiene biblioteca, salas de estar, sala de música, comedor y 13 habitaciones dobles con baño. Precios* (según tipo): habitación doble de 15.000 a 20.000 esc.; *suite* 35.000 esc.; cena 4.000 esc. *Observaciones: alquiler de barcas y caballos.*

✉ El jardín derrocha fantasía. De visita obligada.

Cabeceiras de Basto
(Braga)

Agradable localidad en una región cruzada por el Tâmega. Casas blasonadas, estatua de el guerrero Basto, monasterio de S. Miguel y solar de Taipa. *Excursiones: playas fluviales de Refojos y de Arco de Baulhe; sierra de Graça; parque natural de Alvão; cataratas de Ermelo. En la Casa da Tojeira, venta de toallas de lino y piezas de artesanía, como jarras y reproducciones de aperos y «espigueiros».*

Casa da Granja

Vila Nune. **R. 258/74 16 72**

Casa solariega del s. XVIII, rodeada de jardín y con excelentes vistas de la zona. Tiene sala de estar, biblioteca y 3 habitaciones dobles con baño. Precios: habitación doble 14.000 esc., desayuno incluido.

Casa da Tojeira

Faia

Tfs. 253/66 31 69 y 42 00 70. Fax 253/66 31 69

Bella construcción señorial del s. XVII, integrada en una quinta agrícola, con piscina cubierta y un amplio jardín. Tiene bar, sala de estar, bodega, horno de pan, 7 habitaciones dobles con baño y 5 apartamentos de 2/4 plazas. Precios (según temporada): habitación doble de 16.500 a 18.500 esc., desayuno incluido. *Observaciones: alquiler de caballos y bicicletas.*

Caminha
(Viana do Castelo)

Bonita villa situada en la desembocadura del Miño, con vestigios arqueológicos celtas y romanos. Fachadas barrocas y renacentistas, iglesia gótica, torre do Relógio, edificio de Paços do Concelho y agradable plaza, con animadas terrazas. *Excursiones: dolmen de Barrosa y monte del Calvário, en Vila Praia de Ancora, torre de Lanhelas; playa fluvial de Caminha; parajes del Miño y del Coura. Bordados, encajes, cerámica y forja.*

Quinta da Graça

Vilarelho. **Tf. 258/92 11 57. R. 258/74 16 72**

Edificio del s. XVII, reformado posteriormente, con jardín, piscina y excelentes vistas del Miño y del valle de Coura. Tiene bar, biblioteca, sala de estar, comedor, 7 habitaciones dobles y 3 apartamentos de 2 plazas. Precios: habitación doble 14.000 esc.; apartamento 14.000 esc. diarios.

Casa da Anta

Lanhelas. **Tf. 258/72 15 95**

Hotel habilitado en un caserón de piedra, típico de la arquitectura del Miño, en torno a un patio con hórreo, merendero y emparrados. El interior, con mobiliario agradable, dispone de restaurante y 15 habitaciones dobles con baño, algunas con altillo. Precios*: habitación doble 11.000 esc.; desayuno 700 esc.; comida o cena 2.500 esc. *Observaciones: organizan exposiciones de pintura y actos culturales.*

Celorico de Basto
(Braga)

Localidad de fundación muy antigua, próxima al parque natural de Alvão. *Excursiones: castro de Palhaços y monumentos megalíticos; ciudades de Vila Real, Amarante y Guimarães; cataratas de Ermelo y pueblos de pizarra del parque natural de Alvão; sierras de Marão y Senhora da Graça.*

Casa do Campo

Morales. **Tf./fax 255/36 12 31. R. 258/74 16 72**

Solar de principios del s. XVIII, con piscina y un bonito jardín de camelias, entre las que se encuentra la más antigua de Portugal. Tiene bar, sala de piano, comedor, 1 habitación sencilla y 7 dobles. Precios: habitación doble 14.000 esc., desayuno incluido. *Observaciones: cocina con especialidades de la zona*

Minho y Douro

Espinho
(Aveiro)

Localidad costera de vieja tradición estival, con buenas playas. *Excursiones: bellísima ciudad de Oporto, asomada sobre el tramo final del Duero y con un denso patrimonio de arquitectura barroca; castillo da Feira; ría de Ovar.*

Vila Maria
Tf./fax 22/734 03 53. Tf. 22/734 39 29
Edificio de finales del s. XIX, rodeado de jardín y con un emplazamiento tranquilo. Tiene bar, sala de estar, comedor y 6 habitaciones dobles con baño. Precios*: habitación doble 9.000 esc. *Observaciones: comidas previo encargo.*

Fafe
(Braga)

Pueblo levantado durante el siglo pasado, con interesantes construcciones palaciegas, como los solares da Luz y dos Santos. Entre los edificios civiles destaca también el mercado do Peixe. *Excursiones: monte de Viso; parque natural de Alvão y parajes del Tâmega.*

Casa das Paredes
Lugar do Soeiro
Tfs. 253/50 12 27 y 22/606 49 10
Edificio señorial del s. XVII, con finca agrícola, capilla, piscina y jardín con camelias centenarias. Tiene salas de estar y de juegos, 7 habitaciones dobles y 2 apartamentos para 2 y 4 personas. Precios: habitación doble 14.000 esc.; apartamento de 2 plazas 14.000 esc. diarios; 4 plazas 22.400 esc. diarios; desayuno incluido. *Observaciones: descuentos por estancias largas.*

Gandarela de Basto
(Braga)

Localidad asentado en la región de Basto, con su bello paisaje de viñedos. *Excursiones: poblaciones de Cabeceiras y Arco de Baulhe; parque natural de Alvão; monte de Nossa Sra. da Graça; sierra de Cabreira; espectacular mirador del monte Farinha.*

Solar do Souto
***S. Clemente.* Tf. 253/65 51 42**
Edificación señorial del s. XVIII, con capilla, piscina y un bello jardín lleno de rincones y camelias centenarias. El interior cuenta con una excelente biblioteca, una galería de aire renacentista, salas de estar, 5 habitaciones dobles y una casa independiente para 10 personas. Precios*: habitación doble 13.000 esc., desayuno incluido; vivienda 40.000 esc. diarios; cena 3.500 esc.

Gerês
(Braga)

Localidad termal, surgida durante el s. XIX en torno a unos famosos balnearios. *Excursiones: Vilarinho das Furnas; ruinas del castillo medieval de Piconha, sobre un enorme roquedal; parque nacional de Peneda-Gerês, con una calzada romana y restos de algunos monasterios, como Pitões das Júnias; playa fluvial y zonas de deportes náuticos en el embalse de Caniçada; parque natural de Xures, en Galicia.* Tiendas de artesanía en **Caldas de Gerês** y en la Quinta do Agrinho.

Quinta de Gestaçós
***Vilar da Veiga.* Tf. 253/39 14 91**
Construcción sencilla, en pleno parque nacional de Peneda-Gerês, con jardín y excelentes vistas sobre el pantano de Caniçada. Tiene bar, comedor y 6 habitaciones dobles. Precios*: habitación doble 8.670 esc. *Observaciones: comidas previo encargo.*

Quinta do Agrinho
***Valdozende.* Tf. 253/37 71 28. Fax 253/37 71 22**
Conjunto de edificios en un precioso paraje sobre el embalse de Caniçada, con piscinas, pistas de tenis y embarcadero. Tiene restaurante, 10 habitaciones dobles con baño y 4 casas para 4/6 personas. Precios (según temporada): habitación doble de 12.000 a 16.000 esc., desayuno incluido; viviendas de 25.000 a 35.000 esc. diarios. *Observaciones: alquiler de caballos y bicicletas.*

Gondomar
(Porto)

Vieja población ribereña del Duero. Iglesia de Na. Sra. de Ajuda y casa do Paço. *Excursiones: pueblo de Valbom, con sus típicos barcos «valboeiros»; playa fluvial de Lomba; miradores de Jovim y Gondomar.*

Quinta da Lomba
***Lomba.* Tf. 22/464 74 88**
Casa blasonada del s. XVII, con capilla, jardín, piscina y una hermosa panorámica del pantano de Crestuma-Lever y el río Duero. Tiene bar, sala de estar, comedor, 3 habitaciones dobles con baño y 3 apartamentos de 2 plazas. Precios: habitación doble 14.000 esc., desayuno incluido. *Observaciones: alquiler de barcas.*

Guimarães
(Braga)

Burgo nacido en torno al monasterio del Salvador do Mundo, sobre una peña bordeada por el Miño. Excelente conjunto monumental: plazas empedradas, castillo, Largo do Carmo, rodeado de edificaciones del s. XVIII, calles de Sta. María y Camões, con bellas balconadas, templo románico de S. Miguel do Castelo, Colegiata del s. XIII, iglesia de los Capuchos, con una buena colección de azulejos, jardines en terraza de la Quinta de Vila Flor. *Excursiones: citania celta de Briteiros; dólmenes y castros de Caldelas; balnearios de Caldas das Taipas y Bizela; iglesia de S. Torcato; localidad de Vila Nova, con palacio de los duques de Guimarães y la iglesia-colegiata de Oliveira; miradores de Penha, Lapinha y S. Bento, coronados por santuarios.*

Casa dos Pombais
Avda. de Londres
Tf. 253/41 29 17. R. 258/74 16 72

Solar del s. XVIII situado a las afueras de Guimarães, con un cuidado jardín. Tiene sala de estar y 2 habitaciones dobles con baño. Precios*: habitación doble 14.000 esc.

Casa do Ribeiro
S. Cristovão de Selho
Tf. 253/53 28 81. R. 258/74 16 72

Hermosa quinta solariega del s. XVII, rodeada de arbolado, en una gran finca con jardín. Tiene sala de estar, comedor, biblioteca, 3 habitaciones dobles y 1 *suite*. Precios* (según temporada): habitación doble 14.000 esc., desayuno incluido.

Casa de Sezim
***Nespereira.* Tf. 253/52 31 96**

Preciosa edificación blasonada del s. XVIII, con capilla, jardín y piscina, situada en un paraje tranquilo. Tiene comedor, biblioteca y 9 habitaciones dobles. Precios: habitación doble 18.500 esc., desayuno incluido. *Observaciones: comidas previo encargo; alquiler de caballos y bicicletas.*

La dueña es muy amable. Los salones de la casa, sobre todo el mobiliario, son un verdadero museo.

Paço de São Cipriano
***Tabuadelo.* Tf. 253/56 53 37**

Casa señorial del s. XVIII, con torre medieval, piscina, jardines de boj, frutales y viñedos. Tiene biblioteca, comedor, cocina con horno de pan y 7 habitaciones dobles, 1 de ellas en la torre, con chimenea. Precios (según temporada): habitación doble de 16.500 a 18.500 esc., desayuno incluido.

Trato y acogida excelentes. Edificio precioso, con zonas de bosque, jardín y una deliciosa capilla barroca.

Quinta de Cima de Eiriz
***Calvos.* Tf. 253/54 17 50. R. 258/74 16 72**

Bella casa de la región, con paredes de granito, situada en la ladera sur de la montaña de Penha, con jardines, piscina y buenas vistas del río Vizela. El interior, decorado con mobiliario antiguo, tiene sala de estar, comedor y 4 habitaciones dobles con baño. Precios: habitación doble 10.600 esc., desayuno incluido.

Lixa
(Porto)

Pequeño lugar de Borba de Godim, en el concejo de Felgueiras. *Excursiones: monte Ladário; Marco de Simães; monasterio de Pombeiro.*

Casa Dr. José Bento
Largo Joaquim Coimbra. Tf. 22/618 56 46

Casa de piedra de finales del s. XVII, catalogada como una de las más antiguas de la región, con jardín. Tiene grandes salones y 3 habitaciones dobles con baño. Precios* (según tipo de habitación): habitación doble de 7.000 a 10.000 esc., desayuno incluido. *Observaciones: comidas previo encargo.*

Minho y Douro

Lousada
(PORTO)

Pueblo asentado en una región de viejas creencias mágicas. Capilla del s. XVIII. *Excursiones: iglesia románica de Cernadelo; villas de Amarante y Penafiel; termas de S. Vicente; zonas de baño en el río Tâmega; campo de golf de Amarante.*

Casa Grande de Vilela
Aveleda. **Tf./fax 255/91 32 64**

Construcción solariega del s. XVII, que disfruta el privilegio de las «Tábuas Vermelhas», por el que le son perdonados los errores a quien se albergua en ella. Tiene sala de estar, comedor y 6 habitaciones dobles con baño. Se puede alquilar entera. Precios*: habitación doble 8.500 esc.; desayuno incluido; comida o cena 2.000 esc.; vivienda 30.000 esc. diarios. *Observaciones: alquiler de caballos.*

Maia
(PORTO)

Capital de uno de los concejos más industrializados de la región. Conserva el monasterio de Moreira, rodeado de un jardín con fuentes. *Excursiones: ciudad de Oporto, con abundantes edificios barrocos; monasterio de Aguas Santas; mirador de Santo Ovídio.*

Quinta da Granja
Aguas Santas
Rua M. Francisco Araújo 444. Tf. 22/971 01 47

Residencia noble del s. XVIII, con capilla y un bello jardín de camelias y azaleas. Tiene bar, comedor, biblioteca, sala de estar y 3 habitaciones dobles con baño. Se puede alquilar entera. Precios: habitación doble 18.500 esc., desayuno incluido. *Observaciones: abierta de mayo a octubre.*

Melgaço
(VIANA DO CASTELO)

Villa ribereña del Miño. Castillo del s. XII, muralla, casonas y templo del s. XIII. *Excursiones: monasterio de Fiaes; pueblos abandonados de la sierra de Peneda; parque nacional de Peneda-Gerês; fuente de aguas medicinales del Peso. Colchas de pura lana; sábanas y toallas bordadas a mano.*

Quinta da Calçada
Tf. 251/40 25 47. R. 258/74 16 72

Alojamiento que forma parte de una quinta del s. XVII, muy representativa de la arquitectura del alto Miño, con jardín, piscina y explotación agrícola. Cuenta con sala de estar, biblioteca y 3 habitaciones dobles con baño. Precios: habitación doble 14.000 esc., desayuno incluido. *Observaciones: la casa cuenta con un museo rural.*

Oliveira do Douro
(PORTO)

Villa próxima a Oporto, situada en la ribera sur del Duero. *Excursiones: Vila Nova de Gaia, con sus añejas bodegas de Oporto y espléndidas vistas de la ciudad; embalse de Crestuma-Lever; zona de baños termales en Entre-os-Rios; playas de Vila do Conde.*

Quinta de S. Salvador
Quebrantões
Tfs 22/375 92 22 y 370 25 75. Fax 22/370 36 21

Hermoso solar situado en la margen izquierda del Duero, próximo al centro histórico de Oporto y a las famosas bodegas. Tiene restaurante, salas de reuniones, sala de estar y 7 habitaciones dobles con baño. Precios: habitación sencilla 14.500 esc.; doble 16.000 esc.; desayuno incluido. *Observaciones: disponen de picaderos con caballos.*

Paços de Ferreira
(PORTO)

Localidad de origen medieval, en un término donde abundan restos de la Edad de Hierro. Monasterio de S. Pedro de Ferreira. *Excursiones: citania de S. Fins; monte del Pilar. Talleres de carpintería; los días 5 y 21 de cada mes, feria con venta de artesanía: barro, cestería, etc.*

O Ramalhete
Frazão. **Tfs. 255/87 17 22 y 22/711 42 32**

Edificio de comienzos de siglo, con huerto, jardín, pista de tenis y piscina, a 4 km de Paços de Ferreira. La zona de alojamiento tiene sala de estar, sala de juegos, 1 habitación sencilla y 4 dobles, 3 de ellas con baño. Se puede alquilar entera. Precios: habitación sencilla 7.000 esc.; doble 9.000 esc.; desayuno incluido; vivienda 70.000 esc. fin de semana.

Paredes de Coura
(VIANA DO CASTELO)

Población situada en una región montañosa, rica en vestigios arqueológicos. Conserva la iglesia del Espirito Santo, barroca, con bellas tallas. *Excursiones: parajes del Miño; playas de Caminha; parque nacional de Peneda-Gerês; sierra de Soajo.*

Casa do Paço
Ferreira
Tf. 251/78 25 42. Fax 251/78 37 08

Pazo del s. XVI, en una extensa finca con bosque, capilla, jardín y huerto. Tiene sala de estar, comedor con chimenea y 12 habitaciones dobles con baño. Precios: habitación doble con baño 14.000 esc., desayuno incluido.

Ponte de Lima (Viana do Castelo)

Ciudad surgida en tiempo de los romanos, en un cruce de distintas vías, entre ellas la que unía Braga y Astorga. Buen conjunto monumental: puente de 27 arcos, casas solariegas de los s. XVII y XVIII. Iglesia parroquial con elementos románicos y renacentistas, restos de la muralla y capilla de S. Antonio, con una bella colección de azulejos del s. XVIII. *Excursiones: conjuntos monumentales de Moreira de Lima, Viana do Castelo y Ponte da Barca; casa torre de Beiral; pazo barroco de Bertiandos; playas fluviales en el río Lima; sierras de Soajo y Lindoso; sierra de Arga; montes de Sta. Madalena y Sto. Ovidio; campo de golf de Estela.* *Bordados de lino; cestos de mimbre. En* ***Pedras Finas****, trabajos en piedra: imágenes, relojes de sol,...; bordados regionales; cestería; cerámica y talla de madera.*

Casa do Antepaço
Tf. 258/94 17 02

Casa rural en una finca agrícola, junto al río Lima, con jardín y piscina. Tiene sala de estar con chimenea, cocina, comedor y 4 habitaciones dobles con baño. Se puede alquilar entera. Precios: habitación doble 10.000 esc.; vivienda 40.000 esc. diarios; desayuno incluido. *Observaciones: descuentos por estancias largas.*

Casa do Arrabalde
Alem da Ponte Arconzelo
Tf. 258/74 24 42. R. 258/74 16 72

Casa del s. XVIII, con jardín, capilla, huerto y piscina. Tiene sala de estar, 4 habitaciones dobles y 2 apartamentos de 4 plazas. Precios: habitación doble 14.000 esc.; apartamento de 4 plazas 22.400 esc. diarios, desayuno incluido.

Casa do Baganheiro
Queijada. Tf. 258/74 96 12

Edificación noble, del s. XVII, con un cuidado jardín y piscina. Tiene bar, sala de estar, comedor, 3 habitaciones dobles, 1 apartamento de 4 plazas y 1 de 6 plazas. Precios: habitación doble 14.000 esc., desayuno incluido; apartamento de 4 plazas 22.400 esc. diarios.

Casa de Crasto
Ribeira. Tf. 258/94 11 56. R. 258/74 16 72

Casa solariega del s. XVII, con jardín y una bella galería de piedra. Tiene comedor con chimenea, biblioteca y 6 habitaciones dobles. Precios: habitación doble 14.000 esc., desayuno incluido. *Observaciones: comidas previo encargo.*

Casa do Outeiro
Arcozelo. Tf. 258/94 12 06

Bello caserón de piedra, con un tupido jardín de arbolado y una terraza cubierta donde se sirven los desayunos. El interior, decorado con abundantes piezas antiguas, tiene biblioteca con chimenea, una gran cocina con lareira y 3 habitaciones dobles con baño. Precios: habitación doble 14.000 esc., desayuno incluido; cena 3.500 esc.

Casa das Pereiras
Largo das Pereiras. Tf./fax 258/94 29 39

Casa del s. XVII, con jardín, capilla y piscina, situada en la zona histórica de Ponte de Lima. Tiene bar, comedor, sala de estar con chimenea, salón de desayunos y 3 habitaciones dobles con baño. Precios: habitación doble 12.000 esc., desayuno incluido. *Observaciones: hay un campo de golf a 1 km.*

Minho y Douro

Ponte de Lima
(VIANA DO CASTELO)

Ver página anterior.

Casa de São Gonçalo
***Arcozelo*. Tf. 258/94 23 65. R. 258/74 16 72**

Edificación rústica del s. XIX, rodeada de huerta, con bonitas vistas de Ponte de Lima. Tiene sala de estar con chimenea, cocina, 1 habitación doble y 1 apartamento de 2 plazas. Precios: habitación doble 10.600 esc.; apartamento 10.600 esc. diarios; desayuno incluido.

Paço de Calheiros
Calheiros

Tf. 258/94 71 64. R. 258/74 16 72

Monumental pazo, catalogado como uno de los más representativos de Ponte de Lima, situado en una de las colinas que circundan la villa, con jardines, piscina y cancha de tenis. Tiene amplios salones, 9 habitaciones y 6 apartamentos. Precios: habitación doble 18.600 esc., desayuno incluido.

Quinta da Roseira
Tf. 258/94 13 54. R. 258/74 16 72

Edificación del s. XIX, en una quinta agrícola, con piscina, jardín y bellas vistas del río y de Ponte de Lima. Tiene 6 habitaciones dobles. Precios: habitación doble 14.000 esc. *Observaciones: alquiler de caballos.*

Quinta do Salgueirinho
Lugar de Salgueirinho

Tf. 258/94 12 06. R. 258/74 16 72

Edificación rústica, en una finca agrícola con viñas, huerta, frutales y piscina, junto al río Lima. Tiene sala de estar con chimenea, comedor, 1 habitación sencilla y 4 dobles. Se puede alquilar entera. Precios: habitación doble 10.600 esc., desayuno incluido. *Observaciones: descuentos por estancias largas.*

Quinta de Vermil
***Ardegão*. Tf. 258/76 15 95. Fax 258/76 18 01**

Casa del s. XVIII, que fue residencia de la vizcondesa de Mallorca, en una finca rodeada de viñas y frutales. Tiene bodega, sala de estar con chimenea, 8 habitaciones dobles, 3 apartamentos para 2 personas y 1 para 4 personas. Precios: habitación doble 14.000 esc., desayuno incluido; apartamento de 2 plazas 13.700 esc. diarios.

Póvoa de Lanhoso
(BRAGA)

Villa abierta y espaciosa, asentada sobre la cima del monte del Pilar, en una región ocupada desde la antigüedad. Conserva el castillo, el santuario de Na. Sra. do Pilar, así como una picota y algunos edificios nobiliarios.

Ver página siguiente.

Casa do Cazal
São João de Rei

Tfs. 253/99 56 11 y 931/471 24 95

Construcción de piedra restaurada, típica de la región, con jardín, piscina y una bella galería, en una finca con arbolado. Tiene sala de lectura, sala de estar y 2 habitaciones dobles con baño. Precios: habitación doble 12.000 esc., desayuno incluido. *Observaciones: abierta de abril a octubre; alquiler de caballos.*

Póvoa de Lanhoso
(BRAGA)

Ver página anterior.
Excursiones: monasterio de Fonte Arcada, del s. XVII, con influencias visigóticas; vestigios del cementerio romano de Brunhais; santuario de S. Mamede; balneario de Aguas Santas; conjuntos monumentales de Braga y Guimarães; citania de Briteiros; talleres de filigrana de Tavassos; zonas de baño en el río cercano; pantanos de Andorinha y de Guilhofres. Trabajos de filigrana de oro.

Casa de Requeixo
Frades. **Tf. 253/63 11 12**
Noble casa rural del s. XVI, próxima al parque nacional de Peneda-Gerês, con capilla y jardín. Tiene sala de estar con chimenea, comedor, horno de pan, 4 habitaciones dobles y 2 apartamentos para 2 plazas. Precios: habitación doble 10.000 esc.; vivienda 40.000 esc. diarios. *Observaciones: comidas previo encargo; descuentos por estancias largas.*

Quinta de São Vicente
Lugar de Portas. **Tf./fax 253/63 24 66**
Bonita casa rústica, dentro de una finca agrícola, con hórreos, piscina, eras y capilla con un curioso retablo del año 1623. Tiene sala de estar, comedor, 3 habitaciones dobles y 1 apartamento de 4 plazas. Precios: habitación doble 12.000 esc.; apartamento 24.000 esc. diarios; desayuno incluido. *Observaciones: alquiler de caballos.*

Santo Tirso
(PORTO)

Población unida a un monumental monasterio benedictino del s. XVII, con un entorno de montes arbolados. El monasterio, de gran riqueza ornamental, conserva un interesante órgano. *Excursiones: castro romano de Monte Padrão; cascada de Fervença, en Lamelas.*

Quinta da Picaria
Guimarei. **Tf. 252/89 12 97. R. 258/74 16 72**
Bonita casa de piedra, con hórreo, establos y rodeada de arbolado. Tiene sala de estar con chimenea, comedor y 4 habitaciones dobles. Se puede alquilar entera. Precios: habitación doble: 14.000 esc. desayuno incluido. *Observaciones: alquiler de bicicletas; la propiedad alquila otra casa en la misma finca.*

Viana do Castelo
(VIANA DO CASTELO)

Ciudad de origen medieval que alcanzó un auge notable a lo largo de los siglos XVII y XVIII, gracias al comercio con ultramar. Conserva un interesante patrimonio monumental: iglesia parroquial, templo de la Misericordia, capilla de los Malheiros, caserones medievales, castillo de Barra, preciosa plaza empedrada, palacios de los Barbosas Maciéis, de Rego Barreto y de los Távoras. *Excursiones: santuario, mirador y ruinas del castro de Sta. Luzia; villas de Póvoa de Varzim y Vila do Conde; playas de Areosa, Cavedelo, Afife, Carreço, Moledo y Caminha; sierra de Arga; parajes del Lima, el Miño y el Âncora; zonas de baño en el río Neiva; playa fluvial de Barco do Porto. Talleres de carpintería y forja; cerámica; ropa con bordados regionales: sábanas, toallas, mantelerías, etcetera; telares donde se elaboran colchas y alfombras; encajes; zuecos y «chinelas».*

Casa do Carmo
Aldeia de Cima-Neiva. **Tf. 258/87 11 33**
Casa típica de la zona, de comienzos del s. XVIII, situada a 3 km del mar, con capilla y jardín. Tiene sala de estar, comedor y 2 habitaciones dobles. Precios: habitación doble 7.000 esc., desayuno incluido. *Observaciones: alquiler de bicicletas.*

Casa dos Costa Barros
Rúa de S. Pedro 22-28
Tf. 258/82 37 05. Fax 258/82 43 83
Casa del s. XVI, con fachada manuelina, en el centro histórico de Viana. Tiene bar, sala de estar, 2 habitaciones sencillas y 8 dobles. Precios: habitación sencilla 9.000 esc.; doble 12.500 esc.; desayuno incluido.

Casa Grande da Bandeira
Largo das Camelias 488
Tf. 258/82 31 69. R. 258/74 16 72
Bonita edificación del s. XVII, con un jardín de bambús y camelias centenarias, a 3 km de la playa. Tiene sala de estar con chimenea y piano, comedor y 3 habitaciones dobles. Precios: habitación doble 14.000 esc.; desayuno incluido.

Minho y Douro

Viana do Castelo
(VIANA DO CASTELO)

Ver página anterior.

Casa Santa Filomena
Afife. **Tf. 258/98 16 19**

Casa de aspecto acogedor, emplazada en una pequeña quinta a las afueras de Afife en dirección a Cabanas, con cultivos y jardines de parterres. Tiene sala de estar con chimenea y 4 habitaciones dobles con baño. Se puede alquilar entera. Precios* (según tipo de habitación): habitación doble de 8.000 a 10.000 esc., desayuno incluido; vivienda 40.000 diarias.

Casa de Santa Maria
Sta. Maria de Geraz do Lima
Tf. 258/73 23 96

Construcción de granito, en una quinta del s. XVIII, con un cuidado jardín y un curioso museo de jarras. Conserva una antigua bodega y un interior acogedor, con sala de estar, comedor y 4 habitaciones dobles. Precios: habitación doble 12.000 esc., desayuno incluido. *Observaciones: restaurante tradicional y cocina con productos ecológicos.*

Casa do Penedo
Lugar de Gateira
Tf. 258/98 00 00. Fax 258/98 00 09

Caserón de piedra, en la ladera de un monte, con jardín de invierno, piscina y buenas panorámicas del mar. Tiene sala de estar y 6 habitaciones dobles, 4 de ellas con baño, y 1 baño compartido. Precios (según temporada): habitación doble de 6.500 a 7.000 esc.; con baño 7.500 esc.; desayuno incluido.

Quinta Dom Sapo
Cardielos. **Tf. 258/83 90 80. Fax 258/83 90 89**

Alojamiento habilitado en las dependencias de una quinta rodeada de jardín y árboles frutales, con establos, graneros y piscina. Tiene bar, biblioteca, salas de estar y de juegos, comedor y 10 habitaciones dobles con baño. Precios: habitación doble 13.000 esc., desayuno incluido. *Observaciones: estancias mínimas de 3 días; alquiler de bicicletas.*

Vieira do Minho
(BRAGA)

Localidad rodeada de un paisaje agrícola en el que abundan las heredades y las mansiones solariegas. *Excursiones: puente de Misarela o «del diablo», en Ruivães; cementerio romano de S. Cristovão; picota de Rivães; parque nacional de Peneda-Gerês; sierra Cabreira, con antiguas aldeas "comunitarias" y caballos garranos; cascada de Fragilde; «marmitas» del Gigante; rutas en barco por el embalse de Caniçada; catarata de Candosa; parajes del río Ave; embalses de Caniçada, Salamonde, Ermal y Venda Nova. Trabajos de calderería, objetos agrícolas y decorativos de cobre, en particular alambiques asociados a la elaboración de aguardientes en la comarca.*

Ver página siguiente.

Casa de Capitão-Mor
Ruivães. **Tf./fax 253/65 81 17**

Bella casa blasonada del s. XVII, unida a una figura legendaria de la época, rodeada por una finca, con capilla, pista de tenis, jardines y piscina. El interior, con mobiliario antiguo, tiene salas de estar y de juegos, comedor, chimenea, y 5 habitaciones dobles con baño. Se puede alquilar entera. Precios: habitación doble 12.500 esc., desayuno incluido. *Observaciones: facilitan bicicletas.*

Casa de São Paio
São Paio de Eira Vedra
Tfs. 919/06 22 03 y 253/64 74 31

Tradicional construcción de piedra, emplazada en la falda de la sierra de Cabreira, en una finca de viñedos y manzanos, con jardín. Tiene salas de estar con chimenea, 6 habitaciones dobles, 1 de ellas *suite*, y 2 apartamentos para 4 y 6 personas. Precios: habitación doble 6.000 esc.; *suite* 9.000 esc.; 4 plazas 12.500 esc.; desayuno incluido.

Vieira do Minho
(BRAGA)

Ver página anterior.

*En **Agra**, tejidos, colchas y tapetes de lana. En **Parada de Bouro**, cestería. Labores de encaje y trabajos en lino. En **Ruivães**, cestería cobre y lino.*

Casa Vista Alegre
Ventosa. Tf. 253/64 02 02
Casa tradicional de piedra, con jardín y excelentes vistas del parque nacional de Geres. Tiene sala de estar con chimenea, 1 habitación sencilla y 3 dobles, con 2 baños compartidos. Precios*: habitación doble 5.000 esc.

Quinta da Caniçada
Louredo. Tf. 253/64 03 74
Construcción de granito de buena planta, rodeada de una finca arbolada, con terrazas, jardines, barbacoa y embarcadero propio. Tiene comedor y sala de estar con chimenea, gimnasio, 6 habitaciones dobles, 1 de ellas especial, todas con baño. Precios*: habitación doble 11.000 esc.; especial 13.500 esc. *Observaciones: senderismo, paseos a caballo, deportes náuticos y actividades de todo tipo.*

Quinta das Glicínias
Eira Velha. Tfs. 253/64 84 36 y 27 98 66
Bonita edificación rústica, con jardín, en una finca agrícola. Tiene cocina, salón con chimenea y bar y 3 habitaciones dobles con baño. Precios (según temporada): habitación doble de 12.500 a 14.000 esc., desayuno incluido; vivienda de 25.000 a 35.000 esc. diarios. *Observaciones: cocina con productos ecológicos; alquiler de caballos, bicicletas y barcas.*
☒ Habitaciones sencillas y tranquilas. Buena cocina.

Quinta de São Simão
Tabuaças. Tfs. 253/64 82 70 y 21 82 51
Bonita casa de piedra, muy característica de la región, en una finca con jardín, piscina y pista de tenis. Tiene sala de estar con chimenea, sala de juegos, 6 habitaciones dobles y 1 *suite*, todas con baño. Precios*: habitación doble 8.000 esc.; *suite* 10.000 esc.

Vila Nova de Famalicão
(BRAGA)

Capital de uno de los concejos más industrializados del país. Conserva algunos edificios vinculados al auge de la ciudad durante el s. XIX. *Excursiones: monasterio de Landim; casa-museo de Castelo Branco, en Seide. Litoral de Vila do Conde; dólmenes de Farelaes.*

Quinta da Ponte do Louro
Lugar da Ponte. R. 258/74 16 72
Casa del s. XVIII con torreón y capilla, unida a la presencia de las tropas de Napoleón y rodeada de un romántico jardín, en la ribera del río Este. Tiene sala de estar, comedor y 2 habitaciones dobles con baño y acceso directo al jardín. Precios: habitación doble 14.000 esc., desayuno incluido.

Minho y Douro

Apartamentos y casas de alquiler completo

Arcos de Valdevez (Viana do Castelo)

Casa de Calvos
Távora de Sta. Maria
Tf. 258/52 94 65
Edificio del s. XIX, sobre un solar medieval del XIII, con capilla y jardín. Incluye 2 apartamentos con sala, cocina, y 2 ó 3 habitaciones dobles. Precios*: 4 plazas 15.000 esc. diarios; 6 plazas 20.000 esc. diarios; desayuno 650 esc.

Braga (Braga)

Casa dos Lagos
Bom Jesus
Tf. 253/67 67 38
Casa señorial de finales del s. XVIII, en el bosque de Bom Jesus, con un bello jardín y espléndidas vistas. Decoración cuidada, sala de estar y 3 apartamentos de 2/4 plazas. Precios: 2 plazas 14.000 esc. diarios; desayuno incluido.

Caminha (Viana do Castelo)

Casa de Esteiró
Lugar de Esteiró
Tf. 258/72 13 33
Casa del s. XVIII, con capilla, jardín y piscina. Biblioteca, 2 habitaciones dobles y 3 apartamentos de 2/4 plazas, con sala, chimenea y cocina. Precios (según temporada): 2 plazas de 12.000 a 14.000 esc. diarios; desayuno incluido.

Esposende (Braga)

Casa do Matinho
Forjães
Tf./fax 253/87 11 67
Casa típica del Miño, del s. XVIII, con jardín, piscina y finca agrícola. Incluye 2 apartamentos con acceso independiente, sala de estar, cocina y 2 habitaciones dobles. Precios: apartamento 18.000 esc. diarios; desayuno 400 esc.

Gerês (Braga)

Quinta da Veiga
Ventosa
Tf. 253/27 72 22
Casa rústica, emplazada en el Lugar da Revolta, con jardín, piscina y terraza con espléndidas vistas del embalse de Caniçada. Salón con chimenea, cocina y 3 habitaciones dobles con baño. Precios (según temporada): día de 20.000 a 30.000 esc.

Guimarães (Braga)

Quinta de Corujeiras
Vila Nova das Infantas
Tf./fax 253/54 11 35
Bella casa de piedra, con jardín, piscina y buenas vistas. Incluye 5 apartamentos, 4 de 2 plazas y 1 de 4, con sala, cocina y chimenea. Precios (según temporada): 2 plazas de 9.000 a 10.500 esc. diarios. *Observaciones: la propiedad alquila otra casa.*

Monção (Viana do Castelo)

Quinta de Sto. António
Albergaria-Sá
Tf. 251/53 42 06
Casa del s. XIX, en una quinta agrícola, con piscina y bellas vistas. Sala de estar, sala de juegos y 6 apartamentos, de 2, 3 y 4 plazas. Precios: 2 plazas 10.600 esc. diarios; 4 plazas 17.800 esc. diarios; desayuno incluido.

Ponte da Barca (Viana do Castelo)

Quinta da Prova
Prova. Tf. 258/4 21 63
R. 258/74 16 72
Núcleo tradicional, en una quinta con viñas, robles y árboles frutales. Tiene sala de estar, 2 apartamentos de 2 plazas y 3 de 4 plazas. Precios: apartamento de 2 plazas 10.600 esc. diarios; de 4 plazas 17.800 esc. diarios.

Ponte de Lima (Viana do Castelo)

Azenha de Estorãos
Estorãos
Tf. 258/94 15 46. R. 258/74 16 72
Bonito molino, habilitado como alojamiento, junto a un puente románico sobre el Estorãos. Decoración con antiguos objetos del molino, sala con chimenea, cocina con horno de pan y 1 habitación doble. Precios: vivienda 14.000 esc. diarios.

Casa de Gaiba
Estorãos
Tf. 258/94 15 46. R. 258/74 16 72
Casa con finca agrícola y jardín, en un hermoso valle. Sala de estar con chimenea, cocina y 2 habitaciones dobles. Precios: día 17.800 esc., desayuno incluido.

Apartamentos y casas de alquiler completo

Ponte de Lima (Viana do Castelo)

Casa de Abbades
S. Martinho da Gandra
Tf. 258/94 82 27
Edificación señorial del s. XVII, con capilla y piscina, rodeada de árboles centenarios. Sala con chimenea y 3 apartamentos de 4 plazas. Precios* (según temporada): apartamento de 18.000 a 24.000 esc. diarios, desayuno incluido; cena 5.000 esc.

Casa de Pomarchão
Arcozelo
Tf. 258/74 17 42
Preciosa casa señorial barroca del s. XVIII, con capilla, jardín y estanques. Incluye 7 apartamentos de 2 y 4 plazas, con sala-cocina y baño. Precios (según tipo): apartamento de 12.000 a 26.000 esc. diarios, desayuno incluido.

Casa da Quinta do Rei
Quinta do Rei
Tf. 258/94 15 46. R. 258/74 16 72
Construcción tradicional de la zona, de finales del s. XIX, en una finca agrícola ribereña del Estorãos. Sala de estar con chimenea y 2 apartamentos de 4 plazas. Precios: apartamento 17.800 esc. diarios.

Casa do Tamanqueiro
Estorãos
R. 258/74 16 72
Edificio de granito, típico de la zona, ocupado en el s. XVIII por un artesano de *tamancos* (zuecos). Interior acogedor, sala de estar, cocina con chimenea, horno de pan y 4 plazas. Precios: apartamento 17.800 esc. diarios, desayuno incluido.

Viana do Castelo (Viana do Castelo)

Quinta da Boa Viagem
Além do Rio-Areosa
Tf. 258/83 58 35
Casa del s. XVIII con capilla, un espléndido jardín y piscina. Salas de estar, 3 apartamentos de 2 plazas, 2 de 4 y 1 de 6. Precios (según temporada): 2 plazas de 12.500 a 14.000 esc. diarios; 4 plazas de 20.000 a 22.000 esc. diarios; desayuno incluido.

Viana do Castelo (Viana do Castelo)

Quinta do Paço d'Anha
Vila Nova de Anha
R. 258/74 16 72
Casa señorial del s. XVII, con jardín y capilla, en una finca que produce *vinho verde*. Incluye 1 apartamento de 2 plazas y 5 de 4. Precios: 2 plazas 18.600 esc. diarios; 4 plazas 26.400 esc. diarios. *Observaciones: alquiler de caballos y bicicletas.*

Vieira do Minho (Braga)

Casa da Cuqueira
Cuqueira. Tf. 253/64 84 37
Fax 253/64 50 72
Típica casa del Miño aneja a una vivienda señorial, del s. XVIII, en una finca agrícola con frutales, viñedos y jardín, cercana al embalse de Ermal. Salón-comedor, cocina y 2 habitaciones dobles con baño. Precios: día 16.000 esc.; semana 90.000 esc.

Casa de Sta. Isabel
Espindo-Ruivães
Tf. 253/64 80 01
Sencilla construcción de piedra, con jardín, huerto y terraza, emplazada en una vetusta aldea de la sierra de Cabrera. Sala, chimenea, cocina, 1 baño y capacidad para 4 personas. Precios: fin de semana 15.000 esc.; semana 50.000 esc.

Nascente do Ave
Agra. Tf. 253/65 61 19
Entrañable casa de montaña, en la parte más alta de la aldea, con buenas vistas. Sala con chimenea, cocina, 2 habitaciones dobles y 1 baño. Precios: fin de semana 24.000 esc.; semana 50.000 esc.

Quinta da Baralha
Mosteiro. Tf. 253/64 77 57
Fax 253/64 50 40
Quinta rehabilitada, en una finca destinada a la cría de caballos y al cultivo de flores, con piscina y jardín. Sala, chimenea, cocina y 3 habitaciones dobles con baño. Precios (según temporada): fin de semana 32.000 esc.; semana de 70.000 a 110.000 esc.

Lugares de interés

Esposende. Población costera, con extensas playas. Entre sus monumentos son interesantes la iglesia de Bom Jesus y el templo parroquial. *Excursiones: castro de Belinhos; ruinas del castillo de S. João Baptista; Barcelos; Viana do Castelo; Póvoa de Varzim; márgenes, cascadas y molinos del río Neiva. En **Forjães**, cestas de junco.*

Monção. Localidad de origen romano emplazada junto al Miño. Ruinas del castillo, iglesia del s. XIII y agradable estación termal, con frondosos jardines. *Excursiones: castro de Na. Sra. da Assunção, en Barbeita, y bello palacio de Breijoeira, en Pinheiros; parque nacional de Peneda-Gerês.*

Ponte da Barca. Pueblo emplazado junto al río Lima, en el mismo lugar que ocupó un castro prehistórico. Conserva la iglesia parroquial barroca, algunos templos de interés y un puente gótico. *Excursiones: agradables playas fluviales en el río Lima.*

Trás-os-Montes

Casal de Loivos
(VILA REAL)

Localidad próxima a Alijó, con una vieja tradición vinícola. *Excursiones: villas de Lamego, S. João de Pesqueira y Vila Real; mirador de Casal de Loivos, con espléndidas vistas sobre el Duero. Venta de artesanía en la casa de Casal.*

Casa de Casal de Loivos
Tf. 254/73 21 49

Hermosa casa blasonada del s. XVII, con jardín y piscina, en una finca vinícola con magníficas vistas del curso del Duero. Tiene sala de estar, comedor y 6 habitaciones dobles con baño. Precios: habitación sencilla 13.000 esc.; doble 16.000 esc.; desayuno incluido; cena 4.500 esc.

✉ Excelente trato profesional. Decoración con toques muy personales. Panorámica absolutamente espectacular.

Chaves
(VILA REAL)

Buen conjunto de arquitectura popular, asentado junto al río Tâmega, en un paisaje en el que abundan los antiguos solares. Conserva las ruinas del castillo de Monforte, la iglesia de la Misericordia, con una buena colección de azulejos, el templo de Sta. María Maior y unas termas con agua a una altísima temperatura. *Excursiones: puente romano de Trajano; estaciones termales de Pedras Salgadas y Carvalhelhos; sierras de Padrela, Alvão y Barroso; parque natural de Montesinho; parque nacional de Gerês; ruta del oro; ruta de lugares mágicos. Venta de alfombras y tapetes de Arraiolos; alfarería y fábrica de telas. En* **Vilar**, *cestería, cazuelas de barro negro y utensilios agrícolas en miniatura.*

Quinta do Lombo
Tf. 276/32 14 04

Edificación rústica, con jardín, piscina y un mirador sobre la ciudad, en una activa finca agrícola. Tiene sala de estar y 6 habitaciones dobles con baño. Se puede alquilar entera. Precios: habitación doble 10.000 esc. *Observaciones: hay un museo etnográfico con piezas de la región; la casa cierra a las 24.00.*

Quinta da Mata
Nantes. **R. 258/74 16 72**

Casa solariega del s. XVII, con jardín y capilla, en la ladera del monte Brunheiro. Tiene biblioteca, sauna, sala de estar, comedor, bodega, 4 habitaciones dobles y 2 *suites*. Precios: habitación doble 14.000 esc., desayuno incluido. *Observaciones: alquiler de caballos y bicicletas; productos artesanales.*

Quinta do Real
Matosinhos. **Tf./fax 276/96 62 53**

Hermosa casa palaciega del s. XVII, en una quinta agrícola, con un cuidado jardín, piscina y capilla. Dispone de sala de estar, comedor y 10 habitaciones dobles, algunas habilitadas en las antiguas dependencias de labor. Precios: habitación doble de 10.500 a 12.500 esc. *Observaciones: descuentos por estancias largas; cocina de la zona con productos y vinos de la propia finca.*

Quinta de São Miguel do Ribeiro
Outeiro Seco. **Tf./fax 276/64 29 96**

Quinta presidida por un edificio de granito del s. XVII, con lagar de vino, pista de tenis, piscina y unos amplios jardines. Tiene restaurante, sala de desayunos, salón de estar y 6 habitaciones dobles con baño. Precios (según temporada): habitación doble 10.000 esc., desayuno incluido.

Mesão Frio
(VILA REAL)

Población ribereña del Duero. Iglesia con elementos góticos, casa de Picata, del s. XVII y Paços do Concelho. *Excursiones: ruinas del castillo de Cidadelhe; balneario de Caldas de Moledo; precioso monasterio de S. João de Tarouca.*

Ver página siguiente.

Casa d'Além
Oliveira. **Tf./fax 254/32 19 91**

Casa de los años 20, rodeada de un paisaje de viñedo, con piscina y jardines de estilo inglés. Tiene bar, sala de estar, comedor y 4 habitaciones dobles. Precios: habitación doble 12.000 esc., desayuno incluido; comida o cena 3.250 esc.

Trás-os-Montes

Mesão Frio (VILA REAL)

Ver página anterior.
Sierra de S. Leonardo, con espléndidas vistas del Duero; recorridos en barco y playas fluviales en el mismo río.

Casa das Torres de Oliveira
***Oliveira*. Tfs. 21/840 64 86 y 254/33 67 43**

Edificio de estilo pombalino del s. XVIII, con capilla, jardín y piscina, en una finca que produce vino de Oporto. Tiene bar, biblioteca, salas de estar, comedor y 5 habitaciones dobles con baño. Precios (según temporada): habitación doble de 16.500 a 18.500 esc., desayuno incluido; comida o cena 3.500 esc. *Observaciones: venta de artesanía; ofrecen guía de la zona; abre de marzo a octubre.*

Quinta do Paço
***Vila Marim*. Tf. 254/69 93 46**

Preciosa casa señorial del s. XVIII, con capilla, jardín y piscina, en una de las zonas más altas de la sierra de Marão. Tiene sala de estar y 4 habitaciones dobles con baño. Se puede alquilar entera. Precios*: habitación doble 10.800 esc., desayuno incluido; comida o cena 3.000 esc.; vivienda 45.000 esc. diarios y 300.000 esc. semanales.

Mirandela (BRAGANÇA)

Villa asentada en los márgenes del río Tua. Conjunto de casas medievales, castillo del s. XI, palacio de los Távoras y santuario do Amparo. *Excursiones: zonas de baño en el río Tua; zona ribereña con abundante arbolado.*

Casa dos Araújos
Frechas
Tfs. 278/94 51 77 y 26 25 66. Fax 278/46 50 96

Casa del s. XIX, reformada, en un paraje muy tranquilo junto al río Tua, con huerto, jardín, pista de tenis y piscina. Tiene sala de estar y 9 habitaciones dobles con baño. Precios: habitación doble 10.000 esc., desayuno incluido; comida o cena 2.500 esc.

Mondim de Basto (VILA REAL)

Capital de un concejo montañoso, con varias casas solariegas de los siglos XVII y XVIII en su entorno. *Excursiones: parque natural de Alvão; cataratas de Ermelo; parajes de los ríos Tâmega y Cabril; castro de Palhaços y mirador de Monte Farinha, uno de los más bellos del país. Tejidos de lino; cerámica y alfarería.*

Casa das Mourôas
Rua de José de Carvalho Camões
Tf. 255/38 13 94

Edificación característica de la región trasmontana, en el centro de la localidad, con un agradable emparrado. Tiene bar, biblioteca, sala de estar y 3 habitaciones dobles. Precios: habitación doble 8.500 esc., desayuno incluido. *Observaciones: comidas previo encargo.*

Quinta do Fundo
Vilar de Viando
Tf. 255/38 12 91. Fax 255/38 20 17

Quinta situada junto a los ríos Tâmega y Cabril, en un paisaje de viñedos, con piscina y pista de tenis. Tiene 5 habitaciones dobles con baño y 2 *suites*. Precios (según temporada): habitación doble de 7.500 a 8.500 esc.; *suite* de 12.500 a 14.000 esc.; desayuno incluido; comida o cena 2.500 esc. *Observaciones: disponen de caballos y bicicletas.*

Peso da Régua (VILA REAL)

Localidad situada en el curso medio del Duero, en una de las grandes zonas productoras de vino de Oporto. *Excursiones: posibilidad de hacer recorridos en barco por el Duero.*

Casa dos Varais
***Cambres*. R. 258/74 16 72**

Edificación de comienzos del s. XVIII, con capilla y jardín, situada en una finca de viñedos con hermosas vistas del Duero. Tiene sala de estar, biblioteca y 3 habitaciones dobles con baño. Precios: habitación doble 14.000 esc., desayuno incluido.

Torre de Moncorvo
(Bragança)

Población situada en las faldas de la sierra de Reboredo, en una zona de cultivos de almendros. Conserva una torre del s. XI, una iglesia parroquial del s. XVII con higueras sobre la fachada, así como un curioso museo del Hierro. *Excursiones: zonas de baño en el Duero.*

Casa da Avó
Manuel de Seixas 12. Tf. 279/25 24 01
Casa del s. XVIII, con jardín y fachada de azulejos, situada en el centro histórico de la villa. Tiene bar, salas de estar, comedor y 4 habitaciones dobles con baño. Precios: habitación doble 13.000 esc., desayuno incluido. *Observaciones: comidas previo encargo.*

Vila Real
(Vila Real)

Capital de este distrito situado en el corazón de Trás-os-Montes, junto al río Corgo. Destaca su catedral gótica, el interesante núcleo medieval formado por varias casas palaciegas, así como la iglesia de S. Dinis, del s. XIV, y la de la Misericordia, con elementos románicos. *Excursiones: "antas" de S. Martinho; palacio de Mateus; pintoresca localidad de Lamas d'Olo; villas de Amarante y Lamego; ruinas romanas de Panoias; crucero de Boavista; aldeas tradicionales de Pardelhas, Campanhó y Varsigueto; valle de Campeã, con su arquitectura de pizarra; parque natural de Alvão, con zonas de baño en las espectaculares cascadas de Ermelo; mirador de S. Leonardo de Galafura; panorámica desde el santuario de Nossa Sra. do Marão.* *Elaboración de zuecos. En* ***Bisalhães****, cerámica negra, utilitaria y decorativa, con algunas piezas de origen árabe. En* ***Agarez****, loza y telares artesanos de lino.*

Casa Agrícola da Levada
Timpeira. **Tf. 259/32 21 90. Fax 259/34 69 55**
Casa de comienzos de siglo, en una finca tranquila, con capilla, piscina y jardín de camelias, próxima al río Corgo. El interior, cuidado, tiene sala de estar, comedor y 4 habitaciones dobles. Se puede alquilar entera. Precios: habitación doble 11.000 esc.; vivienda 64.000 esc. fin de semana; comida o cena 3.000 esc.; desayuno incluido. *Observaciones: alquiler de caballos y bicicletas; facilitan información de la zona.*

Quinta do Barreiro
Paradela de Guiaes
Tf. 259/32 31 21. Fax 259/32 65 53
Casa del s. XIX, con piscina, muy aislada y con bellas vistas de los viñedos del Duero. Tiene sala de juegos, salón, cocina y 4 habitaciones dobles. Se puede alquilar entera. Precios: habitación doble 9.000 esc.; desayuno 1.000 esc.; comida o cena 2.500 esc.; vivienda 26.000 esc. diarios. *Observaciones: la estancia incluye actos culturales y conciertos.*

Quinta do Conde
Casa de Mateus
Tf. 259/32 31 21. Fax 259/32 65 53
Casa señorial del s. XVIII, bien rehabilitada, con piscina, jardín y bellas vistas sobre el Duero, en un paraje cercano a Gouvinhas. Tiene salones, cocina y 7 habitaciones dobles. Se puede alquilar entera. Precios: habitación doble 9.000 esc.; desayuno 1.000 esc.; comida o cena 2.500 esc. *Observaciones: la estancia incluye actos culturales y conciertos.*

Apartamentos y casas de alquiler completo

Castrelos (Bragança)

Moinho do Caniço
Tf. 273/32 35 77
Encantador molino, ribereño del Baceiro, en un paraje frondoso próximo al parque natural de Montesinho. Decoración agradable, sala, cocina-comedor con chimenea, 2 habitaciones dobles y 1 baño. Precios (según ocupación): día de 12.000 a 20.000 esc.

Chaves (Vila Real)

Cortinha de S. Pedro
S. Pedro de Agostém
Tf. 276/34 62 05
Casa tradicional en una finca de avellanos y pinares, a las afueras del pueblo. Incluye 2 apartamentos de 2 y 4 plazas, con cocina, sala con chimenea y 2 baños. Precios (según temporada): 2 plazas de 6.000 a 8.500 esc. diarios, desayuno incluido.

Apartamentos y casas de alquiler completo

Chaves (Vila Real)

Quinta de Sta. Isabel
Santo Estevão
Tf. 276/35 18 18
Edificio tradicional blasonado, con jardín, en una zona de pinar y viñedos. Incluye 5 apartamentos de 2 y 4 plazas, con cocina, sala con chimenea y baño. Precios (según temporada): 2 plazas de 6.000 a 7.500 esc. diarios, desayuno incluido.

Torre de Dona Chama (Bragança)

Solar das Arcas
Arcas. Tf. 278/40 11 35
Casa tradicional, con capilla, jardín, piscina, barbacoa y una bella galería. Incluye 4 apartamentos de 2 plazas y 2 de 4, con sala, comedor y cocina. Precios (según temporada): 2 plazas de 12.000 a 13.200 esc. diarios, desayuno incluido. *Observaciones: exposición de pinturas.*

Vidago (Vila Real)

Casa de Lai
Tf. 276/35 18 18
Tf./fax 276/33 32 10
Casa señorial de granito, que conserva un muro del s. V y bonitos patios interiores. Salón, cocina-comedor con chimenea y 3 habitaciones dobles con baño. Precios* (según temporada): de 15.000 a 18.000 esc. diarios, desayuno incluido.

Vidago (Vila Real)

Casa de Selhariz
Selhariz
Tf./fax 276/33 32 10
Casa señorial de granito, con una cuidada rehabilitación. Suelo de madera, artesonado, salón con chimenea, cocina y 3 habitaciones dobles con baño. Precios* (según temporada): día de 15.000 a 18.000 esc., desayuno incluido.

Vila Real (Vila Real)

Casa da Cruz
Campeã. Tf. 917/52 35 75
Fax 259/37 29 95
Edificación del s. XVIII, con jardín y buenas vistas. Incluye 3 apartamentos de 2, 4 y 6 plazas. Precios: 2 plazas 9.000 esc. diarios, desayuno incluido. *Observaciones: alquiler de bicicletas; rutas a caballo; la propiedad alquila otra casa.*

Quinta de S. Martinho
Mateus
Tf./fax 259/32 39 86
Quinta rural, con piscina y un precioso y recogido jardín. Sala de estar, 2 habitaciones dobles y 2 apartamentos de 2 y 4 plazas. Precios: 2 plazas 15.000 esc. diarios, desayuno incluido. *Observaciones: "catas" de vinos de Oporto.*

Lugares de interés

S. Marta de Penaguião. Villa medieval asentada en una zona de gran diversidad paisajística, con restos de castros romanos. *Excursiones: iglesias de S. João de Lobrigos y de Cumeira; monte de Sta. Barbara; abismo del río Corgo.*

Torre de Dona Chama. Pueblo asentado sobre un castro, que debe su nombre a la vieja leyenda de la «mora Chama». Conserva restos del castillo y el crucero. *Parque natural de Montesinho, con núcleos rurales muy bien preservados; sierra de Bornes; deportes acuáticos en el embalse de Azibo.*

Vidago. Localidad termal próxima al Tâmega, al norte de la bonita ciudad de Vila Real. *Excursiones: localidad de Chaves, con termas y un bonito castillo; Sierra Padrela; parque natural de Montesinho, con abundantes parajes y núcleos de arquitectura popular ; embalse de Vilarinho; balneario de Pedras Salgadas.*

Beiras

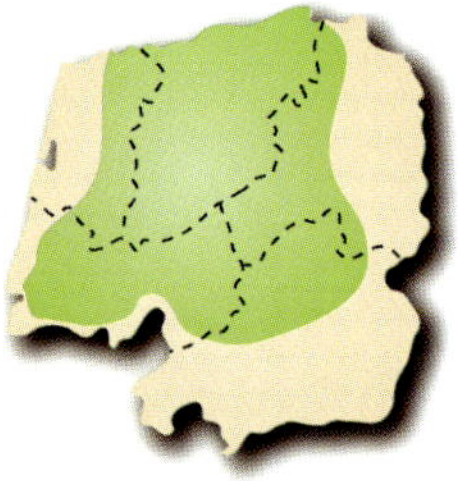

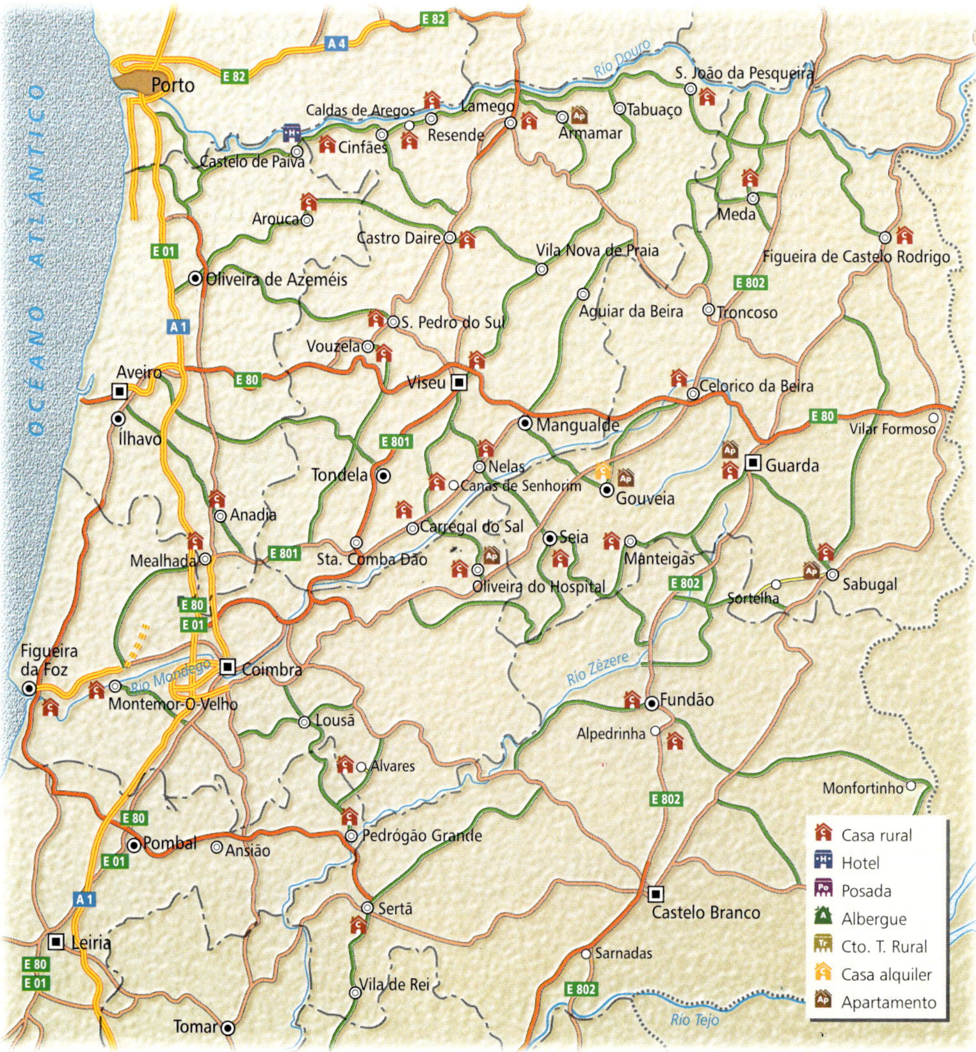

OCÉANO ATLÁNTICO
Porto
E 82
A 4
Río Douro
S. João da Pesqueira
Caldas de Aregos
Lamego
Resende
Armamar
Tabuaço
Cinfães
Castelo de Paiva
Arouca
Castro Daire
Meda
Vila Nova de Praia
Figueira de Castelo Rodrigo
E 01
Oliveira de Azeméis
E 802
Aguiar da Beira
Troncoso
A 1
S. Pedro do Sul
Vouzela
Aveiro
E 80
Viseu
Celorico da Beira
Ílhavo
Mangualde
Vilar Formoso
E 801
Nelas
Guarda
Tondela
Canas de Senhorim
Gouveia
Anadia
Carregal do Sal
Seia
Mealhada
Sta. Comba Dão
Manteigas
Sabugal
Oliveira do Hospital
Sortelha
Figueira da Foz
Coimbra
Río Mondego
Río Zêzere
Montemor-O-Velho
Fundão
Lousã
Alpedrinha
Alvares
Monfortinho
Pombal
Ansião
Pedrógão Grande
Sertã
Castelo Branco
Leiria
Sarnadas
Vila de Rei
Río Tejo
Tomar
Casa rural
Hotel
Posada
Albergue
Cto. T. Rural
Casa alquiler
Apartamento

Alpedrinha
(Castelo Branco)

Pueblo de orígenes remotos perteneciente al concejo de Fundão, en cuyo término se han encontrado sepulturas prerromanas. Conserva una monumental fuente, rara en su género, así como la picota del s. XVII y la Casa da Comenda, sólida construcción de tres torreones, que tiene su origen en un castillo feudal. *Excursiones: pueblo de Castelo Novo, localizado en la bonita sierra de Gardunha, con castillo medieval, Casa da Camara, "chafariz", picota y lagar excavado en la roca; aldea de Monsanto, con su arquitectura de granito; Penha de Gracia; Idanha-a-Velha, con restos romanos y visigóticos; castillo y judería de Belmonte; aldea de Sortelha; parque natural de la sierra de Estrela, con algunos parajes de gran belleza: valle glaciar del Zêzere; cascada del Poço do Inferno; mirador del pico Torre; aldea Penhas Douradas. En* ***Sortelha****, tapetes y alfombras de tipo Arraiolos; venta de antigüedades y artesanía.*

Casa do Barreiro
Largo das Escolas 5
Tf. 275/56 71 20. **R.** 258/74 16 72
Edificación de principios de siglo, situada en una pequeña quinta, con jardín y magníficas panorámicas del entorno. Tiene biblioteca, salas de estar, 7 habitaciones dobles con baño y 1 apartamento para 4 personas. Precios: habitación doble 10.000 esc., desayuno incluido.

Casa da Comenda
Tf. 275/56 71 61
Casa fortaleza, reformada a principios del s. XVII, con piscina y un agradable jardín, emplazada en en el casco viejo de la localidad. Tiene biblioteca, salas de estar y 4 habitaciones dobles. Precios*: habitación doble 11.000 esc., desayuno incluido.

Quinta do Ouriço
Castelo Novo. Tf. /fax 275/56 72 36
Casa del s. XVI, remodelada recientemente, con capilla, piscina, jardín y pista de tenis. Tiene sala de estar, comedor, 5 habitaciones dobles y 2 *suites* cuádruples, todas con baño. Se puede alquilar entera. Precios: habitación doble 12.000 esc.; cuádruple 14.500 esc.; desayuno incluido; vivienda 80.000 esc. diarios.

Alvares
(Coimbra)

Pequeña localidad próxima a Góis, villa que conserva una interesante iglesia del s. XV. *Excursiones: conjunto monumental de Coimbra, coronado por la vieja universidad del s. XVI; ruinas de la ciudad romana de Conimbriga; sierras de Lousã, Carvalhal y Rabadão; bosque de Sra. de Candosa.*

Quinta da Simantorta
Simantorta. Tf. 235/55 62 10
Antiguo lagar, construido en piedra y con un cuidado jardín con piscina, pista de tenis y mini-golf. Tiene sala de juegos y 6 habitaciones dobles con baño. Precios: habitación doble 9.000 esc., desayuno incluido; comida o cena 2.000 esc. *Observaciones: disponen de caballos.*

Anadia
(Aveiro)

Villa emplazada en el corazón de la región de Bairrada, famosa por sus excelentes vinos espumosos. En la población destaca la iglesia parroquial y el pazo de Graciosa. *Excursiones: termas de Curia; ciudad y ría de Aveiro; encantador núcleo veraniego de Costa Nova; parque de Buçaco; reserva natural de las dunas de S. Jacinto, en la ría de Aveiro.*

Quinta Convivial
Ancas. Tf. 231/52 80 36
Casa agrícola tradicional, con jardín y barbacoa, rodeada de olivos y frutales. Tiene sala de estar, cocina, terraza y 8 habitaciones dobles con baño. Se puede alquilar entera. Precios* (según temporada): habitación doble de 6.700 a 8.700 esc., desayuno incluido. *Observaciones: se puede disponer de bicicletas.*

Quinta de S. Lourenço
S. Lourenço do Bairro
Tf. 231/52 81 68. **R.** 258/74 16 72
Casa del s. XIX, rodeada de jardín, con piscina. Tiene sala de juegos, bar, biblioteca, sala de estar, comedor, 1 habitación sencilla, 6 dobles y 1 apartamento de 2 plazas. Precios: habitación doble 14.000 esc.; apartamento 14.000 esc. diarios; desayuno incluido.

Beiras

Arouca (Aveiro)

Pueblo surgido junto al monasterio de S. Pedro, del s. X. *Excursiones: dolmen y calzada de Albergaria, piedras "parideiras" y monasterio de Sta. Mafalda; ría de Aveiro; parque natural de las dunas de S. Jacinto. Bordados y trabajos en lino.*

Quinta do Boco
Reinaldo Noronha 35. Tf./fax 256/94 41 69
Preciosa casa de piedra de comienzos del s. XVI, con jardín y piscina, en una ladera del valle de Arouca. Su interior, rústico y acogedor, tiene bar, biblioteca, sala de estar, comedor con chimenea y 6 habitaciones dobles con baño. Precios: habitación doble 10.000 esc., desayuno incluido.

Caldas de Aregos (Viseu)

Bonita localidad termal ribereña del Duero, en un bello paraje de la región de Resende. *Excursiones: ciudad monumental de Lamego y villa de Régua, activo centro comercial del vino de Oporto.*

Quinta do Carujeiro
Miomães
Tfs. 254/87 52 14- 87 55 67 y 22/618 38 98
Solar del s. XVIII, con jardín y piscina. Tiene bar, biblioteca, sala de estar, comedor y 5 habitaciones dobles. Se puede alquilar entera. Precios: habitación doble 14.300 esc., desayuno incluido; vivienda 38.500 esc. diarios. *Observaciones: descuentos por estancias de más de 2 días.*

Canas de Senhorim (Viseu)

Pueblo del concejo de Nelas, con vestigios de antiguas poblaciones y monumentos prehistóricos. *Excursiones: villa de Carregal do Sal; conjunto histórico de Viseu; parque natural de la sierra de Estrela; embalses de Fagilde y de Aguieira.*

Casa de Abreu Madeira
Largo de Abreu Madeira 7. R. 258/74 16 72
Solar del s. XVIII clasificado de interés público, con capilla, jardín y piscina, en una quinta dedicada a la producción de vino de Dão. Tiene sala de juegos, bar, biblioteca y 3 habitaciones dobles con baño. Precios: habitación doble 14.000 esc., desayuno incluido; cena 3.500 esc.

Carregal do Sal (Viseu)

Localidad en la que antaño se comerciaba con la sal procedente de la ría de Aveiro. *Excursiones: iglesia gótica de Oliveira do Conde, con un túmulo del s. XV; parques naturales de las sierras de Estrela y de Caramulo; parajes y zonas de baño del río Mondego. Muebles artesanales. En* ***Tibaldinho****, tapetes y alfombras con bordados del tipo de Arraiolos.*

Casa do Zagão
Alexandre Braga 10. Tf. 232/96 81 40
Casa tradicional de la comarca, con jardín, piscina, pista de tenis, horno de leña, pajar y *zagão,* patio en el que se desarrolla la actividad agrícola. Tiene bar, biblioteca y 10 habitaciones dobles, algunas con sala de estar y chimenea. Se puede alquilar entera. Precios: habitación doble 10.000 esc., desayuno incluido; vivienda 150.000 esc. fin de semana.

Nossa Senhora da Conceição
Cabanas de Viriato
Tfs. 232/69 11 65 y 936/285 58 90
Casa típica de la Beira Litoral, de mediados del s. XIX y declarada de interés, con un agradable jardín y vistas de la sierra de Estrela. Tiene sala de estar con chimenea y 4 habitaciones dobles. Precios: habitación doble 8.000 esc., desayuno incluido.

Castelo de Paiva (Aveiro)

Ciudad del interior, muy próxima al curso medio del Duero, en una zona de producción de *vinhos verdes. Excursiones: ruinas romanas de Fano de Fundões; penedo de Vegide.*

Casa de São Pedro
Sobrado. **Tfs. 255/656 47 y 654 68**
Edificio de construcción reciente, con piscina y psita de tenis, situado a 500 m de la localidad, en una finca de viñedos que desciende hasta el Duero. Tiene restaurante, sauna, salón, comedor y 12 habitaciones dobles con baño y entrada independiente. Precios* (según temporada): habitación doble de 8.500 a 10.500 esc.

Castro Daire
(VISEU)

Pueblo de fundación romana, ribereño del río Paiva. Conserva la iglesia parroquial de Ermida, de estilo románico. *Excursiones: zona rica en monumentos de los s. XII a XVIII; playa fluvial en el río Paiva. Cestería, zuecos, mantas, bordados en lino, artículos de madera y prendas de lana de oveja.*

Casa Campo das Bizarras
***Fareja*. Tf./fax 232/38 61 07**

Construcción típica de la zona, con jardín y piscina, rodeada de manzanos y próxima a la sierra de Montemuro. Tiene bodega, bar, sala de estar y de música, 1 habitación sencilla, 4 dobles y 4 apartamentos para 2 y 4 personas. Precios (según temporada): habitación doble de 10.000 a 11.500 esc.; apartamento de 2 plazas de 12.000 a 13.000 esc. diarios; desayuno incluido; comida o cena de 2.500 a 3.000 esc.

Celorico da Beira
(GUARDA)

Villa de origen prerromano. Conserva su viejo castillo medieval, restos de las murallas, el puente de Lavadeira y numerosos edificios con ventanas manuelinas. *Parque natural de la sierra de Estrela; bellos recorridos al borde del Mondego, con miradores.*

Casa do Brigadeiro
***Lageosa do Mondego*. Tf./fax 271/74 36 38**

Casa solariega del s. XIX, con jardín, emplazada en la ribera de un río y al pie de la sierra de Estrela. Tiene sala de juegos, sala de estar, biblioteca y 6 habitaciones dobles. Se puede alquilar entera. Precios*: habitación doble 10.000 esc., desayuno incluido.

Cinfães
(VISEU)

Población envuelta por un paisaje montañoso cruzado por el río Duero. Conserva un iglesia de origen medieval, aunque muy modificada, y una interesante picota. *Excursiones: templos románicos de Tarouquela, S. Miguel de Escaramao y S. Cristovão de Nogueira, ruinas de las puertas de Montemuro, edificio prehistórico de tipo defensivo; embalse de Carrapatelo; valle del río Bestança, con senderos señalizados y zonas de baño. Tienda de artesanía, con artículos de madera, latón, cestería y bordados.*

Casa de Rebolfe
***Porto Antigo*. Tf./fax 255/56 23 34**

Casa de principios del s. XVIII, con jardín, piscina y un bello emplazamiento en las márgenes del Duero. Tiene bar, sala de estar y 5 habitaciones dobles con baño. Precios (según temporada): habitación doble de 11.000 a 13.000 esc., desayuno incluido. *Observaciones: playa fluvial en la propia finca, con una embarcación para dar paseos por el río; descuentos por estancias largas.*

Solar de Miragaia
***Travanca*. R. 258/74 16 72**

Edificio del s. XVII, en una antigua residencia de monjes, con capilla, jardín y blasón en la fachada. Tiene sala de estar, comedor, 1 habitación sencilla y 3 dobles. Precios: habitación doble 14.000 esc., desayuno incluido.

✉ Los encargados son muy amables. La casa está en un lugar apartado y sin señalizar. El entorno, el paisaje y la decoración, sobresalientes.

Figueira da Foz
(AVEIRO)

Ciudad situada en la hoz del río Mondego. Capilla y fuerte de Sta. Catarina, y convento de S. Antonio. *Excursiones: cabo Mondego; lagos de Quiaios y dolmen y castro de Brenha.*

Casa de Azenha Velha
***Caceira de Cima*. Tfs. 233/42 50 41**

Conjunto de alojamientos, con jardín, pista de tenis y piscina, en una finca con cría de gamos, ñandús y caballos. Tiene bar, sala de estar, 6 habitaciones dobles y 1 apartamento de 4 plazas. Precios: habitación doble 13.000 esc.; apartamento 20.000 esc. diarios; desayuno incluido. *Observaciones: alquiler de caballos y bicicletas.*

Figueira de Castelo Rodrigo
(GUARDA)

Villa de gran antigüedad, ocupada por romanos y árabes, en un término en el que abundan los almendros. *Excursiones: sierra de Marofa. Talla de granito y encajes. En **Escalhão**, trabajos en latón.*

Casa do Baldo
Castelo Rodrigo
Rua da Tapada 16. Tf. 271/31 31 48

Edificio antiguo, recientemente restaurado, con jardín en el bello pueblo de Castelo Rodrigo. La zona de alojamiento tiene salas de estar y de juegos, y 3 habitaciones dobles con baño, 1 de ellas con sala. Se puede alquilar entera. Precios: habitación doble 8.000 esc.; con sala 10.000 esc.; desayuno incluido; vivienda 35.000 esc. fin de semana.

Fundão (Castelo Branco)

Población que sirvió de residencia a la nobleza durante los s. XVII y XVIII. Conserva la iglesia parroquial y numerosos edificios de aquella época. *Excursiones: parque natural de la sierra de Estrela.*

Casa dos Maias

Plaça do Município 11. Tf. 275/75 21 23

Hermoso edificio barroco del s. XVIII, con jardín y capilla, en el centro de la población. Tiene biblioteca, sala de estar, comedor, 5 habitaciones dobles y 1 apartamento para 4 personas. Precios*: habitación doble 10.000 esc.; apartamento 20.000 esc., desayuno incluido. *Observaciones: descuentos por estancias largas; hay una piscina próxima.*

Guarda (Guarda)

Localidad próxima a la sierra de Estrela. Catedral del s. XIV, castillo, murallas, iglesias de S. Vicente y de la Misericordia. *Excursiones: miradores de Caldeirão y de Mocho Real; parque natural de la sierra de Estrela.* En **Penalva de Alva** y **Gonçalo**, *cestería.*

Quinta do Pinheiro

Cavadoude

Tf. 271/92 61 62. Fax 271/92 68 28

Edificación solariega del s. XVII, con jardín, piscina y una finca agrícola sobre el río Mondego. Tiene bar, sala de estar y 6 habitaciones dobles. Precios: habitación doble de 13.000 a 14.300 esc., desayuno incluido. *Observaciones: alquiler de bicicletas; producción de queso da Serra; hay una playa fluvial en la finca.*

Lamego (Viseu)

Ciudad ya ocupada en tiempos romanos, con un interesante patrimonio monumental: catedral, museo, castillo, casa de las Brolhas y templos de Sta. María, del Desterro y de Sta. Cruz. *Excursiones: capilla visigótica de Balsemão; torre Ucanha; ciudad de Vila Real; termas de Caldas de Moledo; cavas de Raposeira, de Mueganheira y quintas de vino de Oporto; posibilidad de recorridos en barco por el Duero; miradores de S. Domingos, S. Leonardo de Galafura y Serra das Meadas; parque natural de Alvão. Cestería, artículos de piel y miniaturas de barcos del Duero.*

Casa de Santo António de Britiande

Tf./fax 254/69 93 46. R. 258/74 16 72

Agradable casa solariega, con un amplio jardín, piscina, pista de tenis y una capilla del s. XVII revestida de azulejos. Tiene bar, comedor, sala de estar con entrada independiente y 4 habitaciones dobles. Se puede alquilar entera. Precios: habitación doble 18.600 esc., desayuno incluido; cena 4.000 esc.

Quinta de Marrocos

***Valdigem*. Tf. 254/32 26 80**

Edificación de piedra de comienzos del s. XVII, levantada sobre un antiguo convento, con jardín y una finca destinada a la producción de vino de Oporto. Tiene bar, sala de estar y 5 habitaciones dobles, con 4 baños. Precios*: habitación doble 12.000 esc., desayuno incluido; comida o cena 2.500 esc. *Observaciones: alquiler de bicicletas.*

✉ Bonitas vistas del Duero y excelentes vinos dulces.

Quinta da Timpeira

***Penude*. Tf. 254/61 28 11. Fax 254/61 51 76**

Casa de campo, con jardín, pista de tenis y piscina, en una finca de viñedos y frutales próxima a la sierra de Meadas. Tiene bar con piano, sala de juegos, comedor con chimenea, bodega y 7 habitaciones dobles. Precios: habitación doble 11.000 esc., desayuno incluido; comida o cena 3.000 esc. *Observaciones: posibilidad de alquilar una barca.*

Vila Hostilina

Tf. 254/61 23 94. Tf./fax 254/65 51 94

Villa del s. XIX, situada sobre una colina, con jardín, piscina, bar y excelentes vistas de la cercana villa de Lamego. Tiene sala con chimenea, sala de juegos, bodega, gimnasio y 7 habitaciones dobles con baño. Se puede alquilar entera. Precios: habitación doble de 11.000 a 13.000 esc., desayuno incluido; cena 5.500 esc. *Observaciones: sauna, masaje y gimnasio; actividades deportivas.*

Manteigas
(GUARDA)

Pueblo situado en el corazón de sierra de Estrela y en el antiguo glaciar del Zêzere. *Excursiones: aldea de Penhas Douradas; cascada del pozo del Infierno; cuevas del Cantaro; nacimiento del Zêzere; pico Torre; zonas de baño en el río Mondego.*

Casa de São Roque
Santo António 51. Tf. 275/98 11 25

Edificación de granito de principios de siglo, con jardín, terrazas y espléndidas vistas, situada junto al río Zêzere. Tiene sala de estar con chimenea y 8 habitaciones dobles con baño. Se puede alquilar entera. Precios: habitación doble 7.500 esc.; desayuno 300 esc.; vivienda 60.000 esc. diarios. *Observaciones: piscina próxima a la casa; la propiedad alquila otra casa.*

Quinta de Leandres
Tf. 275/98 11 25

Casa de recientre construcción, en una finca arbolada a pie de monte, con piscina, jardín y parque infantil. Tiene sala y 12 habitaciones dobles con baño, algunas con salida a la terraza. Precios: habitación doble 7.500 esc.; desayuno 300 esc.

Mealhada
(AVEIRO)

Población próxima a Coimbra, en las inmediaciones de la sierra de Caramulo. Conserva algunas iglesias de interés, como la capilla de Santa Ana y la de S. Sebastião. *Excursiones: bello paraje romántico del bosque, monasterio y hotel de Buçaco; mirador de la Cruz Alta, en el mismo espacio natural y museo etnográfico de Pampilhosa.*

Solar de Vacariça
Tf. 231/93 94 58. R. 258/74 16 72

Edificación del s. XVI muy reformada, que conserva el escudo, con jardín y piscina. Tiene bar, sala de estar, comedor, 4 habitaciones dobles y 2 apartamentos de 2 plazas. Precios: habitación doble 14.000 esc.; apartamento 14.000 esc. diarios; desayuno incluido.

Vila Duparchy
Luso. Tf. 231/93 07 90. R. 258/74 16 72

Casa de finales del siglo pasado, con jardín y piscina, muy próxima al bello bosque de Buçaco. Tiene bar, salas de estar, comedor con chimenea y 6 habitaciones dobles con baño. Precios: habitación doble 14.000 esc., desayuno incluido. *Observaciones: comidas previo encargo; disponen de caballos.*

Meda
(GUARDA)

Pueblo de fundación romana, con una escelente producción de vinos. Conserva la picota del s. XVII y las fuentes de Bucho y de Espiritu Santo. *Excursiones: parque paleolítico de Côa, con pinturas rupestres; manantiales de Areola y de Longroiva.*

Solar de Longroiva
Longroiva. Tf. 279/84 91 67

Edificio del finales del s. XVI, bien restaurado, que conserva su viejo blasón. Tiene bar, biblioteca, sala de estar, comedor, 1 habitación sencilla y 3 dobles. Precios: habitación sencilla 8.000 esc.; doble 12.000 esc.; desayuno incluido.

Montemor-O-Velho
(COIMBRA)

Pueblo de antigua fundación atribuida al legendario rey Brigo. Castillo, iglesias de Sta. María y de la Misericordia. *Excursiones: ciudad romana de Conimbriga, con excelentes mosaicos; parque zoológico de Europaradise. Feria y venta de artesanía cada quincena.*

Quinta da Cruz
Verride. Tf. 239/51 99 57

Edificio del s. XVIII, en una quinta de explotación agrícola, con balsa de agua. Tiene biblioteca, sala de estar, comedor, 3 habitaciones dobles y 1 apartamento para 2 personas. Precios: habitación doble 11.000 esc.; apartamento 15.000 esc. diarios; desayuno incluido. *Observaciones: alquiler de barcas.*

Beiras

Nelas
(VISEU)

Concejo próximo a Viseu, la capital de la Beira Alta. En su término destacan la iglesia de Canas de Senhorim, numerosas casonas señoriales, los solares de Abreu Madeira y de Aguieira, y el pazo de Cunhas. *Excursiones: villa de Caramulo, en la sierra del mismo nombre.*

Quinta da Fata
Vilar Seco. Tf./fax 232/94 23 32

Casa de finales del s. XIX, en una propiedad agrícola, dedicada a la producción de vino, con jardín, huerto, establos y piscina. Tiene sala de estar, 5 habitaciones dobles, 2 *suites* y 2 apartamentos. Precios: habitación doble 10.250 esc.; *suite* y apartamento 14.500 esc.; desayuno incluido.

Oliveira do Hospital
(COIMBRA)

Villa emplazada en una región antaño poblada por los caballeros Hospitalarios, junto a la sierra de Estrela. Iglesia del s. XIII, con una preciosa fachada y la capilla dos Ferreiros. *Excursiones: glesia mozárabe de Lourosa; aldea típica de Piodão; sierra de Estrela.* Trabajos de cobre y cestería.

Quinta da Fontanheira
Lageosa. Tf. 238/60 41 23

Casa de reciente construcción, en estilo rústico, con jardín y un excelente emplazamiento entre las sierras de Estrela y Caramulo. Dispone de bar, sala de estar, comedor y 6 habitaciones dobles. Se puede alquilar entera. Precios: habitación doble 8.000 esc.; vivienda 50.000 esc. diarios; desayuno incluido.

Pedrogão Grande
(LEIRIA)

Villa de origen legendario, rodeada de un bello paisaje de bosques. Iglesia renacentista y puente del Cabril, ambos monumentos nacionales. *Excursiones: parajes del río Zêzere, con zonas de baño; mirador de Nossa Sra. da Confiança, con vistas sobre la sierra de Lousã.*

Villa Isaura
Troviscais Cimeiros

Tfs. 236/48 52 46 y 917/43 63 97

Edificación muy representativa de la zona, con jardín y terraza, próxima al embalse de Cabril, en el río Zêzere. Tiene sala de estar y 6 habitaciones dobles con baño. Precios (según tipo): habitación doble de 6.000 a 10.000 esc., desayuno incluido. *Observaciones: cuenta con un interesante museo etnográfico; alquiler de bicicletas.*

Resende
(VISEU)

Localidad próxima al río Duero. En su término destacan las famosas termas de Caldas de Aregos, antaño indicadas para las dolencias reumáticas y de la piel.

Casa do Casal
Rendufe. Tf. 258/94 12 06

Casa tradicional situada a 2 km de Resende, en un paraje con espectaculares vistas del Duero. Tiene sala con chimenea, cocina, 1 habitación sencilla, 5 dobles y 3 baños. Se puede alquilar entera. Precios*: habitación doble 7.000 esc.; vivienda 28.000 esc. diarios.

Casal Sto. Amaro e Fundo de Aldeia
Anreade. Tfs. 254/87 52 90 y 22/762 23 71

Casa típica de la región, que según la tradición fue palacio de audiencias durante el s. XV, con piscina y pista de tenis. Tiene salas de estar y 7 habitaciones dobles, 2 de ellas con sala. Precios: habitación doble de 12.000 a 14.000 esc., desayuno incluido. *Observaciones: la propiedad dispone de otra casa en alquiler; caballos y tenis gratuitos; la casa produce su propio vinho verde y cerezas.*

Quinta do Ribeiro
Lugar do Ribeiro. R. 258/74 16 72

Construcción de granito datada en el s. XVII, típica de la región, con jardín y piscina. Tiene bar, sala de estar, comedor, 1 habitación sencilla y 3 dobles. Precios: habitación sencilla 11.600 esc.; doble 14.000 esc., desayuno incluido. *Observaciones: alquiler de barcas y bicicletas.*

Sabugal
(GUARDA)

Capital de un concejo situado en plena zona fronteriza, muy fortificado. Castillo, iglesia románica y solar de los Bentos. *Excursiones: castillos de Vilar Maior; aldea de Sortelha con una muralla circular; localidades de Belmonte, Vila do Touro y Alfaiates; parque natural de sierra de Malcata.*

Casa da Cerca
Sortelha. **Tf./fax 271/38 81 13. Tf. 271/38 85 00**

Casa de granito del s. XVI y con algunos sillares romanos, con huerta, jardín y una bella fuente, emplazada en la pequeña aldea-museo de Sortelha. Tiene salones con chimenea y 6 habitaciones dobles con baño. Precios: habitación doble 10.500 esc., desayuno incluido.

São João da Pesqueira
(VISEU)

Villa de gran antigüedad, cuna del linaje de los Távoras. Conserva la preciosa plaza de la República, con varios edificios del s. XVIII. *Excursiones: castillo de Penedono; S. Salvador do Mundo; riberas del Duero, con un bello paisaje de viñedos.*

Casa de Ventozelo
Ervedosa. **Tf. 22/609 36 91**

Antigua casa de monjes dedicados a la agricultura, citados en documentos del s. XII, con capilla, psicina y embarcadero propio en el Duero. Tiene biblioteca, sala de estar y 6 habitaciones dobles con baño. Precios*: habitación doble 18.000 esc., desayuno incluido.

São Pedro do Sul
(VISEU)

Villa de origen medieval, en un entorno muy atractivo próximo a la reserva de Cambarinho y la sierra de Caramulo. Conserva un interesante edificio de los Paços do Concelho, casonas señoriales y un convento benedictino. *Excursiones: castros de Banho y de Cárcoda; en Vouzela, castillo visigótico de Vilharigues y monte Sra. do Castelo; palacio de Reriz; termas de S. Pedro do Sul, con ruinas del balneario romano, fuentes de agua caliente y piscina de Afonso Henriques, del s. XII; convento de S. Cristovão de Lafões, en un precioso paraje; sierras de Arada, Gralheria y Caramulo; reserva de rododendros; sierra de S. Macário, con las encantadoras aldeas de Pena y Fujaco; playa fluvial y paseos en barca en el río Vouga; cascadas de Miserela; embalse de Aguieira. Telares y lino. En **Molelos**, cerámica negra. En **Solar da Lapa**, asociación de artesanos. En **Vila Maior**, trabajos con raíces. En **S. Martinho das Moitas**, trabajos en madera.*

Casas do Cimo da Lagea
Baiões. **Tf. 232/72 37 19**

Conjunto de edificaciones, con jardín, pista de tenis y piscina, situadas en torno a un gran patio y en una zona con bonitas vistas. Tiene bar, sala de estar, cocina, 6 habitaciones dobles con baño y 2 apartamentos. Precios: habitación doble 11.000 esc., desayuno incluido. *Observaciones: descuentos por estancias largas.*

✉ Trato familiar. Entorno animado y con actividades.

Quinta da Comenda
Tf./fax 232/71 11 01. Tf. 22/618 34 91

Quinta del s. XII destinada a la producción de un prestigioso vino, con bodega, capilla, jardín y piscina. Tiene sala de estar, salas de juegos y reuniones y 6 habitaciones dobles. Se puede alquilar entera. Precios: habitación doble 14.000 esc.; desayuno incluido. *Observaciones: descuentos por estancias largas; la finca está destinada a la agricultura ecológica.*

✉ Casa y jardines magníficos, con mucha solera.

Quinta do Pendão
Sta. Cruz da Trapa

Tfs. 232/79 95 39 y 79 91 16. Fax 232/79 95 40

Casa de buena planta, con establos para caballos, piscina y jardín. El interior, que conserva un primitivo pozo, horno, *lareira*, suelos de losa y un cuidado mobiliario, tiene sala, comedor y 12 habitaciones dobles con baño, algunas con chimenea y salida a la galería. Precios (según temporada): habitación doble de 8.000 a 10.000 esc., desayuno incluido; comida o cena 3.000 esc.

Quinta do Souto de Baiões
Baiões. **Tf. 232/72 35 15. Tf./fax 239/70 12 44**

Casa del s. XVII, reformada, con jardín y piscina. Dispone de sala de estar con chimenea, comedor y 3 habitaciones dobles con entrada independiente. Se puede alquilar entera. Precios: habitación doble 12.000 esc., desayuno incluido; vivienda 30.000 esc. diarios y 165.000 semanales.

Beiras

Seia
(GUARDA)

Ciudad de origen romano, posteriormente ocupada por los árabes, situada a las puertas del parque natural de sierra de Estrela. Conserva una iglesia parroquial románica, así como edificios civiles de interés: Casa das Obras, actual Cámara municipal y solares de los Botelhos y los Mota Veiga. *Excursiones: aldea de Torrozelo, con capilla de los Ferreiros, del s. XIII; palacio de Alburquerque en Oliveira de Hospital; parque natural de la sierra de Estrela. En la* **sierra de Estrela**, *abundantes muestras de artesanía: tonelería, juguetes, muebles hechos a mano, bordados en lino, tapices, mantelerías bordadas, miniaturas en barro, reproducciones de viviendas en piedra negra, zuecos de cuero y madera, trabajos de latón y trajes tradicionales.*

Casa da Ponte
Alvoco da Serra
Tfs. 238/95 42 53 y 21/797 11 75
Casa rústica cercana a los remansos del río Alvoco. Tiene sala de estar, 1 de ellas con chimenea, 6 habitaciones dobles con baño y 1 apartamento para 4 personas. Precios: habitación doble 9.800 esc.; apartamento 19.000 esc. diarios.

Casa da Ribeira
Alvoco da Serra
Tfs. 238/95 42 53 y 21/797 11 75
Antigua fábrica de lana, ribereña del Alvoco, con piscina natural, arbolado y jardín de césped, emplazada en plena sierra de Estrela. Tiene sala de juegos, salas de estar con chimenea y 6 habitaciones dobles con baño. Precios: habitación doble 11.000 esc.

Casa das Tílias
S. Romão. Tf. 238/39 00 55. Fax 238/39 01 23
Preciosa casa señorial del s. XIX, con piscina y un cuidado jardín, en pleno parque natural de sierra Estrela. Tiene bar, biblioteca, comedor, salón y 6 habitaciones dobles. Se puede alquilar entera. Precios: habitación doble 14.000 esc., desayuno incluido.

Sertã
(CASTELO BRANCO)

Bonita localidad bañada por los río Sertã y Amioso. Castillo medieval, iglesia parroquial, del s. XIV, puente de Carvalha y picota del s. XVII. *Excursiones: embalse de Castelo de Bode.*

Albergue do Bonjardim
Nesperal. Tf. 274/80 96 47
Quinta y solar del s. XVIII, con piscina y jardín. Tiene bar, sauna, comedor y 4 habitaciones dobles con baño. Precios: habitación doble 14.000 esc., desayuno incluido. *Observaciones: cuentan con caballos, ponis y embarcadero en el río Zêzere; descuentos por estancias largas.*

Viseu
(VISEU)

Capital de la Beira Alta, de antigua fundación y ocupada por los árabes durante dos siglos. Excelente conjunto monumental, repartido entre la zona baja y el barrio alto, dominado por la catedral, del s. XII. Destaca también la plaza del Rossio, con una preciosa colección de azulejos, algunas puertas de la antigua muralla y la cava de Viriato, el mayor monumento romano del país. *Excursiones: playa fluvial de Almargem; parque natural de la sierra de Caramulo. Hierro forjado y alfarería. En* **Tibaldinho**, *trabajos de bordado. En* **Manhoule**, *bordados y cestos de mimbre.*

Quinta de Baixo
Marzovelos. Tf. 232/42 10 35. Fax 232/42 17 39
Bello caserón del s. XVIII, en un lugar tranquilo, próximo al centro de Viseu, con piscina y jardín de árboles centenarios. El interior, amueblado con gusto, tiene salones, 3 habitaciones dobles con baño y 1 vivienda independiente para 5 personas. Precios (según temporada y tipo): habitación doble de 12.500 a 15.000 esc.; vivienda 40.000 esc. fin de semana; desayuno incluido.

Quinta de São Caetano
Poça das Feiticeiras 38
Tf./fax 232/42 39 84
Casa solariega del s. XVII, con jardines, fuentes, lago, piscina, invernadero y capilla, en las proximidades del centro histórico de Viseu. Tiene sala de estar y 6 habitaciones dobles con baño. Precios: habitación doble 16.800 esc., desayuno incluido.

Vouzela (VISEU)

Localidad de la preciosa región de Lafões y del valle del Vouga, con un paisaje de frutales y viñedos. Bella iglesia románica. *Excursiones: termas de S. Pedro do Sul; reserva botánica de Cambarinho; parque natural de Caramulo.* **En Campia**, *papel pergamino artesanal.*

Casa de Fataunços
Fataunços. Tf./fax 232/77 26 97
Mansión del s. XVIII, rodeada de extensos jardines, con pista de tenis, parque infantil y piscina. Tiene salones, sala de lectura y piano, comedor y 9 habitaciones dobles con baño. Precios (según temporada): habitación doble de 12.000 a 14.800 esc., desayuno incluido; cena 3.000 esc.

Apartamentos y casas de alquiler completo

Armamar (VISEU)

Quinta da Barroca
Queimada
Tf. 254/85 08 50
Edificio de granito, con jardín, piscina y pista de tenis, en una finca agrícola. Tiene salas y 8 apartamentos de 2, 3 y 4 plazas. Precios* (según tipo): apartamento de 14.000 a 24.000 esc. diarios; cena 4.000 esc. *Observaciones: alquiler de bicicletas.*

Gouveia (GUARDA)

Casas do Toural
Tf. 238/49 21 32
Fax 21/382 13 90
Quinta del s. XVIII, con jardín, huerto, pista de tenis y piscina. Incluye 7 casitas, con sala, chimenea, cocina, baño y de 2 a 6 plazas. Precios (según temporada): 2 plazas de 10.000 a 14.000 esc. diarios, desayuno incluido. *Observaciones: venta de artesanía.*

Casa da Capela
Rio Torto
Tf./fax 238/48 64 23
Edificio del s. XVIII, con capilla, jardín y piscina, en un valle de la sierra de Estrela. Incluye 3 apartamentos de 4 plazas, con acceso independiente. Precios (según temporada y ocupación): apartamento de 8.000 a 18.000 esc. diarios, desayuno incluido.

Guarda (GUARDA)

Quinta da Ponte
Faia. Tf./fax 271/92 61 26
Solar del s. XVII, con jardín de la misma época, capilla, piscina y pista de tenis, ribereño del Mondego y en plena sierra de Estrela. Tiene 2 habitaciones dobles y 5 apartamentos de 2 y 4 plazas. Precios: 2 plazas 17.000 esc. diarios, desayuno incluido.

Oliveira do Hospital (COIMBRA)

Casa das Laranjeiras
Gramaços
Tf. 238/60 44 04
Construcción de piedra, típica de la comarca, con jardín y finca agrícola. Incluye 2 apartamentos de 2 plazas y 1 de 6, con cocina, sala con chimenea y baños. Precios (según temporada): 2 plazas de 9.000 a 10.000 esc. diarios; desayuno 500 esc.

Quinta da Castanheira
Gramaços
Tf. 238/60 44 37
Casa de piedra, en una explotación agrícola, con árboles centenarios. Tiene 2 apartamentos, con sala, cocina, baño y 2/4 plazas. Precios: 2 plazas 9.500 esc. diarios, desayuno incluido.

Sabugal (GUARDA)

Casa da Vila
Sortelha
Tf./fax 271/38 81 13
Caserón de granito, empotrado en las murallas de la localidad. Incluye 2 apartamentos de 4 plazas, comunicados entre sí, 1 de ellos con cocina. Precios (según tipo): 4 plazas de 8.000 a 14.000 esc. diarios.

Casa do Pateo
Sortelha
Tf./fax 271/38 81 13
Casa de granito del s. XV, con espléndidas vistas del castillo y el valle de Poio. Incluye 2 apartamentos de 2/4 plazas, con sala de estar, chimenea, cocina y baño. Precios (según ocupación): apartamento de 10.000 a 14.000 esc. diarios.

Lugares de interés

Armamar. Población de origen medieval. Conserva una bella iglesia del s. XI. *Excursiones: paseos en barca por el Duero; monte de S. Domingos de Fontelo; valle de Nacerães; sierra de Marão.*

Gouveia. Villa de gran antigüedad, conocida como la «princesa de la sierra». Iglesia parroquial del s. XVIII, colegio de los Jesuitas, casa de la Torre, convento de Na. Sra. do Coito. *Excursiones: aldeas de Linhares y Folgosinho, con una cuidada arquitectura de piedra; parque natural de la sierra de Estrela; parajes de los ríos Alva y Alvoco. Jerseis de lana, telas de lino, bordados de punto de cruz y tonelero.*

Estremadura y Ribatejo

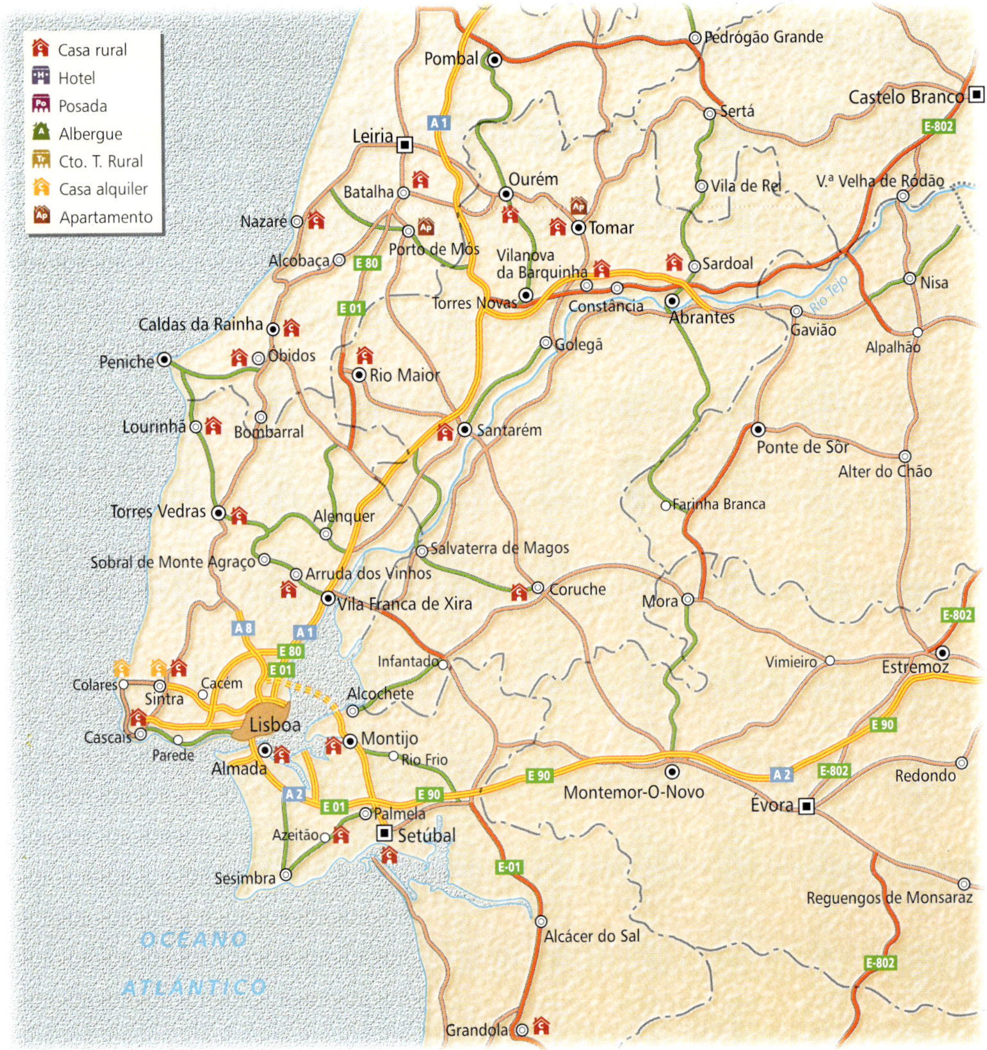

Almada
(SETÚBAL)

Villa ocupada antiguamente por los musulmanes y cercana al estuario del Tajo. *Excursiones: ciudad de Lisboa; playas de Caparica y de Meco; parque natural de la sierra de Arrabida.*

Quinta de Vale Mourelos
Tf. 21/295 48 71

Caserón del s. XVIII, con huerto y jardín, a 3 km de la costa. Tiene sala de juegos, sala de estar, 2 habitaciones dobles con baño, 1 *suite* y 6 estudios de 3 plazas. Precios (según temporada): habitación doble de 12.500 a 14.000 esc.; *suite* o estudio de 15.000 a 17.600 esc.; desayuno incluido.

✉ Acogida excelente. Alojamientos cómodos, bien equipados y decorados con gusto. Aclarar bien los accesos.

Arruda dos Vinhos
(LEIRIA)

Población muy antigua, con abundantes ruinas romanas. Conserva la iglesia del s. XVI, con fachada manuelina, el monasterio de las Comendadoras y el castillo. *Excursiones: puente de Carregado; mirador del Alto dos Moinhos.*

Casal do Covão de Cima
Tf. 263/97 41 07. Fax 263/27 51 77

Núcleo de edificios de piedra, con jardín de césped, en una colina con excelentes vistas de la zona. El interior con una decoración sencilla y agradable, techos de madera y paredes de piedra vista, tiene comedor, sala de estar con chimenea y 2 habitaciones dobles con baño. Precios: habitación doble 10.000 esc., desayuno incluido.

Azeitão
(SETÚBAL)

Nombre con el que se conoce a las dos antiguas poblaciones de Vila Franca y Vila Nogueira de Azeitão. *Excursiones: santuario del cabo Espichel; parque natural de Arrabida, con un precioso convento y un litoral virgen. En **Vila Nogueira**, utensilios de hierro y cobre. En **Vila Fresca**, azulejos.*

Quinta de Santo Amaro
Aldeia da Piedade
Tf. 21/218 92 30. Fax 21/218 93 90

Casa del s. XVIII, que conserva la capilla con azulejos de época, en una finca con viñas y naranjos. Tiene salas de estar con chimenea y 7 habitaciones dobles, 3 de ellas convertibles en apartamento. Precios: habitación doble 14.500 esc., desayuno incluido; apartamento 216.000 esc. semanales.

✉ La dueña, muy activa, es un encanto.

Batalha
(LEIRIA)

Villa surgida en torno al monasterio de Sta. María, del s. XIV, obra capital del arte gótico y manuelino. *Excursiones: villas de Leiria y Fátima; grutas del parque natural de las sierras de Aire y Candeeiros. Venta de cerámica, porcelana, cristal y artesanía de todo tipo en varios comercios.*

Quinta do Fidalgo
Tf. 244/76 51 14. Fax 244/76 74 01

Edificio del s. XVII, catalogado de interés público, con capilla y jardín, situado frente al monasterio. Tiene bar, sala de estar, comedor y 5 habitaciones dobles. Se puede alquilar entera. Precios (según temporada y tipo): habitación doble de 15.000 a 17.000 esc., desayuno incluido; vivienda 75.000 esc. diarios. *Observaciones: descuentos por estancias largas.*

✉ Trato acogedor. Preciosos detalles decorativos.

Caldas da Rainha
(LEIRIA)

Ciudad termal nacida a mediados del s. XV. Pozo de la Cova, antiguo balneario, iglesia manuelina do Pópulo y ermita de S. Sebastião. *Excursiones: villa amurallada de Óbidos; pueblos marineros de Nazaré y Peniche; playas de Foz de Arelho y S. Martinho do Porto. Cerámica.*

Casa dos Plátanos
Rafael Bordalo Pinheiro 24
Tf. 262/84 18 10. Fax 262/84 34 17

Edificación del s. XVIII, con un frondoso jardín, situada en el centro de la población. Tiene biblioteca, sala de estar con chimenea, comedor y 8 habitaciones dobles. Precios (según temporada): habitación doble de 9.000 a 10.000 esc., desayuno incluido. *Observaciones: alquiler de bicicletas; descuentos a niños.*

Cascais
(LISBOA)

Antiguo poblado romano, sinónimo de turismo elegante, cercano a Lisboa. A destacar la iglesia barroca y la Ciudadela. *Excursiones: grutas de Alapraia; cabo de Roca; Boca del Inferno; parque natural de la sierra de Sintra. En **Estoril**, feria de artesanía en julio y agosto.*

Casa da Pérgola
Avenida de Valbom 13
Tf. 21/484 00 40. Fax 21/483 47 91

Bella edificación decimonónica, con un cuidadísimo jardín, a 50 m de la playa. Tiene bar, sala de estar, comedor y 10 habitaciones dobles, algunas con balcón. Precios (según temporada y tipo): habitación doble de 15.000 a 19.500 esc., desayuno incluido. *Observaciones: abierta de 15 de marzo a 15 de noviembre.*

Estremadura y Ribatejo

Castelo de Bode (TOMAR)

Lugar cercano al extenso pantano del mismo nombre, en una zona frondosa de bosque y pinar. *Excursiones: zonas de baño y posibilidad de deportes náuticos en el pantano de Castelo de Bode; isla de Lombo.*

Quinta do Troviscal

***Alverangel*. Tf. 249/37 13 18**

Bonita edificación, próxima al embalse de Castelo de Bode, con embarcadero y jardín. Tiene una terraza con espléndidas vistas, sala de estar, 3 habitaciones dobles con baño, 1 *suite* y 1 apartamento de 4 plazas. Precios: habitación doble 12.500 esc.; apartamento 20.000 esc. diarios; desayuno incluido. *Observaciones: disponen de canoas.*

Trato muy agradable y buena información de la zona.

Coruche (SANTARÉM)

Típica villa ribatejana, con una agradable arquitectura de casas blancas. Conserva la iglesia de Sta. María do Castelo, con espléndidas vistas. *Excursiones: castillo de Montemor-o-Novo.*

Quinta Moura

***Branca*. Tf. 243/60 61 68**

Edificio agradable, de reciente construcción, con huerto, jardín y piscina. Tiene sala de estar, cocina y 4 habitaciones dobles. Precios: habitación doble 7.000 esc., desayuno incluido. *Observaciones: alquiler de caballos.*

Grândola (SETÚBAL)

Entrañable villa ribatejana y símbolo de la «revolución de los claveles» gracias a la bella canción de Jose Afonso. *Excursiones: ruinas de Tróia; lago de Melides; parque natural del estuario del Sado; puerto palafítico de Carrasqueira.* **En Melides**, *alfarería.*

Moinho Velho

***Melides*. Tf. 269/90 73 23. Fax 269/90 73 20**

Edificación rural en la que se realizan actividades culturales, con jardín, porche cubierto y vistas a los arrozales. Tiene salas de estar, comedor, 6 habitaciones dobles y 4 baños. Precios (según temporada): habitación doble de 5.500 a 8.100 esc.; desayuno 900 esc. *Observaciones: descuentos por estancias largas.*

Lourinhã (LEIRIA)

Villa agrícola y pesquera, con buenas playas en su término. Callejas sinuosas y templo sobre el antiguo castillo árabe. *Excursiones: balneario de Caldas de Rainha; islas Berlengas; playas de Porto Dinheiro, Paiomogo y Areia Branca.* **En Peniche**, *encajes de bolillos.*

Quinta de Santa Catarina

Visconde de Palma de Almeida

Tf. 261/42 23 13. Fax 261/41 48 75

Casa solariega datada en el s. XVI, con jardín y piscina, muy próxima al mar y a la localidad de Óbidos. Tiene bar, sala de estar, comedor, sala de piano y 5 habitaciones dobles. Precios (según temporada): habitación doble de 14.000 a 17.000 esc., desayuno incluido.

Montijo (SETÚBAL)

Localidad ganadera del Ribatejo. Santuario de Nossa Sra. da Atalaia y la iglesia parroquial, barroca, con una bonita colección de azulejos. *Excursiones: cuevas de Quinta do Anjo; zonas de baño en el río Alcochete; embalse de Palha.*
Tienda de cerámica y alfarería.

Palácio de Rio-Frio

Pinhal Novo

Tf. 21/231 97 01. Fax 21/231 96 33

Bello edificio palaciego de principios de siglo, con capilla, jardín, piscina y unos preciosos murales de azulejos. Tiene salón, comedor, 3 habitaciones dobles y 1 *suite*. Precios: habitación doble 16.500 esc.; suite 18.500 esc.; desayuno incluido; comida o cena 4.000 esc. *Observaciones: alquiler de caballos.*

Nazaré (LEIRIA)

Encantadora localidad marinera, situada al borde de una ensenada. Iglesia parroquial, levantada sobre otra del s. XIV, Paço Real y templo de S. Gião. *Excursiones: estación arqueológica de Parreitas; playas de Nazaré y S. Martinho do Porto; grutas de Mira d'Aire; pinar de Leiria.*

Quinta do Campo

Valado dos Frades

Tfs. 262/57 71 35 y 57 71 26

Gran quinta, antaño ocupada por el Císter, con jardín, piscina y un magnífico patio. Tiene biblioteca, sala de estar, comedor con chimenea, 8 habitaciones dobles y 7 apartamentos de 2 a 4 plazas. Precios: habitación doble 18.000 esc.; apartamento de 22.000 a 30.000 esc. diarios.

Óbidos
(LEIRIA)

Pintoresca ciudad medieval, de un blanco inmaculado, protegida por su castillo y sus murallas. Conserva un palacio de estilo manuelino, convertido actualmente en Pousada, la iglesia de la Misericordia, la picota y el llamado crucero de la Memória, así como algunas iglesias y capillas de interés. *Excursiones: santuario del Senhor da Pedra y ruinas del convento capuchino de S. Miguel; localidad de Caldas da Rainha; lago de Óbidos; playas de Foz de Arelho; península de Peniche; reserva natural de las islas Berlengas.*

Casa S. Tiago do Castelo
Largo de S. Tiago. Tf./fax 262/95 95 87
Bonita edificación precedida de un breve porche, y con un patio interior, situada en el casco histórico, a los pies del castillo. Tiene bar-bodega, sala de billar, comedor, sala de lectura y 8 habitaciones dobles con baño. Precios: habitación doble 16.000 esc., desayuno incluido.

Casal do Pinhão
Bairro Sra. da Luz. Tf./fax 262/95 90 78
Casa rural, a 2 km de la localidad, con piscinas, pérgola y una finca arbolada. Tiene bar, salas de estar, comedor, 6 habitaciones dobles con baño y balcón y 2 apartamentos para 2/4 personas. Precios (según temporada y tipo): habitación doble de 8.000 a 16.000 esc.; desayuno incluido; apartamento de 15.000 a 19.000 esc. diarios.

Ourém
(SANTARÉM)

Villa próxima a Fátima y bien comunicada con Batalha y Alcobaça, con sus imponentes monasterios. *Excursiones: parque natural de las sierras de Aire y Candeeiros, con un espléndido conjunto de cuevas.*

Serrana do Olival
Esperança-Olival. Tf. 249/58 59 18
Casa ribatejana del s. XIX, en una extensa finca agrícola y forestal, con huerto, pista de tenis, piscina y jardines. Tiene sala de estar con chimenea y 3 habitaciones dobles con baño. Precios: habitación doble 15.000 esc, desayuno incluido.

Rio Maior
(LEIRIA)

Antiguo centro minero, hoy dedicado a la agricultura, emplazado en un término que conserva restos del paleolítico. Iglesia parroquial del s. XVI. *Excursiones: villa de Leiria; parque natural de las sierras de Aire y Candeeiros; zonas de salinas.*

Casa do Foral
Rua Boa Vista 10
Tf./fax 243/99 26 11. R. 258/74 16 72
Casa de más de 200 años de antigüedad, situada en el centro de la villa, con piscina y un jardín presidido por esbeltas palmeras. El interior, que conserva algunos bellos paneles de azulejos de época, tiene comedor, salas de estar y de reuniones, 5 habitaciones dobles y 1 *suite*, todas con baño. Precios: habitación doble 10.600 esc., desayuno incluido.

Santarém
(SANTARÉM)

Bella ciudad ribereña del Tajo, con un atractivo núcleo histórico: iglesia de S. Francisco, iglesia jesuita del Seminario, museo Arqueológico, torre de Cabaças, jardín de las Portas do Sol y bellas fachadas de azulejos. *Excursiones: museo de Alpiarça.*

Quinta do Mocho
Tf. 243/35 94 50. Fax 243/35 94 51
Elegante quinta ganadera del s. XVIII, con cuadras, picadero, jardines, piscina y un gran patio, emplazada a 5 km de Santarém. Tiene sala de estar, salón con chimenea, 5 habitaciones dobles con baño y 1 *suite*. Precios: habitación doble 13.000 esc.; *suite* 18.500 esc.; desayuno incluido.

Sardoal
(SANTARÉM)

Pequeño pueblo situado entre la Beira y Ribatejo. Monumentos del s. XVII y templo con pinturas sobre madera. *Excursiones: aldea de Dornes; capilla de Nossa Sra. da Lapa; termas de Envendos; embalse de Castelo de Bode; isla de Lombo.*

Quinta de Arecês
Cabeça das Mós. Tf./fax 241/85 52 55
Edificio de comienzos del s. XVIII, con jardín, emplazado junto a un río con cascadas y una capilla cercana del s. XVII, con paredes forradas de azulejos. Tiene bar, sala de estar, comedor y 6 habitaciones con baño en un edificio anexo. Precios: habitación doble 8.000 esc., desayuno incluido; comida o cena 2.500 esc. *Observaciones: disponen de caballos y cuadras.*

Estremadura y Ribatejo

Setúbal
(Setúbal)

Villa portuaria, situada en la desembocadura del Sado. Buen conjunto de edificaciones civiles y precioso castillo de S. Filipe, con espléndidas vistas. *Excursiones: parques naturales del estuario del Sado y la sierra de Arrábida; playa de Figueirinha.*

Sintra
(Lisboa)

Lugar de gran belleza habitado desde tiempos del Paleolítico, sacralizado por los romanos y convertido en escenario romántico de muchos escritores: lord Byron, Camões, Eça de Queiroz... Conserva un valioso patrimonio monumental, que incluye la iglesia de S. Martinho, del s. XII, la de S. Pedro, del s. XVI, numerosas casas y quintas, entre las que destacan la del Vinagre, auténtica joya de la arquitectura palaciega rural y sobre todo los palacios de Sintra, da Pena y de Monserrate. *Excursiones: parque natural de la sierra de Sintra; miradores de Peninha, Lagoa Azul, Capuchos y Alto do Monge; costa de Estoril y Cascais; cabo de Roca; parque de Monserrate. Venta de antigüedades y artesanía variada en numerosos comercios.*

Quinta do Hilário
Avda. A. Rodrigues Manito
Tf. 265/53 86 80. Fax 265/55 16 82
Espléndida villa del s. XVIII, situada a 2 km de Setúbal, en una finca de naranjos, con jardín, huerto y piscina. Tiene salas, 1 habitación sencilla y 4 dobles, con baño y 5 *suites*, con baño y cocina. Precios (según temporada): habitación doble de 14.600 a 22.000 esc.; *suite* de 13.600 a 21.000 esc.; desayuno incluido.
✉ Acogida, trato y limpieza buenos. Entorno cuidado.

Casa Miradouro
Rua Sottomayor 55
Tf. 21/923 59 00. Fax 21/924 18 36
Construcción del s. XIX, con una graciosa decoración de fachada, jardín y buenas vistas del casco histórico de Sintra. Tiene sala de estar con chimenea, biblioteca y 6 habitaciones dobles con baño. Precios (según temporada): habitación doble de 16.000 a 21.000 esc., desayuno incluido.

Casalinho da Azenha
Capa Rota-Manique de Cima
Tfs. 21/915 01 76 y 915 14 34. Fax 21/915 01 72
Conjunto de edificaciones rústicas, con jardín, piscina y molino de agua, en torno a un patio decorado con objetos de labranza. El interior, agradable y bien decorado, dispone de bar, comedor, sala de estar con chimenea, 5 habitaciones dobles y 1 *suite*. Precios: habitación doble 15.000 esc.; suite 17.000 esc.; desayuno incluido.

Quinta da Capela
Estrada de Monserrate
Tf. 21/929 01 70. Fax 21/929 34 25
Precioso palacete del s. XVI, que todavía conserva su capilla original, con un cuidado jardín, piscina y bellas vistas sobre la región de Sintra. Tiene bar, biblioteca, gimnasio, salón, comedor y 10 habitaciones dobles con baño, algunas tipo *suite*. Precios*: habitación doble 26.000 esc.; *suite* 30.000 esc.; desayuno incluido.

Quinta da Fonte Nova
Rio de Mouro
Tf. 21/916 00 21. Fax 21/916 11 11
Edificio de finales del s. XIX en una quinta amurallada, con capilla, pista de tenis, un precioso jardín y piscina, situada a 4 km de Sintra. Tiene sala de estar, comedor y 10 habitaciones dobles, algunas de ellas tipo *suite* con capacidad para 4 personas. Precios: habitación doble 17.000 esc.; *suite* 25.000 esc.; desayuno incluido.

Quinta de São Thiago
Estrada de Monserrate
Tf. 21/923 29 23. Fax 21/923 43 29
Agradable quinta, próxima a los jardines del palacio de Monserrate, con piscina. Tiene sala de música, biblioteca, comedor, 9 habitaciones dobles y 1 *suite*. Precios (según tipo): habitación doble de 21.000 a 26.000 esc.; *suite* 30.000 esc.; desayuno incluido; cena 6.000 esc.

Quinta das Sequóias
Estrada de Monserrate
Tfs. 21/924 38 21 y 923 03 42
Preciosa casa señorial, con piscina, en plena sierra de Sintra y rodeada de frondosos bosques. Tiene bar, biblioteca, sala de estar, una vieja cocina que hace de sala para desayunos y 5 habitaciones dobles. Precios (según temporada): habitación doble de 19.000 a 25.000 esc., desayuno incluido.
Decoración y entorno privilegiados.

Vila das Rosas
Rua António Cunha 4. Tf. 21/923 42 16
Bella edificación urbana, de finales del s. XIX, con invernaderos, jardín y piscina. Tiene bodega, salas de estar, comedor, horno de cocer el pan, 5 habitaciones dobles con baño y 2 apartamentos para 4 personas. Precios (según temporada): habitación doble de 16.000 a 20.000 esc., desayuno incluido. *Observaciones: descuentos por estancias largas.*

Tomar
(SANTARÉM)

Ciudad de viejo pasado, muy ligado a la orden del Temple. Buen conjunto monumental, que incluye la iglesia de São João Baptista y la sinagoga, ambas del s. XV, así como varios templos de los siglos XVI y XVII y el convento de Cristo, con elementos románicos. *Excursiones: villas de Costancia y Golegã; castillo de Almourol, en pleno cauce del Tajo; parque natural de sierra de Aire; cuevas de Sto. António y Alvados; reserva natural de Boquilobo; embalse de Castelo de Bode; rutas con pisadas de dinosaurios; nacimiento y márgenes del río Nabão. En* ***Cem Soldos****, venta de cestería y artículos de latón en un mercado semanal. En* ***Asseisseira****, loza y pucheros de barro*

Casa de Avó Genoveva
***Curvaceiras*. Tf. 249/98 22 19**
Casa tradicional del s. XVII, con jardín, piscina y pista de tenis. Tiene biblioteca, bar, 3 habitaciones dobles y 2 apartamentos. Precios: habitación doble 12.500 esc.; apartamento de 2/4 plazas 15.000 esc. diarios; apartamento de 4/8 plazas 23.000 esc. diarios; desayuno incluido. *Observaciones: descuentos por estancias largas.*

Quinta da Anunciada Velha
Cem Soldos
Tf. 249/34 52 18. Fax 249/34 57 52
Edificación rústica, construida sobre las ruinas de un antiguo convento, con capilla, jardín y piscina. Tiene bar, salas de estar, comedor, 4 habitaciones dobles y 2 apartamentos para 4 personas. Precios: habitación doble 12.000 esc.; suite 13.000 esc.; apartamento para 2 personas 15.000 esc. diarios; desayuno incluido; cena 2.500 esc.

Torres Vedras
(SANTARÉM)

Localidad de origen remoto. Conserva una iglesia parroquial levantada durante el s. XIII, cubierta de azulejos. *Excursiones: termas de Cucos; sierra de Montejunto.*

Casal do Gil de Cima
Ermegeira
Tfs. 261/91 11 84 y 919/89 17 51
Casa del s. XVIII, en una quinta agrícola de viñedos y manzanos, con un bonito jardín. El interior tiene decoración tradicional, salas de estar con chimenea, 1 habitación sencilla y 3 dobles con baño. Precios: habitación doble con baño 7.500 esc.; desayuno incluido; comida o cena 3.500 esc.

Vila Nova da Barquinha
(SANTARÉM)

Concejo situado en las márgenes del Tajo. *Excursiones: castillo templario de Almourol, en un paraje espectacular en medio del Tajo; castillo de Gualdim Pais; reserva natural de Boquilobo; zonas de baños en el río Zêzere y en el embalse de Castelo de Bode; fuente de Atalaia.*

Casa do Patriarca
***Atalaia*. Tf./fax 249/71 05 81**
Casa señorial del s. XVII, rodeada de un bonito jardín. Cuenta con cocina, sala de estar con chimenea y 6 habitaciones dobles con baño. Precios (según temporada) : habitación doble de 10.000 a 15.000 esc., desayuno incluido. *Observaciones: descuentos por estancias largas.*
Ambiente muy familiar. Mobiliario sencillo, con detalles decorativos cuidados.

Estremadura y Ribatejo

Apartamentos y casas de alquiler completo

Colares (Lisboa)

Casa da Pirolita
Azoia. **Tf. 21/928 00 73**
Casa de piedra con un grandioso emplazamiento sobre los acantilados que bordean el cabo de Roca. Tiene 1 vivienda con cocina, sala con chimenea, 2 habitaciones dobles y 1 baño. Precios: 2 plazas 14.000 esc. diarios. ***Observaciones:*** *descuentos a partir de 2 días.*

Sintra (Lisboa)

Casa Pôr do Sol
Ulgueira
Tf./fax 21/928 03 54
Edificación sencilla, emplazada entre Sintra y Cascais. Sala de estar, chimenea, cocina, patio y 2 habitaciones dobles. Precios (según temporada): día de 13.500 a 15.000 esc.; semana de 81.000 a 105.000 esc.; desayuno incluido.

Porto de Mós (Leiria)

Quinta de Rio Alcaide
Tfs. 244/40 21 24 y 936/98 94 75
Quinta agrícola, con jardín y piscina con agua de manantial. Tiene biblioteca y 4 apartamentos, uno de ellos habilitado en un molino de viento. Precios* (según temporada): 2 plazas de 30.000 a 36.000 esc. semanales.

Tomar (Santarém)

Quinta do Valle
Guerreira-Santa Cita
Tf. 249/38 11 65
Edificio integrado en una finca muy característica de la región, con capilla, jardín y piscina. Incluye 7 apartamentos, de 2 y 4 plazas. Precios: 2 plazas 16.600 esc. diarios; 4 plazas 20.200 esc. diarios.

Lugares de interés

Porto de Mós. Pueblo de antigua fundación, en un paisaje arbolado. Castillo, con restos romanos y templo de S. Pedro, del s. XIII. *Excursiones: monasterio de Batalha; parque natural de las sierras de Aire y Candeeiros, con bellas grutas.*

Colares. Agradable localidad cercana al litoral de Sintra, famosa por sus viñedos, que producen excelentes caldos desde época romana. *Excursiones: aldea de Azenhas do Mar; parque de Monserrate; cabo de Roca; bellísima playa de Guincho.*

Alto Alentejo

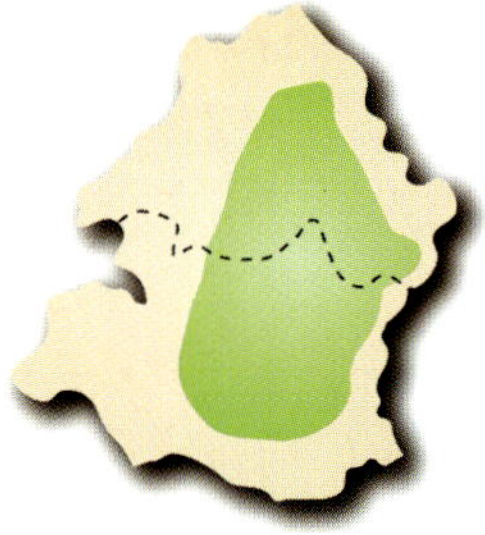

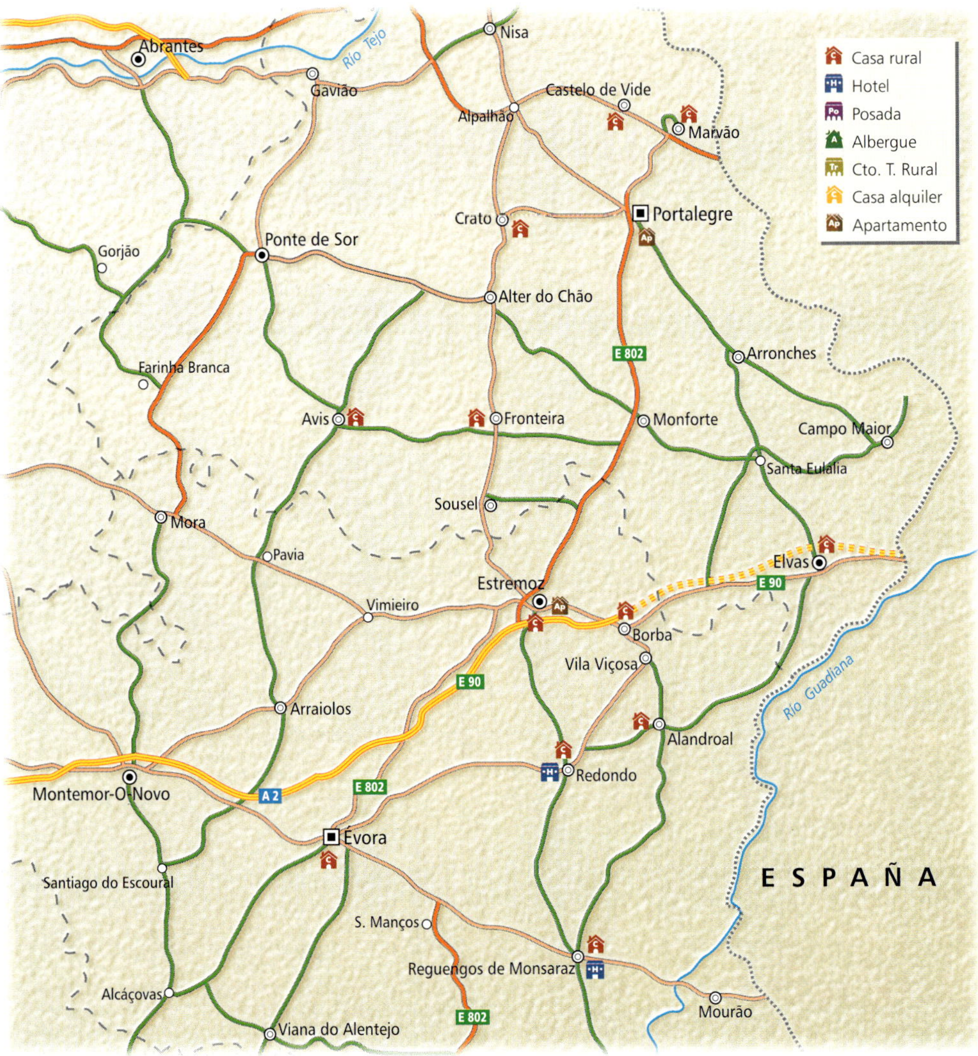

Alandroal
(ÉVORA)

Localidad con un agradable casco viejo que conserva su recinto amurallado. *Excursiones: villa de Terena, con picota y algunos edificios civiles de interés. Trabajos de estaño.*

Casa de Terena
Terena. Tf. 268/45 91 32

Casa señorial del s. XVIII, situada en el centro histórico de Terena, próxima al castillo. El interior, con decoración tradicional, tiene salón con chimenea, sala de estar, comedor y 6 habitaciones dobles con baño. Precios: habitación doble 12.000 esc., desayuno tipo *buffet* incluido; comida o cena 3.500 esc.

Avis
(PORTALEGRE)

Agradable villa alentejana, unida a la Orden medieval de los caballeros de Avis. A destacar la iglesia, con algunos sepulcros de los maestres de esta orden, la picota, los restos del castillo y las murallas. *Excursiones: villa de Alter do Chão.*

Monte do Padrão
Figueira e Barros
Tf. 242/46 51 53. Fax 242/46 53 27

Monte alentejano, en una finca ganadera con embalse propio, establos, piscina y jardines, a 2 km de Avis. El interior, cuidado y con mobiliario tradicional, tiene sala de estar con chimenea, comedor, 7 habitaciones dobles y 1 *suite*. Precios: habitación doble 15.750 esc., desayuno incluido; comida o cena 3.500 esc. *Observaciones: disponen de caballos ; deportes náuticos.*

Borba
(ÉVORA)

Localidad situada en el corazón del Alentejo. Conserva una iglesia del s. XIV, los restos del castillo y la preciosa Fonte das Bicas, revestida con mármol de la zona. *Excursiones: conjunto monumental de Estremoz. Muebles pintados a mano; bordados y mantas alentejanas.*

Casa de Borba
Rua da Cruz 5
Tf. 268/89 45 28. Fax 268/84 14 48

Casa palaciega del s. XVII, con un bello patio, jardín y piscina. El interior, en el que destaca la magnífica escalera, tiene mobiliario tradicional, salas de estar, de juegos y de reuniones y 5 habitaciones dobles con baño. Precios: habitación doble 15.000 esc., desayuno incluido.

Castelo de Vide
(PORTALEGRE)

Precioso conjunto monumental. Fortaleza, casas nobles y antigua judería, en la que se conserva una pequeña sinagoga. *Excursiones: villas de Portalegre, Nisa y Marvão; ruta megalítica de Meadas; parque natural de la sierra de S. Mamede. En **Nisa**, características cerámicas.*

Quinta da Bela Vista
Póvoa e Meadas. Tf. 245/96 81 25

Casa situada en una explotación agrícola, con jardín y piscina, próxima al embalse de Póvoa. Tiene bar, sala de juegos, biblioteca, comedor, 5 habitaciones dobles con baño y 3 apartamentos, para 2, 4 y 6 personas, respectivamente. Precios: habitación doble 14.000 esc., desayuno incluido; comida o cena 3.200 esc.; apartamento de 4 plazas 23.000 esc. diarios. *Observaciones: disponen de caballos y bicicletas.*

Crato
(PORTALEGRE)

Población que jugó un notable papel en la Edad Media. Castillo del s. XIII y templo de la misma época, con curiosas gárgolas. Precioso convento de Flor da Rosa. *Excursiones: sierra de S. Mamede; finca de caballos de Alter do Chão. En **Flor da Rosa**, cerámica.*

Palacete Flor da Rosa
Flor da Rosa. Tf. 245/99 74 51. Fax 245/99 72 86

Palacete del s. XVIII, con jardín, en un tranquilo pueblo famoso por su producción de cerámica. Tiene comedor, sala de estar, 4 habitaciones dobles con baño y 1 apartamento para 4 personas. Precios (según tipo de habitación): habitación doble de 12.000 a 18.000 esc., desayuno incluido. *Observaciones: alquiler de bicicletas; comidas previo encargo.*

✉ Buena acogida. Patio y jardín muy agradables.

Elvas
(ELVAS)

Villa fronteriza amurallada con un interesante patrimonio, en el que destaca el castillo de origen árabe y una preciosa picota manuelina. *Excursiones: localidades de Campo Maior y Estremoz; márgenes del Guadiana. En **Barbacena**, artículos de corcho. En **Terrugem**, trabajos en piel.*

Monte da Amoreira
Quinta de Sto. António. Tf. 268/62 84 06

Conjunto de edificios tradicionales, en una finca agrícola, con pista de tenis, piscina y jardín, a 7 km de Elvas. Incluye bar, restaurante, comedor de desayunos, sala con chimenea, 4 habitaciones dobles y 2 apartamentos para 4 y 6 personas. Precios (según temporada): habitación doble de 7.500 a 9.000 esc.; apartamento de 4 plazas de 13.000 a 16.000 esc. diarios; desayuno incluido; comida o cena 2.500 esc.

Alto Alentejo

Estremoz
(Évora)

Bello conjunto monumental dividido en dos zonas: el barrio alto, medieval, rodeado de una muralla y la zona baja, del s. XVIII. Destaca la iglesia de Sta. María, del s. XVI, así como el palacio de D. Dinis. *Excursiones: Évoramonte, localidad casi deshabitada en lo alto de un cerro, con bellísimas panorámicas de la tierra alentejana y la sierra de Ossa; embalses de Divor y Montargil; parajes de la sierra de Ossa; embalse de Redondo; alto de S. Gens.* *Típicas figuras de «bonecos» (personajes populares de cerámica) pintadas a mano. En* ***Arraiolos****, mobiliario pintado a mano y elaboración de alfombras y tapices.*

Monte da Fazenda
***Évoramonte*. Tf./fax 268/95 91 72**

Edificio de aspecto sencillo, con jardín y piscina, en una finca destinada a la producción de corcho y aceitunas. Tiene bar, biblioteca, sala de estar y 5 habitaciones dobles. Precios: habitación doble 13.000 esc., desayuno incluido.

✉ Paisaje privilegiado de campiña al pie del castillo. La dueña es locuaz y muy simpática.

Monte dos Pensamentos
Tf. 268/33 31 66. Fax 268/33 24 09

Agradable construcción de campo, del s. XIX, con jardín, a las afueras de Estremoz. Tiene bar, biblioteca, sala de estar y comedor, ambos con chimenea, 2 habitaciones dobles y 2 apartamentos para 2 personas. Precios*: habitación doble 11.000 esc.; apartamento 13.000 esc. diarios; desayuno incluido; cena 2.500 esc.

Évora
(Évora)

Ciudad de rica historia, con un interesante casco monumental declarado Patrimonio de la Humanidad. Templo romano de Diana, barrio de la Mouraria, catedral de Sta. María, del s. XII, precioso convento dos Lóios, palacios y jardines. *Excursiones: villa de Évoramonte, encaramada sobre un cerro; conjunto megalítico de los Almendres.* *Venta de artesanía en varias tiendas del núcleo histórico; talleres de forja; muebles tradicionales pintados a mano.*

Quinta da Espada
Ctra. Évora-Arraiolos, km 4
Tf. 266/73 45 49. Fax 266/73 64 64

Típico "monte" alentejano, a 4 km del casco urbano, con huerta, jardín y piscina. La zona de alojamiento, bien decorada y con mobiliario de la región, tiene sala de desayunos, 4 habitaciones dobles y 1 triple. Se puede alquilar entera. Precios: habitación doble 13.000 esc.; triple 16.500 esc.; desayuno incluido; cena 3.750 esc.

Quinta da Nora
Bairro do Bacelo
Tfs. 266/73 28 68 y 70 98 10

Edificación de estilo alentejano, con piscina, en una finca agrícola de viñedos, a 3 km del casco antiguo de Évora. El interior, con mobiliario tradicional, cuenta con salón, comedor y 6 habitaciones dobles. Precios: habitación doble de 9.000 a 10.000 esc., desayuno incluido. *Observaciones: organizan recorridos en globo.*

Quinta do Pintor
Estrada dos Canaviais
Tf. 266/70 69 15 y 75 19 53

Típica quinta alentejana, con explotación agrícola, huerta y animales de granja, a 3 km del centro histórico de Évora. El interior, con mobiliario y carpintería pintados a mano al estilo de la región, tiene salón-comedor con estufa de leña y 5 habitaciones dobles con baño. Precios: habitación doble 11.000 esc., desayuno incluido.

Fronteira
(Portalegre)

Luminosa villa de origen medieval, con restos de murallas, iglesia del s. XV y torre del Reloj. *Excursiones: villas de Alter do Chão, Avis y Sousel; finca caballar de la Coudelaria; parque natural de la sierra de S. Mamede; embalse de Maranhão.*

Monte dos Aroeirais
Paiva Lobato 8
Tfs. 245/60 42 50. Tf./fax 245/60 48 39

Casa acogedora, situada en una finca de olivar, con jardín y piscina. Tiene bar, una cuidada decoración, salón con chimenea y porche, 2 habitaciones dobles y 4 *suites*. Precios: habitación doble 11.000 esc.; *suite* 13.000 esc.; desayuno incluido. *Observaciones: organizan rutas naturales y culturales; clases de equitación y paseos a caballo.*

Marvão
(PORTALEGRE)

Preciosa villa, encaramada a más de 800 m de altitud en una vertiente de la sierra de S. Mamede. Excelente conjunto de arquitectura popular, castillo y recinto fortificado, con vistas espectaculares del entorno. *Excursiones: parque natural de la sierra de S. Mamede.*

Quinta do Curral da Nora
Prado-Escusa
Tf. 245/99 35 58. Fax 245/99 37 65
Casa de comienzos de s. XX, reformada, con una noria alentejana, piscina, parque infantil y jardín, en el parque natural de la sierra de S. Mamede, junto a las *caleiras* de Escusa. Tiene salón con chimenea, 5 habitaciones dobles y 2 estudios. Precios (según temporada): habitación doble 16.000 esc., desayuno incluido. *Observaciones: hay un campo de golf muy próximo.*

Monsaraz
(ÉVORA)

Encantadora villa alentejana, con callejones empedrados, un caserío luminoso y numerosas fortalezas en su entorno: Lousa, Esporão y Vidigueira. *Excursiones: villa de Mourão, con chimeneas árabes; parajes del Guadiana; embalse de Mourão. Mantas alentejanas, bordados y miniaturas. En* ***S. Pedro do Carval****, alfarería.*

Casa de Antonino Pinto
Pr. Nuno A. Pereira 10. Tf. 266/55 73 88
Sencilla casa tradicional levantada sobre una antigua sinagoga, situada en el centro del casco viejo, muy cerca de la iglesia y con buenas vistas de la planicie alentejana. Tiene sala de estar con chimenea, cocina, 5 habitaciones dobles con baño. Precios: habitación doble 6.000 esc., desayuno incluido.

Monte Saraz
Barrada. Tf. 266/55 73 85. Fax 266/55 74 85
Bella hacienda restaurada, en un paisaje de olivar, con alojamientos construidos sobre un viejo lagar y en torno a la piscina. El interior, mimado y lleno de detalles, se reparte en 6 habitaciones dobles, 4 de ellas con baño, así como 2 casas, 1 para 4 y otra para 7 personas, con cocina y sala de estar con chimenea. Precios: habitación doble con baño 19.000 esc., desayuno incluido.

Horta da Moura
Tf. 266/55 01 00
Conjunto de blancas edificaciones, con piscina y vistas de la campiña alentejana. Tiene bar, ping-pong, sala de juegos, 18 habitaciones dobles, 7 *suites* y apartamentos para 4 y 6 personas. Precios* (según temporada): habitación doble de 13.000 a 17.000 esc.; suite de 20.000 a 22.500 esc. *Observaciones: alquiler de caballos; organizan actividades en la naturaleza.*

Redondo
(ÉVORA)

Villa agrícola y artesana, próxima a la sierra de Ossa. Conserva la iglesia parroquial y el castillo. *Excursiones: dolmen de Zambujeiro; poblaciones de Évora, Alandroal, Borba y Estremoz; sierra de Ossa; zona de baños y deportes náuticos del embalse de Vigia; alto de S. Gens. Alfarería decorativa y utilitaria; muebles regionales pintados a mano, objetos de corcho. En* ***Castelo do Redondo****, alfarería.*

Quinta da Talha
Estrada do Freixo
Tf. 266/99 94 68. Fax 21/343 30 90
Edificación rural, en una finca de olivos, viñas y alcornoques, en la ladera de la sierra de Ossa. Tiene bar, sala de estar, comedor y 3 habitaciones dobles con baño y chimenea y 1 apartamento para 4 personas. Precios: habitación doble 11.000 esc., desayuno incluido. *Observaciones: descuentos por estancias largas.*

Convento de S. Paulo
Aldeia da Serra
Tf. 266/98 91 60. Fax 266/99 91 04
Hotel habilitado en un convento del s. XIV, en un bellísimo paraje de la sierra de Ossa, con piscina y frondosos jardines. El interior, que conserva la estructura monacal, tiene restaurante, salas y 21 habitaciones dobles, algunas con chimenea. Precios (según temporada y tipo): habitación doble de 16.500 a 35.000 esc.; especial 42.000 esc.; desayuno incluido.

Apartamentos y casas de alquiler completo

Estremoz (Évora)

Heredade da Barbosa
Sto. Estevão
Tf. 268/245 10
Típica finca alentejana, con piscina. Tiene 3 habitaciones dobles con baño y 2 apartamentos de 3 y 5 plazas, con sala, chimenea, cocina y baño. Precios*: 3 plazas 15.000 esc. diarios. *Observaciones: la propiedad alquila 1 casita para 4 personas.*

Portalegre (Portalegre)

Quinta da Fonte Fria
Salão Frio
Tf. 245/2 54 71
Sencilla edificación de campo, con piscina y una amplia terraza. Biblioteca, sala de estar, cocina y 3 apartamentos de 4 plazas con acceso independiente. Precios*: apartamento 14.000 esc. diarios y 84.000 semanales.

Lugares de interés

Portalegre. Ciudad situada al pie del parque natural de la sierra de S. Mamede. Catedral y convento de Conceição. *Excursiones: parque natural de la sierra de S. Mamede.*

Baixo Alentejo y Algarve

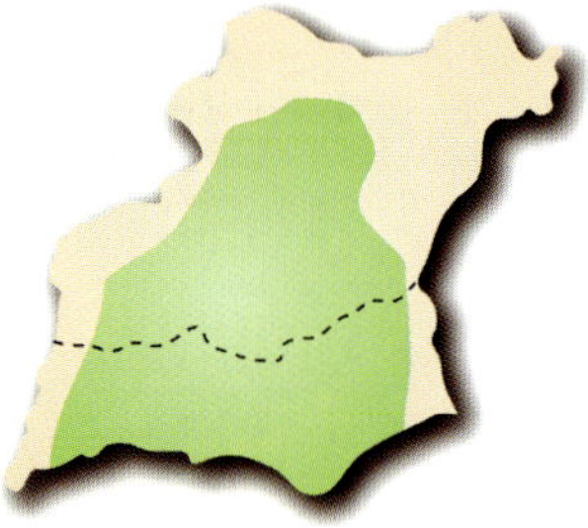

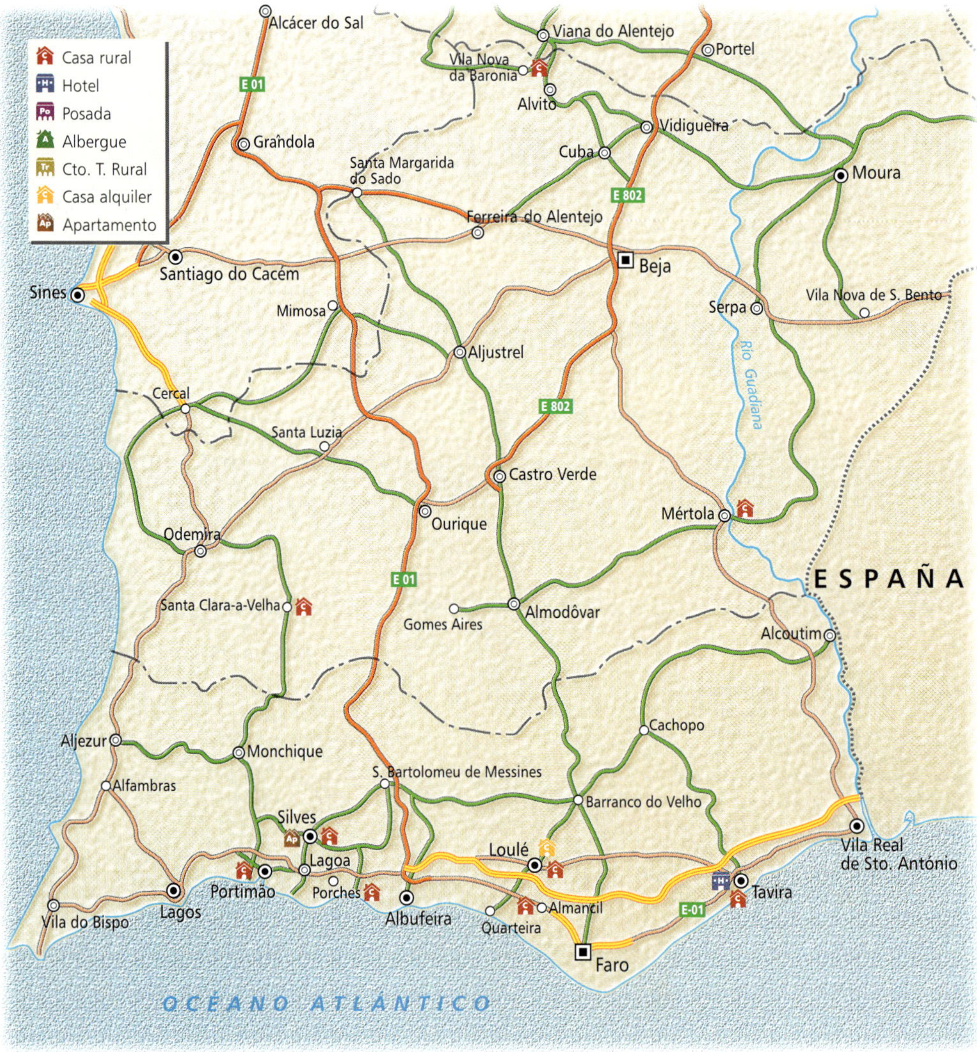

Almancil
(FARO)

Agradable localidad, próxima a Loulé. Capilla de S. Lourenço, con preciosos paneles de azulejos. *Excursiones: villa de Faro; parque natural de Ria Formosa.*

Quinta dos Rochas
Fonte Coberta

Tf. 289/39 31 65. Fax 289/39 91 98

Casa de construcción reciente, próxima a la costa, con jardín y piscinas. Tiene bar, biblioteca, sala de estar y 6 habitaciones dobles. Precios (según temporada): habitación doble de 8.500 a 15.000 esc., desayuno incluido. ***Observaciones: alquiler de bicicletas.***

Loulé
(FARO)

Bonito conjunto de arquitectura popular. Iglesia gótica del s. XIII y castillo. *Excursiones: pintoresca localidad de Alte, en un lugar apartado de la sierra con abundantes manantiales.*

Casa d'Alvada
Benafim. **Tf. 289/47 21 53. Fax 289/47 21 48**

Conjunto de edificaciones tradicionales, con piscina, emplazadas en la llamada Quinta de Freixo, la mayor explotación agrícola del Algarve. Tienen bar, comedor, salas polivalentes, 8 habitaciones dobles con baño y 2 *suites*. Precios* (según temporada): habitación doble de 8.500 a 10.000 esc.; *suite* de 10.500 a 12.000 esc.; desayuno incluido.

Trato muy agradable. Casa muy cuidada. Un oasis de paz.

Mértola
(BEJA)

Ciudad ribereña del Guadiana, con un blanco caserío dominado por el castillo, de origen árabe. Conserva la iglesia, sobre una mezquita del s. XI y algunnos museos de interés. *Excursiones: caprichoso paraje del Pulo do Lobo. Cerámica y mantas.*

Casa dos Loendros
Alcaria Ruiva. **Tf. 286/99 81 87**

Construcción alentejana de mediados del s. XX, aislada a las afueras del pueblo y a 15 km de Mértola, con huerto, piscina y zona ajardinada. Tiene comedor de desayunos y 5 habitaciones dobles con baño. Precios: habitación doble 8.500 esc., desayuno incluido.

Porches
(FARO)

Localidad del Algarve, próxima a Lagoa y famosa por sus playas. Conserva las ruinas de un castro romano. *Excursiones: grutas de Nossa Sra. de Rocha; parajes protegidos de la costa Vicentina. Alfarería y chimeneas del Algarve, de venta en numerosas tiendas*

Casa Bela Moura
Alporchinhos

Tf. 282/31 34 22. Fax 282/31 30 25

Bonito edificio de nueva construcción, con jardín, terraza y piscina, junto a la playa de Senhora da Rocha. Tiene bar, sala de estar, comedor, 14 habitaciones dobles, algunas con balcón y 1 apartamento. Precios (según temporada): habitación doble de 6.000 a 11.750 esc.

Portimão
(FARO)

Localidad poblada en la Prehistoria y núcleo turístico del Algarve, con un litoral rocoso y espectacular. Conserva una fortaleza que defendía la villa frente a los ataques de la piratería. *Excursiones: playa de Rocha; punta de la Piedade; sierra y balnearios de Monchique.*

Casa da Palmeirinha
Mexilhoeira Grande

Rua da Igreja 1. Tf. 282/96 92 77. R. 258/74 16 72

Caserón de buena planta, con patios ajardinados y piscina, situado frente a la iglesia de una tranquila localidad próxima a Portimão. El interior, con mobiliario antiguo, tiene cocina, comedor, salón y 5 habitaciones dobles con baño. Precios (según temporada): habitación doble de 7.500 a 15.000 esc., desayuno incluido.

Sta. Clara a Velha
(BEJA)

Pequeña localidad alentejana, con un núcleo de casas con zócalos de colores y presidida por una graciosa iglesia. *Excursiones: villa de Odemira; sierra de Monchique, con una añeja estación termal.*

Quinta do Barranco da Estrada
Tf. 283/93 39 01

Quinta rural, con huerta, jardín y embarcadero, en un paraje apartado y con vistas espectaculares del embalse de Sta. Clara. Tiene bar, sala con chimenea, comedor y 7 habitaciones dobles con baño, 1 de ellas tipo *suite*. Precios* (según temporada): habitación doble de 13.250 a 18.500 esc., desayuno incluido; comida 3.000 esc.; cena 4.000 esc. ***Observaciones: disponen de embarcaciones.***

Baixo Alentejo y Algarve

Silves (Faro)

Antigua capital del Algarve muy dañada por el terremoto del s. XVIII. Catedral, levantada por Alfonso X el Sabio sobre una mezquita y bello castillo de piedra rojiza con un recinto amurallado y un patio arbolado. *Excursiones: sierra de Caldeirão; bella localidad de Alte.*

Quinta do Rio

Sto. Estevão. **Tf./fax 282/44 55 28**

Edificación rústica, recientemente restaurada, en una zona de naranjos muy próxima a Silves, con jardín. Tiene sala de estar, 5 habitaciones dobles y 1 triple, con baño, terraza y acceso independiente. Precios (según temporada): habitación doble de 6.500 a 9.500 esc., desayuno incluido; cena 3.000 esc.

Tavira (Faro)

Ciudad de vieja tradición árabe, muy cercana a una zona de marismas. Conserva su iglesia, uno de los templos renacentistas más bellos del Algarve, con preciosos paneles de azulejos, así como los restos del castillo. *Excursiones: ruinas de Milreu; palacio de Estói; aldeas del Barrocal y Torre de Ares, con un mirador sobre el mar; cascada de los Moinhos da Rocha, en la Fonte Salgada; parque natural de Ria Formosa.* Elaboración de tejas y ladrillos.

Quinta da Fonte do Bispo

Santa Catarina. **Tf./fax 281/97 14 84**

Edificación rústica, con jardín, pista de tenis y piscina. Tiene bar, sauna, sala de estar, comedor y 6 habitaciones dobles. Precios (según temporada): habitación doble de 13.000 a 16.000 esc., desayuno incluido; cena 3.000 esc. ***Observaciones: alquiler de bicicletas; descuentos a grupos y por estancias largas.***

Convento de Sto. António

Atalaia 56. Tf./fax 281/32 56 32

Convento del s. XVI convertido en un agradable hotel, de un blanco deslumbrante, con capilla, patios interiores, piscina y un recoleto claustro que sirve de comedor. Tiene bar, salones, cocinas y 7 habitaciones dobles con baño, algunas de ellas de tipo *suite*. Precios (según temporada y tipo de habitación); habitación doble de 17.000 a 24.000 esc.; *suite* de 28.000 a 32.000 esc.; desayuno incluido.

Vila Nova de Baronia (Beja)

Típica localidad alentejana, con una agradable plaza empedrada presidida por la picota manuelina. *Excursiones: villas de Torrão, Alvito, Beja y Viana do Alentejo; ruinas romanas de S. Cucufate; embalses de Odivelas, Vale do Gaio y Alvito; conjunto de menhires de los Almendres.*

Horta de Lameira

Tf./fax 21/397 74 45. Tf. 284/47 52 86

Típica construcción alentejana, rodeada de una extensa finca de agricultura ecológica, con jardín, piscina con agua de manantial, huerto y lago. Tiene comedor, sala de estar, 4 habitaciones dobles y 2 *duplex*, para 4 personas. Precios*: habitación doble 11.000 esc.; *duplex* 18.500 esc.; cena 3.000 esc. *Observaciones: descuentos por estancias largas.*

Apartamentos y casas de alquiler completo

Loulé (Faro)

Casa Belaventura

Boliqueme

Tf. 289/36 06 33

Casa tradicional, con piscina, un bello jardín y porches, en un paraje de campiña próximo a la autovía. Decoración cuidada, salón con chimenea y 4 habitaciones dobles con baño. Precios (según temporada): día de 55.000 a 80.000 esc.

Silves (Faro)

Quinta da Figueirinha

Tfs. 282/44 26 71

Fax 282/44 42 26

Finca agrícola con jardín, piscina y cultivos subtropicales. Incluye apartamentos de 2, 4 y 6 plazas. Precios (según temporada): 2 plazas de 7.585 a 10.765 esc. diarios; desayuno 800 esc. *Observaciones: excursiones guiadas; venta de productos.*

I.
ORGANISMOS QUE GESTIONAN LOS ALBERGUES EN LAS COMUNIDADES AUTÓNOMAS

La enorme variedad de tarifas y condiciones de uso de los albergues juveniles hacen aconsejable que se consulten en cada caso. A fin de que el lector obtenga la información más precisa posible, se incluyen a continuación las direcciones y teléfonos de los organismos autonómicos que gestionan las redes de albergues.

Junta de Andalucía
Instituto Andaluz de la Juventud
Bilabao 8-10
41001 Sevilla
Tf. 95/422 30 44
Fax 95/422 14 65

Diputación General de Aragón
Departamento de Educación
y Cultura
Pº Mª Agustín, 36
50071 Zaragoza
Tf. 976/71 49 65
Fax 976/71 49 86

Principado de Asturias
Dirección Regional de la Juventud
Calvo Soltelo, 5
33007 Oviedo
Tf. 98/523 11 12
Fax 98/527 57 17

Govern Balear
Xarxa d'Installacions de
les Illes Balears
Jeroni Antich, 5. 3º C
07003 Palma de Mallorca
Tf. 971/71 60 93
Fax 971/71 24 05

Gobierno de Canarias
Dirección General de la Juventud
León y Castillo, 226
35002 Las Palmas de Gran Canaria
Tf. 928/29 19 44
Fax 928/ 29 05 84

Diputación Regional de Cantabria
Dirección Regional de Juventud
Vargas, 53 anexo
39010 Santander
Tf. 942/20 74 06. Fax 942/20 74 19

Junta de Castilla y León
Consejería de Educación y Cultura
Monasterio Nª Srª del Prado
Autovía Puente Colgante s/n
47071 Valladolid
Tf. 983/41 15 00
Fax 983/41 15 70

Junta de Comunidades de Castilla-La Mancha
Dirección General de Juventud
Pza. Virgen de Gracia, 6
45071 Toledo
Tf. 925/26 74 00
Fax 925/26 74 55

Generalitat de Catalunya
Turisme Juvenil de Catalunya S. A
Rocafort 116-122
08015 Barcelona
Tf. 93/483 83 83
Fax 93/483 83 47

Gobierno Vasco
Duque de Welington 2
01011 Gasteiz
Tf. 945/18 95 11
Fax 945/18 95 35

Junta de Extremadura
Dirección General de Juventud
Delgado Valencia, 6, 2ª
06800 Mérida (Badajoz)
Tfs. 924/38 11 00 y 38 17 01
Fax 924/38 15 17

Xunta de Galicia
Subdirección Xeral de Xuventude
Edif. Advº San Caetano, 3, 1º
15771 Santiago de Compostela
Tf. 981/54 48 55. Fax 981/54 58 43

Comunidad de Madrid
Dirección General de Juventud
Alcalá, 32. 1º
28014 Madrid
Tf. 91/580 42 16
Fax 91/580 42 15

C.A. de la Región de Murcia
Dirección General de Juventud,
Mujer y Familia
Manresa 5, entresuelo
30004 Murcia
Tfs. 968/22 07 33 y 21 43 47
Fax 968/22 19 59

Gobierno de Navarra
Instituto Navarro de Deportes
y Juventud
Arrieta, 25
31002 Pamplona
Tfs. 948/42 78 98
Fax 948/22 74 69

Gobierno de La Rioja
Dirección General de Juventud
Portales, 1. 1º
26001 Logroño
Tfs. 941/29 11 62 y 26 18 32
Fax 941/25 61 20

Generalitat Valenciana
Institut Valencià de la Joventut
L'Hospital, 11
46001 Valencia
Tfs. 96/386 97 00 y 386 998 99
Fax 96/386 99 51 y 386 91 19

II.

CENTRALES DE RESERVA Y OFICINAS DE INFORMACIÓN DE ALOJAMIENTOS DE TURISMO RURAL.

ANDALUCÍA
* Red Andaluza de Alojamientos Rurales (RAAR)
Apartado 2035. 04080 Almería
Tf. 902/44 22 33

* Turismo Rural Coín-Guadalhorce
Torcal, 31
29100 Coín (Málaga)
Tfs. 95/245 28 11 y 245 32 90

*CIT Serranía de Ronda
C/Molino 6, Local e
29400 Ronda
Tf. 95/287 07 39

ARAGÓN
* TURAL
Pza. Gil Sastre
22471 Laspaúles (Huesca)
Tf./fax 974/55 40 20

* MAESTUR
Plaza de Cristo Rey s/n
44140 Cantavieja (Teruel)
Tf. 964/18 52 43

* JALGUR
Plaza XV División, 4
44420 Manzanera (Teruel)
Tf. 978/78 17 08

* CASATUR
Plaza España 4
50360 Daroca (Zaragoza)
Tf. 976/80 09 69

* Diputación de Huesca
Porches de Galicia, 4
22002 Huesca
Tf. 974/29 41 41

* Asociación de V. T. R.Sierra de Albarracín
Los Pozos 9
44368 Pozondón (Teruel)
Tf. 978/70 12 66

* Alternativa Rural
C/ Villaclosa 9
44588 Beceite (Teruel)
Tf. 978/89 04 68

ASTURIAS
* ASTURDATA
Información turística y
Central de Reservas del Principado
Tf. 98/527 48 58

* Asociación de T.R. Oscos-Eo
33776 Santa Eulalia de Oscos
Tf. 98/562 60 32
Fax 98/562 60 78

BALEARES
* Associació Agroturisme Balear
Avda. Gabriel Alomar y Villalonga 8A.2°A
07006 Palma de Mallorca (Baleares)
Tf. 971/72 15 08. Fax 971/71 73 17

CANARIAS
* C.I.T. Norte de la Gomera
Callejón de Ordaiz, 165
38820 Hermigua (La Gomera)
Tf. y fax 922/14 41 01

* Turismo Rural de Agüimes
Dr. Joaquín Artiles 1
Apdo 166
35260 Villa de Agüimes (Las Palmas)

* Aricotur
Ctra. Gral. 11
38 580 Arico (Tenerife)
Tf./fax 922/16 11 33

* RETUR
Lourdes 2
35320 Vega de S. Mateo
Gran Canaria
Tf. 928/66 16 68. Fax 928/66 15 60

* Turismo Rural Isla Bonita
Casa Luján. El Pósito 3 (Puntallana)
38700 Sta. Cruz de la Palma
Tf. 922/43 06 25. Fax 922/43 03 08

CANTABRIA
* Grupo de Acción Local Saja-Nansa
El Molino. Las Cuevas
39593 Roiz (Cantabria)
Tf./fax 942/70 93 60

* Campoo y Suso
Oficina Municipal de Turismo
Avda. Puente Carlos III, 23
39200 Reinosa (Cantabria)
Tf. 942/75 52 15

CASTILLA LA MANCHA
* CEDER La Manchuela
Matadero, 5
02260 Fuentealbilla
Albacete

CASTILLA Y LEÓN
* Red de Turismo Rural de la
Montaña Palentina
Peñabarrio s/n
34840 Cervera de Pisuerga (Palencia)
Tf. 979/87 04 50

* Asociación Charra de T. R.
Barrionuevo 8
37658 Villanueva del Conde (Salamanca)
Tf. 923/43 75 73

* Asociación Sierras de Salamanca
ATURSS
Central de Reservas.
Tf. 923/43 20 20

* CEDER Merindades
C/Laín Calvo 22
09550 Villarcayo (Burgos)
Tf. 947/13 01 40

* Asociación Cuatro Valles
Pza de la Constitución, 1
24120 La Magdalena (León)
Tf. 987/58 16 66. Fax 987/58 15 68

CATALUÑA
* Dpto. de Industria, Comercio y Turismo
Dirección General de Turismo
Paseo de Gracia 105
08008 Barcelona
Tf. 93/484 95 00

* Asociación del Alt Penedès
Hermenegild Clascard 1-3
08720 Vilafranca del Penedès (Barcelona)

* Patronat Vall de Boí
Ctra. Caldes de Boí s/n
25527 Barruera (Lleida)
Tf. 973/69 40 00

EUSKADI
* Agroturismo de la Comunidad
Autónoma Vasca
Centro Kursaal
Avda. Zurriola 1, local 5
20002 Donostia (Gipuzkoa)
Tf. 902/13 00 31. Fax 943/32 67 00

EXTREMADURA
* Asociación del Valle del Jerte
Paraje de Peñas Albas s/n
10610 Cabezuela del Valle (Cáceres)
Tf. 927/47 21 22. Fax 927/47 23 44

* ACREX
C/ Eulogio González 14
10600 Plasencia (Cáceres)
Tf. 927/42 58 62

GALICIA
* Leader Camino de Santiago
Rua Pastoriza, 3
15810 Arzua (La Coruña)
Tf. 981/50 80 91. Fax 981/50 03 26

* TURGALICIA
Central de Reservas
A Barcia s/n
15896 Santiago de Compostela
Tfs. 981/54 25 27-54 25 28

* Agatur
Asociación Gallega de Turismo Rural
Recinto Ferial s/n. Apdo. 26
36540 Silleda (Pontevedra)
Tf. 986/58 00 50

MADRID
* Centro de Recursos Naturales y Turísticos
Alvaro de Luna
General Martín Benito, 42
28680 S. Martín de Valdeiglesias (Madrid)
Tf. 91/861 29 33

MURCIA
* NORATUR
Apdo. de Correos 5
30440 Moratalla
Tf./fax 968/70 66 00

NAVARRA
* Casas Rurales de Navarra
Central de Reservas
Tf. 948/20 65 41

LA RIOJA
* Oficina de Información Turística
Miguel Villanueva, 10
26071 Logroño (La Rioja)
Tf. 941/29 12 60. Fax 941/25 60 45

COMUNIDAD VALENCIANA
* TURISTRAT
Cooperativa Agroturística de
L'Alt Maestrat
Plaza Gaspar Fuster, 13
12140 Albocásser (Castellón)
Tf. 964/42 84 32. Fax 964/42 83 58

PORTUGAL
* TURIHAB
Associação do Turismo de Habitação
Praça da República
4990 Ponte de Lima
Tf. 00/351/258/74 16 72
Fax 00/351/258/74 14 44

ÍNDICE TOPONÍMICO

ANDALUCÍA

ARAGÓN

ASTURIAS

ÍNDICE TOPONÍMICO

BALEARES

ÍNDICE TOPONÍMICO

CATALUÑA

ÍNDICE TOPONÍMICO

EUSKADI

Cuestionario para el propietario

Si es usted dueño o responsable de un alojamiento rural y tiene interés en figurar en el Anuario, le rogamos que nos facilite los datos siguientes:

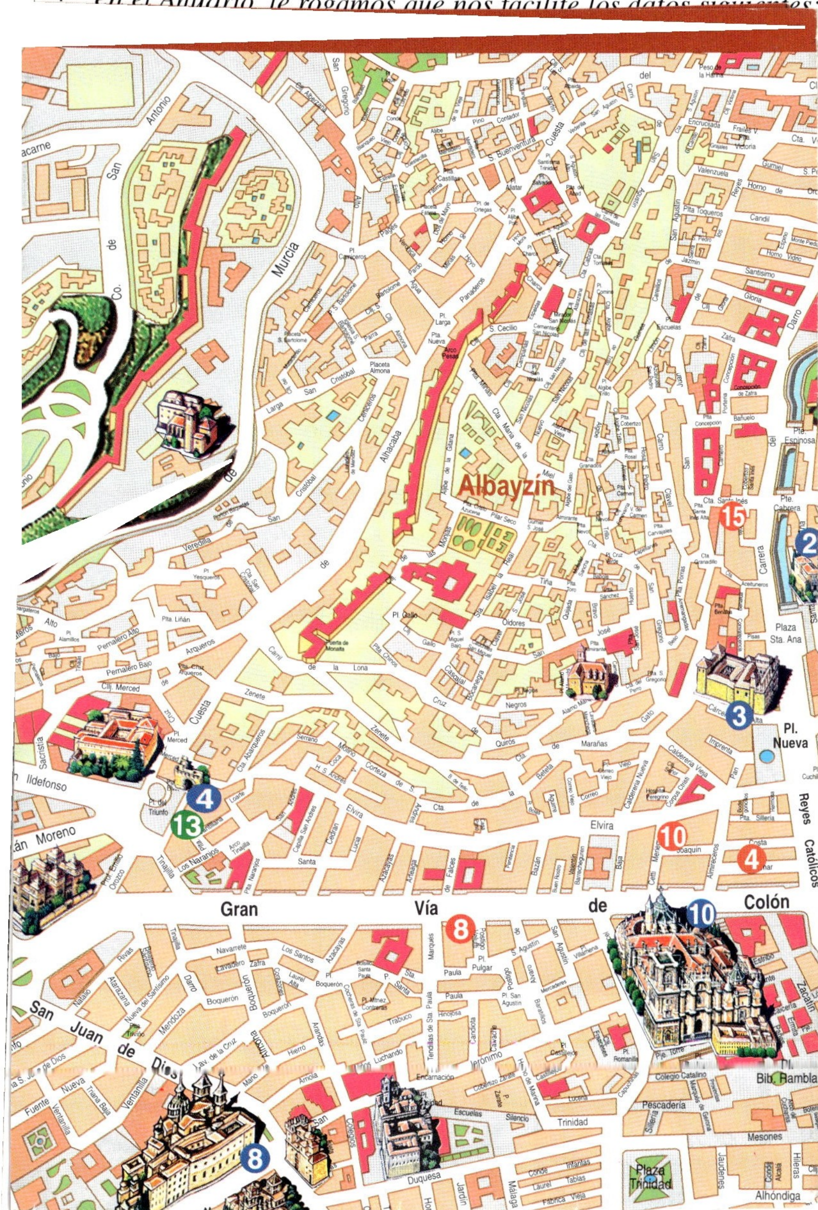

nes,

la casa.
construcción,
nterés):

precisar cuáles):

iamiento (a ser

Cuestionario para el propietario

Si es usted dueño o responsable de algún alojamiento que figura en el Anuario y se ha producido cualquier error o cambio en la información (teléfono, dirección, etc.) le rogamos que nos lo haga saber para la próxima edición.

El alojamiento

(pág. ....)

Datos que se deben modificar:.

Remita este cuestionario a:

SUSAETA EDICIONES
DPTO. TURISMO RURAL
APARTADO 24085
28080 MADRID

ÍNDICE TOPONÍMICO